1 MONTH OF
FREE
READING

at

www.ForgottenBooks.com

By purchasing this book you are
eligible for one month membership to
ForgottenBooks.com, giving you
unlimited access to our entire
collection of over 700,000 titles via
our web site and mobile apps.

To claim your free month visit:

www.forgottenbooks.com/free667756

ISBN 978-0-656-20542-4
PIBN 10667756

Numismatische

ZEITSCHRIFT

herausgegeben von der

Numismatischen Gesellschaft in Wien

durch deren

Redactions - Comité.

Fünfundzwanzigster Band.

Mit V Tafeln, 1 Karte und 192 Textabbildungen.

WIEN, 1894.

Selbstverlag der Numismatischen Gesellschaft.

Aus der k. k. Hof- und Staatsdruckerei.

In Commission bei Manz, k. u. k. Hof-, Verlags- und Universitäts-Buchhandlung in Wien.

Berlin: Mittlers Sort. Buchh.   Leipzig: K. F. Köhler.
Paris: Hartgé & Le Soudier.   London: Williams & Norgate.

NUMISMATISCHE ZEITSCHRIFT.

Fünfundzwanzigster Band.

a*

Inhalt des fünfundzwanzigsten Bandes.

VI

Mitarbeiter des fünfundzwanzigsten Bandes.

Bahrfeldt M., Hauptmann und Compagniechef in Rastatt.

Ernst C. v., k. k. Oberbergrath in Wien.

Ernst C. v., Dr., k. k. Gerichts-Auscultant in Wien.

Höfken Rudolf v., Herausgeber des Archivs für Bracteatenkunde in Wien.

Kenner, Dr. Friedrich, k. k. Regierungsrath, Director der Münz-, Medaillen- und Antikensammlung des Allerhöchsten Kaiserhauses.

Luschin, Dr. Arnold v. Ebengreuth, k. k. Universitätsprofessor in Graz.

Markl Moriz, k. und k. Rittmeister a. D. in Rabenstein, Niederösterreich.

Nagl, Dr. Alfred, Hof- und Gerichtsadvocat in Wien.

Pick, Dr. B., in Jena.

Rohde Theodor, Gutsbesitzer in Wien.

Schalk, Dr. Carl, Custos des Museums der Reichshaupt- und Residenzstadt Wien.

Scholz, Dr. Joseph, Gemeinderath der Stadt Wien.

Voetter Otto, k. und k. Oberstlieutenant in Wien.

Register des fünfundzwanzigsten Bandes.

Zum

Fünfundzwanzigjährigen Jubiläum

der

Numismatischen Zeitschrift.

———

Mit dem XXV. Bande, den wir hier vorlegen, vollendet die
numismatische Zeitschrift das erste Vierteljahrhundert ihres
Bestehens. Von Christian Wilhelm Huber[1]) im Jahre 1869
begründet, wurden ihre ersten drei Jahrgänge von ihm selbst unter
Beihilfe von Dr. Josef Karabacek herausgegeben und redigirt.
Nach des Ersteren Tode (1. December 1871) führte Letzterer die
Redaction für die Erben, dann für die numismatische Gesellschaft,
in deren Eigenthum die Zeitschrift 1872 übergegangen war, fort,
bis ihn nach Schluss des V. Bandes Berufsgeschäfte zwangen, von
dieser Function zurückzutreten (August 1875). Seither ist die
Redaction einem von der Gesellschaft gewählten Comité übertragen,
das ursprünglich aus den Herren Dr. Friedrich Kenner, Dr. Arnold Luschin v. Ebengreuth und Carl Ritter v. Ernst bestand
und dem im Jahre 1891 Rudolf v. Höfken-Hattingsheim beigetreten ist.

Jubiläen zu feiern ist eine heute eifrig gepflegte, weitverbreitete
Sitte. Wie immer man über sie denken mag, sie hat das Gute, dass
sie Anlass gibt, einen Blick auf den abgeschlossenen Zeitraum zu
werfen. Dieses Gute wollen auch wir thun, indem wir schlicht und

---

[1]) Seinen Nekrolog, verfasst von J. Karabacek, s. in 1871, III, S. V.

einfach über den Inhalt der abgeschlossenen fünfundzwanzig Bände berichten. Unser Rückblick wird sich nicht in alle Mittheilungen über einzelne Münzen, in die Miscellen und Literaturanzeigen einlassen, sondern nur die Abhandlungen mit den Autornamen und dem Hinweise auf die betreffenden Bände übersichtlich, d. h. nach jenen Kategorien [2]) erwähnen, die sich aus der Natur der Sache ergeben.

Manchem Mitgliede unserer Gesellschaft wird es lieb, den jüngeren vielleicht nützlich sein, über das in einer bestimmten Richtung Gebotene rasch zu einem Ueberblicke zu gelangen. Auch für die Geschichte der Zeitschrift selbst hat die kategorienweise Besprechung einen Vortheil vor einem Generalindex, so wünschenswerth ein solcher ist, — er wird auch nicht ausbleiben — voraus, weil sie deutlicher als der Letztere die Gebiete, die bei uns gepflegt werden, hervortreten lässt und mit ihnen bestimmte Autornamen verknüpft, so dass die Richtung unserer Specialisten sich schärfer zeichnet, als bei jeder anderen Anordnung. Zum Schlusse werden einige Ergebnisse herauszuheben sein, welche sich aus dem Inhalte der Zeitschrift abnehmen lassen.

Um mit dem allgemeinen Theile zu beginnen, sei zunächst der Abhandlung v. *Pawlowski's* über wissenschaftliche Classification der mittelalterlichen und modernen Münzen (1882, XIV 206) und des aus seinem reichen Nachlasse publicirten Vortrags über die theoretischen Grundlagen zum Studium der mittelalterlichen und modernen Numismatik (1887, XIX 369) gedacht.

Die Technik des Münzwesens von der ältesten Zeit bis zur Gegenwart behandelt in grossen Zügen eine fachmännisch geschriebene Abhandlung von *C. v. Ernst* (1880, XII 22), während Professor

---

[2]) Das Schema derselben ist folgendes: Allgemeines: Systematik, Technik, Münzstätten, Fälschungen, Sammlungen, Münzfunde, Metrologie und Geldgeschichte. Besonderes: Alterthum: Griechenland, Unteritalien, Kleinasien, griechischer Orient, Aegypten, römische Republik, römische Kaiser. Mittelalter und Neue Zeit: Oesterreich, Römisch-deutsches Reich. Ausserdeutsche Länder in Europa. Medaillen und Rechenpfennige Orient und Ostasien.

K. B. Hofmann in Graz in den Beiträgen zur Kenntniss alter Legie-
rungen (1884, XVI 1 und 1885, XVII 1) unsere noch spärlichen
Kenntnisse der Mischung der Münzmetalle auf Grund chemischer
Analysen bereichert. Die Münztechnik des dritten Jahrhunderts
beleuchten *Andreas Markl* (1876, VIII 243) und *Alexander Missong*,
letzterer in zwei Schriften, deren ältere eine Münzprobe in Silber
[Siliqua von Julianus II.] (1870, II 449), die jüngere Stempelfehler
und Correcturen auf Münzen des Kaisers Probus (1877, IX 303)
zum Gegenstande haben. Den Bractreatenstempel von Lettowitz
bespricht *v. Luschin* (1881, XIII 243); demselben Autor verdanken
wir eine Studie über das Alter des Senkungsverfahrens bei Anferti
gung von Münzstempeln (1882, XIV 358), während uns *P. Joseph*
die Münzstempel und Punzen des Museums von Cöln (1888, XX 91)
und *Adolf Meyer* das Probirbuch des Nürnberger Münzwardeins
Hans Huefnagel (1886, XVIII 87) zur Kenntniss bringen; es darf
hier die verdienstliche Zusammenstellung der Münzeisenschneider
und Medailleure in Salzburg nebst ihren Werken von *Gustav Zeller*
(1888, XX 393) angereiht werden.

Von anderen Münzstätten — wir sehen hier von jenen der
römischen Kaiserzeit, die unten zu erwähnen kommen, vorläufig ab
— erfährt jene von Kuttenberg durch die Monographie von *H. Rappe*
(1888, XX 237) eine ausführliche Darstellung. Die älteste Raitung
des Münzamtsarchives in Prag, betreffend die ersten Ausmünzungen
daselbst (1538—1542) theilt *Eduard Fiala* in Prag mit (1888,
XX 175). Mittheilungen machen ferner über die Münzstätte von
Kremnitz *J. Schmer* (1886, XVIII 200) und über jene von Munkacz
(unter Franz Rákócziy II.) *Th. Rohde* (1877, IX 216).

Das höchst wichtige Thema der Fälschungen und Nachahmungen alter Münzen bespricht im Allgemeinen *v. Pawlowski*
(1885, XVII 145); *K. B. Hofmann* weist das specifische Gewicht
der Münzen als ein Mittel Fälschungen zu erkennen, nach (1886,
XVIII 1). *Louis Mayer* gibt über die falschen, in der Levante ange-
fertigten antiken Münzen (1871, III 435) Andeutungen. Die Falsificate Cigoi's, welche so meisterhaft gearbeitet sind und viel Unheil
anrichteten, deckt *Fr. Trau* (1871, III 105), falsche süddeutsche
Bracteaten *v. Höfken* (1892, XXIV 359) auf. Ueber Fälschungen
böhmischer Münzen verdanken wir *M. Donebauer* (1880, XII 405)

Nachweise, die Umwandlung einer Münze von Marsal in eine des
heiligen Stephan von Ungarn (ALEMANIA) zeigte *A. R. v. Luschin*
(1880, XII 283), das „Corpus delicti" eines Falschmünzerprocesses
im städtischen Museum zu Triest schildert *Albert Puschi* daselbst
(1882, XIV 191), über die Nachmünzen des Syrus Austriacus von
Correggio gibt endlich *E. Forchheimer* neue Auskünfte (1876,
VIII 190).

Die bedeutsamsten Grundlagen für die Kenntniss des Materiales,
welches den sachlichen Inhalt unserer Disciplin bildet, sind die
Sammlungen und die Funde. Von ersteren, den Sammlungen,
müssen hier jene übergangen werden, von welchen nur einzelne,
wenn auch noch unbekannte Stücke veröffentlicht wurden; es sollen
nur jene genannt werden, von denen eine Uebersicht oder grössere
Reihen oder die werthvollsten Stücke in unserer Zeitschrift mitgetheilt worden sind. So haben *Fr. Kenner* die phrygischen Münzen
der kaiserlichen Sammlung (1872, IV 231), und Inedita derselben
(1876, VIII 1), *Imhoof-Blumer* die Sammlung des Museums in
Klagenfurt (1884, XVI 227), *B. Pick* die Inedita der Sammlung
Mandl in Budapest (Griechen der Kaiserzeit, 1891, XXIII 29),
P. Norbert Dechant seltene Tetradrachmen Alexander des Grossen
in der Sammlung Timoni (1869, I 65) besprochen. Graf *Prokesch-
Osten* veröffentlicht aus seinem reichen Cabinete nicht blos im Allgemeinen Inedita (1870, II 257), sondern auch sehr wichtige grössere
Abtheilungen, wie die thrakischen Gepräge (1872, IV 185) und die
Münzen Alexanders des Grossen.[3]) Die Ptolemaeer Münzen der Cabi-
nete in München, Gotha und Berlin behandelt *C. W. Huber* (1869,
I 1); es ist dies die erste Abhandlung, mit welcher die von ihm
begründete Zeitschrift beginnt. Die Publication einer Anzahl von
griechischen Gewichten der Sammlung Trau in Wien ist *K. B. Hofmann* zu verdanken (1890, XXII 1). Die Münzen der römischen
Republik in der Sammlung von Karlsruhe bilden den Gegenstand
einer übersichtlichen Zusammenstellung von *M. Bahrfeldt* (1891,
XXIII 95). Aus der römischen Kaiserzeit sind Inedita der Sammlung
des Prinzen Ernst zu Windischgraetz von *Fr. Kenner* (1882, XIV 1)
und jene der Sammlung Trau in mehreren Publicationen von dem

---

[3]) 1869, I 31 und 1871, III 51.

Besitzer selbst in sachkundiger Weise mitgetheilt.[4]) Die Inedita des
Kaisers Aurelianus im Nationalmuseum von Budapest bespricht
A. Horváth (1878, X 307), die schönen Goldstücke der Sammlung
Weifert in Belgrad *Fr. Kenner* (1889, XXI 369). Derselbe legt auch
die Motive der neuen Ausstellung der Münzen und Medaillen im
k. k. kunsthistorischen Hofmuseum (1891, XXIII 297) dar. Ausserdem
werden unedirte Thaler der Sammlung Dannenberg, von *diesem*
selbst (1871, III 218) und die seltenen Münzen und Medaillen von
Anhalt aus der Ballenstädter Sammlung in Dessau von *Theodor
Stenzel* mitgetheilt (1891, XXIII 291). Die Seltenheiten der Sammlung der Londoner Münze bespricht *Carl Ritter v. Ernst* (1873,
V 161).

Die Münzfunde kommen hier nur insoferne in Betracht, als
der Stoff, den sie darbieten, kritische Bearbeitung gefunden hat,
während die blos das Thatsächliche enthaltenden Fundberichte hier
ausgeschlossen werden; schon seit geraumer Zeit sind Letztere nicht
in der Zeitschrift, sondern im Monatsblatte der Gesellschaft abgedruckt. Es folgt aus der Natur der Sache, dass die unten zu nennen-
den Abhandlungen überwiegend die österreichische Numismatik des
Mittelalters betreffen, nicht blos weil sich Funde dieser Art am
häufigsten einstellen, sondern auch weil sie rechtzeitig in die richtigen Hände gelangten.

Von dem Funde syrakusanischer Tetradrachmen alten Stiles,
der in Taormina zu Tage kam, gibt *Victor v. Kenner* ein mit aller
wünschenswerthen Genauigkeit abgefasstes Verzeichniss der zahlreichen in seinen Besitz gelangten Stücke (1892, XXIV 1); einen
Fund aus der Zeit der römischen Republik, in Florenz gemacht,
bespricht *M. Bahrfeldt* (1879, XI 77), andere Denarschätze aus
Broos und Frauendorf in Siebenbürgen sind von *demselben* Autor in
Verbindung mit *E. Forchheimer* (1877, IX 284 und 293) veröffentlicht. Die stempelfrischen Goldmedaillons aus der Zeit der Tetrarchie,
gefunden in O Szöny, theilen *J. Hampel* (1891, XXIII 85) und
Fr. Kenner (ebenda S. 89 und 1893, XXV 1) mit.

Wienerpfennige des XIII. Jahrhunderts enthielten die Funde von
Pfaffstätten, mitgetheilt von *Hermann Rollet* (1884, XVII 133) und

---

[4]) 1869, I 434; 1870, II 427; 1873, V 43; 1875, VII 43; 1876, VIII 23;
1879, XI 92; 1881, XIII 181.

von Sallingberg (2500 Münzen mit vielen neuen Typen) bearbeitet
von *Franz Ritter v. Raimann* (1885, XVII 133). Den Fund von
Thomasberg mit 1043 Denaren aus dem XIII. und XIV. Jahrhundert
erörtert *Karl Domanig* (1891, XXIII 163). Diese Funde kamen in
Niederösterreich zn Tage. Andere Funde von Wiener Pfenningen
des XIII. Jahrhunderts aus Gross-Kanizsa, erörtert von *Rudolf
R. v. Höfken* (1887, XIX 235), zeigen die weite Verbreitung dieser
Münzsorte. Sie tritt zahlreich und compact auch in grösseren Funden
aus dem XIV. und XV. Jahrhundert auf, so in einem angeblich bei
Tulln aufgegrabenen Schatze von 638 Stücken, welchen *Fr. R.
v. Raimann* einer eingehenden Prüfung unterzog (1888, XX 75);
derselbe Forscher benützte einen anderen, angeblich bei Enzersdorf
gemachten Fund, um die chronologische Folge der Wienerpfennige
im XV. Jahrhundert bis zum Tode des Kaisers Friedrich HI. festzustellen (1889, XXI 431). Die gleiche Absicht verfolgt, ausgehend
von der Metallmischung, *Karl Schalk* bei Besprechung des grossen
Ybbser Fundes (1890, XXII 85), während der im steierischen
Holleneck ergrabéne Schatz des XV. Jahrhunderts von *A. v. Luschin*
(1873, V 144) behandelt wird. Oesterreichische Gepräge gleicher
Zeit mit nachbarländischen vermischt ergaben die von *Letzterem*
besprochenen Funde von Göllersdorf (Niederösterreich, um 1460),
von Missling (um 1472) und ein älterer Fund aus Obersteiermark,
sowie einer aus Mährisch-Schönberg (1889, XXI 459) und die
Funde von Kaschowitz in Böhmen, mitgetheilt von *K. Freiherr
v. Hertling* (1886, XVIII 338), und von Ratiszell in Bayern, mitgetheilt von *A. Busson* (1888, XX 167). Aus anderen österreichischen
Ländern sind folgende Funde besprochen: Der Friesacherfund aus
Dorosma bei Szegedin, welchen *Fr. R. v. Raimann* darstellt (1877,
XII 326), der interessante Goldfund von Stainz aus dem XIV. Jahrhundert von *Carl Domanig* (1887, XIX 255), der Denarfund von
Lanische in Krain aus dem XIII. Jahrhundert (Münzen von Aquileja,
Görz und Triest) von *A. R. v. Luschin* (1871, III 516) und die
wichtigen Funde aus Böhmen und Mähren, jener aus Oberpotschapl
mit 300 Münzen des XI. Jahrhunderts von *E. Fiala* (1889, XXI 355),
jener aus Senitz bei Podiebrad aus dem XII. Jahrhundert von *demselben* Münzforscher (1887, XIX 285) und der von Mitkowitz
(mehr als 4000 Denare des XII. und XIII. Jahrhunderts) von *Max*

Donebauer (1882, XIV 27), endlich jener von Rackwitz an der österreichisch-mährischen Grenze mit etwa 1250 mährischen und anderen Münzen des XI. und XII. Jahrhunderts, bearbeitet von *A. K. v. Luschin.*[5]) Ueberdies sind 890 ungarische Denare des Fundes von Serencz (Ungarn) aus dem XV. Jahrhundert von *Johann v. Belházy* (1889, XXI 481) untersucht und die Ergebnisse nach Münzstätten, Gewicht und Feingehalt mitgetheilt. .

Dem XVI. Jahrhundert gehören die durch die Fundstelle eigenthümlichen kleineren Tiroler Funde aus dem Kirchthurmknopfe in Sterzing und jener aus dem Innern der Wallfahrtskirche in Seefeld an. Beide führt uns *A. Busson* vor (ersteren 1891, XXIII 191, letzteren 1892, XXIV 157).

Von deutschen Funden schildern *Franz v. Reber* in München den wichtigen und umfangreichen Bracteatenfund von Füssen aus dem XIII. Jahrhundert (1870, II 71), *W. Schratz* den Neunstettner Fund, der deutsche Münzen des XVI. Jahrhunderts enthielt (1878, X 374), *J. V. Kull* den im Inngau gemachten Guldenfund mit 836 Stück aus dem XVII. Jahrhundert (1886, XVIII 141).

Aus weiter Ferne berichtet *W. Tiesenhausen* über Funde kufischer Münzen aus Russland, angehörend dem VIII. und IX. Jahrhundert (1871, III 166) und *P. Clemens Sibiljan* über persische Funde (1870, II 329).

Enge hängt mit der Bearbeitung der Münzfunde jene der Metrologie und Geldgeschichte zusammen, insbesondere für die bis vor Kurzem noch wenig erforschten Gebiete der letzten Jahrhunderte des Mittelalters und des Ueberganges in die neuere Zeit, für welche geschriebene Quellen so spärlich fliessen und deren an sich nicht einmal so sehr beschränktes Münzmateriale in bisher gemiedene Irrgänge führt, in welchen sich der Forscher nur an dem Ariadnefaden der Metrologie, der chemischen Analyse und der auf beide begründeten Geschichte des Geldes zurecht finden kann. In dieser Richtung hat die Numismatische Zeitschrift sehr bedeutende Erfolge aufzuweisen; es wird sich dies in dem besonderen Theile unserer Umschau, wo von der Numismatik der österreichischen Länder die Rede sein wird, deutlich herausstellen. Hier seien zu-

---

[5]) 1886, XVIII 305; 1887, XIX 175; 1888, XX 47.

nächst jene Arbeiten aufgeführt, welche die erwähnten Gesichtspunkte im Allgemeinen verfolgen. Ueber die Ermittlung des Werthes alter Münzen handelt *J. v. Belházy* (1889, XXI 335), über Nationalökonomie und Numismatik in ihren Wechselbeziehungen *Karl Schalk* (1891, XXIII 321). Zwei gleich bedeutsame Abhandlungen von *A. Nagl*, von welchen die eine (1890, XXII 47) den Salzburger Rechenzettel vom Jahre 1284 zum Ausgang nimmt, erörtern auf Grund ausgebreiteter Studien die Relation von Gold und Silber am Ende des XIII. und zu Anfang des XIV. Jahrhunderts. (Letztere 1891, XXIII 177.)

Von dem Allgemeinen zum B e s o n d e r e n übergehend, sei zunächst der Einzelarbeiten gedacht, welche die g r i e c h i s c h e Numismatik betreffen. Es ist eine Schuld der Dankbarkeit, an die erste Stelle den Namen jenes gefeierten Fachmannes zu setzen, der mehrere seiner besten Arbeiten unserer Zeitschrift zur Publication überliess, *Friedrich Imhoof-Blumer* in Winterthur. Der ältesten, in kunstarchäologischer Beziehung wichtigen Schrift über die Flügelgestalten der Athena und Nike (1871, III 1), folgten die nicht weniger bedeutsamen über Münzkunde und Palaeographie von Boeotien und über Münzen von Anaktorion, Argos, Lepsimandos und jene mit Tempelschlüsseln (1871, III 321 und 388), über die Münzen von Boeotien und Argos (1877, IX 1), über jene von Akarnanien (1878, X 1), dann nach einem längeren Zwischenraume Beiträge zur Münzkunde Grossgriechenlands, Kretas u. s. w. mit besonderer Berücksichtigung einiger Münzgruppen mit Stempelgleichheit (1886, XVIII 205) und die Studie über die Münzen der Kilbiani in Lydien (1888, XX 1).

Ueberdies finden sich Abhandlungen über das campanische Schwergeld von *Julius Friedländer* in Berlin (1869, I 257), über einige unedirte merkwürdige unteritalische und sicilische Münzen von *A. von Sallet* in Berlin (1870, II 271), über attische Münzen mit aramacischen Aufschriften von *M. A. Levy* in Breslau (1871, HI 433) und *Otto Blau* in Odessa (1872, IV 181), über die Münzen der Insel Amorgos von *Paul Becker* in Dresden (1870, II 349), über jene von Axus Cretae von *Fr. Kenner* (1876, VIII 15)

und über jene von Phanagoria von *J. Friedänder* (1870, II 280). —
Numismatische Streifzüge durch Bithynien, Paphlagonien und Persien
unternimmt *P. Clemens Sibiljan* (1870, II 289, 329), der auch drei
seltene armenische Münzen von Tiribazes, Oisames und Arsakes
mittheilt (ebenda 338); die Fulvia Plautiana (= Plautilla), auf
Münzen von Thyatira erörtert *v. Sallet* (1871, III 97), zwei neue
Medaillons derselben Stadt von Severus Alexander und Maximianus
(aus dem ungarischen Nationalmuseum) *B. Pick* (1891, XXIII 80).
Beiträge zur Münzkunde von Cypern lieferten *v. Blau* (1875, V 1)
und *Carl Peez* (1884, XVI 301). Ueber den Isis- und Sarapiscult in
Kleinasien, soweit er in Münzbildern sich verfolgen lässt, handelt
W. Drexler (1889, XXI 1 und 385); kleinasiatische und thrakische
Münzbilder der Kaiserzeit erörtert vom Standpunkt des Kunst-
historikers in trefflicher Weise *Julius v. Schlosser* in Wien (1891,
XXIII 1). Dem Gebiete des griechischen Orients gehören die Varia
von *Otto Blau* (1876, VIII 195, 229, 233, 234, 238; 1877, IX 90,
263) und seine Abhandlung über die Münzen der Heerführer der
Achaemeniden (1879, XI 1), sowie des Odrysenfürsten Sadok
(V. Jahrhundert v. Chr.) an (1878, IV I). Ueber Persepolitanische
Münzen handelt *A. D. Mordtmann* in Constantinopel (1878, X 181),
zum Theile den Ansichten des vorgenannten Forschers entgegen-
tretend. Die Satrapenmünzen mit griechischer Aufschrift bespricht
v. Sallet (1871, III 419), jene mit aramaeischer *E. Merzbacher* in
München (ebenda S. 427). Nach einer trefflich erhaltenen Münze
von Aegae (Ciliciae) weist *Carl Peez* die Richtigkeit auf sie
bezüglicher, aber bezweifelter Angaben Eckhels nach (1882, XIV 8),
derselbe behandelt ferner eine Münze von Kelenderis (1883, XVI 1).
Auf Syrien beziehen sich eine Zusammenstellung der Münzen des
Proconsuls Silanus Creticus unter K. Tiberius, von *P. von Weckbecker*
in Beirut (1869, I 397), sowie die Studien *H. C. Reichardt's* über die
Aera auf den autonomen Münzen von Sidon (1869, I 381) und über
die Münzen von Canatha der Dekapolis (1880, XII 68). Letzterem
verdanken wir auch eine Schrift über die Gepräge von Aelia Capi-
tolina (1869, I 79) und kleinere Beiträge zur phoenikisch-jüdischen
Münzkunde,[6] während sich *Ch. W. Huber* in einer längeren

---

[6] 1870, II 1 und 28; 1871, III 83.

Abhandlung über eine Münze von Tiberias ergeht (1869, I 401) und *Theodor Mommsen* die Münzen Agrippa I. und II. bespricht (1871, III 449).

Aegypten ist in den ersten Bänden unserer Zeitschrift reich bedacht. *Ernst von Bergmann* erörtert die Anfänge des Geldes daselbst (1872, IV 161). Die Ptolemaeer behandelt *Ch. W. Huber* in den Abhandlungen „Zur Numismatik von Aegypten",[7]) welche auf jeder Seite den erfahrenen Fachmann verrathen und die bedeutendste seiner Leistungen als Münzforscher sind. Neue Beweisstücke zu demselben Thema enthält die aus seiner Correspondenz mit *J. Friedländer* mitgetheilte Abhandlung des Letzteren über die ersten griechischen Königsmünzen Aegyptens (1871, III 73). Ferner handelt *A. v. Sallet* über Berenike und Kleopatra Selene. (Ebenda S. 91.) Ein geographisch-mythologisches Verzeichniss der aegyptischen Nomen nach den Angaben der Denkmäler stellt *H. Brugsch* zusammen (1870, II 285); speciell über die Nomenmünzen des Kaisers Domitian hatte kurz zuvor *J. Friedländer* geschrieben (1869, I 395).

Die Münzkunde der römischen Republik ist fast ausschliesslich durch die werthvollen Studien von *A. Klügmann* in Rom († 27. November 1880) und *M. Bahrfeldt* in Rastatt vertreten. Von ersterem rühren her die Abhandlungen über die Formeln P, PP, AP u. s. w. (1878, X 218), über das Kleinsilber der Jahre 650 bis 670 d. St. (1879, XI 53), über die öffentlichen Denkmäler Roms auf den Münzen der Republik (ebenda 203) und die (XII) Beiträge zur Münzkunde des Freistaates (1886, VIII 287), welche 1877 bis 1880 geschrieben, aus einer Correspondenz des Autors mit M. Bahrfeldt stammen; letzterer handelt über die Kupfermünzen der Metelli (1881, XIII 149), über den Denar des Allius (ebenda 178), über jene des M. Durmius (1886, XVIII 4) und über die gefutterten Münzen, wozu er Studienergebnisse und mit ausgebreiteter Kenntniss gearbeitete Verzeichnisse mittheilt (1884, XVI 309). Nach dem reichen Materiale und den hinterlassenen Papieren des Geheimrathes *Dr. Carl Samwer* in Gotha († 1882) stellt *M. Bahrfeldt* endlich die Geschichte des älteren römischen

---

[7]) 1869, 1 201; 1870, II 389 und 415.

Münzwesens bis 200 vor Chr. Geb. dar (1883, XV 5), eine umfangreiche, sehr wichtige Schrift, welche für diesen Gegenstand neue
Gesichtspunkte eröffnet und eine Fülle neuer Thatsachen beibringt.

Von heimischen Numismatikern bespricht *Julius Neudeck*
mehrere Inedita seiner Sammlung[8]) und weist zum erstenmale in
interessanter Ausführung auf die Münzen der Quaden (Nachahmung
republicanischer Denare mit Königsnamen) hin. (1880, XII 108.)

Die Numismatik der römischen Kaiser betreffen zunächst
die von allgemeinen Gesichtspunkten ausgehenden Abhandlungen
von *Fr. Kenner* über die Programm-Münzen (1885, XVII 51), über
Moneta Augusti (1886, XVIII 7) und über den römischen Medaillon
(1887, XIX 1). Von einzelnen Kaisern erörtert derselbe die
Scheidemünze Nero's (1878, X 230), *Theodor Mommsen*, die Impe-
rator-Titel des Titus (1871, III 458); *Fritz Pichler* in Graz nimmt
von der auf Münzen des Volusianus erscheinenden Juno Martialis
den Anlass zu einer Erklärung ihrer Attribute (1873, V 92). Des
Vaballathus und der Zenobia Münzen bespricht *v. Sallet* (1870, II 31),
einen Aureus des Licinius theilt *Eugen Schott* (1884, XVI 58), einen
solchen von Severus II. *P. Norbert Dechant* (1869, I 103) mit. Aus
der Epoche Constantins des Grossen werden die aufwärtssehenden
Bildnisse desselben und seiner Söhne von *Fr. Kenner* einer Prüfung
unterzogen (1880, VII 74). Die „endlose Frage" CONOB auf
späteren Münzen gibt *J. Friedländer* den Anlass, ihre endgiltige
Lösung nochmals darzulegen (1871, III 479); von demselben
rührt auch der Nachweis einer Münzstätte des Kaisers Justinian
Rhinotmetos in Syrakus her (1869, I 431). Medaillons des Commodus und Gallienus, sowie spätere Kaisermünzen theilt *Alfred
Tauber* (1869, I 415) mit.

Nebenher gehen die bekannten Studien unserer Specialisten,
von welchen zwar Jeder im Einverständniss mit dem Andern eine
bestimmte Kaiserregierung im Besonderen cultivirte, literarisch aber
haben sie sich nicht auf sie beschränkt. Billig steht hier an ihrer
Spitze *Alexander Missong*, welcher die Münzreformen unter Aurelian
und Diocletian (1869, I 105) und die Münzen des Vaballathus mit
lateinischer Aufschrift 1870, II 443) erörtert. Dann theilt er in den

---

[8]) 1870, II 49; 1872, IV 15; 1877, IX 115, 120.

„gleichmässig systemisirten Münzreihen" des Kaisers Probus seine schöne Entdeckung mit, nach welcher die vierte und fünfte Emission der Münzstätte Tarraco durch Buchstaben gekennzeichnet sind, die in completten Reihen den Namen AEQVITI und EQVITI als Münzschlüssel ergeben [9]) (1873, V 102); endlich bespricht er eine Consulatsmünze des Kaisers Tacitus (1880, VII 321).

Andreas Markl theilt zunächst die interessanten Gesellschaftsmünzen von Tetricus und Claudius II. mit (1879, IX 230), behandelt ferner die Münzen des Gallienus mit dem Palmzweig (1882, XIV 201) und macht die Siegesmünzen von Claudius II. (1884, XVI 367). ferner die Reichsmünzstätten und deren Emissionen unter diesem Imperator (ebenda 375), endlich Gewicht und Silbergehalt seiner Münzen (1889, XXI 235) zum Gegenstande lehrreicher Schriften; in der Abhandlung Serdica oder Antiochia (1889, XXI 393) berichtigt er irrige Ansichten eines französischen Numismatikers, überdies weist er die Reichsmünzstätten und deren Emissionen unter Quintillus nach (1890, XXII 11).

Josef v. Kolb tritt mit einer der Missong'schen analogen Entdeckung auf, indem er bestimmte Siglen unter Diocletian und Maximian enträthselt (1872, IV 24); sie bilden in vollständigen Reihen die Beinamen beider Kaiser. Weiter bespricht er die Legionsdenare des Gallienus (1873, V 53), die Antoniniane des Aemilianus (1874/75, VI—VII 22), die Victoria perpetua und Pontica des Tacitus (1877, IX 123), die Seitenstettner Goldmünze des Albinus mit dem Augustus-Titel (ebenda 323) und die graecisirenden Aufschriften auf den Antoninianen des Hostilianus (1879, XI 83).

Das Auftreten christlicher Zeichen auf Münzen Constantins des Grossen bildet den Gegenstand einer durch das Thema, wie auch für die Chronologie wichtigen Zusammenstellung von *Otto Voetter* (1892, XXIV 41), der auch die zeitliche Folge der Münzen Gordianus III. feststellt (1893 XXV). Die Münzen der, in der Geschichte nicht genannten Kaiserin Dryantilla bespricht *Th. Rohde* (1893, XXV 421).

Zum Schlusse sei noch der Publication von römischen Goldbarren mit Stempeln von *Fr. Kenner* (1888, XX 19), des reich-

---

[9]) Missong selbst dachte an eine Abkürzung von Acquitati, obwohl ihm schon vor der Abfassung seiner Schrift die Auflösung Aequiti(us) und Equiti(us) vorgeschlagen wurde, welche späterhin von Mommsen bestätigt worden ist.

haltigen Verzeichnisses von Bleitesserae von *Josef Scholz* (1893, XXV 5) und der Mittheilung byzantinischer Marken (des X. Jahrhunderts) von *J. Friedländer* (1870, II 453) gedacht. Als einen Uebergang zur folgenden Abtheilung nennen wir hier auch die Abhandlung von *Paul Lambros* in Athen über unedirte Münzen und Bleibullen der Despoten von Epirus (1871, III 485).

Von der Münzkunde des Mittelalters und der neueren Zeit sind, wie es in der Natur der Sache liegt, jene Zweige am eifrigsten gepflegt worden, welche die österreichischen Länder betreffen. Hier war in der That sehr vieles nachzuholen, darum wurde auch der Schwerpunkt, der in unserer Zeitschrift zu ·veröffentlichenden Arbeiten auf dieses Gebiet verlegt und es wird der Gesellschaft zur Genugthuung gereichen, dass — Dank den vereinigten Anstrengungen unserer ersten Fachmänner — in diesem Zweige der Numismatik — verglichen mit den Zuständen vor 25 Jahren — eine Umgestaltung eingetreten ist, welche zu den schönsten Hoffnungen für die Zukunft berechtigt.

Wir schicken als eine Einleitung die anregende Darlegung der Aufgaben der österreichischen Münzforschung von *Franz R. v. Raimann* (1881, XIII 15), welche auf eingehenden vergleichenden Studien einschlägiger Münzfunde beruht, und die trefflichen Studien voraus, in welchen *Carl Domanig* einige Babenberger Münzen der kaiserlichen Sammlung (1885, XVII 87), sowie zwei österreichische Denkmünzen des XIII. Jahrhunderts (1887, XIX 243) behandelt und *F. Kupido* in Liebau Nachträge zu den Babenberger Münzen (1886, XVIII 331) gibt.

Die bahnbrechenden Untersuchungen von *Arnold R. v. Luschin-Ebengreuth* in Graz über die Wiener Pfennige des XIII. und XIV. Jahrhunderts [10]) sondern ihre an Zahl und Typen so reiche und bisher so verworrene Menge nach den Merkmalen des Gewichtes und des Gehaltes; sowie nach ihrem Vorkommen in zeitlich bestimmten Funden und schaffen für ihre Erforschung neue Grundlagen. Vorauf und nebenher gehen zahlreiche Schriften desselben Forschers zur

---

[10]) 1874/75, VI, VII 58; 1876, VIII 77; 1877, IX 132.

mittelalterlichen Münzkunde Tirols (1869, I 149, 301, 472), über die
Pettau-Friesacher Gepräge (1870, II 494), über österreichische Münz-
werthe im XIII. und XIV. Jahrhundert (ebenda 457), die archivalischen Beiträge zur Münzkunde der fünf niederösterreichischen
Lande (1870, II 60 und 1872, IV 35), die Abhandlungen über die
Agleier (1871, III 192), über bayerische Münzkunde (1873, V 122),
über die Münzen der Grafen von Cilli (1878, X 364), über steier-
märkische Mittelalter-Münzen (1879, XI 243), über die Rollbatzen[11])
(1880, XII 379), deren Name und Geschichte zu erklären versucht
wird, über die Münzen Oesterreichs zur Zeit Rudolf I. von Habsburg
(1882, XIV 243), über die Wiener Pfennige zur Zeit Ottokars (1884,
XVI 77, 461), letztere Schrift veranlasst durch den schon erwähnten
Fund von Pfaffstätten, endlich über Münzen und Medaillen des
Herzogthums Krain (1886, XVIII 60).

Während die Beziehungen der Wiener Pfennige zum Münzwesen von Ungarn von *Bela Posta* (1886, XVIII 352) dargelegt
werden, verfolgt *Fr. R. v. Raimann* ihre Entwicklung in späterer
Zeit, im XV. Jahrhundert (1871, HI 501). Dieses Thema bildet
zugleich die Domäne eines jüngeren Specialisten *Karl Schalk*. Seine
Schriften betreffen den Münzfuss vor 1399 (1879, XI 108), jenen
späterer Zeit zwischen 1424 bis 1480 (1880, XII 186, 324 und 1881,
XIII 53), dann speciell den Münzfuss im Jahre 1450 (1878, X 356),
sowie das österreichische Münzwesen im XV. Jahrhundert (1882,
(XIV 306) und den österreichischen Goldgulden derselben Zeit
1879, XI 260).[12]) Dem Wiener Münzverkehr im XVI. Jahrhundert sind
andere Untersuchungen desselben Forschers gewidmet (1881, XIII
243;[13]) 1884, XVI 89; 1893 XXV 441), welche wie alle seine Schriften
durch Festhalten des metrologischen und geldgeschichtlichen Stand-
punktes in Verbindung mit archivalischen Studien soviel zur Auf-
hellung bisher vernachlässigter Theile der heimischen Münzkunde
beigetragen haben.

---

[11]) Sogenannt nach den Ringen oder Rollen im Wappen des Bischofs von
Constauz Hugo v. Hohenlandenberg, welcher 1498 das Recht grössere Münzen
zu schlagen erhielt und die ersten Batzen ausgab.

[12]) Den Wiener-Neustädter Goldgulden Kaiser Friedrich III. hat *J. v. Kolb*
in demselben Bande S. 117 mit Abbildung publicirt.

[13]) Mit einer Einleitung von A. R. v. Luschin über die Wiener Pfennige
unter Maximilian I.

Von andern österreichisch-ungarischen Ländern findet neben
den Stammlanden noch T i r o l eine grössere Berücksichtigung in
den „Beiträgen" von *Arnold Busson*[14]) in Innsbruck und in seiner
Studie über die Münze von Trient unter Bernhard von Cles (1890,
XXII 137), wozu noch die schon erwähnten Schilderungen von
Münzfunden kommen. *Josef Müller* dagegen erläutert das Tiroler
Pfund Berner (1882, XIV 318). Den Tiroler Kreuzer von 1809
(Andreas Hofer-Kreuzer) bespricht *J. v. Kolb* (1879, XI 163). —
Eine Zecchine des Grafen Mainhard VII. von G ö r z wird von *Hermann
Grote* in Hannover (1870, H 212) erläutert. U n g a r n betreffend legt
eine Abhandlung von *Josef Karabacek*, die Wirkung dar, welche
der Einfall der Mongolen auf die Münzverhältnisse dieses Landes
ausgeübt hat (1874—75, VI, VII 4.°). Der wichtigen Untersuchungen
über die mittelalterliche Numismatik von Böhmen und Mähren ist
schon oben bei Besprechung der Funde gedacht worden.

Indem wir uns der n e u e r e n und n e u e s t e n Zeit zuwenden,
treffen wir andere literärisch thätige Specialisten, welche nicht
minder als jene der späteren römischen Kaiser und jene des Mittelalters mit der Freude des Sammelns selbständige Studien verbanden
und auf ihrem Gebiete zu sehr beträchtlichen Resultaten für die
Geschichte der Entwicklung des Geldwesens, insbesondere seiner
inneren Einrichtung, gelangten. Dabei spielt die Durchforschung
von Archivalien aus erklärlichen Gründen eine Hauptrolle. Diese
Quelle fliesst nun nicht blos reichlicher als für die ältere Zeit,
sondern enthüllt nicht selten durch positive Angaben die Geheim-
nisse von Schrott, Korn und Relation, welche zu erforschen für die
mittelalterliche Münze so viele Zeit und Mühe kostet. Dagegen
treten nun die Varietät, die Jahrzahl, das Zeichen des Münzmeisters,
die Merkmale der Münzstätten um so bedeutungsvoller hervor. Wir
lernen das Auftauchen, Verhalten und Verschwinden dieser früher
mit Unrecht missachteten Minutien als Symptome von Vorgängen
kennen, die nicht selten tief in der Geschichte und Organisation der

---

[14]) 1882, XIV 283; 1887, XIX 263; 1889, XXI 259.

Münze hineinreichen und deren Kenntniss mindestens ebenso wichtig
für den Forscher als für den Sammler ist.

Die Silberwährung in Deutschland während des XVI. und XVII
Jahrhunderts stellt, ·um auch hier den allgemeinen Theil vorauszu-
schicken, *Carl Ritter v. Ernst* dar (1872, IV 136), der auch die
Werthungen des Florenus monetae alemanae bespricht (1873, V 148)
und die Münzzeichen und Münzmeisterbuchstaben auf öster-
reichischen Münzen zusammenstellt und erklärt (1893, XXV 465).
Dann folgen die Tiroler Prägungen unter Erzherzog Sigmund und
Kaiser Maximilian I. von *Johann Newald* (1886, XVIII 43), eine
Abhandlung, die auf der Gedächtnissrede beruht, welche der Ver-
fasser zum 400jährigen Thaler-Jubiläum in der Versammlung unserer
Gesellschaft am 6. December 1884 gehalten hatte. Ducaten des
nachmaligen Kaisers Carl V. für Tirol und Kärnten und den Wiener
Groschen von 1519 führt uns *Josef von Bergmann* vor (1869, I 161),
Moriz Markl bespricht die Thalerprägungen unter Kaiser Ferdinand I.
(1893, XXV 373); des Letzteren in Graz geprägte ungarische Goldgulden erörtert *Hans Tauber* (1890, XXII 145). Dann folgen zwei
Abhandlungen, deren Verfasser abermals Meister *Newald* ist, jene
über das österreichische Münzwesen unter den Kaisern Maximilian II.,
Rudolf II. und Matthias (1885, XVII 167) und jene über die lange
Münze in Oesterreich (1881, XIII 88). Der Zeit nach, die behandelt
wird, müssen hier auch die Untersuchungen über den Verkehr in
der Kipperperiode von *Max Donebauer* (1886, XVIII 359), ferner
über die Münzungen des ständischen Directoriums und Friedrichs
von der Pfalz von *Eduard Fiala* (1892, XXIV 119), endlich jene über
die Heidelberger Münzen des Winterkönigs von *Alfred Noss* in Cöln
(1889, XXI 327) erwähnt werden. Das XVIII. Jahrhundert
betreffen die Mittheilung der Inthronisations-Münzen des Hauses
Habsburg in Sicilien von A. Missong (1869, I 175), die interessante
Abhandlung von *Carl von Ernst* über den Levantiner Thaler (1872,
IV 271), jene *A. Meyers* über Zwittermünzen von Franz I. und
Maria Theresia (1880, XII 448 und 1881, XIII 145), zu welchem
Thema auch Joh. v. Belházy das Wort ergreift (1888, XX 404) und
die gründliche Darstellung des steierischen Münzwesens, vom Tode
des Kaisers Leopold I. ab, von *Hanns Tauber* (1892, XXIV 171).
Auch das XIX Jahrhundert ist mit trefflichen Arbeiten bedacht.

Die österreichischen Münzen und Geldzeichen in den Jahren 1848 und 1849 behandelt in anziehender Weise *J. Alexander Fhr. v. Helfert* (1874/75, VI, VII 233); die Privatgeldzeichen von Eger und Umgebung in denselben Jahren sind von *Georg Schmid* in Graz zusammengestellt (1882, XIV 365), *C. v. Ernst* gibt Studien über die Münzprägungen seit dem Jahre 1857 (1870, II 231) und über „Die neuen Goldmünzen" (1870, II 553).

Die Numismatik des römisch-deutschen Reiches ist in einer erfreulichen Anzahl von Beiträgen vertreten, die wir ausser den heimischen, verschiedenen geehrten Fachgenossen in Deutschland verdanken.

Ein Beitrag zur Bracteatenkunde von *Rudolf v. Höfken* (1885, VII 117), die Mittheilung unedirter Bracteaten von *C. F. Trachsel* (1882, XIV 13), jene *Alexander Missongs*, betreffend einen Sterling des Kaiser Friedrich II. (1879, XI 95) und eine Zusammenstellung der Goldgulden mit Florentiner Gepräge von *H. Dannenberg*, die allerdings auch andere Staaten Europas von Spanien bis Achaia betrifft (1880, XII 146), sowie dessen Mittheilung von deutschen Inschriften auf Mittelaltermünzen (1870, II 517), mögen zuerst genannt sein, um bei den übrigen die Uebersicht durch die alphabetische Folge der Münzherren zu erleichtern. Von bayerischen Forschern gibt *Hans Riggauer* einen Beitrag zur fränkischen Münzkunde (1879, XI 98), *W. Schratz* bespricht die muthmassliche Zutheilung der Regensburger Gemeinschaftsmüzen (XI. bis XIII. Jahrhundert, 1890, XXII 25) und ihre Literatur (Plato Wild, 1881, XIII 330). Ueber brandenburgische Münzen handelt *E. Bahrfeld,*[15]) über jene von Dortmund *A. Meyer.*[16]) Letzterer gibt auch eine Zusammenstellung der Münzen und Medaillen der Familie Eggenberg (1888, XX 183), nachdem schon früher *A. R. v. Luschin* einen Nachtrag zu einer älteren Abhandlung über dasselbe Thema geliefert hatte (1879, XI 284). Das Münzrecht und die Münzen der Grafen von Hardegg-Glatz erörtert in bekannter gründlicher Weise

---

[15]) 1880, XII 122; 1881, XIII 6, 187; 1882, XIV 74.
[16]) 1833, XV 238 und 1887, XIX 289.

Joseph v. Bergmann (1873, V 154), die Hohenlohe'schen Münzen (eigentlich kaiserlichen Fünfzehner) bespricht *A. Missong*, anknüpfend an Erbsteins Entdeckung (1881, XIII 139), während *Paul Joseph* den hieher gehörigen Ortsgulden erklärt (1886, XVIII 369).[17]) Die Mittelaltermünzen von Hoorn behandelt *H. Dannenberg* (1871, III 209), die Münzen des gräflichen und fürstlichen Hauses Leiningen haben in dem eben genannten *Paul Joseph* (1884, XVI 109), jene des Fürstenhauses Liechtenstein in *A. Missong* (1882, XIV 109 und 331) erfahrene Bearbeiter gefunden. Des Letzteren Schrift stützt sich auf ein treffliches Material, doch konnte *E. Forchheimer* den seltenen Thaler des Fürsten C. Eusebius, dessen Ausprägung *Missong* bezweifelt hatte, nachtragen (1891, XXIII 289). Die Münzen und Medaillen der Reichsstadt Lindau stellt *C. F. Trachsel* in Lausanne zusammen (1882, XIV 354), das Münzwesen der Stadt Luckau (Niederlausitz) schildert *E. Bahrfeldt* (1884, XVI 505), während *M. Bahrfeldt* Beiträge zur Münzgeschichte der Lüneburgischen Lande im ersten Drittel des XVII. Jahrhunderts (1893, XXV 123) bringt. Eine Uebersicht der Münzen der Grafen Montfort ist abermals *C. F. Trachsel* zu verdanken, [18]) der ebenso die Münzen und Medaillen des Hauses Oettingen bearbeitete (1880, XII 445); jene der Herren von Rantzau stellt *Adolf Meyer*[19]), die Münzen der Freiherren und Grafen von Schauenstein *C. F. Trachsel* (1871, III 560) zusammen. Treffliche Monographien finden wir ferner über das Münzwesen der Grafen von Schlick von *Eduard Fiala* (1890, XXII 165), über jenes der Schutzbar von Milchling von *Adolf Meyer*),[20]) zu welch letzterer *C. F. Gebert* einen münzgeschichtlichen Beitrag gibt (1884, XVI 524). Die Münzen der Stadt Stade bespricht *M. Bahrfeldt* (1879, XI 300), eine Tournose der elsässischen Stadt Thann *A. K. v. Luschin* (1872, IV 254); den Münzen des Albrecht von Wallenstein widmet wieder *A. Meyer* eine grössere verdienstliche Schrift (1885, XVII 47). Endlich nennen wir die Arbeiten von *C. F. Trachsel* über unedirte Münzen von Appenzell (1880, XII 397), von *Albert Sattler* über die Münzen der Grafen

---

[17]) Vgl. auch 1887, XIX 305.
[18]) 1881, XIII 133 und 1884, XVI 530.
[19]) 1882, XIV 334 und 1884, XVI 499.
[20]) 1882, XIV 103; 1884, XVI 217 und 529.

von Genf (1870, II 503), von *A. Busson* über jene von Disentis
in Graubünden (1877, IX 235). Den für die Citadelle von Antwerpen
von Christoph Mondragone geschlagenen Pfennig behandelt *Ernst
von Hartmann-Franzenhuld* (1872, IV 265).

Abgesehen von der Bedeutung, welche solche Einzelarbeiten,
insbesondere die grösseren Monographien, für unsere Wissenschaft
an sich haben, lässt sich aus den eben angeführten, die Numismatik
des alten deutschen Reiches betreffenden Schriften, verglichen mit
den Jahrzahlen ihres Erscheinens die erfreuliche Thatsache erkennen,
dass die Numismatik des XVI. bis zum XVIII. Jahrhundert wie bei
uns, so auch bei unseren Nachbarn im Aufschwung begriffen ist.
Während sich in den ersten zehn Jahrgängen unserer Zeitschrift vor
dem Jahre 1878 acht Abhandlungen dieser Richtung finden, von
welchen nur vier von deutschen Fachgenossen herrühren, zählt sie
seit 1878, also in den folgenden 15 Jahrgängen, siebenundzwanzig;
Von diesen sind einundzwanzig von Numismatikern in Deutschland
und der Schweiz, nur sechs von österreichischen Verfassern ausgegangen. Diese Daten sprechen um so sicherer, als die Herausgabe der neuen Zeitschrift in Berlin, im Jahre 1874, deren Programm
mit dem Ende des XVI. Jahrhunderts schliesst, nicht auf die eben
erwähnte Thatsache selbst, sondern nur darauf Einfluss genommen
hat, dass jene Arbeiten in unserer Zeitschrift abgedruckt wurden.

Von ausserdeutschen Ländern ist Venedig am reichsten
vertreten. In trefflicher Weise handelt *Joseph Müller* über die Venetianer Münze im XIII. Jahrhundert und ihren Einfluss auf das mittel-
europäische Münzwesen (1883, XV 222), während schon früher
C. von Wachter eine ausführliche Uebersicht aller Prägungen der
Republik in mehreren Fortsetzungen [21]) gegeben hatte. Ueber die
angeblichen Venetianer Prägungen in Akkon, Tyrus und Tripolis
schrieb *W. Heid* in Stuttgart (1879, XI 239), über eine seltene
Mailänder Goldmünze mit venetianischem Typus *A. Nagl* (1891,
XXIII 181), nachdem *P. Norbert Dechant* die Münzen der Republik
Ragusa in einer Monographie (1870, II 87) behandelt hatte.

Ferner veröffentlicht *F. S..Kupido* unedirte Thaler der Stadt
Reval und des Polenkönigs Michael Koribut (1869, I 345); die

---

[21]) 1871, III 227, 564; 1873, V 191; 1876, VIII 127; 1879, XI 119.

Mittelaltermünzen von Romanien finden sich zum ersten Male kritisch geordnet und beleuchtet in einer sehr dankenswerthen Schrift, welche *Demeter A. Sturdza* in Bukarest (damals in Paris) zum Verfasser hat (1872, IV 44). Die neuen serbischen Prägungen des Fürsten Michael Obrenovic III. theilt *Joseph Karabacek* (1869, I 179), jene des Fürsten Milan Obrenovic IV. *Carl R. v. Ernst* (1873, V 226) mit.

Weit weniger als die Münzen haben Me daillen in der Zeitschrift Bearbeitung gefunden. Die deutsche Privatmedaille älterer Zeit schildert nach ihrer Verwendung *Carl Domanig* (1892, XXIV 77), jene der österreichischen Behem *Ernst von Hartmann-Franzenshuld* (1874/75, VI, VII 142). *A. R. v. Luschin* handelt über die schöne Schaumünze auf Graf Carl Ludwig von Sulz (1872, IV 130), über die Ehrpfennige der innerösterreichischen Landschaftsschulen während des XVI. Jahrhunderts (1877, IX 367) und über die Grundsteinmedaillen des Kapuzinerklosters in Radkersburg (1886, XVIII 78), *Carl Schalk* über eine Holzmedaille auf eine Wiener Patriciertochter vom Jahre 1533 (1893, XXV 433); *Josef v. Bergmann* veröffentlicht die Medaille auf den Cardinal Gattinara und erinnert an den verschollenen grossen silbernen Pfennig von 170 Pfund Gewicht, den die Tiroler Gewerken Carl V. und Ferdinand I. 1530 in Schwaz darbrachten (1869, I 339 und 343). Den italienischen Medaillon auf den grossen Bastard, Anton von Burgund, erläutert *Julius Friedländer* (1870, II 539). Aus neuerer Zeit werden die Medaillen auf die Orientreise Seiner Majestät von *Josef v. Bergmann* (1871, III 203) mitgetheilt; *E. Rüppell* in Frankfurt am Main stellt die Medaillen auf Naturforscher und Aerzte[22]), *Otto F. Müller* in Saalfeld jene auf die Bachofen von Echt (1889, XXI 341) zusammen.

Die Mittheilung zweier Jetone von Henry de Poutet, Maire-Echevin in Metz, verdanken wir *Grafen Franz Folliot de Crennevielle* (1870, II 547). Ueber die Rechenpfennige und die operative Arithmetik belehrt uns · *A. Nagl* (1887, XIX 309), der auch ihre letzte Gestaltung vor ihrem Verschwinden im XVIII. Jahr-

---

[22]) 1874/75, VI, VII 151; 1876, VIII 315.

hunderte darlegt (1888, XX 407). Die innerösterreichischen Raitpfennige der Wagensberg, Teuffenbach zu Teuffenbach, Lorenz
Metzner bespricht *A. v. Luschin* (1886, XVIII 81), Raitpfennige des
Tiroler Kammerraitrathes E. von Stahlburg *A. Busson* (1879, XI
292).

Mit dem Orient, so weit er nicht griechisch und nicht christlich
ist, schliessen wir unsere Umschau. *Ernst von Bergmann* veröffentlicht eine abbasidische Bildnissmünze des IX. Jahrhunderts (1869,
I 445), sowie die Münzen der Indschuiden (1871, III 143) und gibt
Beiträge zur muhammedanischen Münzkunde (1876, VIII 28). *Josef
Karabacek* behandelt die spanisch-arabisch-deutschen Nachprägungen für Polen (1869, I 135) und die Vicariatsmünzen und Kupfer-
denare des XII. und XIII. Jahrhunderts (1869, I 265); von ihm
rühren ferner die Studie über die angebliche Leo-Münzen arabischer
Prägung (1870, II 52), die kritischen Beiträge zur lateinisch-arabi-
schen Münzkunde (1870, II 455) und die Abhandlung über die
Gigliati der Turkomanenfürsten Omar-beg (1870, II 525) und
Urchân-beg (XIV. Jahrhundert, 1877, IX 200) her. Den bilinguen
spanisch-arabischen Solidus des Jenaer Cabinets erörtert Geheimrath *G. Stickel* in Jena (1874/75, VII 43); wir verdanken letzterem
auch die Erklärung der arabischen Tortosa-Münze mit Monatsnamen
(1881, XIII 1) und einer armenischen Münze von Gorig IV., einem
Bagratidenkönig von Armenisch-Albanien aus dem Anfange des
XIII. Jahrhunderts (1883, XV 216). Neue himjarische Münzen veröffentlicht *J. H. Mordtmann* (1880, XII 289); *O. Blau* gibt eine
Nachlese orientalischer Münzen.[23]) Die einzige in Bosnien geprägte
türkische Münze bespricht *Carl Peez* (1890, XXII 163), die in
neuerer Zeit vorgenommene Münzreform in Persien *Carl v. Ernst*
(1878, X 403). Aus Ostasien ist uns die Abhandlung über siamesische
Münzen von *Josef Haas* (1880, XII 458) zugegangen.

Wer in der vorstehenden Uebersicht die den einzelnen Abhandlungen beigefügten Jahrgänge der Zeitschrift, in denen sie ver-

---

[23]) 1874/75, VI, VII 1; 1876, VIII 45.

öffentlicht wurden, vergleicht, wird gewahr werden, dass der Tod
ihres Begründers einen Wendepunkt in ihrer Entwicklung bezeichnet. Huber hatte durch seine umfassende Bildung, namentlich durch
seine Sprachkenntnisse und langjährige Sammelthätigkeit im Orient
jene Erfahrung und Vielseitigkeit von Verbindungen erlangt, welche
ihn in die Lage brachten, seine Zeitschrift rasch zu einem grossen
Organe für alle Fächer der Numismatik auszubilden. Auch äusser-
liche Verhältnisse wirkten mit. Nicht bloss seine Freunde vom
Oriente her, auch andere ältere und alle jüngeren Fachgenossen
und Sammler in Oesterreich, soferne sie literarisch thätig waren,
traten ihm bei. Nicht minder förderten die hervorragenden Numismatiker in Deutschland sein Unternehmen; denn man hatte es dort
lange schon mit Missbehagen empfunden, dass die einzige grössere
numismatische Zeitschrift deutscher Sprache im fernen Ausland,
in St. Petersburg erschienen und von dort aus redigirt war.

Alle günstigen Bedingungen für das Aufblühen der Zeitschrift,
die in Huber verkörpert waren, gingen ihr nun mit seinem plötz-
lichen Tode verloren, zumal da er nicht mehr in der Lage gewesen
war, irgend eine Anordnung über die Weiterführung seines Unternehmens zu treffen. Zwar trat alsbald unsere Gesellschaft in Verhandlung mit seinen Erben wegen Uebernahme der Zeitschrift, aber
es dauerte länger als ein Jahr, bis ein Abschluss erreicht wurde.
Die eingetretene Stockung, zu der noch Störungen in der Redaction
kamen, als Vorzeichen ihres Eingehens betrachtend, ging man in
Berlin an die Gründung einer neuen Zeitschrift, deren erster Band
im Jahre 1874 vollendet war. Sie zog, wie begreiflich ist, einen
beträchtlichen Theil von früheren Mitarbeitern des Huber'schen
Unternehmens an sich; manche älteren Freunde des Begründers
starben gleichfalls oder gaben die literarische Thätigkeit auf, wodurch die Schwierigkeiten, mit denen unsere Zeitschrift zu kämpfen
hatte, vermehrt wurden. Erst vom Jahre 1876 ab begann sie sich
wieder zu erholen.

Als eine gute Folge der überstandenen Krise kann die Richtung bezeichnet werden, die sie nunmehr einschlug. Die uns zunächst
liegenden Aufgaben, vordem mehr in den Hintergrund gedrängt,
erfuhren nun eine grössere Berücksichtigung; ohne ihr Programm
zu ändern, bot die Zeitschrift Spielraum genug, dass die den Numis-

matikern in Oesterreich von jeher eigenthümlichen Bestrebungen
kräftiger hervortreten konnten; es mag allerdings dazu beigetragen
haben, dass unsere jüngeren Forscher inzwischen in ihren Arbeiten
weiter vorgerückt waren und nun mit den Ergebnissen derselben
hervortraten.

Von jeher war es uns eigen, mit Vorliebe die römische Kaiserzeit zu pflegen. Aus einem naheliegenden Grunde. Denn unsere
Länder, zum guten Theile einst Provinzen des Weltreiches, liefern
in zahlreichen Funden. ein ausgebreitetes Materiale gerade für diese
Richtung, sie fordern geradezu den Sammler heraus, sich mit ihnen
zu beschäftigen. Dagegen haben die österreichischen Griechen-
Sammler die Anregung wohl immer in dem Umstande gefunden,
dass sie auf diplomatischen Posten, zumeist im Oriente oder im
Seedienste oder auf Reisen den grössten Theil ihres Lebens zu-
brachten. So tritt denn auch in unserer Zeitschrift, soweit es sich
um das classische Alterthum handelt, die römische Kaiserzeit
als das vorzügliche Gebiet für heimische Forscher hervor; wir treffen
als ersten Kreis der für unsere Zeit charakteristischen Specialisten
jenen der Sammler römischer Kaisermünzen des III. und IV. Jahrhunderts, der Zeit von Gallienus bis Constantin d. Gr. Leider
haben nicht alle unsere Specialisten dieser Richtung sich auf dem
literarischen Gebiete gezeigt, nicht selbst die Ergebnisse ihrer
Thätigkeit mitgetheilt, aber wo es geschah, haben ihre Schriften
den Werth der vollen Originalität, der Neuheit der zu Tage geför-
derten Thatsachen und der Sicherheit in den Folgerungen, die
namentlich für die Chronologie der bisher zeitlich unbestimmten
Münzbilder wichtig sein und eine neue Quelle für die Historia
Augusta erschliessen werden. Dagegen ist die griechische Numismatik und jene der römischen Republik überwiegend von Fachgenossen aus Deutschland und der Schweiz bearbeitet worden; aus
den schon angedeuteten Gründen stehen die heimischen Forscher
hier zurück.

Ein anderer Charakterzug, der in unserer Zeitschrift nun breiter
hervortritt, ist, wie natürlich, die Pflege der Münzkunde der
österreichischen Länder. Mit ihr beschäftigen sich zwei andere
Kreise von Specialisten, jene der Wiener Pfennige des XIII. bis
zum XV. Jahrhundert und gleichzeitig gangbarer Münzsorten der

Nachbarschaft. Zu ihnen gesellten sich die Specialisten der böhmischen Denare ältester Zeit, dann jene der Thaler und Gulden des XVI. bis zum XVIII. Jahrhundert. Wie schon bemerkt, ist ihnen nicht die Umgestaltung, sondern die völlige Neuschaffung dieses Zweiges unserer Wissenschaft zu verdanken, und trügen nicht alle Anzeichen, so wird eine der nächsten Phasen der weiteren Entwicklung des schon Erreichten eine Geschichte des Geldes sein; die Schriften der meisten Specialisten bewegen sich in dieser Richtung.

Wenn auch die Numismatik des römisch-deutschen Reiches, das heisst einzelner Dynastengeschlechter und Stadtgemeinden, wie wir gesehen haben, in unserer Zeitschrift ansehnlich vertreten ist, so verdanken wir diese für uns so erfreuliche Erscheinung wohl mehr einem bekannten, schon angedeuteten, äusserlichen Grunde und persönlichen Beziehungen; gleichwohl gehört sie mit zu den charakteristischen Merkmalen, die unserem Organe zukommen.

Endlich haben die in Oesterreich seit der Regierung Maria Theresia's aus naheliegenden Gründen eifrig betriebenen orientalischen Studien stets einen Einfluss auf die Pflege der orientalischen Münzkunde in Oesterreich ausgeübt, und erscheint diese dementsprechend auch in unserer Zeitschrift reich vertreten.

Während die hier erwähnten positiven und negativen Merkmale der letzteren einen bestimmteren, vielleicht darf man sagen, örtlichen Charakter geben, scheint eine andere Verschiedenheit, die zwischen den von Huber herausgegebenen und den späteren Jahrgängen obwaltet, in dem Entwicklungsgange der numismatischen Literatur begründet zu sein. Die ersten drei Bände enthalten kleinere Einzelstudien, bis 30 und mehr in einem Jahrgange, während die späteren viel weniger, dafür aber umfangreichere Abhandlungen in Form von abgeschlossenen Monographien über bestimmte Kategorien an Münzen oder umfassende Zusammenstellungen bieten, so dass bei gleichem oder doch fast gleichem Umfange der Jahrgänge die Anzahl der in ihnen enthaltenen Schriften nicht leicht über die Hälfte der in den älteren Bänden abgedruckten steigt, wobei noch zu beachten ist, dass das im Jahre 1883 gegründete „Monatsblatt" unserer Gesellschaft die Zeitschrift wesentlich entlastet hat.

Diese Erscheinung ist von grösserem Belange. Wie wichtig auch immer eine noch nicht bekannte Münze, eine in kritischer Weise richtig gestellte Einzelheit, die Deutung eines Gepräges, die Lesung einer Aufschrift sein mag, wie sehr einschlägige Entdeckungen eine neue Auffassung von ganzen Reihen verursachen können, so liefert die vergleichende Zusammenstellung von vielen zusammengehörigen Einzelheiten doch noch mehr Ergebnisse von Bedeutung. Fast in allen Zweigen der Numismatik, welche unser Rückblick streifte, finden wir solche Zusammenstellungen, grössere Monographien, neben kleineren Mittheilungen. Wie in anderen Wissenschaften hat also auch in unserer die Forschung die Tendenz, von den Einzelheiten ausgehend, einem höheren, ihren inneren Zusammenhang ins Auge fassenden Gesichtspunkte entgegenzustreben, sie zu einem organischen Ganzen zu gestalten. Die grössere Intensivität und die sachgemässe Methode, welche der Sammelthätigkeit durch die Specialisirung gegeben wurde, hat ersichtlich einen grossen Antheil an dem Erstarken dieses Strebens.

Möge es unserer Zeitschrift vergönnt sein, auch fernerhin ein Sammelpunkt gediegenr numismatischer Arbeit zu sein, damit, wenn nach abermals 25 Jahren wieder ein Rückblick auf ihren Inhalt geworfen wird, dieser ein nicht minder erfreuliches, vielmehr ein noch reicheres Bild gebe!

Das Redactions-Comité.

Zweiter Nachtrag zu dem Münzenfunde aus Bregetio.

Von

Dr. Friedrich Kenner.

(Hiezu Tafel I).

Im 23. Bande dieser Zeitschrift (S. 85) ist ein wichtiger Goldfund aus Bregetio (er erhielt u. A. zwei Quiniones des Kaiser Maximianus Herculius) von Professor Dr. Joseph Hampel mitgetheilt worden, und war ich in der Lage, einen dritten ebenfalls aus jenem Funde stammenden Quinio desselben Kaisers (jetzt Sammlung Trau in Wien) in Abbildung zu veröffentlichen und zu besprechen (S. 89). Zugleich konnte ich von einem vierten Quinio, der aus jenem Funde herrührt, Erwähnung machen und nach gef. Mittheilungen des Herrn Oberstlieutenants Otto Voetter seine Gepräge angeben.

Seither ist dieser letztgenannte Medaillon in die Sammlung des Herrn Adolf Bachofen von Echt in Nussdorf (Wien) übergegangen, welcher mir in freundlicher Weise gestattete, einen Abdruck vom Originale zu nehmen und dieses in unserer Zeitschrift zu veröffentlichen. Das Gepräge ist folgendes:

IMP C CVAL DIOCLETIANVS P F AVG Kopf rechts.

℞ CONSERVAT AVGG V ET IIII COS im Abschnitte SMT Jupiter auf dem Throne, l., mit der erhobenen Linken das Scepter aufstützend, in der gesenkten Rechten den Blitz, vor ihm ein zu ihm aufblickender Adler, einen Kranz im Schnabel. Im Felde zwischen Blitz und Adler ein eingeritztes Zeichen.

Gold, 30 *mm* Durchm., 26·55 *g* Tafel I, Fig. 1.

Darnach müssen die auf S. 90 des Bandes XXIII gemachten Angaben insoferne richtiggestellt werden, als der sitzende Jupiter der Rückseite in der Rechten nicht eine Victoria, sondern den Blitz hält, mit der Linken das Scepter aufstützt und vor seinen Knien der Adler erscheint.

Die Erhaltung ist, wie sich aus der Abbildung ergibt, eine vortreffliche, wenn sie auch in Frische und Schärfe dem Quinio der Sammlung Trau nachsteht. Das Gewicht ist um eine Kleinigkeit geringer als das des Letzteren. Die vier schweren Stücke des Schatzes von Bregetio ergeben:

Diocletian (Sammlung Bachofen von Echt) . . .   26·550
Herculius (Budapest, ℞ Perennis Virtus Augg) . 27·000
  „   (Sammlung Trau) . . . .   27·080
  „   (Budapest, ℞ Perpetua Concordia Augg) 26·535
im Durchschnitt 26·791 *g*, was auf einen Aureus von 5.358 *g* führt.

Die Uebereinstimmung im Gepräge unseres und des Quinio der Sammlung Trau ist, wie man bei Vergleichung der Abbildungen sieht, eine vollständige. Die Titulatur ist mit Ausnahme der Namen völlig gleich, ebenso die Angabe des fünften Consulates Diocletians und des vierten des Herculius, ferner der Mangel einer Bekränzung des Kaiserkopfes und die Angabe der Münzstätte Tarraco. Eine Analogie besteht auch darin, dass wie Herculius seinen Schutzgott Hercules, so Diocletian seinen Schutzgott Jupiter auf der Rückseite des Quinio darstellen liess. Zufällig haben beide auch eingeritzte Zeichen; auch auf dem Stücke, das hier abgebildet ist, dürfte ein mit MAX beginnender Name, wahrscheinlich des Eigenthümers, angedeutet sein.

Endlich fehlen auch zu dem Stücke der Sammlung Bachofen v. Echt andere Goldnominale nicht. Hieher gehört vor allem der doppelte Quinio der Sammlung de Quelen zu 53·59 *g* aus der Münzstätte Alexandria mit derselben Vorder- und Rückseite, nur

lautet die Aufschrift der letzteren: Jovi conservatori.[1]) Der zugehörige
einfache Aureus, der aus den Münzstätten Tarraco und Roma
bekannt ist,[2]) hat den Kaiserkopf mit Lorbeerkranz und der Umschrift: Diocletianus p. Aug (sic Cohen), oder p. f. Aug. wie das hier
(Tafel I, Fig. 3) abgebildete Exemplar der kais. Sammlung zu
5·490 *g*, mit P R im Segmente. Die Rückseite ist jener des
einfachen und doppelten Quinio gleich, doch lautet die Umschrift
sowie auf dem Letzteren: Jovi conservatori.

Eine andere, augenscheinlich zu dem Quinio der Sammlung
Bachofen v. Echt gehörige Serie besteht ebenfalls aus einem Doppel-
quinio und aus einfachen Goldstücken, die alle in Nicomedia her-
gestellt werden; das grosse Stück befindet sich im Berliner Cabinet
(Cohen, p. 439, Nr. 247) und wiegt 53·50 *g*. Es zeigt denselben
Porträtkopf wie der zehnfache Aureus der Sammlung Quelen und der
Quinio der Sammlung Bachofen v. Echt, auf der Rückseite dieselbe
Umschrift wie ersterer. Die Figur des Jupiters aber ist verändert, sie
wird nicht thronend, sondern stehend, in der Rechten nicht den
Blitz, sondern die Victoria haltend, dargestellt.

Alle diese Stücke können nunmehr auf das Jahr 293 datirt
werden und hängen mit den Decennalien des Kaisers Diocletian,
wie schon früher nachgewiesen wurde,[3]) zusammen.

Dagegen wieder andere einfache Goldstücke, zu welchen meines
Wissens Multipla bislange fehlen, haben zwar einen ähnlich stehenden Jupiter wie jene der letztgenannten Reihe, aber wieder mit
dem Blitze, und nur jene von Alexandria mit dem Adler zu Füssen
des Gottes; sie stammen, nach der Verschiedenheit des Porträts zu
schliessen, aus einer anderen Zeit. Sie sind in Tarraco und Alexandria
geprägt.

Ein stempelfrisches Exemplar von Tarraco in der kais. Sammlung (Tafel I, Fig. 2)[4]) stimmt mit Cohen's Beschreibung (Nr. 176)

---

[1]) Cohen N. Aufl. VI p. 441, Nr. 264.
[2]) Ebande 265.
[3]) Diese Zeitschrift XXIII (1891) S. 93 f.
[4]) Wir geben eine Abbildung, um auf die Verschiedenheit des Porträts
aufmerksam zu machen.

völlig überein, es hat auf der Vorderseite den Kaiserkopf mit Lorbeerkranz und der Umschrift: Diocletianus p. f. Aug, auf der Rückseite
den stehenden Jupiter links mit Blitz und Scepter und der Aufschrift: Jovi conserv(atori) Augg, im Abschnitte PT und wiegt
5·485 *g*. Die alexandrinischen Stücke weichen nur wenig im
Gepräge ab: derselbe Kaiserkopf mit der Umschrift Diocletianus
Aug, ℞ derselbe Jupiter, zu den Füssen der Adler mit Kranz im
Schnabel, im Felde ein Stern, im Segment ALE (Cohen, Nr. 177).

II.

Römische Bleitesserae.

Von

Dr. Joseph Scholz.

(Hiezu Tafel II, III, IV.)

In meiner Sammlung befinden sich an 120 Stück römischer Bleiprägungen bei deren Bearbeitung ich sah, dass sie verschiedenen Reihen angehören, aber nur Bruchstücke derselben sind. Ich suchte nach Material, um diese Reihen ausfindig zu machen und zu ergänzen und durchforschte zunächst Ficoroni „I piombi antichi" welcher nebst vielen anderen Bleitypen bei 739 verschiedene Tesserae abbildet. Aus der unerschöpflichen Sammlung des Herrn Trau erhielt ich weitere 1400 Stück — ein ganz aussergewöhnlicher Reichthum, der noch nicht erschöpft ist; in der kaiserlichen Münzsammlung befinden sich 216 Stück, deren Beschreibung mir gütigst gestattet wurde; Seine Durchlaucht Fürst E. Windischgrätz stellte mir ebenfalls bei 40 Stück zur Verfügung, ebenso Herr M. Hekscher die in seinem Besitze befindlichen interessanten Tesserae anderer Gattungen.

Ich fühle mich gedrängt den Hochgeehrten Herren, welche in der liebenswürdigsten und zuvorkommendsten Weise meine Bestrebungen unterstützten, meinen ergebensten und besten Dank zu sagen, vor allem Herrn Regierungsrath Director Kenner, Herrn F. Trau, Herrn M. Heckscher und Seiner Durchlaucht dem Fürsten Ernst zu Windischgrätz.

Nur ihnen habe ich es zu danken, wenn es mir möglich wurde, eine gewisse Übersicht über das ganze Gebiet zu gewinnen, welche wenn auch unvollständig, immerhin geeignet erscheint das Wesen und die geschichtliche Entwicklung der Tesserae zu erkennen und das reiche Material zusammenzustellen, welches ich dem geehrten Leser hiermit vorlege.

Allgemeines.

Tessera heisst Würfel; aber auch jene Steinchen, welche bei den Mosaikarbeiten gebraucht wurden, hiessen Tesserae. Es scheint nun, dass schon bei den Griechen diese oder ähnliche Steinchen zu verschiedenen Zwecken verwendet wurden, so bei Abstimmungen, oder mit bestimmten Zeichen versehen, als Erkennungs- oder Eintrittszeichen. Als Analogon sei das Scherbengericht angeführt, bei welchem Scherben mit dem Namen beschrieben in die Urne geworfen und so die Stimmen beim Volksurtheil gezählt wurden. Solche Steinchen mit einfachen Zeichen, Kreuz, Quadrat, länglichem Viereck mit Abtheilungen, welche eingeritzt sind, wurden auch in Aquileja gefunden (Sammlung Trau), ein Beweis, dass ihr Gebrauch noch in später Zeit üblich war.

Wir begegnen einer anderen Gruppe welche dem Alter nach an die erste anschliessen dürfte, es sind dies flache Täfelchen oder vierseitige Stäbchen aus Bein, in welche Namen eingeschnitten sind: die sogenannten Gast- Haus- oder Familienzeichen: Tesserae hospitales, familiares, domesticae. Sie wurden dem Gaste zum Abschiede gegeben, auch in 2 Stücke gebrochen, von denen das eine der Hausherr, das andere der Gastfreund erhielt; sie dienten als Erkennungszeichen im Falle der Gastgeber die Gastfreundschaft des Gastes in Anspruch nehmen musste.

Bei der Art des Reisens in alter Zeit war die Gegenseitigkeit der Gastfreundschaft üblich, da Gasthäuser nicht bestanden und der Reisende in jenem Hause Aufnahme suchte, das er fand, oder in welchem er von früher Gastfreundschafts- oder Freundschaftsbeziehungen der Familien pflegte. Im Orient, selbst im Osten

Europa's haben bis in unsere Zeit ähnliche Verhältnisse bestanden und bestehen noch heute.

Diese Tesserae, wie schon erwähnt aus Bein, sind entweder flache Plättchen, 7—10 *cm* lang 1—2 *cm* breit, unregelmässig geformt meist sehr primitiv gearbeitet und haben auf einer oder auf beiden Seiten Namen eingeschnitten; meist sind sie gelocht. Vierseitige Prismen von besserer Arbeit mit einem Oehr an einem Ende und einem Knopf an dem anderen, wohl auch an beiden Enden mit Knöpfen, bei welchen die Namen auf einer, zwei, drei und auch auf allen vier Seiten eingeschnitten oder auch erhaben herausgearbeitet sind, gehören den Gladiatoren zu.

An diese Gruppe reihen sich jene Tesserae aus Bein, welche von den Patronen ihren Clienten gegeben wurden als Erkennungs- oder Legitimationszeichen, bei Betheiligungen, Gastmählern, Familienfesten und so weiter. Diese sind sehr einfach, Beinplatten mit dem Namen der Familie. Es gibt auch Bleitesserae, welche dieser Gruppe anzugehören scheinen.

Eine andere Gruppe sind die Grab- oder Urnentäfelchen der Verstorbenen. Eine kleine viereckige Platte aus Elfenbein mit einem Oehr zum Anhängen gehört wohl für eine Aschenurne; grössere hölzerne Platten mit Handgriffen oder auch bloss mit einem Ansatz mit Löchern zum Aufhängen versehen, wurden in den Gräbern oder bei denselben in Alexandria gefunden und dürften dem 2. und 3. Jahrhundert vor Christi angehören. Sie haben den Namen des Verstorbenen und diesen betreffende Bemerkungen in griechischer Schrift eingeschnitten. Obwohl sie wirkliche Tafeln sind, dürften sie wohl nur in weiterem Sinne den Tesserae zuzuzählen sein.

Geprägte Tesserae.

Mit der steigenden Verwendung der Tesserae zu verschiedenen Zwecken und in grösserem Umfange tritt nun die Massenfabrikation derselben auf, sie werden geprägt und gegossen, auch in Thon und Glas, wenn auch vereinzelt gepresst; sie nehmen die Form und das Aussehen von Münzen an und haben nun auch für den Numismatiker Interesse.

Die Zahl und Mannigfaltigkeit dieser Producte der Prägekunst ist nun eine sehr grosse. Wenn wir Thon und Glas als vereinzelt

bei Seite lassen, haben wir die zwei grossen Gruppen: in Bronze
und in Blei vor uns.

Die Tesserae aus Bronze bilden eine ziemlich geschlossene
Gruppe; der Avers zeigt meist den Kopf eines Kaisers oder einer
Kaiserin, der Revers meist Zahlen, auch Kränze oder andere Dar-
stellungen. Die Contorniaten, wenn sie den Tesserae zugezählt
werden, bilden dann eine zweite Gruppe. Die Tesserae in Blei sind
ungleich mannigfaltiger. Wir finden Medaillons von verschiedener
Grösse, einseitig und beidseitig, geprägt, Stempel von bekannten
Münzen, ferner Siegelplomben, einseitig und beidseitig, mit Schrift,
Köpfen und anderen Darstellungen. Eine grosse Reihe fällt den
Götterbildern zu, unter denen Fortuna und Mercur besonders hervortreten. Die Vorstellungen aus dem Circus, Pferde, Gladiatoren,
Siegeszeichen, Bigae und Quadrigae mit Victorien, Gladiatoren,
Palmen und Kränze sind ebenfalls häufig vertreten; diesen schliessen
sich die Darstellungen von Thieren aller Art, von den Vierfüsslern bis
zu den Würmern in grosser Mannigfaltigkeit an. Es folgt dann eine
weitere grosse Gruppe, welche bloss Namen oder deren Initialen
enthält. Den Schluss bilden Zahlen und verschiedene Rosetten.

Eine besondere Gruppe bilden die Bleiabschläge von Münzen,
Consular- und Kaiserdenaren, von Kupfermedaillons, welche öfter,
wenn auch nicht häufig, vorkommen und meist bekannte Typen   .
darstellen.

Was sind die Tesserae?

Bisher war es üblich, alle Prägungen aus Bronze oder Blei, welche
münzenähnlich waren als Tesserae zu bezeichnen, andererseits
den Haus- und Familienzeichen, den Marken aus Stein, Bein, Holz
oder Elfenbein diesen Namen nicht zu geben. Es kann nun wohl
keinem Forscher benommen werden, einer Gruppe antiker Gegenstände, für welche der Name nicht feststeht, einen ihm passend
erscheinenden Namen beizulegen um die Gruppe zu kennzeichnen;
immerhin erscheint es aber wünschenswerth, zusammengehörige
Gegenstände auch in der Bezeichnung zusammenzuhalten, und nicht
dazu gehörige auszusondern. Dies sollte auch bei den Tesserae geschehen. Von ihrem Ursprung an dienten sie als Zeichen oder
Marken für einen Zweck, oder eine Person, um das Recht zum Ein-

tritt in einen Raum oder eine Gesellschaft zu erweisen. Diese Eigenschaft als persönliche Legitimation behielten sie, als sie Gast-, Haus- oder Familienzeichen geworden waren, ebenso als sie Vertheilungszeichen oder Eintrittsmarken in das Theater oder den Circus vorstellten. Die Grab- und Urnentäfelchen fallen ebenfalls noch unter den Begriff der persönlichen Legitimation, freilich nur für die Leiche, und wenn auch bei den hölzernen das Material und die Grösse dem gewohnten Anblick widerstrebt, so lassen sich die elfenbeinernen sehr wohl in die Gruppe einreihen. Die Spielmarken stellen wohl kein Personalzeichen vor, sondern ein Werthzeichen, ihre Bedeutung als Marke ist aber so gleichartig, dass sie ebenfalls unter diesen Begriff fallen.

Es wären also nach meiner Meinung alle griechischen und hauptsächlich römischen geprägten, gegossenen oder geschnittenen Platten oder Stäbchen, welche sich als Zeichen für Personen oder Sachen, — als Marken — im Gebrauche darstellen, als Tesserae zu bezeichnen.

Nach dieser Begrenzung hätten aus dem Begriff der Tesserae ausgeschieden zu werden:

1. Jene Medaillons aus Blei mit den Köpfen von Kaisern und Cäsaren, Architekten oder Baumeistern, selbst von Privaten als Bauherren mit oder ohne ihre Namen, welche die Bestimmung hatten, in den Grundstein eingelassen zu werden, um öffentliche oder private Bauten für den Erbauer, als Urheber, sicherzustellen.

2. Jene ähnlichen Darstellungen in Blei oder Bronze, welche als Verzierung bei Brunnen oder Häusrath dienten.

3. Die alten Münzproben in Blei.

4. Die Münzfälschungen in Blei.

5. Die bullae oder Siegel mit den Namen der Päpste, der Gouverneure oder Commandanten u. s. w.

Immerhin werden aber vereinzelte Stücke nicht sicher zu bestimmen sein und die Zutheilung derselben wird Schwierigkeiten machen; im Ganzen und Grossen aber wird sich die oben gegebene Begriffsbestimmung festhalten lassen, nach welcher sich die Tesserae als Marken für verschiedene Zwecke darstellen.

Alter und Dauer derselben.

Der Ursprung der Tesserae dürfte wohl in die Zeit der Autonomie
der griechischen Freistaaten zu verlegen sein, und dürften gezeichnete
Steinchen die älteste Form sein, welche gebraucht wurde. Die
Tesserae hospitales, die Haus- und Familienzeichen folgten ihnen.
Als sie anfingen, als Eintrittsmarken für den Circus zu dienen,
waren sie aus Bein (es sind derartige einfache, rohe 10 *cm*, lange
und ungefähr 2 *cm* breite Plättchen an einem eisernen Ring auf-
gereiht gefunden worden [Sammlung Heckscher]), für Vornehmere
aus Elfenbein mit Namen und Nummern. Später erst traten Bronze
und Blei wahrscheinlich gleichzeitig auf; sie beginnen mit Augustus
und die letzten bisher bekannten reichen bis Arcadius. Von den
Bronze-Tesserae lässt sich dies durch die Kaiserköpfe des Averses
nachweisen, für Blei fehlen diese Anhaltspunkte, und ist nur die
Wahrscheinlichkeit vorhanden, dass sie ebensolang gedauert haben
mögen. Der Gebrauch der Marken hat selbstverständlich nicht auf-
gehört, sie finden sich im Mittelalter und werden auch heute noch
vielfach und mannigfaltig verwendet. Doch scheint nach der Kaiserzeit eine Pause im Gebrauch und später eine Aenderung im Materiale
sowie in der Verwendung eingetreten zu sein, so dass für die in
Rede stehende Gruppe die weströmische Kaiserzeit als die Zeit
ihres Bestehens angenommen werden kann.

Material und Prägung der Bleitesserae.

Bei den Bleitesserae ist zweierlei Material zu finden. Ein
dunkelbleigraues härteres Metall, welches bläulichgrau oxydirt, und
das gewöhnliche Blei, welches einen lichteren gelbgrauen Ueber-
zug aufweist. Aus dem ersteren Material sind jene Tesserae geprägt,
welche Beziehungen zum Kaiserhause aufweisen, die Stempel sind
sorgfältiger geschnitten, die Ausführung sauberer, manchmal künstlerisch befriedigend, auch haben sie den Einflüssen der Zeit besser
widerstanden und sind vollkommener erhalten. Ob sie, wenigstens
soweit sie Beziehungen zum Kaiserhause aufweisen, diesen zu Ehren
sorgfältiger ausgeführt wurden oder auf ihre Bestellung hin, oder
ob gewisse bessere Officinen bestanden, die nur bessere Arbeit

lieferten, ist nicht zu entscheiden. Sie kommen auch ohne Beziehung auf das Kaiserhaus häufig vor, behalten aber ihren Charakter besseren Materials und besserer Ausführung.

Die Grösse der Tesserae schwankt zwischen 42—48 *mm*; der Hauptmasse nach liegen sie zwischen 12—18 *mm*. Die Grössen von 20 *mm* und darüber sind nicht mehr häufig, ebenso die unter 10 *mm*, die Dicke von 1—3 *mm*. Der Form nach sind sie rund; viereckige, dreieckige, ovale kommen vor, aber nur vereinzelt.

Von den gebrauchten Typen ist im Allgemeinen zu bemerken: die Köpfe sind gewöhnlich gut individualisirt, so dass man Gladiatorenköpfe als Porträts ansehen kann, die Typen der Götterköpfe sind festgehalten und nicht leicht mit den Gladiatorenköpfen zu verwechseln. Ebenso sind die Götterfiguren in gewissen Typen festgehalten, wie bei Münzen, und bei schlechtester Ausführung und schlechtester Erhaltung, wenn nur ein Schatten sichtbar ist, zu erkennen. Die Thierkämpfer, Reiter, Gladiatoren erscheinen zum Theile in Kampfstellung oder mit ihren Waffen und Werkzeugen. Sie scheinen vielfach in militärischer Ausrüstung aufgetreten zu sein, so dass ihre Unterscheidung von Soldaten kaum möglich ist.

Die Thiere sind gut charakterisirt, bei Pferden ist das norische Pferd vom arabischen, so wie der Pony vom gewöhnlichen Pferd genau zu unterscheiden, das Nashorn vom Nilpferd und diese vom Elephanten bei nur mässiger Erhaltung zu trennen; nur bei den Raubthieren des Katzengeschlechtes wird man in Zweifel sein, ob man einen Löwen oder Panther oder Leopard vor sich hat. Auch bei Schlange oder Aal wird die Bestimmung zweifelhaft, ebenso bei manchen Insecten. Bei Darstellung von Hausgeräthen, Werkzeugen u. s. w. ist es manchmal der Mangel an Kenntniss des Gegenstandes, der die Deutung erschwert und nur Muthmassungen Raum lässt. Die Ausführung der Stempel ist sehr verschieden, von künstlerisch fast correcter Ausführung bis zum rohesten Typus sind alle Stufen vorhanden.

Bezüglich der Erhaltung ist zu bemerken, dass dem Metall entsprechend, gute Erhaltung selten ist, man muss mit mittelmässiger Erhaltung vorlieb nehmen; die nahezu oder vollständig zu Grunde Gegangenen entziehen sich von selbst der Beschreibung.

Eintheilung der Tesserae.

Bisher liegen nur für Tesserae in Bronze Versuche von Systemen
vor. Eckhel theilt sie in drei Classen: 1. Contarniates, 2. Imperiales,
3. Spintbriae. Cohen nimmt sechs Classen an: 1. Imperiales, 2. My-
thologiques, 3. des jeux, 4. érotiques, 5. commemoratives (ou
medaillons contorniates), 6. Mystiques. Im Dictionnaire des antiquités
grecques et romaines par Anthony Rich, traduit par M. Cheruel,
Paris Didot et Comp. 1883, wird eine Classe der „militaires" zugefügt.
A. de Belfort „Essai de classification des Tessères romaines en
bronce" (Annuaire de la société française de numismatique Mars —
Avril 1889, Mai — Juin 1892 und Juillet — Août 1892, theilt sie ein
in Imperiales, Anonymes und Indéterminées. Die Imperiales zerfallen
in zwei Gruppen, deren erste den Revers erhaben, die zweite vertieft
geprägt hat. Die Zahl der beschriebenen Bronzetesserae beträgt bei
Belfort ungefähr 234, bei Cohen, VIII. Band, 1892, bei 244 Stück.

Für Bleitesserae fehlt jeder Versuch einer Eintheilung. Ficoroni
„I piombi antichi" Roma 1740 bildet an 739 Stück ab und beschreibt
sie ohne jeden Versuch einer Ordnung, sie bilden den letzten Theil
seines Werkes und folgen den Medaillons etc. den Bullen und Siegeln.

Bei dem Versuche, die Bleitesserae zu ordnen, ist es uns allerdings nicht möglich, einen Eintheilungsgrund zu finden, der alle
umfasst, man müsste denn zu so einem weiten Begriff Zuflucht
nehmen, dass er dann auch nichtssagend wird. Eine chronologische
Eintheilung ist wegen Mangels von Anhaltspunkten undurchführbar,
eine Eintheilung nach dem Zwecke nur bei einigen Gruppen möglich;
es blieb also nichts übrig, als nach dem äusserlichen Merkmale der
Prägebilder die ähnlichen zusammenzulegen und aus ihnen Gruppen
zu bilden. Da ergibt sich die Schwierigkeit, zu bestimmen, welche
Seite als die Vorderseite anzunehmen ist; es erscheint zum Beispiel
eine Götterfigur, Mercur oder Fortuna, als der hervorragende Theil
eines Gepräges, also als der Avers, ein anderesmal scheint dieselbe
Götterfigur untergeordnet zu sein, demnach den Revers zu bilden.
Ebenso geht es mit Namen, Schiffen, Thieren und anderen Prägebildern. Es ist lediglich der subjectiven Empfindung überlassen, in
einem fraglichen Falle zu entscheiden, ob bei einem Stücke, welches
man in der Hand hat, diese oder jene Seite die Hauptseite sei. Daraus

ergibt sich, dass die Einordnung der einzelnen Stücke in die verschiedenen Gruppen keine strenge sein kann; ich werde es daher Niemand verargen, wenn er aus dem vorliegenden Materiale andere Gruppen bildet, und ich werde mich nur freuen, wenn ein besseres System gefunden wird.

Aber auch nach dieser zwanglosen Methode ergeben sich Gruppen, welche einen Schluss auf einen bestimmten Zweck zulassen und sich sozusagen von selbst benennen. Hervortretend sind zwei Hauptzwecke, welchen die Tesserae dienten: Der Circus und die öffentliche Betheiligung. Bei ersterem als Eintritts-, Sieges- und Kämpfermarken, zu denen auch die Thierbilder, vielleicht ein Theil der Götterbilder, zuzuzählen sind, bei letzteren als die Anweisungen auf Brot, Wein, Oel, Fleisch und haares Geld, welche bei den Vertheilungen der Kaiser, der Stadt und Privater dem Volke gegeben wurden. Eine Anzahl Tesserae, welche anderen Gruppen eingereiht sind, dürften dennoch diesen beiden Hauptzwecken gedient haben, so die kaiserlichen, privaten, unbestimmbaren, mit Rosetten bezeichneten. Eine dritte grosse Gruppe sind die mystischen und Amulete, in welche die religiösen, die Götter, vielleicht auch die Schiffe und ein Theil der unbestimmbaren einzureihen sind. Die grosse Gruppe der mit Buchstaben und Namen bezeichneten wird hauptsächlich dem Circus zuzuweisen sein, ebenso ein Theil der mit Zahlen bezeichneten, ein anderer Theil derselben dürften Spielmarken oder Vertheilungsmarken sein.

Diese Erwägungen vorausgeschickt, will ich nun eine Eintheilung der Tesserae versuchen.

Es ergibt sich folgende Ordnung:

I. Tesserae aus Steinchen.

II. Tesserae aus Bein.

    1. Gast- und Hauszeichen.

    2. Grab- oder Todtentäfelchen (aus Holz).

    3. Eintrittsmarken für den Circus:

        a) leere,

        b) mit Namen.

    4. Gladiatoren.

    5. Amulete.

    6. Geistliche.

III. Tesserae aus Bronze.

IV. Tesserae aus Thon, Glas oder ähnlichem Material.

V. Tesserae aus Blei.

    1. Kaiserliche.

    2. Religiöse, mystische, Amulete.

    3. Christliche.

    4. Götter.

    5. Familien und Personen.

    6. Gesellschaften: Hahnenkämpfe.

    7. Spinthriae.

    8. Vertheilungsmarken.

    9. Militärische.

  10. Schiffe.

  11. Theater und Circus.

      a) Im allgemeinen.

      b) Wettrennen.

      c) Wettkämpfe und Gladiatoren.

      d) Siegeszeichen.

      e) Thiere.

  12. Unbestimmte.

  13. Buchstaben und Namen.

  14. Zahlen.

  15. Rosetten.

Ich gehe nun zur Beschreibung der Tesserae über und werde die nicht bleiernen, welche mir zur Verfügung standen, im Texte beschreiben, da ihre Zahl nur gering ist. Es sind dies Stücke, die ich alle in Händen hatte. Die Bleitesserae folgen in Katalogform, die Ficoroni'schen kenne ich nur aus den Abbildungen, die übrigen habe ich alle in Händen gehabt.

    I. Steinchen. Sammlung Trau, Fundort Aquileja.

a) Ovale flache glatte Steinchen, ohne Zeichen auf der Rückseite,

b) mit Quadrat eingeritzt, und

c) durch Querstriche in vier längliche Vierecke getheilt.

    Durchmesser circa 15 *mm.*

II., 1. Gast- und Hauszeichen:

CAECINAE .	H. [1]
EMV.	H.
D.JVNIVS | HERMETVS.	Tr.
IVNI | PHILOGEN.	Tr.
M.PL.	Tr.

II., 2. Grab- oder Todtentäfelchen:

VITAVOBIS | CLAVDIAE | PICHARIS.　　　　　　H.

II., 3. Eintrittsmarken für den Circus:
　　a) leere:

Vier Stück Beinplatten auf einem Eisenring.　　　H.

　　b) mit Namen:

α) Av. Circus erhaben geschnitten.
　　Rv. 　„　　　„　　　„　　XVII.　　H.
β) Av. 　„　　　„＿　　„　　.
　　Rv. FLAVIVS. X̅I̅. 　Beide Elfenbein, rund.　H.

Ohne Angabe des Materials:

CAVEA II | CVNEVS III | GRAD.VIII. | CAECINA | PLAVTI
Oval mit gewundenem Rand; abgebildet im Dictionnaire des Antiquités Artib. Tesserae bei 30 *cm* hoch, 25 *cm* breit.

II., 4. Gladiatoren:

AFRANIA IX.	H.
ARGVTE | XV.	Tr.
L.CESTI | VIII.	H.
L.CESTI | POBLICIA | SP.ID.APRI. | XI.	H.
LVPA | XI Ⱥ	H.
MVLA VI.	H.
D.SIL.D.MVR. | HERACLIDA | LOLLI | SP.K.FEB.	Tr
VAΓIO | VIII.Ⱥ .	Tr.

II., 5. Amulette:

ΠΑΜΦΙΛΟS. Rund, Elfenbein.

---

[1] Die einzelnen Buchstaben bezeichnen die Sammlungen, in welchen sich
die besprochenen Stücke befinden: H. = Heckscher, Tr. = Trau, F. W. =
Fürst Windisch-Graetz.

II., 5. Christliche:

Fische von Bein und Elfenbein in der verschiedensten Grösse und sehr ungleich in der Arbeit. Sie dienten wohl als Erkennungszeichen für die Versammlungen. Der Fisch galt als Symbol Christi nach der Auslegung, die dem Worte Ἰχθύς: Ι(ησȣς), Χ(ριστός), Θ(εȣ), Ὑ(ιός), Σ(ωτήρ) gegeben wurde.

III. Tesserae aus Bronze:

Bezüglich dieser verweise ich auf die schon erwähnten Arbeiten von A. de Belfort und Cohen.

Die Contorniaten sind eine eigenthümliche, schwer einzuleitende Gruppe. Eine Anzahl derselben beziehen sich auf den Circus und bestimmte Personen, andere entbehren dieser Merkmale und von diesen letzteren ist es fraglich, ob sie den Charakter von Marken haben, und in meinem Sinne Tesserae genannt werden können, was bei den ersteren wohl zutrifft. Ich muss es offen lassen, ob sie den Tesserae eingereiht werden oder eine Stellung für sich einnehmen sollen.

Hier wäre noch anzuführen:

LVSIMACV. Viereckig, 40 : 12 *mm* Blei. Fi. Gehört wohl zu jenen, welche in Grundsteine versenkt wurden. Fi. bildet das Stück unter den Tesserae ab, ich belasse es.

IV. Tesserae aus Thon, Glas oder ähnlichem Material:

Av. Apollokopf mit Lorbeerkranz l., vor ihm Leier, im Linienkreise und erhabenem Rand.

Rv. XIII | ΑΠΟΛΛѠΝ | ΙΓ in 3 Zeilen eingeritzt, Fläche glatt In der Mitte beiderseits Grübchen.

Thon, sehr fest gebrannt. Durchm. 27 *mm*, Dicke 3 *mm* F. W. Sehr schöne Arbeit.

V. Tesserae aus Blei.

Diese folgen nun in der angeführten Reihe der Gruppen; jede Nummer ist ein Stempel für sich; wo Avers und Revers bei einzelnen Stücken gleich, sind selbst bei gleicher Grösse die Stempel verschieden, manchmal, der Arbeit nach zu urtheilen, in der Zeit weit auseinander liegend. Grössenunterschiede bis zu 2 *mm* bei sonst gleichem Stempel lasse ich für dasselbe Stück unberücksichtigt, bei 3 *mm* ist der Stempel schon ein anderer, manche Stücke sind bei gleichen Prägebildern in drei Grössen vorhanden und oft nicht derselben Zeit angehörig. Von den bei Ficoroni angeführten konnte ich nur die Grösse der Bilder messen und muss ich es dahingestellt sein lassen, inwieweit sie mit den wirklichen Grössen übereinstimmen, im Allgemeinen scheinen die Durchmesser ziemlich genau angegeben.

Zu bemerken ist ferner, dass in den verschiedenen Sammlungen sich verhältnissmässig viele verschiedene Stempel finden, so dass in Sammlungen, die mir nicht bekannt sind, noch viele neue Typen zu erwarten sein werden.

Ich war gezwungen, einen Nachtrag zu machen, da ich in die Sammlung Seiner Durchlaucht des Fürsten Ernst zu Windisch-Graetz erst nach Abschluss der Beschreibung Einsicht nehmen konnte. Dass dort auch Stücke meiner Sammlung vorkommen, hat darin seinen Grund, dass ich meine Stücke dem reichen Materiale gegenüber ganz vernachlässigte und erst bei der Schlussdurchsicht fand, dass auch hier noch Stempelverschiedenheiten unbeachtet waren.

Bei der letzten Gruppe der Rosetten sind nur die auffälligeren Verschiedenheiten angeführt, sonst liesse sich die Zahl derselben noch sehr vermehren, die Sache selbst würde es nicht weiter fördern.

Ich unterlasse es bei den einzelnen Stücken Deutungen zu versuchen, die über die Gruppenbezeichnung hinausgehen, — möge der freundliche Leser seine Meinung nach dem Gebotenen sich selbst bilden.

Bei den Abbildungen sind die für die einzelnen Reihen bezeichnendsten Stücke herausgesucht, so dass es wohl möglich sein dürfte, sich die anderen vorzustellen.

Notiz für die Abbildungen: Bei den Nrn. 461, 523, 555, 589, 609, 726, 927 hat durch Verstellung der Gypsabdrücke eine Verwechslung der Averse und Reverse stattgefunden, worauf hier aufmerksam gemacht wird.

Abkürzungen.

K. = Kopf.

r. = rechtshin.

l. = linkshin.

in d. R. = in der Rechten.

in d. L. = in der Linken.

r. — l. mit Angabe eines Gegenstandes = in der rechten — linken Hand haltend.

Steh. = stehend.

Sitz. = sitzend.

Fig. = Figur.

Idem. = der Vorderseite.

Fi. = Ficoroni.

H. = Heckscher.

K. S. = kaiserliche Sammlung.

Tr. = Trau.

F. W. = Fürst Windisch-Graetz.

M. S. = meine Sammlung.

Nr.	A v e r s	R e v e r s	Durch- messer in Millim.
		1. Kaiserliche.	
1	AVG·	NII Steinbock. Fi.	18
2	AVG· Minerva stehend.	HER. Tr.	16
3	AVG·	Lorbeerkranz. Fi.	18
4	AVG·	Stehender Soldat. M. S. Tr.	18
5	AVG·	Elephant mit Reiter. Fi., Tr.	16
6	CЄBACTOC	Achtstrahliger Stern. Tr.	12
7	GER	AVG. Fi.	18
8	ANTONIA Kopf rechts.	EX LIBERALITATE TI CLAVD CAE·AVG· . Tr.	18
9	TIB· Büste auf einer Säule.	Viereckiges Ding wie ein Kasten. Tr.	—
10	TIB	Fortuna stehend links. Tr.	16
11	TICD·	Nach links laufender Knabe, in der Rechten ? Tr.	12
12	TIGL	PR· Tr.	15
13	TICL	Fortuna. Tr.	15
14	TILA	Springendes Pferd. Tr.	17
15	TILA	Mann auf Schiff, der eine Victoria in der Rechten hält. Tr.	17
16	CLAVDIA AVG· Weib- licher Kopf rechts.	MLDT· Fi.	21
17	BRITANNICVS· Kopf rechts·	Lorbeerkranz. Fi.	20

Nr.	Avers	Revers	Durch-messer in Millim.
18	BRITA........SARI Kopf rechts.	MAG VIIII IV V Fi.	18
19	NERO CAESAR Kopf rechts, nackt.	FAVSTA weiblicher Kopf rechts. M. S.	18
20	NERO CAESAR Kopf rechts, nackt.	NERO CAESAR Kopf rechts. Fi.	19
21	NERO CAESAR Kopf rechts, nackt.	— Fi.	19
22	NERO CAESAR' Kopf rechts, nackt.	Pallas. Fi.	19
23	NERO CAESAR Kopf mit Lorbeer.	FORMAN nackter Mann stehend, in der Rechten Vogel, in der Linken Stab haltend. Fi.	19
24	NE Kopf mit Lorbeer.	Zweig mit Aesten. Fi.	19
25	NERO CAESAR Kopf mit Lorbeer links.	Soldat in Rüstung. Fi.	21
26	NERO CAESAR Kopf mit Lorbeer links.	„ „ „ Tr.	17
27	NERO CAESAR Kopf rechts.	SODAL ROIS Soldat Fi.	21
28	NERO	AVG· Fi.	21
29	Kopf des Nero.	C · SODAL · Weiblicher Kopf rechts. Fi.	19
30	„ „ „	Elephant. Fi.	18
31	„ „ „	Wagen mit acht Pferden. Fi.	21
32	„ „ „	ROTICLA zwei Köpfe hin-tereinander. Fi.	21
33	NEROTISRVN Altar.	ANI Imperator opfernd. Tr.	19

Nr.	Avers	Revers	Durch- messer in Millim.
34	ROTISNERM Altar.	SILVANI nackter Mann nach links, in der Rechten Blume? links Hirtenstab. Tr.	20
35	TICL PHAV··	Stehender Mann rechts Gefäss? links Figur in der Hand. Tr.	18
36	TIFAVG LB· (s. Nr. 1799)	Palme im Kranz. Fi.	20
37	TINE	Quadriga mit Victoria. Tr.	13
38	GAL AVG Kopf rechts.	CAN Sitzende Figur mit Patera rechts. Fi.	18
39	GAL AVG „ „	CANA Pallas sitzend. Fi.	18
40	GAL·	Sitzende Frau, rechts Patera, links Füllhorn. Tr.	18
41	IMP AVH VES· Kopf mit Lorbeer rechts.	MTIT D CAE· Beider Köpfe gegenüber. Fi.	21
42	IMP AVG VES Kopf mit Lorbeer rechts.	TDO CAES Beider Köpfe gegenüber. K. S.	18
43	IMP AV VES· Imp. mit Lanze zu Pferde rechts sprengend.	IMT DO die Köpfe des Titus und Domit. gegenüber. Tr.	18
44	CVESP····	Genius. Tr.	18
45	PRIMIL DOMITI Amphora.	Tisch. Fi.	14
46	DOMITI Palme.	Nackter Mann, in der Linken Lyra (Apollo?) Fi.	12
47	TRAIANI	Fortuna. Tr.	16
48	HAD AVG	RPT Tr.	20
49	ANT	Mann bei Altar knieend. Tr.	—
50	ANT·	Rogus. Tr.	21

Nr.	Avers	Revers	Durch-messer in Millim.
51	ANT	HER Fi.	18
52	IMP	Weibliche Figur, rechts Si-strum, links Spiegel. M. S.	15
53	Kopf der Faustina jun.	Nackte Frau sitzend, Mann haltend. Fi.	21
54	IVVEN AVG·	Kopf, daneben Palme. Fi.	23

2. Religiöse, Mystische, Amulete.

Nr.	Avers	Revers	Durch-messer in Millim.
55	Adler mit Kranz im Schna-bel, auf Palme.	Zwei Victorien halten Kranz und Palme. F. W., Tr.	20, 18
56	Adler mit Kranz im Schna-bel, sitzend.	Amphora oder Urne. Tr.	16
57	Adler mit Kranz im Schna-bel, sitzend.	Zwei Hände. K. S.	15
58	Adler mit Kranz im Schna-bel.	Sitzende Figur, rechts Stab, linkt Patera. M. S., Tr.	12
59	Adler auf Palme, aufflie-gend.	Kranz. Tr.	20
60	Adler auf Palme, aufflie-gend.	„ Tr.	18
61	Adler auf Palme, aufflie-gend.	„ Tr.	12
62	Adler auf Palme, aufflie-gend.	Kopf. Fi.	15
63	Adler mit geöffneten Flü-geln.	Sphinx rechts. Tr.	15
64	Adler mit geöffneten Flü-geln, auf Blitz.	PE Tr.	15
65	Adler mit geöffneten Flü-geln, auf Blitz.	Parazonium. Tr.	18

Nr.	Avers	Revers	Durch- messer in Millim.
66	Adler mit geöffneten Flü- geln, auf Blitz.	Sphinx mit bärtigem Kopf. Tr.	15
67	Adler mit geöffneten Flü- geln, auf Blitz.	Sphinx, rechts K. S.	16
68	Adler mit geöffneten Flü- geln, auf Blitz.	Palme. Tr.	12
69	Adler mit geöffneten Flü- geln.	...NIT o. MT. Adler sitzend, links. Tr.	12
70	Adler mit geöffneten Flü- geln, auf Blitz.	Kopf rechts. Fi., Tr.	16
71	Adler mit geöffneten Flü- geln, sitzend.	Schaf. Tr.	15
72	Adler mit geöffneten Flü- geln, stehend.	SP. DT. Undeutlich: In- halt? Tr.	13
73	Adler, aufrecht, in zwei- säuligem Tempel.	Imperator mit vier Kindern unter Bogen. Tr.	22
74	Adler, aufrecht.	Stehende Figur, in der Rech- ten Stab. Tr.	12
75	ˮ	Altar. Fi.	18
76	ˮ	Pegasus. Fi.	15
77	ˮ .	Halbmond, vier Sterne. Fi.	12
78	Altar, brennend.	Idem. Fi.	25
79	ˮ ˮ	Palme. Tr., M. S.	12
80	ˮ ˮ	Stehende Figur, rechts Stab, links Schild. Tr.	15
81	ˮ ˮ	Stehende Figur mit verhüll- tem Kopf. F. W., M. S. Tr.	16
82	ˮ ˮ	Stehende Figur mit verhüll- tem Kopf. M. S.	12

Nr.	Avers	Revers	Durch-messer in Millim.
83	Altar brennend.	Helm? Tr.	12
84	P. P. Altar brennend.	Vogel. Tr.	16
85	Dreifuss.	Rabe auf Zweig. Tr.	18
86	„	Verhüllte Figur, Stab quer tragend. Tr.	12
87	Isis.	Schiff. Fi.	20
88	„	Kopf des Serapis. Fi.	18
89	Isis mit Sistrum und Kranz.	Mercurius anubis. Fi.	21
90	Sistrum.	Kranz. Tr., D.	20
91	„	Hase, rechts laufend. K. S.	12
	„	Chimära. Tr.	12
92	Kopf des Serapis.	ΦΥΛΑΣΕ (Oehr) Fi.	14
93	Anubis.	Geier. Fi.	12
94	Tempel.	Uräusschlange Fi.	18
95	VEST.	Kopf. Fi.	25
96	Köpfe des Castor u. Pollux, darüber zwei Sterne.	Venus mit dem Spiegel in der Linken. Fi.	24
97	Mercur mit Caduceus und Beutel.	Lituus. Tr.	17
98	Pallas ?	„ Tr.	15
99	SATVR verschleierter Kopf.	I O in Kranz, dazwischen Palme. Tr.	22
100	„ „	Dasselbe wie oben, Contre-marke I·\E· Tr.	22
100a	IO Zweig.	Minerva. K. S.	10
101	IO SA IO.	Kranz. Fi.	18

Nr.	Avers	Revers	Durch-messer in Millim.
102	IO SAT IO Zweig mit Band.	Kranz mit Schleife. K. S.	18
103	VALE SATVRNALIA.	I Fi.	22
104	Weiblicher Kopf, rückwärts Haarknoten, davor Palme.	Dreifuss von schöner Form. Tr.	17
105	Weiblicher Kopf, gewulste-te Frisur, davor Palme.	„ Tr.	17
106	Weibliche Figur, opfernd, beim Altar Baum.	— Tr.	12
107	Greif ?	— zwei Löcher. Tr.	22
108	Stehender Mann mit langem Stab quer bei einer Säule.	Sphinx. Tr.	12
109	Chimära.	— Fi.	21

3. Christliche.

Nr.	Avers	Revers	Durchmesser
110	Zwei Fische übereinander, gegenständig.	— oval.	25 : 14
111	Zwei Fische übereinander, gegenständig.	— „	25 : 14

4. Götter.
Zeus.

Nr.	Avers	Revers	Durchmesser
112	Zeus, Blitz schleudernd, links.	Gekrönter Kopf rechts. K. S.	16
113	Zeus.	Europa auf dem Stier. Fi.	18
114		Sitzende Figur, in der Lin-ken Apfel. M. S., Fi.	15
115	„ stehend, Stab rechts, Blitz links.	Minerva? stehend. Tr.	20

Nr.	Avers	Revers	Durchmesser in Millim.
116	Zeus stehend, Stab rechts, Blitz links.	Fortuna „ Tr.	16
117	Zeus stehend, Stab rechts, Blitz links.	Gladiator mit Lanze und Schild. Tr.	14
118	Zeus stehend, Stab links, Blitz rechts.	Stehende Figur. Tr.	18
119	Zeus stehend, Stab links, Blitz rechts.	| • | Tr.	16
120	Zeus stehend, Adler links, Blitz rechts.	Mercur sitzend. Tr.	14
121	Blitz.	— Tr.	18
122	„	Adler, über ihm Lanze. Tr.	14
123	„	— M. S., Tr.	11
124	„	Ameise. Tr.	10
125	Kopf des Jupiter Ammon rechts.	Stehende Figur links. K. S.	16
126	Kopf des Jupiter Ammon rechts.	Schreitende Figur rechts. K. S.	16
127	Kopf des Jupiter Ammon rechts.	Sitzender Mandril, ∗ • K. S.	18
128	Kopf des Serapis rechts.	Weibliche Figur, in der Linken Krug, rechts Palme. K. S.	18
129	„ „ „ „	Victoria, rechts schreitend. K. S.	20
130	„ „ „ „	Kopf des Sol. K. S.	15
131	„ „ „ „	Centaur rechts. K. S.	12
132	„ „ „ „	Concordia, neben ihr Altar, oben ∗. K. S.	14

Nr.	A v e r s	R e v e r s	Durch-messer in Millim.
133	Kopf des Serapis rechts.	Stehende Figur bei Drei-fuss. K. S.	15
134	„ „ „ „	Victoria. Tr.	15
135	„ „ „ „ da-hinter .	Weibliche Figur, die Rech-te erhoben, links Kugel. Tr.	15
136	Kopf des Serapis rechts, vor ihm .	Weibliche Figur, in der Lin-ken Sistrum) Tr.	15
137	Kopf des Serapis rechts.	Weibliche Figur, in der Rechten Sistrum, links Blume. Tr.	15
138	„ „ „ „	GG Kopf eines Gladiators. Tr.	15
139	„ „ „ „	— Kopf eines Gladiators. Tr.	15
140	Blitz, Halbmond und Stern.	Victoria. Tr.	20
141	Zeuskopf? rechts.	Behelmter Kopf rechts. K. S.	16

Venus.

Nr.	A v e r s	R e v e r s	Durch-messer in Millim.
142	Venus.	Kopf. Fi.	15
143	„ bekleidet, rechts das Haar, links den Spiegel haltend.	Muschel. M. S., Tr., Fi.	20
144	Venus wie oben, vor ihr Zweig.	Fortuna. Fi.	20
145	Venus wie oben, vor ihr Zweig.	„ Tr.	16
146	Venus wie oben.	Männliche Figur, rechts Füllhorn? Tr.	12
147	„ „ „	Kranz. Tr.	13

Nr.	Avers	Revers	Durch-messer in Millim.
148	Venus links das Haar, rechts den Spiegel.	Sitzende Figur links, mit Füllhorn. Tr.	18
149	„ wie oben.	Sitzende Figur links, mit Füllhorn. K. S.	15
150	„ „ „	Victoria. Tr.	12
151	„ „ „ ⊥	— Tr.	18
152	„ „ „	Sitzende Figur mit Füll-horn und Patera. Tr.	21
153	„ „ „	? Tr.	12
154	„ von vorn mit beiden Händen die Haare hal-tend.	Stehende männliche Figur mit Füllhorn und Patera. Tr.	21
155	Venus wie oben, im Kranze.	Amor stehend. Tr.	18
156	„ „ „ „ „	„ sitzend. Tr.	18
157	„ „ „	Drei Jungfrauen. Tr.	14
158	Venus, wie oben.	Fortuna. Tr.	12
159	„ „ „	Stehende Figur. Fi., Tr.	15
160	„ „ „	Springender Hund. Tr.	11
161	„ „ „	Hirsch. · K. S.	16
162	„ „ „	Blitz und sieben Sterne. Fi., Tr.	16
163	Venus nackt, Stellung der Venus von Medici.	Fortuna. K. S., Tr.	18
164	Venus nackt, Stellung ähn-lich.	„ Tr.	16
165	Venus halb bekleidet.	Männliche Fig., itiphallisch. Tr.	16
166	„ „ „	Mercur. Fi., Tr.	15

Nr.	Avers	Revers	Durch-messer in Millim.
167	A—N, Venus nackt von vorn, mit beiden Händen die Haare haltend, beiderseits eine Amorette.	C—L, Fortuna. M. S., K. S., Tr.	18
168	— Venus nackt, von vorn, beiderseits eine Amorette.	C—L, . „ Tr.	12
169	Venus, wie oben.	Fortuna. K. S.	15
170	TIVS Venus, wie Nr. 148.	Venus wie am Avers, neben ihr Palme. Tr.	18
171	Venus und Fortuna.	Mercur, den Fuss auf einer Kugel. Fi.	15
172	„ rechts.	Venus mit dem Apfel, sitz. links. K. S.	15
173	„ sitzend.	Kranz. Fi.	18
174	„ „ rechts, in der Linken Apfel.	Zeus, Stab links, Blitz rechts Tr.	16
175	Venus, sitzend rechts, in der Linken Apfel.	Sitzende Fortuna ? Tr.	16
176	Venus, sitzend rechts, in der Linken Apfel.	Harpye ? Tr.	14
177	Venus, sitzend rechts, in der Linken Apfel.	Stehende weibliche Figur. Tr.	18
178	Venus, sitzend, Apfel rechts, Stab links, F.	Halbmond und 7 Sterne. Tr.	15
179	Venus, sitzend rechts.	Baum. Fi.	15
180	„ „ „	Kopf. Fi.	15
181	„ „ in der Rechten Äpfel.	Mercur. Tr.	12

Nr.	Avers	Revers	Durch-messer in Millim.
		Diana.	
182	Diana mit Hirsch und Hund, rechts schreitend.	Gekr. Kopf, rechts. K. S.	20
183	Diana links, Pfeil aus dem Köcher ziehend.	Hund. Tr.	16
184	Diana rechts, mit Bogen.	Stern. Tr.	18
185	Diana von Ephesus mit den Stützen.	AIQ. Tr.	20
186	Diana von Ephesus mit den Stützen.	— Tr.	18
187	Diana von Ephesus.	Fortuna stehend, links. K.S.	12
		Sol.	
188	Kopf des Sol von vorn.	Granatblüte, Stern. Tr.	23
189	„ „ „ „ „ mit Strahlenkrone.	Luna auf dem Halbmond. Tr.	20
190	Kopf wie oben. AC—R.	PRIMI—CAPSAB—SFRE. Tr.	18
191	„ „ „	Luna. Fi.	15
192	Kopf des Sol rechts.	Halbmond, 5 Sterne. Fi.	18
193	„ „ „ „	„ Stern. Tr.	15
194	„ „ „ „	„ K. S.	12
195	„ „ „ „	Victoria. Tr.	17
196	„ „ „ von vorn.	„ Tr.	11
197	„ „ „ rechts.	Schiff mit viereckiger Tafel. Tr.	17
198	„ „ „ „	Kopf. Tr.	12·

Nr.	Avers	Revers	Durch-messer in Millim.
199	Kopf des Sol rechts.	Kranz. Tr.	12
200	„ „ . „ „	Granatblüte? Tr.	10
201	„ „ „ „	Hahn. Tr.	12
202	„ „ „ von vorn.	? Tr.	18

Mercur.

Nr.	Avers	Revers	Durch-messer in Millim.
203	Mercur mit Caduceus und Beutel, links gehend.	— Fi.	14
204	Mercur wie oben.	Kleeblatt (sechseckig). K. S.	20
205	„ „ „	Frau rechts schreitend, vier Punkte. K. S.	18
206	„ „ „	Ochs? mit katzenähnlichem Kopf. K. S.	13
207	„ „ „	Weibliche Figur, in der Linken Gefäss. K. S.	14
208	„ „ „	Stehender Mann in Toga mit Stab Tr.	22
209	„ „ „	Fortuna, stehend. Fi., Tr.	18
210	„ „ „	„ „ Fi., Tr.	15
211	„ „ „	„ „ Tr.	13
212	„ „ „	„ „ Tr.	12
213	„ „ „ unten .	„ sitzend. Tr.	20
214	„ „ „	Victoria, links. Tr.	18
·215	„ „ „	„ „ K. S.	15
216	„ „ „	„ „ Tr.	19
217	„ „ „	„ „ Tr.	16

Nr.	A v e r s	R e v e r s	Durch-messer in Millim.
218	Mercur wie oben.	Victoria, links. M.S., Fi., Tr.	12
219	„ „ „	Gladiator mit Keule, rechts. Fi., Tr.	15
220	„ „ „ F.	Zwei Figuren, stehend. Tr.	16
221	„ „ „	F. L. Tr.	14
221a	„ „ „	Victoria, links Palme, rechrs Feston, davor . M. S.	19
222	„ „ „	Gladiator im Angriff. Tr.	12
223	„ „ „	Schiff. Tr.	14
224	„ „ „	Trophäe und Feldzeichen. Fi.	15
225	„ „ „	Stehende Figur. Fi., Tr.	15
226	„ „ „	Adler. Fi.	15
227	„ „ „	Zwei vereinte Hände. Fi.	18
228	„ „ „ XII.	Tempel, darin Modius? Fi.	18
229	Z „ „ „	DO. Wolf. Fi.	18
230	„ „ „	Caduceus. Tr.	15
231	Caduceus.	I Tr.	15
232	„	Ochsenkopf. Tr.	16, 10
	„	Widder. K. S.	15
233	„	Kopf, rechts. Fi., Tr.	15
234	„	„ „ Fi.	10
235	„	Stehende Figur. Tr.	10
236	„	Vogel. Fi.	18
237	„	Füllhorn. Fi.	15

Nr.	Avers	Revers	Durch-messer in Millim.
238	Caduceus zwischen Füllhör-nern.	Victoria. Tr.	18
239	Caduceus zwischen Füllhör-nern.	Stehende Figur mit Stab rechts. Tr.	15
240	Caduceus zwischen zwei Palmen.	Kopf rechts, zwischen zwei Füllhörnern. K. S.	18

Fortuna.

Nr.	Avers	Revers	Durch-messer in Millim.
241	Fortuna stehend, links,	PAB. Drei Aehren. Tr.	21
242	„ „ „	Weibl. Figur, rechts Blume (Ceres?) Tr.	18
243	„ „ „	Aehre. Fi.	14
244	„ „ „	Soldat überreicht einer steh. Figur die Fasces. Tr.	18
245	„ „ „	Zwei Figuren reichen sich die Hände. Tr.	16
246	„ „ „	Zwei Figuren opfernd. Fi., Tr.	15
247	„ „ „	Zwei Figuren sitzend, rechts. Fi., Tr.	18
248	„ „ „	Zwei Figuren sitzend, rechts, bei Säule (obscön?) Tr.	18
249	„ „ „	Weibl. Figur, Waage in der Rechten. Tr.	16
250	„ „ „	Weibl. Figur, etwas in der Rechten haltend. Tr.	18
251	„ „ „	Weibl. Figur, rechts Blume, links Kugel. Tr.	15
252	„ „ „	Weibl. Figur wie Venus von Medici. M. S., Tr.	17

Nr.	Avers	Revers	Durch-messer in Millim.
253	Fortuna stehend links.	Weibl. Figur wie Venus von Medici. Tr.	15
254	„ „ „	Figur bei Säule, rechts drei Aehren Tr.	12
255	„ „ „	Stehende Figur, rechts Beutel oder Gewicht. Tr.	19
256	„ „ „	Stehende Figur auf Schiff, rechts Becher, links Stab. . Tr.	14
257	„ „ „	Weibliche Figur, die Linke erhoben, die Rechte am Kleide. Tr.	12
258	„ „ „	Weibliche Figur, die Rechte erhoben, die Linke am Kleide. Tr.	12
259	„ „ „	Kopf eines Kriegers, links. Tr.	16
260	„ „ „	Kopf eines Kriegers, viereckig. Fi.	16
261	Fortuna stehend, links, auf Kugel.	Ruderschiff. Tr.	18
262	Fortuna stehend, links.	Segelschiff. Tr.	16
263	„ „ rechts.	„ Tr.	10
264	„ „ links.	Figur stehend, rechts Aehren abwärts, links Stab. Tr.	12
265	Fortuna links.	Ameise. K. S.	12
266	„ „	Schaf. K. S.	17
267	„ „	Dreizack. K. S.	15
268	„ „	Herme. K. S.	13
269	„ „	Becher. K. S.	16

Nr.	Avers	Revers	Durch-messer in Millim.
270	Fortuna links.	Hercules opfernd. K. S.	16
271	„ stehend, rechts.	Sitzender Bachant? rechts, mit Becher. Tr.	18
272	„ „ „	Stehende weibliche Figur? K. S.	18
273	„ „ „	Stehende weibliche Figur. M. S., Tr.	13
274	„ „ links.	Dreizack. Tr.	14
275	„ „ „ auf Kugel.	„ auf M. Fi., Tr.	14
276	Fortuna sitzend, links.	Weibliche Figur, links Blu-me, rechts Kugel. Tr.	18
277	„ „ „	Weibliche Figur, links Blu-me, rechts Kugel. Tr.	14
278	„ „ „	Weibliche Figur sitzend, links Kranz und Füllhorn. Tr.	12
279	„ „ „	Stehende Figur mit Schild und Lanze. Tr.	10
280	„ „ „	Stehende Figur, beide Hän-de halb erhoben. Tr.	15
281	„ „ „	Stehende Figur, undeutliche Buchstaben. Tr.	16
282	„ „ rechts.	Stehende Figur, undeutliche Buchstaben. Tr.	14
283	„ „ „	Stehender Mann mit Stab und Schale. Fi.	20
284	„ „ links.	Esel mit Menschen(?)kopf. Fi.	20
285	„ „ „	Widder (s. Nr. 266). Tr.	16
286	„ „ rechts.	Ziegenbock. Tr.	16

Nr.	Avers	Revers	Durch-messer in Millim.
287	Fortuna sitzend links.	Eber, rechts. Tr.	17
288	„ „ „	Pantherähnliches Thier. Tr.	12
289	„ „ „	Aal. Tr.	17
290	„ „ rechts.	Insectenlarve, vierfüssig, l. Stern. Tr.	16
291	„ „ links.	Zwei vereinte Hände. Tr.	17
292	„ „ „	„ „ „ Tr.	12
293	„ „ „ in der Rechten Kranz.	Füllhorn zwischen zwei Steu-ern. Tr.	16
294	Fortuna stehend, von vorn, rechts Steuer ohne Füll-horn. PΛ.	Steuerruder? Tr.	18
295	Fortuna stehend, links.	Gefäss ohne Henkel. Tr.	13
296	„ „ rechts.	Sack. Tr.	10
297	„ „ „	Traube. Tr.	14
298	„ „	„ Fi.	12
299	„ „ „	Hahn, Beizeichen Caduceus. Tr.	16
300	„ „ „	Füllhorn. Tr.	12
301	„ „ auf Kugel.	Gekrönter Kopf, rhombisch. Fi.	20 : 15
302	„ „ —	Zwei Köpfe. K. S., Fi.	12
303	„ „	Reiter. Fi.	16
304	„ stehend.	Stehender Mann mit Kranz. Fi.	20
305	„ „	Vogel. Fi.	10
306	„ „	Drei Jungfrauen. Fi.	20

Nr.	Avers	Revers	Durchmesser in Millim.
307	Fortuna stehend links.	Palme im Kranz. Tr.	20
308	„ „ „	„ „ „ Tr.	18
309	„ „ „	Kranz. Tr.	20
310	„ „ „	Palme. Tr.	18, 16
311	„ „ „	„ Tr.	9
312	„ „ „	CPRF Palme. Tr.	18
313	„ „ „	Kranz und Palme. Tr.	15
314	„ „ „	Drei Säcke in Schlinge? Tr.	16
315	„ „ rechts.	Kranz. Tr.	12
316	„ „ „	Rad mit vier Speichen. Tr.	13
317	„ „ links.	H. Tr.	17
318	„ „ „	Rosette. Tr.	18
319	„ sitzend „	Sitzende weibliche Figur. Fi., Tr.	16, 18
320	„ „	— Fi	18
	Victoria.		
321	Victoria rechts, links Kranz, rechts Palme über der Schulter.	I I I I Tr.	32
322	Victoria rechts, links Kranz, rechts Palme über der Schulter.	— Fi., Tr.	17
323-24	Victoria rechts.	Fortuna, links. Tr.	11, 16
325	„ „	„ „ K. S.	15

Nr.	Avers	Revers	Durch-messer in Millim.
326	Victoria rechts.	Fortuna ? Tr.	20
327	„ „	„ „ K. S.	17
328	„ „	Minerva, links. Tr.	17
329	„ und stehender Mann.	Zwei ganze Figuren. Fi.	20
330	Victoria.	Liegender Pegasus. Fi.	12
331	. „ rechts.	Schnecke (Ammonshorn). Tr.	18
332	„ „	Palme im Kranz. Tr.	18
333	„ „ .	Kranz. Tr.	18
334	„ „	„ mit Schleife. Tr.	12
335	„ „	„ Tr.	15
336	„ „	„ viereckig. K. S.	13 : 12
337	„ links A—C	Stehende weibliche Figur. Γ o. T hinter ihr. Tr.	15
338	„ „	— Tr.	11
339	„ rechts.	Schiff. K. S.	16
340	„ links . . . . N S	Segelschiff. Tr.	10
341	„ „	Mann bei Trophäe. Tr.	10
342	„ rechts.	Weibliche Figur (Fortuna?) sitzend, links. Tr.	11
343	„ „	Kopf, rechts. M. S., Tr.	12
344	„ „	Ochs. Tr.	14
345	„ „	Fortuna, links, anderes Füll-horn. Tr.	11
346	„ links, Contremarke: sitzende Figur.	VI oder N. Tr.	16

Nr.	Avers	Revers	Durch- messer in Millim.
347	Victoria links.	Hirsch. Fi.	12
348	„ „	Modius, dreieckig. K. S.	16 : 15
349	„ rechts.	Vierblättrige Rose. K. S.	21

Genius.

Nr.	Avers	Revers	Durch- messer in Millim.
350	Genius links, in der Rechten Blume.	Delphin. Tr.	18
351	Genius links, in der Rechten Blume.	☌ P Tr.	18
352			
353	Genius.	— Fi.	10, 18
354	„	Kopf. Fi.	11
355	„	„ gekrönt. Fi.	10
356	„	Pegasus. Fi.	15
357	„	Schlange. Fi.	18
358	„ „	Stehender Mann. Fi.	13
359	„	C „ „ in jeder Hand Blitz? Tr.	11
360	„ rechts.	Stehende Figur, die Rechte erhoben. M. S., Tr.	12
361	„ „	Traube. Tr.	15
362	„ links.	Weibliche Figur, links Nike, rechts Blume. Tr.	11
363	„ „ rechts Palme (von unten auf), links Füll- horn.	Genius, links, in der Rech- ten Dreizack. Tr.	12
364	Zwei Genien, Globus haltend.	Zwei Aale. Tr.	15

Nr.	Avers	Revers		Durchmesser in Millim.
365	Zwei Genien Globus haltend.	Haus, darin Pferd.	Tr.	13
366	„ „ „ „	Genius	Fi.	18
367	„ „ Schild hochhaltend.	Kopf (Gladiator).	Tr.	18
368	Kindlicher Genius, rechts Beutel, links Büchse.	Kranz.	Tr.	16

Minerva.

Nr.	Avers	Revers		Durchmesser in Millim.
269	Minerva stehend, rechts.	Modius.	K. S.	20
370	„ „ „	Kopf rechts.	Tr.	20
371	„ „ „	Seepferd.	Tr.	20
372	„ „ „	Schlange? rechts.	Tr.	20
373	„ „ „	Ceres.	K. S.	16
384	„ „ „	Schaf, darüber Caduceus.	K. S.	16
375	„ „ „	Statue der Minerva auf einer Säule.	Tr.	14
376	Minerva stehend, links.	Leda mit dem Schwan.	K. S	20
377	„ „ „	Stehender Mann, links Lanze, rechts Gewicht.	Tr.	18
378	„ „ „	—	Fi.	18
379	„ „ „	Vogel.	F.	18
380	„ „ „ neben ihr S	?	K. S.	13

Nr.	Avers	Revers	Durch-messer in Millim.
	Apollo.		
381	Apollo in langem Kleid, l. Cither, rechts Schale.	Undeutliche stehende Figur. Tr.	19
382	Apollo nackt, links Cither, r. Büschel.	Zwei vereinte Hände im Myrthenkranz. Tr.	19
	Ceres.		
383	Ceres stehend, rechts, in der R. Stab, links Aehren.	Stehende weibliche Figur, die Rechte erhoben. Tr.	20
384	Ceres stehend, wie oben.	Stehende weibliche Figur, die Rechte erhoben. Tr.	18
385	Ceres im Schlangenwagen, links.	I—S Lyra. Tr.	20
386	Ceres stehend, rechts.	Mercur. K. S.	15
	Amor.		
387	Amor als Bogenschnitzer, r.	Fortuna, rechts. Tr.	16
388	„ in der R. Blume.	Amor, in der Rechten Mohn-kopf. Tr.	11
389	„ „ „ „ Kranz.	— Tr.	12
390	„ mit Bogen, rechts.	Caduceus. Tr.	14
	Vertumnus.		
391	Vertumnus stehend, links, in der Rechten Sichel; links Aehrenbüschel.	Hirsche. Tr.	21
392	Vertumnus, wie oben.	Fortuna sitzend, links. Tr.	16

Nr.	Avers	Revers	Durch-messer in Millim.
393	Vertumuus wie oben, beiderseits Stern.	Stehende Figur, in der R. Sack, links Bündel, oben und unten Stern. Tr.	16
394	Vertumnus, wie oben, C .	A—P, Anker. Tr.	15
395	„ „ „	Achtstrahliger Stern. Tr.	14
396	„ stehend, rechts, in der Rechten Sichel, die Linke an der Hüfte. ROMV.	Bacchant, rechts Thyrsus, links Becher. B . Tr.	18
397	Vertumnus stehend, rechts, wie Nr. 391.	Sitzende Frau, auf der R. Vogel. Tr.	20
398	Vertumnus.	Sitzende Figur. Fi.	18

Einzelne Götter.

Nr.	Avers	Revers	Durch-messer
399	Bacchus stehend, rechts.	Panther? K. S.	18
400	Hercules rechts, mit dem Hirsch.	Springendes Pferd, rechts. K. S.	12
401	Aesculap stehend, rechts.	Kopf? (viereckig). K. S.	17 : 14
402	Harpocrates links.	Eber. K. S.	12

5. Familien und Personen.

Nr.	Avers	Revers	Durch-messer
403	AELIA im Kranz.	SEPTIMI im Kranz. K. S.	26
404	AE	LIA Fi.	20
405	AVRELIAE	Geflügeltes Insect. Fi.	18
406	CAELICLDIANI	V. C. Genius mit Kranz. Fi.	22
407	IVLEVO	AC Bock. Fi.	18
408	IOVI	NVS Fi.	18

Nr.	Avers	Revers	Durch-messer in Millim.
409	IVL	Schiff. Tr.	20
410	IV	VEN Fi.	16
411	IVVEN	VER. V. Schwein. Fi., Tr.	18
412	IVVEN	Kopf. Fi.	21
413	LAVRICILIAE, zwei ver-einte Hände.	TVTOMALLI, Adler. Fi.	20
414	ONESIM.	Scorpion. Fi., Tr., M. S.	18, 16
415	ONESIM, Fisch.	Neptun. Fi.	18
416	C.PEDANI	Vertumnus. Fi.	20
417	POLIBI NL PR.	Opfernde weibliche Figur, links. Tr.	15
418	POLYD.	Krabbe. Fi.	15
419	C.SALVIDIENVS.	Zweig. Fi.	18
420	C.SALVIDIENV.	Palme. Tr.	16
421	SCAVRI.	Mercur. Fi.	20
422	CωCIOY.	— Fi.	18
422a	C.ι.CIOY.	Kopf rechts. F.	18
423	TAVRVS.	L. Fi.	12
424	TICLARO.	— Fi.	18
425	VERRI COS	VCXXIIX (längl. mit Oehr). Fi.	18 : 12
426	VLPGEN.	Minerva stehend, links. Fi., Tr.	20
427	VLPGEN.	Soldat stehend, rechts. K. S.	20

Nr.	Avers	Revers	Durch-messer in Millim.
		6. Gesellschaften, Hahnenkämpfe.	
428	AEMILIANA Kampfhahn.	Taube. Fi.	18
429	PGLITIGALLI Kopf.	Hahn. Fi.	21
430		Kampfhahn mit Kranz im Schnabel. K. S.	18
431	Kampfhahn.	— Fi.	15
432	PGLITIGALLI.	Drei Männer. Fi.	12
433	„	Mercur. Tr., K. S.	16
434		Caduceus. Tr.	16
435		Palme. Tr.	18
436		K. Tr.	12
437		Schaf. Tr.	17
438		Kranz. Tr.	17
439		Schwein. Tr.	18
440		Kopf mit Filzhut, dahinter? Tr.	13
441	„	Stehender Mann. Fi.	18
		7. Spinthria.	
442	Mann mit Frau am Schoss.	LPE Zweig. Fi.	18
443	ATD Haus, den Giebel mit phallis besteckt.	IRIANI im Kranz. Fi.	21
444	Phallus.	C N Hund, Zweig in der Pfote. Fi.	16
445	„	Zweizackige Gabel. Fi.	13

Nr.	A v e r s	R e v e r s	Durch-messer in Millim.
446	Phallus.	Venus nackt, die Haare mit zwei Händen trocknend oder haltend. Tr., K. S.	15
447	„	Fortuna. Tr.	12
448	„	Zweig. Tr., M. S.	10
449	„	Panherme? Tr.	10
450	„	Vogel. Tr.	10
451	„	Kopf rechts mit Strahlen. M. S.	8
452	„	Faun, itiphall. Sichel in der Hand. M. S.	10
453	„	Venus, zur Hälfte nackt, mit zwei Händen die Haare haltend. M. S.	15
454	DO | ᏒᎯT	Venus, zur Hälfte nackt, mit zwei Händen die Haare haltend. Fi., Tr.	16, 15
455	Genitale virile statu pendente.	Idem. M. S., Tr.	12

8. Vertheilungsmarken.

456	AAGS Länglicher Laib Brod.	ROM | VLA Fi., Tr., M. S.	18
457–58	Länglicher Laib Brod, längs dreitheilig.	Krone? zwischen den Zacken Ring. Fi., Tr.	15, 13
459	Modius mit drei Aehren.	Stehende Fortuna. K. S., Tr.	18
460	„ „ „ „	„ Figur nackt. Tr.	16
461	„ „ „ „	Die drei Grazien nackt. Tr.	17. 14
462–63	„ „ „ „	„ „ „ bekleidet. Tr., K. S.	17, 13

Nr.	Avers	Revers	Durch-messer in Millim.
464	Modius mit drei Aehren.	Stehende weibliche Figur, links Brod? rechts Ge-wand? Tr.	18
465	„ „ „ „	Kopf rechts, darunter Fisch. Tr.	17
466	„ „ „ „	Q·C·A· Zapfen. Fi.	25
467	„ „ „ „	Drei Männer (Soldaten?), stehend. Fi.	18
468	T. T. Modius mit drei Aehren.	Zwei vereinte Hände. Fi.	18
469	Modius mit drei Aehren.	„ „ „ Tr.	16
470	„ „ „ „	Stehende Figur links, in der Rechten etwas haltend. K. S.	20
471	„ „ „ „	Hund. Fi.	15
472	„ „ „ „	— Fi.	20
473	Korb oder Gefäss auf drei Füssen.	Zwei Aehren. Fi.	18
474	MEPR	Wage auf Modius. Fi.	14
475	Modius.	Palme. Tr.	15
476	„	Schiff. M. S.	12
477	„	Amphora. Tr.	20
478–79	Amphora.	„ Tr.	16,18,15
480	„	Fortuna. Tr.	20
481	„	Kopf. Tr.	18
482	„	Drei Aehren. Tr.	12
483	„	H — N Caduceus. Tr.	15
484	„	T Y Palmzweig. Fi.	18

Nr.	Avers	Revers	Durch-messer in Millim.
485	Amphora.	T Y Palmzweig. K. S.	16
486	„	M·AR | VES Fi.	21
487	Krug, einhenkelig im Kranz.	—. Fi.	15
488	„	Stern. Fi.	15
489	„	Gekrönter Kopf. Fi.	13
490	Gefäss.	Rosette. Fi.	12
491–92	Modius.	„ achttheilig. Tr.	15, 13
493	„	Zwei Aehren. Tr.	12
494	„	I I I I Tr.	14
495	„	Fisch. Tr.	11
496	Drei Aehren.	Mann. Fi.	21
497	Drei Aehren.	Scorpion. Tr.	18
498	„ „	PAB Fi.	21
499	Zwei „	Palme. Tr.	10
500	Ochsenkopf von vorn.	id. Fi., Tr.	15, 12
501	„ „ „	„ Tr., M. S.	10
502	„ „ „	C—R schmaler Ochsenkopf. Tr., M. S.	12
503	„ „ „	Sitzende Fortuna. Tr., M. S. F. W.	10
504, 504a	Fisch.	Rosette. Tr.	18, 11
505	Amphora, jederseits Pyramide?	Stehende Figur mit Stab und Patera, Tr.	15

Nr.	Avers	Revers	Durchmesser in Millim.
	9. Militärische.		
506	Stehender Soldat.	— Fi.	14
507	M „ „	— Fi.	16
508	Behelmter Kopf, rechts.	Stehender Soldat X—V Fi.	21
509	„ „ „	„ „ X—VI Tr.	21
510	„ „ „	Stehende nackte Figur, mit Stab und Patera. Fi., Tr.	21
511	„ „ „	Minerva mit Blitz u. Schild. IV Tr.	18
512	„ „ „	Soldat. Fi.	20
513-14	„ „ „	I I I I Fi.	20, 12
515	„ „ „	Trophäe. Fi.	18
516	„ „ „	DS Minerva. Fi.	21
517	AV P IMP Kopf rechts.	SEP | IVS stehender Soldat. Tr.	18
518	X—V. Steh. Soldat links.	Parazonium im Vierpass. Tr.	18
519	„ „ „	P.R Tr.	16
520	„ „ rechts.	Parazonium. Tr.	16
521	„ „ „	Nackte Figur, links u. rechts etwas haltend (Mercur?). Tr.	15
522	„ „ links.	♀ (lituus?) Tr.	16
523	M „ „ rechts.	CVR Soldat einen zweiten tragend. Tr.	18
524	M „ „ „ darunter T	CVR Soldat einen zweiten tragend. K. S.	20
525	Stehender Soldat, rechts.	Soldat, sitzend. Fi.	19

Nr.	Avers	Revers		Durchmesser in Millim.
526	Stehender Soldat.	Adler.	Fi.	18
527	„ „	Panzer.	Fi.	18
528	„ „ links.	Victoria auf gewundenen Säule.	Tr.	16
529	„ „ „	Mercur.	Tr.	16
530	„ „ „	Fortuna.	Tr.	11
531	„ „ u. Genius.	SAL AVG.	Fi.	12
532	„ „	Gekrönter Kopf.	Fi.	16
533	„ „	Kopf.	Fi.	16
534	„ „	Stehender Mann.	Fi.	16
535	„ „ rechts.	Behelmter Kopf.	Tr.	20
536	„ „ „	Palme und Kranz.	Tr.	21
537	„ „ „	Lagerthor.	Tr.	20
538	Zwei stehende Soldaten bei Wachhaus.	Lituus.	Tr.	14
539	Zwei stehende Soldaten bei Wachhaus.	S	Fi.	16
540	Trophäe.	Sitzender Soldat mit Lanze und Kranz.	Tr.	14
541	„	Figur?	K. S.	16
542	„	Wachhaus.	Tr.	18
543	?	„ zur Seite je eine Palme.	Tr.	18
544	Trophäe.	Kranz.	Fi., Tr.	18, 20
545	„	Fortuna?	Tr.	16
546	„	Sitzende Figur, in der R. Herme, links Füllhorn.	K. S.	16

Nr.	Avers	Revers		Durch-messer in Millim.
547	Trophäe.	Victoria.	Tr.	13
548	EP Trophäe, zwei Sterne.	Stehender Soldat.	Fi.	15
549	Trophäe.	„ „	Fi.	16
550	Kopf, Trophäe, Rad und Kranz.	Verschleierter Kopf.	Fi.	16
551	ABVDANTI ·	Zwei Soldaten.	Fi.	18
552	ÆP	Soldat mit grossem Helm-busch.	Fi.	16
553	Behelmter weiblicher Kopf, links.	Vogel (Taube)	Fi.	16
554	Behelmter weiblicher Kopf, rechts.	Wurfblei, Lanzenspitze?	Tr.	12
555	Helm mit Busch.	Weibliche Figur zwischen bekränzten Stäben.	Tr.	16
556	Helm mit Spitze u. Riemen.	Stehender Soldat.	Tr.	11
557	„	Stehende Figur.	Fi.	16
558	Helm mit Busch, darunter Pfeil.	Medusenhaupt. ·	Tr.	15
559	Helm.	„	K. S.	18
560	Panzer.	Adler.	Fi., Tr.	12, 13
561	Ancile?	id.	Tr.	20
562	Pelta.	Doppelaxt.	K. S.	15
563	Stehender Soldat, links.	Weinschlauch?	Tr.	13
564	„ „ „	Mann?	Tr.	12
565	„ „ rechts.	„	Tr.	16
566-67	„ „ „	Vogel.	Fi., Tr.	16, 11

Nr.	A v e r s	R e v e r s.	Durch-messer in Millim.

10. Schiffe.

568	AR Ruderschiff, vorn stark gebogen.	Fortuna auf der Kugel links. M. S.	18
569	CA Ruderschiff, flach. darauf Tafel.	idem IV. Tr.	17
570	CYD	Schiff. Fi.	18
571	TICD	CVO Schiff. Fi.	25
572	PAL	Zwei Figuren im Schiff. Fi.	18
573	Victoria.	Drei „ „ „ Fi.	15
574	Drei Genien auf einem Schiffe.	— Fi.	20
575	Schiff mit einem Segel.	— Fi.	12
576	„ „ „ „	Steuer. Tr.	18
577	Ruderschiff.	Anker. Tr.	14
578	„	Stehender Mann. Tr.	9
579	APEX Schiff, darauf Tafel, darunter SI· das Ganze im Kranz.	Ruderschiff? Tr.	14
580	Schiff.	Vogel, T im Kreise und Leiter. Tr.	11
581	„	Adler in einem Kreise mit Strahlen. Tr.	15
582	Ruderschiff, vorn stark gebogen.	Fortuna auf der Kugel. Tr.	17
583	Ruderschiff, stark geschweift.	Leiter. Tr.	18
584	Ruderschiff, kurz, hohes Vordertheil.	Hirt mit Schafen. Tr.	15

4*

Nr.	Avers	Revers	Durch- messer in Millim.
585	Schiff mit Masten stark ge- schweift.	Seeungethüm, delphinähn- lich. Tr.	16
586	Schiff flach, darin zwei Per- sonen sitzend rechts.	N I Baum mit drei Aesten. Tr.	18
587	Schiff flach, darin zwei Per- sonen.	Quadriga mit Fährmann. Tr.	17
588	Schiff flach, darin zwei Per- sonen.	Krieger im Angriff. Tr.	17
589	Schiff flach, darin zwei Per- sonen stehend.	Kopf der Juno lanuvina. Tr.	15
590	Schiff flach, darin zwei Per- sonen.	I I Tr.	12
591	Ruderschiff mit drei Per- sonen.	Victoria rechts. Tr.	18
592	Schiff, contrem: Sechseck, darunter Viereck.	„ links. . Tr.	16
592a	Schiff mit drei Rudern.	Stehende Figur (Victoria?) links. Tr.	9
593	MCL Zwei Figuren im Schiff.	Kopf eines Soldaten. Fi.	18

11. Theater und Circus.

a) Im Allgemeinen.

Nr.	Avers	Revers	Durch- messer in Millim.
594	Amphitheater (des Stat. Taurus?)	— ⟋ Fi.	22
595	M·N·MAG· MINERVALES. Minerva im Circus mit Lanze und Patera?	N—F ▭ Tr.	20
596	Maske, bärtig, von vorn.	— Tr.	15
597	„ Silens, „. „	— oval. K. S.	17 : 14
598	„ „ „ „	— Tr.	14

Nr.	Avers	Revers	Durch- messer in Millim.
599	Maske bartlos, zwei Kugeln.	Schreitender Mann. Tr., Fi.	10
600	Scepter oder Keule mit Griff.	Zwei Kugeln, — Tr.	13
601	Kopf mit langer Nase.	Rosette. Tr.	20
602	Bärtiger Kopf im Kranz.	—, sechseckig. Tr.	20
603	Kampfscene drei Personen.	— Tr.	15

b) Wettrennen.

Nr.	Avers	Revers	Durch- messer in Millim.
604	Pferd rechts.	— Fi.	18
605		Mann. Fi.	15
606		Mann mit Stab. Fi.	15
607		Kopf rechts. Fi., Tr.	12
608	„ „	„ K. S.	15
609		„ mit Strahlenkrone. Tr.	12
610		„ „ „ K. S.	15
611	„ galoppirend.	Fortuna. Tr., Fi.	16, 12
612	„ stehend.	Palme. Tr.	18, 20
613	„ „ rechts.	Vogel links, zwei Ringel- chen. K. S.	15
614	„ —	Acrostolium. Fi.	12
615	„	Biga. Fi.	12
616	* Kopf des Micipsa.	Pferd galoppirend, phön. Buchst. viereckig. Tr.	27
617	Pferd stehend.	X Tr.	12
618	„ galoppirend.	Schwein? Tr.	12

Nr.	A v e r s	R e v e r s	Durch-messer in Millim.
619	Kopf mit Strahlenkrone.	Pferdebüste, Peitsche. Tr.	15
620	Pferd stehend.	Victoria. Tr.	20
621	„ „ bei einem Pfahl.	Fortuna. Tr.	14, 17
622	Pferd stehend bei einem Pfahl.	Helm. Tr.	20
623	Pferd stehend.	Fortuna. Tr.	18
624	„ „	Mann, rechts und links etwas haltend. Tr.	15
625	„ „	Palmbaum mit drei Zweigen. K. S.	20
626	„ „	Baum. Tr.	18
627	„ „	Caduceus. Tr.	17
628	„ „	Adler. Tr.	15
629	„ trabend.	Scorpion. Tr.	11
630	Pferdebüste.	Kegel. Tr.	8
631	„ daneben Peitsche.	Kopf gekrönt. Tr.	13
632	Reiter galoppirend links.	Victoria. Fi., Tr.	18, 16
633	„ auf dem Pferde stehend rechts, darunter Palme.	Stehendes Pferd. Tr.	12
634–35	Stehender Mann ein Pferd haltend.	Id. K. S.. Tr., F. W.	16, 12
636	Mann galoppirend, Wurfspiess rechts.	Pferd galoppirend rechts. Tr.	12
637	Mann galoppirend —.	Zwei Figuren auf Schiff? Tr.	12
638	Reiter im Schritt rechts.	Mann stehend mit Palme in der Rechten. Tr.	14

Nr.	Avers	Revers	Durch-messer in Millim.
639	Kopf.	Zwei Männer zwei Pferde haltend. Fi.	21
640	Reiter im Trab rechts.	Pferd. M. S.	12
641	„ —	Mann mit Balancierstange? Fi.	15
642	„	Ringer. Fi.	15
643–44	„	Vogel. Fi.	16, 10
645	„	Zwei Feldzeichen (springendes Thier). Fi.	18, 16
646	ACILVPI	MENIAN Biga. Fi.	15
647	AI Mann bei Pferd stehend.	VAN Fortuna. Fi.	18
648	ANC	Reiter. Fi.	12
649	DOMI	Biga. Tr.	16
650	GP | EVC, Pferd und Palmzweig.	Brustbild mit Filzhut. Fi.	26
651	IRAA | NI	Reiter zu Pferde steigend. Fi.	18
652	MELPIS	Stehendes Pferd. Tr.	16
653	N Mann, der ein Pferd hält.	Idem. Fi.	21
654	PM	Pferd. Fi.	18
655	RVSTIC·	Fi.	19
656	V	Fi.	„
657	VENST gekrönter Kopf.	„ und Palme. Fi.	16
658	ROMA Biga.	Januskopf. Fi.	22
659	Gekrönter Kopf, zwei Punkte im Kreis.	Biga, zwei Punkte ebenso. Fi.	21
660	X darüber Stern.	- — Tr.	14

Nr.	Avers	Revers	Durch-messer in Millim.
		c) Wettkämpfe und Gladiatoren.	
661	Zwei Gladiatoren kämpfend.	Zeus sitzend mit Blitz und Stab. Tr.	24
662	„ „ „	Löwe, rechts. K. S.	18
663	„ „ „	Kranz. Tr.	15
664	„ „	Kameel, Fi.	15
665	Gladiator mit Fangnetz. Δ	Id. Tr.	13
666	Bogenschütze.	Reh oder Hirsch. Tr.	15
667	„	Kopf rechts. Fi., Tr.	18, 16
668	Gladiator mit Schild und?	Hirsch. Tr.	17
669	Jäger (Diana?) und Hirsch, Baum.	CENA..LAVI Tr.	14
670	Bogenschütze.	VPF. Fi.	18
671	„	IDVAD Fi.	20
672	Kopf (eines Gladiators), r.	Keule. Tr.	17
673	Zwei vereinte Hände.	„ Tr.	13
674	Stehende Figur.	„ Tr.	12
675	Mann mit Keule.	„ dreieckig. Fi.	15
676	Krug und Keule.	— Fi.	18
677	Gladiator, in jeder Hand Gewichte?	Keule. Tr.	11
678	Gladiator mit Keule und Netz?	„ Tr.	9
679	Gladiator mit Keule.	MTRM Fi.	21
680	„ „ „	Concordia sitzend, links. K. S.	18

Nr.	Avers	Revers	Durch-messer in Millim.
681	Zwei Keulen.	— Fi.	15
682	Kopf (eines Gladiators), r.	Zwei Keulen, auch . dazwi-schen. Tr., K. S.	16
683	Kopf mit Hut, zwei Spitzen nach vorn. Λ	Figur, die Bogen abschiesst Ⱥ. Tr.	16
684	Kopf mit Hut, zwei Spitzen nach vorn.	Figur mit Stab und Keule? Tr.	14
685	Gladiator mit Schleuder.	Tisch. Fi.	18
686	„ stehend	Schale oder Gewicht. Fi.	15
687	„ „	Stein mit drei Kugeln. Fi.	16
688	„ „	EMFT, viereckig. Fi.	12
689	„ schreitend.	Gladiator links, in Kampf-stellung. K. S.	18
690	Gladiator mit Lanze u. Schild im Angriff.	Parazonium. Tr.	16
691	Minerva? mit Lanze und Schild.	Gladiator mit Keule und Ge-wicht oder Schale, rechts. Tr.	15
692	Löwe.	Wie oben. K. S.	20
693	Tanne.	Tr.	14
694	Keule.	„ „ . Tr.	11
695	Kranz.	Gladiator mit Keule rechts, und Gewicht links. Tr.	16
696	Mann, links Stab, rechts Victoria.	Gladiator mit Keule links, und Gewicht rechts. Tr.	13
697	Sitzende Fortuna.	Wie oben. Tr.	18
698	P Bogenschütze im Angriff.	„ „ Tr.	13
699	Stehende Figur, mit Keule und Stab.	„ „ Tr.	16

Nr.	A v e r s	R e v e r s	Durch-messer in Millim.
700	Weiblicher Kopf rechts.	Männliche Figur im Angriff. Tr.	18
701	Kopf eines Glad., rechts.	Stehende Minerva. Tr.	15
702	„ „ „ „	Mercur. Tr.	15
703	Kopf eines Glad. rechts, mit Filzhut.	Stehende Figur, einen Schlägel rechts. Tr.	20
704	Kopf eines Glad. rechts, mit Filzhut, zwei Sterne.	Stehende Figur, links Keule, r. Pferdekopf an Griff, zwei Sterne. Tr.	20
705	Kopf eines Glad. rechts, mit Filzhut.	Stehende Figur mit Gewichten, Kranz? Tr.	16
706	Kopf eines Glad. rechts.	Id. Tr.	16
707	„ „ „ „	— Tr.	20
708	„ „ „ „	Weibliche Figur. Victoria? Tr.	16
709	„ „ „ „	Id. mit Hörnern nach rückwärts. Tr.	20
710	VEN. Kopf eines Gladiators rechts.	— Tr.	20
711	ACÆ—CR. Kopf eines Gladiators rechts.	Victoria bei Altar, rechts. Tr.	24
712	A H S	Stehende Figur bei kurzer Säule. Tr.	17
713	Æ—IT Kopf rechts.	Stehende Figur an Säule gestützt, den rechten Fuss zurückgestellt Tr.	17
714	Anderer Kopf.	?	
715	Weiblicher Kopf r., vorn und rückwärts Zweig.	Vogel auf Stab. Tr.	17
716	Männlicher Kopf rechts, dahinter Zweig.	Baum? Tr.	16

Nr.	Avers	Revers	Durchmesser in Millim.
717	Männlicher Kopf rechts.	Gekrönter Kopf, viereckig. Tr.	10
718	Weibliche Figur im Angriff.	Weibliche Figur in athletischem Circusspiele. Tr.	17
719	Weibliche Figur, Stab mit Kugel rechts, Kugel links.	Stehende Figur, rechts etwas haltend. Tr.	12
720	Männliche Figur, Stab mit Kugel links, ? rechts.	Zwei vereinte Hände? Tr.	16
721	Männliche Figur, Stab links, Gewicht? rechts.	Männliche Figur mit langer Keule links, Kugel rechts. Tr.	20
722	Männliche Figur mit Keule.	Männliche Figur stehend. Tr.	16
723	Männliche Figur, nackt, mit Lanze und Schild.	? Tr.	13
724	Männliche Figur, nackt, r. Patera, links Stab.	Männliche Figur, links Keule, rechts Gewicht. Tr.	15
725	Männliche Figur, nackt, Last rechts und Schleuder.	Weibliche Figur, ähnlich Venus. Tr.	13
726	Neptun, nackt, r. Dreizack, links Delphin im Arm.	Komische Fig. mit Schwanz rückwärts. Tr.	18
727	Wie oben.	A—LL komische Figur mit Schwanz rückwärts. Tr.	18
728	Zwei Männ., mit dem Rumpf aneinanderstehend.	Palme. Fi.	15
729	Drei Männ. mit dem Rumpf aneinanderstehend.	Krabbe. Fi.	18
730	Komische Figur stehend.	Komische Figur, sitzend. Tr.	12
731	Kopf eines Gladiators.	CSS Fi.	21
732	„ „ „	LVF Fi.	21

Nr.	Avers	Revers		Durch-messer in Millim.
733	Behelmter Kopf rechts, grosser Helmbusch.	S—T	Tr.	20
734	Behelmter Kopf links.	Stehende Fortuna.	Tr.	18
735	„ „ rechts, weiblich?	Mann stehend, den linken Arm ausgestreckt, den linken Fuss auf etwas ge-stellt.	Tr.	13
736	Behelmter Kopf. rechts, männlich.	Parazonium	Tr.	10
737	Stehender Mann an Säule, Keule links.	C—C Keule.	Tr.	11
738	Stehender Mann.	Löwe.	Fi.	18
739	Kopf.		Fi.	14
740	Sitzende Figur mit Patera in der Rechten.	„	Tr.	17
741	Keule.	„	Tr.	13
742	Laufende Figur, etwas in jeder Hand.	Springender Panther.	Tr.	15
743	Stehende Figur, etwas in jeder Hand.	„ „	Tr.	12
744	Hirte mit Stecken.	Ochs.	Tr.	18
745	Stehende Fortuna.	„ gehend.	Tr.	13
746	„ „	Zwei Ochsen.	Tr.	11
747	Stehender Mann.	Ochs.	Fi.	18
748	Ochsengespann. Im Ab-schnitte I I I.	I I I I	Fi.	31
749	Kopf eines Gladiators.	Ochs.	Fi·	21
750	„ „ „	DO, Cybele auf Löwen.	Fi.	20
751	Kopf mit spitzem Filzhut.	Buckelochse, viereckig.	Tr.	10

Nr.	A v e r s	R e v e r s	Durch-messer in Millim.
752	| · |	Rindähnliche Gazelle. Tr.	16
753	Behelmter Kopf im Perl-kreise.	Fuchs, vor ihm Palme, im Abschnitt ΛP. Tr.	12
754	Jagende Figur.	Schwein. Fi., Tr.	18
755	„ „	Hirsch. Fi.	18
756	Figur mit Keule auf der Schulter und Kugel in der Linken.	„ Tr.	11
757	Kopf, hinter ihm Kugel.	Vogel. Tr.	12
758	„ behelmt.	„ huhnähnlich, Halb-mond. Tr.	11
759	Stehender Mann mit Keule und Stab.	Vogel, adlerähnlich, Halb-mond. Tr.	12
760	Stehende Herme.	Bogen und drei Pfeile. Tr.	18
761	Medusenhaupt.	Elephant. Fi., Tr.	18
762	„	Figur, die etwas auf der Achsel trägt. Tr.	18
763	„	Figur stehend, mit ausge-streckter Linken. Tr.	13
764	„	Seepferd. Tr.	16
765	„	Dreizack. Tr.	18
766	AG	ON. Fi.	12
767	ΒΑΣΙΛΕΩΣ, Köcher und Keule.	ΦΝΑ Fortuna sitzend. Fi.	23
768	Stehende Figur mit sehr grossem Helmbusch.	R M. S.	14
769	Löwe?	POR M. S.	20
770	Stehende Figur.	Hirsch im Laufe. Tr.	16
771	Drei Hermen.	Hercules. Fi.	21

Nr.	Avers	Revers	Durch-messer in Millim.
		d) Siegeszeichen.	
772	Palme.	— Fi., Tr.	16, 18
773	„	Knabe rechts. K. S.	14
774–76	„	Kranz. Fi., Tr., K. S.	11,16,18
777	„ drei Punkte.	„ Tr.	18
778	„ mit fünf Zweigen.	Rosette und vier Punkte. K. S.	18
779–82	„	Kranz. Tr.	12, 13, 14, 15
783	„ zwei Löcher.	„ Tr.	16
784–85	Pferd.	Palme. Fi., Tr.	18, 15
786	Quadriga.	Tr.	18
787	„ von vorn.	— K. S.	12
788	Biga, darüber Victoria.	Victoria Tr.	14
789	Kopf mit Filzhut, Palme.	„ in Biga. Tr.	21
790	HILA	Pferd und Palme. Fi.	18
791	M·HIL.V. Quadriga, darin Mann mit Kranz u. Palme.	— Fi.	42
792	Kopf.	Palme. Fi.	12
793	„	„ und Gabel. Fi.	15
794	„	L—O Palme. Tr.	16
795	„	Zwei Palmen. Fi.	12
796	„ von vorn.	Zwei Palmen, in der Mitte Caduceus. Tr.	14
797–98	Stehend. Gladiator mit Stab und Gewicht.	Palme. Tr.	10, 14

Nr.	Avers	Revers	Durch-messer in Millim.
799	Undeutliche Figur.	Palme. Tr.	12
800–2	Fortuna stehend.	Tr.	10, 11, 16
803	„ sitzend.	Tr.	12
804	Victoria stehend.	Tr.	16
805	Victoria? steh. auf Kugel.	„ Tr.	18
806	Drei Jungfrauen, bekleidet.	„ viereckig. Tr.	17
807	Drei Jungfrauen, bekleidet, mit Palme.	„ „ Fi.	15
808	Drei Männer.	„ Fi.	18
809	„ „	Drei Palmen. Fi.	18
810	DVECVE.AT	Palme. Tr.	16
811	Kopf mit zweihörnigem Filzhut.	Weibl. Figur, rechts Palme, links Kugel. Tr.	18
812	Gekrönter Kopf.	Fortuna im Felde, links Vogel, rechts Palme. Tr.	16
813	Gladiat., links Palme, rechts Gewicht bez. Keule.	Fortuna sitzend, in der R. Palme. Tr.	12
814	Helm.	Palme zwischen zwei gekreuzten Füllhörnern. Tr.	12
815	Kranz, in der Mitte., aussen vier Punkte.	Palme. Tr.	12
816	Vogel	Fi.	12
817	Kleeblatt oder Traube.	„ Fi.	9
818	Elephant.	Fi.	15
819	Augurstab.	„ Fi.	15
820	Krug und Opfermesser.	„ Kranz S Tr.	18

Nr.	Avers	Revers		Durch-messer in Millim.
821	Baum.	Palme, Kranz.	Fi.	15
822	Hahn, Palme, Kalb.	„ „	Fi.	16
823	Insect, geflügelt.	Zwei Palmen.	Fi.	18
824	P Keule.	„ „ im Kranz, DL. Fi.		10
825	Fortuna.	Ochs, Palme.	Fi.	21
826	Kranz.	—	Tr.	10
827	Stehende Figur.	Palme im Kranz.	Fi.	15
828–29	Kopf.	Kranz.	Fi., Tr.	12–18
830	„ vor ihm Palme.	—	K. S.	10
831	„ gekrönt.	Kranz.	Fi.	20
832	Centaur.		Fi., Tr.	18
833–34	Fortuna.		Fi., Tr.	16–12
835	Mann mit Steuer.		Fi.. Tr.	16
836	Victoria.		Fi., Tr.	18–16
837	Sitzender Mann.	„ um Kreis und Punkt. Tr.		21
838	Stehende Figur, rechten Fuss auf Kugel.	„ Tr.		14
839	Hammer.	Tr.		18
840	Halbmond und Stern.	„ Tr.		14
841	Dreizack.	Tr.		15
842	Schlinge.	Tr.		16
843	Kranz mit zwei Schleifen.	„ Tr.		12
844	Zwei Hände vereint.	„ Fi.		16

Nr.	Avers	Revers	Durch-messer in Millim.
845	Stern sechstheilig.	Kranz. Tr.	11
846	Insect ohne Flügel.	Tr.	12
847	| |	„ Tr.	14
848	Stehender Mann, Gewand haltend oder obscön?	Palme im Kranz. Tr.	18
849	Stehender Mann —	Kranz. Tr.	10
850	„ „ Gewicht haltend? „	„ Tr.	11
851	Traube.	Palme im Kranz. Tr.	12
852	Biga.	„ „ „ Tr.	10
853	AF. Nackter Mann mit Keule und Kranz.	TFS zwei Palmzweige. Fi.	20
854	AX VIC	Mann mit Stab. Fi.	21
855	BONI I Kopf.	VICTORVM Fi.	18
856	CERPOACIC im Kreise.	Knieender Mann Wasser aus- schüttend. Tr.	11
857	CMAENI· · ·	Palme im Kranz. Fi.	15
858	CPRF im Kranze.	Palme. Tr.	15
859	CPR.	Kranz. Tr.	12
860	FA Nackter Mann mit Stab und Palme.	Fortuna. Fi.	15
861	GE Kranz.	Baum, dreieckig. Fi.	15 : 17
862	MAE DAPHRON im Kreis.	Palme und Kranz. Tr.	15
863	TATVS NICO Traube.	Bachant mit Thyrsus und Becher rechts. Fi.	18
864	STATVS NICO „	Bachant mit Thyrsus und Becher rechts. K. S.	10

Nr.	Avers	Revers	Durch-messer in Millim.
865	„VICI stehende Figur.	Mann mit Keule und Schleu-der. Fi.	18
866	VIV Fortuna Posaune bla-send.	Kopf. Fi.	18
867	SAT Victoria.	Vier Kränze. Fi.	16
868	Zwei Männer Caduceus hal-tend.	Vogel und Palme. Fi.	12

e) Thiere.

Nr.	Avers	Revers	Durch-messer in Millim.
869	Elephant.	Schleuder (oval). Fi.	15 : 10
870	„	Scorpion (viereckig). Fi.	14
871	„	Ochs. Fi.	18
872	„ mit erhob. Rüssel.	„ Tr. 2 St.	18
873	„	Mercur. Tr.	20
874	„	Fortuna. Tr.	16
875	„	Rabe oder Papagei. Tr.	16
876	„	Insect? Tr.	12
877	„	Scorpion. Fi.	18
878	FAV Elephant.	Laufendes Thier. Tr.	16
879	Nashorn einhörnig.	Mann der einen Stier bän-digt, C Tr.	20
880	„ „	Modius mit drei Aehren. Tr.	16
881	„ „	Ibis. K. S.	14
882	„ „	Vogel an Kette auf Füll-horn. Tr.	19
883	„ „	Flamingo (viereckig). M. S.	15

Nr.	Avers	Revers		Durch-messer in Millim.
884	Nashorn zweihörnig.	Bison.	Tr.	20
885	„ „	P A Palme.	Tr.	17
886	Flusspferd rechts.	Krokodil.	Tr.	18
887	„	Krokodil auf Palme. Contre-marke Seepferd.	Tr.	20
888	„		Tr.	15
889	„	Monogr.	Tr.	15
890	„		Tr.	15
891	„ links, darüber ✳	„	Tr.	16
892	„ rechts.	Laufender Eber.	Tr.	18
893	„	Grosser Vogel.	Tr.	16
894	„	Fortuna?	Tr.	12
895	„	–	Tr.	14
896	Kameel.	—	Fi.	18
897	„	Ochs.	Fi.	12
898	„	„	Tr.	18
899	„	Stehender Mann mit Stab und Keule.	Tr.	15
900	„	Schwein.	Fi.	18
901	„	Schildkröte.	Fi., Tr., M. S.	12
902	„	Kranz.	Tr.	12
903	„	SF·P.	Tr.	10
904	„	Ziege.	Fi.	18
905	„	Hahn.	Fi.	12
906	Ochs.	Schäfer mit Hund.	Tr.	20

Nr.	Avers	Revers	Durch-messer in Millim.
907	Ochs.	Schäfer mit Ziege.　　　Fi.	18
908		Komische Figur mit Stab.　　　Tr.	18
909		Victoria.　　　Tr.	20
910	-	Mercur. L.　　　Tr.	17
911		Caduceus. $\times$?　　　Tr.	17
912		Fortuna.　　　Tr.	15
913		Kopf rechts.　　　Tr.	12
914		〟　〟　behelmt. K. S.	22
915	〟	〟　〟　〟　K. S.	17
916	〟	Fettes Schwein.　　　Tr.	20
917	ꝙ Ochs springend.	Schwein.　　　Tr.	12
918–19	Ochs.	—　　　Fi.	21, 18
920	Ochs, springend.	Bogenschütze.　　　Tr.	15
921	〟　　〟	Centaur.　　　Tr.	14
922	Kuh.	Figur rechts.　　　K. S.	20
923	Mann auf Ochsen reitend.	Stehender Mann mit Stab, links.　　　Tr.	20
924	Ochsenkopf rechts.	Genius stehend, rechts.　　　Tr.	14
925	Büffel.	Schwein.　　　Fi.	·18
926	Ochs.	Hirsch.　　　F.	18
927	Löwe, rechts.	Stehender Mann. Gladiator, links.　　　Fi., Tr.	18
928	〟　　〟	Stehender Gladiator rechts.　　　Tr.	18

Nr.	Avers	Revers	Durchmesser in Millim.
929	Löwe rechts.	Gladiator, links das Fangtuch, rechts Waffe. Tr.	13
930	„ springend.	Ochs. Tr.	18
931	„ „	„ Tr.	12
932	„ „	Hirsch. Tr.	16
933	„ „	Schwein. · Tr.	14
934	„ „	Bogenschütze. Tr.	15
935	„	Halbmond. Tr.	12
936	„ in kläglicher Stellung.	Hahn. Tr.	12
937	„	— Tr.	16
938	Mann auf Löwen reitend.	Stehender Gladiator rechts. Tr.	20
939	„ „ „ „	Stehender Gladiator rechts. Tr.	16
940	Mann auf Löwen reitend, Stab rechts.	Stehender Gladiator, links. Tr.	15
941	Frau auf Löwen reitend.	Stehender Gladiator rechts, Tr.	19
942	Löwe springend, links fünftheiliger Stern und Halbmond.	Adler mit geöffneten Flügeln. Handhabe. Tr.	20
943	Löwe springend, rechts.	Fliege. Tr.	15
944	„ „ „	F Stehender Mann in der Rechten Gewicht? Tr.	11
945	Löwe stehend, links, zwei Punkte.	— Tr.	11
946	Löwe rechts.	L—X dazwischen Säule mit Büste. K. S.	18
947	„ „	Kopf rechts. K. S.	20

Nr.	A v e r s	R e v e r s	Durch-messer in Millim.
948	Panther? stehend, rechts.	Mercur. Tr.	13
849	Hund, sitzend.	Fi.	16
950	Huud, laufend, rechts.	Lituus? mit Querstange. Tr.	16
951	„ „ „	Lituus mit zwei Querstan-gen. Tr.	18
952	Lamm? stehend, links, auf viereckiger Basis, hinter ihm Stab.[2]	Zwei Schlüssel, durch Kranz verbunden (oval). K. S.	28, 23
953	Hund, laufend, rechts.	N Tr.	15
954	„ „ „	Eber rechts. K. S.	14
955	„ „ „	Hase laufend, rechts. Tr., F. W.	16
956	„ „ „	Hase laufend, rechts. Tr.	14
957	„ „ „	Hase sitzend, darunter T. Tr.	13
958	„ „ „.	Baum. Tr.	13
959	„ rechts, Kopf rück-wärts gewendet.	Stehende Figur. Tr.	15
960	Wie oben.	Hase sitzend. Tr.	10
961	Huud, rechts.	AMQE Tr.	12
962	„ sitzend.	Thor. Fi.	16
963	Löwe mit Schwert und Pfeil-bündel.[3]	— Fi.	25
964	QO. Esel rechts.	Stehender Mann, rechts Stock, links Zweige. Tr.	18

[2] Scheint das Lamm mit der Fahne und am R. die gekreuzten Schlüssel Petri, also päpstlich zu sein.

[3] Ist die Wappenfigur der Niederlande und wohl nur irrthümlich unter die Tesserae aufgenommen worden. Fi. bildete das Stück ab, ich beliess es.

Nr.	Avers	Revers	Durch-messer in Millim.
965	Esel, über ihm Hand, unten Buchstaben?	Gekrönter Kopf. Tr.	16
966	Esel rechts.	Vereinte Hände. Tr.	16
967	„ „	Esel rechts. Tr.	16
968	„ „	Drei A ins Dreieck gestellt. Tr.	14
969	„ „	Rosette. Tr.	14
970	„ „	Mann, links Keule, rechts Kugel. Tr.	10
971	Mann auf Esel galoppirend, rechts Stab.	Esel laufend rechts. Tr.	17
972	Mandril sitzend, rechts.	Venus bekleidet, rechts Spiegel Tr.	20
973	Esel laufend, rechts.	Mann stehend. Tr.	15
974	Mann auf Esel, stehend.	Schildkröte. Tr.	17
975	Bär schreitend rechts.	Gladiator in Kampfstellung mit Spiess. Tr.	14
976	„ „ links.	Gladiator mit Netz und Keule? Tr.	14
977	Hyäne schreitend links.	Gladiator mit Keule und Netz. Tr.	17
978	Hirsch laufend rechts.	Weibliche Figur Netze? haltend. Tr.	22
979	„ „ „	Steinbock. Tr.	20
980	„	Hahn. Fi.	12
981	Gnu?	Halbmond. Tr.	17
982		Stehender Mann, in der Rechten Stab. Tr.	20
983	Gazelle.	Hahn. Fi.	12

Nr.	Avers	Revers	Durchmesser in Millim.
984	Gazelle.	Bock. . Fi.	16
985	„ oder Rehbock.	Schildkröte. Tr.	16
986	Bock.	„ Fi.	16
987	Schwein (Eber) rechts.	Hahn mit Ring im Schnabel. Fi.	18
988	„ „ „	Figur rechts mit Füllhorn. K. S.	20
989	„ „ „	Reh? Fi.	18
990	„	Hirsch rechts. K. S.	20
991	„	Papagei auf Füllhorn. Fi.	18
992	„	Idem? Tr.	20
993	„	Kopf rechts. Tr.	18
994	„	Mohnkopf oder Holzschlägel. Tr.	17
995	„ fett.	Ziege? Tr.	15
996	„ links.	Rosette. Tr.	14
997	„	Baum mit drei Zweigen. Fi.	18
998	„	Minerva oder Roma. Fi.	20
999	Schaf stehend rechts.	Fortuna. Tr.	18
1000	„ „ „	Fi., Tr.	16
1001	„ „ „	„ Tr.	12
1002	„ „ „	Autumnus. Tr.	14
1003	„ „ „ darüber?	Roma opfernd. Tr.	15
1004	Schaf stehend rechts, darüber Punkt oder Halbkugel.	Mercur? Fi., Tr.	15, 16

Nr.	Avers	Revers		Durch-messer in Millim.
1005	Schaf stehend rechts.	Kopf links.	Tr.	18
1006	„ „ „	„ rechts.	K. S.	16
1007	„ „ „	Eidechse.	Tr.	14
1008	„ „ „	Rhombe (Fisch).	Tr.	15
1009	„ „ „	Kranz unb Palme.	Tr.	17
1010	„ „ „ da- rüber Halbkugel.	Palme.	Tr.	12
1011	Schaf stehend rechts.	Schildkröte.	Tr.	12
1012	„ „ „	X	Tr.	11
1013	„ „ „	—	Tr.	12
1014	Hase.	Hase.	Fi.	15
1015	„	Gladiator, rhombisch.	Fi.	20 : 12
1016	C „	Kopf.	Fi.	12
1017	„ links sitzend.	Grille? rechts.	Tr.	15
1018	„ rechts „	Hochbeiniger Vogel.	Tr.	15
1019	„ „ „	Zwei vereinte Hände Blume haltend.	Tr.	15
1020	„ „ „	Dreifuss?	Tr.	10
1021	Maus „ „	?	Tr.	11
1022	Pfau rechts.	Idem.	Tr.	18
1023	Ente „	Palmzweig.	Tr.	14
1024	Rabe „ darüber V.	Lyra.	Tr.	18
1025	„ links.	Zweig.	Tr.	17
1026	Henne rechts.	Aehnlicher Vogel.	Tr.	17
1027	„ „ ?	Vierfüssiges Thier.	Tr.	16

Nr.	Avers	Revers		Durch-messer in Millim.
1028	Herme rechts.	Palme in Kranz.	Tr.	14
1029	„ „ sitzend.	Zweig.	Tr.	14
1030	„ „	Wasservogel.	Tr.	14
1031	„ „	Stehender Mann.	Tr.	12
1032	„ links.	Victoria.	Tr.	12
1033	„ rechts, vor ihr Palme.	Caduceus zwischen zwei Figuren.	Tr.	12
1034	„ „ r	Zweig.	Tr.	12
1035	Gans.	Kranz.	Tr.	10
1036	Reiher hochbeinig. rechts.	Neunstrahliger Stern.	Fi.	15
1037	„	—	Tr.	16
1038	„ „ „	Eidechse.	Tr.	12
1039	„ hält etwas im Schabel.	Achtstrahliger Stern.	K. S.	17
1040	Reiher kurzbeinig.	Zweig.	Tr.	15
1041	Eidechse.	Stehende Figur.	Tr.	16
1042	„	Schildkröte.	Tr.	18
1043	Delphin.	—	Fi.	18
1044	„	Kammmuschel.	Tr.	18
1045	„	Stehender Mann.	Fi.	16
1046	„	„	Tr.	13
1047	„	Idem.	Tr.	12
1048	„	Krabbe.	Fi., Tr.	16
1049	„	Ruder.	Tr.	16
1050	„	Dreizack.	Tr.	12

Nr.	Avers	Revers	Durchmesser in Millim.
1051	Delphin darunter Anker.	Achtstrahliger Stern. Tr.	16
1052	Aal.	— Fi.	16
1053	Aal? oder Schlange?	Sistrum und Palme. Tr.	14
1054	Schlange.	Eidechse. Tr.	15, 10
1055	„	Tafel, oblong Fi.	16
1056	Krabbe.	Schnecke. Tr.	11
1057	„	Halbmond. K. S.	15
1058	Schildkröte.	Halbmond und Stern. Fi.	16
1059	„	Thier? Fi.	12
1060	Scorpion.	Dreizack, zwei Sterne. Fi.	15
1061	„	— Fi.	12
1062	Biene.	Zwei Bienen. Fi., Tr.	11
1063	Scorpion.	ƆꙄA· Tr.	20
1064	Schmetterling.	Eidechse. Tr.	15
1065	Ameise.	Fliege. Tr.	11
1066	„	— Tr.	10
1067	Greif.	Genius. Tr.	12
1068	Chimäre.	Stehende Figur (Fortuna?) Tr.	17
1069	Ochs mit Menschenkopf.	Kopf rechts. Tr.	16
1070	„ ? mit dem Kopfe einer Katze.	Mercur. Tr.	12
1071	Steinbock mit Fischschwanz.	Ceres. Tr.	14
1072	Steinbock mit Fischschwanz.	Undeutliche Buchstaben. Tr.	14

Nr.	Avers	Revers	Durch-messer in Millim.
1073	Steinbock mit Fisch-schwanz.	Grosse Ameise. Tr.	17
1074	Insectenähnliches Thier.	Rhombe. Tr.	12
1075	Vogel mit Säugethierkopf.	Stehende Figur. Tr.	12
1076	„	Granatapfel. Fi.	12
1077	„	Zweig. Fi.	12

12. Unbestimmte.

Nr.	Avers	Revers	
1078	Nil liegend, rechts.	Reiter. K. S.	18
1079	„ „ „	Gekrönter Kopf. K. S.	14
1080	„ „ „ vor ihm Victoria, stehend.	Büste mit Helm und Lanze. K. S.	14
1081	Reiter, rechts.	Kopf? K. S.	12
1082	Sitzende weibliche Figur, r., in der Linken Apfel?	Stehende Figur, links Stab, rechts? Tr.	16
1083	Sitzende weibliche Figur, l., in der Rechten Apfel.	Stehende weibliche Figur, rechts Stab, links Schale. Tr.	12
1084	Weibliche Figur, schlafend, die Rechte am Kopf, Amor mit Kranz. Zwei Punkte.	Schild, in der Mitte Kreis, auf Oval drei Punkte. Tr.	19
1085	Stehender Mann, rechts Stab, links Füllhorn.	Stehender Mann rechts, die Linke am Gewande. Tr.	17
1086	Stehender Mann, links Stab, rechts Nike.	Stehende Frau, rechts Nike, die Linke am Gewande. Tr.	11
1087	Stehende Figur mit Schild und Lanze.	Stehend Frau, rechts Stab, links Patera oder Kranz. Tr.	14

Nr.	Avers	Revers	Durchmesser in Millim.
1088	Stehender Mann auf Prora, links Lanze, rechts Globus.	Id. rechts Lanze, links Füllhorn (armeu. Tiara?). Tr.	15
1089	Stehender Mann, links Stab, rechts Patera.	Zwei Figuren sitzend, jede Globus in der Hand. Tr.	14
1090	Stehender Mann, rechts Stab, links Patera.	Stehende Figur undeutlich. Tr.	14
1091	Stehender Knabe, rechts Patera.	Stehende Figur undeutlich. Tr.	14
1092	Stehende weibliche Figur, rechts Patera.	Bipennis. Tr.	11
1093	Centaur, neben ihm Mann stehend, Stern u. Punkte.	? verklebt durch zwei Tesserae. K. S.	22
1094	Opfernde Figur.	Vierfüssiges Thier. K. S.	16
1095	Sitzende Figur in der Rechten Ruder, links?	Schreitender Krieger, hinter ihm weibliche Figur mit Palme. K. S.	16
1096	Sitzende weibliche Figur, in der Rechten Patera, links Stab.	Halbmond und sieben Sterne. K. S.	15
1097	Mann stehend, in der Linken drei Aehren, rechts Patera.	Stehende Figur, jederseits etwas haltend. Tr.	15
1098	Mann stehend, in der Rechten Patera.	Halbmond. Tr.	9
1099	Frau stehend, in der Rechten Stab mit Kranz, die Linke erhoben.	Eidechse. Tr.	14
1100	Mann stehend ein Horn blasend. V.	Stehender Mann. L. Tr.	12
1101	Mann in der Rechten Stab? links Keule?	„ „ Tr.	12
1102	Knabe, die Hand in einer Schüssel.	Hand hält eine Wage. Tr.	16

Nr.	Avers	Revers	Durchmesser in Millim.
1103	Zwei stehende Figuren in Toga.	—　　　　　K. S.	15
1104	Drei Grazien nackt, sich bei den Händen haltend.	Drei Palmen.　　·　　Tr.	18
1105	Wien oben.	Stehende Figur, r. Blume? · Tr.	16
1106	„　　„	C. P. R.　　　　Tr.	16
1107	Drei Grazien oder Jungfrauen, bekleidet.	Kranz.　　　　Tr.	16
1108	Wie oben.	L F. Eule auf Schlauch (Schiff?)　　　Tr.	16
1109	„　　„	TIT. Eule auf Schlauch. K. S.	18
1110	„　　„	Venus, rechts.　　Tr.	16
1111	„　　„	Fortuna? sitzend links. Tr.	19
1112	Drei Grazien oder Jungfrauen, bekleidet, die Hände erhoben.	Mercur und Fortuna.　Tr.	20
1113	Wie oben.	„　　„　　„　　Tr.	16
1114	„　　„	Mann, auf der R. Schlange. Tr.	19
1115	„　　„	Kopf rechts. R. V. II. V. Tr.	14
1116	Drei Schwestern Phaeton's zu Lärchen werdend.	Scorpion.　　　Tr.	20
1117	Wie vorher.	Fortuna, rechts.　Tr.	20
1118	Drei Figuren, ein Mann und zwei Frauen.	„　vor ihr ein Mann gehend.　　　Tr.	20
1119	Wie oben.	Zwei Figuren, zwischen ihnen Baum, jene rechts in der Rechten Keule.　Tr.	18

Nr.	Avers	Revers	Durch-messer in Millim.
1120	Geflügelter Fuss.	ANC. Tr.	13
1121	Linker Fuss eines Mädchens.	Frauenkopf, rechts. Tr.	16
1122	Fuss eines Raubthieres.	Vogel? Tr.	10
1123	Fuss.	Stehender Mann. Fi.	10
	Zwei Hände einander haltend. (Concordia?)		
1124	Zwei vereinte Hände.	Fortuna. Tr.	18
1125	″ ″ ″	Mercur. Tr.	17
1126	″ ″ ″	Palme und Füllhorn. Tr,	16
1127	″ ″ ″	Mann links, in der Rechten Patera, links Stab. Tr.	15
1128	″ ″ ″	Mann rechts, in der Rechten Stab, links Patera. Tr.	14
1129	″ ″ ″	Stehender Genius, in der Rechten Blume. Tr.	13
1130	″ ″ ″	Sitzender Genius, in der Rechten Blume. Tr.	15
1131	″ ″ ″ IV.	Opfermesser oder Sichel. Tr.	16
1132	″ ″ ″	Rad mit vier Speichen. Tr.	17
1133	″ ″ ″	Palme. Tr.	15
1134	″ ″ ·	— Tr.	12
1135	″ ″ ″	Mann links, vor ihm Palme, links? BDN. Tr.	11
1136	″ ″ ″	Mann links, in der Rechten Blume? Tr.	15
1137	″ ″ ″	Behelmter Kopf rechts, quadratisch. K. S.	14

Nr.	Avers	Revers		Durch-messer in Millim.
1138	Zwei vereinte Hände.	Venus.	Fi.	15
1139	„ „ „	Sitzende Figur.	Fi.	15
1140	Eine Hand.	Frau sitzend, die Rechte im Haar.	Tr.	18
1141	„ „	Vogel?	Tr.	14
1142	Kopf männlich.	—	Fi.	12
1143	„ „		K. S.	16
1144	„ weiblich rechts.	—	Fi.	18
1145	„ „ „	—	K. S.	20
1146	„ männlich, zwei Sterne.	—	Fi.	18
1147	„ „	Kopf behelmt.	K. S.	19
1148	„ „	„ männlich.	Fi.	18
1149	„ „	„ „	Fi.	15
1150	„ „	„ „	Fi.	10
1151	„ „	Blatt.	Fi.	25
1152	„ „	Y im Viereck.	Fi.	15
1153	„ „	Pan.	Fi.	18
1154	„ „	Gabel zwischen Palmen.	Fi.	15
1155	„ „	Zwei Genien.	Fi.	18
1156	„ „	Springendes Thier.	K. S.	16
1157	„ mit Turban.	Zwei Figuren.	Fi.	23
1158	„ „ „	Stern.	Fi.	15
1159	„ weiblich mit Modius.	Herme.	Fi.	15
1160	„ „ im Oval.	—	K. S.	26 : 20

Nr.	Avers	Revers	Durch-messer in Millim.
1161	Kopf mit Mauerkrone.	Brustbild mit Köcher (Per-ser?) Fi.	25
1162	„ „ Strahlenkrone.	Kopf. K. S.. Fi.	12
1163	„ „	Ring. Fi.	15
1164	„ „	SCA. Fi.	16
1165	„ „ „	Halbmond und Stern. Fi.	16
1166	„ „ „	Stehender Mann links, rechts Blume links? Tr.	13
1167	„ —	Zwei Figuren stehend. Fi.	16
1168	„	Mann stehend. Fi.	12
1169	„ mit Lorbeer.	Figur stehend links. K. S.	16
1170	„ rechts.	Reiter rechts. K. S.	16
1171	„ „	K. S.	12
1172	„ „ mit Hut.	„ „ K. S.	15
1173	Weibliche Figur halb, in der Rechten Minerva, links Füllhorn.	Concordia sitzend. K. S.	18
1174	Zwei stehende Männer in Toga.	— Fi.	16
1175	Stehender Mann.	— K. S.	15
1176	„ „	— viereckig. Fi.	16 : 19
1177	„ „ mit Zweig S.	— Fi.	16
1178	Stehender Mann.	Zweig, Figur. Fi.	16
1179	„ „	Dreizack. Fi.	16
1180	„ „	Steuer. Fi.	18
1181	„ „	Schiff. Fi.	18

Nr.	Avers	Revers	Durch- messer in Millim.
1182	Stehender Mann.	Vogel. Fi.	12
1183	„ „ mit spitzem Hut.	I I Fi.	18
1184	Stehender Mann.	Sack. Fi.	22
1185	Sitzender „	Zwei Figuren opfernd, eine stehend. Fi.	18
1186	„	✢ Kuhkopf. Fi.	15
1187	„ „	Viereck. Fi.	16
1188	„ Figur.	Wölfin. Fi.	18
1189	„ „ in der Rech- ten Victoria.	„ mit den Zwillingen. K. S.	16
1190	Stehender Mann mit Steuer.	I I I I Fi.	18
1191	Rosette.	Zweiarmige Wage. Tr.	15
1192	Dreifuss.	Pfeil und Keule. Fi.	20
1193	Weibliche Figur, in der Rechten Palme.	Triton. K. S.	14
1194	Brustbild im Tempel.	? K. S.	10
1195	Zwei Halbfiguren, zwischen ihnen Stab.	Zwei Halbfiguren, (byzant. Typus). K. S.	20
	Pflanzen.		
1196	Aloë ähnliche Pflanze.	Stehende Figur. Tr.	13
1197	Palme.	Zwei Aehren. Tr.	16
1198	Baum.	Stehende Figur. Tr.	20
1199	„	Zwei Aehren. Tr.	15
1200	„	Doppelaxt. Tr.	16

Nr.	Avers	Revers		Durch-messer in Millim.
1201	Baum.	Köcher.	Tr.	14
1202		ADM Palmzweig.	Tr.	15
1203		Baum.	Tr.	14
1204	„ darunter sitzende Figur.	Zeus Blitz schleudernd.	Tr.	18
1205	Sonnenblume?	—	Fi.	18
1206	Pflanze.	Kopf.	Fi.	16
1207	„ dreiblättrig.	Idem.	Fi.	10
1208	Sylphium.	Rabe.	Fi.	15
1209	Blattrippen.-	Rosette.	Fi.	12
1210	„ und Peitsche.	Rad.	Fi.	20
1211	Dreiblatt.	Zwei Lanzenspitzen.	Tr.	15

Varia.

1212	Hammer und Ambos.	Id.	Tr.	15
1213	„ „ „	Schwert über Schiff?	Tr.	15
1214	„	-Zwei vereinte Hände.	Tr.	18
1215	Sporn und drei Punkte.	Ankerähnliches Bild.	Tr.	18
1216	Hammer.	Kranz.	Tr.	18
1217	Fischgräte.	Stehender Mann links, mit Stab links und Kugel rechts.	Tr.	15
1218	Stern im Viereck.	Halbmond im Viereck.	Tr.	8

Nr.	Avers	Revers	Durch-messer in Millim.
		13. Buchstaben und Namen.	
		A.	
1219	A	Mercur. Fi.	18
1220	A	L im Kranze. Tr.	10
1221	A	Palme. Tr.	11
1222	AA	Fortuna, rechts. Fi.. Tr.	12
1223	AA..	— Tr.	15
1224	AAEL.LAET.	Fortuna stehend links. K. S.	15
1225	AAEL	LAET Fi.	21
1226	AAT	Pferdekopf. Tr.	12
1227	AC	Fortuna. Fi.	12
1228	AC .	„ links. Tr.	15
1229	AC	- Fi.	12
1230	AC im Perlen- und Blätter-kreis.	— K. S.	20
1231	ACA	Kopf. Fi.	18
1232	ACAV Kopf.	Victoria, Cista. Fi.	28
1233	A·C·	SS darunter Halbmond. Tr.	17
1234	ACE	Mann stehend, rechts Stab, links Schild. Tr.	11
1235	ACH	ACH M. S.	16
1236	ACT	Fortuna Fi.	16
1237	AAS oder AMS.	Kniende Figur bei Altar. Tr.	18
1238	ADR	Mercur. Fi.	16

Nr.	Avers	Revers	Durch-messer in Millim.
1239	AE·	AG Fi.	18
1240	AE	EV Fi.	18
1241	AEEV	— Fi.	18, 15
1242	AEV Mann stehend, rechts Becher, links Keule.	TES, darunter und darüber Palme. Tr.	18
1243	AETVS Mann stehend, viereckig.	— Fi.	15
1244	AF	Vierfüssiges Thier? Tr.	12
1245	AFA Mann rechts Vogel, links Keule.	TES zwischen zwei Palmen. Fi.	18
1246	AF—EV	Fortuna stehend, links. Tr.	15
1247	AGAC	— Fi.	18
1248	AI Mann stehend.	Altar. Fi.	18
1249	ALAC Mann mit Füllhorn und Schale.	— Fi.	20
1250	AL	IT Fi.	15
1251	ALESTVS CVPANE	— Fi.	18
1252	ALEX	Fortuna links. Tr.	15
1253	ΑΛΕΖΑΝΔΡΟ *	— K. S.	15
1254	ALS	Mercur. Fi.	21
1255	AMP	Ochs rechts. Tr.	18
1256	AN Venus.	CL Fortuna. Fi.	15
1257	AN Venus mit Amorette.	AG Fortuna. Fi.	20
1258	ΑΝΓΕΛΟC H YERAC	Viereckig. Fi.	30 : 25
1259	ANTONIVS GLAVCVS M.	Bacchant, rechts Becher, links Stab. Fi.	23

Nr.	Avers	Revers	Durch-messer in Millim.
1260	AP	Weibliche Figur mit Caduceus und Patera. Fi.	23
1261	APA Knabe stehend.	TES	18
1262	APICE Mann, Becher in der Rechten.	Mann mit Kranz und Palme. Fi.	20
1263	APO	Sistrum. Fi.	18
1264	APP	Steuer. Tr.	15
1265	AQS	Weibliche Figur stehend, in der Linken drei Aehren, rechts? K. S.	17
1266	AR Sitzende Frau mit Lanze und Globus.	TIAE Stehende Frau mit Stab. Fi.	15
1267	ARMP	Neptun. Fi.	18
1268	ARMREG	NC im Kranz. Fi.	24
1269	AS	Kranz. Tr.	20
1270	ASC	Scorpion. Fi.	20
1271	ASS	— Fi.	18
1272	AST	Gehender Vogel rechts. Tr.	15
1273	Ā	Φ Tr.	10
1274	AT	P—R Mann stehend, die Rechte erhoben. Tr.	10
1275	ATD	Schreitender Bock rechts. Tr.	11
1276	ATH	— Fi·	21
1277	AVE OI CLEM	Genius. Fi.	18
1278	AVG	Elephant rechts. Tr.	14
1279	AVI	Fortuna. Fi.	12

Nr.	Avers	Revers	Durch-messer in Millim.
1280	A W' darüber Kopf?	A Gladiator rechts, Netz links? Tr.	15
1281	AIA	Adler mit ausgebreiteten Flügeln im Kranz. Tr.	14
1282	AVR	S A E. K S.	13
B.			
1283	B Zange.	V Hammer. Tr.	17
1284	BAL	TICIER Fi.	28
1285	BC	Fortuna. Fi.	21
1286	BI	RC Fi.	16
1287	BVPP	Kopf. Fi.	18
C.			
1288	C	Krug mit einem Henkel. K. S.	16
1289	C	— Fi.	12
1290	C	Stern sechsstrahlig. Tr.	11
1291	C	R. Fi.	18
1292	C	T Tr.	10
1293	CA (T?)	Blatt. Tr.	10
1294	CA	Ruderschiff. Tr.	16
1295	CAC	Sitzende Fortuna. Fi.	18
1296	CAE	— K. S.	11
1297	CAE	Delphin. Tr.	12

Nr.	A v e r s	R e v e r s		Durch- messer in Millim.
1298	ƆAE	Beutel.	K. S.	14
1299	CAERNI	Adler.	Fi.	18
1300	CAF im Kranz.	—	Fi.	18
1301	CAL	Sitzende Fortuna.	Fi.	18
1302	CAL	CAL	Fi.	18
1303	CAL	LIM	Fi.	18
1304	CAL	Bärtiger Kopf.	Fi.	18
1305	CALIBROMVS	Hirsch.	Fi.	18
1306	CAL—LXX	FLACCVS	Tr.	19
1307	CÆ.	Länglich zugespitzt.	K. S.	26 : 11
1308	CAP	Mann mit Keule und Becher	Fi.	13˙
1309	CAPR	Ceres stehend rechts.	Tr.	16
1310	CAR	Fortuna stehend links.	Tr.	16
1311	CAS	Mann mit Keule und Becher.	Fi.	13
1312	CBD		Fi.	18
1313	CBR	—	Fi.	15
1314	CBR	Fortuna.	Fi.	15
1315	C C	Zwei Köpfe.	Fi.	15
1316	C C	Sitzende Fortuna.	Fi.	21
1317	CC dazwischen Gabel.	Huhn rechts schreitend.	Tr.	12, 15
1318	C·Ɔ	Delphin.	Tr.	12
1319	C·Ɔ	„ Kranz.	Tr.	12
1320	CCF	Pferd rechts schreitend, darüber Palme.	K. S.	19

Nr.	Avers	Revers	Durch- messer in Millim.
1321	CCN Anker.	CDN Fortuna. Fi.	16
1322	CCP	Kopf des Aegyptus mit Uräusschlange. Tr.	20
1323	CCP	Kopf. Fi.	18
1324	CCS	Stamm oder Ständer mit drei Palmzweigen. K. S.	18
1325	CDC Zweig.	FRAN Blatt. Fi.	18
1326	CDN Steuer.	Genius mit Lanze. Fi.	18
1327	CES	C Fi.	18
1328	CES	Kopf mit Lorbeer. Fi.	18
1329	CES	Figur stehend mit Schale. Fi.	20
1330	CES	Fortuna stehend, links Tr.	19
1331	CES—HI	Sack. Tr.	17
1332	CES	Bärtiger Kopf rechts. Tr.	19
1333	CEY	Trabendes Pferd auf Palme links. Tr.	15
1334	CGM	Kopf. Tr.	10
1335	CGM	Januskopf. Tr.	18
1336	CGP	Zwei Männer. Fi.	20
1337	CHR	Palme im Kranz. Tr.	15
1338	CHRY	CM Fi.	16
1339	CIE·	Aehrenbündel. K. S.	15
1340	CILV	V Palme, Kranz und Geld- stück. Fi.	16

Nr.	Avers	Revers	Durch-messer in Millim.
1341	CIN	Papagei mit Halbmond auf dem Kopfe, sitzend rechts, aus dem Schnabel Wasser in ein Gefäss spritzend. Tr.	16
1342	CIR	Delphin. Tr.	15
1343	CL	Adler sitzend rechts, Kopf links gewendet. K. S.	12
1344	CLCA	Palme im Kranz. Fi.	18
1345	CLEM (CLLM?).	Kopf (id.) Fi.	21
1346	CLHO Zweig.	II Gladiator. Fi.	21
1347	CLI	Sitzende Fortuna. Fi.	23
1348	CLVPRIMI	Drei weibliche Figuren. Fi.	18
1349	CLM	Victoria rechts schreitend. Tr.	15
1350	CM	Sitzende Fig., rechts Patera, links Füllhorn. Tr.	18
1351	CM	Wie oben. K. S.	15
1352	CMH	Krug mit einem Henkel. Fi.	18
1353	CMH	Stehende Figur. M. S.	12
1354	CMP	Kopf. Fi.	21
1355	CN	CHRV Fi.	15
1356	CNDE (oder FCND).	Füllhorn. Fi.	18
1357	CNPMEN	Vase. Fi.	18
1358	CNT	Luna, länglich. Fi.	15, 12
1359	COR	Palme im Kranz. Fi.	18
1360	COR	Sitzende Fortuna. Fi.	18

Nr.	Avers	Revers	Durch-messer in Millim.
1361	CORINT	Victoria. Fi.	15
1362	„	Victoria mit Palme in der Rechten, stehend, links. Tr.	14
1363	COFRV Kopf.	CARNV Kopf. Fi.	22
1364	CP im Kranz.	EYT—VCHI Tr.	20
1365	CPD	Kranz. Tr.	14
1366	CPF	Stern in Halbmond. Fi.	13
1367	CPI	Steuer. Fi.	18
1368	CPR	Palme im Kranz. Fi.	12
1369	CPR im Kranz.	Zeus. Fi.	18
1370	CPR	F im Kranz. Tr.	12
1371	CPRE	Victoria stehend rechts. Tr.	15
1372	CPRE	Fortuna. Fi.	18
1373	CPRE im Kranz.	„ stehend links. Tr.	17
1374	CPRF „ „	Weibliche Figur opfernd. K. S.	15
1375	CPRF „ „	Palme. Tr.	16
1376	CR	I· K. S.	10
1377	CR	Fortuna stehend links. Tr.	16
1378	CRE	Mann mit Lanze und Palme. Fi.	16
1379	CRAE	M Delphin. Fi.	16
1380	CRC	Soldat. Fi.	20
1381	ƆSA	Scorpion. K. S.	10
1382	CSA	Fi.	18

Nr.	Avers	Revers	Durch-messer in Millim.
1383	CSANI	Büffel? Tr.	18
1384	CSF	— Fi.	18
1385	CSP	Kopf der Medusa. Ei.	12
1386	CSP	Weibliche Figur in Schiff, E M. S.	18
1387	CTRE AVG	Sitzende Figur links, in der Rechten Patera, links? Tr.	19
1388	CTRN	Sitzende Figur, rechts? Tr.	13
1389	CV	Stehender Mann, in der Linken Kranz. Tr.	13
1390	CV	C V Tr.	14
1391	CVC	Sitzende weibliche Figur, links Füllhorn, rechts Kranz. Tr.	15
1392	CVC	Sitzende weibliche Figur, links Füllhorn, rechts Kopf. Tr.	16
1393	CVC	Sitzende Fortuna. Fi.	18
1394	CVE, darüber Palme im Kreis von Punkten.	— Tr.	15
1395	CVM	— Fi.	18
1396	CVM	Behelmter Kopf rechts. K. S.	18
1397	CVP	Palme. K. S.	12
1398	CVR. Sitzende weibliche Figur.	M Diana mit Hirsch? Tr.	20
1399	CVS	Sitzende Concordia links. K. S.	18

Nr.	Avers	Revers	Durch- messer in Millim.
		D.	
1400	D	VO M. S.	12
1401	DA im Kranz.	— Fi.	20
1402	DA BNGA	Palme. Tr.	15
1403	D I I I I	Ceres mit Füllhorn rechts, Aehren links. Tr.	17
1404	DAP	= Fi.	18
1405	DAP im Kranz.	Stehender Mann. Fi.	12
1406	DB Palme.	H S Palme. Fi.	14
1407	DD	— Fi.	16
1408	DD	P Keule. Fi.	10
1409	DDOY DLA	Kopf, Fi.	12
1410	DEA	Diana von Ephesus. Fi.	18
1411	DECEM	Gefäss P Tr.	16
1412	ΔEKA ins Viereck gestellt, mitten I, darunter Ameise.	Mercur links. K. S.	16
1413	DEMLANITVVS	ˋ — Fi.	19
1414	DEVTER	Fortuna uno Minerva. Fi.	22
1415	DIAD darunter Pferd.	Apollo mit der Lyra, rechts. K. S.	20
1416	DIAD	Minerva stehend links. Tr.	20
1417	DL Gefäss mit zwei Blumen.	— Fi.	18
1418	DM.	Palme. Tr.	15
1419	DON	Anker. Tr.	15
1420	DP Zweig.	Stehende Figur. Fi.	18

Nr.	Avers	Revers		Durch-messer in Millim.
1421	DRY	Palme.	Tr.	18
1422	DVO	LL	Tr.	20
1423	DVPER	Soldat.	Fi.	21
1424	DVRSVG	Drei Jungfrauen.	Fi.	16
		E.		
1425	GF	Kopf von vorn.	K. S.	16
1426	EFW	? Vogel?	Tr.	17
1427	E—I oder E—L Haus.	YY	Tr.	11
1428	EN	Anker.	Tr.	15
1429	EN Delphin.	Mann mit Beutel.	Fi.	18
1430	ERLID	Traube.	Fi.	13
1431	ESC.	Kopf der Medusa.	Fi.	21
1432	ESFE	Mann mit Stab auf Schiff, rechts.	Tr.	17
1433	EROS	Segelschiff.	Fi.	16
1434	EVB	—	Fi.	22
1435	EVC	Fortuna.	Tr.	10
1436	EVHEMERI	LBSBL	Fi.	18
1437	EXP	Mercur.	Fi.	15
1438	℟	Palme.	Tr.	16
1439	EY	G.	K. S.	15

Nr.	Avers	Revers	Durch-messer in Millim.
		Z.	
1440	ZF	Fortuna stehend, links. Tr.	18
1441	ZAL Kopf.	SAD Victoria. Fi.	18
		F.	
1442	F	Kopf rechts. K. S.	20
1443	FASA	Hercules. Fi.	18
1444	FAVSTVS	P.BIVS Fi.	10
1445	FD im Kranze.	XIX Tr.	15
1446	FE Trophäe.	Quadriga von vorn. Tr.	16
1447	FEDT	EGN—AM Tr.	18
1448	FEL	Weibliche Figur steh., links Füllhorn, r. Lanze. Tr.	17
1449	FEL	Fortuna sitzend. Fi.	18
1450	FELICITER	CPR Fi.	15
1451	FELIX Stern, Zweig.	Frau mit Caduceus u. einem Ringe an dem Marken u. dgl. hängen. Fi.	21
1452	FELIX	Palme. Fi.	12
1453	FF	Venus. Fi.	18
1454	F—L Fortuna stehend links.	Palme? Tr.	15
1455	FLA	Ochs rechts. Tr.	21
1456	FLHF	Mercur. Fi.	18
1457	FLHP	Tr.	17
1458	FLO—ELP	- Fi.	15

Nr.	Avers	Revers	Durch-messer in Millim.
1459	FORTVN. Zwei Hände.	Fortuna links. K. S.	15
1460	FORTUNATA	„ sitzend. Fi.	26
1461	FPH grosser Spiegel.	„ „ Fi.	18
1462	FS·	FS K. S.	18
1463	F·V	— Fi.	21
1464	FVF	Fortuna stehend links. Tr.	18
1465	FVRESIS	Schiff. Fi.	15

G.

1466	G	Kopf. Fi.	16
1467	GG	LC. viereckig. Fi.	12
1468	GP· Stehende Figur.	? Tr.	12
1469	GPR im Kranz.	Zeus stehend mit Blitz und Stab. Tr.	17
1470	GQ	.Stehende Figur. Fi., Tr.	15, 17
1471	FIS Thurm.	Fortuna sitzend. Fi.	25

H.

1472	HAKKIA	— Fi.	18
1473	HAPAX	Adler im Kranz. Tr.	15
1474	HD·OA	D Fi.	18
1475	HEE	Concordia sitzend links. K. S.	18
1476	HER	Amor auf Widder. Fi.	15
1477	HER	S (?) OR K. S.	10

Nr.	A v e r s	R e v e r s	Durch-messer in Millim.
1478	H…AR	FLHVD Kopf. Fi.	18
1479	HF Contremarke: SFP	— Tr.	12
1480	HS	Palme im Kranz. Tr.	15

I.

Nr.	A v e r s	R e v e r s	Durch-messer in Millim.
1481	IA VI zwei Hände.	Minerva. K. S.	12
1482	IA sitzende Figuren.	Rosette, achtblättrig. Tr.	20
1483	IAI darunter Schaufel.	Sitzende Figur in der Rechten einen Apfel. Tr.	17
1484	IAĪ „ „	Sitzende Figur, in der Rechten Patera. K. S., Tr.	18
1485	IANVAR	Fortuna und Minerva. Fi.	21
1486	IAR	Adler. Fi.	15
1487	ICP	Füllhorn. Tr.	17
1488	IE Contremarke : springender Faun.	LIC· K. S.	17
1489	IFL	Fortuna rechts. K. S.	14
1490	IH Fortuna sitzend.	L Mann m. Fisch u. Stab. Fi.	18
1491	IN Kopf des Aegyptus.	RT Fortuna. Fi.	18
1492	IN „ „ „	Weibliche Figur mit Dreizack. Fi.	18
1493	INK·	Zwei Hände. K. S.	10
1494	IMPN Victoria, oval.	— Fi.	31 : 26
1495	IOVFAG	Minerva. Fi.	18
1496	IPI	Ruder. Fi.	20
1497	IRE darüber Kopf.	Fortuna stehend rechts. Tr.	15

Nr.	Avers	Revers	Durchmesser in Millim.
1498	IRE	— Fi.	15
1499	ISX Sitzende Fortuna.	Palme. Fi.	18
1500	IVE	Stehende Fortuna links. Tr.	16
1501	IV—EV	Füllhorn. Tr.	15
1502	IVLIA	Palme und Keule. Tr.	15
1503	IVI Kopf.	Ч—S Genius mit Flossenfüssen, der einen Kranz hält, im Felde Adler. Fi.	25
1504	IVNDME SES	I I Caduceus. Fi.	22
1505	IVVE..	Δ· X · Tr.	15
1506	IVOIV—IIPRM.	Drei bekleidete weibliche Figuren, Palmen in den Händen haltend. Tr.	18
1507	IVO·LV—DI PRIMI ? (LVDIVSIPRIMI ?)	Wie oben, die Hände erhoben am Haare. Tr.	19
1508	IV—T. Stehender Mann links.	Fortuna stehend links. T.	15
1509	KAD	H D Vogel. Tr.	10
1510	KAI	Mercur. Tr.	16
1511	KAM	Delphin, vier Sterne. Fi.	18
1512	KT	Genius? Tr.	17
	L. und A.		
1513	A Fama	Kopf. Fi.	18
1514	LAA	Fortuna stehend. Tr. Fi.	15, 18

Nr.	Avers	Revers	Durch-messer in Millim.
1515	LAF	Autumnus Fi.	21
1516	LAF.	IM männliche Figur, in der Rechten? K. S.	20
1517	LAR	Adler mit ausgebreiteten Flügeln. Tr.	15
1518	LAS	Mann stehend, in der Rechten Schale, links Netz. Tr.	19
1519	LAS	Schiff. Tr.	14
1520	LAS Halbmond darüber.	Fisch. Tr.	14
1521	LA-SAR	Fortuna rechts in einem Kranze stehend. Tr.	14
1522	LAVRFN	Fortuna, viereckig. Fi.	15
1523	LAX	Mit Kopf rechts. K. S.	14
1524	LC Mann stehend.	CON Fortuna. Fi.	20
1525	LC	Weibliche Figur rechts schreitend, viereckig. K. S.	13
1526	L—CA	Schreitender Mann links, rechts Schild, links? Tr.	15
1527	LCS	— Fi.	18
1528	LCS	Stehender Mann in der Rechten etwas haltend. Tr.	18
1529	LD Mann stehend mit Lyra.	Fortuna. Fi.	18
1530	LE Baum mit drei Aesten.	Fortuna mit Wage. Fi.	16
1531	LEF Fortuna.	V. Autumnus. Fi.	22
1532	LEP	— Fi.	18
1533	LFPD.	Widder rechts. K. S.	19

Nr.	Avers	Revers	Durch-messer in Millim.
1534	LFS	Löwe. Fi.	20
1535	LGP	Tr.	14
1536	LGP	Mann stehend, rechts Schale, links Netz. Tr.	12
1537	LI	? Tr.	8
1538	LIA (VIT?)	Mann im Angriff, in der Rechten Schleuder. M. S.	14
1539	LIBA	Hammer und Ambos Fi.	18
1540	LIC	ΛΛ ΛV ＊ · Tr.	19
1541	LICH	Kopf. Fi.	21
1542	LIDP	Schaf. Fi., Tr.	18, 20, 21
1543	LIH	Fortuna stehend links. Tr.	18
1544	LL im Kranz.	Bacchant. Fi.	26
1545	LMACAON Zeus.	L NOIA Palme. Fi.	18
1546	LMARF	Stehender Mann in der Rech-ten etwas haltend. Tr.	12
1547	LMV	Krieger? mit Schild im An-griff. Tr.	18
1548	LN	Stehende Figur Fi.	12
1549	LNF	Fisch. K. S.	10
1550	LOF	— Fi.	15
1551	LOIP	Kopf. Fi.	12
1552	LOL | ELA	Minerva stehend? K. S.	15
1553	LOM Prosa.	VIII Fi.	21
1554	LP	Adler. Fi.	15

Nr.	Avers	Revers	Durch-messer in Millim.
1555	LP	Adler, rechts schreitend.	
1556	LPM Mann stehend rechts.	D Neptun (Zeus?) Tr.	20
1557	LPO im Kranz.	Fortuna. Fi.	27
1558	LPO	B Adler. Fi.	20
1559	LRE	— Fi.	18
1560	LRF	Fortuna stehend, links. M. S.	14
1561	LSE	Zwei Hände. K. S.	19
1562	LSE	Adler. Fi.	20
1563	L·T	L·T M. S.	18
1564	LTE	Stehender Mann, zwischen zwei Aehren opfernd. Tr.	20
1565	LTE	Stehender Mann, die Altäre nicht sichtbar. Tr.	18
1566	LRP	Fortuna stehend, rechts. Tr.	15
1567	LSP	Stehender Mann, in der R. Schwert gesenkt. Tr.	19
1568	LV dazwischen Stab.	Stehende Figur. K. S.	18
1569	LVC	Weibliche Figur. Fi.	20
1570	LVCI	— Fi.	11
1571	LVE	Stehender Mann, in der R. Ruder, links? Tr.	15
1572	LVN	TAL Fi.	18
1573	LVT	— Fi.	18
1574	LVV	Genius. Fi.	18

Nr.	Avers	Revers	Durch-messer in Millim.
		M.	
1575	M.	Löwe rechtshin schreitend, viereckig. K. S.	17 : 11
1576	M.	Sitzender Hund. Fi.	12
1577	M	Sitzende Frau rechts, in der Rechten Füllhorn, links Patera. Tr.	12
1578	M	Zeus. Tr.	16
1579	M	Widder. Tr.	13
1580	M	Herzförmiges Bild (Gefäss? Schlauch?) Tr.	14
1581	M.	Mauer? Tr.	12
1582	MA	Adler. Tr.	10
1583	MA	Gabel oder Schaufel. Tr.	20
1584	MAG	Kopf rechts mit Hut. K. S.	13
1585	MAG	Stehender Mann mit Filzhut in den Händen? Tr.	19
1586	MAG III	Kopf der Diana. Fi.	21
1587	MA.IMO	Kopf rechts, davor Punkt. K. S.	15
1588	MAΛ oder MAN	Vogel mit erhobenen Flügeln. Tr.	15
1589	MAL darüber O	Stehendes Thier (Raubthier). Tr.	14
1590	MAV.	LIC· K. S.	18
1591	MAX	Hercules. Fi.	20
1592	MCA	Drei Jungfrauen. Fi.	21

Nr.	Avers	Revers	Durch-messer in Millim.
1593	MCC	Januskopf. Fi.	21
1594	MCC	Gehende Frau. Fi.	15
1595	MCD	Mercur stehend, links. Tr.	19
1596	MCG	— Fi.	18
1597	MCI zwei sitzende Figuren im Schiff.	Soldat, Biene. Fi.	18
1598	MCO	Fortuna sitzend, links. K.S.	16
1599	MD	Stehende Figur. Tr.	10
1600	ME Zweig.	„ Fi.	18
1601	ME im Kranz.	Minerva stehend, links K.S.	20
1602	MGT Fortuna.	Zwei Köpfe (Cajus und Lucius?). Fi.	21
1603	MGN	AM Korb? vielleicht Omphalos? Fi.	30
1604	MIF	Fortuna stehend, links. Tr.	17
1605	MIM	Wie oben. Tr.	20
1606	MIM	Eichel oder Frucht über zwei Blättern. Tr.	10
1607	ML	Stehender Mann, in der R.? Tr.	14
1608	MLP	Jugendlicher Kopf. Fi.	23
1609	MLR	Ceres. Fi.	16
1610	MM	Sitzende Fortuna. Fi	20
1611	MM	Ochsenkopf. Fi.	18
1612	MM	Minerva? Tr.	19
1613	MMD	CSS Autumnus. Fi.	18

Nr.	Avers	Revers	Durch-messer in Millim.
1614	MMM	Kopf. Fi.	21
1615	MMM	PR Brustbild d.Mercur. Fi.	20
1616	MONTANA	Kopf. Fi.	21
1617	MOP	Hund. Fi.	18
1618	MP	SI ˙ Tr.	17
1619	MP darüber V.	Stehender Mann, Hacke in der Rechten. Tr.	18
1620	MP „ ¥	Stehender Mann, in der Linken Gewand, rechts? Tr.	15
1621	MRA in gestricheltem Rande.	— K. S.	19
1622	MRP	Fortuna stehend. K. S.	14
1623	MS dazwischen Palme.	Rosette. Tr.	16
1624	MSCA	Gekrönter Kopf rechts. .K. S.	16
1625	MT	Stehende Figur. Fi.	18
1626	MEM	Gladiator nackt, in der Rechten Keule, links? Tr.	18
1627	MV	Stehende Victoria rechts. Tr.	11
1628	MVA	Mercur. Fi.	18
1629	MVC	Fi.	15
1630	MVE darunter Steuer.	— Tr.	12
1631	MVE	Fortuna. Fi.	19
1632	MVM	Stehende weibliche Figur. Tr.	18
1633	MVP	Genius stehend rechts. Tr.	13

Nr.	Avers	Revers	Durch-messer in Millim.
1634	MVRCIORVM	Sitzende Figur. Fi.	18
1635	MVS	Liegende Figur. Fi.	10
1636	MVS	Leiter. Fi.	16
1637	ΛΜ oder ΛΜ?	Vierfüssiges Thier, darüber Halbmond. Tr.	15

N.

Nr.	Avers	Revers	Durch-messer in Millim.
1638	N	Palme. Tr.	11
1639	N	Vogel? Tr.	12
1640	N	D Tr.	14
1641	NAL	Löwe rechts. K. S.	15
1642	NAM	Halbseitige Palme. Tr.	12
1643	NAR	DG. Palme. Fi.	20
1644	NC	YS Fi.	15
1645	NH	Mercur. Fi.	16
1646	NDL Viereck.	C—L Diana jagend mit dem Bogen. Tr.	18
1647	NE-REI	Victoria auf Vase stehend. Tr.	18
1648	NI	Festung, zwei Soldaten mit Kränzen. Fi.	15
1949	NILV	Widder. K. S.	15
1650	NIΛSI	R. Diana. Fi.	18
1651	·N·V· im Viereck, Perl-stab.	— viereckig. K. S.	18 : 18
1652	NLD	Mercur. Fi.	18

Nr.	Avers	Revers	Durch-messer in Millim.
1653	NNF Herme c. pene erecto, links Kopf haltend.	Q oder O Fortuna. K. S.	15
1654	N..NATD	— Fi.	18
1655	NP Kopf.	Figur mit Palme. Fi.	16
1656	NS	Fortuna. Fi.	16
1657	NST	Rabe. Fi.	15

O.

Nr.	Avers	Revers	Durchmesser
1658	OBB.	Nackter Mann mit Gefäss rechts laufend. Fi.	18
1659	O—D stehende Figur.	Drei Bäume (Pappeln). Tr.	13
1660	OIP	Adler. Fi.	15
1661	OLP	„ Tr.	18
1662	OLP	B Adler rechts, auf Blitz. K. S.	19
1663	ON..ACMN	SAGMA Fi.	18
1664	OPPLA	— Fi.	15
1665	ORG	AMT K. S.	12
1666	OSPI	Mann mit Holzbündel und Schale. Fi.	15
1667	OVN	Fortuna stehend rechts. Tr.	17

P.

Nr.	Avers	Revers	Durchmesser
1668	P im Kranze.	Concordia sitzend links. K. S.	18
1669	P „ „	Fi.	21

Nr.	Avers	Revers	Durch-messer in Millim.
1670	P darüber springender Hund.	Schaf. K. S., M. S.	12
1671	P im Kranze.	Herz. Tr.	11
1672	P in verziertem breiten Kreise.	A ebenso. Tr.	21
1673	P	Behelmter Kopf rechts, vier-eckig. K. S.	15 : 12
1674	PA	— Fi.	18
1675	PA	Stehende Figur. Tr.	12
1676	PAL	„ „ in Toga. Tr.	17
1677	PARMT	Schildkröte. Tr.	12
1678	PAS	— Fi.	18
1679	PAV	OD Pfau. Fi.	21
1680	PAV Figur mit Stab und Kranz.	QD „ Fi.	21
1681	PC	Pfau. Tr.	17
1682	PCM	Stehende Victoria links. Tr.	15
1683	PCS	Stier im Laufe rechts. Tr.	16
1684	PCT	Stehender Mann mit Schild und Lanze. Tr.	11
1685	PD (vielleicht DD).	Fortuna stehend links. Tr.	15
1686	PG oben und unten Punkt.	Springender Steinbock r. K. S.	14
1687	PHIL	Kranz. Fi.	21
1688	PI	AP K. S.	14

Nr.	Avers	Revers	Durch- messer in Millim.
1689	PIE Zwei vereinte Hände.	M. Stehender Mann die Rechte gesenkt. Tr.	18
1690	PIV	PID Trophäe. Tr.	18
1691	PIA	Zwei Fische. Fi.	13
1692	PIAE	— Fi.	15
1693	PLSI	Fortuna. Fi.	15
1694	PM	Pferd. Fi.	12
1695	PM	Ochs. F.	12
1696	PM	Kopf. Fi.	16
1697	PMP-A-EVO	Nackter Gladiator, rechts Beutel, links Keule. Tr.	17
1698	PN	Fisch. Fi.	15
1699	POM	— Tr.	15
1700	POR	Thier. M. S.	20
1701	POS	— Fi.	12
1702	POS darüber Halbmond.	Sitzende Fortuna links, T.	11
1703	PP	C Fi.	18
1704	PP im Kranze.	C im Kranze. Tr.	18
1705	PP	Adler. Fi.	18
1706	PP	Victoria links stehend. M. S.	15
1707	PPRR	MMT Fi.	18
1708	PR	Gefäss? Tr.	12
1709	PR im Kranz.	G im Kranze. Fi.	18
1710	PR	Fi.	12

Nr.	Avers	Revers	Durch-messer in Millim.
1711	PR Mann mit Gefäss und Horn.	Zwei Frauen. Fi.	18
1712	PRA	Stehende Figur links, in der Rechten Adler, links Keule (?) K. S.	16
1713	PRE Mann nackt mit Stab.	— Fi.	18
1714	PR–IM	Stehende Fortuna links. Tr.	12
1715	PRPR	SHD Tr.	15
1716	PSE oblong.	— Fi.	25
1717	PSP	Stehender Genius. Fi.	18
1718	PSQ	Palme im Kranz. Tr.	17
1719	PVM Kopf rechts.	Stehender Genius rechts. Tr.	16

Q.

Nr.	Avers	Revers	Durch-messer in Millim.
1720	QAF	Männliche Figur in der R. Palme, links Füllhorn. K. S.	12
1721	QAS	Minerva stehend, links, mit Schild und Lanze. Tr.	12
1722	QCP	Zwei weibl. Figuren Kranz haltend? Tr.	15
1723	QFA	Figur mit zwei Schildern. Fi.	12
1724	QFE	Drei Figuren oder zwei Figuren und Säule. Tr.	18
1725	QR	— Fi.	18
1726	QSB	Kopf des Aegyptus. Fi.	20
1727	QSP	Zeus. Fi.	18

Nr.	Avers	Revers	Durch- messer in Millim.
1728	QTR	Hercules. Fi.	20
1729	QTC—F	— Fi.	21
1730	QV	Palme. Tr.	10
1731	QV dazwischen Palme.	Stehende Fortuna links. Tr.	16
1732	QVA	„ „ „ K. S.	18

R.

1733	R Vulcan beim Ambos, in der Linken Helm.	Zwei Frauen, die Hände er- hoben. Tr.	18
1734	RE	— Tr.	18
1735	REBMEF	Zwei vereinte Hände. Fi.	15
1736	RA.	Zeus Fi.	16
1737	RM—VR	Hand mit ausgestreckten Fingern. Tr.	17
1738	ROM	LIC. zugespitzt. Fi.	23
1739	ROM	Fortuna. Fi.	16
1740	RRAᶜ zwischen zwei Linien (Plombe?)	— Tr.	17
1741	RVF.	Stehende weibliche Figur. Tr.	10

S.

1742	S	Fortuna stehend links. K. S.	12
1743	S	Skorpion. Fi.	12
1744	S im Kranze.	M im Kranze. Fi.	12
1715	S „ „	A P Æ im Kranze. Fi.	18

Nr.	Avers	Revers	Durch-messer in Millim.
1746	S zwischen drei Punkten.	— Tr.	18
1747	S im Kranze.	Stehende weibliche Figur. Tr.	15
1748	SA	Stern in Halbmond. Tr.	15
1749	SAB	Modius mit drei Aehren. K. S.	14
1750	SAV	Rad mit sechs Speichen Tr.	11
1751	S C dazwischen Palme.	Vogel auf einem Hügel sitzend. Tr.	11
1752	SC Adler auf Stab.	Kopf rechts, F T. K. S.	15
1753	SEP	M CAVCLE Fi.	18
1754	SEPTEMBER im Kreise.	Schrift nicht lesbar. Tr.	16
1755	SEX—ETL	ETV—SEX. Tr.	18
1756	SEX—PD	— Tr.	14
1757	SEXTVS im Kreise.	Stehend. vierfüssiges Thier. Tr.	12
1758	SFD	Fortuna stehend rechts. Tr.	16
1759	SFX	TER Fi.	18
1760	SINA	Genius. Fi.	12
1761	SLDL	Mann mit Schild und Horn. Fi.	20
1762	SLDL	Minerva, links Schild, rechts Lanze gesenkt. Tr.	20
1763	SLR	QHS Tr.	18
1764	SOD	Genius links, mit Kranz in der Rechten. Tr.	10
1765	SOAΩN im Kranz.	— K S.	22

Nr.	Avers	Rovers	Durch-messer in Millim.
1766	SP	Stehender Mann Fi.	13
1767	SPA	„ „ Tr.	10
1768	SP Stehende weibliche Figur, links Lanze, rechts Patera.	„ „ links und rechts etwas haltend. Tr.	15
1769	SP	MDF Tr.	12
1770	SPPV	Soldat. Fi.	18
1771	SPS	Elephant. K. S.	15
1772	SS	PR K. S.	15
1773	SSE	?- K. S.	14
1774	STR	Fortuna stehend links. Tr.	20
1775	SVQ	Weibliche Figur stehend mit Stab und Patera. Fi.	18
1776	SYM	N. Fi.	15
		T.	
1777	T	Kopf rechts. Tr.	11
1778	T	T Kopf rechts. Tr.	10
1779	TA	Pyramide? Tr.	13
1780	TAR sitzende Figur, rechts Stab, links Patera.	TIAC Stehende Figur r. Stab, links? Tr.	20
1781	TAV ins Dreieck gestellt.	— Tr.	11
1782	TC Palme.	Mercur (Fortuna Tr. 16) Fi.	15
1783	TCA „ und·Stern.	Sitzender Mann, der einem Knaben eine Kugel wirft. Fi.	26

Nr.	Avers	Revers	Durchmesser in Millim.
1784	TCE	Stehender Mann bei Altar, in der Linken Aehren. Tr.	20
1785	TCF	Widder. Tr.	18
1786	TD. Baum mit zwei Zweigen.	CYA Fi.	15
1787	TEN	Kopf. Tr.	14
1788	TER	Fortuna stehend links. Tr.	15
1789	TFCF.	„ „ rechts. Tr.	20
1790	TER	Löwe. Tr.	14
1791	TFS	EVA Mann mit Keule und Becher. Fi.	20
1792	TFS oben und unten Palme.	TFS. Keule im Kranz. Fi.	19
1793	THA	Zwei Köpfe gegenüber. K. S., Fi., Tr.	16
1794	TI	Steuer. Tr.	18
1795	TIA	Zwei Fische. M. S., Tr.	14
1796	TIAF	Quadriga mit Victoria. Tr.	13
1797	TIB	Fortuna stehend links. Tr.	16
1798	TICH .	Palme. Fi.	18
1799	TIFAVGLB	Palme im Kranz. Fi.	20
1800	TIO, weibliche Figur vorgeneigt stehend.	Fortuna stehend links. Tr.	20
1801	TIP	„ „ „ M.S.	12
1802	TIP	— . Fi.	12
1803	TIPVO	Halbmond. Fi.	12
1804	TIVS Venus	Venus. Fi.	20

Nr.	Avers	Revers	Durch-messer in Millim.
1805	Ҡ	TCTHЬO Fi.	15
1806	TLVIATV Zweig	Genius. Fi.	18
1807	TNAC	Fortuna stehend rechts. Tr.	14
1808	TORQ·	Elephant. K. S.	21
1809	TR	Fortuna sitzend rechts. Tr.	13
1810	TR	Mann stehend, in der Rechten und Linken je eine, zu Füssen zwei Kugeln. Tr.	14
1811	TPD Büste auf Säule.	CL Kasten mit rundem Deckel. Tr.	14
1812	ҠG	Figur links schreitend. Tr.	17
1813	TPE (o. TFE) Loch.	— Tr.	18
1814	TQP	Mercur. Fi.	15
1815	TRAIA	Carpentum dreispännig. K. S.	21
1816	TR—E	Sitzende Figur links, mit Füllhorn in der Rechten. Tr.	18
1817	TRE	Palme. Tr.	13
1818	TRE	Kopf des Sarapis. K. S.	14
1819	TSR	Drei Jungfrauen, die Hände erhoben. Tr.	20
1820	TV	Victoria laufend. Fi.	16
1821	TV	Fortuna stehend links. Tr.	17
1822	TV	P Tr.	12
1823	TV	Mann sitzend links, in der Linken Füllhorn, rechts? Tr.	11

Nr.	Avers	Revers	Durch-messer in Millim.
1824	TVA	Halbmond, darin Kopf? M. S.	12
1825	TY Zweig.	Amphora. Fi.	15
1826	TY	E, Ziege und Steuer. Fi.	16

V.

Nr.	Avers	Revers	Durch-messer in Millim.
1827	V Palme und Kranz.	X. Tr.	19
1828	VAL MAG	— Fi.	20
1829	VAG (VAL?) MAG	Stehende Figur, in der Linken Füllhorn, rechts? Tr.	20
1830	VAC im Kranze (VAG?)	— Tr.	10
1831	VC	Knabe einen Topf entlehrend. Fi.	20
1832	VE	Vogel. Fi.	15
1833	VF in Contremarke.	IIIIE M. S.	18
1834	VEMP (Monogramm).	Stehende Figur. Fi.	15
1835	VEST	Behelmter Kopf. Fi.	25
1836	VHG	Stehende Figur mit Stab und Patera. Fi.	18
1837	VIG	Wie oben. Fi.	20
1838	VIT	Fortuna? stehend rechts. Tr.	14
1839	VFRV darunter Esel.	— Tr.	18
1840	VILL	Fortuna sitzend, rechts. Tr.	15
1841	VICI Stehender Mann.	Gladiator stehend, in der Rechten das Schwert gesenkt Tr.	14

Nr.	Avers	Revers	Durchmesser in Millim.
1842	VIⅢ im Kranze.	Figur mit Flossenfüssen. Tr.	15
1843	VIPS.	Figur opfernd, links. K. S.	17
1844	VIR Stehende Figur.	Contremarke. Fi.	18
1845	VIR	Schaf. K. S., Tr.	13
1846	VIT	Laufende Figur, rechts. Tr.	14
1847	VNN Stehender Gladiator.	C Gladiator. Tr.	16
1848	VRG	Vogel rechts schreitend. Tr.	18
1849	VPAEL	Frau mit Stab und Becher, einhenkelig. Fi.	21
1850	VQ Palme.	⚹ Fi.	18

14. Zahlen.

Nr.	Avers	Revers	Durchmesser
1851	IIII	Gekrönter Kopf rechts. K. S.	20
1852	IIII	Zwei Amoretten, undeutliche Umschrift. Tr.	13
1853	IV	VI. Tr.	14
1854	UIIII	Fortuna stehend rechts. Tr.	16
1855	X	Schaf. K. S.	12
1856	X im Kreise.	X im Kreise. Tr	18
1857	X	Vogel auf einem Hügel stehend. Tr.	14
1858	X	Löwe springend, rechts. Tr.	15
1859	X darüber Stern.	Biga, rechts galoppirend. Tr.	15
1860	X	Kugel in Halbmond. Fi.	15

Nr.	Avers	Revers	Durch-messer in Millim.
1861	X̅	X̅ Tr.	15
1862	X	Palme im Perlenkreise. K. S.	12
1863	XIX	Kranz. Tr.	15
1864	XC	Mercur. Fi.	12
1865	$\frac{C}{XII}$	Fi.	12
1866	$\frac{C}{XII}$	Fortuna stehend rechts. Tr.	16
1867	$\frac{IIC}{XXII}$	P.P. dazwischen Figur im Chiton links schreitend. Tr.	18

15. Rosetten.

1868	Sechsblättrig im Doppel-kreise, die Zwischenräume schraffirt, in den inneren Winkeln Punkte.	— Tr.	24
1869	Sechs schmale gerippte Blät-ter, zwischen ihnen Bo-gen.	Kreis mit 16 Radien, im Umkreise 10 Sterne. Tr.	18
1870	Vier Blätter, aber nur die Hälfte.	Blattrippen, (geripptes Blatt). F., W., Tr.	22
1871	Vier Blätter ebenso, von einem Kreise begrenzt.	Kreis, darin zwei Kreisseg-mente. Tr.	22
1872	Acht Radien.	Kreuz, zwei Schenkel ge-spalten. Tr.	20
1873	Kreuz, alle vier Schenkel gespalten.	Idem. Tr.	12
1874	Achttheiliger Stern in ge-ripptem Kreise, acht Punkte.	Acht Punkte in geripptem Kreise. Tr.	20

Nr.	Avers	Revers	Durch-messer in Millim.
1875	Acht abgerundete Blätter in geripptem Kreise.	Vier Blätter in geripptem Kreise. Tr.	18
1876	Acht dreieckige Blätter in geripptem Kreise, dazwischen Radien.	Vogel? in geripptem Kreise. Tr.	18
1877	Acht Blätter in breitem Kreise.	Schmales Kreuz, in der Mitte Punkt. Tr.	17
1878	Sieben Blätter.	Contremarke: Halbmond darin Palme. Tr.	14
1879	Sechs Punkte in Bogen, Punkt in der Mitte, gestrichelter Rand.	Kreuz, am Rande Punkte in Bogen und Winkeln. Tr.	18
1880	Acht Punkte, Mittelpunkt, gestrichelter Rand.	Sechs Blätter lanzettförmig, Doppelkreis. Tr.	17
1881	Acht Punkte, Mittelpunkt, gestrichelter Rand.	Zwei Kreissegmente in Doppellinien. Tr.	14
1882	Acht Punkte, Mittelpunkt, gestrichelter Rand.	Idem. M. S., Tr.	15
1883	Acht Punkte, Mittelpunkt, einfacher Rand.	Fortuna? Tr.	12
1884	Sechs Punkte, Mittelpunkt, einfacher Rand.	Schiff? Tr.	13
1885	Sechs Punkte, Mittelpunkt, Kreis in gestricheltem Rande.	Punkt im Doppelkreise. Tr.	14
1886	Acht Radien im Linienkreise.	Acht Punkte, Mittelpunkt, durch Linien verbunden. Tr.	16
1887	Sechstheiliger Stern.	? Tr.	15
1888	„	Acht Punkte, Mittelpunkt. M. S., Tr.	14
1889	„	Figur, ähnlich der französischen Lilie. Tr.	16

Nr.	Avers	Revers	Durch-messer in Millim.
1890	Kreuz im Kreise, in den Winkeln vier Punkte.	Blattrippen eines halben Blattes.　　　　Tr.	18
1891	Kreuz im Kreise, in den · Winkeln vier Punkte.	Blattrippen.　　　　Tr.	16
1892	Kreuz im Kreise, in den Winkeln vier Punkte.	Genius?　　　　Tr.	11
1893	Central gestellte Dreiecke. (Buchstaben?)	Mehrere X　　　　Tr.	16
1894	Halbgeripptes Blatt, Punkt, gestrichelter Rand.	Schraffirung.　　　　Tr.	14
1895	⚘ (?) im Kreise.	Anker? oder Bogen mit Pfeil?　　　　Tr.	18
1896	Rosette in zwei Punktkreisen, diese in zwei gerifften Kreisen.	Viereck durch Zirkelschlag, vier Punkte in gerifftem Kreise.　　　　K. S.	18
1897	12strahliger Stern, in den Zwickeln Punkt im Strichelkreis.	Sechsstrahliger Stern, in den Zwickeln drei Punkte, im Strichelkreis.　　　M. S.	25
1898	Sechsblätterige Rosette.	Vierblätterige Rosette mit vier Spitzen.　　　M. S.	15
1899	Wie oben.	Idem.　　　　M. S.	16
1900	Acht abgerundete Blätter, in der Mitte Punkt.	Sechsblätterige Verzierung.　　　　M. S.	16
1901	Wie oben.	Stilisirtes Insect, achttheilig.　　　　M. S.	14
1902	Acht Punkte um Mittelpunkt.	Vierpunkte um Mittelpunkt.　　　　M. S.	13
1903	〟　　〟　　〟　　〟	Schraffirungen in Viertelkreisen.　　　　M. S.	12
1904	Sechs 〟　　〟　　〟	Sechsblätterige Rosette, spitze Blätter.　　　M. S.	13
1905	Sechs Punkte wie oben, in breitem Kreis.	Wie oben.　　　　M. S.	13

Nr.	Avers	Revers		Durchmesser in Millim.
1906	Vier Blätter nur halb.	Wie vorher.	M. S.	15
1907	Vier Blätter windmühlflügel-artig, schraffirt.	Blattähnliche Schraffirung.	M. S.	14
1908	Kreuz im Kreise, oben vier Punkte, rechts und links unten ein Punkt jeder-seits.	Kammmuschelähnliche Ver-zierung, zerstreute Punk-te, unten vier Punkte in einer Reihe.	M. S.	21
1909	Kreuz, in den Winkeln vier Halbkugeln.	?	M. S.	15
1910	Kreuz im Viereck, in den Winkeln je ein Punkt.	Krückenkreuz, undeutliches kleines Viereck.	M. S.	17
1911	Rad mit sieben Speichen, deren Enden breiter.	?	M. S.	14

16. Nachtrag.

Nr.	Avers	Revers		Durchmesser in Millim.
1912	ANT s. Nr. 51.	Bärtiger Kopf rechts.	F. W.	18
1913	IMP s. Nr. 52.	Dreifuss.	F. W.	17
1914	Adler auf Blitz.	OLP	F. W.	20
1915	Zeus, rechts Stab, links Adler.	Fisch nach rechts (rhom-bisch).	F. W.	17 : 15
1916	Fortuna stehend, rechts, s. Nr. 266.	Widder rechts.	F. W.	18
1917	Altar, darauf Halbmond und .	--	M. S.	12
1918	Victoria rechts. in der R. Feston.	Kranz (viereckig)	F. W.	15 : 15
1919	Venus bekleidet, mit beiden Händen die Haare hal-tend.	Grosses Huhn, rechts schrei-tend.	M. S.	14
1920	FER	GEN.	F. W.	18

Nr.	Avers	Revers	Durch- messer in Millim.
1921	Laib Brod, dreitheilig, s. Nr. 458.	Anker. F. W.	14
1922	Behelmter bärtiger Kopf, rechts.	Ochs rechts. . F. W.	21
1923	Helm mit Backenriemen.	Palme zwischen gekreuzten Füllhörnern. M. S.	14
1924	Schiff mit zwei Figuren, r., hintere hält einen Beutel.	TICP F. W.	17
1925	AA. Pferd mit gesenktem Kopf, rechts schreitend.	OTR Kopf rechts. F. W.	13
1926	Minerva stehend, mit Schild und Lanze.	Palme. M. S.	12
1927	Nashorn rechts.	Vogel (Papagei?) auf Zweig darunter . F. W.	20
1928	Nashorn zweigehörntes, r.	Aehnliches unförmliches Thier. F. W.	20
1929	Rehbock rechts springend.	— F. W.	20
1930	Schwein rechts.	Bär? rechts. F. W.	18
1931	Bärtiger Kopf rechts.	Thier rechts schreitend. F. W.	14
1932	Kopf mit Strahlenkrone, r.	Im Kranze: Halbmond darin . F. W.	18
1933	Stehende Figur rechts, in der Rechten Büschel.	Stehende Figur links mit Füllhorn? (viereckig). F. W.	15 : 13
1934	Sitzende Figur links.	— F. W.	15
1935	Mann rechts, Holz sägend.	Idem. F. W.	14
1936	Zwei vereinte Hände.	Thier rechts schreitend. M. S.	16
1937	Hund rechts laufend, darunter Ↄ	Reiter. M. S.	12

Nr.	Avers	Revers	Durchmesser in Millim.
1938	Knabe links schreitend.	Vogel auf Zweig. M. S.	10
1939	Reiter rechts.	Köcher. M. S.	13
1940	Wölfin mit den Zwillingen.	Palme (viereckig). Fi., M. S.	16 : 16
1941	Venus mit beiden Händen die Haare haltend.	ʿGenitale virile erectum, s. 455. M. S.	10
1942	Δ	— F. W.	13
1943	D S verschlungen.	Nackter Mann, in der Rechten Kreuzstab. F. W.	12
1944	IM Stehende Figur, rechts.	Sitzende Figur in jeder Hand etwas haltend. F. W.	14
1945	M	Ħ. F. W.	11
1946	MCO	? F. W.	14
1947	Rosette im Sechseck, Strichelrand.	? F. W.	12
1948	J. L	? M. S.	12
1949	Korb oder Gefäss, unter dem Henkel ✱	Drei Fische, radial, Köpfe im Centrum. M. S.	16
1950	Mann links, mit Stab in der Rechten, Becher in der Linken.	..ANNI...CAES... Ambos. M. S.	18
1951	X	Beere in Kelchblättern und Stiel. M. S.	18

III.

Beiträge zur Münzgeschichte der Lüneburgischen Lande im ersten Drittel des 17. Jahrhunderts.

Herzog Wilhelm zu Harburg, Christian zu Celle, Julius Ernst und August d. j. zu Dannenberg-Hitzacker.

Von

M. Bahrfeldt.

Vorwort.

Die Münzkunde der Braunschweig-Lüneburgischen Lande bietet, so einförmig die langen Reihen der späteren Gepräge auch erscheinen mögen, dennoch eine Fülle von Anregungen für numismatische Studien. Ist es vornehmlich das Mittelalter mit seinen Bracteaten und den ihnen ähnlichen anderen Erzeugnissen der welfischen Münzschmieden, welches neuerdings wieder das besondere Interesse unserer zeitgenössischen Forscher in Anspruch nimmt, so enthalten doch auch andere Zeitabschnitte nicht minder dankbare Vorwürfe für eingehende Betrachtungen. Obenan steht aus der späteren Zeit das 17. Jahrhundert und in diesem die erste Periode der Kipper und Wipper.

Bei meinen archivalischen Vorarbeiten für eine Geschichte des Münzwesens und der Münzen der Stadt Lüneburg, sowie einer Geschichte der lübischen Währung, gingen mir einige Schriftstücke durch die Hände, welche die Münzthätigkeit der lüneburgischen Herzoge Wilhelm, Christian, Julius Ernst und August d. j. betrafen. Sie liessen in mir den Plan entstehen, die nur einen kurzen Zeitraum

umfassende und in sich abgeschlossene Münzprägung dieser vier
Herzoge einer besonderen Bearbeitung zu unterziehen. Eine nicht
unwesentliche Förderung fand ich durch die Arbeiten des im Jahre
1879 verstorbenen Universitätsrathes Wolff in Göttingen, der das
Studium des Münzwesens Niedersachsens, der Münzstätten und
ihrer Beamten im 16. und 17. Jahrhunderte zu seiner besonderen
Aufgabe gemacht hatte.

Als Schlickeysen die Herausgabe seines Werkes „Erklärung
der Abkürzungen auf Münzen" mit Hilfe der Numismatischen Gesellschaft in Berlin vorbereitete und die verschiedenen deutschen Regierungen um Unterstützung durch archivalische Beiträge anging, wurde
Wolff vom hannoverschen Ministerium veranlasst, über das Münzwesen im Fürstenthum Lüneburg, im Besonderen über die Münzstätten und Münzmeister zu berichten. Diese Abhandlung, datirt vom
Juli 1851, liegt mir im Original vor. Wolff schrieb mir im Jahre 1877
darüber Folgendes: „Der Aufsatz, den ich damals dem Ministerium
übersandte, ist später ohne mein Wissen und Willen und ohne mich
als Autor zu bezeichnen, mit Weglassungen in der Weissenseer
Num. Zeitung Jahrg. 1865, S. 137 ff. und vollständig in der Zeitschrift des Historischen Vereins für Niedersachsen, Jahrg. 1876,
S. 263 ff. abgedruckt worden. Bei beiden fehlt die Hauptsache,
nämlich das Verzeichniss mit den Zeichen der Münzmeister."

Obwohl ich nun glaube, dass mir kaum eine der Acten in den verschiedenen Archiven entgangen ist, welche Wolff benutzte, ist es mir
doch nicht immer möglich gewesen, alle von ihm erwähnten Beläge
wieder aufzufinden und einzusehen. Ich verlasse mich in Bezug hierauf
in meiner Darstellung ganz auf Wolff, dessen Sorgfalt im Excerpiren
und dessen Genauigkeit in seinen Angaben zur Genüge bekannt
und geschätzt ist. Andererseits habe ich eine Menge bisher nicht
benutzten Materials beibringen können, so dass Wolffs Nachrichten,
die allerdings zum Theil andere Zwecke verfolgten, in den betreffenden Stellen eine ganz wesentliche Erweiterung erfahren konnten.
Ausbeute lieferten das städtische Archiv in Lüneburg, das königliche Staatsarchiv in Hannover, die Registratur des Amtes Harburg,
deren ältere Acten vor einigen Jahren nach Hannover abgegeben
sind, das königliche geheime Staatsarchiv in Berlin, beziehungsweise das königliche Staatsarchiv zu Magdeburg, wohin im Jahre

1890 die niedersächsischen Kreisacten des Berliner Archivs überführt wurden, und das herzoglich Braunschweigische Landes-Hauptarchiv zu Wolfenbüttel.

Literarisch bearbeitet war bisher nur das Münzwesen Wilhelms von Harburg durch Pastor Ludwig, welcher darüber einen Aufsatz im Vaterl. Archiv des hist. Vereins für Niedersachsen, Jahrg. 1836, S. 169—206, veröffentlichte, den er später 1845, in seiner Geschichte der Stadt und des Schlosses Harburg, S. 115—138, wörtlich wieder aufgenommen hat. Ludwig hat die Acten der Registratur des Amtes Harburg excerpirt, doch ist manches in seiner Darstellung unzutreffend und ungenau; das, was er aber über die Münzen, namentlich gegen Ende der Münzprägung des Herzogs Wilhelm sagt, ist, wie Wolff mir drastisch schrieb: „dummes Zeug". Eine Neubearbeitung des Münzwesens der Nebenlinie Harburg erschien daher geboten. — Das Münzwesen und die Münzen der Celle'schen Hauptlinie und der Dannenberg'schen Nebenlinie erscheinen dagegen hier zum ersten Male im Zusammenhange.

Die Münzbeschreibungen stützen sich auf ein sehr reiches Material; die Sammlungen, welche Beiträge geliefert haben, sind weiterhin aufgeführt. Dabei muss ich erwähnen, dass Herr Consul C. Elkan in Wiesbaden, bekannt als Specialsammler der Münzen Wilhelms von Harburg, mir in der uneigennützigsten Weise sein seit Jahren gesammeltes Material an Beschreibungen, Abdrücken und so weiter für meine Arbeit zur Verfügung gestellt hat. Ich fühle mich verpflichtet, dies hier um so mehr hervorzuheben, als eine derartige Handlungsweise in numismatisch-literarischen Kreisen leider sehr wenig Seitenstücke zeigt, sich vielmehr gerade dort Neid und kleinliche Missgunst breit machen, die abschreckend und die Sache schädigend wirken.

Trotz aller aufgewendeten Mühe sind in den Verzeichnissen der Münzen aber doch Lücken, da es nicht möglich war, alle actenmässig geprägten Münzstücke wieder aufzufinden. Zweifellos würde die unvergleichliche ehemalige königlich hannoversche Sammlung hier manche der Lücken ausgefüllt haben, es war aber nicht möglich, Zutritt zu den in Hietzing bei Wien ruhenden Schätzen zu erhalten.

So weit es irgend angängig war, sind sämmtliche Münzen abgebildet worden; nur in einigen wenigen Fällen war es nicht

möglich, Abdrücke von den betreffenden Besitzern zu erhalten, so
dass ich mich hier auf die Beschreibung allein beschränken musste.
Dass ich aber so zahlreiche Abbildungen geben konnte, verdanke ich
der Munificenz des Magistrats der Stadt Harburg und der Herren
Excellenz von Lehmann und Consul C. Elkan, beide in Wiesbaden,
welche einen nahmhaften Beitrag stifteten und dadurch die Herausgabe des Buches überhaupt erst ermöglichen.

Ich habe die Abbildungen, welche mit wenigen Ausnahmen von
Fräulein Helene Steinmann in Braunschweig gezeichnet worden sind,
in den Text drucken lassen und nicht auf besonderen Tafeln gegeben.
Es geschieht dies in so umfassender Weise in Deutschland meines
Wissens wohl zum ersten Male. Mich hat dazu der Wunsch veranlasst, die Abbildung beim Lesen der Münz-Beschreibung stets vor
Augen zu haben und überdies erlaubt diese Einrichtung eine Be-
schränkung der sonst oft langathmigen Beschreibungen. Über diese
selbst ist nicht viel zu sagen: Rechts und links ist im subjectiven,
das heisst nicht-heraldischen Sinne gebraucht; ich schliesse mich
in dieser Hinsicht durchaus an Menadier an.[1]) Wie man sieht, habe
ich die Stempelverschiedenheiten berücksichtigt, obschon ich denselben grossen Werth nicht beilege.[2])

Bei Gelegenheit der Besprechung meines Buches: „Bremen-
Verden" in der Wiener Numismatischen Zeitschrift, Band XXIV
S. 363, bemängelt Herr P. Joseph die von mir dort bei den Münzbeschreibungen gewählte Bezeichnung „nach rechts", „nach links",
um die Richtung der auf den Münzen dargestellten Köpfe anzudeuten. Er schlägt vor, dafür zu sagen: „von rechts", „von links"
und will damit ausdrücken, dass auf dem Münzstücke die betreffenden Köpfe von ihrer rechten, bezw. linken Seite sichtbar seien. Ich
bin wirklich nicht eigensinnig, um auf die Beibehaltung einer einmal
von mir gewählten Bezeichnung zu bestehen, wenn etwas Besseres
vorgeschlagen wird. Aber die Anwendung des „von rechts (links)"
widerstrebt mir. Dem Ausdrucke „von der rechten (linken) Seite"
würde ich unbedingt beistimmen, wenn er nicht gar so lang wäre.
Jedoch mit dem „von rechts (links)" verbindet sich bei mir unwill-
kürlich der Begriff „von rechts (links) her", d. h. der Kopf kommt

---

[1]) Vergl. hierüber Menadier, deutsche Münzen Bd. I, 1892 S. XI ff.
[2]) S. die Bemerkungen bei lfdr. Nr. 17.

oder sieht von rechts (links), d. h. von meiner rechten (linken) Seite her, was das Gegentheil der gewollten Bezeichnung wäre. Ich bin daher in der vorliegenden Arbeit bei meinem „nach rechts (links)" geblieben und meine damit, dass der auf der Münze dargestellte Kopf nach meiner rechten, bezw. linken Seite blickt.

Jeder Streit über diesen Punkt scheint mir überflüssig; wenn der Leser weiss, was der Schreiber will, genügt es ja vollkommen. Warum immer Alles schablonisiren?

Einen Haupttheil des Buches bilden die Anlagen; ich habe in denselben alle einschlägigen Actenstücke zum Abdruck gebracht und zwar mit Absicht fast immer in ihrem ganzen Umfange. Es geschieht nach meiner Ansicht in dieser Beziehung bei unseren neueren Publicationen noch immer nicht genug, wenngleich ein Fortschritt zum Besseren unverkennbar ist.

Einige Verzeichnisse und Tabellen werden die Benutzung des Buches erleichtern. Die benutzte Literatur ist in einer Uebersicht besonders zusammengestellt.

Einleitung.

Herzog Otto der Strenge von Braunschweig-Lüneburg verkaufte im Jahre 1293 seine in der Stadt Lüneburg befindliche Münzstätte den Prälaten, der Ritterschaft und den Städten des Landes Lüneburg. Der vom 6. Januar datirte Vertrag [3]) besagt ausdrücklich, dass der Herzog sich der Münzprägung im Lande Lüneburg völlig begebe und dass ausser der Lüneburger Münze keine andere Münze im Lande gänge und gäbe sein solle. Jahrhunderte lang hat dieser Vertrag zu Recht bestanden, die Münzstätte zu Lüneburg ist die einzige im Lande geblieben, und die Nachkommen Otto's haben nie den Versuch gemacht, im Lande Lüneburg eine eigene Münzstätte wieder zu errichten. Dementsprechend fehlen auch Münzen der Lüneburger Herzoge aus dem 14. bis 17. Jahrhundert aus lüneburgischen Münzstätten gänzlich, und wenn ja einmal im Lande die Nothwendigkeit, neben der Münze lüneburgischen Schlages nach eigener Münze verlangen liess, fand man einen Modus, der die bestehenden Verträge nicht verletzte. So ist die nachstehend abgebildete kleine Münze,

wie ich im Num. sphrag. Anz., 1882, S. 43 fg., actenmässig nachweisen konnte, im Jahre 1576 nicht etwa vom Herzog Wilhelm d. j.

---

[3]) Lateinisches Original im Stadtarchiv Lüneburg, abgedruckt Sudendorf, I, S. 122, und von Volger Urk.-Buch der Stadt Lüneburg, I, S. 111, Nr. 192. Ebenda Nr. 193 dieselbe Urkunde deutsch, nach dem Copialbuche des Lüneburger Archivs.

von Celle ausgegangen, wie man bis dahin allgemein angenommen hatte, sondern im Auftrage der Stadt Celle auf der städtischen Münzstätte zu Lüneburg geprägt worden.

Erst mit Herzog Wilhelm, dem letzten Sprossen der Harburger Nebenlinie, beginnt für die lüneburgischen Lande eine umfangreiche Münzprägung. Dem von Wilhelm gegebenen Beispiele folgen bald Herzog Christian von der Celleschen Hauptlinie und die Herzoge Julius Ernst und August d. j. von der Dannenbergischen Nebenlinie. Diese über bestehende, allerdings nicht mehr zeitgemässe Verträge sich hinwegsetzende Münzthätigkeit, begonnen in Zeiten der steigenden Münzwirren des deutschen Reiches, erreichte in der Blüthezeit der Kipper und Wipper (1620—1623) ihren Höhepunkt und fand mit ihrem Aufhören und mit den politischen Veränderungen in den braunschweig-lüneburgischen Gebietstheilen bald ihren natürlichen Abschluss.

So ungesetzlich die Anlage besonderer Münzstätten durch die lüneburgischen Herzoge auch war, denn sie verstiess gegen die so oft wiederholten Reichsmünzedicte, ebenso entschuldbar war aber auch das Vorgehen der Herzoge. Ueberall im Reiche entstanden neue Münzstätten, jeder Münzberechtigte nutzte sein Privilegium aus, ohne sich an den Wortlaut der Edicte zu halten, denen zufolge in jedem Kreise nur eine bestimmte Zahl von Münzstätten zugelassen war. Kann man es da den Herzogen verdenken, dass auch sie dem Strome der Zeit folgten? Vorbilder hatten sie zur Genüge, denn allerorten wurden neue Münzstätten angelegt, und gerade dieser Theil Niedersachsens erfreute sich ihrer in besonders grosser Zahl. Ein Blick auf das beigegebene Kärtchen, auf welchem die Orte mit Münzstätten unterstrichen sind, zeigt dies zur Genüge.

So befanden sich, um nur die nächsten zu erwähnen, auf dem rechten Elbe-Ufer folgende Münzstätten:

1. des Herzogs von Mecklenburg-Güstrow zu Boitzenburg;
2. des Herzogs von Sachsen-Lauenburg zu Lauenburg;
3. u. 4. des Bischofs von Ratzeburg zu Schönberg und Ratzeburg;
5. des Herzogs von Holstein-Gottorp zu Steinbeck;
6. der Stadt Hamburg zu Hamburg;
7. des Grafen von Holstein-Schaumburg zu Altona;

8. des Königs von Dänemark, als Herzog zu Schleswig-Holstein, zu Glückstadt;

9. der Stadt Lübeck zu Lübeck;

und links-elbisch sind zu nennen die Münzstätten:

10. der Stadt Stade zu Stade;

11. des Erzbischofs von Bremen zu Bremervörde (Vörde);

12. der Stadt Bremen zu Bremen;

13. des Bischofs, bezw. des Domcapitels von Verden zu Verden;

14. der Stadt Buxtehude zu Buxtehude;

15. der Stadt Lüneburg zu Lüneburg;

hierzu treten nun noch die Münzstätten:

16. u. 17. Harburg und Moisburg des Herzogs Wilhelm;

18.—20. Winsen an der Luhe, Celle und vielleicht Nienburg des Herzogs Christian;

21. u. 22. Dannenberg und Scharnebeck des Herzogs Julius Ernst, und

23. Hitzacker des Herzogs August des jüngeren.

Die Geschichte dieser letzteren Münzstätten, ihre Entstehung und ihr Wirken, die Beschreibung der auf ihnen geprägten Münzen bildet den Inhalt der nachfolgenden Blätter.

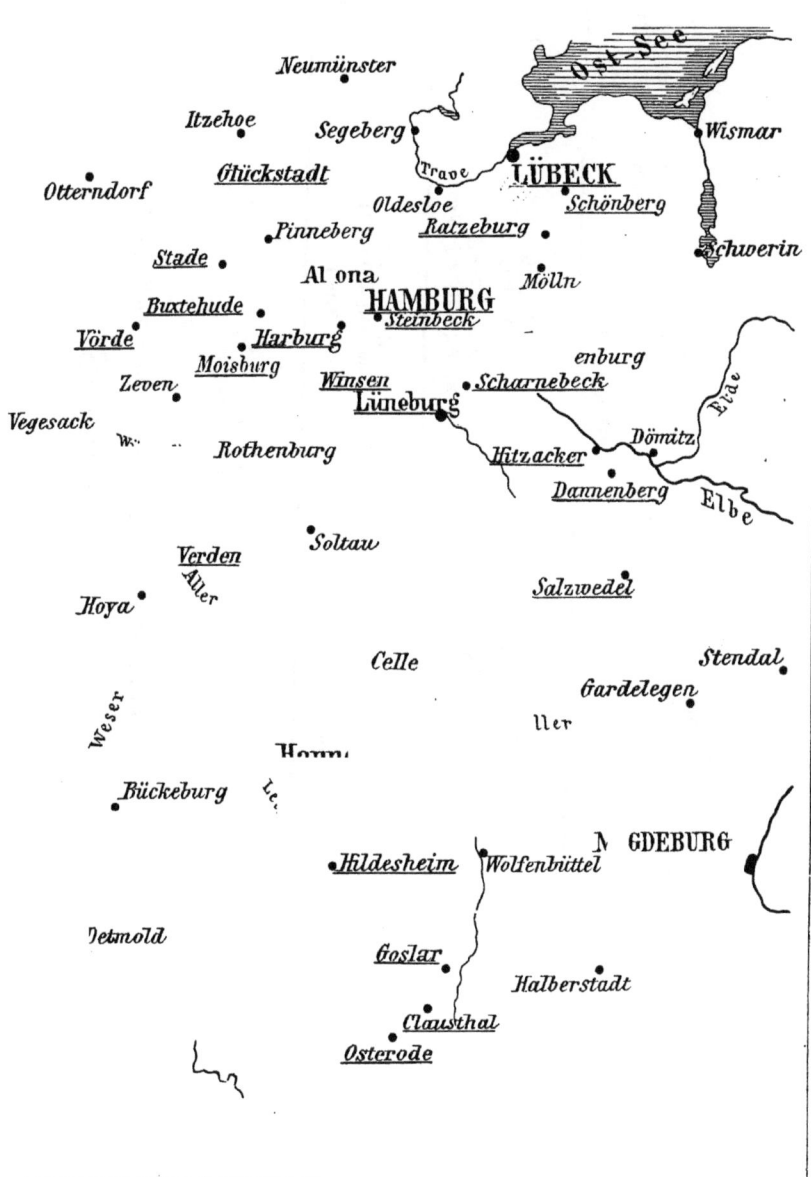

Stammtafel
der Herzöge von Braunschweig-Lüneburg.[4]

Heinrich der mittlere
1471—1520
† 1532.

Harburg
Otto d. ä.
† 1549.

Celle
Ernst der Bekenner
1521—1546.

Gifhorn
Franz
1539—1549.

Otto d. j.
† 1603.

Neu-Braunschweig Dannenberg
Heinrich
1546—1598.

Neu-Lüneburg Celle
Wilhelm d. j.
1546—1592.

Wilhelm
1603—1642.

Julius Ernst
1598—1636.

Wolfenbüttel
August d. j.
1635—1666;
in **Hitzacker**
s. 1604.

Ernst
1592—1611.

Christian
1611—1633.
Bischof von
Minden
s. 1549.

August d. ä.
1633—1636.
Bischof von
Ratzeburg
s. 1610.

[4] Nach H. Grote, Stammtafeln. Leipzig 1877, S. 204—207.

I. Nebenlinie Harburg.

Herzog Wilhelm 1603—1642.

1. Münzstätte Harburg.

a) Von der Anlage derselben bis einschliesslich 1621.

Geringfügigkeit des territorialen Besitzes und damit der Einkünfte des Herzogs, dem gegenüber vielfache Ausgaben für die Hofhaltung und die grosse Familie, liessen Herzog Wilhelm auf Mittel und Wege sinnen, seine Einnahmequellen zu vervielfältigen und sie reichlicher fliessen zu machen. Dies war der offen ausgesprochene Grund für die Absicht des Herzogs, in Harburg eine Münzstätte anzulegen. Das Münzrecht an und für sich war dem Herzoge nicht abzusprechen, aber der Verwirklichung seiner Pläne standen dennoch Bedenken mannigfacher Art entgegen. Zunächst der Vertrag von 1293 mit der Stadt Lüneburg, in welchem seitens des Landesherrn auf die Ausübung des Münzrechtes Verzicht geleistet worden war, dann aber vor Allem die kaiserlichen Münzedicte, welche zwar das Münzrecht nicht antasteten, die Münzstätten aber für jeden Kreis auf eine bestimmte Zahl beschränkten, um dem durch die Vielheit der Münzstätten hervorgerufenen Münzunwesen zu steuern.

Herzog Wilhelm erholte sich Raths bei einem Rechtskundigen in Buxtehude, Heinrich Weingarten, der in einer längeren Abhandlung die rechtliche Seite seines Vorhabens und das Für und Wider der Sache eingehend erörterte. Diese unter dem 17. Juni 1611 verfasste Schrift bildete die Grundlage für die weiteren Verhandlungen Herzogs Wilhelm mit dem Senior des Hauses, dem Herzoge Christian von der Celle'schen Hauptlinie. Sie ist sehr klar und verständig geschrieben und giebt einen ausreichenden Ueberblick über alle in Betracht kommenden Verhältnisse, so dass ich der Nothwendigkeit weiterer Erörterungen hier überhoben bin (Anlage 3). Bei den Ver-

handlungen machte man in Celle anfänglich Schwierigkeiten — ich
habe die verschiedenen Correspondenzen Herzogs Wilhelm mit
Herzog Christian und den Celle'schen Kanzlern in der Anlage 1—5
abdrucken lassen — doch gab endlich unterm 2. September 1615
Herzog Christian sein Einverständniss zu der Einrichtung einer
Münzstätte in Harburg (Anlage 6). Auffallend dagegen ist, dass man
von Seiten der Stadt Lüneburg keinerlei Einwendungen gegen den
beabsichtigten Eingriff in verbriefte Rechte erhob, um so mehr, als
man nur wenige Jahre später dieses Recht hartnäckig gegen Herzog
Christian verfocht, wie dieser seinerseits in Winsen eine Münzstätte
einrichtete. Die vom Herzog Wilhelm gegen Lüneburg vorgebrachten
Gründe (Anlage 5) sind völlig unhaltbar und ein Widerspruch lüneburgischerseits wäre durchaus berechtigt gewesen; er scheint aber
nicht erfolgt zu sein, denn die Münzacten beider Parteien würden
sonst sicher irgend etwas darüber enthalten, und das ist nicht der
Fall.

Es erübrigte nunmehr noch, sich mit dem niedersächsischen
Kreistage wegen der Münzstätte auseinanderzusetzen.

Für den Monat Mai 1616 war der Münzprobationstag in Lüneburg anberaumt worden. Auf demselben beabsichtigte Herzog Wilhelm
seinen inzwischen angenommenen Münzmeister Simon Timpfe zu
präsentiren und · bat in einem Schreiben vom 3. Mai den Herzog
Christian um Fürsprache und Unterstützung, falls auf dem Probationstage seinem Vorhaben Schwierigkeiten entgegengestellt werden
sollten (Anlage 7). Kanzler Erich Hedemann antwortete unterm
6. Mai in Abwesenheit des Herzogs, dass Celle nicht an der Reihe
sei, zu diesem Probationstage zu deputiren und dass Herzog Wilhelm
sich daher an die kreisausschreibenden Fürsten wenden möge. Dies
geschieht auch unterm 8. Mai 1616 (Anlage 8). Dennoch wurden
Münzmeister und Wardein nicht zugelassen und der Herzog an den
nächsten Kreistag verwiesen mit dem Bedeuten, bis dahin das
Münzen einzustellen. Der Abschied des Probationstages vom 12. Mai
1616 enthält darüber folgenden Passus:

„Ob auch wohl vom Herzoge Wilhelm zu Braunschweig und
Lüneburg F. Gn. derselben Wardein und Münzmeister durch ein
sonderbahr Schreiben diesem Kreis präsentiret und vorgestellet, so
hat doch S. F. G. mit allsolcher Präsentation aus bewegenden

Ursachen auf eine gemeine Kreis-Versammlung verweisen müssen, dieselben durch ein verschlossen Schreiben beandwortet und mit dem vorhabenden Müntzen bis daselbsten hin zu gedulden ermahnet."

Dieses erwähnte Schreiben der versammelten Deputirten der Kreisstände findet sich in Anlage 8 abgedruckt.

Der Herzog liess sich aber durch dieses Abmahnungsschreiben nicht im Geringsten in seiner Münzthätigkeit stören, wenngleich er im Uebrigen der Forderung nachkam, seinen Münzmeister auf dem nächsten Kreistage vorzustellen. Dieser fand im September 1617 in Braunschweig statt, in Verbindung mit einem Münzprobationstage. Obwohl Herzog Wilhelm in einem Schreiben vom 18. September seine Beamten einführte, auch dem Celle'schen Kanzler die Wahrnehmung der harburgischen Interessen empfahl (Anlage 9 und 10), so enthält der Abschied vom 26. September[5]) selbst jedoch nichts über die Münzstätte Harburg und über die Münzthätigkeit des Herzogs, nur im Protokolle über die ausgeführten Münzproben werden die in Harburg geprägten Münzen kurz aufgeführt. Auf diese wird weiterhin näher eingegangen werden.

In den folgenden Jahren fanden Kreis- oder Münzprobationstage nicht statt, so dass der Münzstätte Harburg von kreiswegen fortab keinerlei Hindernisse in den Weg gelegt wurden.

Schon vor der Einverständnisserklärung des Herzogs Christian vom 2. September 1615 zu der Anlage einer Münzstätte in Harburg hatte Herzog Wilhelm Schritte gethan, um einen tüchtigen Münzmeister zu erlangen. Unterm 15. Juni 1615 schrieb die Kanzlei aus, dass der Herzog in Harburg eine Münzstätte einrichten würde und Münzmeister zur Bewerbung aufifordere. Es meldete sich daraufhin am 8. August Georg Ahrendes (Ahrens?) aus Goslar, der bis dahin Münzmeister noch nicht gewesen war, sondern nur Schnittenmeister, d. h. einer der Münzgesellen, der das Ausstückeln der rohen, ungeprägten Münzplatten zu besorgen hatte. Er wurde jedoch nicht angenommen, dagegen mit dem Münzmeister Simon Timpfe unterm 19. September 1615 ein Contract geschlossen (Anlage 11), dem zufolge ihm der Herzog die Münzstätte auf 6 Jahre gegen eine jährliche Pacht von 600 Thalern übertrug. Ausserdem hatte der Herzog

---

[5]) Abgedruckt bei Hirsch Reichsmünzarchiv, Bd. IV, S. 86.

sich „zum Eingange und glücklichen Antritt ein ansehnliches übergultes Pokal" ausbedungen. Das Münzhaus stellte der Herzog zur
Verfügung, im Uebrigen musste Timpfe alle Unkosten tragen und
auch für Beschaffung des zu vermünzenden Edelmetalles selbst
Sorge tragen. Da er genau den Reichs- und Kreisvorschriften gemäss
prägen musste, so konnte er, wenn er sich hieran hielt, nur durch
billigen Silbereinkauf und umfangreiche Ausprägung einigermassen
auf seine Kosten kommen. Simon Timpfe wurde am 4. October 1615
vereidigt. Als Wardein war ihm Jacob Stör zur Seite gestellt, der
in gleicher Eigenschaft auch an der Münzstätte zu Hamburg thätig
war; seine Vereidigung hatte bereits am 5. September 1615 stattgefunden.

Simon Timpfe war ein tüchtiger Münzmeister von bedeutendem
Rufe; über ihn, sowie über seine zahlreiche Nachkommenschaft,
welche sämmtlich dem Berufe des Vaters folgten, wird weiterhin bei
der Uebersicht der Münzmeister gehandelt werden.

Die Münzprägung begann zu Anfang des Jahres 1616, wie
denn Herzog Wilhem in seinem Briefe vom 8. Mai 1616 (Anlage 8)
auch erwähnt, dass mit einer Probe der Anfang gemacht sei. Erheblich kann der Umfang der Ausmünzung aber noch nicht gewesen
sein, denn es ist uns aus dem Jahre 1616 bisher nur der nachstehende Doppelschilling bekannt geworden. Actenmässige Belege
über die Ausprägung in diesem Jahre fehlen leider.

1. 1616. $^1/_{16}$ Thaler. (Doppelschilling).

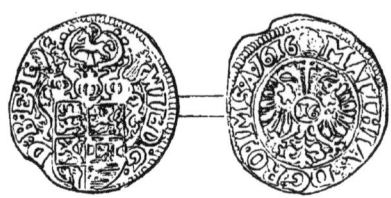

Hs. *a)* WIL : D · G · ⚬ D · B : E · L :
    b) ———— · : — ⚬ — : ————
    c, d) ———————— : ⚬ ———— : —
    e) ———————— ⚬ ————— ·
    f) WILH · D · ⚬ · G · D · B · E L
    g) ———— : — : ⚬ — : — : — : — : — :

In oben und unten durchbrochenem Perlkreise der von drei Helmen bedeckte sechsfeldige Wappenschild: 1. Braunschweig, 2. Lüneburg, 3. Everstein, 4. Homburg, 5. Hoya, 6. Bruchhausen.[6]

Rs. *c)* MATTHIAS · D G : R : IM : S : A : *1616*

   a) —————————— . — · — · — : SE : ———

   e, g) ————————————RO · — · S · A · ———— ·

   f) ————————— : — : — : — : ——

   d) ————————— : ——————————

   b) —————— — · — · — —— · ——

Der gekrönte Doppeladler mit dem Reichsapfel, in welchem 16, auf der Brust.

Dm. 24 *mm*, Gew. 2·52 *g.*

a) Tewes; *b)* königl. Münzkab. zu Kopenhagen; *c)* Elkan; *d)* Tewes; *e)* Hannov. Prov. Mus. Samml. Knyphausen. Kat. Nr. 414; *f)* Schwalbach; *g)* Hannov. Prov. Mus. u. s. w. Nr. 7762, auch Elkan.[7]

Nur wenig umfangreicher ist die Ausprägung des Jahres 1617. Nach dem Protokoll, gehalten auf dem Probationstage zu Braunschweig am 26. September 1617, waren bis dahin geprägt worden Thaler und Doppelschillinge. Beide Münzsorten wurden am Gehalt richtig befunden, 14 Loth, 4 Gr., beziehungsweise 7 Loth, 9 Gr. Vom 26. September bis zum Ende des Jahres 1617 wurden dann nach einer Notiz noch geprägt: 1489 Stück Thaler und Doppelschillinge im Betrage von 282 Thalern, 90 Stück auf die vermischte Mark gehend, im Gesammtgewichte von 50 Mark 2 Loth.

2. 1617. Reichsthaler.

---

[6] Ueber die Wappendarstellungen siehe hinten S. 362.

[7] Vergl. den Nachweis der Sammlungen hinten S. 367.

Hs. WILHELMUS · D : G : DUX · BRUN : ET · LUNEBURG ✚

Geharnischtes Brustbild des Herzogs n. r., mit Feldbinde; vor dem Halse *1617*

Rs. DOMINVS · PR ⚹ OVIDEBIT ✕

Der dreifach behelmte sechsfeldige Wappenschild.

Dm. 41 *mm.*

Nach einem Abdruck in der Sammlung der Universität Leipzig. — Schulthess-Rechberg Thalerkabinet Nr. 6652; Katalog Reimmann Bd. II, Nr. 3466, abgebildet Taf. II (als Doppelthaler) wurde auf der Auction am 21. März 1892 angeblich für 355 *M.* verkauft.

Thaler und Doppelthaler befanden sich in der bekannten Morgenstern'schen Sammlung, die grösstentheils in das damalige königlich hannover'sche Münzkabinet gekommen ist.

Das Kreuz am Ende der Hs.-Umschrift ist nicht als Münzmeisterzeichen aufzufassen, dagegen sind die gekreuzten Zainhaken auf der Rs. das Zeichen des Münzmeisters Simon Timpfe d. ä.

3. 1617. Reichsthaler.

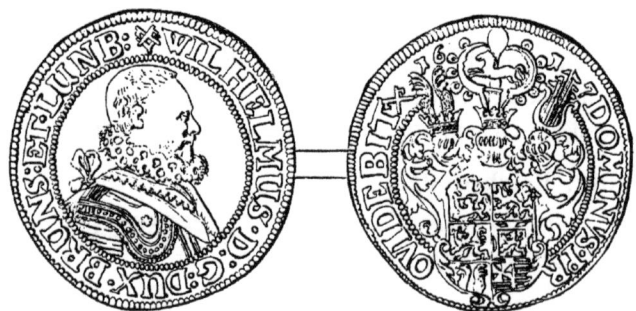

Hs. WILHELMUS · D : G : DUX · BRUNS : ET · LUNB : ⚔

Geharnischtes Brustbild des Herzogs n. r., mit Feldbinde.

Rs. DOMINVS · PR ⚹ OVIDEBIT ✕

Der dreifach behelmte sechsfeldige Wappenschild, darüber *16 ⚹ 1 ⚹ 7*

Dm. 41 *mm.*

Nach einem Abdruck in der Sammlung der Universität Leipzig.

4. 1617. ¹/₁₆ Thaler. (Doppelschilling).

Hs. *a)* WIL · D ⚬ G : D · B · E · L ·

  b) ————— ⚬ ——————————·

  c) ————— · ⚬ — · — — — —

  d) ————— ⚬ ———— · — · ET · L

  e) WIL : DG ⚬ D : B : E : L :

  f) ————— · ⚬ — · ——————

  g) WIL · D G · · ⚬ D B E · L ·

  h) ————— · — ⚬ — · — · ——

i, k) ——— : — : — : ⚬ — : — : — : —

l, m) —————— · ⚬ ————— :

  n) ——— · — · — ⚬ —————

  o) ——— : — : — : ⚬ —————

  p) ————— ⚬ ———— · —

  q) ———— ⚬ ———— : —

  r) ————— : ⚬ · ————

  s) ———— · ⚬ :

In oben und unten durchbrochenem Perlkreise der von drei
Helmen bedeckte sechsfeldige Wappenschild.

Rs. *o)* MATTHIA · D · G · RO · IM S · A · 617

  f) MATTHIAS · ————— : — : — : ————

  a) ————— ———— · I · — · — ——

  d) ————— : — : IM · —— · — —

b, i, p, s) ————— : —————— : — : — : —

  n) ————— · — · ——— : 1617

h, m) ————————— R : —————

  l) ——— · — : RO : — · — · — · ——

  e) ———— : ————— : —

  k) ———— : ——————— : — : —

  g) ————— · ——— · R · ————

c) MATTHIAS·D : G : R : IM ·S ·A · *1617*

q) ——————— :·——————— : – : – : ——

r) ———— ———— · ———————————— ——— ·

Der gekrönte Doppeladler mit dem Reichsapfel, in welchem *16*, auf der Brust.

Dm. 24 *mm*, Gew. 2·60—1·80 *g*. Durchschnitt von vier Exemplaren 2·17 *g*.

Gegenstempel: auf *e)* Schlüssel (Bremen oder Stade), auf *r)* Doppeladler (Lübeck).

a) und *b)* Elkan; *c)* Schwalbach; *d)* Elkan; *e)* ehemals Reichenbach; *f)* Hartmann; *g)* ehemals Merstens; *h)* königl. Münzkab. zu Berlin; *i)* und *k)* städt. Münzsamml. zu Braunschweig; *l)* Elkan; *m)* Dr. Baesecke; *n)* königl. Münzkab. zu Berlin; *o)* städt. Münzsamml. zu Braunschweig; *p)* und *q)* Tewes; *r)* Dr. Baesecke; *s)* städt. Münzsamml. zu Braunschweig.

Besonders interessant ist der Thaler von 1617, Nr. 3. Er zeigt zwei Münzmeisterzeichen, und zwar auf der Rs. ✕, das des Simon Timpfe und auf der Hs. ✖, dass eines Sohnes Thomas. Hierdurch spricht sich aus, dass Thomas gewissermassen 1617 schon Theilhaber am Geschäfte seines Vaters war, ein Verhältniss, das im folgenden Jahre durch Vertrag mit dem Herzoge Wilhelm sanctionirt wurde. Simon Timpfe, dem Vater, der in Stade wohnte und der dortigen städtischen Münzstätte vorstand, fiel es alters- und krankheitshalber schwer, seinen Dienst in Harburg von Stade aus zu versehen. Es wurde ihm daher am 23. März 1618 sein Sohn Thomas an die Seite gestellt und „als Verwalter und nachgesetzter Münzmeister der Münzstätte Harburg" im Beisein des Wardeins Jacob Stör vereidigt. Schon im folgenden Jahre trat Thomas Timpfe ganz an die Stelle seines Vaters und wurde alleiniger Münzmeister für die restirenden beiden Jahre des 1615 geschlossenen und 1621 ablaufenden Contractes.

Der mit ihm am 1. October 1619 getroffene Vergleich besagt, dass er an Stelle der von seinem Vater bisher dem Herzoge gezahlten 600 Thaler mit Beginn des Jahres 1621 1000 Thaler zu entrichten hätte, seinerseits dagegen eine Erhöhung seiner Emolumente erfuhr, vor Allem aber vom Herzoge 8000 Mark lüb. für den Münzbetrieb vorgestreckt erhielt (Anlage 12). Angeblich geschah dies „ohne Zins oder Interesse", wie es damit aber in Wahrheit seine Bewandtniss hatte, zeigen zwei weitere Abmachungen von demselben Datum. In der „Bestallung" findet sich von einer Abgabe überhaupt kein Wort, im Gegentheil, der Münzmeister erhält von jeder vermünzten feinen Mark 30 β, von denen er alle Unkosten tragen musste, und hatte die Rechnung alle Monate abzulegen. Diese Bestallung war für die Oeffentlichkeit bestimmt und entsprach den bestehenden Reichs- und Kreisverordnungen, welche ein Verpachten, ein „Einthun" der Münzstätten an Private streng untersagten, verschleierte aber den wahren Sachverhalt. Denn in der Schuldverschreibung verpflichtet Thomas Timpfe sich zur Zahlung von 1000 Mark lüb. monatlich, und wird dafür von der monatlichen Rechnungslegung entbunden. Dies war also der eigentliche Vertrag, aus dem sich ergibt, dass, wenn der Herzog, wie später gezeigt werden wird, die Münzangelegenheiten zwar keineswegs aus der Hand gab, Thomas Timpfe im Grunde doch nichts anderes war, als Pächter der Münzstätte zu Harburg, das Recht hatte unbeschränkt zu münzen und dafür eine sehr beträchtliche Abgabe, in den Quittungen „Ueberschuss" genannt, erlegen musste.

Der Münzmeister hatte somit an den Herzog zu entrichten:

1. bis zum Jahre 1621 jährlich 600 Thaler, für 1621 aber 1000 Thaler, ausserdem

2. vom 1. October 1619 ab monatlich 1000 Mark lüb., also jährlich 12000 Mark.

Diese Beträge sind, nach den in den Acten vorhandenen Kämmerci-Aufzeichnungen und Originalquittungen, thatsächlich gezahlt worden. Sie sind für eine Münzstätte von immerhin so untergeordneter Bedeutung, wie Harburg es war, sehr erheblich, und setzen einen starken Betrieb voraus.

Das hierfür nöthige Rohmaterial wurde, da eigene Silbergruben dem Herzoge zur Ausbeute nicht zur Verfügung standen, in den benachbarten Gebieten aufgekauft. Silberlieferanten waren für die ersten Jahre des Betriebes: Sostmann Hammerschlag, Jacob Schay und Nathan Mellerich, zu Altona wohnhaft, welcher Ort anscheinend ein Hauptsitz des Silberhandels mit den benachbarten zahlreichen Münzstätten war. Der Ankauf von Kohlen führte zu einer interessanten, scharfen Auseinandersetzung mit der Stadt Hamburg, welche dem Herzoge das Ungesetzliche der Anlage einer Münzstätte zu

Harburg und die Ausübung des Münzrechtes durch Privatpersonen vorwarf (Anlage 13).

Soweit die lückenhaften Acten dies erkennen lassen, sind nach Ausweis der Probenzettel in den Jahren 1618—1621 geprägt worden:

Jahr	Münzsorte	Schrot. Stück aus der Mark	Korn		Gesammtbetrag		Gesammtgewicht	
					der Ausprägung			
			Loth	Grän	Thaler	β	Mark	Loth
1618	Thaler	8	14	4	2936¹/₂	.	366	8
	Doppelschillinge	93—95	7	9	771	12	131	6
	Fürstengroschen	146	8	.	212¹/₂	.	35	.
	Sechslinge . .	248	5	.	96	12	25	.
1619	Thaler	8	14	4	4440	.	556	14
1620	Thaler	8	14	4	2094	.	261	10
1621	Thaler	8	14	4	4916	.	614	7

Diese Nachrichten scheinen für 1618 vollständig zu sein, für die Jahre 1619—1621 bilden sie aber, schon in Rücksicht auf die von Timpfe zu zahlende Abgabe, einen nur verschwindenden Theil der Gesammtausprägung, wie dies auch weiterhin das Münzverzeichniss erkennen lässt.

Vom Jahre 1618 kennen wir nur die Doppelschillinge und wahrscheinlich auch die Fürstengroschen; Exemplare der Thaler und der Sechslinge sind noch nicht bekannt geworden. Vielleicht aber gehört der folgende schöne Schauthaler hierher, der keine Jahreszahl trägt, dagegen aber das Zeichen des Thomas Timpfe. Möglicherweise hat dieser den Thaler bei Eintritt in das Münzmeisteramt 1618 oder 1619 geprägt und dem Herzoge als Präsent überreicht, eine Gepflogenheit, welche damals gänge und gäbe war.

5. Ohne Jahr. (1618 oder 1619.) **Breiter Schauthaler.**

Hs. WILHELMUS · D : G : DUX · BRUNSWICEN : ET · LUNÆ-
BURGENSIS · ✖

Der Herzog nach rechts in Halbfigur in reichem Harnisch mit
Feldbinde, in der Rechten den Commandostab. Vor ihm auf einem
Postamente der Prunkhelm.

Rs. DOMINUS ⚹ PROVIDEBIT

Der von drei Helmen bedeckte sechsfeldige Wappenschild, von
reichem Zierrath umgeben.

Dm. 56 *mm*, Gew. 44·71 *g*.

Herzogl. Münzkab. zu Braunschweig. — Schulthess Nr. 6650.

Auf der Hs. des vorliegenden Exemplares zeigt die Umschrift
im Worte Brunswicen etwas Doppelschlag, so dass das WI schlecht
zum Ausdruck gekommen ist.

Dem Anscheine nach hat dieser Thaler als Vorbild für den
breiten Schauthaler des Herzogs Christian, Schulthess Nr. 6727, von
1625 gedient.

6. 1618. ¹/₁₆ **Thaler** (Doppelschilling).

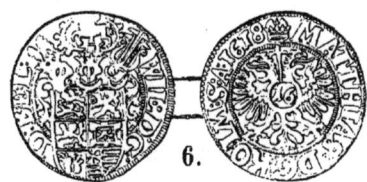

6.

Hs. *a)* WIL · D · G · = D B E L
   b) —— : – : —— = – : – : – : – ·
   c) ———————— : = ———————— :
   d) ———————— · – · = ————————
   e) —— · ———— = ————————

In oben und unten durchbrochenem Perlkreise der von drei Helmen bedeckte sechsfeldige Wappenschild.

Rs. *b)* MATTHIAS · D : G : RO : IM : S : A : *618*
   d) ———————— – ————————
   c) ———————— : – : ———————— : *1618*
   a) ———————————————— · – · ——
   e) ———————————— · ———— · S////////18
   f) ———————— · – · R · I · S · A · *1618*

Der gekrönte Doppeladler mit dem Reichsapfel, in welchem *16,* auf der Brust.

Dm. 24 *mm,* Gew. der drei Exemplare Elkan 2·00, 1·80 und 2·50 *g.* — Gegenstempel: auf *b)* Schlüssel (Bremen oder Stade).

   a) Elkan; *b)* städt. Münzsl. zu Braunschweig; *c)* Isenbeck; *d)*, *e)* Elkan; *f)* v. Praun Nr. 269, wo nur von der Rs. die Beschreibung angegeben ist.

7. 1618. ¹/₂₄ Thaler (Groschen).

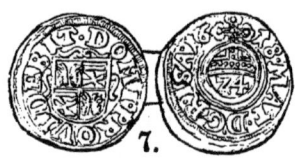

Hs. DOMI · PROVIDEBIT ·

Oben und an den Seiten verzierter quadrirter Wappenschild: 1 und 4 Hoya, 2 und 3 Bruchhausen.

Rs. · MAT · D · G · R · I S A · *16 = 18*

. Im Perlkreise der Reichsapfel mit *24*

Dm. 19 *mm,* Gew. 1·10 *g.* — Etwas Doppelschlag.
Elkan.

Auf dem vorstehenden Groschen findet sich der Name des Herzogs Wilhelm nicht, es unterliegt nach meinem Dafürhalten aber keinem Bedenken, ihn diesem zuzutheilen. Dominus providebit war der Wahlspruch des Herzogs, den seine sämmtlichen Münzen tragen

und überdies sind im Jahre 1618, wie oben actenmässig nachgewiesen wurde, Groschen thatsächlich geprägt worden.

Dagegen halte ich die ¹/₂₄ Thaler, welche den Spruch Deus
providebit und als Typus der Hs. nach links oder rechts schreitenden Löwen haben (vergl. Katal. Knyphausen Nr. 7682—88) nicht
nach Harburg gehörig. Sächsische Groschen tragen ebenfalls diesen
letzteren Wahlspruch.

Auch vom Jahre 1619 kennen wir Exemplare der Thaler nicht,
wir besitzen aus demselben nur ¹/₁₆ und ¹/₂₄ Thaler (Doppelschillinge und Groschen). Uebrigens bemerke ich, dass es zu dieser Zeit
üblich war, neben ganzen Thalern stets auch halbe und viertel
(Orts-) Thaler zu prägen. Da diese Theilstücke von Thalersilber
(14 Loth 4 Grän) und in einer dem ganzen Thaler entsprechenden
Schwere geprägt wurden, so finden sie sich stets in den Thaler-
summen mit enthalten, ohne besonders aufgeführt zu werden. Dies
ergiebt sich z. B. auch deutlich aus der auf S. 142 gegebenen Nach-
weisung der im Jahre 1618 geprägten Thaler.

Es erscheint mir daher wahrscheinlich, dass der nachfolgende
Viertelthaler in diesen Jahren geschlagen worden ist.

8. Ohne Jahr (1619?). Viertel-(Orts-)Thaler.

Hs. WILHELMUS·D:G:DUX·BRUN:E LUN:⚔
Geharnischtes Brustbild n. r.

Rs. DOMINUS ⚊ PROVIDEB
Der von drei Helmen bedeckte ovale sechsfeldige Wappenschild.

Dm. 30 *mm.*

Nach der Abbildung bei Seelaender Taf. 44 Nr. 10,[8]) woselbst das Münzmeisterzeichen Thomas Timpfes nicht genau wiedergegeben ist. — Auch Kat.
Reimmann, Bd. II, Nr. 3474.

Der nachfolgende Doppelschilling gehört ebenfalls den hier
behandelten Jahren 1616—1619 an und muss vor dem 20. März
1619, dem Todestage des auf der Münze genannten Kaisers Matthias, geprägt sein. Vielleicht ist er, nach der Grösse des Schröt-
lings und dem Gewichte zu urtheilen, zu Anfang der Münzprägung
Herzog Wilhelms geschlagen.

9. Ohne Jahr (vor 20. März 1619) $^{1}/_{16}$ Thaler (Doppelschilling).

Hs. WIL : D : G : ⁼ D : B · E · L :

In oben und unten durchbrochenem Perlkreise der von drei
Helmen bedeckte sechsfeldige Wappenschild.

Rs. MATTHIAS · D : G : RO : IM : SE : AV :

Im Perlkreise der gekrönte Doppeladler, den Reichsapfel mit
16 auf der Brust.

Dm. 25 *mm*, Gew. 2·20 *g*.

Elkan.

Von den Doppelschillingen aus den Jahren 1616—1620 besitzen wir eine grosse Zahl von Stempelverschiedenheiten, ein
Zeichen der umfangreichen und sich in den Jahren 1619 und 1620
immer mehr steigernden Prägung dieser Münzsorte. Ich habe die

---

[8]) Ich habe in der vorliegenden Arbeit vielfach Abbildungen aus diesem
prächtigen Kupferwerke copiren müssen, da mir Originale der betreffenden
Münzen nicht immer vorlagen. Jede Zeit hat bezüglich der Münzabbildungen
ihren besonderen Stil, wie sich schon aus einem nur oberflächlichen Einblick in
die numismatische Literatur erkennen lässt. Da die Seelaender'schen Abbildungen hier möglichst getreu wiedergegeben sind, so hat man darin den Grund zu
suchen, wenn diese Abbildungen, z. B. durch die Regelmässigkeit der Perlkreise u. w. nicht ganz unserem heutigen Geschmack entsprechen.

Verschiedenheiten aus den, Herrn Elkan und mir, zugänglichen Sammlungen zwar möglichst genau verzeichnet, lege ihnen, namentlich den nur durch andere Interpunction entstandenen Abarten einen sonderlichen Werth jedoch nicht bei, um so weniger, als bei der häufig mangelhaften Prägung und Erhaltung der betreffenden Stücke ein Verlesen nicht ausgeschlossen ist.

Die Doppelschillinge des Jahres 1619 gliedern sich durch die Darstellung auf der Hs. in die drei Gruppen:

    a) quadrirter Schild mit drei Helmen,
    b) sechsfeldiger Schild mit drei Helmen,
    c) sechsfeldiger Schild mit grosser Krone.

10. 1619. $^1/_{16}$ **Thaler** (Doppelschilling).

1. Typus: Vierfeldiger Schild mit drei Helmen.

Hs. *a)* WIL·D   ⚹ G D B·E·L
   b) ——— · ⚹ — — · ·—— · .
   c) WIL·DG ⚹ D · B · E · L·
   d) ——— ⚹·———

In oben und unten durchbrochenem Perlkreise der von drei Helmen bedeckte quadrirte Wappenschild: 1. Braunschweig, 2. Lüneburg, 3. Everstein, 4. Homburg.

Rs. *a)* MATTHIAS·D·G·R·IM·S·*619*
   d) ——————— ————— ·A·*619*
   b) ——————— — —·— I· ———
   c) ——————— · —·—·—· — — ·AV·—

Der gekrönte Doppeladler, den Reichsapfel mit *16* auf der Brust. Dm. 22 *mm*, Gew. der drei Exemplare Elkan 1·85, 1·50 und 1·25 *g*.

Gegenstempel: auf *b)* Fischerstrahl ⚓ (Stralsund).

   a, b, c) Elkan; *d)* v. Lehmann.

11. 1619. ¹/₁₆ **Thaler** (Doppelschilling).

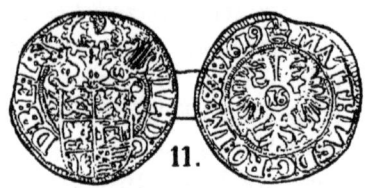

2. Typus: Sechsfeldiger Schild mit drei Helmen.

Hs. *a)* WIL·D · ⸗ G·D·B·E·L
　b-d) ——————— ⸝ ————————·
　e-k) WIL·DG ⸗ D·B·E·L·
　l-n) ——————— · ⸗ ———————
　o) WIL·D G ⸝ ———————
　p) ——————— · — ⸗·.. ———————
　q) ——— : ——— ⸝ ——— — —
　r) ———·—:—:⸝ —:—:—:—:—:
　s) ——— :— — ⸝ —·—·—·—

.　In oben und unten durchbrochenem Perlkreise der von drei Helmen bedeckte sechsfeldige Wappenschild.

Rs. *e)* MATTHIAS·D G·R· IM·S·A· 19
　g) ——————————·——— ————————
　i) ———————————·. ————————
　h) ——————— ·RO·——— ———
　c, l) ————————————— ·—·619
　n) ——————— ———————— ———
　d, p) ——————— ·—R·——— ———·——
　m, o) ———————RO·——————— .
　s) —————————————·—.
　b) ——————— ———————— ———
　k) ——————— ·—R·——— — ———
　a) ·———————RO·——— — ———
　r) ——————— :—:—:—:—:—: 1619
　q) ———————///////—·—·—·—

Der gekrönte Doppeladler mit dem Reichsapfel, in welchem *16*, auf der Brust.

Dm. 24 *mm*, Gew. 1·94 *g.* Durchschnitt von sechs Exemplaren.

Gegenstempel: auf *d)*, *n)* und *q)* Schlüssel (Bremen, Stade?) auf *l)* G3, ferner auf zwei Exemplaren der Rostocker Sammlung R., beide aus dem Funde von Schlage.[9]

a) v. Saurma-Jeltsch, Münzsammlung Taf. 69, Nr. 2088; *b*, *f*, *g*, *h*, *i*, *l)* städt. Münzsamml. zu Braunschweig; *c* , *d* , *p)* Hannov. Prov. Mus., Samml. Knyphausen Kat. Nr. 416, 417, bezw. 415; *e*, *k*, *l*, *m*, *n*, *s)* Elkan; *o)* nach der Abbildung bei Seelaender Taf. 45, Nr. 3; *q)* königl. Münzkab. zu Dresden; *r)* königl. Münzkab. zu Berlin.

Den Gegenstempel G3 weiss ich nicht zu deuten. Die Erklärung im Num. sphrag. Anz. 1889, S. 18: G für Greifswald und 3 für Schillinge, also als Zeichen dafür, dass diese Doppelschillinge wegen Verschlechterung der Valuta jetzt drei Schillinge gelten sollten, erscheint mir unannehmbar.

12. 1619. $^1/_{16}$ **Thaler (Doppelschilling).**

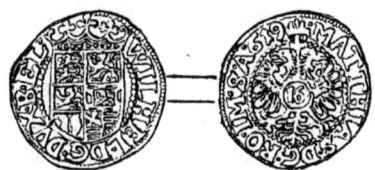

3. Typus: sechsfeldiger, von grosser Krone bedeckter Wappenschild.

Hs. *a-c)* WILHEL ·D ·G DVX ·B ·E ·L ·

　　　d) WIL ·　　　　D : ————BR ·ET ·L

In oben durchbrochenem Perlkreise der von grosser Krone bedeckte sechsfeldige Wappenschild.

Rs. *a*, *b)* MATTHIAS ·D ·G ·R ·　IM ·S ·A ·*619*

　　　c) —————————————RO · ————

　　　d) ———————————————— · *619*

Der gekrönte Doppeladler mit dem Reichsapfel, in welchem *16*, auf der Brust.

Dm. 22 *mm*, Gew. *b)* 1·30 *g.*

Gegenstempel: auf *b)* R. (Rostock).

a) Hannov. Prov. Mus. Samml. Knyphausen Kat. Nr. 418; *b)* Elkan; *c)* königl. Münzkab. zu Kopenhagen; *d)* nach der Abbildung bei Seelaender Taf. 45, Nr. 5.

---

[9] Num. sphrag. Anzeiger 1888. Nr. 2, S. 15.

13. 1619. ¹/₂₄ **Thaler** (Groschen).

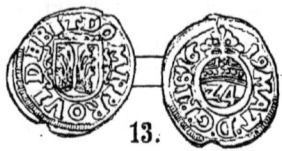

13.

1. Typus.

Hs. DOMI·PROVIDEBIT

In oben und an den Seiten leicht verziertem Schilde die Bärentatzen von Hoya.

Rs. MAT·D·G·R·I·S·*16 ₌ 19*

In der Mitte der Reichsapfel mit Z4, nicht von einem Perlkreise umgeben.

Dm. 18 *mm*, Gew. 0·60 *g.* — Auf Rs. etwas Doppelschlag.
Elkan.

Ich will nicht unterlassen, hierbei zu bemerken, dass es unter
den zahlreichen Kippergroschen auch einen giebt, der dasselbe
Wappenschild wie der vorstehende Groschen trägt — die Hoyaer
Bärentatzen — jedoch mit der Umschrift: D·MENSCHEN·G·I·
VS· (der Menschen Gunst ist umsunst)[10].

14. 1619. ¹/₂₄ **Thaler** (Groschen).

14.

2. Typus.

Hs. DOMI·PROVIDEBIT·

Oben und an den Seiten verzierter quadrirter Wappenschild:
1 und 4 Hoya, 2 und 3 Bruchhausen.

Rs. *a)* MAT D·G R·S·   *16· ₌19·*

　　b) ——:——·—·I·S   ———

---

[10] Abgebildet in v. Saurma-Jeltsch Münzsamml. Taf. 68, Nr. 2057.

c, d) MAT·D·G′·R I S· 16 ▪19
e) ———— — - — ————
f) MA· ——— — -·— A ————
g) —T·——— — - —·—· 16· ▪19·
h) ———————————— 16 ▪19

In oben durchbrochenem Perlkreise, bezw. einfachem Reifen der Reichsapfel mit Z4

Dm. 18 *mm*, Gew. 0·92 *g*. Durchschnitt von 6 Exemplaren.

a, b, c, f, g) Elkan; *d)* herzogl. Münzkab. zu Braunschweig; *e)* und *h)* städt. Münzsamml. zu Braunschweig. Eine Abbildung Kat. Knyphausen Bd. II, Taf. 3, Nr. 7591, auch v. Saurma-Jeltsch Münzsamml. Taf. 68, Nr. 2069.

15. 1620. Reichsthaler.

15.

Hs. WILHELMUS·D:G:DUX·BRUN:ET·LUNEBURG: ✚
Geharnischtes Brustbild des Herzogs n. r.
Rs. DOMINUS··PROVIDEBIT: ⚒
Der von den drei Helmen bedeckte sechsfeldige Wappenschild. Zu den Seiten des Helmschmuckes des mittleren Helmes 16 ▪ ZO
Dm. 41 *mm*.
Elkan.

16. 1620. Halber Reichsthaler.

Hs. Wie der Thaler Nr. 15, nur Hs. mit LUNÆBU ✚ und Rs. mit DOMINUS··PROVIDEB ⚒ Jahreszahl 1▪6▪▪ZO

K. k. Münzkab. zu Wien; abgeb. Mon. en argent Taf. 233. — Schulthess Nr. 6653.

17. 1620. ¹/₁₆ Thaler (Doppelschilling).

1. Typus: sechsfeldiger, von grosser Krone bedeckter Wappenschild.

Von der übergrossen Zahl der von diesem ¹/₁₆ Thaler noch vorhandenen Stücke greife ich diejenigen heraus, welche die hauptsächlichsten Abweichungen in der Umschrift zeigen. Es würde mich zu weit führen, sämmtliche in den Sammlungen befindlichen, nur durch die, überdiess nicht immer sichere Interpunktion unterschiedenen Exemplare hier aufzuführen; auch die Uebersichtlichkeit würde leiden.

Hs. WIL·   D·G:DVX·BR·   ET·L

————————————— E·LV

    WILH·   D·G·DVX·BR· E·L

    WILHEL:D:G·D·   BRV·E·L

——————·D G·DVX·B· E·L

In oben durchbrochenem Perlkreise der von grosser Krone bedeckte sechsfeldige Wappenschild.

Rs. FERDI·   D·G·R·IM·S·A· ZO

    FERDIN: ——————6ZO

    FERDINA· ——————

    FERDINAN·———I·————

Der gekrönte Doppeladler mit dem Reichsapfel, in welchem 16, auf der Brust.

Dm. 22 *mm*, Gew. 1·61 *g*. Durchschnitt von 12 Exemplaren von 1·90—1·45 Gr.

Gegenstempel finden sich: Schlüssel (Bremen oder Stade?), Fischerstrahl ⚓ (Stralsund); Strahl mit A·3 ⚓; G3; Löwe und Fischerstrahl zugleich (Lüneburg und Stralsund); R (Rostock) im Münzkab. zu Rostock aus dem Funde von Schlage.

Durchgesehen sind die Sammlungen: königl. Münzkab. zu Berlin (das oben abgebildete Exemplar); städt. Münzsamml. zu Braunschweig; Hannov.

Prov. Mus. Samml. Knyphausen; Gesch. Ver. Greifswald; Elkan; v. Lehmann; Schwalbach; Vogel; Isenbeck und ehemals Mertens.

Auch für den Gegenstempel 🜚 habe ich keine Erklärung. Er unterscheidet sich ausdrücklich von dem Stralsunder 🜚 durch das ihm an der Spitze stets fehlende Kreuz und durch die Buchstaben A ⸱ 3

18. 1620. ¹/₁₆ **Thaler** (Doppelschilling).

18.

2. Typus: Quadrirter Wappenschild mit drei Helmen.

Hs. WIL · D · ⸱ G · D · B · E · L ·

In oben und unten durchbrochenem Perlkreise der von drei Helmen bedeckte, quadrirte Wappenschild, wie auf Nr. 10.

Rs. FERDINAN · D G · R · IM · S · A · 6ZO

Der gekrönte Doppeladler mit dem Reichsapfel, in welchem *16*, auf der Brust.

Dm. 22 *mm*, Gew. 1·45 *g*.

Gegenstempel: Greif (Rostock?).

Elkan.

Ich bezweifle, dass die ¹/₁₆ Thaler des Jahres 1620 wirklich zwei Gruppen bilden; vielmehr vermuthe ich, dass dieses Stück eine Zwittermünze ist und der Hs.-Stempel dem ¹/₁₆ Thaler von 1619 und zwar der ersten Gruppe, Nr. 10, angehört.

19. 1620. ¹/₂₄ **Thaler** (Groschen).

Hs. *a)* WIL · ⸱ D · G · DVX · B · E · L ·

    b) ——H · ————————

Im Kreise die gegen einander gelehnten Wappenschilde von Braunschweig und Lüneburg, darüber der braunschweigische Helm mit dem Pferde.

Rs. *a)* FERDI · DG · R · I · S · A · ZO

    b) · ———————— ·

In der Mitte der Reichsapfel mit Z4

. Dm. 17 *mm.*

a) Hann. Prov. Mus. Samml. Knyphausen Kat. Nr. 7769; *b)* v. Saurma-Jeltsch Münzsamml. Taf. 69, Nr. 2090.

Dies Stück unterscheidet sich nur durch die Jahreszahl von dem Groschen von 1621 Nr. 24; ich unterlasse daher eine Abbildung von diesem Stücke zu geben.

Mit dem Jahre 1620 nehmen die $^1/_{24}$ Thalerstücke ein anderes Gepräge an, als bisher üblich: die gegen einander gelehnten Schilde, zum Theil bedeckt von dem braunschweiger Helm. Daher ist es wahrscheinlich, dass die nachfolgenden Groschen ohne Jahr ebenfalls im Jahre 1620 oder 1621 geprägt sind.

20. Ohne Jahr. $^1/_{24}$ Thaler (Groschen).

Hs. WIL/////G · DVX · B · E · (d. i. ET L ·)
Die gegen einander gelehnten Wappenschilde, wie vorher.
Rs. FERDI : D : G/////I S · AV
In der Mitte der Reichsapfel mit Z4
Dm. 16 *mm.*
Herzogl. Münzkab. zu Braunschweig.

21. Ohne Jahr. $^1/_{24}$ Thaler (Groschen).

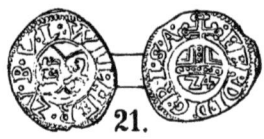

Hs. *a)* WIL · HER · ZV · B ·   V · L :
      b) ——————BR · ———— .
Die neben einander gestellten Wappenschilde von Braunschweig und Lüneburg ohne den Helm.
Rs. *a, b)* · FERDI · D · G · R · I · S · A ·
In der Mitte der Reichsapfel mit Z4
Dm. 16 *mm,* Gew. 0·5 *g.*

a) Städt. Münzsamml. zu Braunschweig; *b)* nach der Abbildung bei Seelaender Taf. 45, Nr. 8.

22. Ohne Jahr. $^1/_{24}$ **Thaler (Groschen).**

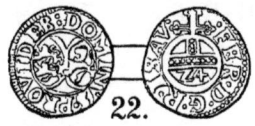

Hs. DOMINVS · PROVIDEB :

Darstellung wie auf dem Groschen vorher, Nr. 21.

Rs. · FFR · D · G · R · I S AV ·

In der Mitte Reichsapfel mit Z4

Dm. 15 *mm*, Gew. 0·6 *g*.

Städt. Münzsamml. zu Braunschweig.

Die völlige Uebereinstimmung der Wappendarstellung auf diesem Stücke und den vorigen beweist, dass der Groschen Nr. 22 hierher gehört, obwohl er nur den Wahlspruch des Herzogs Wilhelm nicht auch dessen Namen trägt. Dadurch gewinnt auch meine Zutheilung der Groschen Nr. 7, .13 und 14, sowie des Schreckenbergers Nr. 26 an Herzog Wilhelm eine weitere Stütze.

Schwierigkeiten aber bereitet das nachfolgende Stück, wahrscheinlich auch ein Groschen, hinsichtlich seiner genauen zeitlichen Unterbringung.

23. Ohne Jahr. Groschen? einseitig.

Hs. DOMI · PROVIDE · ✦

Der nach links schreitende Löwe im Herzenfelde.

Dm. 15 *mm*, Gew. 0·4 *g*.

Städt. Münzsamml. zu Braunschweig.

24. 1621. $^1/_{24}$ **Thaler (Groschen).**

Hs. *a)* WIL · D G DVX BR E · L ·

 b, c) ——— · — · —— · B · ———

Darstellung wie auf Nr. 19.

Rs. *a)*   FERDI·D·G·R·I·S·A *21*

   b) —————— ——————— ·—·

   c) ·———— · R·————6*21*·

Dm. 17—18 *mm*

a) Städt. Münzsamml. in Braunschweig; *b)* und *c)* Hannov. Prov. Mus. Samml. Knyphausen, Kat. Nr. 7770, bezw. 7771, *b)* auch herzogl. Münzkab. in Braunschweig.

Was Schrot und Korn, d. i. Gewicht und Feingehalt der bis hier behandelten Münzen betrifft, so ist bezüglich der Reichsthaler niemals von der Norm abgewichen worden, es wurden stets 8 Stück aus der auf 14 Loth 4 Grän beschickten Mark geprägt. Dagegen zeigen die kleinen Münzsorten ein rapides Sinken, nicht so sehr im Korn, als vielmehr im Schrot.

Nach „des niedersächsischen Kreises Münzordnung", beschlossen auf dem Kreistage am 30. September 1617 zu Braunschweig, war für die Ausprägung der geringeren Sorten Folgendes festgesetzt worden:

Münzsorte	Korn		Schrot, Stück aus der vermischten Mark	Gewicht des Stückes in Gramm
	Loth	Grän		
Doppelschillinge	7	9	90	2.598
Silbergroschen	8	.	144	1.624
Schillinge	6	9	160	1.461

Die, wenn auch nur wenigen Nachrichten über Schrot und Korn der in dem hier behandelten Zeitraume geprägten Münzen lassen doch erkennen, wie sehr man sich von den gesetzlichen Bestimmungen entfernte.

In der hamburgischen Münzvalvation vom 18. Juni 1618 [11] lautet Passus 15: „Herzog zur Harburg Dub. β gehen in die Mark 101 Stück,

---

[11] Von mir veröffentlicht in A. Weyl's Berliner Münzblättern, 1885, Nr. 54, Sp. 529/30. Wieder abgedruckt in Anlage 15.

halten 7 Loth 10 Grän." Demnach war der Feingehalt zwar um
1 Grän zu gut, die Mark aber um 11 Dβ zu hoch ausgeschrotet.
Aehnlich werden sie in der „Münzordnung beyder Städte Lübeck
und Hamburg" vom 12. December 1618 [12]) valvirt. Dort wird ein
Doppelschilling Wilhelms von 1617 abgebildet (ähnlich dem oben
Nr. 4 beschriebenen) und auf 20 Pfg. geschätzt; das Stück war demnach um ca. 16 Procent unterwerthig ausgeprägt und die Mark in
etwa 105 Doppelschillinge gestückelt.

Diese Werthverminderungen geschahen aber mit Wissen und
Willen des Herzogs, und demnach darf dem Münzmeister ein Vorwurf nicht gemacht werden.

Am 1. October 1619 genehmigt der Herzog, „weil zu dieser
Zeit die feine Mark Silber im Kauf, die Reichsthaler auch am äusserlichen Werthe sehr hoch gestiegen", dass der Münzmeister aus der
richtig beschickten Mark 115 Stück Doppelschillinge, mehr jedoch
nicht, schlagen solle. Die groben Sorten aber, d. s. ganze, halbe und
Ortsthaler, sollten genau den Reichsedicten gemäss geprägt werden.

Sehr bald aber sah man sich zu weiteren Werthverminderungen
gedrängt, und so genehmigte der Herzog am 28. Juni 1620 die Aus-
schrotung der richtig beschickten Mark in 130 Stück Doppelschillinge und am 30. December 1620 in 270 Stück Fürsten- oder
Silbergroschen. Das bedeutete gegenüber den Festsetzungen vom
30. September 1617 eine Werthverminderung des Stückes um 44,
bezw. 94 Procent.

Wie streng der Herzog aber darüber wachte, dass an seinen
Bestimmungen festgehalten wurde und der Münzmeister seinerseits
nicht willkürlich beim Ausschroten in der Stückzahl zulegte, beweist
nachstehendes eigenhändiges Schreiben des Herzogs Wilhelm an
seinen Kanzler Simon Förstenow vom 17. December 1620.

„Ich habe die Groschen", schreibt er, „welche auf meiner, sowohl auch auf der Schauenburgischen Münze zu Altona geschlagen
sein, besehen, selbst aufgezogen und der meinigen 273 Stück auf
die löthige Mark befunden. Thue Euch selbige Groschen miteinander
wiederum zuschicken und stelle das Korn selbiger Groschen zu
Eurem als meines Münzrathes und meines bestallten Guardins Ge-

---

[12]) Gedruckt bei Samuel Jauch, Lübeck, 1618.

wissen und Verantwortung. Die Stücke aber belangend, kann und will ich dieselben höher nicht dann dass 270 Stücke weiss von meiner Münz und Schnitte abgehen sollen, bewilligen, dieweilen ich sehe und vermerke, dass mein Münzmeister dabei sich nicht allein keines Schadens zu besehen, sondern auch ein Ansehnliches zum Vortheil zu gewarten hat. Ohne dass ich auch gemeinet bin, lieber das Münzen gar einzustellen, dann damit Schimpf einzulegen, welches Ihr meinem Münzmeister und Guardin, auch da nöthig, dem Schnittenmeister und Gesellen ohnbeschwert wollet anzeigen."

Aus den Angaben der Lüneburger Münzvalvation vom 9. Juni 1621[13]) ergibt sich eine weitere Münzverschlechterung: „Herzog Wilhelm zur Harburg Dubbelschilling, so anno 1621 gemünzt, gehen 151 Stück auf 1 Mark löthig" lautet Passus 4, der also zeigt, dass seit Jahresfrist eine weitere Verschlechterung um fast 25 Procent eingetreten war.

Die fortlaufende Erhöhung der Stückelung veranschaulicht am besten eine kurze Zusammenstellung:

Münzsorten	Gesetzliches Schrot	Probations-Protokoll vom 26. Juli 1617	Probenzettel von 1618	Valvation vom 18. Juni 1618	Hamburger Valvation v. 12. Decemb. 1618	Anweisung				Lüneburger Valvation vom 9. Juni 1621	Vertrag vom 30. December 1621	Mitte 1622
						vom 1. October 1619	vom 28. Juni 1620	vom 30. December 1620				
				S t ü c k								
Doppelschillinge .	90	90	93 bis 95	101	ca. 108	115	130	.		151	.	.
Fürsten- oder Silbergroschen..	144	.	146	.	.	.	.	270		.	380	112

Doppelschillinge vom Jahre 1621 sind uns bis jetzt nicht bekannt geworden; bei der so bestimmt gegebenen Nachricht ist aber an deren thatsächlicher Ausprägung wohl nicht zu zweifeln. Dagegen

---

[13]) In meinem Aufsatze: „Ein Fund von Schreckenbergern" in A. Weyl's Berliner Münzblättern, 1884, Nr. 50, Sp. 498. Wieder abgedruckt in Anlage 15.

erscheint in diesem Jahre eine neue Münzsorte, die Schreckenberger, die in der Kipper- und Wipperzeit zu einer so traurigen Berühmtheit gelangten.

Die Schreckenberger führten ursprünglich ihren Namen von dem Schreckenberge bei Annaberg, dessen im Jahre 1492 entdeckte reiche Silbergrube das Metall zu ihrer Ausprägung lieferte. Ihre Prägung verbreitete sich im Laufe der Zeit auch auf die Nachbargebiete, jedoch unter Verringerung ihres Werthes; in der Kipperzeit bildeten sie ein Hauptzahlungsmittel. Ihr Nennwerth betrug 12 Kreuzer = 3 Batzen = 4 Groschen, und dementsprechend findet sich auf ihnen meist im Reichsapfel des Doppeladlers die Zahl 12, seltener 4 G angebracht. Zuweilen wurden auch Stücke im doppelten Werthe geprägt, die dementsprechend 24 Kreuzer galten und auch mit 24 bezeichnet sind. Diese Münzen sind daher nicht als $1/_{12}$ oder $1/_{24}$ Thaler anzusehen, wie es noch immer vielfach geschieht. Der Aufsatz J. Erbstein's: „Die Werthzahl «Zwölf»" [14]), welcher die gesammte Literatur über die Schreckenberger kurz zusammenfasst, wird dieser Münzsorte nun wohl endgiltig zu ihrem Rechte verhelfen.

Am 1. October 1621 lief der zwischen Herzog Wilhelm und dem Münzmeister Thomas Timpfe 1619 auf zwei Jahre geschlossene Vertrag ab. Noch an demselben Tage wurde er auf unbestimmte Zeit erneuert (Anlage 14). Die goldenen und groben silbernen Sorten sollten den Münzedicten gemäss geprägt werden, die Scheidemünze aber im Verhältnisse zum Curse des Röhsilbers, so dass der Herzog sich die Bestimmung über Schrot und Korn vorbehielt. Für den Erlass der wöchentlichen Abrechnung zahlte Timpfe wöchentlich 125, jährlich also 6500 Reichsthaler; die Art seines Dienstverhältnisses hatte sich also nicht geändert, nur war der Betrag seiner Abgabe gestiegen!

Als zu prägende kleine Sorten werden genannt: doppelte und einfache Schreckenberger, doppelte, einfache und halbe Schillinge, Apfel- oder Silbergroschen. Welche Sorten Thomas Timpfe im Jahre 1621 geprägt hat, ergeben die Acten nicht; bekannt waren bisher nur die oben unter Nr. 24 beschriebenen Groschen. Dazu kommt nun noch der nachfolgende, erst jetzt bekannt gewordene Schreckenberger:

---

[14]) Blätter für Münzfreunde, 1892, Nr. 180, Sp. 1719 ff.

25. 1621. Viergroschen (Schreckenberger).

Hs. WILH·D·G·DVX·BR·'E·LV

In oben durchbrochenem Perlkreise der von breiter Krone bedeckte sechsfeldige Wappenschild.

Rs. ·FERDINAN·DG·R·IM·S·AV·ZI·

Der gekrönte Doppeladler mit dem Reichsapfel, in welchem 4G, auf der Brust, nicht von einem Perlkreise umgeben.

Dm. 27 Mm., Gew. 2·87 Gr.

Königl. Münzkab. zu Berlin.

Dieser Schreckenberger ist das einzige mit Sicherheit dem Herzoge Wilhelm zuzuweisende Exemplar, welches uns trotz massenhafter Ausprägung dieser Münzsorte bis jetzt erhalten geblieben ist. Es erscheint daher zweifellos, dass von den zahlreichen Schreckenbergern braunschweig-lüneburgischen Gepräges, welche Devisen tragen, ohne den Münzherrn zu nennen, eine erhebliche Anzahl auch von Herzog Wilhelm ausgegangen ist. Dennoch ist es unmöglich, hier eine Scheidung vorzunehmen, da wir nicht wissen, ob der Herzog nicht auch neben seinem sonst auf den Münzen ausschliesslich angewendeten Wahlspruche Dominus providebit nicht etwa noch anderer Wahlsprüche sich bedient hat. Nur das folgende Stück glaube ich, wie ich dies schon Berl. Münzbl. Nr. 50, Sp. 500, dargelegt habe, mit Sicherheit dem Herzoge Wilhelm zuweisen zu können.

26. 0. J. (1621—22.) **Schreckenberger.**.

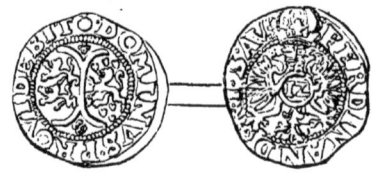

Hs. ♣·DOMINVS·PROVIDEBIT

Im Perlkreise in schildartigen Umrandungen die Wappen
1. Braunschweig, 2. Lüneburg. Im Winkel oben und unten Rosette.

Rs. ·FERDINAN·DG·R·I·S.AV

Der gekrönte Doppeladler mit dem Reichsapfel, in welchem
IZ auf der Brust.

Dm. 22 *mm*, Gew. 2·20 *g*. — Sehr geringhaltig.

J. Isenbeck in Wiesbaden. Ein anderes Exemplar, schlechter erhalten, im
Hann. Prov. Mus. Sammi. Knyphausen Kat. Nr. 7537, dort abgebildet Taf. III.

Neben der Uebereinstimmung des Wahlspruches bestärkt mich
in meiner Zutheilung auch die Art der Wappendarstellung. Sie
gleicht ganz der auf den Groschen ohne Jahr (oben Nr. 21 und 22),
welche ebenfalls die gegeneinander gelehnten Schilde von Braunschweig und Lüneburg zeigen.

Um alles das, was auf die Schreckenberger-Prägung Bezug hat,
im Zusammenhange zu geben, greife ich über die hier behandelte
Münzperiode hinaus und berücksichtige gleichzeitig auch die Münzstätte Moisburg, von der späterhin die Rede sein wird.

Die erste Nachricht über die Schreckenberger des Herzogs
Wilhelm findet sich in der oben erwähnten Lüneburger Valvation
vom 9. Juni 1621, deren Passus 5 folgenden Wortlaut hat: „Herzog
zur Harburg Schreckenberger, so anno 1621 gemünzet, gehen
90 Stück auf 1 Mark löthig und halten 8 Loth fein." Es ist möglich,
dass der vorstehend unter Nr. 25 beschriebene Schreckenberger zu
den probirten Stücken gehört, da das Gewicht stimmt und er anscheinend
ziemlich guthaltig ist. Bald aber sank der Feingehalt rapide, denn in
Verfolg des Vertrages vom 1. October 1621, für das Schrot und Korn
der zu prägenden kleinen Sorten näherer Entschliessung des Herzogs
gewärtig zu sein, erhielt der Münzmeister Thomas Timpfe noch an demselben Tage die Weisung, die auf 2 Loth beschickte Mark in 116
einfache Schreckenberger auszuprägen! Begründet wird dies damit,
dass der Silberpreis sehr gestiegen sei und die feine Mark mit
80 Zahlthalern bezahlt werden müsse.

Nach den später noch zu behandelnden Contracten mit den
Münzpächtern Benedictus Bock, Magnus Isak und Consorten (An-
lage 16—18) sollten die Münzmeister auf den beiden Münzstätten
Harburg und Moisburg die Schreckenberger in solchem Feingehalte

zu 140 Stück aus der Mark prägen, „wie sie unter die Kaufleute ausgebracht werden könnten", d. h. mit anderen Worten: so schlecht
als möglich. Aber unter 1 Loth sollte der Silberinhalt nicht betragen,·
damit sie durch Behandlung mit Beize u. s. w. doch noch „sauber
und weiss genug" abgingen, also über ihr Inneres täuschten. Wöchentlich sollten bis zu 1000 Mark Gewicht an Schreckenbergern gemünzt
werden.

Auch Doppelschreckenberger sind in Harburg, wie in Moisberg
geprägt worden und zwar, was Harburg betrifft, im Mai 1622 im
Gewichte von 820 Mark 8 Loth, im Juni 1622 im Gewichte von
959 Mark 12 Loth, mit einem Feingehalte von $1\frac{1}{2}$ Loth. Für jede
darin vermünzte feine Mark zahlte der Münzmeister an den Herzog
2 Thaler.

Doppelschreckenberger sind an und für sich selten, vom Herzog
Wilhelm sind bis jetzt keine bekannt geworden.

---

b) Von 1622 bis zum Eingehen der Münzstätte in Harburg
1631.

Das Kippen und Wippen stand in höchster Blüthe. Der Wunsch,
in der Ausnutzung des Münzrechtes zur Erhöhung der Einnahmen
es anderen Münzherren gleich zu thun, veranlasste auch den Herzog
Wilhelm, der Münzprägung in Harburg einen grösseren Aufschwung
zu geben. Das Wesentliche war die Beschaffung des Silbers. Zu der
Lieferung desselben hatten sich „die Juden Benedictus Bock zu
Itzehoe, Meyer und Joseph Moyses, Gebrüder, zu Altona" angeboten
und wurden mit derselben betraut. Der mit ihnen unterm 30. December 1621 auf 3 Monate abgeschlossene Vertrag (Anlage 16) lässt
aber deutlich erkennen, dass es sich hier nicht lediglich um die
Versorgung der Münze mit Rohmaterial handelte, sondern vielmehr
um eine directe Uebertragung der Münzbefugniss an die genannten
Lieferanten, d. h. um eine Verpachtung zur beliebigen Ausnutzung,
eingeschränkt nur durch wenige bindende Vorschriften des Herzogs
über den Feingehalt der auszuprägenden Stücke.

Mit der Ausmünzung sollte ein von den Pächtern zu stellender,
dem Herzoge aber zu verpflichtender Münzmeister betraut werden.
Es lag daher nahe, dazu den zur Zeit in Harburg amtirenden Münz-

meister Thomas Timpfe zu wählen, mit welchem die Pächter denn auch unterm 26. Januar 1622 einen Vertrag schlossen und der Herzog zu seiner Sicherheit an demselben Tage einen Nebenvergleich machte (Anlage 16 und 17).

Aus diesen Abmachungen ergibt sich für die Ausprägung Folgendes: Es sollten gemünzt werden:

Münzsorte	Stücke aus der Mark	Feingehalt		Demnach Gewicht des Stückes
		Loth	Grän	Gramm
Schreckenberger . . .	140 ·	1	9	1.60
Apfelgroschen	380	1	9	0.62

Für die groben Silbermünzen, welche „zuweilen geschlagen werden sollten", war die Reichsmünzordnung massgebend; bei den oben erwähnten geringeren Sorten, deren Prägung ausschliesslich ins Auge gefasst war, kam es aber nur darauf an, sie so gut auszuprägen, dass sie noch „unter die Kaufleute untergebracht werden könnten" und — durch reichliche Anwendung von Beize — ein sauberes und weisses Aussehen erhielten.

Der Münzmeister verpflichtete sich den Pächtern gegenüber, in der ersten Vertragswoche 800 Gewichtsmark Schreckenberger, in der zweiten 900 Mark, in der dritten und jeder folgenden aber 1000 Mark zu liefern. Sollte es schwierig fallen, die Schreckenberger unter das Publicum unterzubringen, so sollten Apfelgroschen, 500 Gewichtsmark die Woche, geliefert werden. Würde der Münzmeister trotz genügender Silberlieferung seitens der Pächter seiner Verpflichtung nicht nachkommen oder aber sollten diese das benöthigte Silber nicht liefern, so hatte ein Contrahent dem anderen für jede nicht gefertigte Mark Schreckenberger 2 M 7 β, für jede Mark Apfelgroschen aber 4 M 14 β Conventionalstrafe zu zahlen.

An den Herzog hatten die Pächter zu entrichten: im ersten und zweiten Vertragsmonate wöchentlich 150, im dritten Monate aber wöchentlich 200 Reichsthaler in specie. Und Timpfe, dessen Contract vom 1. October 1621 im Uebrigen in Kraft blieb, zahlte an den

Herzog wöchentlich 200 Reichsthaler! Der Herzog hätte also in dem
Vierteljahre, für welches die Contracte lauteten, im Ganzen aus der
Münze zu Harburg 4600 Reichsthaler Einnahme gehabt, in Berücksichtigung der geringen Bedeutung dieser Münzstätte wahrlich eine
nicht unbeträchtliche Summe.

In den ersten Wochen des Jahres 1622 ging auch alles gut; die
Pächter zahlten, wenn auch nicht ganz pünktlich, die stipulirten Beträge, blieben dann aber gegen Ablauf des dritten Monates mit
1400 Reichsthalern im Rückstande. Sie hatten sich, um ihrer Verpflichtungen ledig zu sein, heimlich entfernt und nach Altona begeben, sie „waren ausgerissen". Auch dem Münzmeister waren sie
Gelder schuldig geblieben. Nach vielen Schreibereien mit der
Holstein-schauenburgischen Regierung zu Altona wurden Bock und
die Brüder Moyses in Pinneberg festgenommen und ihnen der Process
gemacht. Als Gründe für ihr heimliches Entweichen führten sie an,
dass sie von denen, mit welchen sie Verträge auf Silberlieferung geschlossen hätten, betrogen worden seien. „Denn sobald diese innig
geworden, dass das leichte Geld an allen Orten fällig[15]) und nicht
mehr abgehe, haben sie uns nicht allein kein Silber mehr liefern,
sondern auch das Geld, welches wir für sie verfertigen lassen, von
uns nicht mehr abnehmen wollen, derowegen wir solches mit grossem
Verluste von Händen schaffen müssen. Als wir nun gespüret, dass
wir den mit E. F. Gn. aufgerichteten Vertrag nicht länger halten
können, haben wir uns, doch nicht aus bösem Vorsatze, sondern als
arme, verjagte und vor Jedermann erschrockene Leute aus Furcht
harter Gefangnusse davongemacht und den flüchtigen Fuss gesetzt."

Nachdem die Sache sich bis zum August 1622 hingezogen hatte,
ging der Herzog einen Vergleich mit den ehemaligen Münzpächtern
ein. Gegen das Versprechen, die Schuld ehrlich abzutragen, sobald
sie in besseren Vermögenszustand kommen würden, wurden sie aus
ihrem „schrecknussvollen Gefenknuss" entlassen, in welchem sie
„Hunger und schröcklichen Dorst" hatten erleiden müssen.

Weiteres verlautet über diese Angelegenheit nicht.

Auf das Dienstverhältniss Timpfes hat diese Episode keinen
Einfluss gehabt, er blieb ruhig als Münzmeister des Herzogs im

---

[15]) Das heisst: im Curse gefallen.

Dienst und münzte, nachdem er im Mai und Juni 1621 noch einen
Posten Doppelschreckenberger geprägt hatte (s. oben, S. 162), wie
aus einigen Notizen über die Ausprägungen in den Jahren 1622 und
1623 hervorgeht, hauptsächlich Thaler. Die Einnahmen des Herzogs
aus der Münze erfuhren aber eine wesentliche Verringerung, denn
der Münzmeister zahlte bis zum Ablauf des am 1. October 1621 auf
ein Jahr geschlossenen Contractes nur 3 Pfennige für jeden ausgeprägten Thaler. Am 1. October 1622 wurde der Contract mit
Thomas Timpfe erneuert und darin die von ihm an den Herzog zu
entrichtende jährliche Abgabe auf 550 „gute mit Unserem Wappen
und Brustbild geprägte Reichsthaler" festgesetzt. Auf wie lange der
Vertrag geschlossen wurde, ist nicht ersichtlich; er scheint still-
schweigend auch im Jahre 1623 verlängert worden zu sein. Am
18. August 1624 jedoch kündigte der Herzog dem Timpfe den
Dienst, erlaubte ihm aber noch bis zum 1. April 1625 im alten
Dienstverhältnisse zu bleiben, dann müsste er das Münzhaus räumen
und auch die vorgestreckte Summe von 8000 M. lüb. = 2666 Reichsthaler zurückzahlen.

Timpfes Finanzen standen nicht gut; er hatte, wie wir später
sehen werden, durch die Bürgschaft für den aus Moisburg entwichenen
Münzmeister Hans Georg Meinhardt grosse Verluste erlitten und
konnte sich davon nicht erholen. So war er denn auch am 30. März
1625 bei seiner Dienstentlassung nicht im Stande zu zahlen und
bat um Aufschub. Er habe viel Verluste gehabt, das Silber sei zu
theuer und schwerer zu bekommen, obwohl er gute Geschäfts-
verbindungen habe, so z. B. nach der Mark, von wo aus ihm das
Silber eher angeboten würde, als dem Münzmeister zu Hamburg.
Aber Timpfe konnte auch in den folgenden Jahren nicht zahlen, er
erbat und erhielt immer wieder Aufschub gegen neue Obligationen,
deren letzte vom 4. August 1627 datirt. Inzwischen war der Herzog
auch mit dem Münzmeister Samuel Timpfe zu Steinbeck, dem Bruder
des Thomas, in Verbindung getreten, damit er als Erbe seines für die
vorgestreckten 8000 Mark sich mitverbürgt habenden Vaters Simon
(s. oben, S. 140) für diese Summe aufkomme, da sein Bruder Thomas
zahlungsunfähig war. Samuel liess jedoch nichts von sich hören.

Die Bewerbungen Thomas Timpfes um den Münzmeisterposten
in Winsen an der Luhe (s. unten, S. 272) sind die letzten Nachrichten

über ihn; über seinen Verbleib verlautet nichts. In den Acten findet
sich nur eine notarielle Verhandlung vom 11. Januar 1631 über die
Eröffnung eines ihm gehörigen Koffers, der wegen Kriegsgefahr vor
einigen Jahren in das Schloss Harburg gebracht worden war. Mit
dem im Königreiche Polen in den Jahren 1660—1667 als Münzmeister amtirenden Thomas Timpfe ist der vorstehend behandelte
Thomas nicht identisch.[16])

Ueber den Umfang der Ausmünzungen des Thomas Timpfe in
der Zeit von 1622 bis zu seiner Entlassung 1625 haben wir nur sehr
wenige und unvollständige Nachrichten. Die Prägungen während
der ersten Monate sind uncontrolirbar, da Timpfe für die Pächter
münzte und diesen, nicht aber dem Herzoge Rechnung zu legen hatte.

Jahr	Zeit — Monat	Münzsorte	Feingehalt		Stücke aus der Mark	Umfang der Aus- prägung — Gewicht		Stücke
			Loth	Grän		Mark	Loth	
1622	Mai und Juni	Doppel- schrecken- berger	1	9	70?	1780	4	?
1622	12. Juli bis 28. Decemb.	Reichsthaler und Theil- stücke	?	?		2551	15	2041 5½
1622	?	Reichs- fürstengro- schen	8	.	112	204	8	{ 954 Rthlr. { 10 β 8 ∅
1622	?	Goldgulden .	Karat 18	6	72	5	.	360
1623	?	Goldgulden .	18	6	72	6	.	432
1623	4. Januar bis 12. Juli	Thaler und Theilstücke	?	?		5216	6	41731
1623	?	Reichs- fürstengro- schen	Loth 8	.	112	87	4	{ 407 Rthlr. { 5 β 4 ∅

16) Vergl. die am Schlusse befindlichen Nachrichten über die Münzmeister.

Für den Rest des Jahres 1623, sowie für 1624 und 1625 fehlen alle Nachrichten. Die Doppelschreckenberger sind anscheinend aus Metall geschlagen, welches noch aus der Zeit der Verpachtung herrührte und für diese Münzsorte schon vorbereitet war, die Reichsfürstengroschen dagegen nach dieser Zeit, da von ihnen 112 Stück aus der achtlöthigen Mark zu schroten waren, während die für die Pächter zu prägenden Groschen nur $1\frac{1}{2}$löthig sein und 380 Stück auf die Mark gehen sollten. Die Goldgulden aus den Jahren 1622 und 1623 sind noch nicht bekannt geworden.

Die von Timpfe geprägten Münzen sind nun folgende:

27. 1622. Reichsthaler.

Hs. *a, b)* WILHELMUS · D : G : DUX · BRUNS : ET · LUNB ⚔
    c) ———————————————————— : ⚔
    d) ————— V– : —————— V———— EBV ⚔

Das geharnischte Brustbild des Herzogs n. r. mit Feldbinde.

Rs. *c)* DOMINUS ⚊ PROVIDEB :
    a, b) ——————— · ⚊ ————— IT
    d) ————— x ⚊ ———— ·

Der dreifach behelmte sechsfeldige Wappenschild, über den Helmen die Jahreszahl, bei *a, b, d)* 1 ⚊ 6 · Z · Z, bei *c)* 16 · Z · Z
Dm. 42 *mm.* [17])

    a, b) Elkan; *c)* v. Lehmann; *d)* königl. Münzkab. zu Berlin.

---

[17]) Bei den Thalern und den aus Thalersilber geprägten Theilstücken unterlasse ich es, das Gewicht anzugeben, da hier nur sehr selten Abweichungen vom Normalgewichte vorkommen. Aus der rauhen Mark (233·856 *g*) sollten 8 Thalerstücke geprägt werden, was für den Thaler ein Normalgewicht von 29·23 *g* ergibt.

28. 1622. Halber Reichsort (¹/₈ Reichsthaler).

Hs. *a)* WILHELMUS · D : G : DUX · BRU · E · LU ⚘

    b) ———————————————— : – : ——

Das geharnischte Brustbild des Herzogs n. r.

Rs. *a)* DOMINUS : PROUIDEBIT *16ZZ*

    b) ————— · ——V ————— · ——— :

In der Mitte:

b)   ·I· | HALBER | REICHS | ORT

a) · EIN · | ————————————————

Dm. 26 *mm*, Gew. 3·30 *g*.

a) v. Lehmann; *b)* Elkan, auch städt. Münzsamml. in Braunschweig.

29. 1622. Halber Reichsort (¹/₈ Reichsthaler).

Hs. WILHELMUS · D : G : DUX · BRUN : E : LU :

Das geharnischte Brustbild des Herzogs n. r.

Rs. DOMINUS · PROVIDEBIT · *16ZZ* ⚘

In der Mitte in fünf Zeilen:

EIN · | HALBEN | REICHS | ORT · | · ● ·

Dm. 26 *mm*, Gew. 3·10 *g*.

Elkan, auch Hann. Prov. Mus. Samml. Knyphausen Kat. Nr. 7761.

Der Buchstabe I in den Rs.-Aufschriften hat fast die Form eines J. Das blattartige Zeichen am Ende der Hs.-Umschrift halte ich nicht für das Zeichen eines Münzmeisters. Ich glaube, dass dieser Achtel-Thaler in Harburg geprägt ist, muss den Beweis dafür allerdings schuldig bleiben.

30. 1622. Achtel Reichsthaler (Reichsort).

Hs. Von demselben Stempel wie der halbe Reichsort vorher, Nr. 29.

Rs. DOMIN : - PROVID : 6 - Z - Z

Der dreifach behelmte sechsfeldige Wappenschild.

Dm. 27 *mm*.

Königl. Münzkab. zu Dresden.

Dieser Achtelthaler trägt kein Münzzeichen. Da jedoch die Hs. stempelgleich ist mit der des vorhergehenden, wohl in Harburg geprägten halben Reichsorts, so wird auch dieser Achtelthaler der Münzstätte Harburg entstammen.

Der nachfolgende Groschen dagegen ist wohl zweifellos in Harburg geschlagen worden, da dem auf S. 187 gegebenen Verzeichnisse zufolge im Jahre 1622 in Moisburg Groschen nicht ausgemünzt sind.

31. 1622. $^1/_{24}$ Thaler (Fürstengroschen).

Hs. *a)* WILHEL · D · G · DVX · B · L ·
b) ——————————E · L ·
c) ———— ————————

In oben durchbrochenem Perlkreise der braunschweigische Helm.

Rs. *a)* FERDINAN · D · G · R · I · S · AV ❀
b, c) ——————————A · ❀

In der Mitte Reichsapfel mit Z4, zu den Seiten des Kreuzes 6 - ZZ

Dm. 22 *mm*, Gew. 1·35 *g*.

a) Elkan; *b)* nach der Abbildung bei Seelaender Taf. 45, Nr. 7; *c)* königl. Münzkab. zu Dresden.

32. 1623. Reichsthaler.

Hs. *a)* WILHELMUS · D : G : DUX · BRUNS : ET · LUNB ✗
    b) ——————————————————————— : —
    c) ————————————————BRUN : ————————UR : ✗
    d) ———————————————————————————— . — .

Das geharnischte Brustbild des Herzogs n. r.

Rs. *a)* DOMINUS · · PROVIDEBIT
    b) ——————————————— .
    c) ——————— · ————————IT
    d) ——————— · ————————I

Der von drei Helmen bedeckte sechsfeldige Wappenschild, über den Helmen *a, d)* 1 · 6 · Z · 3, *b)* 1 · 6 · Z3, *c)* 16 · Z · 3

Dm. 42 *mm.*

a) Hartmann; *b)* Elkan, auch königl. Münzkab. in Berlin, Hannov. Prov. Mus. Samml. Knyphausen, Kat. Nr. 7755; *c)* Elkan; *d)* Schönert. — Schulthess Nr. 6657.

33. 1623. Halber Reichsthaler.

Hs. WILHELMUS · D · G : DUX · BRUNS · ET · LUNÆBU ✗

Das geharnischte Brustbild des Herzogs n. r.

Rs. DOMINUS · PROVIDEBIT

Der von drei Helmen bedeckte sechsfeldige Wappenschild, über den Helmen 16 · Z · 3

Dm. 36 *mm.*

Königl. Münzkab. zu Berlin.

34. 1623. Halber Reichsort (¹/₈ Reichsthaler).

34c.

Hs. *a)* WIHELMUS · D : G : DUX · BRU · E · LU ✗
    b) ——————————————————————— . —
c, d, e) ——————————————————— : — : —   —
    f) ——————————————————————— . —

Das geharnischte Brustbild des Herzogs n. r.

Rs. *a, b, d)* DOMINUS · PROVIDEBIT · *1623*

   c) ———————————— ·

   f) ———————————— ●

   e) ——————————— *

In der Mitte in vier Zeilen:

  f) EIN | HALB | REIS | ORT

  a, e) ————— · | —— · | ——

  b, c, d) · I · | —— | —— | ——

Dm. 27 *mm.*

 a) Elkan; *b)* nach der Abbildung bei Seelaender Taf. 45, Nr. 1; *c)* Hann. Prov. Mus. Samml. Knyphausen Kat. Nr. 413; *d)* städt. Münzsamml. zu Braunschweig, auch im britischen Museum; *e)* ehemals Mertens; *f)* Hamburger Kunsthalle, auch königl. Münzkab. zu Dresden.

35. 1624. Reichsthaler.

35.

Hs. *a)* WILHELMVS : D : G : DVX : BRVNS : ET : LVNEB ✗

  b) ———————————————————

c, d, e) ———————— : ——————————— V ✗

  f) ————— u ——— u —— u ————

  g) ——————— · ———— · ——— LUNÆBR ✗

Das geharnischte Brustbild des Herzogs n. r.

Rs. *e)* DOMINUS · · · PROVIDEBIT

a—d, f, g) ——————— ⚬ · ——————

Der von drei Helmen bedeckte sechsfeldige Wappenschild; über den Helmen bei *a, d, e, f)* 1 ⚬ 6 ⚬ 2 ⚬ 4, bei *c)* und *g)* 16 ⚬ 2 ⚬ 4 und bei *b)* 16 ⚬ 24

Dm. 43 *mm.*

a, b) Britisch Museum; *c)* königl. Münzkab. zu München; *d)* Hann. Prov.
Mus., auch Dr. Baesecke; *f)* Elkan; *e)* ehemals Sammlung Reimmann, Kat. II,
Nr. 3471; *g)* städt. Münzsamml. zu Braunschweig. Vergl. Schulthess Nr. 6659/60.

Aus dem Jahre 1625 sind mir Münzen mit dem Zeichen des
Münzmeisters Thomas Timpfe nicht bekannt geworden, er hat in
demselben wahrscheinlich nicht mehr gemünzt. Sein Nachfolger an
der Münzstätte Harburg wurde, obwohl Timpfe dieses mehrfach zu
hintertreiben versucht hatte, Lazarus Christian Hopfgarten, aus dem
Stifte Halberstadt gebürtig. Wie die Wahl des Herzogs gerade auf
diese Persönlichkeit fallen konnte, ist nicht recht verständlich, denn
es ging dem Hopfgarten keineswegs der Ruf besonderer Sachver-
ständnisses voraus, und sein Vorleben hatte auch manchen dunklen
Punkt aufzuweisen. Ueber Alles war der Herzog vorher unter-
richtet....: „Er ist früher ein Spielmann gewesen und im Lande
umhergezogen, und hat sich des Theriakkrams gebraucht; und obwohl Katholik, mit einer leichtfertigen Weibsperson sich verheirathet,
die vorher eines Domherrn Köchin gewesen. Bei der Schreckenberger Zeiten hat er im Lande Braunschweig ex abrupto als Münzmeister gedient, welches Handwerk er sonsten die Tage seines
Lebens nicht gelernt. Hat sich damals sehr prächtig gehalten und
seine Münzgesellen mit fliegenden Fahnen zur Arbeit auf- und ab-
ziehen lassen. Wie darauf nun das Münzwesen in einen anderen und
besseren Stand gekommen, hat er Anfangs beim Herzoge zu Braunschweig, nachmals bischöflicher Regierung allhie aufm St. Moritzberge gut Geld der Reichsordnung gemäss zu schlagen versprochen,
nachmals aber hat sich in der Probe gefunden, dass seine geschlagenen guten Groschen nicht nur an dem Gehalt zu arm, sondern
auch an dem Gewicht zu leicht gewesen, auch also, dass sie endlich
von den sämmtlichen Kreisständen auf gehaltenem Probationstage gar
vor untauglich erkannt und abgesetzt worden. Er hat nichts desto
min sich wissen zu insinuirn, ist vor der Strafe geblieben, nur dass
ihm damals alsbald der Hammer alhie gelegt worden und ist sieder-
dem bis hierher ohne Dienst geblieben." — So der Inhalt eines Briefes
an den Herzog.

Zufolge des mit ihm am 18. Februar 1625 abgeschlossenen
Vertrages wurde Hopfgarten von Ostern (30. März) 1625 auf fünf
Jahre zum Verwalter der Münze zu Harburg angenommen. Er konnte

selbst münzen oder sich einen Münzmeister halten, doch blieb er im letzteren Falle dem Herzoge verpflichtet. Zum Silberkauf bekam er 2666²/₃ Mark vorgeschossen, und zahlte dafür jährlich 800 Thaler (d. s. 30 Procent!); hatte er mehr Geld nöthig, so musste er es mit 20 Procent verzinsen. Die goldenen und groben silbernen Münzen sollte er nach den Münzedicten, die kleinen Sorten nach Vereinbarung mit dem Herzoge schlagen. Es besagt der Contract:

„11. Wann kleine Münzsorten gemacht würden, soll er nach derselben Gehalt und Schrotung nach der Mark fein sich mit S. fürstl. Gnaden vergleichen.

12. Da er aber kleine Münzsorten in geringerem Werth, als vermöge der Reichs-Constitutionen zulässig oder in der Nachbarschaft läuftig, unter Sr. fürstl. Gn. Brustbild, Wappen und Ueberschrift prägen wollte, soll er ohne Sr. f. Gn. Vorwissen solches nicht befugt, weniger innerhalb Reichs auszugeben mächtig sein.

13. Vor den Eintritt will er 400 Rthlr. einen Monat nach Dato seiner Installation und angefangenen Münzen entrichten, auch gegen Sr. f. Gn. Herrn Brüdern deswegen mit einem Geschenk sich discretlich erweisen."

Ueber Hopfgarten haben wir ausser dem Vorstehenden nur sehr wenige Nachrichten. Am 29. September 1625 leiht er 1000 Rthlr. zu 20 Procent; am 20. Februar 1626 zahlt er die ausbedungenen 400 Rthlr. Antrittsgeld. Da dieser Betrag in Gemässheit des Passus 13 des Contractes vier Wochen nach Beginn der Prägung zu entrichten war, so könnte daraus geschlossen werden, dass Hopfgarten erst 1626 angefangen habe zu münzen. Das ist aber nicht der Fall. Vielmehr kennen wir nur aus dem Jahre 1625 von ihm geprägte Münzen, aus dem Jahre 1626 dagegen nicht mehr, in welchem Hopfgarten, das nähere Datum und der Grund ist nicht bekannt, überhaupt den Dienst in Harburg verliess.

Damit stimmt überein, dass der unterm 30. Mai 1625 erstattete Visitationsbericht des Generalwardeins Jobst Brauns besagt (Anlage 30), der Herzog lasse in Harburg ganze, halbe und Ortsthaler münzen. Dieselben entsprachen übrigens hinsichtlich des Schrots und Korns kaum den gesetzlichen Bestimmungen.

Die von Hopfgarten geprägten, mit Sicherheit ihm zuzuschreibenden Münzen sind überaus selten. Ich kenne nur die folgenden:

36. 1625. Reichsthaler.

Hs. WILHELMUS · D : G · DUX · BRUN : ET · LUNÆB : ♔
Das geharnischte Brustbild des Herzogs n. r.
Rs. DOMINUS · ⸰ PROVIDEB : ℍ
Der von drei Helmen bedeckte sechsfeldige Wappenschild;
über den Helmen *1 ⸰ 6 ⸰ Z ⸰ 5*
Dm. 43 *mm.*
Städt. Samml. zu Braunschweig.

37. 1625. Halber Reichsthaler.

37.

Hs. WILHELMUS · D : G : DUX · BRUN : ET · LUNÆB : ♔
Das geharnischte Brustbild des Herzogs n. r.
Rs. DOMINUS · PROVIDE ℍ
Der von drei Helmen bedeckte sechsfeldige Wappenschild;
über den Helmen *1 : 6 : Z ⸰ 5*
Dm. 35 *mm.*
v. Lehmann.

38. 1625. Achtel Reichsthaler. (Halber Reichsort.)

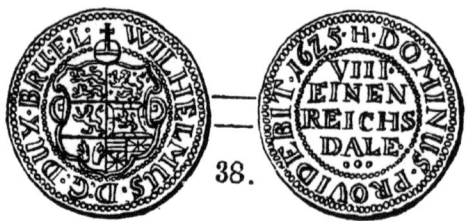

38.

Erster Typus.

Hs. WILHELMUS · D : G : DUX · BRU · E · L ·
Im Perlkreise der an den Seiten verzierte sechsfeldige Wappenschild, darüber der Reichsapfel ♔

Rs. DOMINUS · PROVIDEBIT · *1625* · ⅌

In der Mitte in fünf Zeilen:

VIII · | EINEN | REICHS | DALE · | · · ·

Dm. 29 *mm.*

Nach der Abbildung bei Seelaender Taf. 45, Nr. 2, bei welchem das Münzmeisterzeichen nicht genau wiedergegeben ist.

39. 1625. Achtel Reichsthaler. (Halber Reichsort.)

Zweiter Typus.

Hs. WILHELMVS D · G · DUX · BRUN · ET LUN ·
Brustbild des Herzogs mit blossem Kopf.
Rs. DOMINUS PROVIDEBIT · *1625*
In der Mitte:
VIII · EINEN REICHS · DAL ·

Nach der augenscheinlich ungenauen Beschreibung bei Molanus, S. 471; ein Münzmeisterzeichen ist nicht angegeben.

Ueber den Verbleib Hopfgartens ist nichts bekannt. Die Münze in Harburg scheint einige Zeit unbesetzt gewesen zu sein, bis zum 29. September 1626, an welchem Tage Hans Rücke, der bis dahin Münzmeister in Moisburg gewesen war (s. unten S. 186 ff.), die Stelle in Harburg übertragen erhielt, anscheinend unter gleichzeitigem Rücktritt von seinem Posten in Moisburg, denn es spricht nichts dafür, dass Rücke beiden Münzstätten gleichzeitig vorgestanden habe. Laut Vertrag vom 29. September 1626 wird Rücke auf ein Jahr als Münzmeister angenommen. Er muss, wie üblich, alle Kosten tragen; aber die jährliche feste Abgabe wird ihm erlassen, doch hat er für jeden ausgeprägten Thaler drei Pfenninge zu zahlen. Bezüglich der Abgabe im Falle der Prägung von kleinen Sorten blieb besondere Vereinbarung vorbehalten. Von dem „zum Eintritt pro recognitione wie gewöhnlich zu bietenden Präsent an Geld oder Silbergeschirr" wird er entbunden, er „solle sich, wenn das Münzen gut ginge, später discretlich erweisen".

Als Bürge fungirt Thomas Isebein, Holstein-Schauenburgischer Münzmeister zu Altona.

Kleine Münzsorten scheinen während der Amtsführung Hans Rückes in Harburg nicht geprägt zu sein, sie sind wenigstens nicht bekannt geworden, auch in den Acten finden sich nur Nachrichten über geprägte Reichsthaler. Hiervon sind geschlagen:

Vom 25. October 1626 bis 23. März 1627   3720½ Rthlr.
„   8. Mai 1626 bis 25. Juli 1627   9703½   „
„   15. August 1626 bis 24. August 1627   2726   „
Summe   16150   Rthlr.,

welche für den Herzog eine Einnahme von 84 Rthlr. 7 β 6 ₰ ergaben.

40. 1627. Reichsthaler.

40.

Hs. *a)* WILHELMUS · D : G : DUX · BRUN : ET · LUNEBURG · ℞

    b) —————————— : ————— · LUNÆB : ℞

Das geharnischte Brustbild des Herzogs n. r.

Rs. *a)* DOMINUS · ⁃ PROVIDEBIT ·

    b) ————— · ·· PROVIDEB :

Der dreifach behelmte sechsfeldige Wappenschild; über den Helmen bei *a)* 1 ⁃ 6 ⁃ Z ⁃ 7, bei *b)* 16 ⁃ Z7 Bei *a)* fehlen im zweiten Felde des Wappens die Herzen.

Dm. 42 *mm.*

a) und *b)* Elkan, *b)* auch städt. Münzsamml. in Braunschweig, herzogl. Münzkab. in Coburg. — Eine Abbildung ähnlich *a)* bei Seelaender, Taf. 44, Nr. 5. — Schulthess Nr. 6661.

41. 1627. Viertel-Reichsthaler. (Reichsort.)

41 a.   41 b.

Hs. *a, b)* WILHELMUS · D : G : DUX · BRUN : ET · LUNEB : ℞

Geharnischtes Brustbild des Herzogs n. r., sehr ähnlich dem auf dem halben Thaler Nr. 42.

Rs. *a, b)* DOMINUS ⁎ PROVIDEB :

Der dreifach behelmte sechsfeldige Wappenschild, *a)* mit geraden Seiten, *b)* ausgeschweift; zwischen den Helmen *1 ⁎ 6 ⁎ Z ⁎ 7*

Dm. 29 *mm.*

a) Elkan; *b)* Königl. Münzkab. zu Berlin.

v. Praun 270 führt einen Groschen vom Jahre 1627 auf:

Hs. Der Reichsapfel mit Z4 nebst dem kaiserlichen Titel.

Rs. Der fürstliche Titel mit dem Braunschweiger Helm und Helmzier,

doch glaube ich, dass hier ein Exemplar des $\frac{1}{24}$ Thalers vom Jahre 1622 (oben Nr. 31) getäuscht hat.

Bei dem folgenden Stück bleibt es zweifelhaft, wo es geprägt ist, in Harburg oder in Moisburg. Im Jahre 1627 amtirte in Harburg Hans Rücke bis zum 24. September und in Moisburg wurde der Münzmeisterposten erst vom 12. Juni 1627 ab wieder besetzt und zwar durch Wilhelm Quensel.

Rücke wie Quensel führen ihre bestimmten, leicht kenntlichen Zeichen ℞, bezw. 🐗, während das vorliegende Stück ein Münzmeisterzeichen nicht trägt, denn der Stern auf der Hs. ist als solches doch nicht anzusehen. Wenn ich das Stück dem Rücke gebe und nach Harburg lege, leitet mich dabei nur eine gewisse Aehnlichkeit, welche zwischen dem Stempelschnitt des Brustbildes auf diesem halben Thaler und dem auf dem vorhergehenden Stücke Nr. 41 besteht.

42. 1627. Halber Reichsthaler.

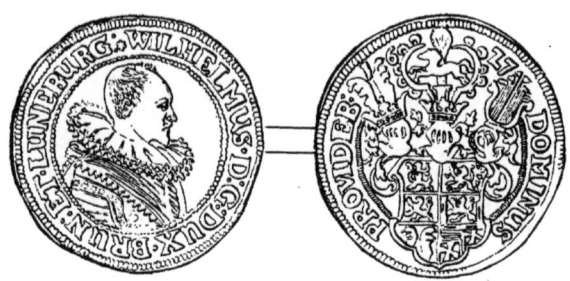

Hs. WILHELMUS · D : G : DUX · BRUN : ET · LUNEBURG : *
Das geharnischte Brustbild des Herzogs n. r.

Rs. DOMINUS ⸱ PROVIDEB :
Der dreifach behelmte sechsfeldige Wappenschild; über den
Helmen 1 ⸱ 6 ⸱ Z7

Dm. 35 *mm.*

Königl. Münzkab. zu Kopenhagen, auch Elkan.

Der Münzmeister Hans Rücke schied am 24. September 1627
aus seinem Harburger Dienst; über seinen Verbleib ist nichts
bekannt. In der Person des Wilhelm Quensel aus Eschwege fand
er einen Nachfolger. Dieser, am 12. Juni 1627 als Münzmeister in
Moisburg angestellt, wurde am 5. October 1627 in gleicher Eigenschaft auch für die Münzstätte Harburg angenommen und stand
beiden Aemtern bis zum 9. October 1629 vor. Contracte mit Quensel
oder sonstige actenmässige Nachrichten über seine Thätigkeit liegen
mir nicht vor. Ich entnehme die obigen Daten der im Vorworte
S. 124 erwähnten Abhandlung Wolffs, und dem Buche Ludwigs die
Nachricht, dass Quensel dem Herzoge 2000 Thaler schuldig geblieben sei und dieser einen weitläufigen Process bei Bürgermeister
und Rath zu Eschwege gegen Quensel angestrengt habe, ohne zu
seinem Gelde zu kommen.

Trotz der zwei Jahre dauernden Anstellung sind Münzen mit
dem Münzzeichen dès Quensel ☒ (eine einen Halbmond ergreifende
Hand) überaus selten. Ich kenne nur den nachstehenden Thaler, bei
dem es zweifelhaft bleiben muss, wo er geprägt ist, in Harburg oder
Moisburg, da Quensel an beiden Stellen zugleich amtirte.

43. 1627. Reichsthaler.

45.

Hs. ·WILHELMUS·D:G:DUX:BRUN:ET·LUNÆB:· 🐎
Geharnischtes Brustbild des Herzogs n. r.

Rs. DOMINUS ⚬ PROVIDEB:

Der dreifach behelmte sechsfeldige Wappenschild; über den Helmen *1 ⚬ 6 ⚬ Z7*

Dm. 42 *mm.*

Herzogl. Münzkab. zu Gotha, auch Elkan, Hansen.

Wiederum stand nach dem Abgange Quensels die Münzstätte zu Harburg eine zeitlang leer, erst Mitte des Jahres 1630 wurde der Münzmeisterposten von neuem besetzt. Am 27. Juni 1630 nahm der Herzog den Barthold Bartels, der uns späterhin noch mehrfach beschäftigen wird, zum Münzmeister an, doch wurde er nach kaum einjähriger Thätigkeit schon am 29. September 1631 wieder entlassen. Nach seiner Entlassung gerieth er wegen des Verdachtes, falsche Hamburger Doppelschillinge verfertigt, oder doch ausgegeben zu haben, in Untersuchung (vergl. Anlage 19), es ergiebt sich indessen nicht, wie die Angelegenheit geendet ist. Ueber die Sorten, welche Bartels geprägt hat, findet sich in den Acten gar nichts und über den Umfang der Ausmünzung liegt nur die kurze Notiz vor, dass der Münzmeister für die Zeit von Michaelis 1630 bis Ostern 1631 an Schlagschatz die Summe von 138 Rthlrn. 30 β bezahlt habe. Auch die von Bartels geprägten Münzen sind ausserordentlich selten. Ich kenne nur die folgenden Stücke:

44. 1630. Reichsthaler.

Hs. WILHELMUS · D : G : DUX · BRUN : E : LUNEBURG · ✺
Das geharnischte Brustbild des Herzogs n. r.
Rs. DOMINUS · ⁃ PROVIDEBI :
Der dreifach behelmte sechsfeldige Wappenschild; über den
Helmen *1 ꞊ 6 ⁃ 3 ⁃ 0*
Dm. 42 *mm*.
Grünert, auch Hartmann; ein Abdruck in der Samml. der Univers. Leipzig.

45. 1630. Halber Reichsthaler.

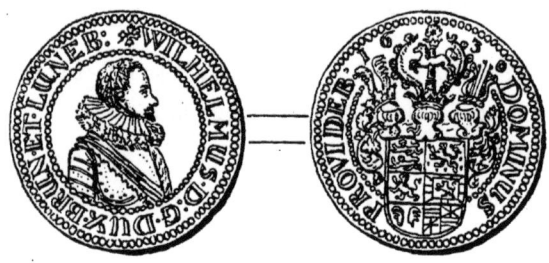

Hs. WILHELMUS · D : G · DUX · BRUN · ET · LUNEB : ✺
Das geharnischte Brustbild des Herzogs n. r.
Rs. DOMINUS ⁃ PROVIDEB :
Der dreifach behelmte sechsfeldige Wappenschild; über den
Helmen *16 ⁃ 30*
Dm. 33 *mm*.
Abbildung und Beschreibung nach Seelaender Taf. 44, Nr. 9.

46. 1630. Viertel-Reichsthaler (Reichsort).

Hs. WILHELMUS · D · G · DUX · BRUN · ET · LUNEB
Brustbild des Herzogs.
Rs. DOMINUS PROVIDEBIT *1630*
Sechsfeldiger Schild mit drei Helmen.
Nach der augenscheinlich ungenauen Beschreibung bei Molanus S. **471**,
Nr. 496.

47. 1631. Reichsthaler.

47.

Hs. WILHELMUS · D : G : DUX · BRUN : E : LUNEBURG : ❀
Das geharnischte Brustbild des Herzogs n. r.
Rs. · DOMINUS ⚬ PROVIDEBIT ·
Der dreifach behelmte sechsfeldige Wappenschild; über den
Helmen *16 ⚬ 31*
Dm. 43 Mm.
Elkan.

48. 1631. Viertel Reichsthaler (Reichsort).

48.

Hs. WILHELMUS · D : G : DUX · BRUN : ET · LUNE : ❀
Geharnischtes Brustbild des Herzogs n. r.
Rs. DOMINUS ⚬ PROVIDEB :
Der dreifach behelmte sechsfeldige Wappenschild; über den
Helmen *1 ⚬ 6 ⚬ 3 ⚬ 1*
Dm. 30 Mm.
Elkan.

Damit schliesst die Thätigkeit der Münzstätte Harburg. Nach
Barthold Bartels ist an derselben ein Münzmeister nicht wieder angestellt worden.

2. Münzstätte Moisburg.

1621—1629.

Dieselben Gründe, welche den Herzog Wilhelm veranlassten, den Betrieb der Münzstätte Harburg zu steigern, führten ihn auch zur Anlage einer zweiten Münzstätte in Moisburg, einem etwa 8 Km. südlich von Buxtehude, 20 Km. westlich von Harburg an der Este gelegenen Orte. Dort befand sich eine Papiermühle, welche wegen der vorhandenen Wasserkraft zur Anlage der Münze besonders geeignet erschien Am 25. August 1621 begann der Bau, welcher einen Kostenaufwand von rund 6075 Mark erforderte.

Bei der Münzstätte Moisburg, deren Anlage angeblich „um der Kaufmannschaft und gemeiner Commercien Fortstellung willen" erfolgt war, hatte man sogleich die Verpachtung ins Auge gefasst. Es fanden sich auch sehr bald Unternehmer, und der Herzog schloss unterm 22. November 1621 mit Magnus Isaak zu Wandsbeck und Markus Jost zu Harburg einen Vertrag, dem zufolge den Genannten vom 1. December 1621 ab auf drei Monate „die Provision der beim Amtshause Moisburg verordneten Münze" übertragen wurde. Der Vertrag hat fast denselben Wortlaut, wie die bei der Verpachtung der Münzstätte Harburg abgeschlossene Vereinbarung (Anlage 16). Der von den Pächtern anzunehmende Münzmeister wird auf den Herzog verpflichtet und bleibt bezüglich der groben Silbermünzen an die Bestimmungen der Reichs- und Kreis-Münzordnungen gebunden, bezüglich der vorwiegend zu prägenden Schreckenberger und Apfelgroschen an die Weisungen des Herzogs. Wie in Harburg, so sollten auch hier diese geringen Sorten zu 140, bezw. 380 Stück aus der rauhen Mark geschrotet werden und nicht unter 1 Loth fein Silber halten. Die Pächter verpflichteten sich, nach Ablauf des ersten Monats der Vertragsdauer 600 Rthlr. zu zahlen, in den beiden anderen Monaten aber von jeder in Schreckenberger oder Apfelgroschen vermünzten feinen Mark Silber 2½ Rthlr. „Wann sie anfangen wollen, auch Silbergeld machen zu lassen, wollen sie sich, was sie von der feinen Mark geben können, erklären." Auf die Prägung besserer Sorten war also eigentlich gar nicht gerücksichtigt.

Der erste für Moisburg angenommene Münzmeister war Hans Rahders (auch Raders und Rades geschrieben), „ein verdorbener Goldschmied", auscheinend aus Hannover. Er trat seinen Dienst am 1. December 1621 an, wurde aber wegen Unfähigkeit schon am 31. December wieder entlassen. In welchem Umfange er gemünzt hat, lässt sich nicht erkennen, nur eine kurze Notiz besagt, dass er Groschen verfertigt habe im Gewichte von 500 Mark und dazu 47 Mark 10½ Loth fein Silber verwendet habe. Demnach waren diese Groschen 1½löthig. Der Betrieb unter Rahders muss aber schon voll im Gange gewesen sein; denn die Pächter zahlen am 7. Januar 1622 an den Herzog die stipulirten 600 Rthlr., was sie zweifellos nicht gethan haben würden, wenn die Silberlieferung an Rahders ihnen diesen Gewinn nicht schon abgeworfen hätte. Leider sind von Rahders geprägte Münzen nicht nachzuweisen. Auf den bekannten Münzen, welche die Jahreszahl 1621 tragen, findet sich kein Münzmeisterzeichen; es ist daher nicht möglich zu erkennen, ob von den Schreckenbergern oder Groschen (oben, Nr. 24—26) nicht auch ein Theil in Moisburg durch Rahders geprägt worden ist, zumal die Prägung wenigstens von Groschen für diese Münzstätte feststeht.

Am 1. Januar 1622 wurde Hans Georg Meinhard aus Eisleben, der kurz zuvor Münzmeister des Herzogs Christian in Winsen an der Luhe gewesen war, in Moisburg angestellt. Der mit ihm auf beiderseits einmonatliche Kündigung abgeschlossene Vertrag ist als Anlage 20 abgedruckt. Für Meinhard bürgte der Harburger Münzmeister Thomas Timpfe.

Aber das Geschäft in Moisburg haperte. Schon am 27. Januar klagt Magnus Isaak über den Münzmeister: Dem Meinhard sei Silber im Gewichte von 3521 Mark überwiesen worden, er habe an geprägtem Gelde aber nicht mehr abgeliefert als 1721 Gewichtsmark, schulde also noch 1800 Mark, obwohl er contractlich verpflichtet sei, wöchentlich 1000 Gewichtsmark an ausgeprägten Sorten abzuführen oder für jede weniger gemünzte Mark 13 β zu zahlen. Nun habe der Münzmeister so wenig gearbeitet, dass er (der Pächter) kein Geld bekäme und in Folge dessen wegen mangelnder Mittel auch kein Silber mehr anschaffen könne.

Um beide Parteien (Pächter und Münzmeister) zu hören, setzte der Herzog einen Termin im Februar an, aber — die Pächter Isaac und

Jost erschienen nicht, sie waren unter Mitnahme des in der Münze vorräthigen Silbers, das dem Herzog als Bürgschaft dienen sollte, heimlich entwichen und hatten sich über die zugefrorene Elbe auf dänisches Gebiet nach Wandsbeck begeben. Aus den Büchern stellte sich nun heraus, dass Meinhard den Pächtern gegenüber durchaus seinen contractlichen Verpflichtungen nachgekommen war, dass den Pächtern vielmehr zahlreiche Unregelmässigkeiten vorzuwerfen waren:

1. Der auf drei Monate geschlossene Vertrag sei nur einen Monat gehalten, für die seit dem 7. Januar 1622 verflossene Zeit die dem Herzog gebührende Abgabe noch nicht bezahlt worden.

2. Das vorräthige Silber, welches dem Herzoge bürgen sollte, wäre heimlich fortgeschafft, so dass die mit vielen Kosten einge-. richtete Münzstätte öde dastände. Auf das Münzgebäude sei sehr wenig Acht gegeben und die Instrumente seien schlecht behandelt worden. Endlich

3. seien die aufgekauften geringhaltigen Gelder (es werden namentlich schwedische und dänische Sechslinge und Rundstücke genannt) mit grossem Gewinn in Münzsorten umgeprägt worden, welche in Polen und Hochdeutschland gangbar wären, und des Herzogs Münze hätten sie leer stehen lassen, d. h. es seien keine Sorten mit des Herzogs Gepräge gemünzt worden.

Hieraus erklärt sich auch die grosse Seltenheit der Moisburger Münzen des Herzogs Wilhelm mit dem Zeichen des Münzmeisters Meinhard.

Um die entwichenen Pächter in Haft zu bringen, wandte der Herzog sich an den dänischen Amtmann Marquard Pentz zu Seege-berg, doch zog die Angelegenheit sich ausserordentlich in die Länge, da erst von König Christian IV. in Kopenhagen die Erlaubniss hierzu eingeholt werden musste. Als dessen Zustimmung endlich erfolgt war, hatten sich die Schuldigen aus Wandsbeck entfernt und der drohenden Verhaftung entzogen.

Der Herzog hielt sich nun an die Verwandten des Magnus Isaak, welche mit dem Herzoge einen Vergleich schlossen und eine gewisse Summe zahlten. Endlich wurde auch Isaak selbst wieder rehabilitirt, nachdem er dem Herzoge einen silbernen Pokal, mit Gold ausgelegt, versprochen hatte, „so schön und rohr, dass sich Ihrer fürstl. Gnaden alle Pokäler und rohre Sachens dessen Gesellschaft nicht zu schämen Ursach hoben würden".

Bei der Untersuchung kam noch mancherlei Unrath zu Tage. So hatte auch des Herzogs Kanzler Förstenow bei der Annahme der Pächter in Moisburg sein Geschäft gemacht; er borgte ihnen 500 Rthlr., wofür sie ihm monatlich 50 Rthlr. Zinsen (= 120 Procent!) zahlen und eine silberne Kanne im Gewichte von 100 Loth geben mussten.

Wie in Harburg so endete also auch in Moisburg die Verpachtung der Münze mit Enttäuschungen, Verlusten und Weitläufigkeiten aller Art, so dass der Herzog die Neigung verlor, auf ähnliche Anträge ferner einzugehen, sondern die Verwaltung der Münzstätten durch einen nur ihm verpflichteten Münzmeister besorgen liess.

Aber auch mit dem Münzmeister Meinhard machte der Herzog trübe Erfahrungen. Er entwich. im April 1622 mit Hinterlassung vieler Schulden nach Polen (s. unten, S. 265, bei Herzog Christian), woselbst er noch in demselben Jahre als Münzmeister in Lobsenz erscheint.[18] Dem Herzoge schuldete er 1200 Rthlr., für welche Thomas Timpfe in Harburg eintreten musste, da er für Meinhard gebürgt hatte. Dieser Verlust legte den Grund zu den vielfachen Geldsorgen, mit welchen Timpfe in den folgenden Jahren zu kämpfen hatte (s. oben, S. 165).

Die Klageschriften lassen erkennen, dass in Moisburg unter Meinhard die auf der Münze beschäftigten Personen ein wüstes und zügelloses Leben geführt haben müssen. Bei dieser Gelegenheit lernen wir die Namen einiger der Münzgesellen kennen. Es werden erwähnt:

Münzohm Christian Könecke von Boitzenburg,
     „   Jürgen Schrader ⎰ von Schwolle (d. i. Zwolle
     „   Peter Siemens ⎱ in den Niederlanden).
     „   Johann Heinrichsen von Horn in Holland,
     „   Jan Hülseberg von Enghusen,
     „   Hans Caphengst von Altona.

Als Eisenschneider wird Moriz Glede genannt. Meines Wissens begegnet uns von diesen Personen keine späterhin an einer anderen Münzstätte als Münzmeister.

---

[18] M. Kirmis, Handbuch der polnischen Münzkunde, S. 128.

Der Herzog schlug dem Thomas Timpfe vor, doch einen seiner
Brüder nach Moisburg zu setzen; die Münzstätte sei schön aus-
gestattet, so dass 70—80 Personen dort beschäftigt werden könnten.
Es kam jedoch nicht dazu, vielmehr wurde am 10. Juli 1622 Hans
Rücke als Münzmeister angenommen.

Aus der kurzen Zeit der Anstellung Meinhard's kenne ich nur
folgenden Thaler:

49. 1622. Reichsthaler.

Hs. WILHELMUS · D : G : DUX · BRUNS : ET · LUNEBU : ⅍
Das geharnischte Brustbild des Herzogs n. r.

Rs. DOMINUS⬦PROVIDEBIT ⅍
Der dreifach behelmte sechsfeldige Wappenschild; über den
Helmen 16 ⸱ ZZ

Klippe, Dm. 62 Mm.

Königl. Münzkab. zu Kopenhagen.

Welche Sorten Meinhard sonst noch geprägt hat, wissen wir
nicht, jedoch sind auch Doppelschreckenberger gemünzt worden,
denn nach seinem Entweichen fanden sich in der Münzstätte
93 Mark 7 Loth zum Prägen dieser Münzsorte vorbereitete Platten
vor, im Feingehalte von 1 Loth 6 Grän. (Vergl. oben S. 162.)

Der Contract mit Hans Rücke liegt nicht vor. Er blieb in Moisburg bis Michaelis 1626, zu welchem Zeitpunkt er, wie wir oben

S. 175 gesehen haben, in gleicher Eigenschaft zur Münzstätte Harburg übertrat.

Bezüglich seiner Ausmünzungen besitzen wir ein Verzeichniss, leider wenig detaillirt, aber doch genau genug, um den Umfang der Ausprägungen erkennen zu können:

„Verzeichniss

was seit dem 10. Juli 1622 auf der fürstl. Münz alhie zu Mössburg bis auf den 13. Juli 1626 der bestallte Münzmeister Hans Rücke verfertigt."

Jahr	Münzsorte	Feingehalt Loth	Feingehalt Grän	Stücke aus der vermischten Mark	Umfang der Ausprägung Mark	Umfang der Ausprägung Loth	Umfang der Ausprägung Stück	Schlagschatz für die feine Mark β	Schlagschatz im Ganzen Rthlr.	Schlagschatz im Ganzen β	Schlagschatz im Ganzen ₰
1622	Thaler (ganze und Theilstücke)	14	4	8	.	.	23539⁷/₈	[19]	122	28	.
	Witten	4	.	.	881	11	.	12	55	.	.
	Dreier	4	.	.	1203	8³/₄	.	12	75	11	.
1623	Thaler u. s. w. .	14	4	8	.	.	52371¹/₄	[19]	272	37	.
	Markstücke . .	8	.	.	91	1	.	20	18	46	6
	Desgl.	7	9	8¹/₂?	388	10	3340	24	91	3	11
	Groschen	8	.	.	414	2	.	?	50	.	.
	Dreier	4	.	.	281	5¹/₂	.	12	17	28	.
	„andere Sorten"	8	2	.	70	6	.	8			
	Desgl.	8	.	.	75	6	.	8	} 12	10	10
1624	Thaler u. s. w. .	14	4	8	.	.	37476³/₄	[19]	195	9	1¹/₂
	„andere Sorten"	8	.	.	195	8	.	8	16	14	.
	„kleine Sorten"	3	.	.	889	.	.	.	55	27	.
1625	Thaler u. s. w. .	14	4	8	.	.	6178³/₈	[19]	32	8	7¹/₂
	Pfenninge	3	3	.	44	8	.	12	2	9	3.
	„andere Sorten"	7	9	.	47	2	.	24	11	2	1
1626	Thaler	14	4	8	.	.	1479	[19]	7	33	9
	Pfenninge	3	3	.	1320	8	.	12	65	15	6

[19] Von den Thalern wurde für das Stück 3 Pfg. Schlagschatz gezahlt.

Von den nach vorstehendem Verzeichnisse geprägten Sorten
sind uns leider nur die wenigsten noch bekannt.

Thaler besitzen wir aus allen Jahren, mit Ausnahme von 1626;
die Theilstücke fehlen dagegen mehrfach.

Die Markstücke sind völlig unbekannt. Sie kommen vor im
Jahre 1623 von zweierlei Feingehalt, von 8 und 7$\frac{1}{2}$ Loth. Dass hier
der Unterschied im Feingehalte nicht blos zufällig ist, beweist der
verschieden hohe Schlagsatz von 20, bezw. 24 β für die feine Mark.
Während sonst die Angaben über das Schrot der Münzen fast überall
fehlen, findet sich hier die Nachricht, dass aus 388 Mark 10 Loth
3340 Markstücke geprägt worden sind. Das ergibt etwa 8$\frac{1}{2}$ Stück
aus der vermischten Mark und für das Stück ein Gewicht von
27·25 Gramm. Die Markstücke waren also mit den Thalern von fast
gleicher Schwere bei nur halb so hohem Feingehalt. Dem Schlag-
schatze und dem Feingehalte nach zu urtheilen, waren die im
Jahre 1625 mit dem Namen „andere Sorten" bezeichneten Münzen
ebenfalls Markstücke.

Da Groschen im Jahre 1622 in Moisburg nicht geprägt worden
sind, so spricht dies für die Zutheilung der oben unter Nr. 31 beschriebenen Groschen aus diesem Jahre an Harburg. Die im Jahre 1623
aber in Moisburg geprägten Groschen, zu denen wahrscheinlich wohl
auch die mit „andere Sorten" bezeichneten Münzen aus dem Jahre
1624 gehören, sind uns nicht bekannt.

Witten und Dreier haben denselben Feingehalt. Da das
Schrot der Münzen aber nicht angegeben ist, lässt sich nicht erkennen,
in wie weit das Gewicht beider Sorten von einander abweicht und
ob wir es thatsächlich mit zwei verschiedenen Münzsorten zu thun
haben. Die in den Jahren 1622 und 1623 geprägten Dreier sind
zweifellos die nachstehend unter Nr. 56 und 60 beschriebenen.

Pfenninge sind nachweislich 1625 und 1626 geprägt, wahrscheinlich auch 1624, da die „kleinen Sorten" wohl Pfenninge gewesen sein werden. Man wird nicht fehlgehen, hierhin die kleinen
Schüsselpfenninge unter Nr. 67 a) — c) zu rechnen, deren Prägung eine
Reminiscenz an die verflossene Hohlpfenningprägung bildete und jetzt
merkwürdigerweise wieder vielfach beliebt war. So finden wir diese
Schüsselpfenninge auch von Christian von Celle, jedoch auf den Harzmünzstätten geprägt, theils mit C, dem Anfangsbuchstaben des

Namens, theils mit dem Lüneburger Löwen. Ich gebe weiterhin einige Abbildungen derselben.

Nachstehend lasse ich nunmehr die von Hans Rücke geprägten Münzen folgen. Dabei machen den Beginn einige Stücke, welche eine Jahreszahl nicht tragen. Ich habe dieselben nach Moisburg gelegt; es ist jedoch nicht ausgeschlossen, dass sie auch im Jahre 1626/27 in Harburg geprägt worden sind.

50. Ohne Jahr. Reichsthaler.

Hs. *a)* WILHELMUS · D : G : DUX · BRUNS : ET · LUNE : H̃

    b) ——————————————— : ———————

    c) ——————— · ··· · ——————— · ———————B —

    d, e) ——————— : – : ——————————— : —

Das geharnischte Brustbild des Herzogs n. r.

Rs. *c)* DOMINUS · ⸱ · ⸱ PROVIDEBIT

    d) ——————— ⸱ PROVIDEBIT

    a, b, e) ——————— · · ⸱ ———————

Der dreifach behelmte sechsfeldige Wappenschild.

Dm. 42 *mm.*

a) Vogel; *b)* Elkan; *c)* königl. Münzkab. zu Berlin; *d)* herzogl. Münzkab. zu Braunschweig, auch Bohlmann; *e)* königl. Münzkab. zu München. — Schulthess Nr. 6651.

51. Ohne Jahr. Halber Reichsthaler.

Hs. WILHELMUS · D : G : DUX · BRUNS : ET · LUNE : H̃

Das geharnischte Brustbild des Herzogs n. r.

Rs. DOMINVS ⸱ PROVIDEB

Der dreifach behelmte sechsfeldige Wappenschild.

Dm. 35 *mm*.

Schwalbach.

52. Ohne Jahr. Viertel Reichsthaler. (Reichsort.)

52.

Hs. *a,b)* WILHELMUS · D : G : DUX · BRUN : ET · LUN ⼗⼃

   c) ————————— · ————————————

Das geharnischte Brustbild des Herzogs n. r.

Rs. *a)* DOMINUS · ‑ PROVIDEB :

   b) ————————————— .   .

   c) ————VS ‑————E

Der dreifach behelmte ovale sechsfeldige Wappenschild.

Dm. 30 *mm*.

a) v. Lehmann; *b)* königl. Münzkab. zu Berlin; *e)* Schwalbach.

Bei dem Rs.-Stempel zu *a)* war im Worte PROVIDEB vom Stempelschneider das O vergessen; dieser Buchstabe ist nachträglich hinzugefügt worden. (Vergl. die Abbildung.)

53. 1622. Reichsthaler.

Hs. *a)* WILHELMUS · D : G : DUX · BRUNS : ET · LUNE : ⼗⼃

   b, c) ————————— · — · ————————— · ————B · —

   d, e) ————————— : – : ————————— ————————— : —

Das geharnischte Brustbild des Herzogs n. r.

Rs. DOMINUS · ‑ PROVIDEBIT

Der dreifach behelmte sechsfeldige Wappenschild; über den Helmen bei *a)* und *e)* *1 · 6 ‑ Z ‑ Z*, *c)* und *d)* *16 ‑ Z ‑ Z*, *b)* *6 · Z · Z*

Dm. 42 *mm*.

a, b) Elkan; *c)* Britisch Museum; *d)* königl. Münzkab. zu Berlin, auch Elkan: *e)* städt. Münzsamml. zu Braunschweig. — Schulthess Nr. 6654.

54. 1622. Halber Reichsthaler.

Hs. *a)* WILHELMVS · D · G · DUX · BRVN · ET · LVNEB   H̃R

  b, c) ————————U———— : – : ————— U– : ———U——U : —

Das geharnischte Brustbild des Herzogs n. r.

Rs. *a)* DOMINUS ⚬ PROVIDE :

  b, c) ——————————————————B

Der dreifach behelmte sechsfeldige Wappenschild; über den Helmen bei *a)* 16 ⚬ ZZ, *b)* 1 ⚬ 6 ⚬ Z ⚬ Z, *c)* 1 ⚬ 6 ⚬ ZZ

Dm. 34 *mm.*

 a) Städt. Münzsamml. zu Braunschweig; *b)* Britisch Museum; *c)* königl. Münzkab. zu Berlin, auch Elkan und Bohlmann.

55. 1622. Halber Reichsort. (Achtel-Reichsthaler.)

55.

Hs. *a, b)* WILHELMVS · D · G · DVX · BR · E · LV · H̃R

Das geharnischte Brustbild des Herzogs n. r.

Rs. *a)* DOMINUS : PROUIDEBIT   6ZZ :

  b) ——————— · ————   ————

In der Mitte in vier Zeilen:

· EIN · | HALBER | REICHS | ⚬ ORT

Dm. 26 *mm.*

 a) v. Lehmann, auch Elkan, königl. Münzkab. Dresden und herzogl. Münz-kab. zu Braunschweig; *b)* Hann. Prov. Mus. Samml. Knyphausen, Kat. Nr. 412.

56. 1622. Drei Pfenninge.

Hs. *a)*   W H Z · ⚬ B V L ·

  b) · —— · — · ———— · — · —

In rechts und links angedeutetem Perlkreise der Braunschweig. Helm, bei *b)* unten · , ·

Rs. Der Reichsapfel mit 3 im unteren Theile, zu den Seiten *a)* 16 ‧ ZZ *b)* ‧ 16 ·· ‧ ZZ ·

Dm. 18 *mm*, Gew. 0·85 *g*.

a) Isenbeck; *b)* Elkan, auch Hartmann.

Aus den Jahren 1622 und 1623 besitzen wir Thaler und halbe Thaler, welche an Stelle der Zeichen ⚔ oder H̃R̃ Thomas Timpfe's, bezw. Hans Rücke's ein auffallend gezeichnetes Kreuz ✚ führen. Man könnte versucht sein, dasselbe für das Zeichen eines Münzmeisters zu halten, da es auf den ganzen und halben Thalern ganz gleichartig gezeichnet ist und nur in den beiden Jahren 1622 und 1623 (Nr. 57, 58, 61 und 62) erscheint. Da aber der Münzmeisterposten sowohl in Harburg, wie in Moisburg fest besetzt war, auch actenmässig über einen dritten Münzmeister in diesen Jahren nichts bekannt ist, so glaube ich nicht, dass das ✚ einen Münzmeister bezeichnet, nehme vielmehr an, dass diese Form des Schlusses der Hs.-Umschrift nur der Gepflogenheit eines Stempelschneiders entstammt, der in den erwähnten Jahren an einer der beiden Münzstätten beschäftigt war.

Ob die Stücke mit ✚ nach Harburg oder Moisburg gehören, ist nicht zu entscheiden, ich beschreibe sie unter Moisburg, weil dort notorisch ein starker Betrieb herschte.

57. 1622. Reichsthaler.

Hs. *a, b, c)*

WILHELMUS · D : G : DUX · BRUN · ET · LUNEBURG : ✚

d) ——————————————— : ———————————

Das geharnischte Brustbild des Herzogs n. r.

Rs. *a)* DOMINUS ⸱ PROVIDEB
    b) ——————— ⸱ ———————I
    c) ———————+ ⸱ ———————T
    d) ——————— ⸱ P ⸱ ROVIDEBIT

Der dreifach behelmte sechsfeldige Wappenschild; über den Helmen *1* ⸱ *6* ⸱ Z ⸱ Z

Dm. 42 *mm.*

a) Bohlmann; *b, c, d)* Elkan. — Eine Abbildung bei Seelaender, Taf. 44, Nr. 3. — Vielleicht Schulthess Nr. 6655.

58. 1622. Halber Reichsthaler.

Hs. WILHELMUS ⸱ D : G : DUX ⸱ BRUN : ET : LUNÆBR : ✣
Das geharnischte Brustbild des Herzogs n. r.

Rs. DOMINVS ⸱ ⸱ PROVIDEB :
Der dreifach behelmte sechsfeldige Wappenschild; über den Helmen *1* ⸱ *6* ⸱ Z ⸱ Z

Dm. 35 *mm.*

Hannov. Prov. Mus. Samml. Knyphausen, Kat. Nr. 410, (dort ungenau), auch Britisch Museum, herzogl. Münzkab. zu Braunschweig. — Schulthess Nr. 6656.

59. 1623. Reichsthaler.

Hs. *a, b)* WILHELMUS ⸱ D ⸱ G ⸱ DUX ⸱ BRUN ⸱ ET ⸱ LUNB ⸱ Ħ
    c) ————————————————————————E ⸱ —
    d) ———————————————————— — :
    e⸱i) ————————————————————B —
    k, l) ————— : — : — : ——— : ——— : — : ——— —
    m) ——————— ⸱ ——————— —

Das geharnischte Brustbild des Herzogs n. r.

Rs. *k, m)*   DOMINUS · · PROVIDEB

a, b, e, f, h, i)   —————— · ——————IT

g)   —————— · ——u——

l)   · —————— · ——————

c)   —————— · ——————

d)   —————— · · ——————

Der dreifach behelmte sechsfeldige Wappenschild; über den Helmen bei   *a, h, e)*   6 · Z · 3   *f, i, l)* 16 · Z · 3

b, c, g) 1 · 6 · Z · 3   *k)* 16 · Z · 3

d) I · 6 · Z · 3

Bei einigen Stempeln ist das S und T in der Rs.-Umschrift etwas kleiner, als die übrigen Buchstaben.

Dm. 42 *mm.*

a) Elkan (das NB am Schlusse der Hs.-Umschrift ist etwas verprägt, es sieht wie MB aus); *b)* städt. Münzsamml. zu Braunschweig; *c)* herzogl. Münzkab. zu Gotha; *d)* Vogel; *e)* Hannov. Prov. Mus. Samml. Knyphausen Kat. Nr. 7756; *f)* Seegers; *g)* Königl. Münzkab. zu Kopenhagen; *h)* Elkan; *i)* königl. Münzkab. zu Berlin; *k)* Elkan; *l)* Schönert; *m)* herzogl. Münzkab. zu Coburg.

60. 1623. Drei Pfenninge.

Hs. WILH · D · G · D · B · E · LU:

In ovalem verzierten Schilde der nach links schreitende lüneburgische Löwe von acht Herzen umgeben.

Rs. In vier Zeilen:

· III · | PENN | ING | 6Z3 ·

Dm. 16 *mm,* Gew. 0·75 *g.*

Elkan.

61. 1623. Reichsthaler.

Hs. *a)* WILHELMUS · D · G : DUX · BRUN : ET · LUNÆBR ✠

b, c, d) ———————————————————————EBURG : ✠

e) ——————————————— · ————————— · —

Das geharnischte Brustbild des Herzogs n. r.

Rs. *a)* DOMINUS ⊸ PROVIDEB
  b, e) ————————⸗——————I
  c, d) ——————————————T
Der dreifach behelmte sechsfeldige Wappenschild; über den
Helmen bei *b)* und *c)* *16⸱Z⸱3, d, e)* *1⸱6⸱Z⸱3*; bei *a)* zwischen den
Helmen I⸱6⸱Z⸱3
Dm. 42 *mm*.
  a) Hann. Prov. Mus.; *b)* und *c)* Elkan; *d)* Kat. Reimmann Nr. 3469.

62. 1623. Halber Reichsthaler.

Hs. *a)* WILHELMUS · D : G : DUX · BRUN · ET · LUNÆBR : ⊕
  b) ——————///////——————— : ——————————
Das geharnischte Brustbild des Herzogs n. r.
Rs. *a)* DOMINUS ⸱⸱ PROVIDEB ·
  b) ——— ——/////——————————IT
Der dreifach behelmte sechsfeldige Wappenschild. Bei *a)* zwi-
schen den Helmen, bei *b)* über denselben *1⸱6⸱Z⸱3*
Dm. 35 *mm*.
  a) Hann. Prov. Mus. Samml. Knyphausen Kat. Nr. 411; *b)* Elkan.
Thaler und halber Thaler Nr. 61 und 62 sind zum Theile aus
denselben Stempeln geschlagen, wie die gleichen Stücke aus dem
Jahre 1622 (Nr. 56 und 57).

63. 1624. Reichsthaler.

Hs. *a)* WILHELMUS · D · G · DUX · BRUNS · ET · LUN   ⱧⱤ
  b, c) ———————————————— · ——————E · —
  d, e) ——————————— : – : ————— — ————
  f) ——————— · ————————— : —— : ————B —
  g) ————————— : ———— : ————— —— ————
  h, i) ———————— ——— · ———— · —— ——— —
  k) ————————— : – : ————————S : — · ——— ⸺
  l) ——————V – : ——————⸱——————— : ———— —
  m) ——————————— · — · —— · ———— ————
  n) ————————————————— · ————————— —
  o, p, q) ——————————— : – : – : DVX : — V— : ⸱— : ———— —
  r) —————————— · — · —— · ——————————V—
  s) ——————————————DUX · —U————————URGⱧⱤ
Das geharnischte Brustbild des Herzogs n. r.

13*

Rs. *s)* DOMINUS ꟁ PROVIDEB

d, h, i) —————— ꟁ ——————IT

k) —————— ꞏꟁ ——————

a) ———V—ꟁ——————

e) ———U— ꟁꞏ——————

b, c, f, l, m, n, q) —————— ꞏꟁ——————

g, o, r) ———V——ꟁ——————

p) ———U—ꟁꞏꟁꞏPROVIDEBIT

Der dreifach behelmte sechsfeldige Wappenschild; über den Helmen 1ꞏ6ꞏZꞏ4 Im zweiten Felde fehlen die Herzen.

Dm. 42 Mm.

a) Herzogl. Münzkab. zu Gotha, auch Elkan; *b)* herzogl. Mus. zu Braun-schweig, auch Hann. Prov. Mus., Bohlmann, Bock, Tewes; *c)* königl. Münzkab. zu Berlin; *d)* Elkan; *e)* im Handel; *f)* königl. Münzkab. zu München, auch Seligmann Selig und Elkan; *g)* Reimmann Kat. Nr. 3470; *h)* Britisch Museum, königl. Münzkab. zu München; *i)* Bohlmann; *k)* Elkan; *l)* k. k. Münzkab. zu Wien, königl. Münzkab. zu München, herzogl. Münzkab. zu Braunschweig, Schönert; *m)* ehemals Mertens; *n)* Elkan; *o)* königl. Münzkab. zu Berlin; *p)* Tewes, Elkan; *q)* Hann. Prov. Mus.; *r)* königl. Münzkab. zu Dresden; *s)* Madai Nr. 3592. — Eine Abbildung bei Seelaender Taf. 44 Nr. 4, auch Mon. en argent Taf. 233. — Schulthess Nr. 6658 und 6660, erstere als achteckige Klippe ehe-mals in der Samml. Homeyer zu Hannover.

Dieser Thaler ist der häufigste unter allen Thalern des Herzogs Wilhelm; die Zahl der nur durch Interpunction unterschiedenen Stempel liesse sich leicht vermehren.

64. 1624. Halber Reichsthaler.

Hs. WILHELMVS ꞏ D ꞏ G ꞏ DVX ꞏ BRVN ꞏ ET ꞏ LUNEB Ɜ

Das geharnischte Brustbild des Herzogs n. r.

Rs. DOMINVS ○ ꟁ ꞏ PROVIDEBIT

Der dreifach behelmte sechsfeldige Wappenschild; über den Helmen 1ꞏ6ꞏZꞏ4

Britisch Museum.

65. 1624. Viertel Reichsthaler.

Hs. WILHELMVS ꞏ D : G : DUX ꞏ BRVN : ET ꞏ LUN Ɜ

Das geharnischte Brustbild des Herzogs n. r.

Rs. DOMINVS ꟁ PROVIDEB

Der dreifach behelmte sechsfeldige Wappenschild; über den Helmen *6 • Z • 4*

Dm. 29 *mm*.

Elkan, Schwalbach.

Aus dem Visitationsberichte des Generalwardeins Andreas Laffers vom 16. Mai 1625 (Anlage 30) geht hervor, dass in Moisburg zu Anfang des Jahres 1625 ganze, halbe und Ortsthaler geprägt worden sind, die übrigens, da sie nur 14 Loth und knapp 2 Grän fein waren, nicht unwesentlich unter dem gesetzlichen Feingehalte blieben.

66. 1625. Reichsthaler.

Hs. *a)* WILHELMUS · D · G · DUX · BRUNS · ET · LUN · H̄R

b) ————V —— : – : DVX · —V —: — : LVNEB H̄R

Das geharnischte Brustbild des Herzogs n. r.

Rs. *a)* DOMINUS · · · PROVIDEBIT

b) ——————— • ———————

Der dreifach behelmte sechsfeldige Wappenschild; über den Helmen *1 • 6 • 2 • 5*

Dm. 42—43 *mm*.

a) Elkan; *b)* Hann. Prov. Mus.

67. Ohne Jahr. (1624—1626.) Schüsselpfenning, einseitig.

a.   b.   c.

a) Quadrirter Schild: 1. Braunschweig, 2. Lüneburg, 3. Hoya (Bärentatzen), 4. Bruchhausen. Darüber · W · (ilhelm), umher Kreis von dicken Perlen.

Dm. 12 *mm*, Gew. 0·17—0·26 *g*.

Königl. Münzkab. zu Berlin, Isenbeck, Elkan.

b) Schild wie vor, jedoch 3. Löwe (Everstein?). Darüber W Perlkreis?

Dm. 11 *mm*, Gew. 0·19 *g*.

v. Lehmann.

c) Sechsfeldiger Schild: 1. Braunschweig, 2. Lüneburg, 3. Everstein, 4. Homburg, 5. Hoya, 6. Bruchhausen. Darüber W

Dm. 12 *mm*, Gew. 0·24 *g*.

Isenbeck.

Diese Stücke sind, wie aus dem „Verzeichniss“ S. 187 hervorgeht, wahrscheinlich die in den Jahren 1624—1626 geprägten Pfenninge. Von Herzog Christian kennen wir ebenfalls solche Schüsselpfenninge; die mir bekannt gewordenen lasse ich hier folgen.

g.   *k.*   *f.*

Im Kreise von dicken Perlen: *d)* bis *f)* gekröntes grosses C, zu dessen Seiten auf:

d) 16 ⸱ 24   *e)* 16 ⸱ 24   *f)* 16 ⸱ 25
      H ⸱ S   H ⸱ S   V ⸱ F

g) Gekrönter Schild mit dem Lüneburger Löwen zwischen

Z ⸱ 🔲? (vielleicht Z)
H ⸱ S

Dm. 12—14 *mm*, Gew. 0·47 *g*.

Wie die Münzmeisterzeichen aber darlegen, sind diese vier Stücke durch Henning Schlüter, bezw. Urban Felgenhauer geprägt worden, also nicht in Winsen oder Celle, sondern am Harze.

Von den Herzogen Julius Ernst und August d. j. besitzen wir, wie weiterhin gezeigt werden wird, derartige Hohlpfenninge nicht.

Auffallend erscheint mir, dass wir vom Herzog Wilhelm, der seine Münzstätten gewiss in jeder Hinsicht ausnutzte, keine Kupfermünzen besitzen oder doch nicht kennen.

*   *   *

Aus dem Jahre 1626 sind uns Münzen mit dem Zeichen Hans Rückes nicht bekannt.

Sein Nachfolger in Moisburg war Wilhelm Quensel, der am 12. Juni 1627 als Münzmeister angenommen wurde. Er hatte vorher in dem Dienste des Erzbischofs Johann Friedrich an der Münzstätte Vörde gestanden. Am 5. October 1627 wurde er, wie wir oben S. 178 gesehen haben, gleichzeitig auch Münzmeister in Harburg und verwaltete beide Münzstätten bis zum 9. October 1629. Es ist daher nicht möglich festzustellen, in welcher Münzstätte der unter Nr. 43 beschriebene Thaler mit dem Münzzeichen Quensels geprägt ist. Nach seiner Entlassung fristete die Münze in Harburg noch zwei Jahre kümmerlich ihr Dasein, während die in Moisburg für immer einging, da für ihr Fortbestehen keinerlei Bedürfniss vorlag.

Ich muss nun noch eine Nachricht kurz berühren, die Ludwig in seiner Geschichte der Stadt und des Schlosses Harburg S. 129 giebt. Hiernach war unterm 29. April 1622 vom kaiserlichen Reichsfiscal zu Speier bei dem kaiserl. Kammergerichte eine Klage in 29 Anklagepunkten gegen den Herzog erhoben, wegen verfälscht und zu leicht ausgemünzten Geldes u. s. w., wodurch er sich seiner Münzfreiheit verlustig gemacht habe.

Die Klage dauerte bis gegen Ende des Jahres 1623. Der Herzog vertheidigte sich tapfer und eine grosse Menge Schriften pro und contra wurde mit dem Reichsfiscal in Speyer gewechselt. Die Sache blieb schliesslich auf sich beruhen, ohne weitere Nachtheile und Kosten für den Herzog. .

Die Acte, aus welchen Ludwig Vorstehendes seinerzeit geschöpft hat, war nicht mehr aufzufinden. Dies ist sehr zu bedauern, da sich vielleicht mancherlei interessante Details über den Harburg-Moisburger Münzbetrieb ergeben haben würden. Wir haben es hier zweifellos mit der gleichartigen Klage zu thun, wie sie auch dem Herzog Christian in Celle zugegangen war, über die weiter unten S. 270 gehandelt werden wird. So viel aber ist klar: Grund zur Klage gab hier das Treiben auf den beiden Münzen vollauf, namentlich zu Beginn des Jahres 1622, als der Herzog in Gemeinschaft mit Moyses, Isaac und Consorten „die Kaufmannschaft und gemeinen Commerzien" mit den massenhaft geprägten, kaum eine Spur Silber enthaltenden Schreckenbergern beglückte.

3. Die Ausprägungen von 1636—1642.

Nachdem die Münzstätte zu Moisburg im Jahre 1629, die zu Harburg 1631 eingegangen war, besass das Land für mehrere Jahre eine eigene Münzstätte nicht mehr. Da im Lande selbst

Silber nicht producirt wurde, lag auch keine Veranlassung vor, den Münzbetrieb wieder aufzunehmen. Als aber im Jahre 1634 die Linie Wolfenbüttel mit dem Tode des Herzogs Friedrich Ulrich erloschen war und dessen Lande an die drei Zweige der Celle'schen Hauptlinie: Celle, Harburg und Dannenberg fielen, erhielt Herzog Wilhelm laut Vertrag vom 14. December 1635 die Mitberechtigung zu 2/7 am Communion-Harze, dessen Metall auf der Communion-Münze zu Zellerfeld vermünzt wurde.

Herzog Wilhelm nahm nunmehr die Münzthätigkeit sogleich wieder auf und übte sie vom Jahre 1636 bis zu seinem 1642 erfolgten Tode in grossem Umfange aus. Die Darstellung dieser Münzperiode liegt eigentlich ausserhalb des Rahmens dieser Arbeit; ich habe sie aber dennoch mit in Betracht gezogen, um ein abgerundetes Bild der gesammten Münzprägung unter Herzog Wilhelm zu geben.

Actenmässige Nachrichten fehlen mir vollständig; ich beschränke mich daher lediglich auf Beschreibung und Abbildung der geprägten Münzen.

Münzmeister war Henning Schlüter, der vom 10. August 1625 bis zu seinem Tode 1672 in Zellerfeld amtirte [20]). Auf seinen Münzen führte er das Zeichen H· S·, gewöhnlich getrennt durch zwei sich kreuzende Schlüssel. Abgesehen von den Sterbemünzen (ganzen, halben, Viertel und Achtel Thalern) sind nur zwei Sorten geprägt worden: Reichsthaler und Zwei-Mariengroschenstücke.

68. 1636. Reichsthaler.

---

[20]) G. Heyse, Beiträge zur Kenntniss des Harzes. 2. Aufl. S. 101.

Hs. WILHELMUS · D : G · DUX · BRUNS · ET · LUNEB ✿ ·

In doppeltem Kreise das Brustbild des Herzogs von vorn, geharnischt und mit spanischem Spitzenkragen.

Rs. · DOMINUS ✿ PRO = VIDEBIT · 1636 H✕S ·

Der verzierte elffeldige, fünffach behelmte Wappenschild von doppeltem Kreise umgeben.

Dm. 41 *mm.*

v. Lehmann, auch königl. Münzkab. zu Berlin, herzogl. Münzkab. zu Gotha, Grünert, Vogel. — Abbildung bei Seelaender, Taf. 44, Nr. 6, Rehtmeyer Bd. II, Taf. XX, Nr. 2. — Schulthess Nr. 6662.

69. 1637. Reichsthaler.

Hs. *a, b)*

· WILHELMUS · D : G · DUX · BRUNSUIC · ET · LUNEB · ✿ und eine Verzierung.

In oben durchbrochenem doppelten Kreise das vorwärts gekehrte Hüftbild des Herzogs, geharnischt und mit breitem Umschlagkragen.

Rs. *a)* · DOMINUS ✿ PRO = UIDEBIT · 1637 H✕S ·

b) ———————V———————

Der elffeldige Wappenschild ähnlich vorher Nr. 68.

Dm. 42 *mm.*

a) Elkan, Vogel; *b)* königl. Münzkab. zu Berlin. — Schulthess. Nr. 6663, Kat. Reimmann Nr. 3472.

70. 1638. Reichsthaler.

Hs. *a)* WILHELMUS · D : G · DUX BRUNSUIC · ET · LUNEB : ❀

    b) · ——————————————————————————·⠆ ❀

c, d) —————————————————————————— · ❀

                                              u. Verz.

    e) ———————————— : —— —————————— ——— ❀

                                              u. Verz.

Das geharnischte Hüftbild wie vorher Nr. 69.

Rs. *c)* · DOMINUS · PRO ⬦ UIDEBIT · 1638 · H⚔s

    b) ——————————UI ⬦ ——— ANO 1638 H⚔s

a, d) ————————————— · ANO · ———

    e) ———————————⬦ UIDEBIT · H⚔s · ANNO ⬦ 1638 ·

Der elffeldige Wappenschild ähnlich Nr. 68.

Dm. 41—42 *mm.*

a) Hannov. Prov. Mus. Samml., Knyphausen Kat. Nr. 7759; *b, c, d)* Elkan;
e) nach der Abbildung bei Seelaender Taf. 44, Nr. 7. — Abb. ferner bei Rehtmeyer Taf. XX, Nr. 11.

71. 1638. Zwei-Mariengroschen.

Hs. *a)* WILHEL · HERTZOG · ZU · BRAUN · V : L

b, c, d) ———————— : ——————————— ————————

e, f, g) ———— · —————————V · ——————— : ———

    h) ——————————————U · ——————— · UND · L ·

In oben durchbrochenem Perlkreise der braunschweigische
Helm.

Rs. *b)* FURST · BRAUN : LUN · LANT · MUNTZ ✲

d, f, g) ————————————— · ————————————————

    e) ——————————————————————————— ·

    c) ————————————— : ——————————————

a, h) ——————————————— · ————————DT · ————

In der Mitte in vier Zeilen:

c, e, f) 16Ⅱ38 | MARIE | GROS | H⚔s

    b) ——————— | ———— : | ————

    d) ——————— | : —— : | ————

    g) ——————— | : —— · | ————

a, h) ——————N | ———— : | ————

Dm. 19 *mm*, Gew. 1·40—1·45 *g.*

a) Nach der Abbild. bei Seelaender Taf. 45, Nr. 6; *b)* Britisch Museum, auch Elkan, Hartmann; *c)* Elkan; *d)* städt. Münzsamml. zu Braunschweig; *e, f, g)* Hannov. Prov. Mus. Samml. Knyphausen, Kat. Nr. 420, 421, bezw. 7766.

Die Zwei-Mariengroschenstücke aus den verschiedenen Jahren sind sich sämmtlich sehr ähnlich. Ich gebe weiterhin gute Abbildungen.

72. 1639. Reichsthaler.

Hs. *a)* ＊WILHELMUS ＊D G＊DUX ＊BRUNSUIC ＊ET ＊LUNEB ⁑ ❀＊

   b) : ——————— ・ - : — ・——— ・ ——————— : — ・ ——————— ・⁖＊

   c) ・——————— ——————————————————E :

   d) ——————— _ _ ———————————— : ———

Hüftbild des Herzogs, ähnlich dem auf dem Thaler vorher Nr. 69.

Rs. *a, d)* ・DOMINUS・PROUIDEBIT・A̅O̅ *1639* ✿

   b) ——————————・DEBIT・ANNO・*1639* ✿

   c) ——— ——— ——— ANO ———

Der fünffach behelmte elffeldige Wappenschild.

Dm. 41 *mm*.

a) Bohlmann, Tewes; *b)* Elkan; *c)* Britisch Museum, herzogl. Münzkab. zu Coburg, Elkan; *d)* Schönert. — Vergl. Schulthess Nr. 6664 und 6665. Abbildung in den historischen Remarques Nr. XLI von 1706 und bei Rehtmeyer Taf. XX, Nr. 3.

73. 1639. Zwei-Mariengroschen.

Hs. *a)* WILH・   HERTZOG・ZU・BRAUN・U:L・

   b) —— :   ———————————

   c) ————— ——————————— ・ ——

   d) WILHEL ・——————————— : —

   e) ————— : ——————— ・ V :LU

In oben durchbrochenem Perlkreise der braunschweigische Helm.

Rs. *d)* FURST BRAUN LU   LANT MUNTZ ·

    a) · ————— : ————— · —— · ————— · ————— ✦

    b) ————— · ————— · LUN · ———— ———— ✳

    c) ———— ———— ———— · ————— :

    e) · FURSTL : BR : LU : LANDT · MUNTZ · ✿ ·

In der Mitte in vier Zeilen:

    d) 16II39 | MARI | GROS | H✶s

b, c, e) ————————E | ————————

    c) ————————— | · ———— · | ————

Dm. 19 *mm.*

    a) Elkan; *b)* herzogl. Münzkab. zu Braunschweig; *c)* Hannov. Prov. Mus., königl. Münzkab. zu Kopenhagen; *d)* herzogl. Münzkab. zu Braunschweig; *e)* Elkan.

74. 1640. Reichsthaler.

Hs.

a) WILHELMUS · D G · DUX · BRUNSUIC · ET · LUNEB : ✿ ·

b) · ————————————— ✳ ————————————— ✳✿✳

c) ————————————— · ————— : —————

d) ————————— — · ————— ✳ ————— ✳ — ✳ —————

e) ————————— — — · ————— ✳ ————— ⁎ ⁏

f) ————————— · — · — · ————— · —— · ————— ✿ ·

Hüftbild des Herzogs wie vorher, Nr. 69.

Rs. *b, d)* DOMINUS PROUIDEBIT *1640* ✶

    a) ————————————— · ————

f) DOMINUS · PROUIDEBIT · *1640*
c) ——————————————————— ○
e) · —————— ——————————— ·

Der fünffach behelmte elffeldige Wappenschild, über den Helmen H · S
Dm. 41 *mm.*

a) Ehemals Seligmann Selig, auch Schönert; *b)* königl. Münzkab. zu Berlin; *c)* Elkan; *d)* Hannov. Prov. Mus. Samml. Knyphausen Nr. 408; *e)* städt. Münzsamml. zu Braunschweig; *f)* nach der Abbildg. bei Seelaender Taf. 44, Nr. 8. — Schulthess Nr. 6666. Eine Abbildg. auch Mon. en argent Taf. 233.

75. 1640. Zwei-Mariengroschen.

Hs. *a-e)* WILHEL : HERTZOG · ZU · BRAUN : U : L :
    f) —————————————————— · — ·
    g) WIL ·   ——————————————

In oben durchbrochenem Perlkreise der braunschweigische Helm.

Rs. *a)* · FURST BR   LU   LANTMUNTZ · ✿
    b) ———— · — ·   —N : ———————— ·
    f) ————— BRAUN LU   ————————✿
    c) ———— · ———— · —N · ———— · ———— ·
    d) ———————————————————— · ✳ ·
    g) ————————————————————✿
    e) ——————————————— · MUN : ✿

In der Mitte in vier Zeilen:

a-d, f, g) 16II40 | MARI | GROS | H✗s
      e) —————E | —————

Dm. 19 *mm.*

a) Hannov. Prov. Mus. Samml. Knyphausen, Kat. Nr. 422; *b)* Elkan; *c)* v. Lehmann und Hannov. Prov. Mus. u. s. w. Nr. 423; *d)* Elkan; *e)* Hannov. Prov. Mus. u. s. w. Nr. 7767; *f)* ehemals Mertens; *g)* Hannov. Prov. Mus. alter Bestand.

76. 1641. Reichsthaler.

Hs. *a)* WILHEMUS · D : G : DUX · BRUNSUIC · ET · LUNEB : ⚙

    b) ·——————————————————————

    c, d) ——————————————————————— : 𝕏

Hüftbild des Herzogs, wie vorher.

Rs. *a)* DOMINUS PROUIDEBIT *1641* H�खs

    b) ————— ————— —— · ✖

    c) ·————— ————— —— ✖

    d) ————— ————— · *1641* · ✖ ·

Der fünffach behelmte elffeldige Wappenschild; über den Helmen bei *b)* und *d)* H ⚬ S Auf dem Stempel *c)* fehlen diese Buchstaben ganz.

Dm. 42 *mm.*

a) Ehemals Reimmann, Kat. Nr. 3473, auch Schönert; *b)* Hann. Prov. Mus. Samml. Kuyphausen, Kat. Nr. 409; *c)* Elkan; *d)* v. Lehmann, königl. Münzkab. zu Berlin und zu München. — Schulthess Nr 6667, wo die Umschrift ohne DUX gegeben ist. (Druckfehler?)

77. 1642. Reichsthaler.

Hs. *a)* WILHELMUS · D G · DUX · BRUNSUIC · ET · LUNEB :

    b) ————— · ————————————

    c) ————— ———— : ——————

    d) ·————————————————————

    e) ————— : — ——————————

    f) ——————————————— ·

Hüftbild des Herzogs, wie vorher.

Rs. *a,b)* · DOMINUS PROVDEBIT · *164Z* H✖s

    f) ————————— · ———— ·

    c) ——————— ✖

    d) ⚬ ————— ——— — ⚬

    e) ·————— · —— · —

Der fünffach behelmte elffeldige Wappenschild; über den Helmen bei *c, d, e)* H ⚬ S

Dm. 42 *mm.*

a) Britisch Museum; *b)* königl. Münzkab. zu Berlin; *c)* herzogl. Münzkab. zu Gotha; *d)* herzogl. Münzkab. zu Braunschweig; *e)* Elkan; *f)* Tewes. — Schulthess Nr. 6668.

78. 1642. Zwei-Mariengroschen.

Hs. *a)* WILHEL HERZOG ZU BRAUN LU ·

 b, c) ——————————————————

In oben durchbrochenem Perlkreise der braunschweig. Helm.

Rs. *c)* FURST BRAUN LU LANT MUNTZ

 b) ———— : BR : LUN · LANDT · ———— ·

 a) ————— · —— · ————————————— *

In der Mitte in vier Zeilen:

 c) 16II4Z | MARI | GROSS | H✗s

a, b) —————— E | ——————————

Dm. 19 *mm.*

a) Elkan; *b)* städt. Münzsamml. zu Braunschweig; *c)* herzogl. Münzkab.
zu Braunschweig.

Das nachstehende Zwei-Mariengroschenstück trägt keine Jahreszahl, ich lasse es daher am Schlusse des Verzeichnisses folgen:

79. Ohne Jahr. Zwei-Mariengroschen.

Hs. *a)* WILHEL : HERTZOG · ZU · BRAUN : U : L :

 b) ————————— · ————————— · — · — · ·

 c) ————————————— ————————— : —

 d) ————————————— : ————————————

 e) ————————— ————— · —————————

 f) ————————————————— · VND · L ·

 g) ————— : ————————————— : VND L

Rs. *b)* FURST BRAUN LUN LANTMUNT ·

f, c, d) ————— · ————— · ————— · ——— TZ ✗

 g) —————————————————— ✿

 a) ————— : BR : ——— : —————— —

In der Mitte in vier Zeilen:

a, e) ·II· | MARIE | GROS | H✕S

c, d, f) ❀II❀ | ————————————

b) ·HIIS | ——————————· | ✕

Bei den Stempeln *c, d, f* und *g)* umgibt die Mittelinschrift noch ein zweiter, oben durchbrochener Reifen, der mit beiden Enden in die Rosetten neben der II endet.

Dm. 19 *mm.*

a) Hann. Prov. Mus. Samml. Knyphausen, Kat. Nr. 424, auch Dr. Baesecke; *b)* städt. Münzsamml. zu Braunschweig, auch Isenbeck; *c)* Elkan; *d)* Isenbeck, Hartmann; *e)* Elkan; *f)* Elkan, auch Hann. Prov. Mus. u. s. w. Nr. 7768 (ungenau); *g)* v. Lehmann.

Sterbemünzen vom Jahre 1642.

Die Ausprägung von sogenannten Sterbe- und Begräbnissmünzen war eine besonders im 17. Jahrhunderte sehr beliebte Gepflogenheit. Die nachfolgenden Stücke, welche durchaus zu den Currentmünzen zu rechnen sind, hat Henning Schlüter in Zellerfeld geschlagen.

80. Reichsthaler.

Hs. ·WILHELMUS·D·G·DUX·BRUNSUIC:ET·LU:

——————·////// —— ——————:——

——————:—:——·——————·——

Hüftbild des Herzogs, wie vorher.

Rs. In der Mitte in zehn Zeilen:

a)—d) NATVS· | XIV·MART AO | MDLXIV·OBIIT | HAR

e) NATVS· | XIV·MART A̅O̅ | MDLXIV · OBIIT | HAR

f) ——— | —— ————————————————

g) ——— | —·——·—·——·— | ———————————

h) ——— | ——————————————————————

a) BURGI·XXX· | MARTII HORA IV | MATVTINA·

b) ——————————————————————————————

c) ———————————————————————— · | ——u———

d) ——————————————————————— | ——V———

e) ——————————————————————— | ——u———

f) ——————————————————————— · | ——V———

g) ——————————————————————— · ——— | ——u———

h) ———————————————— ———— | ————————

a) ANNO | MDCXLII·ÆTAT: | LXXIIX·DI | ERVM·

b) A̅N̅O | ————————————————————————————————

c) ANNO | ——————————————————————————————

d) ————————————————————————————————————

e) A̅N̅O· | ————————————— | ——————————————

f) ANNO | ——————— ——— : | ——————————————

g) A̅N̅O | ——————— | ——————— | ER̅V̅

h) ANO | ——————— | ——————— | ERV·

a) XVI· | ·H⊗s·

b) ————————————

c) ——————————

d) —————————

e) ———— | H⊗s

f) —— | ———

g) —— | ——

h) —— | HS

Beim Stempel *h)* befindet sich über NATVS eine Verzierung. Dm. 42 *mm.*

a) Hann. Prov. Mus. Samml. Knyphausen Kat. Nr. 425, auch Vogel, Schönert; *b)* ebenda Nr. 7773, auch Dr. Baesecke, Vogel; *c)* königl. Münzkab. zu Berlin, desgl. zu Kopenhagen, städt. Münzsamml. zu Braunschweig, v. Lehmann, Elkan; *d)* Hann. Prov. Mus. u. s. w. Nr. 7772; *e)* herzogl. Münzkab. zu Gotha, desgleichen zu Coburg, Elkan, Tewes; *f)* ehemals Reimmann Kat. Nr. 3475; *g)* Bohlmann; *h)* Hann. Prov. Mus. — Schulthess Nr. 6669—6671; Abbildung bei Seelaender Taf. 45, Nr. 9, auch Mon. en argent Taf. 233, Rehtmeyer Taf. XX, Nr. 4.

Dieser Thaler muss sehr zahlreich geschlagen sein, wie sich aus den vielen Stempeln ergiebt, die übrigens nicht immer deutlich sind; die Punkte, sowie die Abkürzungsstriche über AO sind oft wenig ausgeprägt.

81. Halber Reichsthaler.

Hs. : WILHELMUS·D·G·DUX·BRUNSUIC:ET·LUNEBUR: Hüftbild des Herzogs, wie vor.

Rs. In der Mitte in zehn Zeilen:

NATUS | XIV·MART A̅O̅ | MDLXIV·OBIT | HARBURGI·XXX | MARTII HORA IV · | MATVTINA · ANNO | MDCXLII · ÆTAT : | LXXIIX·DI- | ERVM·XVI· | H⚔s

Dm. 34 *mm.*

Bohlmann, auch Hann. Prov. Mus. Samml. Knyphausen, Kat. Nr. 7772.

81. Viertel Reichsthaler.

Hs. *a)* ·WILHELMUS·D G·DUX·BRUNSUIC:ET·LUNE:
     b) ———————— · ———————— ————————

Der reichverzierte, von einer Krone bedeckte, elffeldige Wappenschild.

Rs. In der Mitte in zehn Zeilen:

NATUS | XIV·MART A̅O̅· | MDLXIV·OBIT | HARBURGI· XXX· | MARTII HORA IV· | MATVTINA·ANNO | MDCXLII· ÆTAT | LXXIIX·DI | ERVM·XVI | H⚔s

Dm. 31 *mm.*

a) v. Lehmann, Britisch Museum; *b)* königl. Münzkab. zu Kopenhagen, auch Seelaender Taf. 45, Nr. 10.

83. Achtel Reichsthaler.

Hs. *a)* WILHELMVS·D·G·DUX·BRUNSUIC·ET·LUNEB
  b) ————U——————————————— : —————— : ✳
Der elffeldige Wappenschild, wie vor.
Rs. In der Mitte in zehn Zeilen:
a) NATVS | XIV · MART · AO | MDLXIV · OBIIT | HARBVRGI ·
b) ———————————— ————————————————U——
a) XXX | MARTII HORA IV | MATVTINA · ANNO | MDCXLII·
b) ——————————·———·—·|——————————————————
a) ÆTAT· | LXXIIX·DI | ERVM XVI | H S
b) ————————————————————————————
Dm. 26 *mm.*

a) Nach der Abbildung bei Seelaender Taf. 45, Nr. 11, auch Samml. der
Universität Göttingen; *b)* königl. Münzkab. zu Berlin.

———————

Im Anschlusse hieran gebe ich die Beschreibung zweier Porträtmedaillen des Herzogs Wilhelm.

84. 1621. Gnadenpfennig.

Hs. WILHELMVS D : G : DVX BRVN·ET LVNEB :
Das geharnischte Brustbild des Herzogs n. r.
Rs. DOMINVS ꞏ PROVIDEBIT :
Der sechsfeldige, dreifach behelmte Wappenschild. Am Schild-
fusse ganz klein *16 ꞏ 21*
Oval, Dm. 32 × 43 *mm.*

Nach der Abbildung bei Seelaender Taf. 44, Nr. 1, wo das Metall des
Stückes nicht angegeben ist.

85. Ohne Jahr. Goldener Gnadenpfennig.

Hs. WILHELMVS D · G · DVX BRVNS · ET LVNEB ·

Das geharnischte Brustbild des Herzogs n. r.

Rs. · DOMINVS PROVIDEBIT ·

Unter grosser Krone der an den Seiten eingebogene sechsfeldige Wappenschild.

Oval, Dm. 28 × 33 *mm*, Gew. 11 *g*.

Herzogl. Münzkab. zu Gotha. Abbildung auch bei Seelaender Taf. 44,
Nr. 2.

Anlage 1.

1612, Dezbr. 8. Canzler Johann Hildebrandt zu Celle an Herzog Wilhelm.

Was E. F. G. wegen Anordnung einer Münz gnädig an uns gelangen lassen, solches haben wir zusambt dem darüber verfassten Bedenken empfangen und ihres Inhalts ablesend verstanden. Und mügen E. F. G. darauf zu begertem unserm Bedenken nicht verhalten, dass wir es gentzlich dafür halten, dass E. F. G. an solchem Münzwerk, wann es deroselben gleich unangefochten zugelassen werden möchte, gar keinen Vortheil, sondern mehr Schaden haben würden. So dürfen E. F. G. auch es keinem vor Geld einthun, noch zu Harburg münzen lassen, sondern müsste dasselbe in der verordneten Münzstädte einer geschehen, wie dasselbe noch neuerlich Anno 1609 auf dem Kreistage zu Gardeleben von neuem angeordnet worden ist, wie aus einliegendem Extract zu ersehen. Es müssen E. F. G. auch vorher Dero Gwardin und Münzmeister dem Kreis vorstellen und in Eid und Pflicht nehmen lassen. So lieget auch noch eins im Wege, davon E. F. G. künftig mündtlicher Bericht geschehen kann, welches E. F. G. wir auf Deroselben gnädiges Begern zu unserm unterthänigen Gutachten nicht verhalten wollen.

Extract.

. . . Und als noch weiter unvermeinlich, dass aus Vielheit der Münzstätten in wider voriger Ordnung in diesem Kreise aufgerichtet, nicht geringe Ungelegenheit verursacht worden, und aber hierbevor nicht ohne erheblichen Ursachen sechs ordentliche Münztstätte benannt und verordnet werden, also dass nirgent anders dann in solchen sechs Münzstätten, nemlich: Lübeck, Hamburg, Halle, Bremen, Braunschweig und Rostock, gemünzet werden soll, als ist solche Ordnung hiermit wiederholet, erneuert und krafft dieses Abschiedes, dass auch hiefüro kein Stand, der nicht einige Bergwerke hat, eigene Münzstätte halten, sondern was er zu vermünzen willens, dasselbe auf itzo gedachte geordnirte Münzstätte entwieder durch seine oder andere von dem Kreise approbirte und beeidete Gwardine und Münzmeister vermünzen lassen sollen.

Datum Gardeleben, am 25. Novemb. Anno 1609.

(Original.)

Anlage 2.

1615, April 15. Canzler Erich Hedemann zu Celle an Herzog Wilhelm.

. . . . . Die Regalia der Münz betreffend will gar nicht rathsam sein, d eswegen einige Specialconcession bei der Röm. kais. Majestät zu Wege zu bringen, da von Deroselben E. F. G. ohne das mit den Regalien belehnet, und seindt in Kraft dessen eine Münzstätte anzuordnen wohl befuget. Die Stadt Lüneburg hat es auch wegen der Grafschaften nicht zu fechten. Stünde demnach das ganze Werk dahin, ob E. F. G. meinem auch gnädigen Fürsten und Herrn Herzog Christian zu Braunschweig und Lüneburg das werden zu erkennen geben und S. F. G. rathliches Bedenken darüber einholen wollen, will ich schon unterthänige gute Officia leisten, dass Ihro darin eine gute Satisfactio geschehen möge . . . . . .

(Original.)

Anlage 3.

1615, April 20. Herzog Wilhelm an Herzog Christian.

. . . . . . (Wir) mögen nun ferner Ew. Liebden aus besonderem zu Dero habendem hohen Vertrauen freundlich nicht verhalten, dass Uns zu etwas Erleichterung deren vielen fast schweren Ausgaben, damit Wir eine geraume Zeit hero jährlich beladen, wie auch der zweien ansehnlichen fürstlichen Widdumbs Ausrichtungen, so auf diesem Unsern Ort-Fürstenthums bestehen, durch zulässigen Gebrauch Unseres Münzregals und dahero zustehenden Münzfrei- und Gerechtigkeit zu gerathen Mittel längst fürgestanden, auch noch fürstehen, wann Wir nur alleine allhie in Unserm Städtlein Harburg eine Münzstätte zuhalten und den Verlag zu thun vergönnen wollen.

Ob Wir nun wohl von fürnehmen Rechtgelehrten vorlängst, dass Wir darzu ganz wohl befugt sein und solches Uns nicht gewehret werden könne, beständigen Beifall in Händen gehabt (wie Ew. Liebd. einestheils aus der copeylichen Beilage ohnbeschweret vernehmen wollen), auch ohne das anderer benachbarten Stände notoria exempla für Augen stehen, so haben Wir es doch bis anhero in noch ferner Bedenken gezogen, zuforderst auch Ew. L. rathsames Gutachten darüber freundlich vernehmen und einholen wollen.

Wann Wir Uns dann zu Ew. Lbd. aller guten Neigung und vetterlicher Gewogenheit freundlich versehen und ganz keinen Zweifel, dieselbe werde uns dasjenige, was Uns einigermassen erspriess- und fürträglich fallen möchte und anderen erlaubt und nachgelassen wird, nicht alleine gerne gönnen, sondern auch (wie Wir dasselbe in Unsern Zollsachen genugsam gespüret, davor Wir auch nochmals freundlich Dank sagen) vetterlich fortzusetzen und befürdern zu helfen

geneigt sein und Wir in Wahrheit solch Münzen anderer Gestalt nicht, dann
dass es des Reichsschrot und Korn gemäss und Uns allerdings unverweislich sei,
zu verstatten, auch desfalls gute Aufsicht und Fürsorge zu tragen gemeinet
sein, so bitten wir freundlich, E. Lbd. wollen Uns zu freundvetterlichem Willen
und Gefallen dies Werk für sich freundlich erwägen, dero Statthaltern, Canzlern
und Räthen zu berathschlagen untergeben und Uns dero wohlmeinlichs rathsames
Bedenken dahin ertheilen, dass Wir in diesem Uns angelegenem und etlicher-
massen aushelfendem Werke gute Beförderung und Fortsetzung darob zu
spüren und Uns zu erfreuen haben mögen.

    (Original.)

Beilage zu vorstehendem Schreiben.

Gutachten des Heinrich Weingartner in Buxtehude über die Münzgerechtigkeit des Herzogs Wilhelm.

Den Punkt mit dem Münzen habe ich mit allem Fleiss erwogen und mich
aus den Rechten Doctoribus und den Reichsabschieden ersehen, und befinde,
dass das jus cudendae monetae et formandae, die Münzensgerechtigkeit, inter
regalia wird referiret. Ob nun wohl die regalia des Kaisers seien et ad decus et
honorem altitudinis ejus pertinent, tamen non solus imperator regalia habet, sed
etiam alii. Eaque acquiruntur duobus modis: concessione imperatoris et prae-
scriptione. Ex concessione imperatoris regalia habent quibus imperator regalia
concessit; et quidem duces, comites, marchiones, principes de regali feudo ab
imperatore investiti per generalem regalium concessionem habent etiam hoc jus
cudendae et formandae monetae, dass sie mögen in ihrem Fürstenthum und
Landen münzen lassen, propterea quod duces, comites, marchiones, principes
perpetui hodie magistratus sunt et ex recepta docto sententia, in duo ducatu
comitatu marchionatu et principatu illa-omnia possunt quae potest imperator in
imperio, woraus dann folgen will, dass E. f. Gn. nicht weniger als andere Fürsten
und Herrn die Gerechtigkeit haben, dass sie mögen münzen lassen. Und hindert
nicht, dass E. f. Gn. und Dero hochlöbl. Vorfahren abgetheilte Herren und mit
einem gewissen Ort Landes abgefunden seien, dann dadurch sind ihnen die
regalia nicht genommen oder entzogen.

Quod enim jus est in toto, id etiam est et .manet in qualibet ejus parte,
es wäre dann Sache, dass E. f. Gn. hochlöbliche Vorfahren sich bei der Theilung
der regalium in genere oder in specie des juris cudendae monetae express hätten
begeben, wie ich dann dessen wohl Exempel weiss, welches aber, als aus E. f. G.
Schreiben ich vermerket, nicht geschehen. Es weiset auch das Werk und die
Erfahrung ein andres aus, und sind viel abgetheilte Fürsten und Herrn in
Deutschlandt, die gleichwohl münzen lassen und hat man dessen auch in diesem
Kreis Exempla. Herzog Hans von Holstein ist ein abgetheilter Herr, hat gleich-

wohl für etlichen Jahren münzen lassen, Graf Ernst zu Holstein und Schaumburg, dessen Vorfahren mit der Grafschaft Pinneberg von dem Fürstenthume Holstein abgetheilet, hat nun etliche Jahrhero in der Grafschaft Pinneberg zu Altona münzen lassen.

Es geben aber die Reichsabschiede dem Münzwerk seine sonderige Disposition, Ordnung und Masse, und ist unter anderem Anno 1551 in dem Reichsabschiede zu Augsburg Fol. 42 vorsehen, dass alle Standt, die nicht Bergwerk sollen Thaler, Gulden, Groschen, halb und Örter zu münzen einstellen, auch kein ander Geld, dann auf des Reichs Schrot und Gehalt münzen. Und ob wohl hernach Ao. 1559 zu Augsburg eine gemeine Münzordnung begriffen und ins Reich publicirt, welche auch Ao. 1566 und 1570 zu Speyer und Ao. 1571 zu Frankfurt, desgleichen 1576 zu Regensburg extendirt und verbessert worden, darinnen auch fürnemlich dieses disponirt und geordnet wird, dass ein jeder Münzherr oder Stand auf sein selbst eigen Kosten und Verlag die Münze verlegen soll, item dass die so wider obgemaltes Handeln ihre Münzfreiheit sollen verloren haben, item dass die Münzgerechtigkeit kein Mercanzey, derowegen Niemand sein Münzen andern zu verkaufen, zu verleihen oder zu verlegen, noch daher Nutz zu gewarten — so wird doch denselben Reichsabschieden nicht so stricte gelebet, wie man dessen auch in diesem Kreis Exempel hat. Und habe ich für dieser Zeit gehört, dass Herzog Johann Adolf zu Holstein einem aus Hamburg, Maz Pulz genannt, vor etlichen Jahren die Münze zu Schleswig soll eingethan und verheuert haben. So weiss man auch, dass die Münze vor Hildesheim auf dem Berge etlichen Juden, wie man sagt, eingethan gewesen, dahero auch die Dubbelschilling, die man die Gärstenkorn nennet, welche auch eines geringen Valoris als andere sein sollen, so häufig kommen und es deren Exempla mehr sein.

Wiewohl auch Ao 1570 zu Speyer verabschiedet, dass die Hecken-Münz hochschädlich, darum keinem, so Münzgerechtigkeit, seines Gefallens sondere Münzstadt in den Kreisen anzurichten gestatten, doch die so eigen Bergwerk, auch sondere Münzen zu halten zugelassen. Item, dass kein Münzmeister aufzunehmen, der nicht zu den Probationtagen präsentiret, gelobet und geschworen, wohin ohne Zweifel andere gesehen haben, so sich bedünken lassen, dass es nicht sein könne, dass E. f. G. zu Harburg münzen lassen, sondern da es geschehen sollte, müsse es zu Hamburg, Lübeck oder Lüneburg[21]) geschehen, dahero aber E. f. G. wenig Gewinn haben würden.

Nun ist dasselbige wohl also, wenn man die Reichsabschiede ansehen will, dann Hamburg, Lübeck, Lüneburg[22]) seien die gewöhnlichen Münzstätte und haben ihre geschwornen Münzmeister, so auch mit auf die Probationstage geschickt werden. Es werden aber die Reichsabschiede meines Ermessens so wenig in diesem, als im vorigen Oberzählten observirt und in Acht genommen — exempla sunt in promptu — und allbereit allcgirt, im Fürstenthum Holstein seien drei unterschiedliche Münzstätten, Herzog Johann Adolf hat seine sondere,

---

21) Gestrichen, dafür Bremen gesetzt.
22) Gestrichen, dafür Halle, Bremen, Braunschweig und Rostock gesetzt.

Herzog Hans seine sondere und der Graf zu Holstein seine sondere, dass ich andrer geschweige[23]). Nun ist wohl wahr, quod non exemplis sed legibus judicandum, gleichwohl lasse ich mich bedünken und bin dessen mit E. f. G. einig, was anderen Fürsten und Herren recht und erlaubt, das muss E. f. G. auch recht und erlaubet sein, und seien dieselben nicht mehr als andere Fürsten und Herren an die Reichsabschiede verbunden.

Und ob wohl auf etlichen Reichs- und Kreistagen fürgewesen, solche Unordnung abzuschaffen, so bleibet es doch dabei, darum auch meines Erachtens E. f. G. bis auf eine gemeine, des Reichs oder Kreises Reformation gleich andern abgetheilten Fürsten und Herrn wohl ihre sondere Münzstatt haben und sich des Münzens der kleinen Sorten als dubbelten Schillingen, Schillingen und Sechslingen gebrauchen können.

Hieran würde es aber fürnehmlich gelegen sein, dass E. f. G. von dem Münzmeister und seinen Consorten genugsam versichert werden, dass sie gute und keine untaugliche Münze schlagen und auf des Reichs Wert und Gehalt münzen und sich in dem der Münzordnung gemäss verhalten. Denn wenn darin einiger Mangel gespüret werden sollte, drauf ohne Zweifel die benachbarten ein wachend Auge haben würden. So vermag der Reichsabschied, Ao. 71 aufgerichtet, Folio 199: Da der Münzer nicht in gebürlichem Münzen in Arbeit stände, sollen die Kreisstände ihm dasselbige niederlegen, alle Materialia zu sich nehmen und der kaiserl. Majest. zu erkennen geben. Ja es werden auch in dem Abschiede zu Speyer Ao. 1570 Fol. 181 diese Worte gesetzt: Da Jemand anderer Gestalt sich des Münzens, denn gesetzt, annehme, wo denn solche Sorten anzutreffen, die sollen verboten und confiscirt werden und soll der Münzer dem Kreis und jedem Beschädigten Erstattung thun, dabei seiner Münzgerechtigkeit verlustig sein. Der Münzmeister so wider seinen Eid das Reich betrogen, soll nicht allein den Schaden erstatten, sondern auch an Gut, Leib und Leben gestrafet werden.

Derowegen E. f. G. sich hierin wohl fürzusehen und da der Münzmeister und seine Consorten E. f. G. sonsten keine andere genugsame Versicherung oder Caution in dem würden thun können, müssen sie an Materialien und Silber so viel einbringen und allzeit übrig und im Vorrath haben, dass E. f. G. desfalls gesichert seien und schadlos gehalten werden könnten. Wie man denn auf solchen Event E. f. G. wohl hierinnen weiter rathen kann.

Das Original dieser Beilage befindet sich im Archiv Hannover, Registratur des Amts Harburg Regiminalia I a, 2, Nr. 1, ist datirt Buxtehude den 17. Juni 1611 und verfasst von Heinrich Weingartner. Die dem Herzog Christian übersandte Abschrift ist undatirt und ohne Namen des Verfassers.

---

[23]) Am Rande steht: Wie auch der Herr Erzbischof zu Bremen eine besondere Münzstatt zu Vörde.

Anlage 4.

1615, Mai 27. Herzog Christian zu Celle an Herzog Wilhelm.

Wir haben Ew. L. unterschiedlich an Uns gethane Schreiben empfangen und ihres Inhalts ablesend verstanden.

Was nun die vorhabende Münzstätte anlanget, wollen es E. L. eigentlich und gewiss dafür halten, dass Wir wegen der nahen Verwandtniss nicht weniger Ihro als uns selbsten allen Respect und gedeihliches Aufnehmen herzlich gern gönnen, hätten auch zu würklicher Bezeugung solches Unsers guten wohl-affectionirten Gemüths Unser gesuchtes Gutachten willfährig zu ertheilen kein Bedenken, wann Wir es dafür achten konnten, dass gestalten Sachen nach E. L. zu solchem Effect damit gedienet, befinden aber, dass es ein widriges operiren mögte. Denn

1. so ist leider mehr als gut hell am Tage, dass durch die vielen, zu-mahl an nicht erlaubten Örtern augeordneten Münzstätten das Münzunwesen je länger je mehr zu- und fast überhand nimmt, welchem billig alle Fürsten, Stände und Andere mit Darstreckung ihres äussersten Vermögens remediiren sollten.

2. Wenn man sich hierin den Münz- und Kreis-Edicten conformirt, so kann durchaus kein Vortheil, sondern muss vielmehr Schade darbei zugewarten sein.

3. So ist das Münzwesen als ein vornehm Regalstück auch nur zur Fort-stellung der Gewerbe und sonsten nicht verordnet.

4. Ist in den Reichsabschieden hoch verboten, die Münzgerechtigkeiten anderen zu lociren oder auszuthun.

5. Bemühen wir Uns in diesem löblichen niedersächsischen Kreise gar sehr, dass das Münzwesen in guten Stand wieder gebracht werden möge. Sollten nun andere sich dessen beschweren, dass Jemand aus Unserm fürstlichen Hause ge-boren, auch die allergeringste Ursache zu fernerem Unwesen Anlass und Ursache gebe, so würde es solchem Unsern guten Intent widrig sein.

6. So müssten E. L. Ihro Münzmeister und Wardeine mit ziemlichen Un-kosten auf Reichs-, Kreis- und Probationtage schicken, darauf dann ein Mehreres gehen, als diese Münzstätte ertragen würde.

7. Haben Unsere beiderseits hochgeehrte Vorfahren hochlöblichen Ange-denkens, wie ob der Beilage zu ersehen, sich gegen Bürgermeister und Rath Unserer Stadt Lüneburg pflichtbar gemacht, dass dieselben und ihre Nach-kommen sich des Münzens nicht gebrauchen wollten.

Aus solcher und viel anderen nicht weniger erheblichen Ursachen Unseres Erachtens nicht rathsam sein will, dass E. L. eine Münzstätte anordnen. Jedoch wollen Wir Ihro darin keine Masse geben, sondern stellen zu Deroselben eigen hochvernünftigen Erwägung, was Sie hierin zu thun und fürzunehmen verant-wort-, auch Ihro reputir- und nützlich zu sein erachten.

Postcriptum. Der im Schreiben angezogene Vertrag (mit Lüneburg vom 1293) hat in der Eil nicht aufgefunden werden können, der Bote auch nicht länger aufhalten wollen.

Anlage 5.

1615, August 29. Auszug aus der Instruction Herzog Wilhelms an Dr. Michael Witt, abgesandt nach Celle zur Führung der Unterhandlungen, betr. Anlage einer Münzstätte in Harburg.

Herzog Christian habe in seinem Schreiben vom 27./5. 1615 erklärt, er stelle in Herzog Wilhelms eigenes Ermessen, was er in Bezug auf Einrichtung der Münze zu thun und vorzunehmen gedächte. Er (Wilhelm) habe der Sachen ferner nachgedacht und befunden, „dass Uns dasjenige, was anderen Kreisververwandten verstattet würde, verhoffentlich mit Fug nicht wohl könnte gewehret werden, derowegen Uns endlichen im Namen Gottes mit einem auf Kreis- und Probationstagen approbirten und in diesem niedersächsischen Kreise gesessenen Münzmeister in Bered- und Handlung so weit eingelassen, dass er auf erstes Unser Erfordern, sich anhero zu verfügen und Uns mit Gelübden und genugsamer Versicherung für Alles, was dem Münzedict, Reichs- und Kreisordnung und Abschieden gemäss ist, verwandt zu machen willig ist.

Damit nun ferner solches mit Mehrgedachts Unsers freundl. lieben Vettern und Bruders Vorwissen geschehen möchte, hätten Wir nicht umgehen wollen, solches vorher hiermit notificiren zu lassen, des freundvetterlichen Versehens und der guten Zuversicht, Ihre Liebden würden nicht allein solches Werk nicht zuwider sein, noch missfallen lassen und Uns den geringen Succurs und Zusteuer, daran Wir, es wäre auch so geringe, als es wollte, dennoch an Unseren gegen den bekannten fast geringen Intraden grossen und schweren Bürden und Ausgaben eine jährliche Erleichterung fühlen und empfinden könnten, ganz gern gönnen, sondern auch bei andern Ständen dieses Kreises, so etwan ungleiche Reden, die uns allwege nicht vorkommen würden, davon führen möchten, durch die Ihrige entschuldigen und vertreten lassen. Dann Wir hierinne nichts anderes vorhätten, als was vor vielen Jahren bei andern Fürst- und Gräflichen dieses und anderer Kreise Verwandten in vollem Schwange und Übung gewesen und noch täglich wäre und dahero Uns, vermöge unser von der Röm. kayserl. Majst. und dem heiligen Reiche tragende Regalien auch frei und nicht verboten sein müsste.

Wir wären auch gänzlich entschlossen, bei dem Münzen, wenn es furtgängig, dermassen fleissig wachend Aussehens zu haben, dass darbei nichts Gefährlichs, Ungebührlichs, den Münzedicten Widrigs, noch ichtwas, so S. L., uns und Unserm ganzen fürstlichen Hause verkleinerlich fallen könnte, fürgehe oder mit unterlaufe. Wie Wir dann auch des fürstlichen Erbietens, so bald entweder durch einen allgemeinen Reichs- oder auch dieses Kreises Schluss alle andern vor diesem nicht gewesene Münzstätte würksamlich abgeschaffet und niedergeleget würden, Uns alsdann darinne der Schuldigkeit nach also zu accomodiren, dass Niemand Uns deswegen etwas Verweislichs aus- und vorzurücken haben solle.

Sollte hierwider Unserm Kanzlern eins und anderes zu Gemüthe geführet und in Sonderheit die vorigen Motiven wiederholet werden wollen, als

1. dass durch die an nicht erlaubten Orten angeordneten Münzstätten das Münzunwesen je länger je mehr überhand nehme, welchem alle Stände zu remediiren sich billich befleissen sollen;

2. dass bei dem Münzen, wenn es den Münzedict- und Kreisordnungen gemäss geschehe, kein Vortheil zu gewarten;

3. dass das Münzregal nur zur Fortstellung der Gewerbe verordnet;

4. dass in Reichsabschieden höchlich verboten, die Münzgerechtigkeit anderen zu lociren oder auszuthun;

5. dass dies Unser Vorhaben Sr. Herzogs Christian Lbdn. Intention, welche sich dahin bemüheten, dass in diesem Kreise das Münzwesen in guten Stand wiedergebracht werden möchte, zuwider liefe;

6. dass Wir unsere Münzmeister und Wardine mit ziemlichen Unkosten auf Reichs-, Kreis- und Probationstage schicken müssten, darauf ein Mehreres gehen, als das Münzen einbringen würde;

7. hätten sich Unsere hochgeehrte Vorfahren vor sich und ihre Nachkommen gegen Unser Stadt Lüneburg pflichtbar gemacht, sich des Münzens nicht zu gebrauchen —

so hat er ihnen darauf kürzlich also zu begegnen: Wir hielten uns schlechterdings an das unvereinliche Herkommen, könnten zwar für Unser Person wohl geschehen lassen, wünschten es auch, dass dermaleneins das Münzwesen in richtigen gleichdurchgehenden Stand gebracht werden könnte, und wollten vor Unser Person weder sein, Herzog Christians Liebden, noch auch dem Kreise gewisslich keine Hinderniss darinne begegnen lassen, sondern sobald es zu beständiger Execution des Münzedictes könne gebracht werden, alsdann gerne und gutwillig Unser Münzstatt wieder abschaffen. So lange aber andere Kreisverwandte sich einen Weg als den andern des Münzens frei ohnverhindert gebrauchten, könnten Wir davon verhoffentlich nicht abgehalten werden.

Wir wären zwar hieraus keines besonders grossen Vortheils gewärtig, alleine weil Uns für Anstellung der Münzstätte eine jährliche Recognition angeboten wurde und das Münzen also geordnet werden soll, dass es denen Reichs- und Kreis-Edicten gemäss, so hielten Wir dafür, dass solches nicht auszuschlagen, und wäre der Münzmeister erbietig, die Kreis- und Probationstage auf seine eigenen Kosten zu besuchen. Wessen letztlich Unsere hochgeehrte Vorfahren sich gegen Unsere Stadt Lüneburg verpflichtet haben möchten, davon wäre bis daher nichts Gründliches vorkommen. Verhofften auch nicht, dass dieselben Uns, ihren Nachkommen, an diesem Regalstück etwas zu vergeben

gemeinet gewesen oder auch ohne kaiserliche Bewilligung hätten vergeben
können. Wie Wir dann auch auf allen Fall wider die Stadt Lüneburg dies Unser
Fürhaben wohl zu vertheidigen getraueten, inmassen nicht unbekannt, dass dergleichen Verpflichtungen vor Alters den Städten Stade, Hildesheim und Hameln
auch geschehen und gleichwohl der Erzbischof zu Bremen, Bischof zu Hildesheim und Herzog zu Braunschweig sich des Münzens noch anitzo zu Stade[24]),
aufm Berge vor Hildesheim und zu Hameln gebrauchen, anderer Exempel zu
geschweigen.
(Original.)

<hr />

Anlage 6.

1615, Septbr. 2. Herzog Christian an Herzog Wilhelm.

Wir haben E. L. freundlichem Ansuchen zufolge Ihren an Uns abgeord-
neten Kanzler Michael Witten, dero Rechte Doctorn, durch Unsern Statthalter,
Kanzler und lieben Getreuen hören und Uns sein mündlichs Anbringen umständlich referiren lassen.

Weiln wir nun darob vernommen, dass E. L. die Münzstätte auf Ihre
Gefahr und Verantwortung anzuordnen gemeinet, Wir auch wissen, dass Sie sich
in solchen und derogleichen fürlaufenden Sachen besonderer Vorsichtigkeit
gebrauchen, so wollen Wir unseres Theils daran nicht hinderlich sein, nicht
zweifelnd, Sie werden Ihrem freundlichen Erbieten allenthalben nachkommen.
(Original.)

<hr />

Anlage 7.

1616, Mai 3. Herzog Wilhelm an Herzog Christian.

Ew. Lbdn. haben sich annoch freundlich zu erinnern, was Wir Dero für
diesem wegen fürgehabter Anrichtung einer Münzanstalt freundlich zu verstehen
gaben, dieselbe sich auch darauf freundlich erkläret.

Weil Wir nun im Namen Gottes solche Münzstätte nicht mit wenigen
Kosten angerichtet, zu derselben einen wohlbekannten, in diesem Kreise albereit
vorhin beeidigten und approbirten Münzmeister mit Namen Simon Timpfe
bestellet und angenommen, mit dem Münzen auch einen guten Anfang machen
und bis anhero verfahren lassen und jetzo entschlossen sein, auf bevorstehen-
dem gemeinen dieses löbl. Niedersächsischen Kreises Münzprobationstage zu
Lüneburg ermelten Unsern bestallten Münzmeistern dem Herkommen nach prä-

<hr />

[24]) Bezüglich Stade beruht diese Angabe auf einem Irrthum. Erzbischof Johann Friedrich
liess in Vörde münzen.

sentiren zu lassen, so haben Wir nicht umgehen wollen, Ew. Lbdn. vorher solches
zu notificiren, freundlich bittend, Sie wollen vorigem Ihrem freundlichen Erbieten nach Uns in diesem Werke freundvetterlich gewogen sein und die ihrigen,
so Sie zu ermelten Probationstage abordnen werden, dahin notdürftiglich instru-
iren, dass in Ew. Lbdn. Namen sie nicht allein für ihre Person in gemeinem Rathe
sich zu Beförderung Unsers angefangenen Münzwerks so viel möglich accommo-
diren, sondern auch gegen anderer Stände Gesandte desselben favorabiliter gedenken und diejenigen, so sich in etwas dawider zu opponiren anmassen möchten,
durch dienliche ihnen wohlbekannte Motiven zu gewinnen sich angelegen sein
lassen und zu dero Behuf den wohlgelarten Unsern Rath und lieben Getreuen
Simonem Fürstenow, welchen Wir genugsam instruiret, zu ermelten Probationstag abordnen werden von Unseretwegen, auf sein Anmelden gütlich hören, mit
demselben in gutem Vertrauen privatim communiciren und was also zu Unserm
Besten dienen möchte, fortsetzen helfen wollten.
(Original.)

Anlage 8.

1616, Mai 8. Herzog Wilhelm an die zum Münzprobationstage in Lüneburg deputirten Kreisstände.

......Wir mögen...... nicht verhalten, dass Wir in Krafft unseres Regals,
Frei- und Gerechtigkeit der Münze, so von der Röm. Kaiserl. Majestät allerhöchst-
geehrten Vorfahren im Reich Unsere geehrte Voreltern und Wir gehabt und noch
haben, eine Münz in unserer Stadt Harburg ohnlängst angeordnet und zu derselben für Unsern Münzmeister den ehrsamen Unsern lieben getreuen Simon
Timpfe in diesem löbl. niedersächsischen Kreise beeidigten und approbirten
Münzmeistern, dann auch zu dessen Specialwardein Jacob Stöhr, zu Hamburg
wohnhaft, bestallet, angenommen und sie beide deswegen mit gebührlichen
Gelübden und Pflichten inhalts des heilg. röm. Reichs Münz- und Probations-
ordnung beleget und darauf im Namen Gottes mit einer Probe der Anfang
gemacht worden.

Demnach thun Wir...... ermelten Unsern bestellten Münzmeister hiermit
in der Person präsentiren und fürstellen, der gänzlichen guten Zuversicht, Ihr
werdet ihn, als dessen Herkommen, Geschicklichkeit und Redlichkeit in diesem
Kreise vorhin ganz wohl bekannt, vor Unsern bestallten Münzmeister Unseretwegen passiren lassen, leiden und gedulden.......
(Nach einer Abschrift.)

1616, Mai 12. Antwort auf vorstehendes Schreiben.

Was E. F. G. wegen Auf- und Annehmung Ihres bestallten Münzmeister
und Wardein in Schriften gelangen lassen, solches ist uns ...... eingehändiget
worden.

Ob nun wohl wir vor uns nicht lieber sehen mochten, dann dass E. F. G.
anjetzo hierinne gewillfahret werden konnte, so haben wir doch dies E. F. G.
gnädiges Anmuthen und Gesinnen aus bewegenden Ursachen auf eine gemeine
Kreisversammlung verschieben müssen, der unterthänigen Zuversicht, E. F. G.
solches daselbst zu suchen wissen und bis dahin mit dem Münzen einhalten und
sich gedulden werden.

(Original.)   ———————

Anlage 9.

1617, September 18. Herzog Wilhelm an die zum Münzprobationstage in Braunschweig deputirten Kreisstände.

......Ihr werdet zweifelsohne aus denen bei jüngstem Münz-Probations-
tage, so auf Ascensionis Domini Ao. 1616 in Unserer Stadt Lüneburg gehalten
worden, vorgewesenen Handlungen vernommen haben, welchermaßen Wir
unsere Regalia, womit von der röm. Kaiserl. Majestät Unserm allergnädigsten
Herrn und Ihrer Majestät allerhöchstlöblichsten Vorfahren im Reich Unser geehrte
lieben Voreltern und Wir allergnädigst versehen gewesen und noch sein, in dem
Stück der Münz-Frei- und Gerechtigkeit in Unserer Stadt Harburg allhie wiederum
zu exerciren angefangen und zu dero Behuf den ehrsamen Unsern lieben getreuen
Simon Timpfe als in diesem löbl. niedersächs. Kreise hiebevor beeidigten, approbirten und dahero wohlbekannten Münzmeistern, und neben demselben zum
Special-Wardein einen Bürgern zu Hamburg, Jacob Stör mit Namen, auf ihre
beiderseits geleistete gebührliche Pflichte und Eide angenommen, denselben
unsern Münzmeistern auch damals dem Herkommen und Gebührniss nach präsentiren und seithero etliche wenig Werke zur Probe machen und ausfertigen lassen,
des Vertrauens, weiln die Sorten, so von solcher Unserer Münzstätte abgehen,
nicht allein von benannten Unsern Privat-, besondern von dem General-Kreis-
Wardein bei bemelter Unserer Münzstätte Visitation richtig befunden worden,
dieselben werden auch auf jetzigem Probationstage bestehen können.

Und thun Wir demnach durch obbenannten unsern Guardein die Fahr-
büchsen verschlossen und versiegelt, die dazu gehörende Schlüssel aber eingelegt
überschicken, freundlich bittend und günstig gesinnend, Ihr wollet uns in diesem
unserm Fürhaben, darin Wir allewege verantwortlicher Weise verfahren zu lassen
gemeint sein, mit guter Affection und Neigung zugethan sein.

(Nach dem Concept.)   ———————

Anlage 10.

1617, September 18. Herzog Wilhelm an den Kanzler des
Herzogs Christian von Celle.

...... Demnach an Uns gelanget, dass gegen den 23. dieses eine gemeine
Versammlung dieses löbl. nieders. Kreises Stände ausgeschrieben und bei
währendem Kreistage in der Stadt Braunschweig auch zugleich ein Münz-

probationstag gehalten werden solle, und Wir Uns erinnert, dass uns gepüren wolle, dahin Unsere verordneten Münzmeister und Guardin daselbst Unsere verschlossene Fahrbüchsen zu präsentiren und der gemeinen Probe zu unterwerfen, so haben Wir deswegen gehörige Bestellung und Befehl gethan, in guter Zuversicht, Unsere grobe und kleine Münzsorten bestehen und ungetadelt bleiben werden. Und ob Wir uns wohl nicht versehen, dass Uns Unser Regalstück der Münzgerechtigkeit von den löblichen Kreisständen oder sonst von Jemand anders allda auf dem Kreistage gefochten oder bestritten werde, so haben Wir doch eine Nothdurft zu sein erachtet, Unsern Rath und lieben Getreuen Simon Förstenow gen Braunschweig abzufertigen, sich des löblichen Kreises Meinung und Schluss in Münzsachen, soviel Uns daran gelegen zu erkundigen, auch auf allen Fall Unser Nothdurft an bequemen Orten und Zeit in acht zu haben.

Und wollen nun hiermit an Euch gnädig und günstig gesonnen haben, Ihr nicht allein bemelten Unsern Rath und Dienern auf sein gebührliches Ansuchen Uns zum Besten einräthig sein, sondern auch Unsere Münzsachen bei dieser bevorstehenden Kreisversammlung, soweit sich gebühren und verantworten lassen will, tuiren und vertheidigen helfen, damit Wir derselben Gerechtigkeit nicht weniger denn andere Reichsfürsten, Herrn, Stände und Städte zu gebrauchen haben mögen, das gereicht unserm löblichen fürstlichen Hause Braunschweig-Lüneburg zu besonderem Respect und Ansehen.

(Nach dem Concept.)

Anlage 11.

1615, September 19. Contract mit dem Münzmeister Simon Timpfe.

Zu wissen, dass zwischen dem durchläuchtigen u. s. w. Herrn Wilhelm, Herzogen zu Braunschweig und Lüneburg etc., an einem und dem ersamen Simon Timpfen verordneten und approbirten Münzmeistern, anjetzo zu Stade residirend, am andern Theil, wegen Anrichtung einer Münzstätte in der Stadt Harburg folgender Contract behandelt, angenommen, geschlossen und beliebet worden.

Anfänglich wollen I. F. G. ermeltem Münzmeister ein bequemes Haus anweisen und zum Münzwerk dienlich, so frühe und zeitlich, dass er dasselbe auf jetzt bevorstehenden Michaelis zu gebrauchen haben möge, zurüsten und bereiten lassen, darauf das Münzwerk sechs Jahr lang aneinander zu treiben, es wäre dann, dass inmittelst ein allgemeiner Kreisschluss wegen Abschaffung der in Neulichkeit angerichten Münzstätten gemacht, auch wirklich exequirt und vollzogen würde, in Gnaden verstatten und nachgeben. Zu dero Behuf auch ihm jährlich zehn Faden Holz zur Feurung, halb Eichen und halb Buchen, frei verschaffen lassen. In währenden solchen sechs Jahren und Münzwerk soll er der

Münzmeister und seine Gesellen von allen bürgerlichen Pflichten frei und für ihr Getränk an Wein und Bier, soviel sie dessen selber aufsetzen und gebrauchen werden, Accise zu geben nicht verbunden. Da auch die Gesellen in einig Gezänk und Schlägerei unter ihnen selbst gerathen würden, solchs unter sich ihrer Gewohnheit nach zu strafen und hinzulegen, ihnen vergönnet, da sie aber mit einem Fremden in Zweiung, Gezänk oder Unwillen gerathen würden, solchs vor I. F. G. oder Dero verordneten Münzräthen zu berechtigen und zu entscheiden vorbehalten sein.

Hiergegen hat sich mehrbemelter Münzmeister auch verpflichtet, das Münzgeräthe an Instrumenten und Gepräge, wie dann auch das Silber und Gold zu münzen selber zu verschaffen, allen Kosten so auf sich, seine Gesellen, Besuchung der Probationstage, auch auf Unterhaltung eines Privatwardeins, jedoch dass I. F. G. demselbigen jährlichs auf Johannis Baptistae fünf Faden Buchenholz geben wollen, gehen, allein zu tragen, keine andere Münze als doppelte Schillinge, Schillinge, Sechslinge, Dreilinge lübeckscher Währung, bisweilen auch wohl ganze und halbe Thaler und Goldgulden zu schlagen, solche Münz auch an Schrot und Korn also verfertigen zu lassen, dass dieselbe den Münzedicten, Probations-Abschieden und anderen dieses niedersächsischen Kreises Münzstätten gemäß sein, er damit auf den Probationstagen bestehen und I. F. G. deswegen nichts Verweisliches aufgerückt, noch einiger Schade zugefüget werden möge und deswegen eine schriftliche Verpflichtung an Eids statt bei Verpfändung seiner Hab und Güter herauszugeben, wie denn auch der Special-Wardein mit Namen Jacob Stör, wohnhaftig in Hamburg, zu absonderlicher Anlobung und eidlicher Verpflichtung dar- und vorzustellen.

Letztlich hat für diese Vergünstigung I. F. G. der Münzmeister jährlich 600 Rthaler, jeden zu 37 Schillinge lübisch gerechnet, ermelte sechs Jahre nacheinander jedes Jahr auf Michaelis in einer Summe zu erlegen und damit auf erstkommenden Michaelis übers Jahr, wann man der wenigeren Zahl sechzehn schreiben wird, einen Anfang zu machen und jetzo alsbald zum Eingange und glücklichen Antritt ein ansehnliches übergultes Pokal in Unterthänigkeit zu präsentiren und zu verehren versprochen und zugesagt.

Dessen Allem zu wahrer Urkund sind über obgesetzten Contract zwei Recess gleichen Lautes unter I. F. G. Handzeichen und Daumsecret, dann auch des Münzmeisters Simon Timpfen Hand und Petschaft aufgerichtet, ausgefertigt und davon einer mehrberührtem Münzmeistern zugestellet, der andere der fürstlichen Kammer eingeliefert worden.

So geschehen zu Harburg am 19. Tage des Monats Septembris im 1615. Jahre.

(Nach dem Original.)

Das Siegel Timpfes ist abgefallen.

(L. S.)

Wilhelm Herzog
zu B. und L.

Simon Timpfe.

Auf der Außenseite des Contracts steht:

Zu wissen, dass diesem Contract zufolge der darin benannte Wardein Jacob Stör von dem Münzmeister Simon Timpfe Anno 1615 den 5. Septbr. auf der fürstlichen Kanzlei vorgestellet und von den verordneten fürstlichen Kanzlern und Rähten in Pflicht und Eid genommen worden.

Und hat unserm gnädigen Fürsten und Herrn der Münzmeister das in Unterthänigkeit versprochene Pokal an selbigem Tage gebührlich präsentiren und einantworten lassen.

Das Münzhaus ist auch am 20. December Anno 1615 fertig gewesen und ist von I. F. G. gewilligt, dass die 600 Rthl., welche auf Michaelis auszugeben verheißen, jährlichs aufs neue Jahr gezahlet werden sollen.

Contrahentium jussu Simon Förstenow.

Simon Timpfe wird vereidigt am 4. October 1615; in der darüber auf-genommenen Verhandlung sagt er nochmals ausdrücklich, dass Herzog Wilhelm ihm die neueingerichtete Münzstätte zu Harburg „eingethan und zu seinem Besten 6 Jahr lang aneinander auf gewisse Condition zu münzen vergönnet".

Anlage 12.

a) 1619, October 1. Kontract mit Thomas Timpfe.

Zu wissen: Als mit gnädiger Bewilligung des .... Herrn Wilhelm, Herzogens zu Braunschweig und Lüneburg bestallter Münzmeister Simon Tympe in einer Anno 1615 den 19. Septbr.- gegebenen fürstlichen Bestallung seinen Sohn Thoman Tympen substituirt, S. F. G. auch denselben Thomas Tympen für einen Münzmeister in Gnaden angenommen und der Gebühr be-eidigen lassen, dass dabei von Sr. F. G. sowohl auch von gedachten beiden Münzmeistern Simon und Thoma Tympen, Vater und Sohn, bewilligt worden, dass zwar angeregte fürstliche Bestallung in ihrem Wesen und Würden ver-bleiben soll, aldieweile aber S. F. G. benannten ihrem jungen Münzmeister 8000 Mark lub. ohne Zins oder Interesse zu gebrauchen auf beschehene Ver-sicherung in Gnaden vorgesetzt, so haben beide Personen, Vater und Sohn, sich mit Bestande verpflichtet, in den noch übrigen zweien Jahren S. F. G. Cammern anstatt dero in selbiger Bestallung versprochenen und die vorigen Jahr ent-richteten 600 Thaler à 37 β jährlich aufs neue Jahr, davon der Anfang Anno 1621 gemacht werden soll, 1000 Thaler, jeden zu 2 Mark, die Mark zu 16 Schilling, den Schilling zu 12 Pfg. lüb. Währ. gerechnet, an guten gedoppelten Schillingen oder anderer dieses Orts und in der Stadt Hamburg gangbarer Münz in einer unzerbrochenen Summen zu entrichten. Hiergegen sollen ihnen, den Münz-meistern, jährlichs anstatt der in mehrgeregten fürstl. Bestallung verschriebenen 10 Faden halb Buchen-, halb Eichenholz, 12 Faden lauter Buchen Kluftholz und dem Special Guartin Jacob Stören noch 2 Faden Holz zugelegt und demselben also 7 Faden Holz selbiges Buchen Kluftholz gefolgert werden.

Urkundlich etc. Harburgk den 1. Oktobris Anno 1619.

Nach dem Original mit den Siegeln und Unterschriften des Herzogs und der Münzmeister Simon und Thomas Timpfe. Das Siegel des letzeren ist abgefallen.

b) 1619, Oktober 1. Bestallung des Thomas Timpfe. (Auszug.)

„Von Gottes Gnaden Wir Wilhelm .... urkunden und bekennen hiemit...., dass Wir den ehrsamen Thomas Timpfe zu Unserm Münzmeister allhie zu Harburg auf 2 Jahr lang gnädiglich bestellet....“

Er soll die ihm anvertrauten 8000 Mark zu gutem Silberkauf anwenden, den Edicten gemäss münzen, soll „mit denjenigen, welche die Münzen von Städten oder Anderen inhaben, keine Societät bilden“, ebensowenig mit seinem Guardein, den Schnittenmeistern oder Gesellen. „Dagegen haben Wir ihm erlaubt, dass er von jeder Mark fein Silber 30 β einbehalten möge“, davon aber musste er alle Unkosten tragen. Die Rechnung solle Thomas Timpfe alle Monat legen.

c) 1619, October 1.

In der Schuldverschreibung über die erhaltenen 8000 Mark lüb. sagt Thomas Timpfe:

....„Als auch mein gnädiger Fürst und Herr mich der monatlichen Rechnung, wozu in Kraft obangezogener I. F. G. Bestallung [25]) ich gehalten, in Gnaden erlassen. Damit dann S. F. G. dafür gebührliche Erstattung haben mögen, so gelobe ich, dass ich Sr. F. G. Cammern ich von nun an, so lange ich mehrgeregte meine Bestallung haben werde, alle und jede Monate am letzten Tage desselben 1000 Mark lübischer Währung an guten gedoppelten Schillingen bezahlen wolle“.

Anlage 13.

1618, Mai 23. Hamburg an den Herzog Wilhelm.

Nachdem gestriges Tags Ew. Fürstl. Gnaden Pass auf 10 Fuder Kohlen, so über die Elbe auf der Müntz zu Harburg geführt werden sollen. uns zukommen, so haben zwar E. F. Gn. zur dienstlichen Ehren wir solche Kohlen für diesmal passiren lassen.

Wenn aber nun gleichwohl itzangeregte Münzstätte gar ungewohnlich und wider des heil. Reichs Constitutiones, zudem auch nur durch Privat-

---

[25]) Nämlich der vom 1. October 1619.

personen und zu deren Eigennutz verrichtet wird, hergegen diese gute Stadt
der Kohlen zum Höchsten bedürftig, so gelanget derowegen an E. F. Gn. unsere
dienstliche fleissige Bitte, Sie geruhen in Gnaden zu verordnen, dass derogleichen Durchfuhr der Kohlen hiefüro verbleiben möge, inmassen uns auch
dieselbe zu angeregtem Behuf passiren zu lassen, vor unsere Bürgerschaft ganz
unverantwortlich sein wird. Seindt sonst E. F. Gn. zu angenehmen behaglichen
Diensten willig u. s. w.

1618, Mai 30. Antwortschreiben des Herzogs.

Wir haben Euer vom 23. dieses, Uns heutiges Tags in Unterthänigkeit
überreichtes Schreiben, die zu behuf Unser Münz dahier angekaufte Kohlen
betreffend, in Gnaden erlesen, und seines Inhalts verstanden. Hätten Uns nun
von Euch eines solchen unnachbarlichen Schreibens und angemassten, Euch
nicht geziemenden ungleichen Censur ganz nicht vermuthet. Dann an
welchem Orte und Ende, auch durch was Personen Wir Unser Münz-Regal,
damit von römischen Kaisern und Königen Wir und Unsere hochgeehrten
Vorfahren allergnädigst versehen und beliehen sein, gleichs andern Herrn,
Fürsten und Städten des heil. röm. Reichs und sonderlich dieses löbl.
Nieders. Kreises, wirklich exerziren zu lassen gemeinet, davon erachten Wir
Uns Niemandem, dann der Röm. kayserl. Majestät Unserm allergnädigsten Herrn
Rede und Bescheid zu geben schuldig. Haben Uns auch bis anhero darinnen ge-
halten, also bezeiget, dass auf offenen Münz- und Probation Tagen deswegen
ein gutes Bemügen gespüret worden und Niemand sich einiges gesuchten
Privat-Nutzens wegen mit Fragen zu beklagen, derowegen Wir auch billig von
Euch mit der unzeitig und unbefragten Aufforderung hätten verschont bleiben
sollen.

Soviel aber die Kohlen anlangt, haben Wir dieselben in der Königlichen
Würden zu Dänemark, Norwegen u. s. w. Gebiete, daselbst es Uns und den
Unsrigen nicht weniger auch Euren Bürgern freisteht, einkaufen, über den gemeinen Elbstrom vermittelst Unseres nur um nachbarlicher Correspondenz
willen vorgezeigten Pass fahren, und nicht aus der Stadt Hamburg holen oder
den Eurigen aus ihrer Nothdurft entziehen lassen. Wollen Uns demnach versehen, Ihr werdet Uns hiefüro an dergleichen Einkaufung und Abholung noth-
dürftiger Kohlen kein Hinderniss wiederfahren lassen, damit Wir nicht benöthigt
werden, Uns in andern Fällen gleichmässiger Versperrung zu gebrauchen, auch
wohl Andere, die vielleicht kein geringes Missfallen daran tragen möchten,
darzu zu ziehen, da dann daraus benachbarliche Verwirrungen, welche Wir
Unsers Theils viel lieber, zumahl bei diesen ohne das schwierigen Zeiten, verhütet sehen, entstehen würden, hättet Ihr solches Niemand anders als Euch
selbsten zuzumessen. Ihr werdet es aber Unsers gänzlichen Verhoffens dazu
nicht kommen lassen und Uns Unsern Passzettel, welcher den Unsrigen nur für-
zuzeigen, nicht aber gar von sich und wegzugeben zugestellet, wieder anhero
senden.

Anlage 14.

1621, Oktober 1. Neue Bestallung für Thomas Timpfe. (Auszug.)

„Von Gottes Gnaden Wir Wilhelm u. s. w. bekennen hiermit. . . ., dass Wir unsern Münzmeister Thomas Timpfe zu Verwaltung Unser allhie bei unser Residenz verordneten Münz auf folgende Masse angenommen haben." Er behält die 8000 M. lüb. in Vorlage, soll Gold, Silber und Kupfer selbst besorgen, die Kosten der Kreis- und Probationstage tragen, den Special-Wardein, die Eisenscheider, Gesellen bezahlen und die Instrumente beschaffen. Die goldenen und groben silbernen Sorten soll er den Edicten gemäss verfertigen. „Die geringeren aber, als gedoppelte und einfache Schreckenberger, gedoppelte, einzelne und halbe Schillinge, auch Apfel- oder Silbergroschen aber nach dem Gehalt und in soviel Stücken, als Wir ihm jederzeit nach dem Auf- und Abschlage des Silberkaufs, welchen Uns er auf jedes Erfordern getreulich anzumelden soll schuldig sein, nachgeben werden. Und weiln Wir zu solches Münzwerks Fortstellung oben gemelten Vorlag thun, ob dann wohl billig, dass Uns von der Verwaltung wöchentlich Rechnung geschehe, so wollen Wir doch denselben ihm Unsern Münzmeister so weit erlassen, dass Unserer Cammer er alle und jede Wochen, am bevorstehenden 7. Oktobris die erste Zahlung zu thun, 125 Reichsthaler in Specie an guten gangbaren Reichsthalern erstatte."

Ferner musste Timpfe jede Weihnachten 3000 Rthlr. in Specie an die Cammer abliefern, wofür er Bezahlung erhielt.

Dafür bekam er freie Wohnung, Holz, Futter für 1 Pferd, Steuerfreiheit.

(Original.)

Anlage 15.

I. Hamburgische Münzvalvation von 1618.

1tes Blatt.

Anno 1618 den 18. Junius auf Eines Erbaren Rades der Stadt Lubeck und Hamburg Bevehlig sind diese undergesetzte Gelder aufgezogen und geprobiret wie folget.

	Stück.	Loth fein.	Gren.
1. Herzog Franz zu Sachsen dubbelte Schilling gan in die Mark	100	7	9
2. Hamburger dubbelte Schilling gan in die Mark 97 und auch 99 Stück, auch 100 Stück	100	7	9
3. Lüneburgische dubbelt β gan in die Mark	100	7	9
4. Rostocksch dubbelte β gan in die Mark	100	7	9
5. Wissmarsche dubbelte β gan in die Mark	100	7	9
6. Stader dubbelte β gan in die Mark	100	7	9

7. Bremisch dubbelte β gan in die Mark 99 Stück auch
   100, auch 101 Stück   101   7   8
8. Magdeburgische Groschen gan in die Mark . . .   171   8   —
9. Halberstadische Groschen gan in die Mark   168   8   —
10. Des Grafen von Wolle (?) Groschen gan in die Mark   172   8   —
11. Des Grafen zu Anhalt zu Storum gemünzte Groschen
    gan in die Mark . . . . ·   176   7   16
12. Zeiner zu Prage gemünzet worden, vor Groschen
    ausgegeben, gan in die Mark Stück   156   6   14
13. Herzog JohannGeorgius von Brandenburg Groschen
    gan in die Mark   145   7   12
14. Des Königs von Polen Groschen gan in die Mark .   153   7   5

| Mattiass Mors | Johan Meyer |
| Münzmeister zu Hamburg. | Gewardeyn zu Lübeck. |

Jacob Stör
HB Gewardeyn.

2tes Blatt.

	Loth fein.	Gren.
1. Königs von Dennemarken dubbelte Schillinge gehn die Mark 105½ Stück, halten	ɩ	2
2. Königs von Dennemarken einfachtige Schillinge gehn in die Mark 122 Stück, halten	4	13
3. Hallische dubbelte Schillinge gehen in die Mark 101 Stück, halten in fein	ɩ	9
4. Herzog von Holstein dubb. β von Vemern, gehen in die Mark 104 Stück, halten	ɩ	ɔ
5. Grafen von Schouwenburg dub. β zu Altona, gehen in die Mark 103 Stück, halten	ɩ	9
6. Grafen von Schowenburg Schreckenberger zu Altona gemünzet, in die Mark 47 Stück, halten in fein	9	ɔ
7. Grafen von Schowenburg Groschen zu Oldendorffe gemünzet, gehen in die Mark 167 Stück, halten in fein	ɩ	16
8. Herzog Augustinus zum Schowenberge dob. β gehen in die 104 Stücke, halten	ɩ	9
9. Kämpensche Schreckenberger gehen in die Mark 45½ Stück, halten in fein	‚ɪ	6
10. Königs von Dennemarken Sösslinge gehen in die Mark 162 Stück, halten	2	12
11. Des Grafen von Oldenburg Schreckenberger zu Gever 46½ Stück in die Mark, halten ins fein	9	ɪ
12. Des Herrn Bischofs zu Verden Groschen gehen in die Mark 168, halten ins fein	ɩ	10
13. Paderbornische Groschen gehen in die Mark 195 Stücke, halten ins fein	ʋ	—

14. Kalenbergische Groschen mit dem Löwen gehen in die Mark
175 Stücke, halten . . . .   ‹   15

15. Herzog zur Harburg dub. β gehen in die Mark 101 Stücke
halten . . . .   ‹   10

16. Qvedlenburgische Groschen, gehen in die Mark 157 Stück,
halten ins fein   8   .—

17. Des Grafen zur Lippe Groschen gehen in die Mark
181 Stücke, halten ins fein . . . .   ‾ı   26 (!)

18. Des Grafen Johan von Ritberge Groschen gehen in die
Mark 176 Stücke, halten ins fein . . . .   ‹   16

19. Herzog Hans Albrecht zu Gonau gemünzete dub. β gehen
in die Mark 105 Stück, halten ins fein . . . .   ‹   9

20. Herzog Johan Friedrich zu Vorde dub. β, gehen in die
Mark 101 Stücke, halten ins fein . . . .   ‹   9

21. Tecklenburgische Groschen gehen in die Mark 106 Stücke,
halten ins fein . . . .   ‹·   —

22. Adolf Friedrich dub. β gehen in die Mark 99 Stück, halten
ins fein . . . .   ‹   9

23. Herzog Philippus Julius Dob. β gehen in die Mark 99 Stücke,
halten ins fein   7   9

24. Lowerdische Schreckenberger 46 Stück halten   9   5

25. Hamelsche Groschen 169 Stück, halten   8   —

   Ohne Unterschrift.

II. Lüneburger Münzvalvation von 1621, Juni 9.

Aus Befehl der ehrenvesten, hochgelarten, hoch- und wohlweisen Herrn
Leonhart Elver, dero Rechte Doctor, Bürgermeister, Herrn Hartwig Töbing und
Herrn Lucas Owdorf, Rathsverwandten und jetziger Zeit verordnete Münzherrn
dero Stadt Lüneburg, haben wir endsbenannte, als deroselben pflichtschuldige
Diener, Münzmeister und Gwardein, nachverzeichnete kleine Münzsorten aufgezogen und probirt, solche an Schrot und Korn befunden, wie hernach
gespecificiret zu ersehen:

Dubbelschilling.

1. Des Hrn. Churfürsten zu Brandenburg Dubbelschilling, so anno 1621
geschlagen, gehen 104 Stück auf 1 Mark löthig und halten 6 Loth 10 Gren, sein
ungefähr nach dem Rthaler zu 4 Mark gültig.

2. Herzog Ulrich zu Stettin, Pommern etc., Dubbelschilling, so anno 1621
gemünzet, gehen 138 Stück auf 1 Mark löthig und halten 7½ Loth, können
auch der Thaler zu 4 Mark gerechnet für Werth angenommen werden.

3. Herzog Augustus zu Sachsen-Lowenburg Dubbel β., so anno 1621 gemünzet, gehen 150 Stück auf 1 Mark löthig und halten 7½ Loth. Wenn Münzkosten zugerechnet, können selbige auch gegen den Rthaler zu 4 Mark genommen werden.

4. Herzog Wilhelm zur Harburg Dubbelschilling, so anno 1621 gemünzt, gehen 151 Stück auf 1 Mark löthig und halten 7½ Loth fein, können gegen 4 Mark der Rthaler für gangbar gerechnet werden.

5. Herzog Augustus zu Hitscher [26]) Dubbelschilling, so anno 1621 geschlagen, gehen 154 Stück in 1 Mark löthig, halten 7 Loth 6 Gren fein, wollten auch ungefähr für werth den Thaler zu 4 Mark gerechnet werden.

6. Winser Dubbelschilling, so 1621 geschlagen, gehen 160 Stück auf 1 Mark löthig, halten 7 Loth fein, können auch genommen werden.

7. Stadt Lüneburg Dubbelschilling, so 1621 gemünzt, gehen 135 Stück auf 1 Mark, und halten 7½ Loth fein, so in den Thaler zu 4 Mark gerechnet, ohne Münzkosten ausgebracht und also gegen den Rthaler zu 3 Mark 12 β für gangbar zu entfangen und zu achten.

8. Hallische Dubbelschilling, so anno 1621 gemünzet, gehen 192 Stück auf 1 Mark, halten 7 Loth fein, dagegen 1 Rthaler werth 6 Mark und darüber.

9. Anhaltische Dubbelschilling, anno 1621 gemünzet, dero gehen 190 Stück auf 1 Mark löthig und halten 6 Loth fein, dagegen 1 Rthaler werth 6 Mark 8 β.

10. Herzog Friedrich Ulrich zu Braunschweig und Lüneburg Dubbelschilling, so anno 1621 geschlagen, dero gehen 196 Stück in 1 Mark löthig, halten 3 Loth 15 Gren, dagegen 1 Rthaler werth 10 Mark 8 β und darüber.

11. Graf Barbysche Dubbelschilling, so anno 1621 gemünzt, gehen 196 Stück auf 1 Mark löthig, halten 5 Loth 13 Gren fein, dagegen 1 Rthaler werth 7 Mark lübisch.

Schreckenberger.

1. Herzog zu Braunschweig [27]) Schreckenberger, deren anno 1621 geschlagen, gehen 124 Stück auf 1 Mark löthig und halten 5 Loth 12 Gren, dagegen 1 Rthaler werth 12 Mark 8 β.

2. Graf zu Schowenburg Schreckenberger anno 1621 gemünzet, gehen 128 Stück in 1 Mark löthig, halten 4½ Loth fein, dagegen 1 Rthaler werth 16 Mark lübisch.

3. Grafen von Honstein Schreckenberger, so anno 1621 gemünzet, gehen 90 Stück auf 1 Mark löthig und halten 7½ Loth, dagegen 1 Rthaler werth 8 Mark lübisch.

4. Herzog zu Sachsen-Lowenburgk Schreckenberger, deren anno 1621 gemünzet, gehen 90 Stück auf 1 Mark löthig, und halten 8 Loth fein, dagegen der Rthaler werth 6 Mark ungefähr.

5. Herzog zur Harburg Schreckenberger, so anno 1621 gemünzet, gehen 90 Stück auf 1 Mark löthig und halten 7½ Loth fein, dagegen 1 Rthaler werth 7 Mark lübisch.

6. Churfürstlich Brandenburgische Schreckenberger, so anno 1621 geschlagen, gehen 64 Stück auf 1 Mark löthig und halten 7½ Loth fein, dagegen der Reichsthaler werth 5 Mark lübisch ungefähr.

---

[26]) d. i. Hitzacker.
[27]) Der Name fehlt leider, der Passus bezieht sich aber vielleicht auf Herzog Friedrich Ulrich

Brandenburgische Dreier, anno 1620 geschlagen, gehen 360 Stück auf 1 Mark löthig, halten 2 Loth fein, dagegen 1 Rthaler werth 6 Mark lübisch und darüber.

Actum Lüneburgk den 9. Junii Anno 1621

E. Ehrn. hochgel. Hoch. und wohlw. gestr.

pflichtschuldige, wie auch allzeit bereitwillige

Heinrich Folman	Jonas Georgens MMeister
mein Handt	Manu propria

Doppel-Foliobogen Papier. — Original im Stadtarchiv Lüneburg, Acta Münzsachen 1620—22, 10a.

Anlage 16.

1621, Dezember 30. Vertrag mit den „Juden Benedictus Bock zu Itzehoe, Meyer und Joseph Moyses, Gebrüder, zu Altona". (Auszug).

Zu wissen: Demnach der durchlauchtige ...... Herr Wilhelm, Herzog zu Braunschweig und Lüneburg erheischender Nothdurft nach entschlossen, Sr. f. G allhie zu Harburg hiebevor angeordnete Münzstätte zu erweitern, dero behuf dann mehrer Provision und Lieferung von Nöthen und dann zu dessen allen Fortstellung nachbenannte drei Juden (Namen oben) ihre Dienste präsentirt, dass J. f. Gn. die Provision solcher ihrer erweiterten Münz denselben dreien Juden die nächsten drei Monate über auf nachgesetzte Weise anbetrauet:

...... 6. sollen mit Sr. f. G. Beliebung sie die Juden einen Münzmeister verschaffen, welcher Sr. f. G. vermittelst Eides anloben soll, die ganzen, halben und Orte-Reichsthaler, welche zuweilen geschlagen werden sollen, nach des heilg. röm. Reichs und dieses löbl. Niedersächs. Kreises Verordnungen und Abscheiden, der benachbarten Fürsten und Stände Geldern gemäss, die geringere vermischte Sorten aber, als Schreckenberger und Apfelgroschen in dem Gehalt, wie dieselben unter die Kauflente ausgebracht werden können, (jedoch dass sie weniger nicht, denn 1 Loth Silber halten, und die Schreckenberger nicht mehr denn 140 Stücke, die Groschen aber 380 Stücke auf die löthige Mark haben), sauber und weiss genug abgehen zu lassen und ehe solches geschieht, ein Stück, zwei oder drei von jedem gegossenen Werk in die dazu verordnete Büchsen zu werfen.

...... Weil S. f. Gn. zu Erweiterung dieser Münz um der Kaufmannschaft und gemeiner Commercien Fortstellung willen viel Unkosten anwenden und Ihro dann der natürlichen Billigkeit wegen eine Ergetzlichkeit gepüret, so haben sich die Juden verpflichtet gemacht, in den ersten zween Monaten von dem Tage an, wann der Hammer auf der Münze angelegt wird, alle und jede Wochen 150 in specie Rthlr., in dem dritten Monat aber wöchentlich 200 in specie Rthlr. der fürstlichen Kammer zu entrichten".

Anlage 17.

1622, Januar 26. Vertrag zwischen den Pächtern und dem Münzmeister Th. Timpfe. (Auszug.)

Der Münzmeister will alle Unkosten an Geräthen und Materialien tragen, alle Löhne zahlen. Er will liefern:

in der ersten Woche 800,

„ „ zweiten „ 900,

„ „ dritten und in jeder folgenden 1000 löthige Mark an Schreckenbergern.

„Sollte sich aber hernacher begeben, dass die Schreckenberger nicht mehr abgehen wollten und Apfelgroschen geschlagen werden müssten", so will der Münzmeister wöchentlich 500 löthige Mark liefern. Sollte er diese Lieferung nicht innehalten, so muss er zahlen für jede zu wenig gelieferte Mark Schreckenberger 2 M. 7 β, für jede Mark Apfelgroschen aber 4 M. 14 β lüb. Die Pächter wollten zahlen als Münzlohn für jede gelieferte löthige Mark Schreckenberger 2 M. 7 β, für jede löth. Mark Apfelgroschen 4 M. 14 β.

Sie verpflichten sich, so viel Silber auf die Münze zu liefern, dass vollauf zu arbeiten wäre, sollte jedoch weniger Silber geliefert werden, so würden sie an Timpfe 2 M. 7 β, bezw. 4 M. 14 β für jede Mark Schreckenberger, bezw. Groschen zahlen, die er wegen Silbermangels weniger fertigen könnte.

Anlage 18.

1622, Januar 26. Nebenvergleichung des Herzogs Wilhelm mit dem Münzmeister Thomas Timpfe.

Zu wissen sei hiermit u. s. w. Als der u. s. w. Herr Wilhelm, Herzog zu Braunschweig und Lüneburg entschlossen, Sr. f. G. alhie dabevor angeordnete Münzstätte erheischender Nothdurft nach zu erweitern und dero Behuf eine neue Schnitten zurichten zu lassen und zur Lieferung und Provision Benedictus Bock, Meyer und Joseph Moysis, Juden zu Itzehoe und Altona auf 3 Monate gnädig angenommen, auch zur Direction und zu der Gelder Ausfertigung ihren hiebevor verordneten Münzmeistern Thomas Timpfen zugleich bestellet haben, so wollen S. f. G. es zwar bei ihrer, ihm dem Münzmeister am 1. Oktbr. 1621 gegebenen gnädigen Bestallung und darauf von ihm wiederum ausgegebenen Revers so weit bewenden lassen, dass er allem und jedem, was darin begriffen ist, getreulich nachkomme. Dieweiln aber Sr. f. G. für die Versprechung, die sie von den benannten Juden in Kraft eines den 30. Dezbr. jüngsthin gnädig aufnehmen lassen, unter anderen auch die Silber, welche sie liefern werden, zur Sicherung verschrieben sein, als haben S. f. G. besagtem ihrem Münzmeister bei den Pflichten und Eiden, womit Sr. f. G. er verwandt ist, in Gnaden anbefohlen, dass er jedesmal soviel fein Silber auf der Schnitte behalten solle, dass S. f. G. daraus wöchentlich 200 in specie Rthalr. habhaft werden können. Und weiln er, der Münzmeister, durch diese Beförderung zu mehrem Aufnehmen gerathen wird, als haben S. f. G. für billig erachtet, dass er in der wöchentlichen Gebürniss, welche er vermöge obangezogener Bestallung und Revers unterthäniglich versprochen, höher trete. Und begehren demnach S. f. G. gnädiglich und der Münzmeister thut sich hiermit verpflichten, dass nun hinfüro Sr. f. G. Kammer, er, so lang mehr geregte seine Bestallung währen wird, alle und jede Wochen auf den Sonntag 200 gute Reichsthaler in specie gewisslich erlegen wolle.

Dagegen haben S. f. G. gnädig nachgeben und bewilligt, dass er, der Münzmeister, die Schreckenberger und Apfelgroschen in dem Gehalt, welches gleichwohl unter 1½ Loth nicht sein soll, und an soviel Stücken als unter den Kaufleuten ausgebracht werden können, fertigen und abgehen lassen möge. Wie dann auch S. f. G. gnädig bewilligt haben, dass er zu Ersparniss etlicher Unkosten, welche auf mehr Eisenschläger und Jungen gehen möchten, daraussen in die Walkmühlen vor das Wasser einen Hammer zum Dünnmachen und Ausschlichten legen möge, dazu dann S. f. G. das nothdürftige Holz gnädig verschaffen lassen wollen, wie dann auch S. F. G. gnädig versprochen, die ihm dem Münzmeister in vielberührter Bestallung verschriebenen 12 Faden Büchen Kluftholz mit 8 Faden zu verbessern und ihm also 20 Faden desselben Holzes folgen lassen.

(Original.)

Anlage 19.

1631, December 13. Herzog Wilhelm an Bürgermeister und Rath der Stadt Lüneburg.

Wir geben Euch hiermit gnädig zu vernehmen, welchergestalt Unser gewesener Münzmeister Bartold Bartels verdächtige Münzsorten an Hamburger Doppelschillingen in seinen Ausgaben expendiret, dabei auch solchermassen argwohnig gebaret, dass Wir auf deswegen eingeholte Erkundigung ihn darüber nicht allein zu Reden stellen, sondern auch nach denen sich dabei mehr und mehr ereigneten Suspicionen, auch endlich in der Probe befundener Unrichtigkeit zur Verhaftung bringen lassen. Ob er nun wohl in seinen eingewandten Entschuldigungen dabei beständig beharret, ob solle er gemelte falsche Münzsorten in Bezahlung verkauften Kupfers von einem ihm unbekannten Käufer angenommen haben, wie auch über diese Geschichte und seine prätendirte Defensionem Uns bei einer vornehmen Juristen Facultät bereits informiren lassen, so emergiret jedoch von Neuem wider Verstrickten derselbe Argwohn, dass Wir eine Noturft befinden, seines Lebenswandels und Verhaltens Erkundigung einzuholen. Wenn er nun bei Euch in der Stadt Lüneburg sein Domicilium und häusliches Wesen eine geraume Zeit gehalten, Wir auch durch Euer ihm eitheiltes Testimonium und gleichsam darin enthaltene Recommendation ihn zu Unsern Diener zu bestellen vornehmlich bewogen, als ersuchen und belangen Wir Euch in Gnaden und Gunsten hiermit, Ihr nicht allein was Euch nach solcher ertheilten Urkund von seinem Verhalten, Thun und Lassen zur Wissenschaft gelanget, sondern was Ihr per modum inquisitionis deswegen in Erfahrung bringen könnet, Uns zur Nachricht berichten wollen.

(Original.)

1631, Dezember 17. Antwortschreiben Lüneburgs an den Herzog Wilhelm.

E. F. G. an uns abgegangenes Schreiben, darinnen in Gnaden begehret wird, wegen Bartold Bartels Münzers, so sich verwichener Zeit allhie mit unseres Münzmeisters Stieftochter verheirathet und ein Zeitlang mit häuslicher Wohnung allhie befunden, Verhaltens, Thuns und Lassens Nachrichtung zuzufertigen, haben wir mit gebürlichen Respect empfangen und verlesen. Hierauf nun verhalten E. F. G. wir in Unterthänigkeit nicht, dass unser ihm, Bartels, ertheiltes Testimonium dahero erfolget, dass er auf gehabte Nachricht sich vor diesem ander Orten, als bei der königl. Majestät in Schweden, auch fürstl. Personen aufgehalten und mit seiner Münzkunst gedienet, sich auch allhie als ein Privatus eingezogen und wir von denen, bei denen er häuslich gewohnet, anders nicht vernommen, nachbarlich und leidlich bezeiget, und als sein Schwiegervater inständig angehalten, ihm Testimonium Demissionis, dass er allhie mit Willen geschieden, zu Fortsetzung vorhandener Beförderung zu ertheilen, hat ihm solches nach gestellten Sachen nicht verweigert werden können. Es seindt aber in Zeit seiner allhiesigen Anwesenheit durch ein Ehrbares Gericht der Stadt Hamburg allhie Schreiben ankommen, darinnen enthalten, dass ein daselbst gefangener Jud, Abraham genannt, auf ihn bekannt, als wann er mit unrichtigem Münzwesen umbgegangen, dahero er auf gedachtes Gerichts zu Hamburg Ansuchen in gefängliche Haft genommen und in die Frohnerey gesetzet worden, darinnen er dann eine ziemliche Zeit enthalten. Weil aber das Gericht zu Hamburg ihren gefangenen Juden wiederum entlassen und wider diesen Bartels die angestrengte Klag nicht weiter prosequiret, ist er auf der Hamburger selbst Begehren endlich auf Caution und hernach gänzlich dimittiret und auf freien Fuss gestellet worden. Darauf er dann unlängst hernach seinen (Abschied) gewürket und also sich dieser Stadt Wohnung begeben.

(Concept. Stadtarchiv Lüneburg.)

Anlage 20.

1622, Januar 1. Vertrag mit dem Münzmeister Meinhard. (Auszug.)

Wir Wilhelm Herzog zu Braunschweig und Lüneburg thun kund und bekennen, dass Wir den ehrsamen Hans Georg Meinhard von Eisleben zu Verwaltung Unser Müntz, die Wir auf Unserm Ambthause Mössburgk um der Kaufmannschaft und gemeinen Commercien Beförderung willen anordnen lassen, auf folgende Masse bestellet und angenommen haben: . . . . . . er soll nicht allein kleine Sorten, sondern auch zuweilen güldene und silberne grobe Stücke als Portugalöser, Ducaten, Goldgulden, ganze halbe und Örte Reichsthaler nach des heilg. Reichs Ordnung oder je zum wenigsten der benachbarten Fürsten und Stände groben Sorten gleich schlagen, auch die silbernen Doppel- und Vierschillingstücke, welche nach der Reichsthaler Gehalt geschlagen werden müssen, in gleicher Güte, die vermischete Doppelschillinge aber nach dem Gehalt und soviel Stücke, als Wir ihm jedesmal erlauben werden, ausfertigen und dann die geringeren Sorten Schreckenberger und Apfelgroschen also beschicken, dass sie unter 1½ Loth fein Silber nicht befunden werden".

Ferner soll er von jedem Werk das geprägt, ein Stück in die Fahrbüchse stecken, soll Silber, Kupfer, Weinstein, kurz alle Materialien selbst beschaffen, die Kosten zum Besuch der Probationstage tragen, einen Specialwardein stellen, ihn und die Eisenschneider, Gesellenlohnen und die ganze Ausrüstung der Münzstätte beschaffen. Ausserdem sollte er jede Woche, beginnend am 13. Januar 1622, 200 Reichsthlr. in specie, möglichst solche mit des Herzogs Gepräge zahlen.

Siegel und Unterschrift von Meinhard und Timpfe.

(Nach dem Original.)

II. Hauptlinie Celle.

Herzog Christian.

Im Jahre 1617 gelangte die Linie Celle durch Erkenntniss des Reichskammergerichtes in den Besitz des Herzogthums Grubenhagen und damit eines Theils der Harzbergwerke. Herzog Christian, der 1611 seinem Bruder Ernst in der Regierung des Herzogthums Lüneburg gefolgt und seit 1599 Bischof von Minden war, errichtete zur Vermünzung des dort gewonnenen Silbers sofort Münzstätten zu Osterode, Andreasberg, Catlenburg[28]) und Elbingerode, richtete aber gleichzeitig sein Augenmerk darauf, auch im Lande Lüneburg eigene Münzstätten anzulegen.

Die Gründe, welche den Herzog zu letzterem Entschlusse veranlassten, sind nicht klar zu erkennen. Christian war einer der wenigen Fürsten der damaligen Zeit, welcher die Nothwendigkeit eines geordneten gesunden Münzwesens als Grundlage für das Gedeihen des Handels und Wandels klar erkannte und dem entsprechend auch zur Beendigung der heillosen Kipper- und Wipperzeit kräftige Mittel ergriff. Seine vielfachen und scharfen Münzedicte beweisen zur Genüge, dass er den festen Willen hatte, wenigstens innerhalb seiner Machtsphäre Aenderung zu schaffen. Um so mehr muss es Wunder nehmen, dass auch er zur Vermehrung der Zahl der unerlaubten Münzstätten schritt. Hatte er doch erst wenige Jahre zuvor seinen Vetter Wilhelm zu Harburg dringend von der Anlage einer eigenen Münzstätte abgerathen und u. a. auf den Vertrag mit der Stadt Lüneburg ausdrücklich hingewiesen (Anlage 4), und nun ging er selbst mit der Einrichtung einer Münzstätte in nächster Nähe der Stadt Lüneburg vor! Harzsilber sollte ausgesprochener Massen dort nicht vermünzt werden (Anlage 21), vielmehr erhoffte man von dem

---

[28]) Nicht Artlenburg, wie Zeitschr. d. hist. Ver. f. Nieders., 1876, S. 264 gesagt ist.

Silberhandel in Hamburg Gewinn, und so mögen denn auch hier die
Rücksichten auf Verbesserung der Finanzen Veranlassung gewesen
sein, sich über bestehende papierne Verträge hinwegzusetzen,
vielleicht aber auch der Wunsch, der sich von jeher etwas selbst-
ständig gerirenden Stadt die landesherrliche Macht fühlen zu lassen.

Als Münzstätten kommen hier nun in Betracht: 1. Winsen an
der Luhe, 2. Celle und vielleicht 3. Nienburg an der Weser.

1. Münzstätte Winsen an der Luhe.

Universitätsrath Wolff war der Erste, welcher die Existenz
einer Münzstätte des Herzogs Christian in dem Städtchen Winsen
an der Luhe nachgewiesen hat, doch vermochte er über den Zeitpunkt der Entstehung und des Eingehens derselben nähere Nachrichten nicht zu geben. Seine Angaben werden nun durch verschiedene Schriftstücke des städtischen Archivs in Lüneburg und des
Königl. Staatsarchivs Hannover bestätigt und erweitert.

Am 6. April 1618 schreibt Herzog Christian an die beiden
kreisausschreibenden Fürsten des Niedersächsischen Kreises antwortlich eines von ihnen erhaltenen Briefes, in welchem ihm der
Ausfall des nach Lüneburg anberaumten Kreis Probationstages mitgetheilt wird, nach seinem lebhaften Bedauern über diesen Ausfall
Folgendes:

„Darumben Wir bei solchem verwirrten und betrübten Zustande
entschlossen sein, nicht weniger als andere Fürsten und Stände
allbereit thun und inmittelst eines theils stetig gethan haben, Unser
besten Bequemung und Gelegenheit nach auch in diesem Unsern
Fürstenthum Braunschweig-Lüneburg Cellischen Theils grobe und
kleine, guldene und silberne Sorten münzen zu lassen, verhoffend,
Wir werden alsdann ohne Schaden sein und bleiben können, gestalt
Wir dann dero Behuf allbereit in wohlverantwortlicher Weise immer-
während Verordnung gethan, dabei Wir Uns nicht übel befinden.
Und haben es an Ew. L. zu unser Verwahrung wieder antwortlich
gelangen zu lassen eine Nothdurft zu sein erachtet." [29]

---

[29] Staatsarch. Hannover (Harburger Registratur).

Ueber Art und Zeitpunkt der Anlage der Münzstätte giebt uns der nachstehende Brief Herzog Christians weitere Auskunft[30]). Er schreibt unterm 25. Mai 1618 an Bürgermeister und Rath zu Lüneburg: „Wir mögen Euch in Gnaden nicht verhalten, dass Wir vieler bewegender Ursachen halber geneigt sein, eine Münzstätte zu Winsen an der Luhe anzuordnen.

Ob Uns nun wohl bewusst, was deswegen zwischen Unsern hochgeehrten Vorfahren hochseligen Angedenkens und Euren Antecessoren im Stadt-Regiment für Verträge aufgerichtet, die wir dann billig in ihrem Stande lassen, so wisset Ihr doch, dass Winsen je und allezeit eine besondere Grafschaft gewesen und halten Wir es ohne das dafür, dass Euch hierdurch nichts abgehet. Verpflichten Uns auch zu allem Ueberfluss, woferne die Röm. Kais. Majestät, Unser allergnädigster Kaiser und Herr, oder dieser löblicher Niedersächsische Kreis beide Münzstätten zu fechten gemeinet, dass Wir Uns allsdann darin also schicken und bequemen wollen, dass Ihr unbehindert bei Eurer Münzgerechtigkeit erhalten werden sollet. Darzu Ihr Euch sicherlich zu verlassen."

Schon vorher war Kunde von der Absicht des Herzogs nach Lüneburg gedrungen und hatte dort begreiflicher Weise grosse Aufregung im Rathe hervorgerufen. Man versuchte durch mehrfache Abordnungen nach Zelle den Herzog von seinem Vorhaben abzubringen — die Anlagen 21—23 geben Nachricht von den verschiedenen interessanten Verhandlungen —, doch vergebens, die Münzstätte wurde eingerichtet und begann, nach den Münzen zu urtheilen, im Jahre 1619, vielleicht aber schon 1618 ihre Thätigkeit.

Aus Anlage 21 ergiebt sich, dass man bei Errichtung der Münzstätte Winsen mit dem Gräflich Holstein-Schauenburgischen Münzmeister in Unterhandlung getreten war. Der Name wird zwar nicht genannt, doch war dies niemand anders als Henning Hanses, welcher zu Altona bis zum Jahre 1618 und im folgenden Jahre vorübergehend in Hamburg in Diensten stand. Ob Hanses nun auch wirklich als erster Münzmeister angestellt wurde, kann bezweifelt werden, da wir Münzen aus den Jahren 1618 und 1619 mit seinem Zeichen ✳ nicht kennen, dennoch möchte ich mich dafür aussprechen, da

---

[30]) Original im Stadtarchiv zu Lüneburg.

später der Herzog in einem Schreiben vom 14. September 1622 den Beamten in Winsen mittheilt, dass er den Hanses zu einem Münzmeister „hinwiederum" angenommen habe. (S. 265) Ich meine, dass dieser Passus zweifellos auf eine vorangegangene erste Bestallung schliessen lässt. Nicht unmöglich ist es, dass er nach seiner Thätigkeit in Altona und vor seiner Bestallung in Hamburg, oder auch von Hamburg aus die Münze in Winsen einrichtete und dortselbst vorübergehend amtirte, so dass aus dieser ersten Zeit der nachstehende schöne Schauthaler herrühren könnte, welcher undatirt ist und des Henning Hanses Münzmeisterzeichen trägt. Vielleicht bildet dieser Thaler ein Präsent des Münzmeisters an den Herzog bei Eröffnung der Münze, wie das damals Gepflogenheit war und wir bei der Münzstätte Harburg ebenfalls gesehen haben.

86. Ohne Jahr. Schauthaler.

Hs. IUSTITIA ⁎ ET ⁎ CONCORDIA ⁎ ✳

Auf reich geschmücktem Pferde der nach rechts sprengende Herzog, behelmt, mit flatternder Feldbinde und Commandostab.

Rs. CHRISTIANUS · D : G : EL : EPIS : MIN : DUX : BRU : E : LU :

Der dreifach behelmte achtfeldige Wappenschild mit dem Minder Mittelschilde. 1. Braunschweig, 2. Lüneburg, 3. Everstein, 4. Homburg, 5. Hoya, 6. Diepholz (Löwe), 7. Bruchhausen, 8. Diepholz

(Adler). — Zwischen 3 und 4 Herzschild: Minden, zwei gekreuzte Schlüssel.

Dm. 60 *mm*, Gew. 43·6 *g*. (Hannov. Prov. Mus.), 43·95 *g*. (Berlin.) Wegen dieses Gewichtes wird das Stück in Münzverzeichnissen auch 1½facher Thaler genannt.

Königl. Münzkab. zu Berlin, v. Lehmann, Hannov. Prov. Mus. Samml. Knyphausen, Kat. Nr. 8360. — Schulthess Nr. 6691.

Im herzogl. Münzkabinet zu Gotha befindet sich ein Goldabschlag dieses Thalers im Gewichte von 70 Gr., also = 20 Ducaten.

Ich betrachte, abweichend von Schulthess, die Reiterseite als die Hauptseite der Münze. Zwischen diesem Thaler und dem des Herzogs August des älteren, Bischofs von Ratzeburg, von 1617, Schulthess Nr. 4708, besteht eine grosse Aehnlichkeit, so dass dieser für den obigen Schauthaler wohl als Vorbild gedient hat.

Die ersten sicher datirten Münzen aus der Münzstätte zu Winsen stammen aus dem Jahre 1619 und tragen das Zeichen des Münzmeisters Hans Georg Meinhard ⋈, die monogrammartig zusammengestellten Anfangsbuchstaben seines Namens. Wann Meinhard zum Münzmeister angenommen wurde, ist nicht bekannt, aber im October 1619 war er bereits in Winsen. [31]

87. 1619. Reichsthaler.

Hs. CHRISTIAN? D : G : EL : EP : MIND : DUX · BRU : ET ·
LU ✳

Das geharnischte Brustbild des Herzogs n. r.

---

[31] Eine Notiz auf einem Zettel in den Lüneburger Münzacten besagt: Der Münzmeister H. G. Meinhard in Winsen verkauft am 21. October 1619 an Barthold

Rs. IUSTITIA · $=$ ET · CONCORDIA · ANNO · *1619* ·

Der mit drei Helmen bedeckte achtfeldige Wappenschild mit dem Minder Mittelschilde, links davon ⋈, rechts eine Rosette.

Dm. 42 *mm.*

Vorstehende Abbildung und Beschreibung ist nach einem mir von Herrn Apothekenbesitzer Bohlmann in Hildesheim gesandten Abdrucke des Doppelthalers gegeben, der sich in der ehemaligen Sammlung Mertens zu Hannover befand. Der Doppelthaler findet sich im Katalog Nr. 38 von Zschiesche & Köder in Leipzig unter Nr. 461 beschrieben und zu 400 Mark angesetzt, welcher Preis allmählich verringert wurde und zuletzt im Katalog Nr. 50 auf 200 Mark angegeben ist. — Bei Schulthess Nr. 6694 wird das Stück, ehemals in der Sammlung Oberndörfer in München, auch als Doppelthaler beschrieben. Ein einfacher Thaler ist mir noch nicht vorgekommen.

88. 1619. Doppelschilling.

d   e

1. Typus: Vierfeldiges Wappen.

Hs. *a, b, c)* CHRISTIA · D · G · EL · EPIS · MIN :

    d) ———————— · — — ———————— ·

    e) ———————————— · — · ———— · MINDI :

Im Perlkreise der oben und an den Seiten ausgeschweifte quadrirte Wappenschild 1. Braunschweig, 2. Lüneburg, 3. Hoya, 4. Diepholz (Adler), in der Mitte darauf gelegt die gekreuzten Minder Schlüssel.

Rs. *a)* · DVX · BRVNOVIC · Ƌ L · *619* ⋈

    b) ——————————————— · ————————

    c) ———————————— · ET · ————

    d) ———————————— · ————————— · — ·

    e) ——————————— Ƌ · LVN *619* ⋈

Bartels, den Schwiegersohn des Stadt-Lüneburgischen Münzmeisters Jonas Georgens, ein Fass Kupfer, sendet es an Letzteren und von hier nimmt es die Frau des Bartels mit nach Dannenberg.

Im Perlkreise verschlungen DS, darüber Reichsapfel. Beim
Stempel *e)* ist das Monogramm DS verkehrt gestellt, (vergl. die
obige Abbildung).

Dm. 23 *mm*, Gew. *e)* 1·96 *g.*

a) Nach einem Abdrucke; *b)* histor. Verein in Stade; *c)* Vogel; *d)* Elkan,
auch Kat. Schulthess Nr. 318; *e)* Elkan.

89. 1619. Doppelschilling.

c   e

2. Typus: Behelmter Wappenschild.

Hs. *a)* CHRIS ⚹ D G · EL
  b) CHRIS ⚹ ———————— ·
 c, d) ———— · ⚹ — · ————
  e) ———————— · ————

Der von den drei Helmen bedeckte quadrirte Wappenschild,
in der Mitte die darauf gelegten gekreuzten Schlüssel, bei *a)* im
Schildchen.

Rs. *c)* · EPIS · MIN ⌐DVX · BR · E · L · M̲O̲
  e) ——————————————————— · E · L · *19* M̲O̲
  b) ———————————————— · E ———————— ·
  d) · ————————————————*619* · —
  a) ———————————————— ————————

Im Perlkreise verschlungen DS, bei *c)* zwischen 1 ⚹ 9, darüber
Reichsapfel.

Dm. 22 *mm*, *b)* ist Klippe, Dm. 25/34 *mm*, Gew. *b)* 5·44 *g*
(= 1 $^{26}/_{96}$ Solotnik).

a) und *c)* städt. Münzsamml. zu Braunschweig; *b)* kais. Ermitage zu St.
Petersburg, Samml. Reichel, Kat. Bd. IV, Nr. 2260, *d)* Hannov. Prov. Mus.
Samml. Knyphausen, Kat. Nr. 1991, *e)* nach einem Abdruck.

90. 1620. Doppelschilling.

Hs. *a)* CHRIS ⚹ D · G · EL ·
  b) ——————— —E · L ·

Der von den drei Helmen bedeckte quadrirte Wappenschild mit den Minder Schlüsseln.

Rs. *a, b)* EPIS·MIN·DVX·BR·E L·*6ZO* 🅜

Im Perlkreise verschlungen DS, darüber der Reichsapfel.

Dm. 22 *mm.*

a) und *b)* Hannov. Prov. Mus., Samml. Knyphausen Kat. Nr. 1992 und 1993.

Gegenstempel auf *b)* 🗝 (Stralsund).

91. 1621. Doppelschilling.

Hs. CHRISTIAN·D·G·EL·EP·MN:

Der quadrirte Wappenschild mit den Minder Schlüsseln.

Rs. DVX·BRVN·ET·LVN·*6Z1* 🅜·

Im Perlkreise verschlungen DS, darüber der Reichsapfel.

Dm. 22 *mm*, Gew. 1·58 *g.*

Elkan.

Nach der Lüneburger Valvation[32]) vom 9. Juni 1621, Passus 7, sind die in Winsen geprägten Doppelschillinge des Jahres 1621 zu 7 Loth fein und 160 Stück aus der Gewichtsmark ausgebracht worden. Das vorliegende Stück ist nach dem Strich reichlich 7löthig und da es noch etwas schwerer ist, als die obige Probe ergab, wird es vermuthlich zu Anfang des Jahres 1621 geprägt sein.

✳   *   ✳

Eine eigenthümliche Erscheinung der Kipperzeit ist die steigende Ausmünzung von Kupfergeld. Im 16. Jahrhunderte wurde in Norddeutschland, im besonderen in Niedersachsen die Kupferprägung allgemein selten und nur für die Scheidemünze geringster Gattung angewendet. Mit der Verschlechterung der Silbermünze nahm auch die Ausmünzung von Kupfer zu, derart, dass sie an

---

[32]) Anlage 15, Nr. II.

einzelnen Münzstätten sogar überwog; ja wir finden, dass in den schlimmsten Jahren der Kipperei an einigen Orten lediglich Kupfergeld geschlagen wurde.

Durch die Prägung weit über den Werth und in massenhaftem Umfange, dazu noch durch die häufige Weigerung der ausgebenden Stellen zur Wiederannahme überhaupt oder doch nicht zum vollen Werthe, musste die Kupfermünze discreditirt werden. Eine Ausmünzung aber dem Bedürfniss entsprechend, also in mässigen Grenzen und als Ersatz der Silbermünze kleinster Gattung, konnte für den Kleinverkehr nur von Vortheil sein. Dies war einleuchtend, und so finden wir auch den Herzog Christian, der in allem, was die Münzangelegenheiten betraf, vortrefflich berathen war, Stellung zu der Frage nehmen, noch ehe er selbst an eine eigene Münzprägung dachte.

In seiner Instruction vom 27. März 1615 für den zur Theilnahme an dem Kreistage zu Lüneburg Abgesandten sagt er:

„4. Damit an nothwendiger kleiner Münz zu Fortstell- und Beförderung des Handels und Wandels kein Mangel gespürt werden möchte...., so könnte man etwa die Dreier und Pfenninge aus lauterem Kupfer derogestalt münzen, dass jeder Münzherr ein Werk solcher kupfern Müntze münzen liesse, auch dabei eine solche Ordnung gemacht würde, das was unter einem Sechsling zu bezahlen, mit solchen kupfernen Dreiern und Pfenningen zu ersetzen, was aber darüber, solches mit Silbergelde zu vergnügen."

Dieser Passus wurde dann auch fast wörtlich in dem Deputations-Abschied zu Lüneburg vom 14. Juli 1616 aufgenommen, und späterhin besagt der Kreisabschied zu Braunschweig vom 21. October 1621 im Punkt 5, dass „was unter den kleinen Sorten (nämlich Doppelschillingen, Schillingen und Mariengroschen) zu Scheidungspfenningen zu gebrauchen, aus lauterem Kupfer, doch dass sie weiter nicht, als in eines jeden Herrschaft und Gebiete vor gültig anzunehmen, zu münzen" wäre.

Die Jahre 1621 und 1622 bezeichnen den Höhepunkt der Kupferprägung; der Rückschlag erfolgte. So sagen die General-Wardeine Andreas Laffers und Jobst Brauns in ihrem Berichte vom 21. März 1622 an den Kreistag zu Lüneburg, der demnächst durch den Abschied vom 12. Juni 1622 die Kipperzeit für Niedersachsen im Wesentlichen beendete, folgendes:

„Was die kupfernen Dreier und Pfenninge, so bishero an etzlichen Örtern gemünzet, belanget, sind bei dem gemeinen Manne allbereits eben so verhasset, als die unrichtigen Schreckenberger, also dass nicht ein einiger, mehr aufgenommen wird, können demnach die Pfenninge nach der Ordnung wie vor diesem bräuchlich gewesen, gemünzet werden, damit auch hinfürder verhütet, dass keine andere der Ordnung widrige Sorten von vortheilhaftigen Leuten (wie dabevor mehr als zu viel geschehen) ein- und untergeschoben u. s. w."

Auch Herzog Christian hatte sich zur Kupferprägung veranlasst gesehen. Seine Beweggründe dafür spricht er in nachstehendem Schreiben aus, das wiederum einen Beweis dafür liefert, wie angelegen sich der Herzog das Münzwesen sein liess. Die neuen Münzstücke sollten bestimmt und deutlich über Herkunft und Werth Auskunft geben und nicht, wie dies so häufig absichtlich eingerichtet wurde, sich darüber ausschweigen.

„Nachdem wir befinden", schreibt der Herzog unterm 24. August 1620 an den Drosten zu Winsen, „dass es bei itzigem Zustande fast allenthalben an kleiner Münze ermangelt, und man deroselben zur Scheidung der Leute gefüglich nicht antreffen kann, so sind wir geneigt, Dreier, zwei gute Pfenning-, anderthalb gute Pfenning-, ein gute Pfenning- und einhalb gute Pfenningstücke aus lauterem Kupfer münzen zu lassen, auf dero einer Seiten ein Löwe, auf der andern Seiten der Valor oder Werth gar ausdrücklich und auf dem Rande der Münze die Anfangsbuchstaben unsers Namens und Tituls und die Jahrzahl gesetzet werden soll. Begehren demnach hierdurch gnädig, Du wollest unserm Münzmeister anzeigen, dass er dero Behuf alsobald fünf unterschiedene bequeme Gepräge machen lasse, sammt sein Gutachten aufsetze, in welcher Schwere jedes Stücke nach seinem Werth zu münzen, welche Stücke dann nicht gar gross sein dürfen, auf jedes Pfund Kupfer aber solcher gelieferter Stücke zu rechnen, ferner wo immer möglich den Geprägen bei den Münzstücken ein besonderes merkliches Abzeichen zu geben, dadurch das betrügliche Nachmünzen solcher abzuwenden, die neue Münz davon zu scheiden. Gleichergestalt kann der Münzmeister berichten, wie viel Kupfer er anfänglich etwa zu 10000 Rthlrn. an solchen kleinen Münzsorten bedarf, wie denn auch, wie wir ihm dafür lohnen

sollen. Kann alsdann der Anfang förderlichst damit gemacht werden, dero Behuf es dann an Anschaffung des Kupfers nicht er-
mangeln soll."

Die Ausprägung fand noch im Jahre 1620 statt und wurde
1621 fortgesetzt. An Münzstücken sollten geprägt werden: 3, 2,
1½, 1 und ½ gute Pfenninge, doch haben sich Stücke zu 1½ guten
Pfenning bis jetzt nicht gefunden, wohingegen andererseits aber auch
6-Pfenningstücke geprägt worden sind.

91. 1620. Sechsling. (Kupfer.)

Hs. CHRISTI·D·G·EL·EP·MIN ✿
Im Perlenkreise der nach links schreitende Löwe in mit Herzen
bestreutem Felde.

Rs. DVX·BRVN✦ET·LVNBVR· ꟽ
In der Mitte im Perlkreise in vier Zeilen:
✿I✿ | SESL | :ING | ·6ZO·
Dm. 22—23 *mm.*

Diese Beschreibung und Abbildung ist nach Seelaender Taf. 92,
Nr. 1 gegeben. Ich halte sie für zuverlässiger als die Beschreibung
bei Neumann: Kupfermünzen, Nr. 7405, die sich ebenfalls auf das
Exemplar im ehemals königl. hannover'schen Münzkabinet bezieht.
Ein Exemplar befand sich in der Sammlung Morgenstern. Diese
kam zum Theil in das hannover'sche Kabinet; ob mit ihr auch der
vorliegende Sechsling, so dass dasselbe also zwei dieser Münzen
besässe, ist mir nicht bekannt. Ein drittes (eventuell das Morgen-
sternsche?) besass Universitätsrath Wolff in Göttingen.[33] Wohin
dies nach dem Tode des Besitzers gekommen, habe ich nicht
erfahren können.   ●

---

[33] Mittheilung des Dr. G. Schmidt, welcher auch das kleine Verzeichniss
der von Wolff hinterlassenen Sammlung herausgegeben hat, Halberstadt 1880.
Darin ist übrigens das vorliegende Sechspfennigstück nicht enthalten.

Auf allen Abbildungen bei Seelaender ist das Zeichen des Münzmeisters Meinhard unrichtig wiedergegeben, M statt, wie stets vorkommt M̶

92. 1620. Drei gute Pfenninge.

Hs. *a)* CHRIST·D·G·EL·EPI·MIN
    b) ——————————————— •
    c) —————————— ·EP·——
Der Löwe wie vorher.
Rs. *b)* DVX·BRVN·ET·LV   6ZO M̶
    c) ————–V· ———N ————
    a) —————————·E· ——B·————
In der Mitte in drei Zeilen:
a, c) ·III· | GVD | PEN
    b) ———————— | ·——
Dm. 18 *mm.*

a) Neumann Nr. 7408 (Hannov. Kab.); *b)* Siebert [34]), danach Neumann Nr. 37937; *c)* Hann. Prov. Mus. Samml. Knyphausen, Kat. Nr. 8422. — Eine Abbildung bei Seelaender Taf. 92, Nr. 4.

93. 1620. Zwei gute Pfenninge.

Hs. *a)* CHRIS· D·G·E·EP· MI·M̶
    b) ———————— ·E·P·MIN·
    c) —————————— ·EP· ——
    d) CHRI·S·———— ·E· ——D:

---

[34]) J. Siebert in Kassel besass eine der grössten, wenn nicht die bedeutendste Sammlung von Kupfermünzen in Deutschland. Er beabsichtigte ein Repertorium aller bekannten Kupfermünzen, also einen vermehrten und verbesserten Neumann herauszugeben. (Vergl. Num. sphrag. Anz. 1886, S. 6.) Die Sammlung mit dem Manuscript wurde 1888 nach Siebert's Tode (1885) durch A. Hess in Frankfurt a. M. versteigert (Katalog 8°, 40 S.). Wo das Manuscript sich jezt befindet, ist mir nicht bekannt.
Da ich nicht weiss, in wessen Hände die hierher gehörigen Kupfermünzen Christians gekommen sind, führe ich die betreffenden Stücke, von welchen

Der Löwe wie vorher:

Rs. *c)* DVX·BR·   ET·LVN 6ZO ₥
  b) —————————————————— .
  d) ————V· E· ——————
  a) —————N·—· LV· ——·—

In der Mitte in drei Zeilen:

·II· | GVD | PEN

Dm. 16—17 *mm.*

a) Bohlmann; *b)* Siebert; *c)* nach Neumann Nr. 7412; *d)* hann. Prov. Mus. Samml. Knyphausen, Kat. Nr. 8423.

94. 1620. Witte.

Hs. CHRIST·D·G·EL·EP MIN ✸
Der Löwe, wie vorher.
Rs. DVX ✦ BRVN ✧ ET ✧ LVNB· ₥

Im Perlkreise in drei Zeilen:

✦I✦ | WIT· | ·6ZO·

Dm. 20 *mm.*

Nach der Abbildung bei Seelaender Taf. 92, Nr. 2, hiernach auch Neumann Nr. 7406, aber ungenau.

95. 1621. Drei gute Pfenninge.

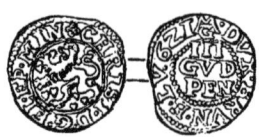

Hs. *a)* CHRIS· D G·E· EP·MIN:
  b) ————↑·—·—L·————
  c) —————:—:————:—✦
  d) ——————————————ᛗ

allen mir nur Abdrücke vorgelegen haben, noch mit der Bezeichnung „Siebert" auf.

e) CHRIST · D · G : EL · EP · MIN ⚕

f) ———————————————— : ———

g, h) ——————————— · ——————— ✢

i — m) ———————————————— :

n) ——————————————— ○

Der Löwe wie vorher.

Rs. *c)* DVX · BRVN · E · LV ·   6ZI ᴹᴳ

d, f, g) ——————————————————— ·

e) ——————————ET · LVN ·   621 —

i, k) ———————————E · ———————

m) ——————————————— · ——

a, h) —————————S · ET ————— —

l) ————————N · E · LVNB · —— —·

b) —————————— 'E · ————— ·——

n) ———— · BR ·   E · —————

In der Mitte in drei Zeilen:

a, c — h, l, n)   III | GVD | PEN

k)   · — · | ———————

b, m) ———————— | ·

i) ———— | GV · D | · ——

Dm. 16—19 *mm.*

a, b) Bohlmann; *c, d)* Dr. Baesecke; *e)* Siebert; *f)* Förster; *g)* Siebert (danach Neumann Nr. 37938); *h)* Förster, auch städt. Münzsamml. zu Braunschweig; *i)* Neumann Nr. 7411; *k)* Neumann Nr. 7410; *l)* Siebert, (danach Neumann Nr. 37939), auch Förster; *m)* Förster, hann. Prov. Mus. Samml. Knyphausen, Kat. Nr. 2023, auch Neumann Nr. 7409; *n)* nach einem Abdruck.

96. 1621. Zwei gute Pfenninge.

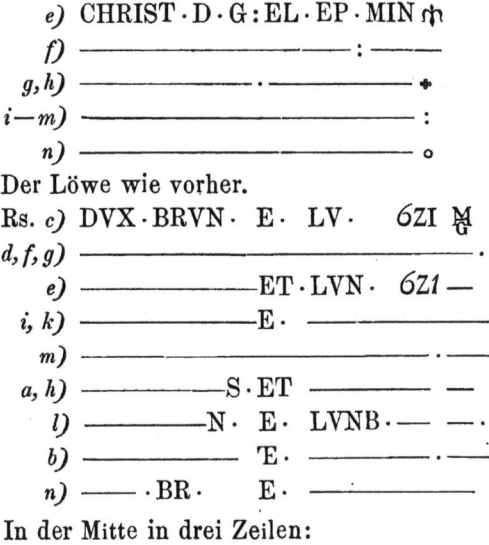

Hs. *a)* CHRIS ·   D · G · E ·   EP ·   MIN

b, c) ——————————————— ·

d, e) ——————————— ——E · P · —— :

f) ———— T · — · — · EL · EP · ——✤

Der Löwe, wie vorher.

Rs. *a)* DVX · BR · ED · LVN 6Z1 · 𝕄 ·
    c) ────────T · ──── · ──── ────
b, e, f) ────────V · E · ──── · 6 · Z1 · ────
    d) DV · X · BR · E˙ · LVNB · ────────

In der Mitte in drei Zeilen:

b—d, f) · II · | GVD | PEN
      a) ─────────────── ·

Dm. 18 *mm.*

a) Neumann Nr. 5258 (ED Druckfehler?); *b)* Siebert, auch Förster, Neumann Nr. 7413; *c)* Siebert, *d)* Siebert (danach Neumann Nr. 37940); *e)* Förster; *f)* Bohlmann.

97. 1621. Witte.

97.

Hs. *a)* CHRIST · D · G · EL · EP · MIN ✦
    b) ──────────────────────── ♔

Der Löwe wie vorher.

Rs. *a)* DVX... VN · ET · LVN · BVR 𝕄 ·
    b) ──── · BRVNS ....

In der Mitte in drei Zeilen:

a) · I · | WIT | 6ZI
b) ──── | · ────

Dm. 18 *mm.*

a) und *b)* Siebert (danach Neumann Nr. 37935 und 37936).

Die vorstehend beschriebenen Kupfermünzen aus den Jahren 1620 und 1621 weisen sich durch das Münzmeisterzeichen 𝕄 unzweifelhaft als der Münzstätte Winsen angehörig aus. Nun gibt es aber noch einige Stücke, deren Zutheilung schwierig, ja unmöglich ist, da sie ein Münzzeichen nicht tragen. Es sind folgende:

98. 1621. Drei Pfenninge.

Hs. C...S · D.. EL · EP · MIN ✦

Der Löwe wie vorher.

Rs. Im Perlkreise in vier Zeilen:

III | PEN † NING | *1621*

Dm. 15 *mm.*

Förster.

99. 1621. Drei Pfenninge.

98.   99.

Hs. C·D·G·EL·EP·M·D·BR·E·L·

Der Löwe, nicht von Herzen umgeben.

Rs. ·III· | ·PEN | NING | *1621*·

Beschreibung und Abbildung nach Seelaender Taf. 92, Nr. 6, hiernach auch Neumann Nr. 7415, aber ungenau.

Ich glaube nicht, dass diese Stücke in Winsen geprägt sind; es würde wenigstens auffallen, dass der Münzmeister gleichzeitig Stücke mit und ohne sein Zeichen geprägt haben sollte. Der von Neumann geäusserten, jedenfalls von Wolff herrührenden Ansicht, dass diese Kupfermünzen auf einer der Kippermünzstätten im Fürstenthume Grubenhagen, etwa in Osterode, Elbingerode oder Catlenburg[35]) geprägt worden sind, möchte ich mich anschliessen.

Von den in Winsen geprägten Kupfermünzen kennen wir sonach:

1620: 6 Pfg., 3 Pfg., 2 Pfg., 1 Witten.

1621: — 3 „ 2 „ 1 „

Es fällt daher bei beiden Jahren das Fehlen des Pfennings auf. Möglich ist es, dass nachstehende Pfenninge in die Reihe gehören und die Lücke ausfüllen:

100. 1620. Ein guter Pfenning.

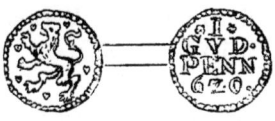

---

[35]) Nicht aber Cuttenburg, wie Neumann schreibt.

Hs. Im Perlkreise der Löwe n. l. von Herzen umgeben.

Rs. ⊛I⊛ | GVD· | PENN | 6Z0.

Dm. 11 *mm.*

Nach der Abbildung bei Seelaender Taf. 92, Nr. 8; hiernach auch Neumann Nr. 7414.

101. 1621. Ein guter Pfenning.

Hs. Der Löwe wie auf Nr. 100.

Rs. *a)* ·I· | GVD | PEN | 6Z1·

   b) ∗I∗ | ——E | —— | ——

   c) ——————N | ·——·

Dm. 14—15 *mm.*

a) Siebert; *b)* Neumann Nr. 5259; *c)* Förster.

Dennoch liegen zwingende Gründe dafür nicht vor, diese Stücke überhaupt dem Herzog Christian zuzuschreiben. Sein Name fehlt auf denselben und ein Münzmeisterzeichen ist nicht vorhanden. Dass diese Pfenninge aber aus einer Münzstätte der lüneburgischen Lande hervorgegangen sind, ist wegen des auf der Hs. erscheinenden lüneburgischen Löwen zweifellos, sie jedoch einem der Herzoge mit Sicherheit zuzutheilen, ist nicht möglich, wennschon ich dazu neige, diese Pfenninge und den folgenden an Herzog Julius Ernst von Dannenberg zu geben, der im Jahre 1621 Kupfermünzen — 6, 3 und 1 Pfenningstücke — prägen lassen wollte, von denen wir bis jetzt aber nur die erstere Sorte kennen. (Vergl. Julius Ernst Nr. 127.)

102. 1620. Ein Pfenning lübisch.

Hs. Im Perlkreise der Löwe, von Herzen umgeben.

Rs. ⊛I⊛ | PENN | LVB· | 16Z0·

Dm. 11 *mm.*

Nach Seelaender Taf. 92, Nr. 11, hiernach auch Neumann Nr. 7407, aber ungenau.

Nenmann hat gewiss Recht, wenn er — wohl die Ansicht Wolffs wiedergebend — annimmt, dass dieser Pfenning zum Verkehr mit den Bewohnern des rechten Elbufers dienen sollte. Die Werthbezeichnung „Pfenning lübisch" weist darauf hin, dass diese Münze nicht auf einer der Harzmünzstätten entstanden sein kann, sondern nahe der Elbe, woselbst in Lüneburg, sowie in den rechts-elbischen Uferlandschaften die lübische Währung herrschte, die erst im Jahre 1622 officiell abgeschafft wurde.

*

       *

Aus dem Jahre 1621 besitzen wir besonders zahlreiche kleine Münzen des Herzogs Christian: Silbergroschen ($1/_{24}$ Thaler) und Schillinge aus Thalersilber geprägt. Die Ursache hierfür ist in dem bedeutsamen Münzedict des Herzogs vom 14. September 1621 zu suchen. Da dasselbe bei Hirsch, Reichs-Münzarchiv IV, S. 136 fg. abgedruckt ist, nehme ich von einer vollständigen Wiedergabe hier Abstand, sondern greife nur zwei hier interessirende Stellen heraus:

„Wir haben", sagt der Herzog, „auch albereit die Verfügung gethan, dass viele halbe Reichsthaler, Reichsorte und halbe, auch der vierte Theil eines Reichsorts und andere kleine Münze aus Thalersilber und die geringsten aus Kupfer zu Scheidung der Leute gepräget und ...... folgends alle vermischte Münzen in Unsern Landen gänzlich abgeschaffet werden sollen." Und ferner:

„Es soll gleichwol in Unsern Landen kein Kupfergeld genommen werden, als was Wir selbsten unter Unserm Namen münzen lassen, auch die darin albereit geschlichene cassiret und verworfen sein."

Ueber diesen letzten Passus wird bei der Münzstätte Celle gehandelt werden, was aber die Aufgabe, zahlreiche kleine Münzsorten zu beschaffen, betrifft, so fiel im wesentlichen dieselbe zwar den Harzmünzstätten zu, aber auch die Münzstätte Winsen sollte zur Ausmünzung von Silber-Groschen ($1/_{24}$ Thalern) herangezogen werden, ja der Herzog beabsichtigte, wie wir weiter unten sehen werden, die Neuanlage einer Münzstätte zu Celle zu dem ausgesprochenen Zweck, dortselbst Groschen münzen zu lassen. In Celle kam es wegen Mangels an einem Münzmeister nicht dazu, was aber Winsen betrifft, so ging dem Münzmeister Meinhard, welcher zur

Berathschlagung des vorerwähnten Münzedicts nach Celle berufen war, unterm 16. September 1621 folgendes Schreiben des Herzogs zu:

„Lieber Getreuer. Wir begehren hiermit in Gnaden zuverlässig, Du wollest alsobald von gut Thalersilber, soviel Du dessen zu bekommen, auf künftige billigmässige Vergleichung Gutegroschen, deren 24 Stücke einen Reichsthaler juste an Schrot und Korn austragen, bis auf ein, zwei oder dreitausend Reichsthaler ausmünzen, das andere Münzen aber bis dahin einstellen, und durch Unsere Beamten dortselbsten solche neue Münz wohlverwahrt anhero bringen lassen."

Ich bezweifele aber, dass diese Ausmünzung und dass überhaupt eine Prägung von Groschen auf der Münzstätte zu Winsen stattgefunden hat. Der Münzmeister lag Ende des Jahres 1621 geraume Zeit in Hamburg krank und dann scheinen ihm die Vorschriften des Herzogs bezüglich des Schrots der Münzen nicht annehmbar gewesen zu sein. Am 26. September 1621 wird nämlich dem Münzmeister ein Posten Reichsthaler zugesandt, mit dem Auftrage, daraus Silbergroschen, 192 Stücke aus der feinen Mark, zu prägen. In den Acten findet sich nun ein tags darauf entworfener Ansatz über die Ausprägung von Silbergroschen, abgedruckt als Anlage 24, in welchem dargelegt wird, dass der Münzmeister erst bei 216 Stücken aus der feinen Mark einigermassen auf die Kosten kommen könne. Kein Wunder, dass dann der Münzmeister bei einem Schrot von 192 Stück nicht gewillt war, aus eigener Tasche 24 Silbergroschen, also einen ganzen Thaler, auf die vermünzte feine Mark zuzulegen.

Ein anderer Grund, der mich zu der Annahme veranlasst, dass von den zahlreichen Vierundzwanzigsteln des Jahres 1621 keine in Winsen geprägt sind, ist der, dass keiner dieser Groschen das so kenntliche Münzzeichen des Winser Münzmeisters Meinhard trägt. Zum Theil freilich haben sie überhaupt kein Münzzeichen; auf einem Theil derselben aber findet sich am Schluss der Umschrift ein Herz, auf einem anderen eine eigenthümliche Rosette aus Doppelfäden angebracht; so dass beide vielleicht als Zeichen von Münzmeistern aufzufassen sind.

Dennoch habe ich mich veranlasst gefühlt, diese zahlreichen kleinen Silbermünzen hier kurz zusammenzustellen und gute Abbildungen von ihnen zu geben, um so eine Grundlage für etwaige

spätere Forschungen zu schaffen. Ich verzeichne jedoch nur diejenigen Stücke, welche durch den Namen sich als unzweifelhaft
von Herzog Christian geprägt ausweisen und wiederhole ausdrücklich, dass ich dieselben nicht in Winsen geprägt glaube, sondern am
Harze auf den anderen Münzstätten des Herzogs, von denen ja mehrere
zu dieser Zeit im Betriebe waren. Aus diesem Grunde gebe ich den
nachfolgenden Stücken auch nicht die fortlaufende Nummer, sondern
eine besondere Bezifferung, auch unterlasse ich die Angabe aller mir
vorgekommenen Stempelverschiedenheiten der einzelnen Gepräge.

a) $^1/_{24}$ Thaler, Silbergroschen.

Ohne Jahr (vor dem 20. März 1619).

1. Hs. CHR·D·G· ⚹ ·E·MDBEL (Christian dei gratia epis-
copus Mindensis dux Brunvicensis et Luneburgensis.

Der vom Braunschweiger Helm bedeckte quadrirte Wappenschild mit dem Minder Mittelschilde.

Rs. MATTIAS·D G·RO IM·

In der Mitte der Reichsapfel mit Z4

Dm. 19 *mm.*

1619.

2. Hs. CHRDG ⚹ EMDBE

Der Wappenschild wie vor, jedoch 3. Diepholz, 4. Hoya.

Rs. MATT·D·G·R·I·A·6 ⚹ 19

Der Reichsapfel mit Z4

Dm. 18 *mm.*

3. Hs. CHRISTI·D : G·E·E·M·D·BR·ET·L ✾

Der nach rechts schreitende Löwe im Herzenfelde.

Rs. IUSTITIA · ET · CON · *16 = 19*
Der Reichsapfel mit Z4
Dm. 19 *mm*.
Nach der Abbildung bei Seelaender Taf. 92, Nr. 8.

Dies Stück trägt sonst immer das Münzmeisterzeichen $\mathcal{H}$[36])
(s. S. 297), entstammt also der Münzstätte Clausthal; ich vermuthe,
dass dies auch bei dem Seelaenderschen Original der Fall war und
seine Zeichnung nicht correct ist.

4. Hs. DEUS · PROVIDEBIT ✾
Der nach rechts schreitende Löwe.
Rs. IUSTIT · ET · CONCOR *16 = 19*
Der Reichsapfel mit 24
Dm. 17 *mm*.

Ich entnehme dieses merkwürdige Stück dem Kataloge Knyphausen Nr. 7590. Justitia et concordia war der Wahlspruch des
Herzogs Christian, Dominus (nicht Deus) providebit der des Herzogs
Wilhelm. Liegt hier eine Zwittermünze vor und gehören die Stücke
mit Deus providebit etwa auch dem Herzog Christian an?

Ohne Jahr (nach dem 20. März 1619).

5. Hs. C D G E E M D B E *
Im Ringe der senkrecht gestellte Schild mit dem nach links
schreitenden Löwen von Herzen umgeben.
Rs. FERDI · D · G · R · I · S · AV
Der Reichsapfel mit Z4
Dm. 17 *mm*.

---

[36]) Vergl. z. B. die Abbildung bei v. Saurma-Jeltsch Münzsammlung
Taf. 69, Nr. 2093.

6. Hs. C D G E E M D B E ☩

Im Perlkreise der nach links schreitende Löwe von Herzen umgeben.

Rs. ·FERDI·D G·R·I·S·A·

Der Reichsapfel mit Z4

Dm. 16 *mm.*

7.

7. Hs. CHR·D G E·E·M·D·B·E·L·❀

Der nach links schreitende gekrönte Löwe, unter demselben anscheinend ♣, dasselbe Zeichen, welches wir auf dem nachstehenden Schreckenberger Nr. 22 finden werden.

Rs. ❀ FER·D·II·R·I S·A·❀

Der Reichsapfel mit 24

Dm. 19 *mm,* Gew. 0·75 *g.*

1621.

8. 9. 10

8. Hs. CHRISTIAN·D : G·E·E·M·D·B·E·L ♡

Im Kerbreifen der oben und an den Seiten ausgeschweifte quadrirte Wappenschild: 1. Braunschweig, 2. Lüneburg, 3. Hoya, 4. Diepholz (Adler); die Felder 3 und 4 kommen auch in umgekehrter Reihenfolge vor. (Königl. Münzkab. zu Berlin.)

In der Mitte in vier Zeilen:

Rs. ❀ I ❀ | SILBER | GROSH· | *16·21* dazwischen Reichsapfel mit 24

Dm. 20 *mm,* Gew. 1·01 *g.*

9. Hs. CHRISTIA·D·G·EL·E·M·D·B·E·L·✦

In einfachem Reifen der oben und an den Seiten ausgeschweifte quadrirte Wappenschild mit den in der Mitte darauf gelegten gekreuzten Minder Schlüsseln.

In der Mitte in vier Zeilen:

Rs. ✦I✦ | SILBER | GROSH | 16 ⚬ ZI dazwischen Reichsapfel mit Z4

Dm. 18 *mm* — Abbildung vorseitig.

10. Hs. CHRISTIA·D : G·E·E·M·D : B·E·L ♡

Der nach rechts schreitende Löwe, von Herzen umgeben.

Rs. genau wie Nr. 8.

Dm. 20 *mm* — Abbildung vorseitig.

11. Hs. CHRISTIA·D·G·EL·E·M·D·B·E·L ✚

Der quadrirte Wappenschild wie auf Nr. 9.

Rs. ·I· | NEWER | SILBER | GROSHG | 16 ⚬ ZI dazwischen der Reichsapfel mit Z4

Dm. 19 *mm.*

12. Hs. Genau vom Stempel vorher Nr. 11.

Rs. In fünf Zeilen:

·✦· | NEWE | SILBER | GROSHG | *16 ⚬ Z1* und dazwischen der Reichsapfel mit Z4

Dm. 18 *mm*, Gew. 1·04 *g.*

b) Schillinge.
1621.

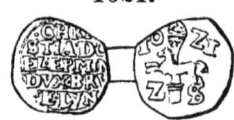

Zwei Schillinge.

13. Hs. In fünf Zeilen:

·CHRI | STIA·DG | EL·EP·MIN | DVX·BRV | ·'E·LVN |

Rs. Der obere Theil der Braunschweiger Helmzier: das sprin-
gende Pferd vor dem Säulenschafte. Zu den Seiten $16 = ZI$

Dm. 14 *mm*, Gew. 0·96 *g*. $Z = S$

Bei Seelaender Taf. 92, Nr. 13 die Abbildung eines etwas ab-
weichenden Stückes.

14.

Schilling.

14. Hs. CHRIST·D·G·E·E·M·D·B·E·L ✦

Der quadrirte Wappenschild mit den in der Mitte darauf
gelegten gekreuzten Minder Schlüsseln.

Rs. In vier Zeilen:

·✦I✦· | SILBERN | SCHILLI: | $16 = ZI$ und dazwischen der
Reichsapfel mit 3Z

Dm. 16 *mm*.

c) Dreier.
1622.

15.

15. In reich verzierter Umrandung der nach rechts schreitende
Löwe. Oben $16 = 22$, unten gekröntes C zwischen ✻ ✺ ✻

Rs. In verschnörkeltem Dreipass der Reichsapfel mit 3

Dm. 18 *mm*.

Ein mangelhaft erhaltenes Exemplar dieses Dreiers gab Veranlassung, das C für ein O zu lesen und das Stück für einen Dreier
von Osterode zu halten. Num. sphrag. Anz. 1892, S. 96. Eine Berichtigung erfolgte ebenda 1893, Nr. 3.

16. In reich verzierter Umrandung der nach rechts schreitende gekrönte Löwe, unmittelbar unter demselben C, oben *16 ⚹ 22*

Rs. In verschnörkeltem Dreipass der Reichsapfel mit 3̈

Dm. 18 *mm*.

17. Hs. In fünf Zeilen:

♛· | CHRIST· | E·EP·MIN | D·BR:· | ·E·L·

Rs. Der Reichsapfel mit 3, zu den Seiten *16 ⚹ ZZ*, in einer von Verzierungen umgebenen Raute.

Dm. 18 *mm*, Gew. 0·83 *g*.

Bei Seelaender Taf. 92, Nr. 16 eine Abbildung dieses Dreiers jedoch mit *16 ⚹ Z4*, welche Lesung ich für irrig halte.

18. Hs. In fünf Zeilen:

∗♛∗ | CHRIST· | E·EP | MIN | ·D BR· | ·E L·

Rs. Der Reichsapfel mit 3 zwischen ∗ *16 ⚹ ZZ* ∗

Dm. 19 *mm*, Gew. 0·99 *g*.

Dieses Stück ist eine Combination der Stempel Hs. Nr. 17 und Rs. Nr. 19/20.

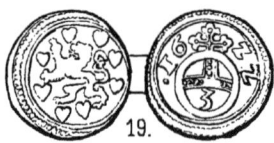

19. Hs. Der nach **links** schreitende Löwe, von Herzen um-geben.

Rs. Der Reichsapfel mit 3, zwischen ·16 ⚹ ZZ·
Dm. 18 *mm.*

20.

20. Hs. Der nach re chts schreitende Löwe, von Herzen umgeben.

Rs. Der Reichsapfel mit 3, zwischen ⚹ 16 ⚹ ⚹ ⚹ ZZ ⚹
Dm. 18 *mm.*

1623.

21. 21.

21. Hs. In senkrecht gestelltem, von Punkten und Rosetten
umgebenem Schilde der nach links schreitende gekrönte Löwe.

Rs. Der Reichsapfel mit 3 (bei einem Exemplar anscheinend
3 ⚸ [37]), zwischen ·16 ⚹ Z3·
Dm. 18 *mm.*

Endlich will ich hier noch einen Schreckenberger erwähnen,
der von Herzog Christian ausgegangen ist, dessen Prägestätte zu
ermitteln mir aber nicht gelingen wollte.

22. 1621. Schreckenberger.

Hs. *a)* CHRISIAN ⸖   D : G · E · E · MI · DUX · B · E · L
  b) ————————————— : D : B · E · L ·
  c) ———————VS · ———— MI · DVꝵ · B · E · L ·

<hr />

[37] Sammlung Tewes in Hannover.

Unter offener Krone der nach rechts schreitende Löwe mit gespaltenem Schweife. Unten im Felde ein Kugelkreuzchen ✿, das auf dem Stempel a) diese Form hat ✚

Rs. a). ·FERDINAND ۬ D : G : RO : IM : SE : AU : *1621*·
    b) ——————————————————————S : A : ——
    c) —————— —————————————V· —I·

Der gekrönte Doppeladler mit dem Reichsapfel, in welchem IZ, bei a) *12*, auf der Brust.

Dm. 27 *mm*, Gew. a) 2·64 *g*, c) (Berlin) 2·87 *g*.

a) Isenbeck; b) Tewes; c) königl. Münzkab. zu Berlin, auch Elkan. — Eine Abbildung bei Seelaender Taf. 92, Nr. 4.

J. und A. Erbstein erwähnen in ihrem Aufsatze „Ein Beitrag zur Kipperzeit" (Zeitschr. für Museologie, Jahrg. 1879, Nr. 23/24), diesen zierlichen und gut geprägten Schreckenberger, den der Fund von Seitendorf bei Zittau in mehreren Exemplaren ergab. Uebereinstimmung im Stempelschnitt und Stil mit diesem Schreckenberger, sowie in der Form des auf der Hs. unter dem Löwen angebrachten kleinen Kreuzchens, jedenfalls das Zeichen des Münzmeisters oder der Münzstätte, veranlassten die Brüder Erbstein, einen Doppelschreckenberger ihrer Sammlung ebenfalls dem Herzoge Christian zuzuschreiben, der statt des herzoglichen Namens und Titels um den verzierten Löwenschild die Umschrift *PRO*ARIS*ET* FOCIS*A° 16ZI enthält. Diese Zutheilung, durch welche aus der grossen Zahl der Spruchmünzen eine derselben einem bestimmten Prägeherrn zugewiesen wird, erscheint mir durchaus zutreffend.[38]

---

[38] Nachdem das Vorstehende gesetzt, finde ich, dass A. Noss in den Mitth. der bayerischen numism. Gesellsch., X. Bd., 1891, sich ebenfalls mit diesem Doppelschreckenberger beschäftigt. In seinem Aufsatze: „Die Kipper-Sechsbätzner der Oberpfalz etc." legt er S. 7 das Stück, wenn auch zögernd, Friedrich V., König von Böhmen, Kurfürst von der Pfalz, bei, während K. Domanig in seiner Besprechung der Noss'schen Arbeit in der Wiener Numism. Zeitschr., Bd. XXIV, S. 306, das Stück für Ferdinand II. selbst in Anspruch nimmt. Beide Ansichten machen mich in der Zutheilung an Herzog Christian nicht schwankend.

Das Exemplar Noss wiegt 4·15 *g*, hat 28 *mm* Dm. und ist 5löthig. Ueber das Wiener Exemplar fehlen mir nähere Angaben.

In der kursächsischen Schreckenberger Valvation von 1622 werden diese Schreckenberger zu 4 Loth 2 Gr. fein und 102½ Stück auf die Mark befunden[39].

Meinhard verliess gegen Ende 1621 die Dienste des Herzogs Christian und trat, wie wir gesehen haben, am 1. Januar 1622 in die des Herzogs Wilhelm, als Münzmeister zu Moisburg. Dort entwich er mit Hinterlassung vieler Schulden schon im April 1622 (vergl. oben S. 185). Anscheinend war er auch dem Herzog Christian eine nicht unbeträchtliche Summe schuldig geblieben, denn auf ihn bezieht sich zweifellos das in Anlage 25 befindliche Schreiben vom 28. November 1629. Ob in der Sache weitere Schritte gethan sind, erhellt aus den Acten nicht. So war die Münzstätte Winsen zunächst nicht besetzt und erst im Spätjahre 1622 wurde als neuer Münzmeister der bereits erwähnte Henning Hanses, auch Hein Hans genannt, bestellt. „Wir seindt geneigt", schreibt Herzog Christian unterm 14. September 1622 an die Beamten zu Winsen, „Heinen Hans zu einem Münzmeister hin wiederum zu nehmen, gestalt er dann itzo die Probe mit dem kleinen Gelde machen wird. Begehren demnach in Gnaden, Ihr wollet ihm dazu nottürftig Holz abfolgen lassen etc. und nach Befindung seine Beförderung thun". Er wurde in Gemeinschaft mit den Münzmeistern Jonas Georgens von Lüneburg und Henning Schreiber von Clausthal am 3. Februar 1623 auf dem Kreistage zu Braunschweig vereidigt, hatte jedoch schon vorher, noch 1622, wie die Münzen ausweisen, seine Thätigkeit begonnen. Hauptsächlich sind von ihm 2 Schilling-Stücke geprägt worden, eine breite ungemein hässliche Münzsorte, die wir auch in gleicher Art von Herzog Julius Ernst und ähnlich von der Stadt Lüneburg besitzen. Sie tragen die die Bezeichnung „Reichs Schrot und Korn" und sind offenbar auch zu dem Zweke geschlagen, um dieselben von den während der Kipper- und Wipperzeit ausgegangenen Doppelschillingen zu unterscheiden und denselben eine günstige Aufnahme in den auf dem rechten Elbufer belegenen Ländern des niedersächsischen und obersächsischen Kreises, in welchen diese Schillinge die übliche Scheidemünze waren, zu verschaffen[40].

---

[39] „Aus Dresdener Sammlungen" Heft 4, 1891, S. 65.
[40] Wolff in der Bl. f. Mzfrde., S. 591.

103. 1622. Doppelschilling.

1. Typus mit U am Beginne der Hs.-Umschrift.

Hs. *a, b)* U·G·G·C·E·B·Z·M·H·Z·B·U·LU ✳·

    c—k) ——————————————————— :

      l) ——————————————————— ✳·

    m) ———————————————————N ✳

     n) U : ———————————————— ·

(Uon Gottes Gnaden Christian Erwählter Bischof Zu Minden, Herzog Zu Braunschweig Und Lüneburg.)

Im Perlkreise der an den Seiten ausgeschweifte quadrirte Wappenschild mit dem Minder Mittelschilde. Zuweilen sind die Minder Schlüssel ohne im Schilde befindlich daraufgelegt, so bei *e)* und *f)*.

Rs. *c, h)* REICHS·SCHROT· UN·KOR ✳

      i) ——————— : ————————

    m) ————— · ——————— · VN·KORN ✳

  d, g) ———————————S · U——————— —

     k) —————————— · V————— · ✳

a, b, e, f, l) ———————————— · KORNS ✳

     n) ——— ———— T · VN · ——— · ✳

In der Mitte in vier Zeilen:

  c, i) ✳ II ✳ | SCHI | LLI: | 6ZZ

     h) ———————— · | · ——

 k, m) ✳II✳ | ——————— : | ——

     l) ———————————— ·

e. l, n) ———————————— · —— ·

  d, g) ———— · | ————————

  a, f) ✳İİ✳ | —— | ————————

Dm. 26—27 *mm.*

a) Hann. Prov. Mus. Samml. Knyphausen Kat. Nr. 1995; *b)* früher Mertens, auch Bohlmann (dasselbe Stück?); *c)* wie *a)* Nr. 1998; *d)* Dr. Düning; *e)* wie *a)* Nr. 1996, auch Hartmann; *f)* Elkan; *g)* und *h)* v. Lehmann; *i)* und *k)* königl. Münzkab. zu Berlin; *l)* Elkan; *m)* städt. Münzsamml. zu Braunschweig; *n)* kais. Ermitage zu St. Petersburg, Kat. Reichel Bd. IV, Nr. 2261.

Die Buchstaben, namentlich der Hs.-Umschrift sind sehr gross und breit und unterscheiden sich dadurch von dem folgenden Stempel, welcher zierlicher geschnitten ist.

Eine Abbildung bei Seelaender Taf. 89, Nr. 1.

Bei Knyphausen wird das Münzeichen irrig als gekreuzte Zainhaken mit Herz bezeichnet.

104. 1622. Doppelschilling.

2. Typus mit VON am Beginne der Hs.-Umschrift.

Hs. *a)* VON·G·G·CHRIS·E·B·Z·M·H·Z·B·V·L ✳

   b) ——————————————————————— .

  c, d, e) ——————————————————— :

Quadrirter Wappenschild, wie vorher, mit dem Minder Mittelschilde.

Rs. *d)* REICHS·SCHROT·. UN·KOR ✳

   a) ——————TS·VN·KORNS ✳

   e) —————————— ·UN·————

  b, c) —————————— ·UND·-----— ·✳

In der Mitte in vier Zeilen:

  d) ✸ÏÏ✸ | SCHI | LLI: | 6ZZ

  a) ✳II✳ | ——————— | ·——·

b, c, e) ✸II✸ | SCHIL | LING | ·———·

Dm. 26—27 *mm*.

a) Königl. Münzkab. zu Berlin; *b)* städt. Münzsamml. zu Braunschweig; *c)* und *d)* Hann. Prov. Mus. Samml. Knyphausen, Kat. Nr. 1994, bezw. 1997; *e)* Hartmann.

105. 1622. Doppelschilling.

3. Typus, ohne VON·G·G oder U·G·G

Hs. CHRISTIA·E·EP·M·D·BR·E·L :
Quadrirter Wappenschild wie vorher mit dem Minder Mittelschilde.

Rs. REICHS·SCHROTS·VN·KORN ✳
In der Mitte in vier Zeilen:
✳II✳ | SCHI | LLI : | ·6ZZ·
Dm. 27 *mm*.
Schönert.

106. 1622. Drei gute Pfenninge (Silber).

Hs. *a, b, c)* CHRIS·   D·G·E·EP·MIN ✳
     d, e) ————   ——————————— · ——
     f, g) CHRISTI·   ——————————— : ——
     h) ————   ——————— : —— · —
  i—m) CHRISTIA ·——————— · —— —

Der nach links schreitende Löwe meist in mit Herzen bestreutem Felde; (bei *a, i, m*) ohne Herzen).

Rs. *f, g)* DVX·BRVNS·E· LV·   6ZZ ✤
     l) ————————T LVN : ————
     e) ——————— · ————
  a—d, i) ————————N· ET·—— · ——— :
  k, m) ——————————— · LVNE ·———
     h) ————— —S·————

In der Mitte:

f)	e, g, l)	a, d, m)	i)	b, k)	c, h)
III	III	İİİ	İİİ	İİİ	*
G.P	·G.P·	·G.P·	·G.P·	·G.P·	III
					·G.P·

Dm. 16 *mm.*

    a, f, i) städt. Münzsamml. zu Braunschweig; *b, c, e, k)* Hann. Prov. Mus. Samml. Knyphausen, Kat. Nr. 8417, 2021, 2020, bezw. 8418; *d, l)* königl. Münzkab. zu Berlin; *d)* auch Vogel; *e, h)* Fischer; *l)* Dr. Friederich. — Eine Abbildung, ähnlich dem Stempel *l)*, bei Seelaender Taf. 92, Nr. 15.

    Diese Dreier waren 4 Loth 4 Grän fein, wie aus der von Thomas Timpfe 1626 angestellten Probe hervorgeht. (Anlage 33.)

107. 1623. Doppelschilling.

Hs. *a)* U·G·G·C·E·B·Z·M·H·Z·B·U·LU·*

   b, e) ——————————————————————— : *

   c, d) ——————————————————————N *

    Der quadrirte Wappenschild, bei *d)* mit dem Minder Mittelschilde, während bei den übrigen Stempeln die gekreuzten Schlüssel frei in der Mitte auf dem Schilde liegen.

Rs. *b)* REICHS·SCHROT· VN·KOR· ✳

   d) ——————————S·U——————————

   c) ————————————————N· ✳

   a) ————————————V—————————

   e) ———————— ———————— : —

In der Mitte in vier Zeilen:

   b) ·II· | SCHI | LLI· | 6Z3

   d) —— | ·—— | ——: | ——

  a, c) *İİ* | —— | :—: | ·——·

Dm 26—27 *mm.*

    a) Städt. Münzsamml. zu Braunschweig; *b)* histor. Verein in Stade; auch Elkan; *c)* und *d)* Hann. Prov. Mus. Samml. Knyphausen, Kat. Nr. 2000, bezw. 1999; *e)* Hartmann.

In diese Zeit fällt die Vorladung vor das kaiserliche Reichs-
kammergericht, die bereits bei Herzog Wilhelm kurz erwähnt ist. Ich
gebe sie in Anlage 26 im Wortlaute wieder. Sie ist gerichtet an die
Herzöge Christian, August, Julius Ernst und Wilhelm, sowie an ihre
Münzmeister und Wardeine, von denen auf einem besonderen Blatte
folgende namhaft gemacht werden: Peter Ide, Heinrich Volmann,
Thomas Timpfe, Georg Meinhard, Jacob Stör, Andreas Laffers, Georg
Krückenberg und Hans von der Ecke. Die Vorladung datirt vom
10. September 1621 und wurde am 8. April 1622 in Celle über-
gehen. In ihr wird den Herzogen unredliche Ausmünzung, sowie
Verpachtung der Münzstätten vorgeworfen, Vergehen, welche die
Reichs-Münzedicte mit Verlust des Münzrechtes und anderen harten
Strafen belegten. Anscheinend ist die hier abgedruckte Vorladung
zunächst an Herzog Christian, als den Chef des Hauses gegangen
und jeder andere der genannten Herzöge wird noch eine besondere
Vorladung erhalten haben. Es kann dies aus der erwähnten Nachricht Ludwigs (vergl. oben S. 199) gefolgert werden, dass dem Herzog
Wilhelm am 29. April 1622 eine Klageschrift in 29 Punkten übergeben worden sei.

Ueber den Verlauf bezüglich der Herzoge August und Julius
Ernst wissen wir nichts und auch in Betreff des Herzogs Christian
sind die Acten leider sehr dürftig. Es sind nur die sehr unleserlichen
und undatirten Concepte zweier Vertheidigungsschreiben vorhanden,
die der Anwalt in Speyer überreichen sollte. Christian vertheidigt sich
darin energisch und führt etwa aus: Er habe zum Handel gute grobe
Münzsorten, den Münzverordnungen und Edicten des Reiches und
des Kreises durchaus gemäß, prägen lassen und außerdem zur
Scheidung der Leute vor Jahren nur wenig kleine Sorten, die so gut
gewesen wären, dass andere benachbarte Stände sie eingezogen und
in den Tiegel geworfen hätten, um geringhaltige kleine Münzen
daraus zu prägen. Aus reinem Kupfer seien Dreier, Zwei- und Einpfenningstücke geschlagen worden. Die Münzmeister seien angewiesen
worden, den Reichsabschieden sich gemäss zu verhalten, ein „Verleihen der Stempel", d. h. eine Verpachtung der Münzstätten, habe
nicht stattgefunden.

Was weiter in der Sache geschehen ist, lässt sich nicht erkennen, nur ergiebt eine kurze Nachricht, dass am 29. Januar 1623 noch

keiner der Beklagten vor dem Reichskammer-Gericht erschienen war. Die Sache wird wohl im Sande verlaufen sein, denn eine Unterbrechung der Münzprägung hat weder in Winsen, noch in den anderen hier in Betracht kommenden Münzstätten zu dieser Zeit stattgefunden.

Interessant ist die Namhaftmachung einer Zahl von Münzbeamten. Von denselben waren, da die Anklageschrift vom 10. September 1621 datirt, zu der Zeit:

Thomas Timpfe, Münzmeister in Harburg,

Jacob Stör, Wardein daselbst,

Georg Meinhard, Münzmeister in Winsen,

Andreas Laffers, den wir bei Behandlung der Münzstätte Celle wieder treffen werden, Wardein in Goslar,

Hans von der Ecke, Münzmeister in Catlenburg, bezw. Andreasberg.[41])

Heinrich Volmann, der langjährige Wardein der Stadt Lüneburg († 1624), war gleichzeitig, wie ich aus anderen Nachrichten entnehmen kann, Wardein im nahegelegenen Winsen.

Peter Ide und Georg Krückenberg vermag ich nicht unterzubringen. Ein Münzmeister des letzteren Namens amtirte 1637—40 in Cassel, 1646 in Höxter, 1660 und 1661 in Hildesheim (Schlickeysen, S. 154); ob er mit dem hier erscheinenden Krückenberg identisch ist, erscheint mir fraglich.

Ende 1623 starb der Münzmeister Henning Hanses; die vorbeschriebenen Münzen dieses Jahres, Nr. 107, sind die letzten, welche der Münzstätte Winsen mit Sicherheit zugewiesen werden können. Es fanden sich aber bald Münzmeister, welche sich um die erledigte Stelle bewarben. So suchte Simon Timpfe d. j., Sohn des verstorbenen ersten Harburger Münzmeisters, am 31. December 1623 durch Vermittlung des Herzogs Wilhelm in Winsen anzukommen (Anlagen 27 und 28). Es erfolgte jedoch ein abschlägiger Bescheid, da Herzog Christian „an des zu Winsen verstorbenen Münzmeisters Stelle keinen anderen hinwieder zu verordnen geneigt" und weil bereits ein gleiches Gesuch des Georg Hanses, des Sohnes des verstorbenen Henning Hanses, abgelehnt worden sei. Dennoch muss der Herzog sich später

---

[41]) Heyse, Beiträge zur Kenntniss des Harzes, 2. Aufl., 1874, S. 104.

eines anderen besonnen haben, denn auf ein Gesuch des Thomas
Timpfe, Bruders des Simon, vom 17. Januar 1625 erfolgte die Antwort, dass der Herzog dem Georg Hanses bereits Zusage gethan
habe. Da dieser nicht zurücktreten wollte, wurde Timpfe abschlägig
beschieden (Anlage 29).

Unterm 29. Januar 1625 wurde demnächst Georg Hanses als
Münzmeister in Winsen vereidigt. Ein Contract mit ihm liegt nicht
vor, sondern nur ein seine Annahme bestätigendes Schreiben des
Herzogs, aus dem hervorgeht, dass er ganze, halbe, Viertel- und Achtel-
Reichsthaler vorschriftsmässig zu 14 Loth 4 Gr. prägen sollte (An-
lage 30).

Hiernach ist wohl nicht daran zu zweifeln, dass Georg Hanses
in Winsen als Münzmeister fungirt und thatsächlich geprägt hat,
jedoch kann die Prägung vor Mitte des Jahres 1625 nicht begonnen
haben, da die Visitations-Berichte der General-Wardeine Jobst
Brauns und Andreas Laffers vom 16., bezw. 30. Mai 1625 als thätige
Münzstätten des Herzogs Christian nur Clausthal, Andreasberg,
Osterode und Catlenburg nennen (Anlage 31). Der Münzstätte
Elbingerode wird dabei als eingegangen, der zu Winsen gar nicht
gedacht. Aber es ist mir nicht möglich, dem Georg Hanses be-
stimmte Münzen zuzuweisen. Da er bereits im August 1626 an der
Pest starb, können seine Münzen nur unter denen mit den Jahres-
zahlen 1625 und 1626 gesucht werden. Nun finden sich aber auf den
Münzen dieser Jahre lediglich bekannte Münzmeisterzeichen, so 1625:
H ⁄ S, H ⚬ S, V͞ ⚬ H und V ⚬ F (d. i. Urban Felgenhauer), 1626:
H ⁄ S und H ⚬ S.

Ein G ⚬ H oder ein unerklärtes Zeichen kommt dagegen auf den
zahlreichen, mir durch die Hände gegangenen Münzen des Herzogs
Christian nicht vor, so dass wir uns vorläufig damit begnügen müssen,
etwa von Georg Hanses geprägte Münzen noch nicht zu kennen.

Um den nun abermals erledigten Münzmeisterposten bewarb
sich am 31. August 1626 Barthold Bartels, dem wir bei der Münzstätte Harburg bereits begegnet sind. Er kann ihn jedoch nicht erhalten haben, da schon unterm 7. October 1626 Thomas Timpfe sein
früheres Gesuch um Anstellung erneuert und dasselbe am 5. October
1627 wiederholt, ohne dass es ersichtlich ist, ob er die vielbegehrte
Stelle erhalten hat oder nicht (Anlagen 32—34).

Mit dieser Nachricht schliessen die spärlichen Acten über die Münzstätte Winsen. Ihre Thätigkeit ist niemals erheblich gewesen. Entsprang ihre Anlage kaum einem Bedürfnis, so lag nach Beendigung der Kipper- und Wipperzeit für ihr Fortbestehen keine Veranlassung vor, und wir werden nicht fehlgehen mit der Annahme, dass nach dem Tode des Georg Hanses die Münzstätte zu Winsen a. d. Luhe nicht wieder in Thätigkeit getreten ist.

Anlage 21.

1618, Juni 1. Bericht des Bürgermeisters Franz Witzen-
dorf der Stadt Lüneburg über seine Reise nach Celle.

Nachdem Mittwochen Morgens, war der 20. May, frühe zu halber Sechsen
der Herr Cantzler mich zu ihm in seine Behausung fodern lassen, habe ich die
aufgegebene Werbung, die Anlegung einer Münze betreffend, vermöge mit-
gegebenen Memorials abgeleget. Darauf besagter Herr Cantzler sich erkläret:
Er wüsste gar wohl, welcher Gestalt die Fürsten von Lüneburg anfänglich die
Münze verkauft und wie ein Rath von Lüneburg dieselbe erlanget, da auch
etwas Widriges disetwegen vorgenommen würde, dass solches konnte gefochten
werden. Er sehe aber nicht, wann zu Winsen angedeuteter Massen eine Münze
gelegen würde, was solches einem Rathe schaden könnte, fürstlichen Gnaden
aber würde ein Grosses dadurch zuwachsen, denn man hätte Gelegenheit die
Silberkuchen häufig von Hamburg zu bekommen und wäre der Münzmeister, so
itzo zum Schowenburg, welcher diesem Werke auch fürstehen sollte, ein erfahr-
ner Mann. Derselbe hätte durch unterschiedene Breven dargethan, dass man
auf 50 Mark lödiges, wenn alle Unkosten abgerechnet, 70 Reichsthaler erobern
könnte, welches das ganze Jahr durch etzliche tausend austrüge. Man müsste
sich verwundern, dass ein Rath zu Lüneburg nicht stärker münzen liesse, dann
sie dadurch und wann sie die Reichsthaler, so je länger je höher stiegen, so sie
auf Zinse hätten, lozkündigten, dem gemeinen Gut ein Grosses einbringen
könnten. P. illustrissimus habe zwar ihre Münzstätte bei den Bergwerken, dass sie
aber das Silbererz, so daselbst fiele, mit anderm Zusatz solle corrumpiren lassen,
solches wäre unverantwortlich, denn dadurch möchte Gottes Zorn erregt werden, dass Er auch den übrigen Sachen, so bei dem Bergwerk sich noch
ereignet, endlich gar entzöge. Derhalben wäre Fürstl. Gnaden in diesem Ihr.
Fürstl. Gnaden Lande und zwar an einem so bequemen Ort als Winsen mit
einer Münzstatt hoch gedient.

Ego repliceret: Wüste meiner Herrn Committenten der unterthäuigen
Affection, dass was immer verantwortlicher Weise geschehen konnte, sie com-
mittendo hingehen lassen würden, müssten sie nothwendiglich sich opponiren, da
die ohne das schwierige Bürgerschaft hätte ein Auge auf das Amt Winsen und
was an Neuerungen daselbst vorginge. (Folgt Bericht über noch fünf andere
Punkte.)

(Original.)

Anlage 22.

1618, Juni 15. „Memorial, was Petrus Clodius S. bei den Herren Zellischen Statthalter, Canzlern und Räthen zu werben.“

1. Ist auf erhaltene Audienz den Herrn Räthen zu vormelden, dass wir ein Schreiben von unserm gnädigen Landesfürsten. und Herrn, I. F. G. Vorhaben wegen der Münz betreffend, empfangen und wäre solches wohl alsbald, wie sichs dann auch gebühret, beantwortet worden, wann wir nicht eine Nothdurft befunden, derwegen vielmehr unsere Erklärung ingeheim mündlich einzubringen. Wir liessen zwar für diesmal an seinen Ort gestellt sein, wie und welcher Gestalt die Münzgerechtigkeit an diese Stadt gelanget und ob die Anlegung der neuen Münz im Ambt Winsen uns schädlichen und nachtheilig sein könne oder nicht, ob auch auf allen Event durch die in vorberürten I. F. G. Schreiben enthaltene Vorsprechung wir von aller Gefahr genugsam gesichert sein mögen, können jedoch hierbei unvermeldet nicht lassen, dass nach angelegten Ueberschlage sich befinden thut, wie die Reichsthaler, wann sie bestehen sollen, mit Schaden, die kleine Münze, wann damit nicht dem gemeinen hochschädlichen Gebrauch gefolget, sondern sie ihr rechtes Gehalt haben und. damit die Kreisordnungen in Acht genommen werden sollen, itziger Zeiten Gelegenheiten und Silberkauf nach mit geringen Vortheil geschlagen werden, dass also die zulässige Eroberung wohl vielleicht so gar hoch nicht sein mag, als etwa von den Münzern zu ihrem eignen Vortheil mag angegeben werden. Es sei aber darum bewandt, wie es wolle, so haben wir für diesmal salvo jure nostro dienstfleissig zu bitten, bei I. F. G. durch unterthänige Intercession es dahin zu befordern, wofern das Vornehmen mit der Münze nicht gar einzustellen, dass dennoch zum Wenigsten damit etwas zurückgehalten werden möchte. Dann weil unsere Bürgerschaft itziger Zeit sehr schwierig und unruhig und uns, der Obrigkeit, albereit von ihnen eins Theils beigemessen wurde (wie wohl mit Ungrund), dass der Stadt Gerechtigkeit in einem und anderm zu Nachtheil per conniventiam und keine Ungnäde zu verdienen, zu Zeiten nachgegeben und eingeräumet wurde, sowohl mit guten Grunde und Bestande zu widerfechten, so haben wir den Verlauf wegen dieses vorhabenden Münzwesens noch bis an itzo in der Enge behalten und nicht in gemeinen Rath bringen oder Anlass geben wollen, dass die Bürgerschaft dessen Wissenschaft erlangen mochten. Da nun etwa geschwinde und unvermuthlich deswegen im Ambt Winsen etwas angeordnet werden sollte, würden die Bürger dadurch zu mehrer Ungeduld und Perplexität bewogen und nicht mit geringerem Ernst, als unlängst der Umbfuhr halber geschehen, um Vertheidigung der Stadt Gerechtigkeit in uns gedrungen, auch wohl sonsten dabei allerhand Inconvenientia erwecket werden.

(Das Memorial behandelt dann noch drei andere Sachen.)
(Nach dem Entwurf.)

1618, Juni 19. „Relatio P. Clodii der Zellischen Verrichtung".

1. Den Punkt der Münze betreffent wollen I. F. G. nicht hoffen, dass sich ein Ehrb. Rath zu Lüneburg darwiderstreven würde, sintemal alles, so dazu nöthig, schon verschaffet, es auch in vorhero notificiret mit Versprechung der Schadloshaltung, und da es sollte vom Kreis gefochten werden, wollten I. F. G. weichen und ein Rath einen Weg wie den andern bei ihrer Gerechtigkeit verbleiben. Könnte ihnen darum gar nicht schädlich sein. I. F. G. legt sie darum nach Winsen, dass Hamburg so nahend, da die Silberkuchen zu bekommen.

(Es folgt dann noch Bericht über andere Punkte).

(Original.)

Bei diesen drei Berichten (Anlagen 21—23) befindet sich auch ein sehr flüchtig geschriebenes Blatt, auf welchem die wichtigsten Nachrichten über das Münzrecht der Stadt Lüneburg enthalten sind. Ich lasse es hier folgen:

Es haben Herzog Otto zu Braunschweig und Lüneburg den Prälater, Ritterschaft und Städten im Lande Lüneburg die Münze in Lüneburg verkauffet Anno 1293.

Ibid. quod hoc jus venditum jure hereditario et proprietatis in perpetuum possidendum.

Ibid. quod princeps sibi et successoribus in illa moneta nihil penitus sibi reservarunt.

Ibid. prout nulla alia moneta habebitur preter quam vendiderunt principes.

(In libro magno privileg, Fol. 8.)

Notandum quod in translatione germanica istius privilegii hae verba inveniantur: Dar schall ock an den enden vorbeschreven anders nene munthe, wente als wir verkoft hebben, genge oder geve sein tho ewigen thiden.

(Ist im kleinen Copialbuche mit dem rothen Leder Fol. 59.)

Wie und in welcher Gestaldt die Münze von der Landschaft ferner an die Stadt kommen, davon findet sich in den Copialbüchern keine Nachrichtung.

Allein ist daselbst zu finden, dass Sigismundus imperator das Privilegium wegen der Münze dem Rathe confirmiret, auch dasselbe noch mit der Macht goldene Münze zu schlagen, verbessert, da einigen andern I. M. desfalls Gnade oder Freiheit gegeben hatten, dass dadurch diese dem Rathe gethane Gnade nicht widerrufen sein solle, sub dato 1434.

(In libro magno privileg. Fol. 128.)

Des finden sich ferner, dass Wenceslaus und Albertus duces dem Rathe vergönnet, ihre Münze und Pfenninge in der Währunge nach dem Schlage der Stadt Lübeck zu richten.

(In libro magno privileg. Fol. 22.)

Sonsten ist in dem Huldigungsbriefe de anno 1562, wie auch allewege hernacher nebenst der Sulze die Confirmation der Münze und Wechselgerechtigkeit in specie exprimiret.

(Im kleinen Copialbuche mit dem rothen Leder, Fol. 120.)

Anlage 24.

1621, September 27. Voranschlag, betr. Prägung von Silbergroschen.

200 Stücke an Silbergroschen aus einer rauhen Mark thun 8 Rthlr. 8 Ggr., noch aus einer rauhen Mark ebensoviel Stücke, traget die Mark Silbers fein . . . . 16 Thaler 16 Ggr.

Anitzo muss man 16 Thaler für die Mark fein geben. Zum wenigsten kombt sie zu münzen auf einen Thaler, Schlagschatz 12 Ggr.: Summe 17½ Thaler.

Setzet also der Münzmeister zu 20 Ggr.

Wenn nun 210 Stücke aus einer rauhen und also 420 Stücke aus einer Mark Silbers fein gemünzt würden, so ginge es gerade auf.

Wan er 216 aus der rauhen und also 432 aus der feinen Mark Silbers fein münzete, so brachte der Münzmeister eine Mark Silbers fein für 18 Thaler aus und hätte also an Übermass jede Mark 2 Thaler, deren er Unkosten und Schlagschatz stehen muss.

Wann nun der Aufschlag an Reichsthaler gerechnet würde, in Betrachtung sie nunmehr auf 2 Thaler kommen, so übertragen die 2000 Reichsthaler auch ein Ziemliches. Die Gepräge sind bald entzwei geschlagen. Holz, Kohlen, Unschlicht und ander Aufgang werden auch fast täglich gesteigert, also dass die 2 Thaler bald aufgehn und also meines unvorgreiflichen Erachtens kein Münzmeister an Örtern, da die Mark Silbers fein um 16 Thaler zu bezahlen, sonderlichen Gewinn darbei haben kann.

Anlage 25.

1629, November 28. Nachricht über den Münzmeister Meinhard.

Der Herr Stadthalter weiss sich ohne Zweifel noch gutermassen zu erinnern, dass vor etlichen Jahren ein Münzmeister, welcher meines Behaltens die Münze zu Winsen an der Louw eingehabt, Rev. Ill. unserm allerseits gnädigen Fürsten und Herrn mit etlichen tausend Rthalern entwichen und davon gestrichen. Verhalten dem Hrn. Stadthalter nicht, dass ich von einem I. f. G. schutzverwandten

Juden für wahrhaftig berichtet worden, dass sich solcher Münzmeister itziger Zeit im Königreiche Polen aufhalten und des Orts ein vornehmer und hübsch reicher Mann sein soll. Inmassen dann der Jude nicht allein berichtet, dass er einen Sohn an dem Ort, da er wohnhaftig, habe, dahero ihm seine Gelegenheit ganz wohl bewusst, sondern dass auch I. F. G. zu den nachständigen Geldern, wann die Sache recht angefangen würde, leichtlich wiederum gelangen könnte. Ob nun wohl dem Juden wenig zu trauen, so habe ich gleichwohl dem Herrn Stadthalter solches freunddienstlicher Wohlmeinung zu mehrerer Nachrichtung berichten wollen, weiln mir bewusst, dass die Sache mit gemelten Münzmeisters Bürgen, Leutenandt Pott, bisher ganz beliegen blieben und zu vermuthen, dass I. f. G. von demselben nicht viel werden erlangen können. Da nun der Herr Stadthalter für rathsam erachtet, dass der Jude sich in der Person zu Ihm nach Zell verfügen sollte, könnte er seine Vorschläge desto besser vornehmen und die Sache ferner darnach anstellen.

Petershagen den 28. November 1629.

Georg Friedrich Ösner.

An Stadthalter Julius von Bülow.

Anlage 26.

1621, September 10. Kammergerichts-Citation wider die Herzoge Christian, August, Julius Ernst und Wilhelm.

Wir Ferdinand der Andere von Gottes Gnaden, erwählter römischer Kaiser, zu allen Zeiten Mehrer des Reichs, in Germanien zu Hungarn, Boheim, Dalmatien, Croatien und Slavonien König etc. etc. entbieten den hochgeborenen Unsern lieben Oheimen und Fürsten Christian, Augusto, Julio Ernsten und Wilhelm, Gebrüdern, Herzogen zu Braunschweig und Lüneburg, sodann des Reichs Getreuen N. N., JJJ. LLL. bestellten Wardein, Münzmeistern und Münzern Unsere Gnad und alles Gute.

Hochgeborene liebe Oheime und Fürsten, auch Getreue. Unserm Kaiserl. Cammergericht hat der Ersame gelehrte Unsers Kayserl. Fisci Advocatus und lieber Getreuer Johann Ulrich Megstetten, der Rechten Doctor, Amtshalben supplicirend für- und angebracht: obwohlen in des Heiligen Reichs Abscheiden und denselben einverleibten, auf genugsame vorgehabte reife Deliberation und Berathschlagung aller des heiligen Reichs Churfürsten und Stände im 1559. Jahre verfassten, auch hernacher zu unterschiedlichen folgenden Reichsversammlungen, als im Jahre 1566, 1570, 1576, 1594 und 1598 verbesserten wiederholten Münzedicten zur Genüge versehen, welcher Gestalt sich Chur-, Fürsten, Stände und Städte, so mit der Hoheit des Münzregals privilegiret und begnadigt sein, sie haben gleich eigene Bergwerk oder nicht, auf ihren eigenen oder der Kreis verordneten Münzstätten in Münzung allerhand groben und geringen güldenen und silbern Münzsorten verhalten, sich aller Schmelzung deren von des heiligen

Reichs Ständen zuvor gemünzten gerechten Sorten enthalten, die Münzen ander-
wärts nicht verleihen, untaugliche in ermeltem Reichs-Münzedict nicht begriffene,
sonderlich aber auf so geringen Inhalt gesetzte verbotene Sorten keineswegs
ausgehen lassen sollen, alles bei daselbst einverleibten Pönen und Strafen, so
befindet sich doch in facto wahr, auch nunmehr Reichs- und Landkundig und
bringet über das der Augenschein selbsten mit, dass viel Chur-, Fürsten, Stände
und Städte an unterschiedlichen Orten in dero Landschaften und Gebieten ihres
Gefallens unterschiedliche Münzstätten anordnen, theils denselben auch die
Stempel um ein gewisses Geld hinleihen, die gute grobe Reichssorten zerbrechen
und in Tiegel setzen, allerhand geringe, als Sechs- und Dreibäzner fürnemlich,
wie auch andere höhere und niedere obvermeltem Münzedict in Gehalt zuwider
laufenden Sorten daraus prägen und schlagen lassen, gestalt ein Solches nicht
allein aus vorgelegtem mit lit A. signirten, mit sonderem Fleiss ausgefertigtem
Abdruck[42]) etlicher Stände silberne Münzsorten, so mit solchen hochverbotenen
Zusätzen ausgebracht werden, dass da selbige auf das obvermelte Münzedict
redigirt werden sollten, mit dem vierten, fünften so wohl sechsten Theil erlangen würden, klärlich zu sehen, sondern auch aus der Prob und Valvirung
der übrigen nicht beigesetzten Stände haufenweis herumfahrenden Münzsorten
leichtlich ans helle Licht des Tags gebracht und von den münzenden Ständen
selbst nicht verneinet werden könne. Wann nun unter solchen Ständen des
heiligen Reichs E. E. E. L. L. L. und Ihr verordnete Münzmeister auch erfunden,
in dem nemlichen Sechs- und Dreibäzner, auch andere Sorten in sehr geringem
Valor unter E. E. E. L. L. L. Gepräg ausgegangen und hin und wieder ausgebracht worden, wie solches jetztberührter Abdruck sub Nr. 1 und 13, auch der
kundbare Augenschein mitbringet, dieses aber jetzt angeregten Reichsord-
nungen vorlengsten publicirten und so oftmaln erneuerten und noch endlich im
Jahre 1600 aufgerichten Deputations - Abschied bekräftigten Münzedicten
diametro zuwider lauft, auch im Reich pessimi exempli und summum periculum
in mora. Dann da solche allerhöchste Unordnung in Münzen insgeheim nicht
also bald abgeschafft werden sollte, Ihr Münzbeständern und Münzmeister
respective mit des gemeinen Mannes äussersten Verderben, auch wider alle
Recht und Billigkeit über Euren albereits empfangenen Genuss noch ferner be-
reichern und also anstatt gerechter und dem Münzedict gemässer Münzen ob-
angedeutete, an Gehalt viel zu geringe Sorten ins Reich also einschleifen werden,
dass man dero ohne merklichen Schaden nicht mehr ledig werden, keine groben
Reichssorten mehr bekommen, sondern darzu alles was man nur kaufen will, es
in die höchste Steigerung bereits gerathen, noch weiters hierdurch gebracht
würde, dem Kayserl. Fiscalat-Amt, auch auf dergleichen Sachen ein wachendes
Auge zu haben in alle wege, wann anderwertig keine Abschaffung fürgenommen
würde, oblieget, bevorab, weil dieses eingerissenen und weit aussehenden Un-
heils halber bereits Befehl ertheilt, länger nicht zuzusehen, sondern mit gebü-
renden Processen ohne Respect zu verfahren, also Unsers Kayserl. Kammergerichts Jurisdictio aus den Reichs- und Kammergerichtsordnungen genugsam

---

[42]) Lag den Acten nicht bei.

fundirt, ja auch in diesem Fall aus angezogenen Ursachen, so gar laut des
25. Tit. im andern Buch der Kammergerichts-Ordnung mit Abschaffung des
unordentlichen Münzens insgemein und gegen einen jeden Stand in specie a
precepto wohl angefangen werden möchte. Derohalben und in Kraft zur Genügen
fundirter Jurisdiction zumal allegirter ganz vernünftig und wohlverfassten Con-
stitutionen, Satz- und Ordnungen angelegenen Amtsverpflichter Schuldigkeit
nach zu setzen, um diese Unser Kayserl. Ladung, desgleichen fernern unwieder-
bringlichen Schäden, Nachtheil und Gefahr mit Ernst reiflich fürzubringen, In-
hibitorial-Mandat wider E. E. E. L. L. L. und Euch zuertheilen unterthänige Anrufung erlanget, dass gebotene Process an heut dato erkannt worden sind, heischen
und laden demnach dieselbe E. E. E. L. L. L. und auch deroselben Wardein,
Münzmeister und Münzer vorgedacht von Röm. Kayserl. Macht, auch Gerichts-
und Rechtswegen hiermit, dass Sie und Ihr auf den dreissigsten Tage demnächsten nach Überantwort- oder Verkündung dieses Briefs, deren Wir Ihro und
Euch zehen vor den ersten, zehn vor den anderen, zehn vor den dritten letzten
und endlichen Rechtstage und benennen, peremptorie, oder ob derselbige kein
Gerichtstag sein wird, den nächsten Gerichtstag darnach selbst oder durch
einen vollmächtigen Anwalt an demselben Unserm kaiserl. Kammergericht erscheinen, zu sehen und hören, um geklagten hochschädlichen verbotenen
Münzens beschriebene Sechs- und Dreibäzner und andern vortheiligen Ver-
fahrens willen um die Pön viel angezogener Münzordnung und gemeiner beschriebener Rechten einverleibt gefallen sein, mit Urtheil und Rechtsprechen,
erkennen und erklären, wie nicht weniger des Münzregals priviren und entsetzen
oder aber erhebliche und in Recht gegründete Ursachen und beständige Einreden, ob Sie und Ihr einige hätten, warum also nicht verfahren werden soll,
dargegen rechtlicher Gebühr vorzubringen, Unsers Kayserl. Kammergerichts
fürdersamer Erkenntniss und endlichen Endsschied darüber zugewarten.

     Wann E. E. E. L. L. L. und Ihr kommen und erscheinen, alsdann also oder
nicht, so wird doch nicht destoweniger auf des gehorsamen Theils oder seines
Anwalts Anrufung und Erfordern hierinnen im Rechten gehandelt und procedirt, wie sich das seiner Ordnung nach gebührt. Wir gebieten gleichermassen
von Röm. Kayserl. Macht E. E. E. L. L. L. bei Pön von 50, euch mehrgedachten
Münzern aber 10 Mark löthigen Goldes in unser kayserl. Kammer unnachlässig
zu bezahlen, auch Leibes, Lebens und andere im Münzedict begriffenen Straffen,
hiermit ernstlich und wollen, dass Sie sich und Ihr Euch hinfüro angeregten
verbotenen Sorten Münzens und was damit angezogen, des heiligen Reichs
Münzedicten Satz- und Ordnungen zuwider gehandelt, demnächsten nach gemelter Verkündigung genzlich enthalten, in- und abstehen, dem allen als gehorsamlich nachsetzen und zuwider nicht thun, als lieb E. E. E. L. L. L. und Euch
sein mag, angedrohte Pön zu vermeiden.

     Wir heischen und laden dieselbe E. E. E. L. L. L. und Euch von mehr-
berürter Unserer Kaiserl. Macht, gleichsfalls auf obbestimmten dreissigsten Tag
erregter Verkündung dieses nächst folgend, deren Wir zehen vor den ersten,
zehn vor den andern, zehen vor den dritten letzten und endlichen Rechtstag

setzen und benennen peremptorie oder ob derselbe kein Gerichtstag sein wird, den nächsten Gerichtstag darnach selbst oder durch einen Vollmächtigen an denselben unserem Kayserl. Kammergericht zu erscheinen, glaublich Anzeige und Ausweis zu thun, dass diesem Unserm Kaiserl. Gebot alles seines Inhalts gehorsamlich gelobt sei oder wo nicht, alsdann zu sehen und hören E. E. E. L. L. L. und Euch um Dero und Eures Ungehorsams willen in vorgemelte Pön verfallen sein mit Urtheil und Recht sprechen, erkennen und erklären, oder aber beständiger erhebliche Einreden, ob Sie und Ihr einige hätten, warum solche Erklärung nicht geschehen soll, vorzubringen, endlichen Entscheids darüber zu gewarten. Wann E. E. E. L. L. L. und Ihr kommen und erscheinen, alsdann also oder nicht, so wird doch nicht destowenig auf des gehorsamen Theils oder seines Anwalts Anrufen und Erfordern hierinnen im Rechten mit gemelter Erkenntniss, Erklärung und Anderm gehandelt und procedirt, wie sich das seiner Ordnung nach gebürt. Solchem allen nach wissen E. E. E. L. L. L. sich und Ihr Euch zu richten, auch Unsern ernstlichen und endlichen Willen und Meinung gehorsamlich zu vollziehen.

Gegeben in Unser und des heiligen Reichs Stadt Speyer den 10. Tag Monats Septembris nach Christi Unseres lieben Herrn Geburt im 1621sten, Unserer Reiche des Römischen im dritten, des hungarischen im vierten und des Böhmischen im fünften Jahre.

Ad mandatum domini electi imperatoris proprium.

Cyp. Vomelius Stapert Dr. Verwalter,
Johann Hammann etc protorotarius.

Aeussere Aufschrift: Copia citationis ad videndum se incidisse in poenam privationis des Münzregals et alias juris poenas cum annexo mandato indubitorio sine cla fiscalis contra Braunschweig-Lüneburg.

Exequirt und verkündt durch mich Antonium Diemeyern, des hochlöbl. kaiserl. Cammergerichts geschwornen Cammerboten den 8. Tage Monats Aprilis stylo veteri Anno 1622.

Anlage 27.

1623, December 31. Simon Timpfe zu Harburg an Herzog Wilhelm. Bittet um Vermittlung seiner Anstellung in Winsen.

Euer fürstl. Gnaden kann ich in Unterthänigkeit unverhalten nicht lassen, wie dass neuerlicher Zeit nach Gottes Willen des Hochwürdigen, Durchlauchtigen, Hochgeborenen Fürsten und Herrn, Herrn Christian, erwählten Bischofs des Stiftes Minden u. s. w., meines auch gnädigen Herrn, bestellter Münzmeister zu Winsen, Henning Hanses genannt, mit Todt verfahren. Wenn dann gnädiger Fürst und Herr, eine solche Stelle Zweifelsfrei ehestes Tages von I. f. G. mit

eiuem tüchtigen Münzmeister wiedeium wird besetzt werden, und I. f. G. als
eines Hochlöbl. Herrn unterthäniger Diener und Münzmeister ich gern sein
möchte, als ist mein ganz unterthäniges Bitten, E. f. g. geruhen gnädig mir um
meines lieben Vatern willen, welcher E. f. G. unterthäniger Diener und Münzmeister dieses Orts gewesen, an Dero freundl. lieben Herru Vetter Intercessio-
nales zu ertheilen. Lebe der unterthänigen Zuversicht, es werden Hochg. I. f. G.
mich in Gnaden ansehen und zu deren Diener aufnehmen, will mich auch in unterthäniger Gebühr derogestalt verhalten, dass an mir nichts anders, dann was
einem getreuen Diener geziemet, gefunden werde.

(Original.)

_____

Anlage 28.

1624, Januar 5. Verwendungsschreiben Herzogs Wilhelm
an Herzog Christian, betr. Anstellung des Simon Timpfe
in Winsen.

Wir sein von Unsers gewesenen und in Unserm Dienst gestorbenen Münzmeisters Simon Timpfens säligern Sohn, Simon Timpfen den Jüngern, vermittelst
beigefügter Supplication unterthänig gebeten, bei Ew. Liebden zu intercediren
und freundlich anzuhalten, dass von Deroselben an Ihrer zu Winsen auf der Luhe
ohnlängst verstorbenen Münzmeisters Henning Hanses Stelle er wiederum aufgenommen werden möchte. Dieweïlen nun selig gedachter Simon Timpfe der
Aeltere, dieses Supplicanten Vater, Unser Münzwerk getreulich versehen, sonst
auch während seines Dienstes sich also verhalten, dass Wir mit ihm in Gnaden
friedlich gewesen und um deswillen diesen seinen Sohn gern befördert sehen
möchten, so haben Wir nicht unterlassen wollen, Ew. Liebden seinetwegen zu
ersuchen. Und gelanget nun an Dieselben hiermit Unser freundlich Bitten, Sie
wollen auf den Fall, da Sie gemeinet vorerwähnte Münzstätte mit einem qualifi-
cirten Münzmeister versehen zu lassen, diesen Supplicanten vor einem andern
aufzunehmeu.

(Original.)

1624, Januar 8. Antwortschreiben auf vorstehenden Brief.

Euer fürstl. Gnaden an rev. ill. unsern gnädigen Fürsten und Herrn Schreiben
haben wir Abwesens Sr. f. G. empfangen etc. und mögen E. f. G. darauf unterthänig nicht verhalten, dass S. f. G. an des zu Winsen verstorbenen Münzmeisters Stelle keinen andern hinwieder zu verordnen geneigt. Wie denn sein
nachgelassener Sohn um selbigen Dienst auch angehalten, aber S. f. G· haben
es ihm auch aus angezogenen Ursachen abgeschlagen. Dà es sonsten hierumb
anders bewandt, würden S. f. G. Simon Timpfe mitgetheilter Vorschrift wohl
stattgeben und ihm dazu auf- und angenommen haben. Datum Zell den 8. Januari 1624.

(Concept.)   Unterthäniger dienstwilliger Canzler.

Anlage 29.

**1625, Januar 17. Herzog Christian an die Beamten zu
Winsen, betr. Besetzung der Münzstätte in Winsen.**

Auf eingeschlossener Thomas Timpfen Münzmeisters unterthäniger Supplication[43]) sind wir nicht abgeneigt, ihn für einen Münzmeister zu bestellen. Alldieweil Wir aber Unsers vorigen Münzmeisters, Georg Hansen, Sohn albereit
Zusage gethan, als begehren Wir hiermit gnädig, Ihr wollet Euch bei ihm erkundigen, ob er sich dessen begeben, und mit Zurückfertigung der Einlage und
Eröffnung Eures Gutachtens, wessen er sich darauf erkläret, fürterlichst anhero
berichten.

Datum auf unser Vestung Zell den 17. Jan. Ao. 1625.

Aeussere Aufschrift:

„An die Beamten zu Winsen wegen Thomas Timpfen, Münzmeister, und
dass er daselbsten hinwiederumb zum Münzmeister angenommen werden
möchte.

NB. Abgeschlagen und ist George Hanses zum Münzmeister angenommen
und albie beeidiget worden. Anno 1625.“

Anlage 30.

**1625, Januar 29. Annahme des Georg Hanses als Münz-
meister von Winsen.**

Wir mögen Euch nicht verhalten, dass Wir heut dato Georgen Hanses
den gewöhnlichen Münzmeister-Eidt ablegen und ihn dadurch zu Unsern
Münzmeister bestellen liessen, jedoch dass er Alles auf seine Unkosten verrichten und auch grobe Münze, als Reichs- und halbe Reichsthaler, wie auch
Orte und halbe Reichsorte, die Mark zu 14 Loth 4 Gr. münzen soll. Begehren
demnach hierdurch gnädiglich, Ihr wöllet ihn dazu in der Münzstätte verstatten.

Datum Zellen, 29. Januari 1625.   Christian.

(Original.)

Anlage 31.

**1625. Visitationsbericht der General-Wardeine des
Niedersächsischen Kreises.**

1. Bericht des Jobst Brauns vom 30. Mai. (Auszug.)

Dero Fürsten und Stände in diesem hochlöbl. Kreise, so sich des Hammers
gebrauchen, Müntzen, habe ich in diesem 1625. Jahre bis itzo befunden, wie folgt:

---

43) Dieser Brief des Thomas Timpfe, des Harburger Münzmeisters, befindet sich jedoch nicht
mehr in den Acten.

.... Herr Christian, erwählter Bischof des Stifts Minden, Herzog zu Braunschweig und Lüneburg, lässet an 5 Orten, als: Clausthal, Andreasberg, Osterode, Elbingerode und Catlenburg münzen und habe

zum Clausthal in der Münzbesuchung ganze, halbe, Orter und halbe Orter Thaler im Prägen befunden....

Zum Andreasberg ist keine Arbeit befunden und ist der Münzmeister nicht dagewesen.

Zu Osterode hab ich gleichergestalt keine Arbeit befunden....

Zu Catlenberg geprägte Thaler befunden ...

Zu Elbingerode hab ich auch keine Arbeit befunden, und ist solch Münzenwerk eingestellet.

.... Herr Wilhelm, Herzog zu Braunschweig und Lüneburg lässet zu Harborch ganze, halbe und Orter Thaler münzen, und wie ich der grossen Wasserfluth von Hamburg ab dahin nicht kommen können, habe ich aus des Kaufmanns Beutel etliche Mark aufgezogen und probiret und wägen 8 Stücke 1 Mark, minus 1 Quentin, hält 1 Mark fein 14 Loth 3 Grän scharf.

.... Herr Julius Ernst, Herzog zu Braunschweig und Lüneburg, lässt zu Scharnebeck ganze, halbe und Orter Thaler münzen, habe keine Arbeit in der Besuchung befunden, sondern aus des Kaufmanns Beutel probiret, wägen 8 Stück 1 Mark, fein 14 Loth und 4 Gräns reichlich.

.... Herr Augustus, Herzog zu Sachsen, Engern und Westfalen lässet zur Lauenburg ganze, halbe und örther Thaler münzen, habe auch in der Münzbesuchung keine Arbeit befunden, sondern dieselbe aus des Kaufmanns Beutel probiert, wägen 8 Stück 1 Mark scharf, hält 1 Mark 14 Loth, 4 Grän scharf.

Dieweil dann nunmehr das Münzwerk Gott Lob in gutem Stande, deshalb auch dabei inskünftig dem gemeinen Nutz zum Besten verbleiben und alles seine Richtigkeit desto besser haben möchten, so wäre hochnöthig, dass alle Jahr ein Probationstag auf Ascensionis Domini, dem alten Gebrauch nach, angeordnet und gehalten würde, auf welchen alle Münzmeister und Guardinen erscheinen und von ihrem gemachten Gelde Bericht thun müssen, und welche dem hochlöbl. Kreise noch nicht mit Pflichten verwandt, beeidigt würden....

2. Bericht des Andreas Laffers vom 16. Mai. (Auszug.)

Herzog Christian.. . lassen auf Dero Bergstätten Clausthal und Andreasberg, auch zu Osterode und Catlenberg itzo Rthlr., halbe und Ortsthaler, auch halbe Ortsthaler münzen.

.... Herr Wilhelm, Herzog zu Braunschweig und Lüneburg lassen zu Moisburg Rthlr., halbe und Ortsthaler münzen, 8 Stück 1 Mark scharf, halten 14 Loth, 2 Grän fein Silber scharf.

.... Herr Julius Ernestus, Herzog zu Braunschweig und Lüneburg lassen zum Scharnebeck Rthlr., halbe und Örter münzen, der Rthlr. wägen 8 Stück 1 M., halten 14 Loth 4 Grän fein Silber, bestehen.

Nach den Originalen im Staatsarchiv Hannover, Cal. Br. Arch. Des. Münzsachen 59.

Anlage 32.

1626, August 31. Barthold Bartels bewirbt sich um die Münzmeisterstelle in Winsen.

E. f. G. mag ich in Unterthänigkeit nicht verhalten, dass ich meiner obliegenden Geschäfte, sonderlich aber etzlicher Schulden halber, damit E. f. G. Münzmeister zu Winsen an der Luhe, Georg Hansen, mir verhaftet gewesen, nacher Brakel einen Boten habe abfertigen müssen. Wie er nun daselbst angelanget und nach gedachtem E. f. G. Münzmeister gefragt, ist er berichtet worden, dass derselbe kurz verrückter Weile an der itzigen grassirenden Seuche der Pest gestorben sein soll. Weil ich nun berichtet, dass E. f. G. an des Verstorbenen vaccirenden Stelle eine andere qualificirte Person nacher Winsen für einen Münzmeister verordnen werden und ich dann E. f. G. geborner Unterthan aus Osterode bin, auch mich in Dero Stadt Lüneburg befreiet und niedergelassen, als habe ich mich verdreistet, E. f. G. meine schuldigen Dienste unterthänig zu präsentiren. Gelanget demnach an E. f. G. meine unterthänige hochfleissige Bitte, Sie wollen gnädig geruhen und mir für andere insonderlicher gnädiger Erwägung, dass E. f. G. wie gedacht ein geborner Unterthan und Landsass ich bin, auch allbereit in die sechs Jahr lang zu Dannenberg und Lauenburg zugleich für einen Münzmeister gedienet, wie ich des im Nothfall genugsam Zeugniss bringen kann, dazu befördern.

Will mich dahin verpflichten, solche Sorten zu prägen, die des heiligen Römischen Reichs und dieses löbl. Niedersächsischen Kreises Münzedicts allerdings gemäss sein, E. f. G. und menniglich darob ein gnädig und sattsam Genügen haben und tragen soll.

Datum Zelle, am 31. August 1626.

(Original.)

Anlage 33.

1626, October 7. Thomas Timpfe zu Harburg an den herzogl. Kanzler zu Celle. Bittet um Anstellung in Winsen.

Edler u. s. w. Herr Canzler. Ew. (Tit.) übersende ich anliegende Proben, wie ich dieselben befunden und bitte der grossgünstigen Zusage nach, meiner bei I. f. G. zu gedenken, damit mir die Bestallung zukommen möge. Ich will mich also verhalten, dass I. f. G. und der Herr Canzler auch menniglich ein gnädiges und günstiges Gefallen an meiner Person haben soll, will auch die meinetwegen angewandte Mühe zu verschulden wissen.

Dem Schreiben liegen folgende Proben bei.

1. Zwei Stück $1/24$ von 1623 mit dem Wappen von Lauterberg und dem Münzzeichen H = S

„Die Groschen halten 7 Loth 15 Grän."

2. Drei Stück Dreier von 1622 aus der Münzstätte Winsen (obeu Nr. 106).
„Die Dreier halten 4 Loth 14 Grän."
(Original.)

Anlage 34.

1627, October 5. Thomas Timpfe an Herzog Christian.
Abermalige Bitte um Anstellung in Winsen.

Was an E. f. G. ich unterschiedlich wegen Wiedererstehen und Bestellung
der Münzstelle zu Winsen an der Luhe und dass E. f. G. vor Jemand anders,
zumahl ich, wie auch die Meinigen in diesem löbl. Niedersächsischen Kreise und
darin begriffenen vornehmen Fürsten und Ständen lange Jahr bedient gewesen
und jederzeit treu und fleissig dabei verhalten, mich darzu wiederumb zu bestellen,
angehalten und gebeten, dessen werden E. f. G. sich gnädig erinnern. Weil ich
nun dieses Orts deswegen angelangt, dass ich mich selbsten darum bei E. f. G.
unterthänig anmelde und Dero gnädige Gemüthsmeinung vernehmen wollen, als
bitte ich unterthänig, Dieselbe wollen gnädig geruhen, mein gnädiger Fürst und
Herr sein und bleiben und mich vor Jemanden anders darzu hinwieder bestellen
oder nur, dass es E. f. G. noch nicht behaglich, die gnädige Vertröstung zukommen lassen. Will mich alsdann mit allerhand Vorrath dergestalt gefasst, will
mich auch sonsten also verhalten, dass E. f. G. darob ein gnädiges Gefallen
tragen.

Datum Zell den 5. October 1627.

(Original.)

2. Münzstätte Celle.

„Weil Wir aus besonderen bewegenden Ursachen entschlossen sein, bei Unserm fürstlichen Hoflager alhier eine Münze zu haben", schreibt Herog Christian am 16. September 1621 aus Celle an Andreas Laffers in Goslar, den General-Wardein des niedersächsischen Kreises, „als begehren Wir hiermit gnädiglich, Du wollest Uns alsbalde und ohne einigen Aufenthalt einen redlichen, aufrichtigen und fleissigen Münzmeister nebenst zween oder dreien Gesellen an- und zuweisen, welcher sich ehester Tage allhie einstelle und solchs Werks um vorgehende Vergleichung anfangen könne."

Laffers antwortet unterm 18. Septbr., er wolle sich alle nur mögliche Mühe geben „aber im itzigen Zustande des Münzwesens einen redlichen Münzmeister zuzuweisen, will mir fast unmöglich fallen, sintemahl itzo deroselben wenig vorhanden, so nach des heil. Reichs- und Kreisabschieden die Müntz an Schrot und Korn recht verfertigen."

Aber Laffers wird gedrängt. Schon am 22. September erfolgt im Auftrage des Herzogs seitens des herzoglichen Statthalters zu Zelle ein weiteres Schreiben, welches unschwer erkennen lässt, dass es sich darum handelt, die im Münzedicte vom 14. September 1621 versprochene Ausmünzung zahlreicher kleiner Sorten mit aller Macht durchzuführen.

„Was an den Hochwürdigsten etc. unsern gnädigen Fürsten und Herrn Ihr sub dato den 18. hujus in Antwort gelangen lassen", lautet der Brief, „solchen haben S. f. G. verlesen und uns darauf gnädig anbefohlen, Euch hinwiederum anzufügen, dass S. f. G. gemeinet, allhier auf Dero Vestung eine Münzstadt anzurichten und den Reichs- und Kreisabschieden und Münzedicten gemäss etliche kleine Sorten, als insonderheit Silbergroschen, davon 24 Stück eines Reichsthalers werth, von Silber münzen zu lassen, auch das Werk selber zu verlegen, wie derjenige so alhier zugebraucht wird, zu seiner Ankunft umständlich berichtet werden

solle. Derowegen und dieweil das Werk nicht wohl Verzug leiden
kann, gesinnen J. f. G. nochmals gnädiglich, Ihr wollet einen
guten erfahrenen, aufrichtigen und fleissigen Münzmeister neben
etlichen Gesellen voriger J. f. G. an Euch abgegangener Schreiben
zufolge, ungesäumt und sobald immer möglich anhero schicken, mit
demselben also gehandelt werden soll, dass er sich mit Fug nicht
wird zu beschweren haben.“

Ungeachtet dieser dringenden Aufforderung gelang es dem
General-Wardein Laffers nicht, einen Münzmeister zu besorgen.
„Da es gleich in diesem Zustande mehr als zu viel Münzmeister
giebt“, antwortet er aus Goslar am 29. Septbr. 1621, „so findet
man doch darunter gar wenig, die dazu qualificirt sein, und weil sie
bis dahero eine geraume Zeit mehrentheils was ihnen beliebet,
hatten gemünzt und das unrichtige Münzen — daran sie ein Grosses
gewinnen können, also dass auch zuweilen einem Münzergesellen,
wann er kaum eine Tagereise von einem Münzwerk zum andern
gewandert, in die 100 Reichsthaler Verehrung geben werden —
itzo noch in vollem Schwange gehet, ist ein solcher begehrter Münzmeister itzo nicht schleunig zu bekommen“.

Es gelang auch in der Folge nicht, einen Münzmeister für Celle
zu gewinnen; die Absicht Silbergroschen zu münzen, musste daher
fallen gelassen werden. Wohl aber war man, um dem bei der Münzstätte Winsen erwähnten Passus des Münzedictes vom 14. September
1621, betr. Neuprägung von Kupfermünzen, nachzukommen, inzwischen mit dem Goldschmied Cordt Delbrugk zu Osnabrück in
Verbindung getreten. Es war dies ein geschickter Mann, der schon
mehrfach für Münzstätten thätig gewesen war und so u. A auch
zahlreiche Kupfermünzen für seine Heimathsstadt Osnabrück geprägt hatte.

Seine Münzen zeichnen sich durch zierlichen Stempelschnitt und
saubere regelmässige Prägung aus, eine Folge davon, dass er die
Münzen nicht aus freier Hand mit dem Hammer schlagen liess, sondern ein Druckwerk oder, wie er es nannte, ein Schraubwerk
anwandte.

Der erste Vertrag mit ihm ist vom 19. September 1621 (Anlage 35), doch verging geraume Zeit, bevor die Maschinen fertig-
gestellt und nach Celle geschafft werden konnten. Ende Januar

1622 war das Werk vollendet und Anfang Februar nahm die Prägung ihren Anfang.

Es wurden geprägt Stücke zu 4, 3 und 1 Pfenning von reinem Kupfer; Zweipfenningstücke sind mir bis jetzt nicht vorgekommen.

Alle drei Münzsorten tragen keine Jahreszahl, jedoch das Zeichen des Münzmeisters C ⋆ D zu beiden Seiten der Werthzahl, sehr klein, aber doch deutlich erkennbar.

108. Ohne Jahr. (1622.) **Vier gute Pfenninge.**

Hs. CHRIST ✦ D · G ✦ EP ✦ MINDEN ✿
Der nach links schreitende Löwe im Herzenfelde.
Rs. DVX ✦ BRVNS ✦ ET ✦ LVNEBVR ✿
Im Perlkreise von zierlichen Arabesken umgeben $\frac{iiii}{G\,P}$, zu den Seiten sehr klein C ⋆ D

Zwischen G und P befinden sich auf diesem Stempel, wie auf den beiden folgenden, Arabesken.

Dm. 20 *mm.*

Förster. — Vergl. Neumann Kupfermünzen, Nr. 5256.

109. Ohne Jahr. (1622.) **Drei gute Pfenninge.**

Von gleichem Stempelschnitt wie das Vierpfenningstück, nur in der Form der Trennungsrosetten etwas abweichend.

Rs. In der Mitte $\frac{iii}{G\,P}$, zu den Seiten C ⋆ D

Dm. 19 *mm.*

Förster, auch städt. Münzsamml. in Braunschweig, Tewes. — Vergl. Neumann Nr. 5253, auch Kat. Knyphausen Nr. 2024, wo jedoch die Beschreibung ungenau ist.

Von diesem Stück befindet sich ein Silberabschlag im Hann. Prov. Mus. Samml. Knyphausen, Kat. Nr. 8421.

110. Ohne Jahr. (1622.) Ein guter Pfenning.

Hs. CHRIST ₀ D·G·EP·MINDEN ✳
Der Löwe wie vorher.

Rs. DVX·BRVNS·ET·LVNEBVR ✳
Aehnlich den vorigen, jedoch $\overset{\dot{I}}{\underset{G\ P}{}}$, zu den Seiten C = D
Dm. 15—16 *mm.*

Förster, auch städt. Münzsamml. in Braunschweig, Tewes. — Vergl. Neumann Nr. 5255, Knyphausen Nr. 2025, aber sehr ungenau.

Aus dem in Anlage 36 abgedruckten Edict vom 27. April 1622 geht hervor, dass diese neue Kupfermünze eigentlich nur für das Bedürfniss der Stadt Celle geprägt worden ist, und dass gleichzeitig alle früher geschlagenen Kupfermünzen des Herzogs verboten wurden. Dies Schicksal traf damit auch die Kupfermünzen, welche Meinhard auf der Münzstätte Winsen geprägt hatte, deren zum Theil recht roher Stempelschnitt betrügliche Nachprägung allerdings erleichterte.

Mit dieser Kupferprägung beschliesst die Münzstätte in Celle, wenn man hier von einer solchen überhaupt sprechen kann, ihre Thätigkeit. Erst fünfzig Jahre später wurde ein regelmässiger und umfangreicher Münzbetrieb dortselbst eingerichtet, wobei Rudolf Dornstrauch, 1673—1685, und Jobst Jacob Jenisch, 1687—1706, als Münzmeister wirkten. In letzterem Jahre ging die Münzstätte endgiltig ein.

Diese zweite Münzperiode ist nur kurz erwähnt worden, da das Nähere über den Rahmen dieser Abhandlung hinausgeht.

Anlage 35.

**1621, Septbr. 19. Vertrag mit dem Goldschmied Cordt Del-
brugk in Osnabrück behufs Prägung von Kupfermünzen.**

Der hochwürdige, durchlauchtige, hochgeborene Fürst und Herr, Herr
Christian, erwählter Bischof des Stiftes Minden, Herzog zu Braunschweig und
Lüneburg, unser gnädiger Fürst und Herr, hat heut Dato mit Curdt Delbruggen,
Bürgern und Goldschmieden zu Osnabrück, handeln lassen, dass Sr. f. Gnaden
er etliche kupferne Münze, wie ihm davon verschiedene Modell zugestellet, ver-
fertigen und machen soll, darauf er dann zu Behuf der Instrumenten fünfzig
Reichsthaler empfangen und sich dagegen verpflichtet hat, erster Möglichkeit
alhier wieder anzulangen und die anvertraute Arbeit zu verrichten. Dessen zu
Urkund hat er, Cordt Delbruggen, dies mit eigener Hand unterschrieben. So geschehen Zelle 19. September No. 621.

Cordt Delbrugk, Goltsmidt
zu Osnabrugk, bekenne wie oben steid.

(Original.)

Anlage 36.

**1622, April 27. Münzedict, betr. die in Cellè geprägten
Kupfermünzen.**

Von Gottes Gnaden Wir Christian, erwählter Bischof des Stiftes Minden,
Herzog zu Braunschweig und Lüneburg etc. befehlen hiermit Bürgermeistern,
Rath, gemeiner Bürgerschaft und allen Einwohnern dieser Vestung und fürstlichen
Residenz-Stadt Zell und Männiglichen, denen Wir zu gebieten haben, ernstlich
und wollen, dass ein Jeder, wer Unsere aus der Hand geprägte kupferne Münze,
soviel davon Unserm angeordneten Gepräge gemäss, darin sich viele Stücke, so
fälschlich nachgeprägt, befinden, die Wir einzuwechseln nicht gemeinet, eingenommen, Unserm Rentmeister dieselben innerhalb 14 Tagen von Zeiten ergehen-
der Notification anzulauten, wieder einliefern, dagegen andere gedruckte
kupferne Münze, so gar kenntlich und nicht leicht nachgepräget werden kann,
empfange und solche Unsere gedruckte kupferne Münze nur von den Leuten in
Unserer Stadt selbst zur Scheidung der Leute inhalts Unserer ehebevor publicirten Münzordnung in Zahlung annehme."

Es wird dann ferner noch gesagt, dass „die vorigen aus der Hand gemünzeten
kupfernen Münzen gänzlich abgeschaffet", sein sollen, und dass Niemand die
kleinen Silbersorten ausser Landes führe, damit nicht wieder Mangel an kleiner
Münze zur Scheidung der Leute einträte.

Anlage 37.

Undatirt (1622). Gutachten über die in Celle geprägten Kupfermünzen. ·

Alldieweil mein Gnädiger Fürst und Herr die neue geschrobene kupferne Münze mit schweren Kosten verfertigen und die alte hingegen aufwechseln lassen, dieselbe aber von Niemandem genommen werden will, inzwischen gleichwohl viel andere Dreier haufenweis eingeschlichen und auch nunmehr die ganze Stadt damit erfüllet, dahero leichtlich zu muthmassen, dass sich dieses Orts die Kipperei wieder eingestellet, davon insgemein viel Ruhms fürgehet, ob nicht zu rathen, dass S. f. G. nochmals lassen abkündigen, S. f. G. hätten diese neuen kupfernen Sorten zu dem Ende lassen bereiten, damit anderer geringe untüchtige kleine Münze allhier nicht einschliche, auch dahero der Kipperei und anderem Unrath fürgebeuget sein solle. Deretwegen wäre Sr. f. G. gnädige und ernstliche Meinung nochmals, dass solch kupfern Geld in Sr. f. G. Stadt alhie zur Scheidung genommen und ausgegeben werden sollte. Und damit sich Niemand einiges Schadens zu befahren, noch dass er damit anderer Oerter nicht könnte commerciren wieder fürzuwenden, haben S. f. G. die gnädige Fürsehung gethan, dass wann Jemand dieser unter S. f. G. Namen neugemachte kupferne Sorten, aber alle anderen gänzlich ausgeschlossen, für 10 oder 5 Thaler in der Summe zusammenhätte, minder aber nicht, dass derselbe alsdann befugt sein sollte, sofern er die kupfern nicht wieder ausgeben wollte, bei Sr. f. G. Rentecammer sich dafür anders insgemein gangbares Geld geben zu lassen, das auch einem Jeden unweigerlich solle widerfahren. Hierentgegen aber wollten S. f. G. an diesem Orte durchaus keine andere Mattier, Dreier und Pfenninge, sie wären auch gemünzet an welchem Orte sie wollen, lassen passiren, sollten hiermit stracks verboten sein.

(Dies ist Passus 1 aus einem undatirten und nicht unterschriebenen Gutachten. Demselben liegt der nachstehende Entwurf einer Münzverordnung, betr. die in Celle geprägten Kupfermünzen, bei, welche oben links den Vermerk trägt „NB. ist nicht abgegangen.")

Anlage 38.

Undatirt (1622). Entwurf einer Münzordnung, betr. die in Celle geprägten Kupfermünzen.

Aus sonderbarem gnädigen Befehl des hochwürdigen, durchlauchtigen, hochgebornen Fürsten und Herrn, Herrn Christian, erwählten Bischofs des Stiftes Minden, Herzogs zu Braunschweig und Lüneburg, unseres gnädigen Fürsten und Herrn sei hiermit allermänniglich zu wissen:

Demnach gegen Einwechsel- und Ausführung der guten silbernen Sorten allerhand ungültige vermischte Dreier haufenweise hineingeschlichen, also dass Ihrer fürstl. Gnaden Land, bevorab diese Stadt damit überfüllet, dadurch dann von etlichen hochschädlichen eigennützigen Leuten die hochstrafbare Kipper- und Wipperei nicht weniger dann vorhin getrieben und verübet, dass demselben soviel möglich vorzukommen, I. f. Gn. gnädig verordnet haben und wollen, dass solche Dreier, sie seien auch geschlagen, wo sie wollen, ausserhalb von I. f. Gn. Gepräge, nach Umgang 8 Tagen höher nicht dann für 2 gute Pfenning ausgegeben und angenommen werden sollen, mit dem Vorbehalt, da hierdurch solchem Unrath noch nicht gesteuert, dass hernächst derselbe auf noch ein Geringeres oder auch wohl gar abgesetzet werden sollen und mögen.

Und damit es innenmittels an kleiner Münz zu Scheidung der Leute und täglichen Ausgabe nicht mangele, sollen I. f. G. neue geschrobene, aber sonsten keine andere kupferne Münze für gänge und gebe angenommen, und wer derselben etwan zu zehn oder fünf Thaler (weniger aber oder darunter nicht) in der Summen zusammen hätte, dem sollen dieselben auf sein Ansuchen bei der Fürstl. Rentkammer allhier umgesetzet und gute silberne oder andere insgemein gangbare Münze dagegen erleget und gegeben werden. Und soll hiermit das Kippen und Wippen und gefährlich Ausführen der guten und Wiedereinbringen der schlimmen untüchtigen Münze bei unnachlässiger schwerer, auch gestalten Sachen nach Leibesstraf verboten, wie auch nochmals hiermit männiglich geboten sein, I. f. G. publicirter Taxordnung sich allerdings gemäss zu verhalten. Darnach sich männiglich zu richten und für Schaden zu hüten.

3. Münzstätte zu Nienburg.

Von der Absicht des Herzogs Christian, in Nienburg an der Weser eine Münzstätte einzurichten, geben uns nachfolgende, bis jetzt nicht bekannt gewordene Correspondenzen Auskunft.[44]

Der Herzog schreibt unterm 7. Februar 1619 aus Celle an die Beamten (Joachim von Berghe und Johann Plappe) zu Nienburg:

„Wir mögen Euch nicht verhalten, dass Wir nicht allerdings abgeneigt, in Unserm Ambt Nienburg eine Münze anzuordnen. Begeren derowegen hiermit in Gnaden zuverlässig, Ihr wollet fürderlichst anhero berichten, ob nicht etwa vorn auf Unserm Hause oder anderswo ausserhalb Unsrer Vestung ein bequemer Ort, dar man gefüglich eine Münze anrichten könnte, vorhanden, und was solch Werk ungefähr wol kosten und darauf gehen würde, in specie aber ob nicht ein ander Gebäude ohne welchen Abgang dazu zu aptiren. Nach dessen Befinden fernerer Verordnung darüber gewarten."

Die Genannten antworten am 24. Februar und schlagen das „Zollhaus über der Weserbrücke" vor; es sei mit geringen Unkosten dort eine Münzstätte einzurichten. Der „Jude Seligmann" meine, dass nur etwa für 100 Rthlr. Mauersteine erforderlich seien. Darauf erfolgte am 28. Februar nachstehender Bescheid des Herzogs: ,

„Uns ist Euer anhero gethaner Bericht, die Münzstätte betreffend, der Gebühr vorgebracht. Weil Uns nun aus allerhand Ursachen die Münzstätte nach Eurem Vorschlage in das Zollhaus zu legen bedenklich, als hegern Wir hiermit in Gnaden zuverlässig, Ihr wollet zur Verhütung allerhandt Gefahr um mehrer Sicherheit willen darzu ein bequemes Haus auf des Münzmeisters Kosten in Unsrer Stadt Nienburg miethen, der es dazu aptiren mag."

Damit schliessen leider die Nachrichten über die beabsichtigte Anlage einer Münzstätte zu Nienburg. Aus dem ganzen Tone der Briefe aber scheint doch hervorzugehen, dass es mit der Anlage Ernst war. Ich möchte daher das thatsächliche Bestehen einer Münzstätte in Nienburg nicht in Zweifel ziehen. Langen Bestand wird sie aber wohl kaum gehabt haben, und die auf ihr geprägten Münzen wird man vielleicht unter denjenigen aus den Jahren 1619—1621 zu suchen haben, welche ein Münzmeisterzeichen nicht tragen.

---

[44] Staatsarchiv Hannover. Celle Br.-Arch. Des. 8. Münzsachen Nr. 1.

III. Nebenlinie Dannenberg.

Stifter dieser Nebenlinie der Celleschen Hauptlinie war Heinrich, der Sohn Herzogs Ernst von Braunschweig-Lüneburg. Er regierte seit 1559 nach dem Tode des ältesten Bruders Franz Otto gemeinschaftlich mit seinem jüngeren Bruder Wilhelm, verglich sich mit diesem 1569, überliess ihm die alleinige Regierung in Celle und behielt für sich nur die Aemter Dannenberg, Scharnebeck, Hitzacker, Wustrow und Lüchow.

Er war vermählt mit Ursula von Sachsen-Lauenberg († 1620) und starb am 17. Januar 1598. Ihm folgte in der Regierung sein ältester Sohn Julius Ernst, welcher durch Vertrag vom 22. April 1604 seinem jüngeren Bruder August das Städtchen und Amt Hitzacker als alleinigen Besitz abtrat.

Julius Ernst war verheirathet mit

1. Maria, Tochter des Grafen Enno von Ostfriesland, † 10. Juli 1616,

2. Sibylle, Tochter seines Onkels des Herzogs Wilhelm d. j. von Braunschweig-Lüneburg, † 3. Juni 1652,

und starb ohne männliche Nachkommen am 26. October 1636.

August, welcher 1634 den Herzog Friedrich Ulrich von Braunschweig-Lüneburg, 1636 seinen Bruder Julius Ernst, 1642 den Herzog Wilhelm von Harburg beerbte, wurde der Stifter der neuen Linie Wolfenbüttel. Er nannte sich zum Unterschiede von seinem Vetter August, dem Bischofe von Ratzeburg, bis zu dessen 1636 erfolgtem Tode, der Jüngere.

Von seinen drei Gemahlinnen kommt hier nur die erste in Betracht. Clara Maria, Tochter des Herzogs Bogislaw XIII. von Pommern, welche am 19. Februar 1623 starb.

Von Herzog Heinrich, dem Stifter der Dannenberg'schen Nebenlinie besitzen wir keinerlei numismatische Denkmäler; er hat das Münzrecht nicht ausgeübt. Erst seine Söhne Julius Ernst und August d.j begannen, jeder in seinem abgetheilten Besitze, mit der Münzprägung, die uns hier bezüglich des Letzteren aber nur insoweit interessirt, als sie vor dem Anfall des Wolfenbüttel'schen Erbes erfolgt ist.

Mochte bei Christian das Beispiel Wilhelms von Harburg u. A. die Veranlassung zur Errichtung der Münzstätte in Winsen 1618 gewesen sein, so diente den Brüdern Julius Ernst und August zweifellos wiederum das Vorbild Christians zur Richtschnur, auch ihrerseits mit der Anlage von Münzstätten vorzugehen. Doch schon bevor es hierzu kam, liessen beide Brüder im Jahre 1617 gemeinsam einen Thaler prägen, und zwar auf der Münzstätte des Herzogs Christian zu Clausthal, der sein Gegenstück in dem Thaler findet, welchen wir von Christian kennen (Schulthess Nr. 6692). Diese Thaler-prägung hat, wie Wolff a. a. O. S. 268, Anm. 4 ausführt, zweifellos ihren Ursprung in dem 1617 erfolgten Anfall des Fürstenthums Grubenhagen und des dazu gehörigen einseitigen Harzes an die Herzoge zu Celle, Dannenberg und Harburg, welche Landestheile indessen der Linie Celle durch Vergleich ausschliesslich wieder überlassen wurden.

111. 1617. Reichsthaler (sogen. Eintrachtsthaler).

Hs. D : G : IULIV ; ERNEST ; ET · AUGUST ; DUCES · BR : ET · LU ✿

Die gegenüberstehenden Brustbilder der Herzoge, links Julius Ernst, rechts August d. j.

Rs. *a)* CONCORDIA · DITAT ✿ ANNO ✿ *1617* ✿ ♣ ✿ - ✿

b) —————————— ✿ ————————— · ♣

Der dreifach behelmte achtfeldige Wappenschild, zu dessen Seiten unten bei *a)* H ⚹ L, bei *b)* ☽ ⚹ ❀

a) Herzogl. Münzkab. zu Braunschweig; *b)* Bohlmann. — Schulthess Nr. 6673. Eine Abbildung des Stempels *b)* bei Seelaender Taf. 46, Nr. 3, jedoch steht dort als Münzmeisterzeichen irrig H ⚹ S für H ⚹ L

H L bedeutet Hans Laffert, welcher 1615—1617 Münzmeister der Stadt Goslar war, in letzterem Jahre auch in Clausthal münzte und 1619—1625 in Zellerfeld und an der herzoglichen Münze in Goslar amtirte⁴⁵). Sein Nachfolger in Clausthal war d e r Münzmeister, welcher das Zeichen ☽, Halbmond mit durchgestecktem Zainhaken führte. Sein Name ist nicht bekannt, obwohl er von 1617—1620 angestellt war und später, 1628, auch in Einbeck münzte.

Das abgebildete Stück hat auf der Hs. etwas Doppelschlag.

112. 1617. Reichsthaler.

Hs. CHRISTIANUS · D : G : EL : EP : MIND : DUX · BR : ET · LU : ❀

Das geharnischte Brustbild n.͞ r., im Abschnitt zwei verschlun‿ gene Hände, einen Palmzweig haltend.

Rs. IUSTITIA ❀ ⚹ ❀ ET · CONCORDIA · ANNO *1617* ·

Der dreifach behelmte achtfeldige Wappenschild mit dem Minder Mittelschilde, zu dessen Seiten unten H ⚹ ❀

Der Münzmeister dieses Thalers ist ebenfalls der vorerwähnte Hans Laffert; das Monogramm ist nicht in Heinrich Löhr, wie Schulthess diess bei der Beschreibung Nr. 6692 thut, aufzulösen. Eine Abbildung, jedoch ungenau, geben Seelaender Taf. 90, Nr. 1 und Rehtmeyer Bd. III, Taf. 38, Nr. 6.

⁴⁵) Heyse, Beiträge S. 100 ff.

Die archivalischen Nachrichten über die Münzstätten und die Münzthätigkeit der Dannenbergischen Herzoge sind überaus spärlich, sie beschränken sich auf einige wenige Notizen, die ich dem städtischen Archive zu Lüneburg, dem Staatsarchiv zu Hannover und dem Landeshauptarchiv zu Wolfenbüttel entnommen habe. Was aus den Münzacten der Registraturen zu Dannenberg und Hitzacker geworden ist, weiss ich nicht, nach Wolfenbüttel ist, wie man doch annehmen sollte, anscheinend nichts oder nur sehr wenig gelangt, denn das dortige Landes-Haupt-Archiv besitzt, soweit die vorhandenen Repertorien dies erkennen lassen, nur ein einziges dünnes, ziemlich belangloses Actenstück[46]).

1. Herzog Julius Ernst.

Münzstätten Dannenberg und Scharnebeck.

Die Münzprägung begann nach Ausweis der Münzen im Jahre 1619 und zwar vor dem 20. März, da einige der Doppelschillinge noch den Namen des Kaisers Mathias tragen. († 20./3. 1619) Münzstätten waren die Orte Dannenberg und Scharnebeck, doch bestand anfänglich erstere allein, dann wurde wahrscheinlich 1623 letztere gegründet, 1623 und 1624 wirkten beide gleichzeitig und 1625 war nur noch Scharnebeck in Thätigkeit. Es lässt sich dies aus den vorhandenen Münzen folgern. Die Prägungen aus den Jahren 1619 und 1620 (Nr. 113—121 des folgenden Verzeichnisses) tragen nur das Zeichen ⚒ des schon mehrfach erwähnten Münzmeisters Barthold Bartels, das Sechspfenningstück von 1621 hat kein Münzzeichen, aus dem Jahre 1622 sind Münzen nicht vorhanden, auf denen der folgenden Jahre 1623 und 1624 erscheinen gleichzeitig mehrere Münzmeisterzeichen und die Münzen des Jahres 1625 sind wieder von Bartels allein geschlagen worden.

Anscheinend ist seitens der Stadt Lüneburg gegen die Anlage neuer Münzstätten in nächster Nähe ihres Gebietes ein Einspruch nicht erhoben worden, wie wir dies bei der Münzstätte Winsen gesehen haben. Entweder war die Stadt durch Herzog Christian

---

[46]) Actenrepertorium Nr. 11, Stand XIX, Nr. 85: „Acte, was wegen der schlechten Münzen im Fürstenthum Dannenberg vorgekommen und verordnet worden, 1620, 21 und 22".

mürbe gemacht und hatte sich mit Resignation in ihr Schicksal gefunden, oder aber, was wahrscheinlich, man erblickte Lüneburgischerseits in der Errichtung der Münzstätten Dannenberg und Hitzacker keine Beeinträchtigung alter Rechte, weil die Besitzungen der Dannenbergischen Linie schon seit langen Jahren abgetheilt waren und somit zu den eigentlichen Lüneburgischen Landen nicht zählten, deren Besitzer 1293 den Vertrag mit der Stadt geschlossen hatten. Dazu stimmt, dass auch dem Herzog Wilhelm bei Errichtung der Münzstätte in Harburg keine Schwierigkeiten in den Weg gelegt wurden und dass Herzog Christian in seinem Schreiben vom 25. Mai 1618, in welchem er der Stadt Lüneburg von der Gründung der Münzstätte Winsen Kenntniss giebt, als ihm zur Seite stehenden Rechtsgrund anführt: Winsen sei von Alters her eine besondere Grafschaft gewesen, soll heissen, es gehöre auch nicht zu den Lüneburgischen Landen, für welche seine Vorfahren sich des Münzrechtes begeben hätten, so dass er ohne Vertragsbruch dort münzen lassen könne.

Schon zu Anfang des Jahres 1621 stellte Herzog Julius Ernst das Münzen wieder ein, um „allerhandt Nachrede zu vermeiden". Da sich jedoch der Mangel an kleiner Scheidemünze fühlbar machte, so beschloss er kupferne Sechs-, Drei- und Einpfenningstücke prägen zu lassen und trat deshalb im August 1621 mit der Stadt Lüneburg in Verbindung, um die Ausmünzung durch den dortigen Münzmeister ausführen zu lassen. Die betreffende Correspondenz ist in Anlage 39 abgedruckt. Eine weitere Folge dieses Entschlusses war das Münzedict vom 30. Septbr. 1621 (Anlage 40), in welchem dem Publicum von der beabsichtigten Kupferprägung Kenntniss gegeben wird. Bekannt ist von diesen Münzen aber nur ein Exemplar des Sechspfenningstücks (Nr. 127), die Drei- und Zweipfenningstücke kennen wir mit Sicherheit nicht, doch gehören vielleicht die bei Herzog Christian, Münzstätte Winsen unter Nr. 100—102 beschriebenen Stücke hierher.

Die Prägung führte der Münzmeister Jonas Georgens aus, der, wie sich aus einem ziemlich unleserlichen Zettel in der erwähnten Wolfenbüttler Acte ergiebt, für jedes in 8 Mark Münze ausgeprägte Pfund Kupfer 2 Mark erhielt. Ihn unterstützte bei der Prägung sein Schwiegersohn, der bisherige Dannenbergische Münzmeister Barthold

Bartels „welcher itzo die fürstl. sächsische Münz in Verwaltung hat",
d. h. die zu Lauenburg.

Um das Land vor schlechter Münze und damit vor Schaden zu
bewahren, hatte Julius Ernst verschiedentlich Münzedicte erlassen,
so unterm 25. August 1620 und 7. Juli 1621. Von besonderem
Interesse ist ein von den Herzogen Julius Ernst und August d. j.
gemeinschaftlich am 25. Mai 1622 erlassenes Edict, in welchem
u. a. erwähnt wird, dass ersterer wie bisher, so auch noch ferner
Kupfermünzen wolle schlagen lassen. Es hat mir leider nicht gelingen wollen, dies bei Wolff S. 267 erwähnte Münzedict wieder aufzufinden; ich muss mich daher auf diese kurze Wiedergabe der von
Wolff gegebenen Nachricht beschränken.

Die Unterbrechung der eigenen Münzthätigkeit dauerte aber
nicht lange. Schon 1623 nahm Julius Ernst die Prägung in Dannenberg wieder auf und richtete in Scharnbeck eine zweite Münzstätte
ein, beschäftigte seinen alten Münzmeister Barthold Bartels von
Neuem, daneben aber auch eine ganze Reihe von anderen Münzmeistern, wie die Münzen ausweisen.

Die in den Jahren 1623—25 geprägten Münzen tragen nämlich
folgende Münzmeisterzeichen:

    1623. ✺, M, M ⁑ HMG, ✕ ⁑ HMG, ✕,

    1624. ✺, W, H⁑W, ✕,

    1625. ✺,

die an Mannigfaltigkeit nichts zu wünschen übrig lassen. Constant
erscheint nur das Zeichen ✺ des Barthold Bartels, so dass anzunehmen ist, er habe in diesen drei Jahren einer und derselben
Münze vorgestanden, während die anderen Münzmeister, von denen
wir keinen einzigen namentlich kennen, an der zweiten Münze
angestellt waren.

Nach dem Visitationsbericht der Generalwardeine Brauns und
Laffers vom 16. u. 30. Mai 1625[47]) bestand im Jahre 1625 aber nur
noch in Scharnebeck eine Münzstätte, auf welcher viertel-, halbe und
ganze Thaler gemünzt wurden. Da des Bartels Münzzeichen auf
den Münzen von 1625 erscheint, muss man annehmen, dass er in
Scharnebeck angestellt war und die übrigen Münzmeister in Dan-

---

[47]) Vergl. Anlage 31 bei Herzog Christian.

nenberg. Dem steht aber der Brief des Bartels vom 31. August 1626 entgegen[48]), in welchem er sagt, dass er gegen 6 Jahre in Lauenburg und Dannenberg zugleich Münzmeister gewesen sei. Ganz klar ist hier nicht zu sehen. Thatsächlich hat Bartels 1619 bis 1620 in Dannenberg amtirt, vielleicht auch 1623 und 1624 und ist dann 1625 nach Scharnebeck übergesiedelt. Im folgenden Jahre war er ausser Dienst und wohnte in Lüneburg.

Ueber Scharnebeck finden sich keine weiteren Nachrichten. Hinsichtlich der Münzstätte Dannenberg enthält das Vaterl. Archiv 1820, Bd. 2, S. 244[49]) die Bemerkung, dass der Herzog Julius Ernst im Jahre 1626 das Münzgebäude seinem geheimen Rathe und Kanzler Johann Pfreundt geschenkt habe.

Es ist zweifellos, dass die Münzprägung des Herzogs Julius Ernst mit dem Jahre 1625 auf beiden Münzstätten ihr Ende erreicht hat.

113. 1619. Goldgulden. Münzmeister ⚒

Hs. IVLIVS·ERNESTVS·D : G : D : B : E : L : ⚒
Das geharnischte Brustbild des Herzogs n. r.

Rs. REC : FAC : ⚹ NE : TI : *619* (Recte faciendo neminem timeas.)

Der von drei Helmen bedeckte achtfeldige Wappenschild, Perlkreis und Umschrift unten durchbrechend: 1. Braunschweig, 2. Lüneburg, 3. Everstein, 4. Homburg, 5. Hoya, 6. Diepholz (Löwe), 7. Bruchhausen, 8. Diepholz (Adler).

Dm. 23 *mm.*

Herzogl. Münzkab. zu Gotha. — Köhler, Münzbelustigungen Bd. XX, S. 87. — Eine Abbildung bei Seelaender, Taf. 46, Nr. 1.

---

[48]) Anlage 32 bei Herzog Christian.

[49]) In dem Aufsatze Sültemeyer's, Nachrichten zur Geschichte des Schlosses, auch der Stadt Dannenberg.

114. 1619. Reichsthaler.

Hs. IVLIVS·ERNESTVS·D·G·DVX·B·ET·LVNÆB·
Geharnischtes Brustbild des Herzogs n.r. mit Kragenüberschlag,
auch übergehängter Feldbinde.

Rs. RECTE·FACIENDO·NEMINEM·TIMEAS·
Das dreifach behelmte achtfeldige Wappenschild, an dessen
Seiten *16 = 19*

Ein Original habe ich noch nicht angetroffen; ich gebe diese
Beschreibung lediglich nach Schulthess Nr. 6677 (Madai Nr. 3596),
welcher v. Praun Nr. 280 citirt und auch erwähnt, dass in „Spiess's
Mscpt. pag. 202, Nr. 5" ein solcher Thaler mit der Jahreszahl 1620
angeführt sei. Ein Münzmeisterzeichen ist, wohl wegen typo-
graphischer Schwierigkeiten, nicht angegeben.

Ich habe mich vergeblich bemüht, in Erfahrung zu bringen,
was „Spiess's Manuscript" bedeutet und wo es zu finden ist. An-
fragen z. B. im Num. sphrag. Anzeiger 1889, S. 100 blieben
unbeantwortet.

115. Ohne Jahr (aber vor dem 20. März 1619). **¹/₁₆ Reichsthaler,** (Doppelschilling). — Münzmeister ✸

115.   116.

Hs. IULIUS·ERNES:D:G:D:B:E:L· ✸
Im Perlkreise der quadrirte Wappenschild: 1. Braunschweig,
2. Lüneburg, 3. Hoya, 4. Diepholz (Adler).

Rs. MATTHIAS·D:G·RO:IM:S:AU:
Im Perlkreise der Doppeladler ohne Scheine, den Reichsadler
mit *16* auf der Brust.

Dm. 23 *mm.*

Hann. Prov. Mus. Samml. Knyphausen, Kat. Nr. 430, aber ungenau.

Der Name des Kaisers Matthias († 20. März 1619) zeigt an,
vor welchem Zeitpunkte diese Münze und die folgenden Nrn. 116
und 117 geprägt sein müssen.

116. Ohne Jahr (vor dem 23. März 1619). **Doppelschilling.**
— Münzmeister ✳

Hs. *a, b, c)* IULIUS · ERNES : D : G : D : B : E : L : ✳
Der quadrirte Wappenschild.
Rs. *a)* MATTHIAS · D : G : RO : IM : S : A :
   b) ————————————— ——U :
   c) ——————————— · ————————
Im Perlkreise verschlungen D S, darüber Reichsapfel.
Dm. 23 *mm.* — Abbildung vorseitig.

<small>*a)* v. Saurma-Jeltsch Taf. CIV, Nr. 3149; *b)* städt. Münzsamml. zu Braun-
schweig; *c)* königl. Münzkab. zu Berlin, auch Hartmann. — Kat. Schellhass
Nr. 314.</small>

117. 1619. $^1/_{16}$ **Reichsthaler** (Doppelschilling).

Hs. IU · ER : D · ⸰ · G · D · B · E · L :
Der dreifach behelmte achtfeldige Wappenschild, wie auf dem
Goldgulden Nr. 113.
·Rs. MATT · D · G · R · IM · S · A · P · F · D · *619*
Der Doppeladler wie auf Nr. 115.
Dm. 23 *mm.* — Mit Gegenstempel R.

<small>Im Rostocker Museum aus dem Funde von Schlage (vergl. Num. sphrag.
Anz. 1888, S. 15).</small>

118. 1620. Thaler auf den Tod der Herzogin Ursula, der
Mutter des Herzogs Julius Ernst. — Münzmeister ✳

Hs. IULIUS ERNESTUS · D : G : DUX · B : ET : LUNÆB : ✳
Brustbild des Herzogs n. r.

Rs. In acht Zeilen, deren jede durch einen Strich getrennt:
V : G : G : | URSULA · G · | Z · S · E · U · W · H · Z · B · U · | · L ·
WITTIBE · IM · | LXVII · IAHR · | IHRES · ALTERS · | OBIIT · 1Z ·
OCT · | A · 1620 (Von Gottes Gnaden Ursula, geborne [Herzogin] zu
Sachsen, Engern und Westfalen, Herzogin zu Braunschweig und
Lüneburg u. s. w.)

Dm. 42 mm.

Vorstehende Abbildung nach Madai Nr. 5470, wo auf dem Titel der ersten
Fortsetzung eine Abbildung dieses Thalers gegeben ist. Hiernach Schulthess,
Nr. 6678 und M. Schmidt Lauenburg S. 36, Nr. 73.

119. 1620. Halber Thaler auf dieselbe Veranlassung. —
Münzmeister ✳

Hs. IULIUS · ERNEST · D · G · DUX · BRUN · E · LU : ✳
Brustbild des Herzogs n. r.

Rs. In sechs Zeilen:
V · G · G · | URSULA · G · | Z · S · E · U · W · H · Z · B · | U · L · WITWE · |
OBIIT · 1Z · OCT · | AN : 1620 · | · · ·

Dm. 30 mm, Gew. 14·6 g. (= 1 Köln. Loth).

Original im ehemaligen königl. hann. Münzkab., beschrieben bei Molanus,
S. 380, Nr. 64, auch v. Praun S. 111, Nr. 77 und Weise Guldenkab. S. 408,
Nr. 1073; ferner Schulthess Nr. 6679, wo das Stück „Dickgulden“ genannt wird,
und hiernach Schmidt a. a. O. S. 37, Nr. 74. Eine Abbildung desselben Stückes
bei Seelaender Taf. 46, Nr. 11, die vorstehend wiederholt ist. Beschreibung bei
Schulthess und Abbildung bei Seelaender stimmen in der Interpunction nicht
überein, es handelt sich aber um dasselbe Stück. Bei Seelaender ist das Münzmeisterzeichen nicht correct.

120. 1620. Reichsthaler angeblich mit gewöhnlichen Stempeln, vergleiche die Bemerkung zu Nr. 114, ist mir im Original noch
nicht vorgekommen. — Schulthess Nr. 6677 Anm.

121. 1620. Doppelschilling. — Münzmeister ✻

121.

Hs. *a, b)* IULIUS · ERNESTUS · D ·· G · ZO

　　c) —————————　—————— .

Vierfeldiger Wappenschild, auf einigen Stempeln nicht von einem Perlkreise umgeben.

　　Rs. *a, c)* DUX · BRUNS · ET · LUN : ✻

　　　　b) —————————　E · T · L · UN : ✻

Im Perlkreise verschlungen DS, darüber der Reichsapfel.

Dm. 22 *mm.*

Gegenstempel: Doppeladler (Lübeck), ⚹ (Stralsund) und G 3 auf den drei Exemplaren in Berlin.

　　a) königl. Münzkab. zu Berlin; *b)* städt. Münzsamml. zu Braunschweig; *c)* Elkan. — Bei Molanus II, S. 380, Nr. 68 ist ein solcher Doppelschilling verzeichnet, angeblich mit dem Stempelfehler OZ für ZO

Die folgenden Doppelschillinge Nr. 122—126 tragen keine Jahreszahl, ich halte sie jedoch zu Ende 1619 oder im Jahre 1620 geprägt. Es führt mich darauf ihr Stil und ihre Aehnlichkeit mit den in vorerwähnten Jahren geprägten auch der Umstand, dass die Doppelschillinge der folgenden Jahre andere Typen haben.

122. Ohne Jahr. Doppelschilling. — Münzmeister ✻

122.

1. Typus: achtfeldiger Schild.

Hs. *a)* IULIUS · ERNESTUS · D : G : ✻

　　b) ————— · ERNES · D : G ; D : B : E : L : ✻

Im Perlkreise der achtfeldige Wappenschild.

Rs. *a)* DUX · BRUNS : ET · LUNÆB :

  b) D : G : DUX · BRUNS : E : LUN : ✳

Im Perlkreise verschlungen D S, darüber der Reichsapfel.

Dm. 22 *mm* — Gegenstempel: auf *a)* ✳

a) Städt. Münzsamml. zu Braunschweig; *b)* v. Saurma-Jeltsch Taf. LXIX,
Nr. 2091.

Der Stempel *b)* ist zweifellos eine Zwittermünze, deren Rs.-
Typus unter Nr. 125 und 126 wiederkehrt.

123. Ohne Jahr. Doppelschilling. — Münzmeister ✳

2. Typus: Behelmter vierfeldiger Schild.

Hs. *a)* IULI · ⚬ ERN

  b) IULIU · ⚬ ER · D : G ·

  c) —— : ⚬ —— : —— :

Dreifach behelmter ausgeschweifter vierfeldiger Wappenschild;
der Perlkreis ist an den Seiten nur angedeutet.

Rs. *a)* D : G : DUX · BRUNS : E : LUN ✳

  b) ——————————————— : ✳

  c) DUX · BRUNS : ET LUNÆBU :

Im Perlkreise verschlungen D S, darüber der Reichsapfel.

Dm. 23 *mm*.

a) v. Lehmann; *b)* Isenbeck; *c)* ehemals Sammlung Mertens, jetzt Schönert.

Beim Stempel *c)* fehlt also das Münzzeichen ✳

124. Ohne Jahr. Doppelschilling. — Münzmeister ✳

124.

3. Typus: Vierfeldiges Wappen, D·G in der Hs.-Umschrift.

Hs. *a)* IULIUS·ERNESTUS·D:G · 🟊

    b) ———————— · ——

    c) ——— : ——————— : ——

    d) ——— · ————— — · G ❖

    e) ——————————— · ——⫶

Im Perlkreise der ausgeschweifte vierfeldige Wappenschild.

Rs. *e, b, d)* DUX·BRUNS·ET·LUN 🟊

    a) —————————Æ · 🟊

    c) ————————— : ————B :

Im Perlkreise verschlungen D S, darüber der Reichsapfel.

Dm. 23 *mm*. — Gegenstempel auf *c)* und *e)* R (Rostock), auf
d) Exemplar in Braunschweig ⚓ (Stralsund).

    a) und *d)* Städt. Münzsammlung zu Braunschweig; *b)* Hann. Prov. Mus.
Samml. Knyphausen, Kat. Nr. 429; *c)* ehemals Mertens, auch Hartmann; *e)* Dr-
Baesecke. — Eine Abbildung des Doppelschillings vom Stempel *d)* bei See.
laender Taf. 46, Nr. 12.

125. Ohne Jahr. Doppelschilling. — Münzmeister 🟊

125.

4. Typus: Vierfeldiges Wappen, D·G· in der Rs.-Umschrift.

Hs. *a—d)* IULIUS·ERNESTUS ● 🟊

Im Perlkreise der ausgeschweifte vierfeldige Wappenschild.

Rs. *a)* D : G :.DUX·BRUNS : E·LUN ·   🟊

    b) —————————— : —

    c) ——————— : ——· —

    d) ——————————— : —

    e) ————————— · ————

    f) ——— · ——————B —

Im Perlkreise verschlungen D S, darüber Reichsapfel.

Dm. 22 *mm*.

Gcgenstempel: auf *a)* R, *d)* ⚓

a) v. Lehmann; *b)* Tewes; *c)* Elkan; *d)* Dr. Friederich; *e)* Hartmann; *f)* städt. Münzsamml. zu Braunschweig.

126. Ohne Jahr. Doppelschilling. — Münzmeister ✱

126.

5. Typus: D·G· in der Hs.- und Rs.-Umschrift.

Hs. *a)* IULIUS·ERNESTUS·D:G·✱

b) ——————————·G ⁘

Im Perlkreise der ausgeschweifte vierfeldige Wappenschild.

Rs. *a)* D:G:DUX·BRUNS:E:LUN:✱

b) D·——V——V————V——

Im Perlkreise verschlungen D S, darüber der Reichsapfel.

Dm. 21 *mm.*

Gegenstempel: auf *a)*

a) Isenbeck; *b)* Hann. Prov. Mus. Samml. Knyphausen, Kat. Nr. 7778.

Diese Doppelschillinge ohne Jahr, sämmtlich aber mit dem Münzmeisterzeichen ✱, sind von zahlreichen Stempeln. Ich habe versucht, sie in fünf Gruppen zu vereinigen, glaube aber, dass der 5. Typus keine selbstständige Gruppe bildet, sondern dass die Doppelschillinge derselben Zwittermünzen sind und in sich die Hs. von Nr. 124 und die Rs. von Nr. 125 vereinigen.

Schmidt, Lauenburg S. 44, Nr. 153 führt übrigens einen Doppelschilling seiner Sammlung auf, gebildet aus der Hs. eines Doppelschillings des Herzogs August von Sachsen-Lauenburg und der Rs. des Doppelschillings vorstehend Nr. 124. (Dm. 22 *mm*, Gew. 1·03 *g* und Gegenstempel von Stralsund.) Auf beiden Seiten befindet sich das Münzmeisterzeichen ✱. Diese Stempelzusammenstellung erklärt sich einfach dadurch, dass der Münzmeister Barthold Bartels den Münzstätten Lauenburg und Dannenberg gleichzeitig vorstand (vergl. Anlage 32).

127. 1621. Sechspfenninge, Kupfer.

Hs. IUL:ERN:D:G:D·B·ET L:

Die beiden Leoparden übereinander, n. r.

Rs. In vier Zeilen:

·VI· | PEN | NING | *1621*

Dm. 17 *mm*.

Diese bis jetzt in nur einem Exemplare bekannte Münze befindet sich im Besitze des Herrn Dr. J. Erbstein in Dresden [50]), in den es aus der Sammlung des Universitätsrathes Wolff in Göttingen übergegangen ist. (Vergl. Kat. dieser Sammlung von Dr. G. Schmidt, Halberstadt 1880, S. 33, Nr. 1404.) Von den Brüdern Erbstein wurde diese Münze, welche, wie mir oben S. 299 nachzuweisen gelang, auf der städtischen Münze in Lüneburg geprägt worden ist, ausführlich besprochen in ihrem Aufsatze: „Die bisher einzig bekannte Kupfermünze des Herzogs Julius Ernst von Braunschweig-Lüneburg zu Dannenberg", veröffentlicht in der Zeitschrift für Museologie und Antiquitätenkunde, Jahrg. 1881 Nr. 6, wo auch die erste Beschreibung desselben Stückes bei Neumann, Kupfermünzen Nr. 7402, richtig gestellt wird.

Die Münze stammt aus dem berühmten Funde von Kupfermünzen der Kipperzeit auf dem Göttinger Rathhause. (Vergl. darüber Neumann, Kupfermünzen Bd. I., S. 405, 406.)

Dies Sechspfenningstück ist die einzige Kupfermünze, welche wir von Julius Ernst kennen, obschon er beabsichtigte auch Drei- und Einpfenningstücke prägen zu lassen. Vielleicht gehören die bei Herzog Christian unter Nr. 100—102 beschriebenen Pfenninge hierher.

128. Ohne Jahr (1622? 1623?). Reichsthaler. Münzmeister ⚒

Hs. IULIUS·ERNESTUS·D:G:DUX·BRUN:E:LUNÆ·
Geharnischtes Brustbild des Herzogs n. r.

Rs. *a)* FERDINANDUS·II·D:G:ROMA:IM:SE:AU:

b) ·————— V————·—·ROM· ——·SEM·AV

Gekrönter Doppeladler ohne Scheine; auf der Brust der
Reichsapfel mit 3Z

Dm. 42 *mm*.

a) K. k. Münzkab. zu Wien (Cat. des monnoies Taf. 234); *b)* fürstl. Fürsten-
berg'sches Münzkab. in Donaueschingen, auch Bohlmann. — Schulthess Nr. 6674,
nach dem Exemplare im ehemalig königl. hann. Münzkab., d. i. das bei Molanus
II, S. 379, Nr. 58 citirte und bei Seelaender Taf. 46, Nr. 5 abgebildete Varietät *b)*.
Eine Abbildung, wohl nach Seelaender, gibt ferner Rethmeyer II, Taf. XX,
Nr. 6, ist aber ungenau. — Ein anderes Exemplar dieses Thalers bei Schulthess
Nr. 6675 (nach Madai Nr. 1132), angeblich mit LINÆ und SEM.

Diesen Thaler ohne Jahr halte ich für gleichzeitig mit dem nachstehend beschriebenen und ebenfalls im Jahre 1622 oder 1623 geprägt. Es führt mich darauf der Umstand, dass die Hs. desselben und
die des folgenden Thalers Nr. 129 von 1623 (1622) völlig stempelgleich ist.

129. 1623. (1622?) Reichsthaler. — Münzmeister ✳

Hs. Aus demselben Stempel wie der Reichsthaler Nr. 128.

Rs. TIME·DEUM· ⋅ HONO·CÆSA·

Der dreifach behelmte achtfeldige Wappenschild. Feld 7 Diepholz (Adler), 8 Bruchhausen, statt wie sonst gewöhnlich umgekehrt.
Ueber den Helmen *1·6·Z··Z*

Die letzte Z ist auf den mir vorliegenden Exemplaren dieses
Thalers anscheinend in eine 3 verändert, so dass der im Jahre 1622

gefertigte Stempel erst 1623 verwendet wurde; Stücke mit klarer
Z am Ende sind mir nicht bekannt.

Dm. 43 *mm.*

Städt. Münzsamml. zu Braunschweig, königl. Münzkab. zu Berlin, herzogl.
Münzkab. zu Gotha, auch v. Lehmann. — Schulthess Nr. 6680, der ebenfalls
1623 liest. — Bei Seelaender Taf. 46, Nr. 4 ein etwas abweichender Stempel
Hs. E·LI‹LNÆ, Rs. CÆSA ·

130. 1623. Reichsthaler. — Münzmeister M

Hs. IULIIIS ERNETUS·D : G : DUX·B : ET : LUNÆB· M
Geharnischtes Brustbild des Herzogs n. r.

Rs. TIME·DEUM· ‑ HONO·CAESA
Der dreifach behelmte achtfeldige Wappenschild; im zweiten
Felde fehlen die sonst üblichen Herzen. Zwischen den Helmen
1 ‑ 6 ‑ 2 ‑ 3

Dm. 42 *mm.*

Herzogl. Münzkab. zu Braunschweig, auch v. Lehmann. Beide Stücke aus
demselben Stempel.

131. 1623. Reichsthaler. — Münzmeister M und HMG

Hs. U·G·G·IULIUS·ERNESTUS·H·Z·BR·U·LU·M
Geharnischtes Brustbild des Herzogs mit glatten Haaren und
starkem Kinnbarte.

Rs. TIME·DEUM· ▪ HONO·CÆSA ▪ HMG
Der dreifach behelmte achtfeldige Wappenschild, ähnlich wie
auf dem Thaler vorher, zwischen den Helmen I ▪ 6 ▪ Z ▪ 3
Dm. 42 *mm.*

Elkan, aus der ehemaligen Sammlung Mertens in Hannover, durch Zschiesche
& Köder in Leipzig, Kat. Nr. 50, S. 26, Nr. 1089, wo das Münzmeisterzeichen
auf der Hs. irrig als H M gelesen wird, das auf der Rs. nicht erkannt worden ist.

Der Stempelschnitt der Hs. dieses Thalers ist ziemlich roh und
abweichend von dem des Thalers Nr. 130 vorher, desselben Münzmeisters.

132. 1623. Reichsthaler. — Münzmeister ✕ und HMG

Hs. Aus demselben Stempel wie der Thaler Nr. 130, nur ist
das Münzmeisterzeichen M entfernt und durch ✕ ersetzt worden.

Rs. Aus demselben Stempel wie der Thaler Nr. 131, also mit
dem Münzmeisterzeichen HMG
Dm. 42 *mm.*

Ehemals in der Sammlung Reimmann, Kat. II. Bd. Nr. 3476,
dort irrig mit IMG für HMG und Hs. ✻ für ✕. Ich verdanke Herrn
A. Hess einen Abdruck. Das Stück blieb auf der Auction Reimmann
unverkauft und erschien von Neuem in dem „Verzeichniss" von
1893, S. 48, Nr. 1278.

133. 1623. Reichsthaler. Münzmeister ✕ und HMG

Hs. U·G·G·IULIUS·ERNESTUS·H·Z·BR·U·LU·✕
Geharnischtes Brustbild des Herzogs n. r. von schlechter Zeich-
nung, anscheinend also aus demselben Stempel wie der Thaler
Nr. 131 mit in ✕ verändertem Münzmeisterzeichen.

Rs. TIME·DEUM· ▪ ·HONO·CÆSA·
Das dreifach behelmte Wappen, zwischen den Helmen 1·6·Z 3
Unten sind die Münzmeisterbuchstaben HM ▪ G

Ich gebe diese Beschreibung lediglich nach Schulthess Nr. 6681,
ein Original dieses Thalers hat mir nicht vorgelegen. In der Sammlung Gutheil befand sich angeblich ein Exemplar dieses Thalers

(Kat. S. 85, Nr. 3355); es gelang mir jedoch nicht, einen Abdruck zu erhalten. Ohne nähere Beschreibung wird er citirt bei Molanus II, S. 379, Nr. 59.

134. 1623. Halber Reichsort. Münzmeister HM = G

Hs. U·G·G·IULI·ER·H·Z·B·U·L·6Z3·HM = G·
Brustbild n. r. im Harnisch mit Spitzenkragen.
Rs. In fünf Zeilen:
·I· | HALBER | REICHES | ORDT | 16Z3
Dm. 26 *mm*, Gew. 2·63 *g* (= 36 Grän, das Exemplar bei Appel).
In der Sammlung Erbstein und beschrieben Zeitschr. für Museologie u. s. w. 1881, Nr. 6, Sp. 45 Anm., wo auf die nicht ganz zutreffende Beschreibung bei Appel, Repertorium III. Bd., S. 134, Nr. 467 hingewiesen wird. — Auch bei Molanus II, S. 380, Nr. 66 beschrieben, doch fehlerhaft mit dem Münzzeichen HKG und etwas abweichender Interpunction.

Es war mir leider unmöglich, einen Abdruck des Exemplares der Erbstein'schen Sammlung behufs Abbildung zu erlangen.

Neben dem auf Thalern und Theilstücken aus dieser Zeit constant erscheinenden Zeichen ⚒ des Barthold Bartels kommen also auf den Münzen des Jahres 1623 noch zwei andere, bisher noch unerklärte Münzmeisterzeichen vor: M allein, M mit HMG und HMG mit ✗ (Nr. 130—134). Jenes ist das ältere, denn der Münzmeister HMG hat die Stempel des M benutzt und mit seinem Zeichen versehen. Das Zeichen M hat man als H M lesen und mit dem im Jahre 1617 auf Münzen des Herzogs August d. ä., Bischofs von Ratzeburg, vorkommenden Zeichen M identificiren wollen. Die vorliegenden Exemplare der Thaler Nr. 130 und 131 zeigen das Münzzeichen aber so deutlich, dass an H M nicht gedacht werden darf, ich zweifle überhaupt daran, dass wir es hier mit Buchstaben zu thun haben. Auch das andere Münzzeichen ist unerklärt. Schulthess Nr. 6681, hält die Buchstaben HMG für das Zeichen des Münzmeisters Hans Georg Meinhard. Da dieser im Jahre 1623 aber bereits flüchtig war (s. oben S. 185 bei Herzog Wilhelm), so kann an ihn nicht gedacht werden und· überdies hätte die Reihenfolge der Buchstaben, die doch **Hans Meinhard Georg** gedeutet werden müssten, von dieser Auflösung abhalten sollen.

135. 1623 (?) Viertel Reichsthaler. — Münzmeister ✕

Hs. U·G·G·IULIUS·ER·H·Z·B·U·L 623 ✕
Geharnischtes Brustbild des Herzogs n. r., mangelhaft stilisirt.
Rs. TIME·DEUM·HONOR·CÆSA :
Im Perlkreise der achtfeldige Wappenschild.
Dm. 28 *mm*.

Herzogl. Münzkab. zu Braunschweig. — Citirt bei Molanus II, S. 380,
Nr. 65.

Die letzte Ziffer in der Jahreszahl ist undeutlich, so dass es
zweifelhaft ist, ob hier eine Münze aus dem Jahre 1623 oder 1625
vorliegt. Ich neige dazu ersteres anzunehmen und zwar hauptsächlich deswegen, weil auf den Münzen des Jahres 1625 allein das
bekannte Münzzeichen Barthold Bartels erscheint und in diesem
Jahre urkundlich nur noch auf einer Münzstätte, der zu Scharnebeck,
gemünzt wurde.

Das hier erscheinende Münzzeichen sind gleichfalls nicht
lediglich die gekreuzten Zainhaken, an den Stielen unten sind
deutlich aufwärts gerichtete Striche zu erkennen und im oberen
Winkel befindet sich ebenfalls eine Art Strich. Hier ist das Zeichen
genau wiedergegeben ✕

136. 1624. Reichsthaler. — Münzmeister ✻

Hs. V : G : G : IULIUS · ERNESTUS : H : Z : BRUN : U : LUN :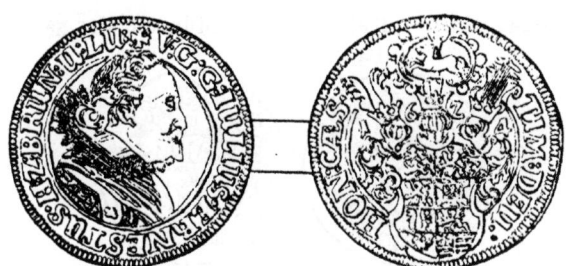
Geharnischtes Brustbild des Herzogs n. r.

Rs. *a)* TIME : DEUM · HO · NORA · CÆSAREM ·

    b) ————— · —— —· ———————— E :

    c) ————— —— · · · HONORA : CÆSAR :

    d) ——————— · —— R : ———— ·

    e) ——————— · ·   ·   A :

    f) ——————— ·   :

    g) ——————— · HONO :   — — —· ·

Der dreifach behelmte achtfeldige Wappenschild; über den
Helmen bei *a, b, c, e, f)* 16 · Z4, bei *d)* und *g)* 1 · 6 · Z · 4 zwischen
denselben.

Dm. 42 *mm.*

    a) Schulthess Nr. 6682; *b)* hann. Prov. Mus. Samml. Knyphausen, Kat.
Nr. 426, auch Elkan; *c)* Schulthess Nr. 6685; *d)* königl. Münzkab. zu Berlin,
auch Univers. Sammi. Leipzig und Vogel; *e)* Isenbeck, auch Bohlmann und
Schulthess Nr. 6683; *f)* Schönert; *g)* k. k. Münzkab. zu Wien, abgeb. Monn. en
argent etc. Taf. 234, auch Schulthess Nr. 6684. — Eine Abbildung des Stempels
b) bei Seelaender Taf. 46, Nr. 7.

Dieser Thaler ist wohl der häufigste von allen Thalern des
Herzogs Julius Ernst.

137. 1624. Halber Reichsthaler. — Münzmeister

Hs. V : G : G : IULIUS · ERNESTUS · H : Z : BRUN : U : LU :
Geharnischtes Brustbild des Herzogs n. r.

Rs. *a)* TIM DEU : · HON : CÆS :

    b) —— : ———————————

Der dreifach behelmte achtfeldige Wappenschild; zwischen den
Helmen 1 · 6 · Z · 4

Dm. 35 *mm.*

a) Schulthess Nr. 6687; *b)* Hann. Prov. Mus., Samml. Knyphausen, Kat. Nr. 7777, auch königl. Münzkab. zu Berlin, Universitätssamml. zu Göttingen, herzogl. Münzkab. zu Braunschweig und Bohlmann.

138. 1624. Viertel Reichsthaler. — Münzmeister

Hs. *a)* V : G : G : IULIUS ERNESTUS H : Z : BR : U : L ·

    b) ———————— · ———————— · ———————— :

Geharnischtes Brustbild des Herzogs n. r.

Rs. TIM : DEU : ᴗ HON : CÆS :

Wie der halbe Thaler vorher, Nr. 137.

Dm. 30 *mm.*

   a) Hann. Prov. Mus. Samml. Knyphausen, Kat. Nr. 427; *b)* v. Lehmann. — Abbildung vom Stempel *b)* bei Seelaender Taf. 46, Nr. 10.

139. 1624. Halber Reichsort. — Münzmeister

Hs. V : G : G : IULIUS · ERNESTUS · H : Z : BRUN : U : L :

Geharnischtes Brustbild des Herzogs n. r.

Rs. TIME DEUM · HONO : CÆSAR : *1624* · (gelocht).

In der Mitte in vier Zeilen:

EIN · | HALB · | REICHS | ORT ·

Dm. 27 *mm.*

Städt. Münzsamml. zu Braunschweig.

140. 1624. Reichsthaler. — Münzmeister W

Hs. *a)* IULIUS·ERNESTUS·D : G : DUX·BRUN : E : LUN :

b—d) ——————————————————————— : •

Geharnischtes Brustbild des Herzogs n. r.

Rs. *a)* TIME : DEU : HON ⁃ ORA · CÆSARE : W

    b) ——— · ————————————— ———

    c) ——— : ————————————— :

    d) ——— · DEUM ·⁃ HONOR : CÆSAR : ⁃W

Der dreifach behelmte achtfeldige nicht ausgeschweifte Wappenschild; zwischen den Helmen.*1 ⁃ 6 ⁃ Z ⁃ 4*

Dm 42 *mm.*

    a) Schulthess Nr. 6685 (Madai Nr. 3597); *b)* Elkan; *c)* herzogl. Münzkab. zu Gotha und Braunschweig, Bohlmann; *d)* königl. Münzkab. zu Berlin, auch k. k. Münzkab. zu Wien, abgeb. Cat. des monn. Taf. 234.

Schulthess sagt: „Herr v. Madai äussert über den letzten Buchstaben W ‚ob das W den Münzmeister anzeige, oder ob es aus Versehen des Stempelschneiders anstatt des M zu dem Worte CÆSAREM erscheine, ist mir unbewusst'. — Da dieser Buchstabe W aber bereits auf meiner Nr. 6676 nach CÆS vorkommt, so ist die Vermuthung des Herrn v. Madai nicht wahrscheinlich, indessen weiss ich auch keine Auskunft darüber zu geben."

Der von Schulthess angeführte Grund lässt das W zweifellos
als Münzmeisterzeichen ansehen, doch habe auch ich den Namen des
Münzmeisters nicht ermitteln können. Das Vorkommen desselben
Zeichens auf dem nachstehenden undatirten halben Thaler beweist,
dass dieser ebenfalls im Jahre 1624 geprägt ist.

141. Ohne Jahr (1624). Halber Reichsthaler. — Münzmeister W

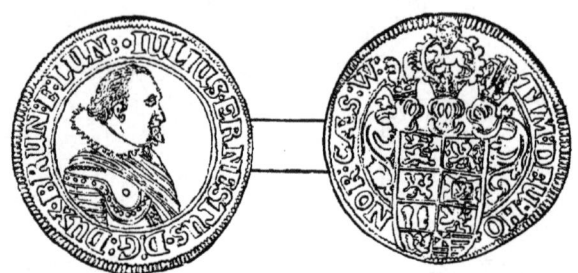

Hs. IULIUS · ERNESTUS · D : G : DUX · BRUN : E : LUN : •
Das geharnischte Brustbild ähnlich dem auf dem ganzen Thaler
vorher.
Rs. TIM : DEU : HO ⚬ NOR : CÆS : W :
Der Wappen wie auf dem Thaler vorher.
Dm 35 *mm.*
v. Lehmann. — Schulthess Nr. 6676. Abbild. bei Seelaender Taf. 46, Nr. 9.

142. 1624. Reichsthaler. — Münzmeister ⊞W❖

Hs. V · G · G · IVLIVS · ERNESTVS · H · Z · BRVN : V : L : ⊞W❖

Geharnischtes Brustbild des Herzogs, mit abgespreiztem rechten Arme, von anderem und ziemlich rohem Stile, als auf den übrigen Thalern.

Rs. ·TIME·DEVM· ʼ ·HONO : CAES^A:

Der dreifach behelmte achtfeldige Wappenschild; zwischen den Helmen *1 ʼ 6 ʼ 2 ʼ 4*

Dm. 44 *mm.*

Herzogl. Münzkab. zu Gotha, auch Elkan, beide Exemplare vollkommen stempelgleich.

Das auf diesem Thaler erscheinende Münzmeisterzeichen ist noch völlig unerklärt. Da das W zur Umschrift nicht gehören kann, ziehe ich es zum Münzzeichen; vielleicht werden durch HK und W zwei Personen bezeichnet, da W allein schon auf dem Thaler und halben Thaler oben Nr. 140 und 141 von demselben Jahre vorkommt. Ob der Strich hinter dem K noch eine Bedeutung hat, ist mir nicht klar, vielleicht ist er nur durch Ausgleiten des Gravierstiftes entstanden. — Der Thaler des Herrn Elkan wurde im Num. sphrag. Anzeiger 1889, S. 63 und 72 besprochen.

143. 1624. Reichsthaler.

Hs. IULIUS·ERNESTUS·D : G : DUX·BRUN : E · LUN : •

Geharnischtes Brustbild des Herzogs. n. r.

Rs. ·TIME·DEVM· ʼ HONO : CAESA :

Der dreifach behelmte achtfeldige Wappenschild; zwischen den Helmen *1 ʼ 6 ʼ Z ʼ 4*

Dm. 42 *mm.*

Tewes.

Dieser Thaler ist eine Zwittermünze und besteht aus der Hs. des Thalers mit W Nr. 140 und der Rs. des Thalers mit Ħ⫶W⊹ Nr. 142. Ich werde durch ihn in meiner oben geäusserten Ansicht von dem Zusammenhange beider Münzmeisterzeichen bestärkt. Eine Abbildung dieses Thalers bei Seelaender Taf. 46, Nr. 6.

144. 1624. Doppelschilling. — Münzmeister ✕ (?).

Hs. *a, b)* U · G · G · I · E · H · Z · B · U · LU · ✕ (?)
Im Perlkreise der ausgeschweifte vierfeldige Wappenschild.

Rs. *a)* REICHS · SCHROD · U · KOR ·
    b) —————————T · U · K · ⊹ ✕ (?)

In der Mitte in vier Zeilen:
⊹II⊹ | SCHI | LLI· | 624
Dm. 28 *mm.*

a) Städt. Münzsamml. zu Braunschweig (mit kleinem Löwen als Gegenstempel auf Hs.), v. Lehmann in Wiesbaden (mit unerklärtem Gegenstempel E); *b)* Hann. Prov. Mus. Samml. Knyphausen, Kat. Nr. 428. — Im Kat. Schellhass Nr. 315 ein nicht näher beschriebenes Exemplar, anscheinend mit der Rs. vom Stempel *a)*, mit dem Löwen als Gegenstempel.

Das Münzmeisterzeichen ist auf den drei bekannten Exemplaren dieser seltenen Münze leider überall unklar, da alle drei Stücke an der fraglichen Stelle mangelhaft erhalten sind. Auf dem Exemplar in Braunschweig und auf der Hs. des Doppelschillings Knyphausen sieht das Zeichen am meisten einem ✕ ähnlich, auf dem Exemplar v. Lehmann sieht es etwa so aus ✖ und auf der Rs. von *b)* ist es fast unkenntlich. Vielleicht findet sich einmal ein gut erhaltenes Exemplar. Das Zeichen des Münzmeisters ✻ ist es zweifellos nicht.

145. 1625. Dukat. — Münzmeister

Hs. ·V·G·G·IUL·ERNES·H·Z·BR·E·L·
Geharnischtes Brustbild des Herzogs n. r.
Rs. T·D·H· · CÆS·6Z5
Der mit den drei Helmen bedeckte achtfeldige Wappenschild.
Dm. 24 *mm*.

Ich gebe die Abbildung und Beschreibung des mir im Original noch nicht vorgekommenen Stückes nach der Abbildung bei Seelaender Taf. 46, Nr. 2. Dasselbe Exemplar beschreibt fehlerhaft mit BRU·L Molanus II, S. 379, Nr. 57, dem es auch v. Praun Nr. 284 aber ungenau entnahm, desgleichen Köhler Dukatenkabinet Nr. 1774. Köhler Münzbelustigungen dagegen erwähnt Bd. XX, S. 87 diesen Dukat mit der richtigen Umschrift BR·E·L·

Das Münzmeisterzeichen ist das des Bartels, von Seelaender ungenau wiedergegeben.

146. 1625. Reichsthaler. — Münzmeister

Hs. V:G:G:IULIUS·ERNESTUS:H:Z:BRUN:U:LUN:
Geharnischtes Brustbild des Herzogs n. r.

Rs. *a)* TIME·DEUM·HO = NORA·CÆSARE·

   b, e) ――――――――――――――――――― :

   d) TIME·DEUM· = HONOR : CÆESAR·

   c) ――――――――――――――――――― :

Der dreifach behelmte achtfeldige Wappenschild. Bei *a, c, d)* *1 = 6 = Z = 5* zwischen den Helmen, bei *b)* *1 = 6 = Z = = 5* und bei *e)* *16 = = Z5* über denselben.

Dm. 42 *mm.*

a) Schulthess Nr. 6688; *b)* städt. Münzsamml. zu Braunschweig, auch Hann. Prov. Mus. Samml. Knyphausen, Kat. Nr. 7776, Schulthess Anm. zu Nr. 6688; *c)* Herzogl. Münz. Kab. zu Gotha, auch Schulthess Nr. 6689; *d)* Bohlmann, Hartmann, auch Schulthess Nr. 6690, nach der Abbildung bei Rehtmeyer Taf. XX, Nr. 7; *e)* Dr. Creite, eine Abbildung bei Seelaender Taf. 46, Nr. 8.

Bei Nr. 6690 fügt Schulthess hinzu: „Herr v. Madai sagt, dass es auch solche Thaler von 1621 und 1622 gebe, doch sind mir noch keine von diesen Jahrgängen vorgekommen". Das Vorkommen eines Thalers von 1621 bezweifle ich, der von 1622 mag vorstehend Nr 129 sein.

147. 1625. Halber Reichsthaler. — Münzmeister 澿

Hs. *a)*   V : G : G : IULIUS·ERNESTUS·HE : Z : BRUN : U·LU : 澿

   b)   ·U·―·―·――――――――――――·H· ― · BRU· ―――― · ―

Geharnischtes Brustbild des Herzogs n. r.

Rs. TIME·DEUM = HONO·CÆSAR·

Der dreifach behelmte achtfeldige Wappenschild, zu den Seiten der Helme *16 = Z5*

Dm. 35 *mm.*

a) Zschiesche & Köder in Leipzig, Kat. Nr. 31, Mai 1887, S. 20, Nr. 791, demnächst Samml. Merteus in Hannover, und wieder zum Verkauf mit dieser

Samml. im Kat. Zschiesche Nr. 38, 1889, Nr. 183, sowie Nr. 42, 1890 Nr. 892, jetzt in der Sammlung Elkan; *b)* Kat. Gutheil, Hamburg 1885, S. 85, Nr. 3357, jedoch ungenau U in der Umschrift statt U.

Die Jahreszahl auf diesem Stücke ist nicht ganz deutlich und wurde demgemäss in den Verzeichnissen stets 1623 gelesen; dennoch halte ich sie für 1625. Mich führt hierauf vor Allem die Auffassung des Porträts auf der Hs. Der Kopf des Herzogs erscheint in dieser breiten Form erst mit dem Jahre 1624 auf den von Bartels geprägten Thalern, während der Thaler von 1623 noch den jugendlichen schmalen Kopf zeigt. Für 1625 ist ausserdem die Prägung von halben Thalern verbürgt.

Anhangweise erwähne ich folgende beiden Porträtmedaillen:

148. 1630. Goldener Gnadenpfenning.

Hs. V·G G IVLIVS·ERNST·HERTZOG·Z·BRVN V·LVNE-BVRG

Brustbild des Herzogs n. r. in reich mit Spitzen besetztem Gewande, ziemlich gelichtetem Haupthaare und starkem Kinnbarte.

Rs. RECTE AGENS ⚬ CONFIDE·

Der von drei Helmen (Bruchhausen, Braunschweig, Lauterberg) bedeckte elffeldige Wappenschild: 1. Braunschweig, 2. Lüneburg, 3. Everstein, 4. Diepholz (Löwe), 5. Homburg, 6. Diepholz (Adler), 7. Hoya, 8. Lauterberg untere Hälfte, 9. Lauterberg obere Hälfte, 10. Alt-Bruchhausen, 11. Neu-Bruchhausen. Am Schildfusse *16 ⚬ 30*

Oval, Dm. 32 und 38 *mm*, gegossen und ciselirt, jedoch von recht roher Arbeit.

Ich sah dies Stück in der kais. Ermitage zu St. Petersburg. Herrn Staatsrath Iversen verdanke ich den Abdruck, nach welchem die Abbildung gegeben ist.

149. Ohne Jahr. Goldener Gnadenpfenning.

Hs. V·G·G·IVLIVS·ERNST·HERTZOG·Z·BRVN·V·LVNE-
BVRG

Brustbild des Herzogs n. r. in reich verziertem Harnisch.

Rs. RECTE AGENS ⸱ CONFIDE·

Der von drei Helmen bedeckte achtfeldige Wappenschild.

Oval. Dm. 28×32 *mm*, Gew. 16·46 *g*. Gegossen und ciselirt,
von besserer und wohl auch älterer Arbeit als die vorhergehende
Medaille.

König. Münzkab. zu Berlin, aus der ehemaligen Sammlung Dannenberg.

Anlage 39.

1621, August 21. Herzog Julius Ernst an Bürgermeister und Rath der Stadt Lüneburg.

Demnach Wir bei dem verwirreten Münzwesen, allerhandt Nachrede zu vermeiden und sonsten aus bewegenden Ursachen, Unsere Münze vor diesem niedergelegt und damit in Ruhe gestanden, itzo aber befinden, dass Unsern Unterthanen mit etlicher kleinen Scheides- und Landtmünze gedienet, dahero Wir mit Eurem Münzmeister lassen reden, dass Uns etliche Sechslinge, Ein- und Dreipfenningstücke aus Kupfer unter Unseim Gepräge möchten gefertigt werden. Wan Uns aber bewust, dass er sich dessen, wie nicht unbillig, ohne Eure Erlaubniss nicht hat zu unterfangen und Wir des Vertrauens, dass es Euch auch menniglich unnachtheilig sein könne, als gelanget hiermit an Euch Unser gnädiges Begehren, Ihr wollet Euren Consens ihm zu solcher Behuf eröffnen, damit Wir ehe je besser damit können gefürdert werden. Geben auf Unserm Kloster Scharnebeck, den 28. Augusti A°. 1621.

Julius Ernst m. p.

(Nach dem Original im Stadt-Archive Lüneburg.)

1621, August 29. Antwortschreiben Lüneburgs an Herzog Julius Ernst.

E. f. G. gnädiges Schreiben, darin dieselbe an uns gnädig begehren, unserm Münzmeister zu vergönnen, zu Behufe E. f. G. Unterthanen und damit umb soviel bass bei diesem leider zerrütteten Münzwesen einer von dem andern kommen möge, etzliche geringe kupferne Münzen von 6 und 3 Pfenningen unter Dersoselben Gepräg auch auf Ihre Unkosten auf unserer Münze hieselbst verfertigen zu lassen — haben wir mit gebürlicher Reverenz entpfangen und verlesen. Wünschen unseres Theils von Herzen, dass dem verwirreten hochschädlichen, Land und Leute verderbenden Münzwesen durch bequeme Mittel dermaleinst der Gebür revidiret werden möge. Und weil man noch zur Zeit eigentlich nicht wissen kann, wann solches geschehen möchte, können E. f. G. zu unterthänigen Ehren und Gefallen und mehrerer Erspürung unserer unterthäniger Gutwilligkeit wir geschehen lassen, dass obangedeutermassen E. f. G., er unser Münzmeister das Kupferwerk zu diesem Mal alhier auf unserer Münze verfertige, damit Deroselben Unterthanen sich desselben in E. f. G. Jurisdiction und Ge-

biete interim nützlich zu Gebrauche haben möge. Denn Deroselben unterthänige
angefällige Dienste zu erzeigen seint wir alle Zeit geflissen.

Datum unter unserem Stadt-Sekret den 29. Augusti Anno 1621.

Bürgermeister und Rath zu Lüneburg.

(Nach dem Concept.)

_____

Anlage 40.

1621, September 30. Münzedict, u. a. die Prägung von Kupfermünzen betreffend.

Der durchläuchtige hochgeborene Fürst und Herr, Herr Julius Ernst,
Herzog zu Braunschweig und Lüneburg, unser gnädiger Fürst, lässet hiermit
alle derselben Bürgern und Unterthanen öffentlich vermelden: Demnach aus
billiger Vorsorge I. f. G. dieselbe ohnlängst allbereits vernehmen lassen, dass
sie sich bei itzigem verwirrten Zustande der Münze mit der leichten Münze zu
ihrem Schaden nicht zuweit sollten einlassen, und man im Werke befindet, dass
nicht allein die Städte Lübeck und Hamburg, dahero man dieser Örter die
meiste Notdurft zu Küchen und Handwerken muss behandeln, dann auch die
Unterthanen im benachbarten Fürstenthumen Mekelnburg und Niedersachsen
sich der gar geringen Münzen mehr dann übers Jahr gänzlich entschlagen und
dieselbe nicht giltig sein lassen, sondern nunmehr auch in diesem Fürstenthum
Lüneburg-Zelleschen Theils solch Münzwesen also zu Werke gerichtet, dass
die gar geringen Schreckenberger und weissen (?) Groschen, sonderlich die mit
dem wilden Manne allerdings sollen verboten und abgeschafft sein, die übrigen
Groschen nur für 2 ₰, ein dobbelt Schilling nur für 3 ₰ und ein Schreckenberger für 9 ₰ soll geachtet und gehalten, also dass nach Würdigkeit eines
Reichesthalers zu zween Mark gerechnet, diese Münzen in ihrem rechten Werth
sollen aufgenommen und ausgegeben werden: So wollen I. f. G. in solchen ober-
wähnten Masse solche Ordnung auch dieses Ortes hiermit bestätiget haben und
verwarnen die Unterthanen, da sie ohne Schaden sein und bleiben wollen, dass
sie sich in der Aufnahme und Waaren, so sie zu verkaufen haben möchten,
deswegen in Acht haben und sich den Reichsthaler nicht höher lassen geben
denn 2 Mark, die Schreckenberger vor 1 Gr., 1 Doppelschilling vor 6 ₰ und
1 Groschen vor 4 ₰.

Welche aber Münze haben, die sie nach ihrem Gehalt gegen einen Rthaler
in seinem Anschlage besser zu sein vermeinen, sollen bis zu anderweits Verordnung mit einem Pfund Groschen, es mögen derer an der Zahl sein, wieviel ihrer
wollen, nicht mehr dem 20 Mark bezahlen können, keiner auch dieselbe höher
einzunehmen schuldig sein.

Und weil des guten Geldes sobald kein satsamer Vorrath kann geschaffet
werden, sollen zur Scheidesmünze etliche kupferne Pfenning, Sechsling und

3 Pfenning bereitet, welche in I. f. G. Gebiete bis zur Besserung der guten Münze gebe und gänge sein und von Jedermann innerhalb Landes genommen werden sollen, jedoch dass keiner auf ein Mal in Bezahlung über 4 Schilling zu nehmen gehalten sein soll. Und da sich bei den Brauern, Bäckern, Hökern und anderen solcher, dieses Gepräges kupferne Münze eine Vielheit sollte befinden, sein Unsere Beamten [angewiesen] dieselbige gegen gute Münze wieder einzuwechseln, also dass nur zu Behuf der Münzkosten auf jede 4 β ein Pfenning soll gekürzet werden, ist auf jeden Gulden 6 ₰.

Damit auch die Unterthanen, welche Schatz-, Pacht- und Dienstgeld zu geben verpflichtet sind, der Aufnahme halber ihre Waren sich nicht mit Gelde lassen bestechen, dass die Beamten in dem Werte zu nehmen kein Befehl hatten, sondern sich darnach mussten richten, dass ein Rthaler zu 2 M. und alle andern Sorten nach ihrem Werth, wie obgedacht, einkommen, so wird den Unterthanen freigestellt, ihre Waren an Korn und anderen in I. f. G. Ämtern zu bringen, soll es um den Werth als es gegen Rthaler zu Lüneburg kann verkaufet werden, in Bezahlung angenommen und die Übermass, zu Bezahlung anderer Leute ihnen herausgegeben werden.

Und damit die Unterthanen dieser Verordnung nach sich mit Einbringung ihrer Gebürniss desto besser gefasst machen können, soll ihnen bis nächstkommenden Galli damit Frist gelassen werden.

Was hinfüro ferner will nöthig sein und wie einige Leichtigkeit zu halten sein möge, dass auch die Waren nicht theurer verkauft und die Arbeit nicht höher belohnet werden, als das itzgehende leichte Geld gegen das schwere zu achten sein will, darauf wollen I. f. G. zeitig Achtung haben und dero Unterthanen Schaden zu verhüten inskünftige deswegen mehr Verordnung thun lassen.

Wornach sich ein Jeder anfänglich zu achten und vor Schaden zu hüten haben wird.

Signatum unter Ihrer f. G. eigenen Hand den 30. Septembris Anno 1621.

Julius Ernst m p.

(Nach dem Original.)

2. Herzog August der jüngere.

Münzstätte Hitzacker.

Herzog August errichtete im Jahre 1619 in seiner Residenz Hitzacker eine Münzstätte, auf welcher nur Reichsthaler und Doppelschillinge geprägt werden sollten. Ich entnehme diese Nachricht und ebenso die folgende, dass als Münzmeister Zacharias Müller, Bürger und Goldschmied aus Hildesheim, am 6. August 1619 angestellt worden sei, dem mehrerwähnten Aufsatze des Universitäts-Rathes Wolff. Woher Wolff diese Nachricht hat, ist mir unbekannt; ich habe aber nicht den geringsten Zweifel an der Richtigkeit der Angaben, welche hinsichtlich des Beginns der Prägung durch die vorhandenen Münzen durchaus bestätigt werden.

Herzog Christian von Celle, in dem Wunsche, den Münzwirren entgegenzutreten, versuchte auch bei seinen Vettern auf Schließung der Münzstätten einzuwirken und sie zu veranlassen, mit ihm hinsichtlich der in Münzsachen zu ergreifenden Massregeln gemeinsame Sache zu machen, denn es musste ihm daran liegen, dass sein scharfes, aber sehr verständiges Münzedict vom 14. September 1621, dessen früher schon Erwähnung gethan ist (S. 255), auch in den Lüneburgischen Nachbargebieten Eingang fand. Dennoch stiess er auf Widerstand. Eine Correspondenz zwischen der Regierung in Celle und dem Celleschen „Zöllner zu Hitzacker, Wilhelm Bolte", giebt darüber Auskunft und bringt gleichzeitig einige Nachrichten über die Münzstätte in Hitzacker.

Die Regierung zu Celle schreibt unterm 24. September 1621 an Bolte, er möge doch „den Münzmeister, welcher sich itzo zu Hitzacker aufhalten und keine Bestallung haben soll", nach Celle senden, da man mit ihm unterhandeln wolle. Bolte berichtet unterm 30. desselben Monats Folgendes:

„ . . . Wegen des Münzmeisters, deshalb aus Fürstl. Canzlei
Erwähnung geschehen, ist es also beschaffen, dass derselbe nicht der
Qualitäten, dass unserm gnädigen Fürsten und Herrn er mit Münzen
dienen kann und wie ich ihn in fernerer Nachfrage und sonsten in
etwas undüchtig befunden, also habe ich denselben verlassen und
nicht hinüber kommen lassen wollen.

Sonsten ist wohl ein gut Münzmeister albie, so das Werk wol
verstehet, in Sr. Herzog Augusti f. G. Dienste. Derselbe begebe
sich gern hinüber nach Zell, wenn er loskommen könnte. Das Münzwerk gehet annoch albie immer fort und haben Sr. f. G. Beamten
albie in Ihrem Abwesen, wie ich die mir zugekommene Münzordnung abkündigen lassen, nach wie vor eine Protestation, dass die
Münze in Sr. f. G. Hoch- und Botmässigkeit genge und gebe sein
sollte, abkündigen lassen.

Die Dannenbergischen aber tragen in Belieben, sich Sr. f. G.
Münzordnung zu conformiren. Der fremden Kipper befinden sich allhie
noch ziemlich viel. Ich wollte ihnen auch wohl mit Zuthun etzlicher
vom Adel, so sich auch wohl gerne auf meine Avisation und Anregung darzu finden liessen, wann mir erlaubt sein und gebüren
wollte, in fremden Herrschaften deshalb etwas zu attentiren, auf sie
lauern und eine hohe Summe Geldes zu ertappen“.

Die Antwort aus Celle vom 5. October besagte:

„ . . . Was den Münzmeister anlangt, dürft Ihr Euch deswegen
nicht mehr bemühen, noch einen anhero schicken, da man sonsten
Rath dazu schaffen kann.

Ueber die Münzordnung werdet Ihr die Gebühr halten und das
Geld darnach ausgeben und beinehmen. Auch den Wippern und
Kippern in u. f. G. und Herrn Gebiet, auch da die Junker ihr Ge-
richte haben, mit deren Zuführung nachtrachten und da sie ver-
dächtig, sie besuchen, was bei ihnen gefunden, anhalten, es zur Statt
anhero gelangen lassen und darauf noch besonders S. f. G. Befehls
gewertig sein.“

Aber auch durch unmittelbaren Verkehr mit Herzog August
suchte Herzog Christian seinen Zweck zu erreichen; doch war der
Erfolg, wenigstens was das Aufhören des Münzens betrifft, nicht
günstiger. Unterm 26. November 1621 forderte Herzog Christian den
Herzog August auf, das Münzen einzustellen, da dies zur Beein-

trächtigung der angrenzenden Celle'schen Lande gereiche. Erst am
18. Januar 1622 antwortete Herzog August und zwar beiläufig als
Postscriptum zu einem Briefe anderweiten Inhalts. Er sagt:

„Auch freundlich lieber Vetter und Bruder, verhalten Ew. Liebden Wir nicht, dass eben den Abend, wie Wir folgendes Tages
nacher Delmenhorst aufgebrochen, Ew. Liebden Schreiben, Unsere
Münze betreffend, Uns zukommen sei. Ob Wir nun wohl gerne als-
fort Uns daraus antwortlich vernehmen lassen wollen, hats doch damahlen vorstehender Reise halber nicht geschehen mögen. Und
werden Wir von ein Tag zum andern über Unser Verhoffen allhie
aufgehalten, deswegen Wir Uns bishero nicht vernehmen lassen
können. Jetzo bei gegebener Gelegenheit haben Ew. Liebden Wir
zu berichten, dass Wir kurz zuvor auf eine gewisse Zeit mit einem
neuen Münzmeister accordirt und darauf auch dem meisten Theil der
versprochenen Summen damahlen schon von demselben erhebt, er
auch seine Substanz hierein gestecket hat. Dannenhero auf ein Stutz
Wir es auf andere Wege nicht richten mögen. Wir können aber Ew.
Liebden darbei versichern, dass Dero Unterthanen, ohne dass sie für
sich nirgends mit dergleichen Münze hinaus kommen können, damit
gantz und gar unbeschwert bleiben. Dann der Münzmeister seine
Vorleger aus fremden Oertern hat und werden die Münzsorten fürders
aufwärts ins Stift Magdeburg, Leipzig und daherum ausgeführt. Und
halten Wir's dafür, weil jetzo allenthalben Aenderung vorfällt, es
werde solches Werk für sich selbst ehest fallen. Wollten Ew. Liebden dieses wohlmeinig nicht verhalten."

Daraus ergiebt sich, dass auch hier der Münzmeister, dessen
Name leider nicht genannt wird, die Münzstätte gesetzwidrig
gewissermassen gepachtet hatte und seine Gelder für den Export
prägte, also sicherlich nicht nach dem gesetzmässigen Schrot und
Korn. Dies wird auch durch die Lüneburger Valvation vom 9. Juni
1621 bestätigt, welche in Anlage 15 abgedruckt ist. Hiernach waren
des Herzogs August zu Hitzacker im Jahre 1621 geprägte Doppelschillinge zu 154 Stück aus der 7 Loth 6 Gr. fein Silber enthaltenden Mark gemünzt, derartig also, dass in ihnen der harte Thaler mit
4 Mark bezahlt werden müsste.

Dass in Hitzacker ruhig weiter gemünzt wurde, zeigt ein
Schreiben des Herzogs August, gerichtet an Bürgermeister und

Rath in Lüneburg vom 13. Mai 1622.[51]) Der Herzog bittet darin, ihm zum Zwecke einer Reise nach Pommern ein Reitpferd zu borgen (!) und fährt dann fort:

„Diesem nach haben Wir Euch zugleich hiermit anfügen wollen, dass nachdem der Reichsthaler auch in Unserm abgetheilten Fürstenthum nunmehr auf 3 Mark von Unserm fürstlichen lieben Bruder Herzogen Julii Ernesti Liebden und uns gesetzet worden, wir in Unsrer Müntze Schillinge und Sechslinge auf die 3 Mark nach Reichs-Schrot und Korn gerichtet münzen und schlagen lassen. Wann dann Unsere Unterthanen auch in der Stadt Lüneburg ihren Handel und Wandel treiben müssen, als begehren Wir in Gnaden, Ihr wollet Uns zu sonderem Gefallen darmit einig sein, dass auch bei Euch dieselbe Münze möge angenommen werden. Sollte auch Unser Münzmeister dieselbe verringern, werdet Ihr solches nach Befindung unbeschweret andeuten, so soll er in gebührliche Strafe deswegen genommen werden. Sonsten werden derselben, darvon hiermit die Probe folget, so häufig nicht geschlagen, besondere nur zu Scheidepfenningen gebrauchet werden."

Auch das bereits bei Julius Ernst erwähnte gemeinschaftliche Münzedict vom 25. Mai 1622 bestätigt die Weiterprägung, über welche nun aber fernere Nachrichten gänzlich fehlen.

Im Jahre 1623 erscheint aus den Münzen das wohlbekannte Münzzeichen ✳ des Münzmeisters Thomas Timpfe zu Harburg. Daraus kann geschlossen werden, dass Timpfe entweder als Münzmeister des Herzogs August in Hitzacker angestellt war und zur Vornahme der Prägung zeitweilig vom nahen Harburg herüberkam oder dass, wie Wolff annimmt, die Münzen in Harburg selbst geprägt worden sind. Letzteres setzt die Aufhebung der Münzstätte in Hitzacker voraus. Leider ist der einzige Thaler vom Jahre 1624 nicht ausreichend beschrieben und verbürgt (Nr. 171 des folgenden Verzeichnisses), so dass die Münzmeisterzeichen uns im Stich lassen. Zweifellos aber bestand die Münzstätte im Jahre 1625 nicht mehr, denn die bereits angezogenen Visitations-Berichte der Generalwardeine Jobst Brauns und Andreas Laffers vom Frühjahre 1625 thun wohl noch der Münzstätten Moisburg, Harburg und Scharnebeck Erwähnung,

---

[51]) Original im Staatsarchiv Lüneburg, Acte Monetaria 9.

nicht aber mehr einer noch bestehenden Münze zu Hitzacker. Auch
für späterhin blieb sie geschlossen, denn die in der Folge nach
Uebernahme der Herrschaft in Wolfenbüttel so überaus zahlreichen,
mit dem Jahre 1636 beginnenden Münzen des Herzogs August sind
sämmtlich auf den Harzmünzstätten geprägt worden.

150. 1619. Reichsthaler.

Hs. D : G : AUGUSTUS ▾ DER ▾ JUNGER ▾ H ▾ Z ▾ B ▾ U ▾ L ✿
von einer Arabeske umgeben.

Das geharnischte Brustbild des Herzogs n. r.

Rs. ALLES ▴ MIT ▴ BEDACHT ▴ *1619*

Der von drei Helmen bedeckte elffeldige Wappenschild:
1. Braunschweig, 2. Lüneburg, 3. Everstein, 4. Diepholz (Löwe)
5. Homburg, 6. Diepholz (Adler), 7. Hoya, 8. Lauterberg untere
Hälfte, 9. Lauterberg, obere Hälfte, 10. Alt-Bruchhausen, 11. Neu-
Bruchhausen.

Dm. 43 *mm*.

Schulthess Nr. 6818, nach dem Exemplar ehemals in Hannover, Madai
Nr. 1134. Nach Schulthess sollen von diesem Stempel auch Klippen in der
Schwere von 1¹/₂ und ¹/₂ Thaler vorkommen, ich habe dergleichen bisher in
keiner Sammlung angetroffen.

Im k. k. Münzkab. zu Wien befindet sich ein Goldabschlag von
10 Ducaten. Ich verdanke Herrn Director Dr. Fr. Kenner einen Abdruck dieses
Stückes, nach welchem die obige Abbildung gegeben ist.

151. 1619. Doppelschilling.

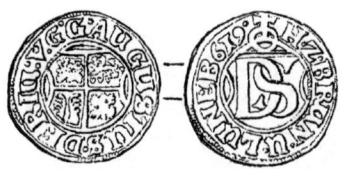

1. Typus: quadrirter Wappenschild.

Hs. AUGUSTUS·DER IU:V·G·G· (Augustus Der Jüngere Von Gottes Gnaden.)

Im Perlkreise der vierfeldige, an den Seiten ausgeschweifte Wappenschild: 1. Braunschweig, 2. Lüneburg, 3. Hoya, 4. Diepholz.

Rs. H·Z·BRUN·U·LUNEB *619*· (Herzog zu Braunschweig und Lüneburg.)

Im Perlkreise ausgeschweifter Schild mit verschlungenem grossen DS, darüber Reichsapfel.

Dm. 22—23 *mm.*

Städt. Münzsamml. zu Braunschweig, auch Elkan. Dies letztere Exemplar ist kurz und ungenau beschrieben im Num. sphrag. Anz. 1891, Nr. 2, unrichtig ebenda 1892, Nr. 10.

152. 1619. Doppelschilling.

2. Typus: Löwenschild.

Hs. AUGUST·JUN·D·G·DU^x

In durchbrochenem Perlkreise von breiter Krone bedeckter Schild mit dem nach rechts schreitenden Löwen im Herzenfelde.

Rs. *a)* BRUNSVIC·ET·LUNEB·*619*

b) ——————————— *6∗19*

c) ———————————·*16∗19*

Im Perlkreise bei *c)* in oben verziertem Schilde, verschlungen DS, über und unter demselben ein Kleeblatt.

Dm. 23 *mm.*

a, b) Städt. Münzsamml. zu Braunschweig; *c)* Elkan.

153. 1619. ¹/₁₆ Reichsthaler (Doppelschilling). Zwittermünze.

Hs. ·FERDINAND·II·D·G·R·I·S·A·

Gekrönter Doppeladler, ohne Scheine, mit dem Reichsapfel in welchem 16, auf der Brust.

Rs. BRUNSVIC·ET LUNEᴮ *16*19*

Im Perlkreise verschlungen DS, über und unter denselben ein Kleeblatt.

Dm. 22 *mm*.

Es liegt hier zweifellos eine Zwittermünze vor, zu welcher die Rs. Stempel der Doppelschillinge vom Typus Nr. 156 und 152 benutzt worden sind. Das Stück wurde in einer Anfrage im Num. spbrag. Anz. 1885, S. 69 zuerst bekannt gemacht; ich sprach mich ebenda S. 96 dahin aus, dass ich den Doppelschilling als von August dem jüngeren herrührend ansähe. Dasselbe Stück kam dann im Jahre 1889 mit der Sammlung Mertens durch Zschiesche & Köder im Kat. Nr. 38 zum Verkauf, wird S. 13, Nr. 498 aber irrig unter August von Ratzeburg aufgeführt.

154. Ohne Jahr (wahrscheinlich 1619) Doppelschilling.

Hs. ·AUGUSTUS JU·D·G:DUˣ·

Wie auf Nr. 152, jedoch ist der Löwenschild an den Seiten verziert.

Rs. * BRUN ⚬ SUIC· ⚬ ET·LU ⚬ NÆBU:

Auf einem die Umschrift durchbrechenden Blumenkreuze liegender verzierter Schild, in welchem nicht verschlungen D S Dm. 23. *mm*. Von sehr zierlichem Stempelschnitt.

v. Lehmann.

Wegen der grossen Aehnlichkeit der Hs. dieses Doppelschillings und der von Nr. 152 halte ich denselben ebenfalls im Jahre 1619 geprägt.

Ein ähnliches Stück wird von Elkan im Num. sphrag. Anz. 1891, Nr. 3 aus der Sammlung Isenbeck in Wiesbaden beschrieben, jedoch nicht ganz genau.

155. 1620. Doppelschilling.

Hs. *a)* AUGUSTU· DER·IU·V·G·G· ⁙

   b) ————————S·———·I·——————— ⁙

   c) ———————————— ·IUNGG·

In der Mitte, nicht von einem Perlkreise umgeben, der vierfeldige oben und an den Seiten ausgeschweifte Wappenschild, an den Seiten bei *a)* ⁘ ⁕ ⁘ bei *b)* ⁙ ⁕ ⁙

Rs. *b)* H·Z·BRUN·U·LUN· *16Z0*

   a, c) ————————————E·———·

Im Perlkreise verschlungen ĎS, darüber der Reichsapfel.

Dm. 22 *mm* — *a)* mit Gegenstempel R auf Hs.

a) v. Lehmann; *b)* Max Fischer in Magdeburg; *e)* Hann. Prov. Mus. Samml. Knyphausen, Kat. Nr. 7824, auch Hartmann.

Das Exemplar *c)* liegt mir im Abdruck vor, der Doppelschilling trägt in der That die Hs.-Umschrift DER IUNGG, statt wie bei *a)* DER·IU·V·G·G, was DER IUnger Von Gottes Gnaden zu lesen ist. Nichts desto weniger glaube ich doch, dass die Umschrift *c)* nur durch Versehen des Stempelschneiders entstanden ist, der für V ein N setzte, denn IUNGG[er] zu lesen will mir nicht recht einleuchten.

156. 1620. ¹/₁₆ **Reichsthaler** (Doppelschilling).

Hs. *a)* AUGUSTUS·I·D·G·D·B·E·L·20·
     b) ————————————————— ·ZO·
Im Perlkreise verschlungen D S
Rs. *a)* ·FERDINAND·II·D·G·R·I·S·A·
     b) : ————————————————❖❖·
Im einfachen Reifen der gekrönte Doppeladler ohne Scheine
mit dem Reichsapfel, in welchem *16* auf der Brust.
Dm. 21—22 *mm*.

a) v. Lehmann; *b)* Hann. Prov. Mus. Sammi. Knyphausen, Kat. Nr. 7821,
wo jedoch das Stück nicht genau beschrieben ist. Im Kataloge der Sammlung
Schellhass wird unter Nr. 317 ein ganz ähnliches Stück verzeichnet.

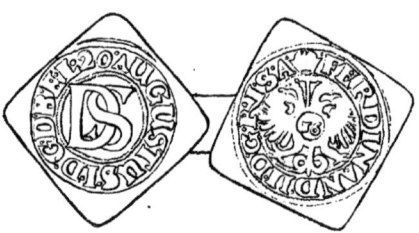

Herr Oberstabsarzt a. D. Dr. Friederich in Dresden besitzt den
Stempel *a)* als Klippe 23 × 31 *mm*.

157. 1620. ¹/₁₆ **Reichsthaler** (Doppelschilling). — Zwittermünze.

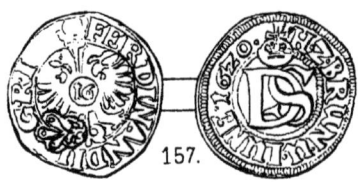

Hs. *a)* FERDINAND·II·D·G·R·I·S·A·
     b) ——————————/////————///////

Der gekrönte Doppeladler mit dem Reichsapfel, in welchem *16*, auf der Brust.

Rs. *a)* ·H·Z·BRUN·U·LUN·   *16ZO*·

   b) ————————— E ·———

Im Perlkreise verschlungen D S, darüber der Reichsapfel.

Dm. 21. *mm.*

Gegenstempel: auf *a)* Rs. ⚓ (Stralsund), *b)* auf Hs. ⚓

a) Elkan, publicirt im Num. sphrag. Anz. 1891 Nr. 2, jedoch der Schluss der Hs.-Umschrift irrig D·G·R·IM gelesen; *b)* Dr. Friederich.

Ich halte diesen Doppelschilling ebenfalls für eine Zwittermünze, bestehend aus den Rs. der Doppelschillinge Nr. 156 und 155.

158. 1620. Doppelschilling.

Hs. AUGUSTUS·DER·IU·V·G·G·

Im Perlkreise der vierfeldige Wappenschild.

Rs. ·H·Z·BRUN·U·LUN·/////ZO·

Im Perlkreise verschlungen DS, darüber Reichsapfel.

Dm. 22 Mm.

Hartmann.

Hier liegt eine Combination der Stempel Hs. von Nr. 151 mit Rs. von Nr. 155, bezw. 157 vor.

159. 1620. Doppelschilling. — Zwittermünze.

Hs. AUGUSTUS·DER·IU·V·G·G·

Im Perlkreise der vierfeldige Wappenschild.

Rs. AUGUSTUS·I·D·G·D·B·E·L·20·

22

Im Perlkreise verschlungen DS

Dm. 21—22 Mm.

v. Lehmann, M. Fischer, Hann. Prov. Mus. Samml. Knyphausen, **Kat.**
.Nr. 7822 und 7823, davon letzteres mit Stralsunder Gegenstempel.

Da der Name des Münzherrn bei diesem Doppelschilling **auf**
beiden Seiten erscheint, halte ich ihn für eine Zwittermünze, und
zwar gebildet aus dem Hs.-Stempel des Doppelschillings Nr. 151
von 1619 und dem Hs.-Stempel von Nr. 156.

160. 1620. Doppelschilling. — Zwittermünze.

Hs. *a, b)* ·AUG· - ·I·D·G·

Der mit drei Helmen bedeckte elffeldige Wappenschild wie
auf dem Reichsthaler Nr. 150, nicht von einem Perlkreise umgeben.

Rs. *a)* AUGUSTUS·I·D·G·D·B·E·L·20·   (in D·B· etwas

    b) ——————— DUX·B·E·L·20·   Doppelschlag.)

Im Perlkreise verschlungen DS

Dm. 22 *mm.*

a) Sammi. der Universität Göttingen. Das Exemplar *b)* ist nach Seelaender
Taf. 94, Nr. 9 gegeben, wo es unter den Münzen August d. ä., Bischofs von
Ratzeburg abgebildet ist, nicht ganz zutreffend bezüglich des Wappens und
der Jahreszahl, welche 26 gelesen wird. Wahrscheinlich lag hier ein abgenutztes
Stück vor, was ich glaube um so mehr annehmen zu können, als in der Rs.-Um-
.schrift DUX für D·G·, wie sonst immer üblich, gelesen wird.

Auch dieses Stück halte ich des zweifachen Namens wegen
für eine Zwittermünze, und zwar gebildet *a)* aus dem Hs.-Stempel
eines nicht weiter bekannt gewordenen Doppelschillings und aus
dem Hs.-Stempel von Nr. 156.

161. 1620. $^1/_{24}$ Thaler (Groschen).

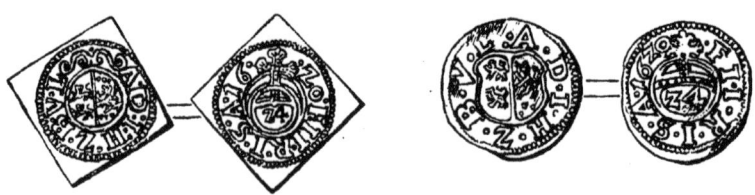

Hs. *a)*   A·D·J·H·Z·B·V·L

b—d) ———I————

e)   ——— : ———

f) · ——— · ——— ·

g) ———————U—

h) ✦—————— V — ✦

i) —————-B : V : L ·

In der Mitte die Wappenbilder von 1. Braunschweig, 2. Lüneburg, und zwar: bei

    a, b, e, f, h) im Kreise, darüber breite Verzierung,

        g) in oben offenemHalbkreise, darüber ähnliche Verzierung,

        c) in an den Seiten ausgeschweiftem Schilde, darüber kronenartige Verzierung;

        d) in ausgeschweiftem Schilde, ohne Verzierung.

Rs. *a, b, e, g, h, i)* F·II·R·I·S·A·16· = ·ZO·

        f) ·F·II·D·G·R·I·S·A·6ZO·

        c, d) ·F·I·I·R·I·S·A·16ZO

In der Mitte in oben durchbrochenem Kreise der Reichsapfel von Zwillingsfäden, in dessen unterer Hälfte Z4, bei *f)* zu den Seiten des unteren Kreuzschaftes ● = ●

Dm. 16—19 *mm.* Die Klippe 18 × 24 *mm.*

a) Herzogl. Münzkab. zu Braunschweig; *b)* städt. Münzsamml. zu Braunschweig, 2 Exemplare, davon eines Klippe, königl. Münzkab. zu Berlin, Samml. v. Saurma-Jeltsch Taf. 69, Nr. 2093[52]; *c)* Elkan; *d)* Dr. Creite; *e)* Tewes, aus dem Funde · von Nahmitz, vergl. Num. sphrag. Anz. 1892, S. 85 und 98; *f)* Elkan; *g)* Hann. Prov. Mus. Samml. Knyphausen Kat. Nr. 7830; auch Kat. Schellhass Nr. 316; *h)* herzogl. Münzkab. zu Braunschweig; *i)* Max Fischer, Num. sphrag. Anz. 1892, S. 97.

Bei Rehtmeyer Taf. XX, Nr. 8 wird ein solcher $^{1}/_{24}$ Thaler als Klippe abgebildet, anscheinend ungenau, da in der Hs.-Umschrift das H fehlt. Auch Molanus II, S. 445, Nr. 378 erwähnt eine derartige Klippe. Beide Beschreibungen beziehen sich auf ein und dasselbe Stück, das im ehemalig königl. hannov. Kabinet befindliche, von Seelaender Taf. 51, Nr. 17 abgebildete Exemplar. — Ein Groschen

---

[52] Der von Saurma-Jeltsch unter Nr. 2092 abgebildete Doppelschilling von 1617 gehört an Herzog August den älteren zu Ratzeburg

ähnlich dem Stempel *l)* wird von H. Grote in seinen Blättern für
Münzfreunde Bd. II, S. 119 gelegentlich eines Berichtes über einen
Fund von Kippermünzen beschrieben und Taf. VIII, Nr. 74 abge-
bildet.

Ohne jede Begründung ist die Angabe Rethmeyers Bd. II,
S. 1389, dass dieser Groschen zur Erinnerung an die Erwerbung
des Fürstenthums Grubenhagen geprägt worden sei.

162. 1621. Reichsthaler.

Hs. : AUGUSTUS · IUN · DEI : GRA · DUX ·
Der mit drei Helmen bedeckte elffeldige Wappenschild.

Rs. · BRUNSVICEN · E · LUNÆBURGENSIS · *1621* · ☙
Auf grasigem Boden, bedeckt mit Steinblöcken, erhebt sich
ein aus Quadersteinen ausgeführtes unvollendetes pyramiden-
förmiges Bauwerk. Ueber dasselbe hält ein aus den Wolken
ragender rechter Arm eine Maurerkelle. Oben herum auf fliegendem
Bande IN · DIES (täglich [mehr]).

Dm. 42 *mm.*

Herzogl. Münzkab. zu Braunschweig, Hamburger Kunsthalle, k. k. Münzkab. zu Wien, Monn. en arg. Taf. 239. kais. Ermitage zu St. Petersburg. —
Schulthess Nr. 6819; Madai Nr. 1135; v. Praun Nr. 394, Köhler Münzbelustigungen Bd. XV, 11. Stück, S. 81 mit Abbildung.

Ob das auf der Rs. am Schlusse der Umschrift befindliche
Zeichen das des Münzmeisters ist, erscheint mir fraglich, ich neige
dazu, es für einen bedeutungslosen Zierath zu halten. Eher möchte
ich glauben, dass die am Fusse des Gebäudes etwas auffallend her-
vorspriessenden drei Blumen- oder Kleestengel ein Münzmeister-

zeichen vorstellen, da wir ein ähnliches Zeichen  auf einem 1625 in Bremervörde geprägten erzbischöflich bremischen Ortsthaler antreffen[53]). Der Münzmeister, welcher dies Zeichen führte, ist jedoch unbekannt.

163. 1621. ¹/₂₄ Thaler (Groschen).

Hs. *a)*   A·D·I·H·Z·B·Ụ·L
  b) ————————V—·
  c) ·————————
  d) ————————✚
  e) AV·————————

Wie der ¹/₂₄ Thaler von 1620 Nr. 161, jedoch die Wappenbilder bei

  a), d) in einfachem Kreise, darüber Verzierung,
  b) in oben offenem Oval, darüber Verzierung,
  c) im Perlkreise, darüber Verzierung,
  e) im Oval, a. d. Seiten Handhaben, oben kleine Verzierung.

Rs. *b)* F·II·R·I·S·A·*16* ⁎ Z1·
  a) ——————— : ⁎ —
  c, d) ———— ⁎ ⁎ · —
  e) F·II·D·G·R·I·S·A·*6* ⁎ Z1

In der Mitte Reichsapfel mit Z4
Dm. 16 *mm*, Gew. *d)* 0·77 *g.*

a) Elkan; *b)* Hann. Prov. Mus. Sammi. Knyphausen Kat. Nr. 7831, doch ungenau; *c)* städt. Münzsamml. zu Braunschweig, auch Elkan; *d)* Fr. Tewes, aus dem Funde von Nahmitz, vergl. Num. sphrag. Anz. 1892, S. 85 und 98, auch Elkan; *e)* Hann. Prov. Mus. Sammi. Knyphausen Kat. Nr. 7832. — Die Exemplare des ¹/₂₄ Thalers von 1620 und 1621 der Sammlung Elkan sind im Num. sphrag. Anz. 1892, Nr. 10 beschrieben, jedoch nicht ganz genau.

Das Zeichen auf der Hs. des Stempels *d)* halte ich für das eines Münzmeisters, es hat grosse Aehnlickeit mit dem auf dem

---

[53]) Vergl. Bl. f. Münzfreunde Sp. 581, Taf. 54, 2 und meine: Beiträge zum Münzwesen der Erzbischöfe von Bremen, 1886, S. 21.

Thaler, bezw. halben Thaler o. J. Nr. 172 und 173, die daher wohl
auch im Jahre 1621 geprägt sein werden.

164. 1622. Viertel Reichsthaler.

Hs. D · G : AUGUSTUS · DER · IUNGER · H : Z : B : U : L : ✳
Geharnischtes Brustbild des Herzogs n. r.
Rs. ALLES · MIT · BEDACHT · *1622* ✳
Im Perlkreise der oben und an den Seiten verzierte elffeldige
Wappenschild.
Dm. 31 *mm*.
Kaiserl. Ermitage zu St. Petersburg. Herrn Staatsrath Iversen verdanke
ich einen Abdruck.

165. 1622. ¹/₂₁ Reichsthaler (Groschen).

165   166

Hs. · AV · D · I · H · Z · B · V : L ·
In senkrecht getheiltem, an den Seiten durch kleine Ringel
verziertem Oval die Wappenbilder von: 1. Braunschweig, 2. Lüne-
burg, darüber Verzierung.
Rs. F · II · D · G · R · I · S · A · *6* ⸗ ZZ
In der Mitte Reichsapfel mit Z4
Dm. 15 *mm*.
M. Fischer.

166. 1622. ¹/₉₆ Thaler, (Sechsling).

Hs. · A · I · D · G · D · B · Ɛ · LUNE · ✚

In verziertem Kreise der nach links schreitende Löwe von Herzen umgeben.

Rs. FER·II·D·G·R·I·S·A·16 = ZZ

Im Perlkreise der Reichsapfel mit 96

Dm. 17 *mm.*

Sammlung des Museumsvereins in Lüneburg.

167. 1623. Reichsthaler.

Hs. D:G:AUGUSTUS·DER·IUNGER·H:Z:BRUN:U:LU:✘

Geharnischtes Brustbild des Herzogs n. r.

Rs. ALLES MIT ₋ BEDACHT

Der mit drei Helmen bedeckte elffeldige Wappenschild, oben

16 = Z3

Dm. 42 *mm.*

Abbildung bei Seelaender Taf. 49, Nr. 2 und Rehtmeyer Taf. XX Nr. 9; hiernach von Schulthess Nr. 6820 (Madai Nr. 1137) entnommen, jedoch ungenau; v. Praun Nr. 371.

Das Münzzeichen ✘ ist das des Münzmeisters Thomas Timpfe zu Harburg.

Ein Original dieses Thalers habe ich bis jetzt noch nicht angetroffen. Die vorstehende Abbildung ist nach einem Abdruck desjenigen Exemplars gefertigt, welches der Wolfenbüttler Bürgermeister Ulrich im Jahre 1700 besass, dessen Sammlung Rehtmeyer in der Vorrede S. 25 erwähnt. Von dieser Sammlung besitzt das herzogliche Museum in Braunschweig ein ganzes Buch mit Hausenblasenabdrücken, unter denen sich viele hervorragende Sachen befinden, z. B. der lange vergeblich gesuchte mittlere Autorgroschen von Braunschweig vom Jahre 1499.

Ich erhielt diese Mittheilungen durch Dr. P. J. Meier in Braun-schweig, dem ich für seine thätige Mitwirkung an diesem Buche überhaupt zu grossem Danke verpflichtet bin.

168. 1623. Viertel Reichsthaler.

Hs. D : G : AUGUSTUS·DER·IUN : H : Z : B·U·LU : ⚹
Geharnischtes Brustbild des Herzogs n. r.

Rs. ALLES MIT BEDACHT ∗ *1623*∗ ·

Im Perlkreise der oben und unten verzierte elffeldige Wappen-schild wie auf dem Viertel-Thaler Nr. 164.

Dm. 30 *mm*. Auf Hs. etwas Doppelschlag.

Hartmann, ehemals im Besitze des Antiquitätenhändlers Selig Seligmann in Hannover, verzeichnet im Auctionskataloge (A. Hess, Frankfurt a. M. 1890), Nr. 2730. — Ein solches Stück wird auch erwähnt bei Molanus S. 443, Nr. 362.

Dieser Viertel-Thaler ist dem unter Nr. 164 beschriebenen sehr ähnlich.

169. 1623. Reichsthaler auf das Begräbniss der ersten Gemahlin Clara Maria des Herzogs.

Hs. Aufschrift in sieben Zeilen:
AUGUSTUS·IUNIOR | D·G·DUX·BR·ET·LUNÆB: | CLA-RÆ·MARIÆ·POMERAN· | CONIUGIS·SUAVISSIMÆ | MEMO· RIÆ | CUM·LACHRYMIS·F·F· | II·APRIL·MDCXXIII

Ober- und unterhalb der Schrift Zierathe zwischen je zwei Punkten.

Rs. In der Mitte eine die ganze Breite der Münze einnehmende durch kreuzartige Vorrichtungen befestigte Tafel mit der Inschrift in fünf Zeilen:

VIXI · DUM · VIXI · BENE : | IAM · MEA · PERACTA · MOX · | VESTRA · AGETUR · FABVLA · | VALETE · | ET · VIVITE · UT · VIXI · BENE · [54])

Ueber der Tafel befinden sich Todenkopf und Stundenglas, unter derselben zwei gekreuzte Todtenknochen. Obenherum die Aufschrift:

NATÆ · 10 · IULI · 1574 ·, untenherum: DENATÆ · 19 · FEB · 1623 ·

Dm. 43 mm.

Hamburger Kunsthalle, auch kais. Ermitage zu St. Petersburg, herzogl. Münzkab. zu Gotha, v. Lehmann, Schulthess Nr. 6821, Madai Nr. 1136, bei Rehtmeyer Taf. XXIII, Nr. 7, Hamb. histor. Remarques Jahrgang 1707, Nr. 1; Mon. en argent. Taf. 242; abgeb. v. Praun Nr. 411 und Seelaender Taf. 54, Nr. 1.

170. 1623. Viertel-Reichsthaler auf dieselbe Begebenheit.

Hs. D : G : AUGUSTUS · DER · IUNG : H : Z : B · U · L :·
Im Perlkreise der oben und an den Seiten verzierte elffeldige Wappenschild.

Rs. Inschrift in sechs Zeilen:

MEMORIÆ · | FUNE · CONIUG · | SUAV · CLARÆ · | MARIÆ DUCISS | LUNÆB · ANNO | 1623 · 16 · FEB ·

Ober- und unterhalb der Inschrift Verzierungen.

---

[54]) Gut gelebt habe ich, so lange ich gehabt habe (Terentius, Hecyra 3, 5, 11); jetzt ist mein Spiel beendigt, bald wird das Eure zur Aufführung kommen; lebt wohl und lebt gut, wie ich gelebt habe.

Dm. 29 *mm*.

Sammi. der Universität Göttingen. — Aufgeführt auch bei Molanus II,
S. 444, Nr. 369, abgebildet bei Seelaender Taf. 54, Nr. 3, jedoch etwas ab-
weichend DVCIS | und ANN· |

171. 1624. Reichsthaler.

Hs. D : G : AUGUSTUS · DER · IUNGER · H : Z : BRUN : U :
LUN : und zwei Münzzeichen.

Das geharnischte Brustbild von der rechten Seite mit der Feldbinde und aufstehendem, mit Spitzen besetztem Ueberschlage.

Rs. ALLES · MIT · BEDACHT

Das Wappen mit drei Helmen, darüber 16 ⚬ 24

Ich gebe diese Beschreibung wörtlich nach Schulthess Nr. 6822,
der sie „Spiess's Manuscript" pag. 205 entnommen hat. Ein Original
dieses Thalers habe ich nirgends angetroffen. Ich bedaure dies um
so mehr, als wir dadurch Aufschluss über die angeblichen beiden
Münzzeichen dieses Jahres erhalten hätten.

172. Ohne Jahr. Reichsthaler.

Hs. D : G : AUGUSTUS · DER · IUNGER : H : Z : BRUN : U : L : ✚
Geharnischtes Brustbild des Herzogs n. r., ähnlich dem auf
dem Thaler Nr. 150.

Rs. ALLES · MIT · ⚬ BEDACHT ·
Der mit drei Helmen bedeckte, an den Seiten verzierte elffeldige Wappenschild.

Dm. 44 *mm*.

Von diesem Thaler giebt es (durch Verschiedenheit in der Rs.-
Darstellung) zwei wenig von einander abweichende Stempel. Bei

a) ragen die an den Seiten des Schildes angebrachten Verzierungen. in den Perlkreis hinein und trennen im Worte MIT das T etwas vom I, so dass Schulthess auch MI ⸱ T beschreibt, wohingegen bei *b)* diese Verzierungen am Perlkreise enden und der Schildfuss ebenfalls verziert ist.

    a) Herzogl. Münzkab. zu Gotha und zu Braunschweig, Dr. Friederich, *b)* Herr Bohlmann in Hildesheim. — Schulthess Nr. 6816, Madai Nr. 3615. Eine Abbildung bei Seelaender Taf. 49, Nr. 1.

173. Ohne Jahr. Halber Reichsthaler.

Hs. D : G : AUGUSTUS ⸱ DER ⸱ IUNG : H : Z : BRUN : U : LU : ✚ Geharnischtes Brustbild des Herzogs wie auf dem Thaler vorher Nr. 172.

    Rs. *a)* ALLES ⸱ MIT ⸱ ⸱ BEDACHT ⸱

        b) ——————— ⸱ ⸱ ———————

Wappenschild, ähnlich wie auf dem Thaler Nr. 172, bei *a)* mit ausgeschweiftem, bei *b)* mit geradem Schildrande.

    Dm. 35 *mm.*

    a) K. k. Münzkab. zu Wien; *b)* königl. Münzkab. zu Berlin, auch Bohlmann. — Schulthess Nr. 6817.

    Thaler und halber Thaler Nr. 172 und 173 gehören zusammen, da sie beide von vollkommen übereinstimmendem Gepräge sind. Auch das Zeichen am Schlusse der Hs.-Umschrift ist beiden gemeinsam; ich halte es für das eines Münzmeisters, ohne jedoch diesen selbst nachweisen zu können. Zwischen diesem Zeichen und dem auf dem 1/24 Thaler von 1621 Nr. 163 besteht eine grosse Aehnlichkeit, vielleicht entstammen daher diese beiden Stücke auch dem Jahre 1621.

Ich schliesse hier noch einen merkwürdigen Thaler an, der für Herzog August d. j. in Anspruch genommen wird.

174. Ohne Jahr. Thaler.

Hs. MON : NOV · ARG · A · U · P · D · G · G · D · B · E · L//////SO · DG·

Behelmter, ausgeschweifter Schild, quer getheilt, oben 2 Löwen übereinander n. l., unten Löwe n. l.

Rs. //////DINANDUS II · D · G · RO · //// · SE · AUG·

Der gekrönte Doppeladler.

Dm. 41 *mm*, Gew. 25·32 *g*.

H. Vogel in Chemnitz.

Eine Erklärung der Umschrift hat mir nicht gelingen wollen, auch die von mir um Auskunft ersuchten Herren R. Serrure in Paris und E. Gnecchi in Mailand, beide besonders bewandert auf dem Gebiete der Nachprägungen, wussten keinen Rath. Der Besitzer hält das Stück auf Grund einer Aeusserung J. Erbsteins für ein niederländisches oder oberitalienisches Nachgepräge; ich möchte mich letzterer Meinung anschliessen, muss jedoch den stricten Beweis dafür schuldig bleiben.

Die Wappenbilder gleichen freilich den Braunschweig-Lüneburgischen aufs Haar, der ganze Eindruck aber, den das Stück macht, ist nicht deutsch.

Madai führt unter den unbekannten und Miscellan-Thalern zwei ähnliche Stücke auf und beschreibt sie folgendermassen:

Nr. 2383. Hs. „MON · NO · ARG · A · U · P · D · G · G · D · B · E · L · D · I · FL · S · D · G

Ein Wappen, darin drei Löwen, mit einem gekrönten Helm.

Rs. FERDINANDVS II·D·G·R·IM·S·AU·IU FL·

Der zweiköpfige Reichsadler.

Nr. 5235. Hs. MON : NOU·ARG·AU·P·D·G·D·B·E·L·D· F·SO·D·G

Ein Wappenschild mit einem stehenden Löwen und einem gekrönten Helm.

Rs. Umschrift wie vor.

Der gekrönte Reichsadler mit dem Reichsapfel auf der Brust."

Madai wiederholt aus den Hamb. Rem. 1707, S. 401, die Erklärung der Umschrift des zuerst beschriebenen Thalers Nr. 2383: MONeta NOUa ARGentea Augusti Per Dei Gratuitum Gratiam Ducis Brunsvicensis Et Luneburgensis Duorum FLorenorum Soli Deo Gloria, fügt jedoch hinzu, dass sie ihm nicht zutreffend erschiene, weil sie sich mit der thatsächlichen Aufschrift auf der ihm vorliegenden Münze nicht decke. „Beide Thaler", sagt Madai bei Nr. 5235, „sind von schlechtem Gehalt und sind aus einer Fabrique, die das Licht gescheuet und dahero ein so räthselhaftes Gepräge erachtet hat."

Von schlechterem Feingehalte scheint mir das Vogel'sche Exemplar nicht zu sein, dagegen ist es erheblich unterwichtig.

Ein Meinungsaustausch über diese interessanten Thaler wäre mir sehr erwünscht.

Von Herzog August kennen wir zahlreiche Medaillen. Diejenigen, welche vor dem Antritte der Wolfenbüttler Erbschaft und innerhalb des hier behandelten Zeitabschnittes entstanden sind, lasse ich hier folgen:

174. 1605. Goldener Gnadenpfenning.

Hs. V·G·G·AVGVSTVS·DER·IVNGER·HERTZOG·ZV· BRVNSCHWEIG·VND·LVNEBVRG·1605

Auf damascirtem Grunde Brustbild des Herzogs mit breitem Kragen, geharnischt und mit Feldbinde n. r.

Rs. Der sechsfeldige von drei Helmen bedeckte Wappenschild:
1. Braunschweig, 2. Lüneburg, 3. Everstein, 4. Homburg, 5. Hoya,
6. Bruchhausen. Unten herum ·A·M·B· (Alles mit Bedacht.)
Dm. 30 und 39 *mm.*

Diese sehr schöne Medaille entstammt der Sammlung Itzinger,
befand sich dann im Besitze der Münzsammlung E. Cahn in Frankfurt a. M. und gehört jetzt dem herzogl. Münzkab. zu Braunschweig.

175. Ohne Jahr (vor dem 16. Februar 1623). **Ovale Schaumünze.**

Hs. A·D·I·H·Z·B·V·L ✶ : C·M·G·Z·S·P·H·Z·B·V·L·
(August Der Iünger Herzog Zu Braunschweig Vnd Luneburg,
Clara Maria Geborne Zu Stettin Pommern Herzogin Zu Braunschweig
.Vnd Luneburg.)

Die Brustbilder des Herzogs und der Herzogin vor einander n .r.
Rs. RERVM·VICISSITVDO·
Wasserschöpfrad.
Ohne Jahr und ohne ein Münzmeisterzeichen.
Dm. 33 und 43 *mm.*
Beschreibung und Abbildung nach Seelaender Taf. 54, 1.

Diese Medaille muss vor dem 16. Februar 1623 geprägt sein,
dem Todestage der Clara Maria.

176. Ohne Jahr (vor dem 16. Februar 1623). **Ovale Schaumünze.**

Hs. Umschrift wie auf Nr. 175. Die Brustbilder des Herzogs und
der Herzogin vor einander n. r., etwas abweichend von der Darstellung auf Nr. 175.

Rs. Zwei Hände fassen gemeinsam ein Herz, darüber von Strahlen umgeben יהוה; oben herum die Umschrift IPSE FECIT ET FACIE'T

Dm. 34 und 39 *mm* — Silber.

Herzogl. Münzkab. in Braunschweig, veröffentlicht von Dr. P. J. Meier in der Zeitschr. d. Harzvereines, 1889, S. 234, Taf. Nr. 5.

Diese Schaumünze ist vielleicht auf die am 7. December 1607 erfolgte Vermählung des Herzogs verfertigt werden.

IV. Nachrichten

**über die an den Münzstätten der Herzoge Wilhelm, Christian, Julius Ernst und August d. j.
angestellt gewesenen Münzmeister und Wardeine.[55])**

1. Münzstätte Harburg.

a) Münzmeister.

1. ✕ Simon Timpfe der ältere.

Die Nachrichten über seine letzten Lebensjahre sind ziemlich
vollständig. Er stammte aus Minden, war von 1607—1611 gräflich
Hanau-Münzenbergischer Münzmeister in Hanau, wurde 1611 Münzmeister des Erzbischofs von Bremen in Bremervörde (Vörde), erhielt
1612 von demselben auch dessen zweite Münzstätte in Burg auf der
Insel Fehmarn übertragen, übernahm 1614 die städtische Münze in
Stade unter gleichzeitiger Aufgabe seines Amtes in Vörde, während
er das Amt in Burg vielleicht noch bis 1616 beibehielt. Inzwischen
war er am 19. September 1615 auch vom Herzog Wilhelm von Braunschweig-Lüneburg auf sechs Jahre zum Münzmeister an der neu
errichteten Münzstätte zu Harburg berufen worden, versah aber den
Dienst von Stade aus. Alters halber wurde ihm in Harburg sein
Sohn Thomas Timpfe am 23. März 1618 adjungirt, am 1. October
1619 trat er zu Gunsten seines Sohnes Thomas ganz von dem Münzmeisterposten des Herzogs Wilhelm zurück und starb im Jahre 1621.
Sein Münzmeisterzeichen waren die gekreuzten Zainhaken, doch
führen nicht alle von ihm geprägten Münzen dasselbe. — Wo er vor
dem Jahre 1607 angestellt war, ist nicht bekannt.[56])

---

[55]) Eine kurze Uebersicht der in Harburg und Moisburg angestellt gewesenen Münzmeister gab ich im Num.-sphrag. Anz., 1889, S. 18/19.

[56]) In A. Weyl's Numismat. Correspondenz, Nr. 107/112 von 1892, wird
S. 101, Nr. 543, bei Beschreibung einer Hochzeitsmedaille mit dem Münzzeichen
S ✕ T Simon Timpf als Münzmeister in Harburg von 1615—1628 erwähnt. Dies
ist irrig; die Medaille rührt von Samuel Timpfe her.

2. ⚒ Thomas Timpfe.

Sohn des Simon, wurde am 23. März 1618 seinem Vater Simon beigeordnet und als nachgesetzter Münzmeister angestellt. Am 1. October 1619 wurde er für den Rest des sechsjährigen Contractes seines Vaters alleiniger Münzmeister in Harburg und blieb in dieser Stellung bis zum 1. April 1625. Inzwischen hatte er auch, nach seinem Zeichen auf den Münzen zu urtheilen, in den Jahren 1618—1620 für den Erzbischof Johann Friedrich von Bremen (Münzstätte Vörde) gemünzt, 1620 für das Domcapitel zu Verden, 1623 für Herzog August d. j. zu Hitzacker. Ob er an diesen drei Münzstätten fest als Münzmeister angestellt war, liess sich nicht ermitteln.

· Nach seiner Entlassung blieb Thomas Timpfe in Harburg wohnen und bewarb sich mehrfach, zuletzt unterm 5. October 1627, um den Münzmeisterposten an der Münzstätte Winsen des Herzogs Christian, ohne sie zu erhalten. Sein Verbleib ist nicht bekannt.

* * *

Ich nehme hier Veranlassung, alle Nachrichten folgen zu lassen, welche sich über Mitglieder dieser zahlreichen Münzmeisterfamilie Timpfe finden. Meine im Num.-sphrag. Anzeiger 1889, Nr. 1 gegebene Zusammenstellung hat einige Vervollständigungen erfahren.

Ein anderer Sohn Simon des älteren war Simon der jüngere. Ueber ihn wissen wir sehr wenig. Er wohnte ebenfalls zu Harburg und bewarb sich unterm 31. December 1623 von dort aus um die Münzmeisterstelle in Winsen, welche soeben durch den Tod des Henning Hanses frei geworden war. Er wurde jedoch abschlägig beschieden, da, wie das Schreiben besagt, der Herzog die Münzstätte eingehen lassen wolle und den Sohn des Henning Hanses, Georg Hanses, bereits ebenfalls abschläglich beschieden habe. Dennoch wird dieser im folgenden Jahre, 1625, in Winsen angestellt. Von diesem Simon Timpfe geht dann jede sichere Spur verloren. Wir finden jedoch in den folgenden Jahren eine Reihe von Münzmeistern dieses Namens erwähnt, von denen ich glaube, dass sie ein und dieselbe Person, und zwar unser Simon Timpfe der jüngere sind.

1627 am 12. October wird ein Simon Timpfe auf dem Probationstage zu Cöln als Münzmeister der Aebtissin von Thoren, Anna

geb. Gräfin von der Mark präsentirt, am 15. Mai 1628 ebenda als
Jülich-Bergischer Münzmeister; auch nach Schlickeysen S. 331 war
Simon Timpfe in Jülich'schen Diensten, 1640—1643 in Glückstadt.
Dies bestätigt Handelmann im Kieler Münzkatalog, Heft I, S. 20, in
welchem er sagt: „Simon Timpf, Sohn oder Verwandter des Samuel
Timpf, Münzmeisters Herzog Friedrichs III. von Gottorp, erhielt
unterm 17. September 1640 und 31. December 1641 die Erlaubniss,
in Glückstadt zu münzen; da jedoch die Hamburger über die Gering-
haltigkeit seiner kleineren Münzsorten Beschwerde erhoben, so
wurde seine Bestallung 1643 cassirt." Am 14. Mai 1645 wird ein
Simon Timpfe vom Herzog August von Lauenburg an der Münzstätte
zu Ratzeburg angestellt, und prägte dortselbst im Jahre 1645 und
1646 Thaler mit dem Münzmeisterzeichen: Herz mit zwei Zweigen
besteckt ♥. Da er ein liederlicher trunksüchtiger Mensch war, wurde
er im Jahre 1646 entlassen. (Schmidt, Münzen und Med. der Herzoge
von Sachsen-Lauenburg, S. 39, bezw. Beiträge zur Münzgeschichte
der Herzoge von S.-L., S. 23 ff.) Endlich war ein Simon Timpfe vom
31. December 1647—1650 Münzmeister der Stadt Wismar, soll
jedoch dortselbst nicht gemünzt haben. (Grimm im N. S. Anz., 1888,
S. 13.)

Ebenfalls ein Sohn Simons des älteren war Samuel Timpfe.
Nach Handelmann im Kieler Münzkatalog, Heft I, S. 63, wurde
Samuel Timpfe am 10. September 1617 als Münzmeister in Burg auf
Fehmarn bestallt und am 4. December 1620 an die Münze in Steinbeck bei Hamburg versetzt. Unter seiner Anleitung und Verantwort-
lichkeit verwaltete vom 31. December 1622 sein Bruder Peter Timpfe
die Münzstätte auf Gottorp, welcher später, als Samuel sein Amt nieder-
legte (1628?), ganz an seine Stelle trat. Samuel zog sich nach Burg
zurück, von wo er sich aber später um die Münzmeisterstelle in
Rostock bewarb. Er erhielt sie am 7. October 1635 und münzte daselbst bis an sein Ende 1656 (U. Brümmer im N. S. Anz., 1888,
Nr. 9). Samuel zeichnete seine Münzen: S = T oder ₮ und ₮.

Sein Bruder Peter Timpfe zeichnete seine Münzen mit P. T
oder ₱. Das Zeichen findet sich auf Münzen des Herzogs Friedrich
von Schleswig-Holstein zuletzt im Jahre 1636. Von 1640—1641 war
er Münzmeister der Stadt Stade, von 1641—1643 erzbischöflich
Bremischer Münzmeister in Vörde. Nachdem das Erzbisthum Bremen

als Herzogthum an Schweden gefallen war, wurde Peter Timpfe
durch vorläufige Bestallung der schwedischen Regierung vom
22. März 1649 als Münzmeister in Stade angenommen und unterm
8. September 1649 durch Königin Christine definitiv bestallt. Bald
darauf wurde er krank, doch vertrat ihn sein Vetter Andreas, „so
zu Lüneburg Münzmeister gewesen". Um in seine Heimat, die Grafschaft Hanau, reisen zu können, bittet er die Regierung um 20 Thlr.
Unterstützung, doch stirbt er Ende 1653. (M. Bahrfeldt, Bremen-
Verden, S. 7 ff.) — Schlickeysen führt S. 299 Peter Timpfe 1635 in
Glückstadt auf.

A n d r e a s   T i m p f e war, wie er selbst schreibt, Sohn des vorerwähnten Samuel Timpfe, des Münzmeisters in Rostock. Am
21. Juni 1643 wird er Münzmeister der Stadt Lüneburg, verlässt 1649
diesen Dienst und geht zunächst nach Stade, wo er seinen „Vetter"
Peter Timpfe vertritt. Im Jahre 1650 · soll er Wardein in Rostock
gewesen sein und 1659/60 Münzmeister daselbst (Evers, Mecklen-
burgische Münzverfassung, bezw. Num.-sphrag. Anz., 1888, S. 71).

Da Andreas Timpfe als Vetter des Peter bezeichnet wird (siehe
oben), so könnte hiernach sein Vater Samuel nur der Bruder des
Simon d. ä. sein. Man muss indessen für Vetter Neffe lesen, da es
anderweitig feststeht, dass Samuel der Sohn des Simon d. ä. war.

M. Kirmis, Handbuch der polnischen Münzkunde, S. 162 ff.,
weist nach, dass ein Andreas Timpfe eine bedeutende Rolle in Polen
spielte. 1650 (nicht schon 1646) bis 1660 war er Pächter und Münzmeister der Münzstätten Fraustadt und Posen, wurde 1659 General-
wardein der Münze zu Krakau und Superintendent aller Kronmünzen.
Er liess 1660 seinen Bruder Thomas nach Posen kommen, welcher
am 1. October die Pacht der neuen Münze in Bromberg übernahm.
1661 pachtete Andreas die Münze von Krakau, richtete in Lemberg
eine Münze ein, prägte zu Lemberg, Krakau und Bromberg die nach
ihm benannten Guldenstücke und verliess Polen 1667. Er ging
zunächst nach Pommern; sein weiterer Verbleib ist unbekannt.

Trotzdem Andreas Timpfe 1650 Wardein und 1659/60 Münzmeister in Rostock gewesen sein soll, halte ich beide Andreas
Timpfe für ein und dieselbe Person. Es bestärkt mich darin vor Allem
der Umstand, dass jeder dieser beiden Andreas einen Bruder Thomas
gehabt hat.

Thomas Timpfe, nicht zu verwechseln mit dem Harburger Thomas, kam auf Veranlassung seines Bruders nach Polen. Er verliess die Münzstätte Bromberg 1667 und ging als kurfürstlicher Münzmeister nach Königsberg, wo sein Zeichen T ⚬ T bis zum Jahre 1672 erscheint (A. Weyl, Katalog Henkel, Nachtrag S. 33).

Endlich werden noch erwähnt Daniel Timpfe (Dimpf), 1655 Münzmeister in Posen, und Johann Timpfe, vielleicht 1655 Münzmeister in Fraustadt, doch ist letztere Nachricht nicht beglaubigt.

. Nach Vorstehendem würde sich folgende Uebersicht ergeben:

1. Simon Timpfe d. ä.

2. Thomas.   3. Simon d. j.   4. Samuel.   5. Peter.

6. Andreas.   7. Thomas.

wobei ich jedoch bemerke, dass die Reihenfolge der Brüder Thomas, Simon, Samuel und Peter willkürlich ist, da Nachrichten über ihr Alter fehlen.

Polen war im 17. wie Russland im 18. Jahrhundert das gelobte Land für solche Existenzen, die es entweder nöthig hatten, für geraume Zeit zu verschwinden oder um schnell, wenn auch nicht immer auf reinliche Weise, zu Vermögen zu gelangen. So finden wir, wie Kirmis, Handbuch, S. 265, sehr richtig darauf hinweist, die ganze polnische Prägung zu Ende des 16. und im 17. Jahrhundert wesentlich in den Händen niedersächsischer eng versippter Münztechniker. Es begegnen uns, wie oben dargelegt, zahlreich die Timpfes, sodann verschiedene Laffert, v. Eck, auch Meinhardt, vielfach aber Personen, denen der Boden in der Heimath etwas heiss geworden war.

3. ⚏ Lazarus Christian Hopfgarten aus Halberstadt. Wurde zwar unter dem 19. April 1625 auf fünf Jahre zum Münzmeister in Harburg angenommen, indessen bereits im Jahre 1626 wieder entlassen. Während der Kipperzeit hatte er im Herzogthum Braunschweig und dann (seit dem 25. Mai 1622) auf dem Moritzberge bei Hildesheim als bischöflicher Münzmeister gedient, war dort jedoch wegen Ausprägung zu leichter Münze seines Dienstes entsetzt worden.

4. ⚏ Hans Rücke. Nachzuweisen als Münzergeselle in Lüneburg in den Jahren 1579—1588, war 1615 und 1616 Münzmeister

des Erzbischofs Johann Friedrich in Vörde und vom 10. Juli 1622 bis 29. September 1626 Münzmeister in Moisburg, von da ab in gleicher Eigenschaft in Harburg, wo er am 24. September 1627 entlassen wurde. Verbleib unbekannt.

Im Jahre 1619 finde ich einen Hans Rücke (kann auch Rückle heissen) als Burg-Friedberg'schen Münzmeister. Die Identität mit dem Vorhergehenden kann ich nicht nachweisen.

5. Wilhelm Quensel aus Eschwege. Wurde am 17. Mai 1626 auf ein Jahr als Münzmeister in Vörde angenommen. Am 12. Juni 1627 wurde er Münzmeister in Moisburg, am 5. October 1627 gleichzeitig auch zu Harburg und am 9. October 1629 entlassen. Verbleib unbekannt.

6. Barthold Bartels aus Osterode. Angeblich früher in schwedischen Diensten. 1618 vielleicht Pächter, 1620—1624 Münzmeister an der Münzstätte Lauenburg, zugleich 1619—1620 und 1623—1625 Münzmeister des Herzogs Julius Ernst zu Dannenberg, bezw. 1625 vielleicht zu Scharnebeck. In den Jahren 1616 und 1618 findet sich nach Wolff sein Zeichen auch auf Bischöflich-Ratzeburgischen und Herzoglich Mecklenburg-Gustrowischen Münzen. Er bewirbt sich 1626 um den Münzmeisterposten in Winsen, wird am 27. Juni 1630 in Harburg angestellt und am 29. September 1631 entlassen. Ueber seinen Verbleib ist nichts bekannt. Er war der Schwiegersohn des Lüneburgischen Münzmeisters Jonas Georgens, dem er 1621 bei der Kupferprägung half.

Ich benutze hier die Gelegenheit, einen sehr seltenen kupfernen Jeton dieses Münzmeisters abzubilden.

1621. Hs. IONAS·GEORGEN·MVNTZ·MEIS·1621
Brustbild des Münzmeisters in alter Tracht n. r.
Rs. In sechs durch Striche abgetheilten Zeilen:
IN GOT· | TES GNEDI· | GEN WILLEN | THV ICH MEIN | LEIB VN SEL | BEFELEN

Dm. 24 Mm.

Ehemals in meiner Sammlung und veröffentlicht im Num.-sphrag. Anz., 1885, S. 19.

Zwei andere Jetons dieses Münzmeisters vom Jahre 1628 beschreibt Neumann, Kupfermünzen, Bd. V, Nr. 31834/5, Abbildung Taf. 70.

b) Wardein.

Jakob Stör, Bürger zu Hamburg, am 5. September 1615 angestellt, kommt noch im Jahre 1622 vor. Am 8. April 1618 wurde er auch als Wardein in Hamburg angenommen. Früher und schon im Jahre 1601 war er Wardein an der Herzoglich Holstein-Gottorf'schen Münze zu Steinbeck bei Hamburg.

2. Münzstätte Moisburg.

a) Münzmeister.

1. Hans Rahders (auch Raders und Rades geschrieben), Goldschmied aus Hannover (?). Am 1. December 1621 als Münzmeister angestellt, jedoch wegen Unfähigkeit Ende desselben Monats wieder entlassen. Münzen von ihm und daher sein Münzzeichen sind nicht bekannt.

2. ⊠ Hans Georg Meinhardt aus Eisleben. Von 1619—1621 war er Münzmeister in Winsen, am 1. Januar 1622 wurde er in Moisburg angestellt, entwich jedoch schon im April 1622 nach dem Königreich Polen, wo er schon 1622 Münzmeister in Lobsenz wird und noch 1637 erscheint (Kirmis, Handbuch S. 128, woselbst S. 216 auch ein Joseph Mainert, Sohn des Gottfried, als Stempelschneider 1640—1655 in Warschau erwähnt wird).

Schlickeysen erwähnt S. 155 einen G·M· signirenden Münzmeister, der in den Jahren 1595—1615 in Eisleben, Halle und Stolberg amtirt habe. Ob er mit dem Hans Georg Meinhard identisch ist, weiss ich nicht. Dass das HM-G auf Münzen des Herzogs Julius Ernst zu Dannenberg vom Jahre 1623 nicht Hans Georg Meinhard gedeutet werden darf, ergibt sich aus der Flucht Meinhard's aus Moisburg im April 1622. Vielleicht steht er aber mit dem Münzmeister ⊠ auf Bischöflich-Ratzeburgischen Münzen in Beziehung.

Ich lasse aus einer noch nicht veröffentlichten Arbeit des 1878 verstorbenen Archivraths Masch über die Münzen der Bischöfe von
Ratzeburg[57]) eine diesbezügliche Stelle hier folgen. „Der Buchstabe M,
entschieden durchstrichen, findet sich auf allen vorliegenden Münzen
des Jahres 1618.... Der Name dieses Münzmeisters ist freilich
nicht actenmässig nachgewiesen, jedoch ist die Vermuthung des
Hrn. Univ.-Raths Wolff wohl begründet: Der Münzmeister Georg
Meinhard aus Eisleben, welcher in den Jahren 1619—1621 Münzmeister des Herzogs Christian auf der neuangelegten Münze zu
Winsen a. d. Luhe, 1622 Münzmeister des Herzogs Wilhelm von
Harburg auf dessen Münze in Moisburg wurde, doch desselben
Jahres heimlich entwich, führte folgendes Zeichen 𝕸, also bis auf
das G dem Münzzeichen auf den bischöflichen Münzen ganz gleich,
vielleicht also dasselbe, welches früher der Ratzeburger führt. Die
Nähe der Münzstätte und die sonst zusammenhängende Zeit machen
es sehr wahrscheinlich, dass Meinhard in Schönberg angestellt war."

3. 𝕳 Hans Rücke, am 10. Juli 1622 angestellt, blieb bis
Michaelis 1626 in Moisburg, zu welchem Zeitpunkt er die Münze in
Harburg übernahm (s. oben unter Harburg).

4. 𝕏 Wilhelm Quensel, am 12. Juni 1627 angenommen,
wurde am 5. October desselben Jahres auch Münzmeister in Harburg
und am 9. October 1629 entlassen (s. oben unter Harburg).

b) Eisenschneider.

Moritz Glede 1622.

3. Münzstätte Winsen.

a) Münzmeister.

1. 𝕸 und 𝕸 Hans Georg Meinhard, Münzmeister Ende
1619—1621 (s. unter Moisburg).

2. 𝕏 Henning Hanses aus Werningerode, nach anderer
Nachricht aus Osterode. Ueber ihn finde ich folgende Nachrichten:
Auf dem Probationstage zu Worms am 6. Mai 1594 wird er als
Münzmeister für Nassau-Saarbrücken präsentirt. Vom 24. Juni 1601

---

[57]) Herr Max Schmidt in Ratzeburg gestattete mir die Einsicht in das
Manuscript.

bis 17. August 1605 war er Münzmeister der Stadt Hildesheim, 1604/5 stand er gleichzeitig in Diensten des Grafen Simon zu Lippe, 1604 wurde er auch Gräflich Holstein'scher Münzmeister zu Altona, woselbst er bis 1618 verblieb. In den Jahren 1609—1612 münzte er von Altona aus für die Stadt Lüneburg. 1619 trat er in den Dienst der Stadt Hamburg und 1622 in den des Herzogs Christian an der Münzstätte Winsen, woselbst er 1623 starb.

Ich gebe hier die Abbildung eines von ihm geprägten sehr seltenen Jetons:

Ohne Jahr. Hs. .HENNING : HANSES : M : ME : Behelmter Schild mit seinem Münzmeisterzeichen ✱

Rs. In acht Zeilen: · ⁎⁎⁎ · | GOTTES | GNADE : HU | LFFE : UND: | RAET : SEI : AL | ZEIT : BEI : M | IR·FRUE : U | ND : SPAET.

Dm. 25 *mm.*

Beschrieben bei Neumann, Kupfermünzen Nr. 32001.

3. Georg Hanses, Sohn des Henning, am 29. Januar 1625 als Münzmeister in Winsen angenommen, starb schon 1626. Münzen von ihm sind nicht bekannt.

b) Wardein.

Heinrich Folmann, Wardein der Stadt Lüneburg seit 1581, stirbt 1624. War gleichzeitig Wardein an der Münzstätte Winsen.

4. Münzstätte Celle.

1. **C=D** Cordt Delbrügge, Bürger und Goldschmied aus Osnabrück, wurde im Jahre 1622 zum Prägen von Kupfermünzen als Münzmeister angenommen. Vorher 1597—1625 prägte er die Kupfermünzen für die Stadt Osnabrück, 1621 auch für Bischof Philipp Sigismund von Verden.

5. Münzstätten Dannenberg und Scharnebeck.

1. ✺ Barthold Bartels 1619 und 1620 und sodann 1623—25 Münzmeister in Dannenberg 1625, vielleicht in Scharnebeck. Vergl. über ihn bei der Münzstätte Harburg.

2. ᛗ ⎫ unerklärte Münzmeisterzeichen auf Münzen vom
3. ᛗ und ᚻMG ⎪ Jahre 1623, jedenfalls aus der Münzstätte
4. ✕ und ᚻMG ⎬ Scharnebeck, da zu dieser Zeit in Dannenberg
5. ✕ ⎭   Barthold Bartels amtirte.

ᚻMG ist nicht Hans Georg Meinhard.

6. W ⎫ unerklärte Münzmeisterzeichen auf Münzen vom
7. ᚻ·W ⎬ Jahre 1624, wohl auch aus der Münzstätte Scharne-
8. ✕ ⎭   beck.

· 6. Münzstätte Hitzacker.

1. Zacharias Müller, Bürger und Goldschmied aus Hildesheim, als Münzmeister am 6. August 1619 angestellt. Weiteres über ihn ist nicht bekannt.

2. Thomas Timpfe in Harburg, auf Münzen des Jahres 1623. Vergl. unter Harburg.

V. Die auf den Münzen vorkommenden Darstellungen des Braunschweig-Lüneburgischen Wappens.

1. Herzog Wilhelm zu Harburg.

Auf den in Harburg und Moisburg geprägten Münzen ist der von drei Helmen bedeckte sechsfeldige Wappenschild die Regel, einige Male — auf den kleineren Münzen — kommt der quadrirte Schild vor, bezw. die gegen einander gelehnten Schilde von Braunschweig und Lüneburg. Auf den von 1636—1642 geprägten Münzen dagegen erscheint der elffeldige Wappenschild, bedeckt von fünf Helmen.

a) Sechsfeldiger Schild, 3 Helme

$$\begin{array}{ccc} 2 & 1 & 3 \\ \hline 1 & 2 \\ 3 & 4 \\ 5 & 6 \end{array}$$

Helme:

1. Braunschweig-Lünchurg. Silberne goldgekrönte Säule mit Pfauenschwanz und goldenem sechsstrahligen Stern, davor linkshin springendes weisses Ross. Das Ganze zwischen zwei mit rothen Schäften versehenen, mit sechs Pfauenspiegeln besteckten silbernen und mit den Spitzen gegen einander gekehrten Sicheln.

2. Hoya. Zwei aufwärts stehende, auswärts gekehrte schwarze Bärentatzen.

3. Bruchhausen. Zehn oder zwölf in zwei Reihen stehende roth-silberne Fähnchen an goldenen Lanzen zwischen zwei blausilbernen Büffelhörnern.

Felder:

1. In rothem Felde zwei über einander gehende goldene Leoparden als das Wappen der Herzöge von Braunschweig älterer Linie.

2. In goldenem, mit rothen Herzen bestreuten Felde der aufrechte blaue Löwe mit rother ausgeschlagener Zunge und rothen Klauen, als Wappen der Herzoge von Lüneburg älterer Linie.

3. In blauem Felde aufrechter silberner rothgekrönter Löwe mit rother ausgeschlagener Zunge und rothen Klauen. Wappen der Grafen von Everstein.

4. In rothem Felde aufrechter goldener Löwe in einer abwechseld silber und blaugestückten Einfassung. Wappen der Grafen von Homburg.

5. Zwei aufwärts stehende, auswärts gekehrte schwarze Bärentatzen in goldenem Felde. Grafschaft Hoya.

6a und b. Bruchhausen, und zwar gevieret 1 und 4 verschobenes blaues Kreuz in silbernem Felde: Alt-Bruchhausen, 2 und 3 viermal roth und silber quergetheilt: Neu-Bruchhausen.

b) Quadrirter Schild, 3 Helme

$$2 \quad 1 \quad 3$$
$$\overline{1 \quad 2}$$
$$3 \quad 4$$

c) Gegen einander gelehnte Schilde vom Helme bedeckt

$$1$$
$$\overline{1 \quad 2}$$

d) Elffeldiger Schild, 5 Helme

$$4 \quad 2 \quad 1 \quad 3 \quad 5$$
$$\overline{2 \quad 1 \quad 3}$$
$$4 \quad 5 \quad 6$$
$$7 \quad 8 \quad 9$$
$$10 \quad 11$$

Helme 1—3 wie oben.

4. Lauterberg und Honstein. Rothe rechte und silberne linke Stange eines Hirschgeweihs, dazwischen drei Pfauenfedern.

5. Diepholz, Reinstein und Blankenburg. Silbernes rechtes, rothes linkes Büffelhorn (Diepholz), zwischen einer schwarzen rechten (Blankenburg) und einer rothen linken Stange des Hirschgeweihs (Reinstein).

Felder: 1—4 wie oben.

5. In goldenem Felde aufrechter rother blaugekrönter Löwe mit blau ausgeschlagener Zunge und blauen Klauen. Die obere Hälfte des Wappens der Grafen von Diepholz.

6. In rothem Felde aufrechter goldener Löwe mit blau ausgeschlagener Zunge und blauen Klauen. Die obere Hälfte des Wappens der Grafen von Lauterberg.

7. Quergetheilt, oben: in goldenem Felde die auswärts gekehrten schwarzen Bärentatzen; unten: viermal roth und silber quergetheilt und verschobenes blaues Kreuz in silbernem·Felde. Hoya und Bruchhausen.

8. In blauem Felde silberner Adler mit meist linkshin gewendetem Kopfe, roth ausgeschlagener Zunge und rothen Fängen. Untere Hälfte des Wappens der Grafen von Diepholz.

9. Quergetheilt, oben roth und silber zwölffach geschacht: Wappen der Grafen von Honstein. Unten sechsmal gold und roth quergetheilt: Untere Hälfte des Wappens der Grafen von Lauterberg.

10. In silbernem Felde der schreitende schwarze Hirsch. Wappen der Grafen von Klettenberg.

11. In silbernem Felde Hirschgeweih mit rother rechter und schwarzer linker Stange. Grafschaft Reinstein und Blankenburg.

2. Herzog Christian zu Celle.

Es kommt vor:

a) Achtfeldiger Schild mit drei Helmen.

$$\begin{array}{ccc} 2 & 1 & 3 \\ \hline & 1 \;\; 2 & \\ & 3 \;\; 4 & \\ & 9 & \\ & 5 \;\; 6 & \\ & 7 \;\; 8 & \end{array}$$

Helme: 1. Braunschweig-Lüneburg, 2. Hoya, 3. Bruchhausen.
Felder: 1. Braunschweig, 2. Lüneburg, 3. Everstein, 4. Homburg, 5. Hoya, 6. Diepholz (Löwe), 7. Bruchhausen, 8. Diepholz (Adler), 9. Mitte: gekreuzte Schlüssel. Bisthum Minden.

b) Quadrirter Schild: 1 2   für 5 6ˑ auch zuweilen
                       5 6   6 5

3. Herzog Julius Ernst zu Dannenberg.

Wie vorher bei Herzog Christian, nur dass auch bei *a)* zuweilen die Felder 7 und 8 in umgekehrter Folge stehen.

4. Herzog August d. j. zu Hitzacker.

a) Elffeldiger Schild mit drei Helmen.

$$\begin{array}{ccc} 2 & 1 & 3 \\ \hline 1 & 2 & 3 \\ 4 & 5 & 6 \\ 7 & 8 & 9 \\ 10 & 11 & \end{array}$$

Helme: 1. Braunschweig-Lüneburg, 2. Bruchhausen, 3. Zwischen zwei Büffelhörnern drei Pfauenfedern (Diepholz?)

Felder: 1. Braunschweig, 2. Lüneburg, 3. Everstein, 4. Diepholz (Löwe), 5. Homburg, 6. Diepholz (Adler), 7. Hoya, 8. Lauterberg (untere Hälfte), 9. Lauterberg (Löwe, obere Hälfte), 10. Alt-Bruchhausen. 11. Neu-Bruchhausen.

b) Quadrirter Wappenschild wie bei Herzog Christian.

VI. Die Wahlsprüche, welche auf den vorstehend behandelten Münzen vorkommen.[58])

1. Herzog Wilhelm zu Harburg.

Dominus providebit (Der Herr wird sorgen) auf fast allen Münzen.

2. Herzog Christian zu Celle.

a) Justitia et concordia (Gerechtigkeit und Eintracht) auf den meisten groben Silbermünzen.

3. Herzog Julius Ernst zu Dannenberg.

a) Recte faciendo neminem timeas (Thue recht, scheue Niemand) auf den Münzen von 1619.

b) Time Deum, honora Caesarem (Fürchte Gott, ehre den Kaiser), nach 1. Petr. 2, 17, auf allen Münzen.

c) Recte agens confide (Wenn Du recht thust, dann sei getrost) auf den Gnadenpfenningen (Nr. 148 u. 149 S. 323).

d) Concordia ditat (Eintracht macht reich) auf dem sogenannten Eintrachtsthaler mit seinem Bruder August von 1617 (Nr. 111, S. 296).

4. Herzog August d. j. zu Hitzacker.

a) Alles mit Bedacht, auf den groben Silbermünzen

b) In dies (Täglich [mehr]) auf dem Thaler von 1621. Nr. 162, S. 296.

---

[58]) Die deutschen Uebersetzungen gebe ich nach Dr. M. Löbe, Wahlsprüche, Devisen und Sinnsprüche deutscher Fürstengeschlechter des 16. und 17. Jahrh. Leipzig 1883. — Hiebei bemerke ich jedoch, dass Verf. S. 74/75 den Herzog Christian von Celle, Bischof von Minden † 1633, mit Herzog Christian, Bischof von Halberstadt † 1626, verwechselt und die bekannten Pfaffenfeind-Thaler von ersterem geschlagen sein lässt.

VII. Nachweisung der für Zwecke der vorliegenden Arbeit durchgesehenen Sammlungen.

a) Oeffentliche Sammlungen.

1. Königl. Münzkabinet zu Berlin.
2. Herzogl. Münzkabinet zu Braunschweig.
3. Städtische Münzsammlung ebenda.
4. Herzogl. Münzkabinet zu Coburg.
5. Herzogl. Münzkabinet zu Dessau.
6. Fürstl. Fürstenbergisches Münzkabinet zu Donaueschingen.
7. Königl. Münzkabinet zu Dresden.
8. Universitäts-Münzsammlung zu Göttingen.
9. Herzogl. Münzkabinet zu Gotha.
10. Sammlung des Geschichtsvereins zu Greifswald.
11. Sammlung in der Kunsthalle zu Hamburg.
12. Provinzial-Museum zu Hannover.
    Enthält jetzt auch die Gräflich Knyphausen'sche Sammlung.
13. Königl. Münzkabinet zu Kopenhagen.
14. Universitäts-Münzsammlung zu Leipzig.
15. Britisch Museum zu London.
16. Sammlung des Museumsvereins zu Lüneburg.
17. Königl. Münzkabinet zu München.
18. Kaiserl. Ermitage zu St. Petersburg.
19. Universitäts-Münzsammlung zu Rostock.
20. Sammlung des histor. Vereins zu Stade.
21. K. k. Münzkabinet zu Wien.

b) Privat-Sammlungen.

22. Apothekenbesitzer Dr. H. Baesecke in Braunschweig.
23. Landgerichtsdirector Barth in Frankfurt a. d./Oder.

24. Apothekenbesitzer Bohlmann in Hildesheim.

25. Physikus Dr. Creite in Schöningen.

26. Professor Dr. A. Düning in Quedlinburg.

27. Konsul a. D. C. Elkan in Wiesbaden.

28. Director Max Fischer in Magdeburg.

29. Förster in Leipzig-Reudnitz.

30. Oberstabsarzt a. D. Dr. Friederich in Dresden.

31. Hansen in Hannover.

32. Burgverwalter Hartmann in Marienburg bei Nordstemmen (Hannover).

33. Baurath a. D. Heye in Hoya.

34. Rentier J. Isenbeck in Wiesbaden.

35. Generallieutenant z. D. Excellenz von Lehmann in Wiesbaden.

36. Kaufmann Mertens in Hannover.[59]

37. Kaufmann Reichenbach in Dresden-Plauen † (s. den Katalog im Literatur-Verzeichniss).

38. Kämmerer B. Schoenert in Schöningen, Hzth. Braunschweig.

39. Kaufmann Schwalbach in Leipzig.

40. Münzhändler Seligmann Selig zu Hannover † (s. den Katalog im Literatur-Verzeichniss).

41. Siebert in Kassel † (desgleichen).

42. Fr. Tewes in Hannover.

43. Commerzienrath Vogel in Chemnitz.

44. Universitätsrath Wolff in Göttingen † (s. den Katalog im Literatur-Verzeichniss).

Für die aus Münzverzeichnissen entnommenen Stücke vergleiche den Literaturnachweis am Schlusse dieses Buches.

---

[59] Diese hervorragende Sammlung wurde durch Zschiesche & Köder in Leipzig durch den Katalog Nr. 38 (1889) verkauft. Viele der Münzen befinden sich jetzt in den anderen oben verzeichneten Sammlungen. Diejenigen Stücke, deren Verbleib ich nicht ermitteln konnte, führe ich mit der Bezeichnung „früher Mertens" auf.

VIII. Literatur-Nachweis.

1. Aus Dresdener Sammlungen. Herausgegeben von der numismatischen Gesellschaft zu Dresden. 4. Heft, 1891.

1. Bahrfeldt M. Die Münzen der Stadt Stade. Wien, 1879.

2. — Beiträge zum Münzwesen der Erzbischöfe von Bremen. Stade, 1886.

3. — Die Münzen und das Münzwesen der Herzogthümer Bremen und Verden unter schwedischer Herrschaft 1648—1719. Hannover, 1892.

4. Berliner Münzblätter. Herausgeber A. Weyl in Berlin, erscheint seit 1. Januar 1880. Beiblatt: Numismatische Correspondenz.

5. Blätter für Münzfreunde. Herausgeber: Gersdorf, H. Grote, J. und A. Erbstein, jetzt J. Erbstein in Leipzig allein. Erscheint seit 1865.

6. Bode, Dr. W. Das ältere Münzwesen der Staaten und Städte Niedersachsens. Braunschweig, 1847.

7. Böttger, Dr. H. Das Braunschweig-Lüneburgische Wappen. Hannover 1861.

8. Catalogue des monnoies en or et en argent qui composent une des différentes .parties du cabinet impérial. Nouv. édit. Wien, 1769.

9. Erbstein J. und A. Die Schellhass'sche Münzsammlung. Dresden, 1870.

10. Gutheil A. Münz- und Medaillen-Sammlung. Versteigert durch J. Belmonte in Hamburg, 1885.

11. Handelmann. Kieler Münzkatalog. Verzeichniss der Münzsammlung des schlesw.-holst. Museums. Bd. I. Kiel, 1863—87.

12. Heyse G. Beiträge zur Kenntniss des Harzes, seiner Geschichte, Literatur und seines Münzwesens. 2. Ausg. Aschersleben, 1874.

13. Hirsch J. C. Des deutschen Reichs Münz-Archiv, bestehend in einer Sammlung kaiserl. und Reichs-Münzgesetze etc. 9 Bde. Nürnberg, 1756—68.

14. Historische Remarques über die neuesten Sachen in Europa. Herausgeber P. A. Lehmann. 9. Bde. Hamburg, 1699 bis 1707.

15. Kirmis, Dr. M. Handbuch der polnischen Münzkunde. Posen, 1892.

16. Köhler J. D. Historische Münzbelustigungen. 22 Bde. und 2 Register Bde. Nürnberg, 1729—65.

17. Köhler J. T. Vollständiges Dukaten-Kabinet. 2 Thle. Hannover, 1759—60.

18. Leitzmann J. Wegweiser auf dem Gebiete der deutschen Münzkunde. Weissensee, 1869.

19. Löbe, Dr. M. Wahlsprüche, Devisen und Sinnsprüche deutscher Fürstengeschlechter des 16. und 17. Jahrh. Leipzig, 1883.

20. Ludewig, W. C. Geschichte der Stadt und des Schlosses Harburg. Harburg, 1845.

21. Madai, S. Vollständiges Thaler-Kabinet in chronologischer Ordnung. 3 Bde. und 3 Fortsetzungen. Königsberg, 1765—74.

22. Menadier, Dr. J. Deutsche Münzen. Gesammelte Aufsätze zur Geschichte des deutschen Münzwesens. Band I. Berlin, 1891.

23. Neumann, J. Beschreibung der bekanntesten Kupfermünzen. 6 Bde. Prag, 1858—72.

24. Numismatische Zeitung. Herausgeber J. Leitzmann in Weissensee, 1834—1874.

25. Numismatisch-sphragistischer Anzeiger. Herausgeber H. Walte und M. Bahrfeldt, jetzt Fr. Tewes in Hannover. Erscheint seit 1870.

26. Numophylacium Molano-Boemerianum. Celle, 1744.

27. Numophylacium Burckhardianum. Wolfenbüttel, 1740.

28. Praun, G. S. A. v. Vollständiges Braunschweig-Lüneburgisches Münz- und Medaillen-Kabinet. Helmstadt, 1747.

29. Rehtmeyer Ph. J. Braunschweig-Lüneburgische Chronica. 3 Bde. Braunschweig, 1722.

30. Die Reichel'sche Münzsammlung zu St. Petersburg, 9 Thle. St. Petersburg, 1842—44 (jetzt in der kais. Ermitage).

31. Die Reichenbach'sche Münz- und Medaillensammlung, angelegt und beschrieben von Th. Reichenbach in Dresden-Plauen. Heft 1—6. Dresden, 1887—93.

32. Münz- und Medaillen-Kabinet des Justizraths Reimmann in Hannover. Versteigert durch A. Hess in Frankfurt a. M. 3 Bde. 1891—92.

33. Die Saurma'sche Münzsammlung deutscher, schweizerischer und polnischer Gepräge von etwa dem Beginn der Groschenzeit bis zur Kipperperiode. Berlin (A. Weyl), 1892.

34. Schlickeysen. Erklärung der Abkürzungen auf Münzen der neueren Zeit u. s. w. 2. Aufl. von R. Pallmann und H. Droysen Berlin, 1882.

35. Schmidt, Dr. G. Münzen und Bücher aus der Sammlung des Univ.-Raths Th. Wolff in Göttingen. Halberstadt, 1880.

36. (Schmidt G.). Münz- und Medaillen-Kabinet des Grafen Karl zu Inn- und Knyphausen. Hannover 1872. Erster Nachtrag 1877.

Diese Sammlung befindet sich jetzt in ihrer Totalität im Hannoverschen Provincial-Museum. Ich verdanke Herrn Fr. Tewes die aus derselben stammenden Abdrücke.

37. Schmidt M. Die Münzen und Medaillen der Herzoge von Sachsen-Lauenburg. Ratzeburg, 1884.

38. — Beiträge zur Münzgeschichte der Herzoge von Sachsen-Lauenburg. Ratzeburg, 1888.

39. Schmidt-Phiseldeck, C. v. Die Siegel des herzoglichen Hauses Braunschweig und Lüneburg. Wolfenbüttel, 1882.

39. Schulthess-Rechberg, Thaler-Kabinet. Beschreibung aller bekannt gewordenen Thaler. 3 Bde. Wien und München, 1840 bis 1867.

40. Seelaender N. Augustissimae ac serenissimae gentis Brunsvico Luneburgensis numismata ac monetae aetatis recentioris maximam partem in aes incisae a Nic. Seelaender. Hannover, 1853.

Ueber diese grosse bibliographische Seltenheit vergl. den Aufsatz Dr. Bodemanns in den Bl. f. Münzfreunde Nr. 172/3. Ich habe das Exemplar der herzogl. Bibliothek Karlsruhe benutzen dürfen.

41. Sudendorf H. Urkundenbuch zur Geschichte der Herzoge von Braunschweig und Lüneburg. Bd. I. Hannover 1859.

42. Volger. Urkundenbuch der Stadt Lüneburg. Bd. I. Hannover, 1872.

43. Walte H. Katalog der nachgelassenen Münzsammlung eines Hannoverschen Antiquars (Selig Seligmann), versteigert 1890 durch A. Hess in Frankfurt a. Main.

44. Weise L. C. Vollständiges Gulden-Kabinet. Nürnberg, 1780.

45. Weyl A. Die Paul Henkelsche Sammlung Brandenburg-Preussischer Münzen und Medaillen. Mit Nachtrag. Berlin, 1876 bis 1877.

46. Zeitschrift für Museologie und Antiquitätenkunde herausgegeben von Th. Grässe. Bd. 1. Dresden, 1879.

47. Zeitschrift des historischen Vereins für Niedersachsen. Hannover seit 1850.

Diese Zeitschrift führte nach einander folgende Titel: Vaterländisches Archiv 1819—21, Neues vaterl. Archiv 1822—33, Vaterl. Archiv des histor. Vereins für Niedersachsen 1834—44, Archiv d. hist. Ver. f. Nieders. 1845—49.

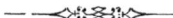

IV.

Thalerprägungen Ferdinands I. aus der Wiener Münzstätte.

Von

Moriz Markl,
k. u. k. Rittmeister a. D.

Mit dem Mandate vom 4. October 1522[1]) wurde die bis dahin von den Wiener Hausgenossen betriebene Münzprägung, durch Erzherzog Ferdinand aufgehoben. Derselbe fertigte zu Nürnberg am 15. Februar 1524[2]) eine Münzinstruction aus und liess mit Mandat vom 5. April desselben Jahres die Errichtung einer Münze für die österreichischen Lande zu Wien bekannt geben, indem nahezu gleichzeitig anbefohlen wurde, die neuen Münzen am „Johannestage zu Sonnenwenden" zur Ausgabe zu bringen.

Es waren von den groben Geldsorten zu prägen: „Pfenning, die man Silberin Guldiner nennt", auch Guldengroschen, später Thaler genannt, wovon 9³/₄ Stücke auf die rohe Wiener Mark zu 14 Loth 1 Quint 1 ₰ geschroten wurden.

---

[1]) Gedruckt: Geschichtsquellen der Stadt Wien. I. Abthlg., 2. Band, Wien 1879, S. 229.

[2]) Gedruckt in Newald's: Das österr. Münzwesen unter Ferdinand I. Wien 1883, Beilage 1, S. 131 ff.

Diese Thaler mit 70 Kreuzern zur Ausgabe gebracht, wurden jedoch später auf 68 Kreuzer, gleich 17 Patzen, herabgesetzt.

Diese, im Wiener Münzhause geprägten alten Thaler zeigen auf der Hauptseite das noch jugendliche Bild des Königs von der rechten Seite, in gewöhnlicher Darstellung, jedoch ohne Ordenskette, mit der Umschrift: FERDINAND · D · G · ROM · HVN · BOE · DAL · C · REX ·, während die Rückseite auf der Brust des einköpfigen Adlers, im viergetheilten Schilde die ungarischen Binden, den böhmischen Löwen, das österreichisch-burgund'sche Wappen, endlich die Wappen von Castilien und Leon, sowie die Umschrift: INF · HISPA · ARCHIDV — X · AVSTRIE · DVX · BVR ✶ trägt. Ein Herzschild kommt nicht vor, sondern die österreichische Binde ist unterhalb des Adlers in der Umschrift angebracht.

Diese Thaler, durchgehends ohne Jahreszahl, sind bei Schulthess-Rechberg mit den Nrn. 60, 61, 62, 63, 64, 66, 67, 68, 69, 73, 74, 75 und 76 bezeichnet.

Es ist ganz eigenthümlich, dass die Prägung dieser Thaler, sowie jene der halben Thaler[3]), welche mit der vorerwähnten Münzinstruction anbefohlen worden war, erst in bedeutend späterer Zeit erfolgte.

Ein Wiener Thaler mit dem Bildnisse des Erzherzogs (1521 bis 1527), oder mit dem Titel eines Königs von Ungarn und Böhmen, (1527—1531), ist mir nicht bekannt, wohl aber findet sich auf sämmtlichen alten, nach der Münzordnung vom 15. Februar 1524 gepräg-

---

[3]) Die Ausprägung der Ortner oder 1/4 Thaler wurde erst mit Instruction vom 23. Jänner 1534 an Stelle der Pfundner oder 1/5 Thaler angeordnet.

ten Wiener Thalern der Titel eines römischen Königs, was den Beweis gibt, dass dieselben erst nach dem 11. Jänner 1531, an welchem Tage Ferdinand I. zu Aachen als römischer König gekrönt wurde, zur Ausgabe gelangt sind, während bis dahin in der Wiener Münzstätte nur Dukaten, Pfundner, Sechser, Kreuzer, Pfennige und Heller, sowie, anlässlich der Belagerung Wiens durch die Türken, 1529 goldene und silberne Klippen geprägt wurden.

*　*　*

Bei den nach der Münzordnung vom 28. Juli 1551 gemünzten Reichsthalern, welche einen Goldgulden oder 72 Kreuzer zu gelten hatten und wovon 7½ Stücke auf die Kölnische Mark von 14 Loth 2 Grän rauh zu schroten waren[4]), wurde anbefohlen, dass im Herzschilde des auf der Brust des Adlers befindlichen Wappens das Wappen des Landes anzubringen sei, aus dessen Münzstätte dieselben stammen.

Die Prägung dieser Reichsthaler wurde im Wiener Münzhause erst im Jahre 1556 begonnen. Dieselben zeigen vom Jahre 1559 auf der Vorderseite das Bild des Kaisers mit Bart, von der rechten Seite, in gewöhnlicher Darstellung, mit Ordenskette und die Umschrift: FERDI · D · G * EL * RO : IM · S · AVG : GER · HVN · BO · REX *, während die Rückseite den gekrönten Doppeladler, unterhalb desselben im Reichsapfel die Wertbestimmung 72 und der auf der Brust des Adlers befindliche Schild, das quadrirte Wappen von Ungarn und Böhmen, mit der österreichischen Binde im Herzschilde enthält, hiezu die Umschrift: INF · HISP · ARCHIDV · — AVST · DVX · BV · 1559 ·

---

[4]) Newald a. a. O., S. 52.

Diese Reichsthaler sind bis nun nur aus den Jahren 1556, 1559 und 1560 bekannt und im Thalercabinet Schulthess-Rechberg in den Nrn. 117, 138, 144 und 145 beschrieben.

Gleichzeitig mit diesen Reichsthalern wurden, ganz entgegen der vorerwähnten Münzordnung vom 28. Juli 1551, Thaler nach der Münzordnung vom 15. Februar 1524 erneuert ausgeprägt, und zwar ebenfalls ohne Jahreszahl; sie unterscheiden sich von den ursprüng-

lich geprägten dadurch, dass die Hauptseite das Bild des Königs in der gewöhnlichen Darstellung, jedoch mit umgehängter Ordenskette, welche auf den alten Thalern nicht vorkommt, sowie die Umschrift: FERDINA·D : G : ROM : VNG : BOHEM : DA : REX ✶ trägt, und die Rückseite den einköpfigen Adler, das quadrirte Wappen von Ungarn und Böhmen auf der Brust, jedoch im Herzschilde und nicht in der Umschrift die österreichische Binde zeigt, während die Umschrift INF·HIS·ARCHIDVX·AVST·DVX·BVRG· MAR ✶ enthält.

Gewiss ist es in hohem Grade auffällig, dass neben den Reichsthalern zu 72 Kreuzern wiederholt Thaler nach der Münzordnung vom 15. Februar 1524 geprägt wurden; die Ursache dürfte wie Newald[5]) vermuthet, darin erblickt werden, dass die niederösterreichische Rathskammer, um dem empfindlichen Verluste zu begegnen, welcher sich bei Ausprägung nach der neuen Münzordnung ergab, mit Zustimmung oder ohne Vorwissen des Königs gestattet habe, einen Theil des Pagamentes in Thalern zu 72 Kreuzern, den grössten Theil jedoch nach der Instruction vom 15. Februar

---

5) J. Newald: Das österr. Münzwesen unter Ferdinand I., S. 102.

1524 zu vermünzen, was auch desshalb möglich erscheint, weil die Wiener Münze in amtlicher Regie betrieben wurde.

Dieser Ansicht kann man sich umsoweniger sofort anschliessen, als dadurch die Aufklärung nicht gegeben wird, warum gerade in der Umschrift dieser Thaler der Titel eines Markgrafen angebracht ist, welcher auf Thalern Niederösterreichs bis nun niemals vorkam.

Madai[6]) vermuthet, dass dieser Thaler für die österreichisch-schwäbischen Lande, oder für das Markgrafenthum Burgau geschlagen wurde, ohne jedoch nähere Gründe hiefür angeben zu können. Diese Ansicht ist jedoch umsoweniger stichhältig, als die Umschrift des bei Schulthess-Rechberg irrthümlich unter den böhmischen Münzen angeführten gleichen Thalers Nr. 688 die Bezeichnung MAR·MO· enthält, was deutlich genug auf den Markgrafen von Mähren hinweist.

Die vorgenannten, ziemlich selten vorkommenden Thaler sind bei Schulthess-Rechberg mit den Nrn. 65, 83 und 688 bezeichnet.

⁂   *

Auf dem Reichstage zu Augsburg kam mit dem Edicte vom 19. August 1559 eine neue Münzordnung, betreffend die Guldenthaler, zum Abschlusse, welche Kaiser Ferdinand I. in den österreichischen Erblanden mit dem Patent ddo. Wien, 1. August 1560[7]) bekannt machte, während die Ausmünzung laut Edictes Prag, 21. December 1561, erst mit 1. Jänner 1562, in allen Münzhäusern beginnen sollte.

Von den nach dieser Münzordnung zu prägenden Guldenthalern waren 11·4 Stücke auf die Wiener Mark auszuschroten.

Auf dem in meinem Besitze befindlichen Guldenthaler der Wiener Münzstätte vom Jahre 1563 erscheint auf der Hauptseite des Kaisers gekröntes und geharnischtes Brustbild von der rechten Seite mit kurz geschnittenem Haare und starkem Barte, mit umgehängter Ordenskette ohne Vliess, mit umgürtetem Schwert, in der rechten Hand das an die Schulter gelehnte Scepter, in der emporgehaltenen Linken den Reichsapfel, welcher die Werthzahl 60 ent-

---

[6]) Madai Th. C. Vollständiges Thaler-Cabinet Nr. 2403.

[7]) Gedruckt bei Michael Zimmermann, St. Annenhof zu Wien.

hält, sowie die Umschrift: FERD · D : G · RO · IM · S · AVG · GER · HV · B · REX ·, während die Rückseite den gekrönten Doppeladler mit Kopfscheinen, auf der Brust das quadrirte Wappen von Ungarn und Böhmen, mit der österreichischen Binde als Herzschild und die Umschrift: INF · HISP · ARCHID · AVST · DVX · BV · 1563 zeigt.

Dieser Guldenthaler kommt weder in den Abbildungen alter Münzbücher vor, noch war es bisher möglich, denselben in irgend einem der zahlreichen bis nun erschienenen Münzkataloge aufzufinden; auch Newald[8]) bemerkt, dass ihm ein im Wiener Münzhause geprägter Guldenthaler nicht bekannt wurde. Derselbe ist daher jedenfalls eine grosse Seltenheit und wenn auch die oftmalige Einberufung alter Münzen, die leichte Art, in der Hauptstadt dieselben der Einlösungsstelle zuzuführen, sowie der verlockend hohe Silberpreis zur Kipperzeit die Anzahl der vorhanden gewesenen Thaler damaliger Zeit fortwährend verminderte, so ist dennoch kaum erklärlich, dass von diesem Guldenthaler, welcher doch vom Anfange des Jahres 1562 bis Mitte 1564 geprägt worden sein dürfte, erst in neuester Zeit einige wenige Exemplare aufgefunden wurden, von welchen jedes mit der Jahreszahl 1563 bezeichnet ist.

---

[8]) J. Newald: Das österr. Münzwesen unter Ferdinand I., S. 103.

Numismatische Literatur.

1. **Kunsthistorische Sammlungen des Allerhöchsten Kaiserhauses. Beschreibung der altgriechischen Münzen.** I. Thessalien, Illyrien, Dalmatien und die Inseln des adriatischen Meeres, Epeiros. Von Julius v. Schlosser. Wien (Holzhausen). 1893. (XI und 115 S., 5 Tafeln in Lichtdruck.)

Dieser werthvolle Katalog bedarf keiner Empfehlung; aber es wird angemessen sein, dass er in der leitenden Fachzeitschrift seines Vaterlandes angezeigt wird. Wer je Gelegenheit hatte, im Wiener Münzcabinet zu arbeiten, der weiss auch, wie reich dort die meisten Serien vertreten sind und mit welcher Sorgfalt sie in Ordnung gehalten werden. Aber für die zahlreichen Numismatiker und anderen Forscher, welche die Sammlung nicht persönlich studiren können, ist es von hohem Werth, in einem zuverlässigen Katalog Ersatz zu finden. Herr v. Schlosser hat sich daher den Dank aller Fachgenossen erworben, indem er sogleich nach seinem Eintritt in die Verwaltung des Cabinets das grosse Werk in Angriff nahm, einen neuen Katalog der griechischen Münzen herauszugeben, dessen erste Abtheilung uns nunmehr vorliegt. Eine Vergleichung dieses Heftes mit dem entsprechenden Theil des alten Catalogus von Eckhel zeigt auf den ersten Blick, welche Fortschritte das Cabinet und die Numismatik in diesen 100 Jahren gemacht haben. In der Anordnung ist der Verfasser mit Recht dem Beispiel des British Museum gefolgt, dessen Kataloge überall die besten Muster sind; die bequemste Uebersichtlichkeit ist ihr grösster Vorzug. In einer Hinsicht bezeichnet der Wiener Katalog sogar einen Fortschritt, nämlich durch die sorgsamen Angaben über die Herkunft der einzelnen Stücke und die Bücher, in denen sie etwa schon früher beschrieben waren; auch im Berliner Katalog finden sich oft solche Angaben, aber hier ist der Plan zum ersten Male regelmässig durchgeführt. Wer sich wissenschaftlich mit griechischer Numismatik beschäftigt, weiss, wie viel Schaden Mionnet dadurch angerichtet hat, dass er gute und schlechte Beschreibungen aus der älteren Literatur ohne Kritik in sein Werk aufgenommen hat. Da ist es immer werthvoll, wenn man die Exemplare jener alten Sammlungen heute noch nachweisen und die falschen Beschreibungen durch gute unschädlich machen kann. Diese Aufgabe erfüllt der neue Katalog in hohem Maasse, da es durch die stets sorgfältige Verwaltung und Buchführung in der Wiener Sammlung dem Verfasser ermöglicht war, die Herkunft der Stücke festzustellen und ihre älteren (richtigen oder falschen) Beschreibungen zu citiren. Demgemäss finden wir in der letzten Spalte immer die Citate theils für den alten Bestand des Cabinets (Cimel. Austr., Froelich, Eckhel), theils für die später ganz oder zum Theil erworbenen Sammlungen Tiepolo, Wiczay (Neumann, Wiczay, Sestini) und Welzl; endlich sind auch in den Fällen, wo einzelne Münzen von neueren Autoren (besonders von Dr. Imhoof-Blumer) veröffentlicht sind, die Citate angeführt. Einzelne Irrthümer sind dabei mit unterlaufen; so z. B. kann die Münze des Pyrrhos S. 95, 4 doch nicht im Mus. Theup. und bei Eckhel beschrieben sein; aber das ist ja immer leicht zu berichtigen, und in anderen Fällen (wie 77, 40), wird das durch um so nützlichere kritische Angaben ausgeglichen. Für den Verfasser selbst hatte diese Heranziehung der Literatur den grossen Nutzen, dass er durch die Vergleichung mit den Beschreibungen Anderer zu grösserer Aufmerksamkeit genöthigt war; es sind daher nur sehr wenige Fehler im Katalog zu bemerken. Vielleicht wäre es möglich gewesen, eine Spalte bei den Beschreibungen zu sparen, nämlich die vorletzte, in welcher die älteren Sammlungen angegeben sind; in der Regel gehen sie ja aus dem Citat in der letzten Spalte hervor; im Falle Welzl könnte man dort schreiben „Kat. Welzl 3377", ebenso liesse sich die Angabe der nicht früher publicirten Sammlungen Lipona u. s. w. recht wohl in der letzten Spalte unterbringen. Sehr dankenswerth ist es, dass der Verfasser für die von Mionnet aus den älteren Katalogen aufgenommenen Stücke, das Mionnet-Citat regelmässig hinzugefügt hat. Ebenso ist die Angabe der Fundorte oft werthvoll; wenn die vorletzte Spalte fortfiele, könnte der Fundort als Anmerkung angegeben werden.

Vielleicht ist es erlaubt, im Anschluss an diese Anzeige des Wiener Kataloges einen Wunsch auszusprechen. Vermuthlich werden die Vorsteher der kleineren Museen und die Besitzer von Privatsammlungen die, in Oesterreich und Ungarn ja zahlreich sind, diesen Katalog für ihre Bibliotheken anschaffen. Da wäre es sehr nützlich, wenn sie alle ihre Münzen (also zunächst die illyrischen u. s. w.) nach dem gleichen System ordnen wollten, wie es Herr v. Schlosser gethan hat. Bei der Vergleichung wird sich ohne Zweifel herausstellen, dass in jeder Sammlung eine mehr oder minder grosse Anzahl von Münzen desselben Gebietes vorhanden sind, die im Wiener Cabinet fehlen. Wenn nun diese Münzen in der Numismatischen Zeitschrift beschrieben würden, so könnte das eine Reihe werthvoller Nachträge und Ergänzungen zum Wiener Katalog ergeben.   **B. Pick.**

2. Papadopoli Nicolò: Le monete di Venezia descritte ed illustrate. Coi disegni di C. Kunz. Venezia Ferdinando Ongania 1893. 4°. XII und 426 S. mit 16 Tafeln.

Das Feld der italienischen Numismatik, für die Erkenntniss der Geschichte des europäischen Geldwesens in erster Linie von Wichtigkeit, beginnt sich allmählich in erfreulicher Weise wieder zu beleben. So hat uns die neueste Zeit in schneller Folge das Prachtwerk der Brüder Gnecchi über die Münzen von Mailand (1884), deren bibliographisches Werk über die Münzanstalten Italiens (1889) und die von ebendenselben ausgegangene Gründung der Rivista numismatica italiana (1888), endlich von Seite der ligurischen historischen Gesellschaft die beschreibenden Tafeln über die Münzen von Genua, mit der historischen Einleitung von Desimoni (1891) gebracht, und alledem reiht sich nunmehr das eben erschienene, ebenfalls glänzend ausgestattete Werk des Grafen Papadopoli über das Münzwesen von Venedig an.

Entsprechend dem mercantilen Charakter und der Machtstellung der Republik im Mittelalter hat dieselbe mit ihrem Geldwesen einen höchst nachhaltigen Einfluss auf die Umlaufsverhältnisse des Morgen- wie des Abendlandes genommen und es muss daher als hocherfreulich bezeichnet werden, dass diesem wichtigen Gegenstande neuestens wieder sich erfolgreiche Studien zuwenden. Der Herr Verfasser hat vor einiger Zeit durch eine übersichtliche aber treffliche Schrift über die währungsmässige Seite des venetianischen Geldwesens, eine überaus verwickelte Aufgabe, sich ein schätzbares Verdienst erworben (Sul valore della moneta veneziana, in den Atti del r. ist. veneto di scienze, 1885) und vervollständigt nunmehr seine Arbeit durch das angezeigte, zuvörderst der eigentlich numismatischen Seite des Gegenstandes gewidmete Werk. Der erschienene Band stellt sich indess als der erste Theil der Gesammtarbeit dar, denn er reicht nur bis zum Dogen Cristoforo Moro (1462—1471) und schliesst also knapp vor der einschneidenden Münzreform des Dogen Nicolò Tron ab. Zwei weitere Theile sollen in Zukunft das Ganze zu Ende führen. Wenn der Herr Verfasser das Erscheinen derselben von einer wohlwollenden Aufnahme des ausgegebenen Bandes abhängig macht, so dürfen wir wohl bald auf die Erfüllung dieses Versprechens hoffen. In der äusseren Anlage schliesst sich das Werk an dasjenige von V. Padovan, Le monete dei Veneziani, nach den beiden letzten mit einem Urkundenanhange versehenen Ausgaben (1879 und 1881), ziemlich enge an; es behandelt wie dieses in chronologischer Folge die unter jedem Dogen erschienenen Münzen mit einer kurzen Angabe ihrer währungsmässigen und numismatischen Elemente weiterhin auch die anonymen und die Münzen für Dalmatien. Daran schliessen sich die Sammlung der Urkundentexte und drei Anhänge, eine tabellarische Darstellung der währungsmässigen Entwicklung, dann eine Uebersicht der venetianischen Münzmeister (Massari), eine den Sammlern sicher willkommene Tabelle über die Seltenheit und die Preise der Venetianer Münzen in der Gegenwart und endlich ein alphabetischer Index.

Was aber Papadopolis Werk vortheilhaft auszeichnet, das sind die zu jeder Regierungsperiode gegebenen geldgeschichtlichen Einleitungen, die sich für wichtige Epochen auch etwas ausführlicher gestalten. Der Natur der Sache nach drängen diese Ausführungen für die älteste und ältere Zeit zu einer genauen Prüfung der staatsrechtlichen Seite des Münzwesens und Verfasser berührt da zugleich einen der interessantesten Punkte der mittelalterlichen Universalgeschichte. Wir können ihm nur vollkommen beistimmen, wenn er betont, dass für die so viel umstrittene Frage nach der politischen Stellung der Königin der Adria in ihren ersten bescheidenen Anfängen, dann selbst noch während der Carolingerzeit bis in das 11. Jahrhundert hinein die Gestaltung ihres Münzwesens eine der ergebnissreichsten Quellen darstelle. Es ist anzuerkennen, dass Verfasser bei diesen Untersuchungen sich von dem landesüblichen Fehler der italienischen Historiker, einer höchst störenden nationalen und localpatriotischen Voreingenommenheit, in zielbewusster Weise freihält. Dennoch möchten wir hierin noch weiter gehen als er zuzugeben scheint und behaupten, dass die venezianischen Denare, welche die Namen der deutschen Könige Conrad und Heinrich (II, III und IV) tragen, denn doch keinen anderen Ausweg übrig lassen, als die Annahme eines offen anerkannten Abhängigkeitsverhältnisses der Stadt vom deutschen, oder besser gesagt römischen Reiche. Erst das nunmehrige Verschwinden von Münzerscheinungen dieser Art, die Ausprägung mit dem Namen des jeweiligen Dogen seit Vitale Michiel II. (1156 bis 1172) können und müssen aber auch als bestimmte Anzeichen genommen werden, dass Venedig von jetzt ab die volle staatsrechtliche Unabhängigkeit beansprucht und behauptet habe. Für den Umstand, dass sie von den deutschen Königen und Kaisern des 12. Jahrhunderts auch thatsächlich anerkannt worden ist, möchte ich namentlich das neutrale Verhalten desjenigen unter ihnen, der das Ansehen des Reiches am höchsten gehalten, Friedrichs I. Rothbart, sowie seines Geschichtsschreibers und Oheims Otto von Freising als ausschlaggebend betrachten. Mit Recht nennt Verfasser für die Erringung dieser Machtstellung unter den entscheidenden Factoren Venedigs klug-politische Anlehnung an die Schattenmacht des oströmischen Reiches, aber für jene entscheidende Zeit fällt doch weit höher die Entwicklung der Seemacht ins Gewicht, die Venedig durch den für dasselbe so überaus glücklichen Gang der Dinge in den Kreuzzügen erlangt hatte und vor allem darf in der ganzen Frage nicht seiner natürlichen Schutzwehr, jenes schmalen Wasserstreifens vergessen werden, der damals Venedig in ähnlicher Weise, wie heutzutage der Aermelcanal England, vor den Eingriffen der festländischen Militärmächte behütete.

Mit hoher Befriedigung haben wir aus den allerwärts beigefügten Gewichts- und vielen Feinheitsangaben wahrgenommen, dass Verfasser der metrologischen Seite grössere Aufmerksamkeit zugewendet hat, als dieser wichtige Gegenstand bisher gefunden. Wünschenswerth wäre es allerdings gewesen, dass Verfasser die Grundlagen seiner Bestimmung der Venetianer Gewichtsmark mit 238·4994 g genau dargelegt hätte (Seite IX, Note 1), zumal für uns Oesterreicher, deren Münzgewicht im 15. Jahrhundert genau an das venetianische angeschlossen erscheint. Nach dem Einführungsgesetze vom 31. October 1284 stellt sich darnach der Golddukaten mit 67 auf die Mark rechnungsmässig auf 3·559 g und die hiermit genau übereinstimmende Gewichtsangabe des Verfassers für den Golddukaten Giov. Dandolos (S. 137) lässt vermuthen, dass hier eine wirkliche Nachwägung nicht zu Grunde liege, wie denn auch die Angabe des Titels mit vollen 1·000 ebenfalls weniger einer modernen strengen Analyse, als den gesetzlichen und technischen Ansätzen der Entstehungszeit entspricht.

Nach meinen Rechnungen und Wägungen bleiben die betreffenden An-sätze hinter denjenigen Papadopolis nicht unbeträchtlich zurück. Mit den Wägungen hat es freilich, angesichts des Umstandes, dass die feinen Münzen insgemein dem Beschneiden anheimgefallen, die übrigen aber schon mangelhaft aus der Münze hervorgegangen sind, ein missliches Bewandtniss. Diese Frage wird von besonderer Bedeutung auch für den silbernen Grosso Enrico Dandolos (1192—1205) und seiner Nachfolger, den seinerzeit weltbekannten Matapan. Auch hier ist des Verfassers Angabe über den Titel mit 0, 965 (Peggio 40) kein Ergebniss einer wirklichen Probe, sondern einer blossen Rechnung, ins-besondere nach der Angabe Pegolottis (Cap. 73) über die Legirung des Grosso ven. mit 11 Unzen 14 Denaren, was nach 288 : 278 = 1152 : 1112 allerdings dem Titel peggio 40 venetianisch genau entspricht. Allein hiebei kann die Erinne-rung an die Angabe Carlis nicht unterlassen werden, wenn er von den Grossi sagt: „La loro lega poi l' ho constantemente ritrovato peggio per marca carati 44, pure la lega statutaria era in Venezia di carati 40". Hinsichtlich des Gewichtes, welches Verfasser mit 42·1 grani veneti im Durchschnitte bestimmt, gibt derselbe die wünschenswerte genaue Rechtfertigung (S. 84). Ueber die währungsmässige Entwicklung finden sich in des Verfassers neuestem Werke die Daten wieder, welche er schon in der erwähnten älteren Schrift zusammen-gestellt hatte. Als erschöpft kann dieser wichtige und schwierige Gegenstand hiermit freilich lange nicht betrachtet werden. Für die eigenartige typische Aus-stattung der beiden Hauptmünzen Venedigs bis zur Tron'schen Reform sind die Hinweise des Verfassers auf die herzoglichen Siegel, von denen die für den Gegenstand wichtigsten auch in Abbildungen vorgeführt werden, interessant und aufklärend. Tadellos sind auch die in vorzüglichem Kupferdrucke nach den Zeichnungen Carl Kunz' ausgeführten Münzabbildungen auf 16 Tafeln, wie denn Verfasser in der Vorrede hervorzuheben nicht unterlässt, dass er den Be-mühungen des nun verewigten Triester Custoden und eines anderen venetiani-schen Münzforschers, Vincenzo Lazari, Vieles verdanke. Die allzukurze Zeit, welche mir zur Anzeige dieses in der numismatischen Literatur der Neuzeit bedeutsamen Werkes gegönnt war, macht es mir untunlich, dessen Verdienste allseitig zu würdigen. Namentlich muss ich mir für heute versagen, auf eine Reihe von theils in den Text des Werkes, theils in den Anhang aufgenomme-nen Urkundentexten näher einzugehen, welche für die Geldgeschichte Venedigs von Wichtigkeit, hier zum erstenmale an die Oeffentlichkeit treten und von den Erfolgen der archivalischen Forschungen des Verfassers ein vortheilhaftes Zeugniss ablegen. Auch gewahre ich nachträglich, dass Verfasser das Opfer nicht gescheut hat, einen Grosso der ältesten Zeit (des Dogen Pietro Ziani.

pag. 93) der chemischen Probe zu unterwerfen; es hat sich hiebei die interessante Wahrnehmung ergeben, dass der gefundene Titel : 0·964 mit dem
statutarischen (peggio 40 = 0·965) fast mathematisch genau übereinstimmt.

Möge es dem Herrn Verfasser gegönnt sein, sein schönes und bedeutsames
Werk in Kürze zu vollenden.

Dr. A. Nagl.

V.

Die römischen Münzen des Kaisers Gordianus III. und deren antike Fälschungen.

Von

Otto Voetter,
k. und k. Oberstlieutenant.

In Cohen's „Monnaies frappées sous l'empire Romain", finden wir unter den Münzen des Caracalla Nr. 243[1]) folgendes Stück aus der Bibliothèque Nationale angeführt: Vs.: **ANTONINVS PIVS AVG GERM** Son buste radié et drapé à droite. Rs.: **P M TR P XVII COS IIII P P.** Le Soleil radié debout à gauche, levant la main droite et tenant un globe. **TR P XVII** fällt in das Jahr 214. Aus diesem Jahre ist mir sonst kein Silberstück mit Strahlenkrone bekannt, wohl aber viele aus dem Jahre des Caracalla XVIII = 215, in welchem auf einem ähnlichen Stücke Sol in einer Quadriga nach links vorkommt (Coh. Nr. 287).

Wir haben es hier mit den, nach Caracalla benannten Antoninianen zu thun. Gleichzeitig finden wir auch für seine von ihm nur zu verehrte Mutter Julia Domna ein Stück (Coh. Nr. 106) **IVLIA PIA FELIX AVG** Büste auf einem Halbmond mit **LVNA LVCIFERA** Luna in einer Biga nach links; dort Sol, hier Luna, Strahlenkrone und Mond! Diese beiden Zeichen fehlen auch auf keiner Münze dieses Courants. Es ist natürlich, dass wir von Sept. Severus, Geta oder Plautilla kein solches Stück mehr antreffen, denn diese waren 214 schon gestorben.

---

[1]) Alle citirten Nummern beziehen sich auf die 2. Auflage des Cohen.

Julia Domna aber führte auf den Münzen seit dem Tode ihres
Gatten den Titel **IVLIA PIA FELIX AVG** und diesem begegnen wir auch
auf den Antoninianen. Diese neue Münzgattung hatte durch ihre
Grösse ein besseres Ansehen als der Denar. Sie wurde auch unter
Macrinus beibehalten, von dem man verhältnissmässig viele solche
Stücke antrifft.

Bei seinem Sohne Diadumenianus mögen wohl Bedenken wegen
der Strahlenkrone, welche bisher bei Caesaren nicht üblich war, die
Ursache sein, dass wir Antoninianen desselben so selten begegnen.
Endlich hat man sie doch für ihn geprägt; ich kenne in Wien aber
nur drei Stücke, zwei im kaiserlichen Kabinet und ein Stück in der
Sammlung Trau.

Es wird gemeiniglich angenommen, dass Kaiser Alexander
Severus den Antoninian wieder abschaffte, was man daraus
schliessen zu können glaubt, dass erstens der Antoninian von seinem
Vorgänger Elagabalus geprägt wurde, und dass zweitens die Mittelbronzen von Alexander Severus mit **MON RESTITVTA** und **RESTITV
TOR MON** eine Reform andeuten, die man auch auf die Einstellung
der Antoninianpräge bezieht.

Bei genauerer Untersuchung der Münzen des Elagabalus
ergibt sich aber, dass nur im ersten und zweiten Jahre seiner
Regierung Antoniniane geprägt wurden und daher diese schon von
ihm müssen abgeschafft worden sein; besonders auffallen dürfte es,
dass Münzen mit dem opfernden Kaiser als Balspriester mit dem
Lorbeerkranze vorkommen; oft tritt noch ein Horn auf der Stirne
hinzu.

Diese Stücke sind am Ende der Regierung Elagabals d. i. in
seinem vierten und fünften Jahre geprägt, und durchwegs Denare.

Von den Frauen, die mit ihm in Verbindung standen, haben nur
seine Grossmutter Julia Maesa und seine Mutter Julia Soaemias also
bis zum Jahre 219, den Antoninian prägen können; seine Gemah-
linen: Julia Paula, Julia Aquilia Severa, die Vestalin und Annia
Faustina dagegen prägten erst nach 219, da von ihnen keine
Antoniniane vorkommen.

Hätte erst Alexander den Antoninian mit der Strahlenkrone
abgeschafft, so müssten wir doch aus der ersten Zeit seiner
Regierung einige Stücke besitzen. Von ihm sowohl, wie von Julia

Mamaca, seiner fürsorglichen Mutter, von seiner Frau Orbiana, seinem Nachfolger und Mörder, dem thracischen Riesen Maximinus und von Gordianus I. und II. gibt es aber nur Denare.

Die Münzen des Maximinus sind aber in mehrfacher Beziehung sehr interessant. Er kam im März 235 auf den Thron, hatte im Jahre 236 Siege gegen die Germanen erfochten und nimmt daher den Titel Germanicus an, der auf den Münzen dieses Jahres vermerkt ist. Während er am Rhein und an der Donau kämpfte und wüthete, arbeitete der Senat und das römische Volk daran dieses grausamen Herrschers los zu werden.

Als bei einem Aufstande im Mai 237 in Carthago, durch das aufgeregte Volk gezwungen, Gordianus I., ein alter Senator, den Purpur nahm, wurden, sowohl er als auf seinen Wunsch sein Sohn, Gordianus II., vom Senate in Rom als Augusti anerkannt und Maximinus für einen Feind des Vaterlandes erklärt.

Obwohl schon am 3. Juli, d. i. sechs Wochen nachher, die beiden Gordiane durch die Legio III. Aug. unter Capelianus besiegt wurden und Purpur und Leben verloren, sehen wir doch, dass in Rom eine ganz regelmässige Münzprägung für sie stattfand.

Durch die reihenweise Vergleichung der Münzen des Kaisers Maximinus und der beiden Gordiane lässt sich nun feststellen, dass in Rom damals sechs Officinen thätig waren.

Münzgattung	FIDES MILITVM	PAX AVGVSTI	PROVIDENTIA AVG	SALVS AVGVSTI	VICTORIA AVG	P M TR P P P
seit 19. März 235						
IMP MAXIMINVS PIVS AVG						
A′	.	30	.	84	98	43, 44
AR 𝍭	7	31, 33	77, 79	85, 87	99	46, 47
AR Q	8	32	78	86	.	45
Æ I	10	34	80	88	100	48
Æ II 𝍭	11	35	81	89	101	49
Æ II ⚘	12	36	82	90	102	50 .

Diese Emission mit der Averslegende **IMP MAXIMINVS PIVS AVG**
wurde noch fortgeprägt, als am 10. December 235 beim Eintritte
der zweiten Tribunicia an die Stelle des Reverses **P M TR P P P**
gesetzt wurde:

	N	R	Æ I	Æ II 🌿	Æ II ⚔
P M TR P Ⅱ COS P P	.	55	58, 59	60	61
			53	54	

Eingeschoben waren:

VOTIS DECENNALIBVS	.	117	118	119·	120
LIBERALITAS AVG(VSTI)	20	19	21, 24	.	22
	23		25, 26	.	.
INDVLGENTIA AVG	.	16	17	18	.
FELICITAS PVBLICA	.	6	.	.	.
MARTI PACIFERO	.	.	28	29	.
PIETAS AVGVSTI	.	Voetter	.	.	.
SPES PVBLICA		95		.	.
VIRTVS AVGVSTI	.	Voetter	.	.	.

Ebenso für den Sohn Maximus Caesar mit **IVL VERVS MAXIMVS**

PIETAS AVG	1	2, 5, 9	6	
PRINC(IPI) IVVENTVTIS		12	13	

und für die damals schon verstorbene Frau **DIVA PAVLINA**

CONSECRATIO	1, 2	3, 4	

Lässt man diese Stücke Revue passieren, wird man kaum die
Neigung bekommen aus diesen Reversen eine eigene Emmission
zusammenzusetzen.

VOTIS DECENNALIBVS erscheint zu dieser Zeit im Anfange jeder
  Regierung, wurde nur wenig geprägt, ist daher auch
  sehr selten.

LIBERALITAS AVG (VSTI) dauert auch nur eine bestimmte kurze Zeit.

FELICITAS PVBLICA, **PIETAS AVGVSTI** und **VIRTVS AVGVSTI** sind Fälschungen (Medailles fourrées).

 Nur **MARTI PACIPERO**, **SPES PVBLICA** und **INDVLGENTIA AVG**
sprächen für eine Erstlings-Emission, — doch sind sie zu wenig
zahlreich, um eine solche annehmen zu können; vielleicht wird
sich jeder, der einen Blick auf die erste Tabelle wirft und sich

einige Sammlungen besieht, bald davon überzeugen, dass die dort angeführten Münzen die Haupt-Emission bilden.

Während der zweiten Tribunicia nimmt Maximinus den Titel Germanicus an, der auch von nun an auf allen Münzen erscheint; die Reverse aber bleiben dieselben:

Münzgattung	FIDES MILITVM	PAX AVGVSTI	PROVIDENTIA AVG	SALVS AVGVSTI	VICTORIA AVG	P M TR P II COS P P
Der Beginn ist kurze Zeit vor dem 10. December 236 zu setzen.						
			MAXIMINVS PIVS AVG GERM			
N	.	.	74	.	.	.
R ⚒	9	37, 41	75	91	Voetter	56
R Q	.	.	.	.	.	.
Æ I	13	38	76	92	103	.
Æ II ⚒	14	39	.	93	.	62
Æ II ⚒	15	40	.	94	.	57

Bei einem Vergleiche der ersten mit der zweiten Liste ergibt sich, dass jene eine Emmission von grösserer Vollständigkeit aufweisst.

Es lässt sich der Schluss ziehen, dass die erste Emmission von längerer Dauer war, als die zweite. Hier fehlen die meisten N und alle R Q. Dass selbst das Æ I mit **P M TR P II COS P P** noch nicht gefunden wurde, beweist, dass bald nach Aenderung des Averses die III. Tribunicia eintrat, wodurch auch die Datierung dieser Emmission ermöglicht wurde.

Es lässt sich jedoch hieraus auch der wichtige Schluss ziehen, dass diese Emmission, kurz vor dem 10. December 236 beginnend, nicht weit in das Jahr 237 hineinreicht.

Der Revers **VICTORIA AVG** macht dem **VICTORIA GERM(ANICA)** und die II. Tribunicia der III. bald nach dem Beginne dieser Emission Platz.

Eingeschoben:

	N	R	R Q	$Æ$ I	$Æ$ II 🌿	$Æ$ II ⚡
VICTORIA GERM(ANICA)	104, 106	107	108	109, 114	110, 115	111
P M TR P III COS P P		64, 66	65	67	68	69

Für den Caesar: **MAXIMINVS CAES GERM**

PIETAS AVG	4	3	7	⏜
PRINC(IPI) IVVENTVTIS	.	10	14	Voetter
				15

Auf die Siege über die Germanen wurden nun viele Münzen mit verschiedenen Reversen geprägt, jedoch lässt sich aus allen vorhandenen Münzen[2]) keine regelmässige Ausprägung für Rom mehr zusammenstellen. Es ist dies auch erklärlich, denn Rom prägte vom 27. Mai bis Juli 237 für Gordianus I. und II. und weiters für Balbinus und Pupienus.

Die beiden Gordiane waren mit gleichen Legenden bedacht: **IMP (CAES) M ANT GORDIANVS AFR AVG** und auch die Reverse waren gleich, sowohl auf N, R als $Æ$ I ($Æ$ II ist nicht bekannt):

PROVIDENTIA AVGG

ROMAE AETERNAE

SECVRITAS AVGG

VÍCTORIA AVGG

VIRTVS AVGG

P M TR P COS P P

---

[2]) | **MAXIMINVS PIVS AVG GERM** | N | R | $Æ$ I |
|---|---|---|---|
| **AEQVITAS AVG** | 1 | 2? | . (fremde Münzstätte) |
| **PAX PVBLICA SC** | . | . | 42 |
| **VICTOR AVGVST SC** | . | . | 97 (Barbar) |
| und **VÍCTORIA AVGVSTORVM** | . | . | 104 |

letzteres gewiss ganz zum Schlusse seiner Herrschaft einzutheilen, als er seinen Sohn Maximus zum Mitkaiser und Augustus erhob, wovon auch die beiden Medaillons Cohen Maximin Ier et Maxim Nr. 3 und 4 Zeugniss geben.

Die Nummern 112 und 113 (beide hybrid), dann Nr. 36 (Barbar) sind nicht zu berücksichtigen.

Als das schnelle Ende der beiden Gordiane (Juli 237) in Rom bekannt wurde, erfasste allgemeiner Schreck die Gemüther. Man war zu weit gegangen, es gab keine Umkehr mehr, daher wurde beschlossen, aus der Mitte des Senates zwei Kaiser zu wählen. So kamen der für die Staatsgeschäfte tüchtige Balbinus und der im Heerwesen erfahrene Pupienus zum Augustustitel. Das Volk in Rom war jedoch für diese Wahl nur dadurch zu gewinnen, dass auch der im Knabenalter stehende Gordianus III. zum Caesar ausgerufen wurde.[3] In Rom prägte man nun für Balbinus und Pupienus wieder sechs Reverse:

CONCORDIA AVGG
IOVI CONSERVATORI
PAX PVBLICA
PROVIDENTIA DEOR
VICTORIA AVGG
PMTR P COS II PP

Für den Caesar aber das Stück:

Vs.	**M ANT GORDIANVS CAES**	Æ	Æ I	Æ II[4]
Rs.	**PIETAS AVGG**	Coh. Nr. 182	183	184

Dem Volke wurde gleich eine Donation bewilligt, wofür die Münzen mit **LIBERALITAS AVGVSTORVM** sprechen.

Es war von jeher die Gepflogenheit, dass die Stempelschneider auf diesen Stempeln ihr Bestes thaten; man findet oft sehr complicirte Reverse, eine Estrade, auf welcher der Kaiser sitzt, hinter ihm der Präfect, vor ihm die Liberalitas. Unten steht Volk. Meistens ersteigt ein Bürger die Estrade um Gaben zu empfangen. Auf den Münzen, die nun für Balbinus (Coh. Nr. 13) und Pupienus (Coh.

---

[3] Die Wahl der beiden Kaiser kann nicht vor dem alexandrinischen Neujahre (28. August 237) erfolgt sein, da es sowohl für Balbinus, Pupienus, als auch für den Caesar Gordianus nur Alexandrinermünzen mit **LA**, d. i. für ihr erstes Jahr gibt. Vom 25. Juli bis Ende August sind aber nur 5 Wochen; und selbst Cohen, der sie von allen Autoren am kürzesten regieren lässt, gibt ihnen 3 Monate.

[4] Das Æ II von Gordianus III als Caesar ist noch seltener als jene des Balbinus und Pupienus, da er überhaupt weniger Münzen hatte, als die beiden Augusti.

Nr. 18) geprägt wurden, sieht man drei sitzende Gestalten, die beiden Kaiser und den jungen Caesar Gordianus.

Ich vermuthe unter Coh. Nr. 150 das hieher gehörige Stück des Gordianus Caesar mit **LIBERALITAS AVGVSTORVM** und der Estrade, auf welcher drei Gestalten sitzen; jedenfalls ist hier ein Irrthum im Lesen der Reverslegende eher anzunehmen, als dass bei der **LIBERALITAS AVG IIII** des Gordianus drei Gestalten sitzen! Eine Münze aus dem Dänischen Kabinete mit der einfachen Darstellung der Liberalitas Augustorum (Coh. Nr. 128) bestätigt diese Annahme.

Bei diesen Umständen konnte das vom Maximinus Thrax mit **P M TR P IIII COS P P** Coh. Nr. 70—83 bezeichnete Geld doch unmöglich gleichzeitig in Rom geprägt worden sein. Da es dennoch solche Münzen gibt, so bietet dies den Beweis, dass auch ausserhalb Roms römisches Courant, ja sogar Bronze mit **SC** geprägt wurde.

Maximinus zog mit seinem Heere gegen Rom. Gegen ihn war Oberitalien theilweise verwüstet worden, um ihm den Durchzug durch die Ressourcenlosigkeit des Landes zu erschweren. Maximinus konnte das befestigte Aquileja nicht hinter sich liegen lassen, da es ihm die Zuzüge von Proviant abgeschnitten hätte; er musste, trotzdem der Isonzo stark angeschwollen war, die feste Stadt in seine Gewalt bekommen, sie belagern. Dieselbe widerstand jedoch durch Monate. Schliesslich wurden Maximinus und sein Sohn Maximus von den eigenen Soldaten umgebracht, zu welcher That sie von den Wällen Aquilejas, das von der Meeresseite reichliche Unterstützung aus Italien bekam, verleitet worden waren.

Das ganze Reich jubelte, als sich im April 238 die Nachricht von dem Tode dieses gehassten Kaisers verbreitete. Schon Eckhel (Catalogus musei caesarei Vindob. Pars II S. 333 f.) nimmt an, dass für Balbinus und Pupienus bereits im Jahre 237 Münzen geprägt wurden. Die neueren Schriftsteller jedoch verlegen alle diese Ereignisse erst ins Jahr 238. Cohen sagt, dass diese Bürgerkaiser nur drei Monate geprägt hätten. Er rechnet von dem Tode des Thrax.

Goyau (Chronologie de l'empire Romain, S. 283 ff.) gibt auch die beiden Gordiane in das Jahr 238. Dann hätte sich all' das vorhin Erzählte bis zum April abspielen müssen, was unmöglich ist.

Die Münzen geben darüber vollkommen Aufschluss.

Schon im Jahre 237 ist die Ausprägung der Münzen des Maximinus in Rom gestört, besonders findet sich kein Silber. Die Münzen mit **P M TR P III COS P P** und **TR P IIII** sind sehr selten.

Es gibt sehr viele Falschmünzen. Grosse Funde, besonders von Maximus, kommen aus Deutschland.[5])

In Alexandria gibt es Maximinus mit **LA, B, Γ, Δ,**[6]) (v. Sallet: Die Daten der alex. Kaisermünzen, S. 55), was den lateinischen Geprägen entspricht.

Ich bin nur damit nicht einverstanden, dass Balbinus und Pupienus schon am 25. Juli 237 Augusti geworden sein sollen, da ihre Alexandriner nur mit **LA** (Sallet a. a. O., S. 58 f.) vorkommen.

Man muss annehmen, dass sie erst nach dem 29. August 237 Kaiser wurden, da ihr **LA** vom 25. Juli bis zum 28. August, nur einen Monat drei Tage gedauert hätte. Wo bleibt dann das **LB**, das zweite Jahr, vom 29. August 237[7]) an weiter?

Es müsste auch Gordianus III. als Caesar jedenfalls **LA** und **LB** haben, was nicht der Fall ist.

Nach der Niederwerfung des Feindes des Vaterlandes mussten sich nun die beiden Kaiser ziemlich sicher fühlen. — Bei der neuen Emission, welche in Antoninianen bestand, ist Gordianus Caesar nicht bedacht. Es existirt von ihm kein derartiges Courant als Caesar. Sollte die Frage wegen der Strahlenkrone beim Caeser wieder aufgetaucht sein?

Der Umstand, dass jetzt wieder Antoniniane, und nur solche, geprägt wurden, ist noch nicht aufgeklärt. — Die besprochene

---

[5]) Auch Cohen sagt pag. 505 als Anmerkung zum Æ I „Il existe assez fréquemment en ce métal des médailles de fabrique barbare qui ont probablement été frappées en Germanie.“

[6]) **L A** vom 19. März　　235 bis 28. August 235

　　L B　„　29. August 235　„　28.　　„　　236

　　L Γ　„　29.　　„　236　„　28.　　„　237

　　L Δ　„　29.　　„　237 bis zur Aufnahme der Prägung für die beiden Gordiane, dann Balbinus, Pupienus und Caesar Gordianus, respective bis zum Eintreffen der Nachricht in Alexandria, wobei jedoch der Einfluss des Maximinus auf Alexandria auch in die Wagschale fällt.

[7]) Auch bei der Annahme, dass sich alles im Jahre 238 abgespielt hätte, was die Münzen widerlegen, entstünde dann dieselbe Frage.

Emission ist ganz eigenthümlich. Balbinus hat die Büste von der Brustseite, Pupienus vom Rücken, beide mit dem Paludament; die Reverse stellen durchaus zwei verschlungene Hände dar. Die Anzahl der Officinen erreicht wieder sechs.

AMOR MVTVVS AVGG
CARITAS MVTVA AVGG
CONCORDIA AVGG
FIDES MVTVA AVGG
PATRES SENATVS
PIETAS MVTVA AVGG

Cohen bewertet alle diese Stücke gleich hoch; es ist jedoch ein grosser Unterschied in deren Seltenheit.

Vom Balbinus findet man meist nur **CONCORDIA AVGG, FIDES** und **PIETAS MVTVA AUGG.** Vom Pupienus aber die drei anderen Reverse, von denen sogar zwei verschiedene Averslegenden existiren.

IMP CAES M CLOD PVPIENVS AVG Coh. Nr. 1, 4, 19.
IMP CAES PVPIEN MAXIMVS AVG Coh. Nr. 2, 3, 21.

Es muss befremden, dass Pupienus um diese Emission m e h r ausgab als sein Mitkaiser, es kann aber nicht angenommen werden, dass er jenen um dieselbe überdauerte, da sie sonst in allen sechs Officinen für Pupienus geprägt worden wäre.

Es ist aus Allem zu schliessen, dass diese beiden Kaiser doch nicht besonders harmonirten. Der Mangel gegenseitiger Unterstützung beschleunigte auch ihren Fall.

Am 15. Juli 238, drei Monate nach der Befreiung von ihrem Gegenkaiser Maximin wurden sie einzeln in ihrem Palaste niedergemacht und der junge Gordianus III. zum Augustus ausgerufen.

Über sein Alter schwanken die Angaben zwischen 11 und 16 Jahren. Wem sollen wir glauben? Die Münzen geben hier wieder einigen Anhalt. Diejenigen seiner letzten Jahre, 243 und 244, haben einen Anflug von Bart und zeigen das Alter von 18 bis 21 Jahren, was für 238 auf ein Alter von 13 bis 16 Jahren schliessen lässt. Auch bei seinen in Rom geprägten Münzen zeigt sich, dass meist sechs zusammen eine Emission bilden.

Wenn man nun die Eintheilung der Münzstätte bei seinem Nachfolger Philippus kennt, nach welcher die Officinen mit I II III IIII V VI oder A B Γ Δ Є Ƨ bezeichnet sind, so kann constatirt werden, dass die Münzstätte Roma um diese Zeit sechs Officinen hatte. Ich stelle mir unter Officin der Münzstätten die Anstalt und alles dazu gehörige vor, wie Metallarbeiter, Schmelzer, Stempelschneider und Präger, die insgesammt nothwendig waren, um einen Hammer stets in Gang zu erhalten, oder sogar je einen für jedes Metall. Eine Münzstätte mit 15 Officinen, wie Antiochia zu Licinius Zeit, hätte daher alle Arbeiter für 15 Prägestellen gehabt. Das Material, das hier verarbeitet wurde, war bei den weichen Stempeln, deren man sich bediente, ein grosses. Ich habe gehört, dass man heute trotz des zur Verwendung kommenden Stahles in unserem Münzamte täglich über 60 Stempel verbraucht; um wie viel grösser muss der Stempelverbrauch bei der Prägung der harten Schrötlinge zur Römerzeit gewesen sein!

Aber nicht nur die Eintheilung in Officinen, sondern auch die Aufeinanderfolge der Emissionen lässt sich erkennen und man ist hiedurch ausserdem noch im Stande die Münzen auszuscheiden, welche nicht nach Rom gehören, und ebenso jene, welche gefälscht sind — ohne erst ihr Metall berathen zu müssen.

Sieben Gruppen will ich besonders besprechen, das andere ist aus den nachfolgenden Tabellen selbst zu ersehen.

Wie gewöhnlich erscheint der Name auf der Vorderseite im Anfang mit den Vornamen verbunden: **IMP CAES M ANT GORDIANVS AVG**; diese Legende bezeichne ich als erste.

Zum Schlusse fehlen die Vornamen, dafür sind die Titel angeführt **IMP GORDIANVS PIVS FEL AVG** das ist die dritte Legende; dazwischen liegt die zweite: **IMP CAES GORDIANVS PIVS AVG**.

I. Gruppe.

Dieselbe zeigt auf der Vorderseite durchaus die erste Legende

Münzgattung	FIDES MILITUM	IOVI CONSERVATORI	PAX AVGVSTI	PROVIDENTIA AVG	VICTORIA AVG	VIRTVS AVG N et R Mars stans $Æ$ Imp. debellator
	Von seiner Ausrufung 25. Juli 238 bis 9. December 238.
			IMP CAES M ANT GORDIANVS AVG			
N	85	104	.	301	356	.
R 🗡	86	105	173	302	357	381
R Q	.	.	.	.	361	.
$Æ$ I	88	106	175	304	358	393
$Æ$ II 🗡	89	107	176	305	359	394
$Æ$ II 🗡	Voetter	.	177	.	360	.

der R Quinar hat **IMP C M AVR GORDIANVS AVG.**

Die noch vorhandenen Lücken werden sich bald füllen.

Eingeschoben:

	N	R 🗡	$Æ$ I	$Æ$ II 🗡
ADVENTVS AVG	15	.	.	.
VOTIS DECENNALIBVS	.	409	410	411

Als die zweite Tribunacia am 10. December 238 eintrat, blieben beim N und R die Darstellungen in den sechs Officinen dieselben, nur die Legenden wechselten mit **P M TR P II COS P P.** Für Bronze wurden neue Legenden erdacht.

Münzgattung	Seit 10. December 238.					
	P M TR P II COS P P					
	Fides wie oben	Jupiter wie oben	Pax wie oben	Pro-videntia wie oben	Victoria wie oben	Mars stans wie oben
	IMP CAES M ANT GORDIANVS AVG					
A͞	Trau (206)	188	202	195	198	193
Æ	205	189	203	196	199	194

Münzgattung	ABVNDANTIA AVG	SALVS AVG sedens	SALVS AVG stans	VICTORIA AVG >8)	PMTRP II COS PP Roma sedens	PMTRP II COS PP Imp. debellator
	IMP CAES M ANT GORDIANVS AVG					
Æ I	1	322	320	363	207	218
Æ II	2	323	.	364	208	.
Æ II	3	324	321	365	Voetter	.

Eingeschoben:

Æ I Æ II Æ II

P M TR P II COS P P Quadriga Coh. Nr. 221 222 Trau

P M TR P II COS P P Victoria „ „ 200 201 Dr. Fischer.

Beweise für die Zusammengehörigkeit sind:

1. Die gegenseitige Ergänzung in den Münzgattungen,
2. die gleichen Averse,
3. die **TRP II**,
4. die Spielart mit Mars und Imp. debellator auf Æ und Æ, welche wir schon aus der früheren Emission kannten.

---

8) In der Sammlung Trau hat ein Æ I mit **VICTORIA AVG** am Schlusse der Averslegende **GORDIANVS AFR** statt **AVG**. Dieses Stück lässt sich wohl damit erklären, dass bei Gordianus I. und II. auf den Namen **GORDIANVS** dieses **AFR** folgte, was der Stempelschneider gewohnheitsgemäss auch auf diesem Stempel practicirte.

II. Gruppe.

Dieselbe ist höchst einfach und schön; sie erscheint wie zusam-
mengewachsen; man kann kein Stück hinzuthun noch herausnehmen.

Münzgattung	AEQVITAS AVG	CONCORDIA AVG	LIBERALITAS AVG (VSTI) II	ROMAE AETERNAE	VIRTVS AVG Mars pacifer	PMTRP II COS PP Imp. sacrif.
239						
			IMP CAES M ANT GORDIANVS AVG			
Æ	16	47, 49	129	.	382	209
Ꞧ ⚶	17	48, 50	130	312	383	210
Æ I	19	51	136	316	384	211
Æ II ⚶	.	.	140	317	.	.
Æ II ⚶	20	.	139	318	385	.
Eingeschoben: LIBERALITAS AVGVSTI II Æ Dr. Rob. Fischer.						
			IMP CAES GORDIANVS PIVS AVG			
Æ	21	.	Hess 1891 Nr. 261	.	.	.
Ꞧ ⚶	22	53	133	313	386	212
Æ I	23	54	134	.	387	213
Æ II ⚶	.	Wien	135	.	.	.

Fehlerhaft:

	Ꞧ	Æ II ⚶
LIBERALITAS AVG III	Coh. 141[9]),	Voetter.
P M TR P III COS P P Imp. sacrif		Voetter.

---

[9]) Das Ꞧ mit der Legende: Vs. IMP CAES GORDIANVS PIVS AVG Rs. LIBER-
ALITAS AVG III wurde schon von Eckhel beanständet.

Wenn das Stück vereinzelt wäre, könnte man es als hybrides Stück hin-
stellen; es kommt aber nicht nur in Silber vor, nach Cohen comun; ich habe es
auch in Æ II. — Man muss sich nun entscheiden:

Münzgattung	AEQVITAS AVG	CONCORDIA AVG	LIBERALITAS AVG (VSTI) II	ROMAE AETERNAE	VIRTVS AVG Mars pacifer	PMTRP II COS PP Imp. sacrif.
			IMP GORDIANVS PIVS FEL AVG			
$A\!\!\!/$	24	.	.	Voetter[10])	.	214
R ↘	25	52	132	314	388	216
R Q	.	.	.	315	389	215
Æ I	26	55, 56	Wien	.	390	217
Æ II ↗	27	.	.	.	391	.
Æ II ↘	18	.	.	.	392	.

    1. Ist der Revers fehlerhaft? Hiefür spricht, dass Münzen auf nicht vorausgesehene oder vorübergehende Ereignisse wie: Victoria, Liberalitas etc. meist nicht eine ganze Emission hindurch geprägt wurden, sondern bei vorkommender Gelegenheit eingeschoben wurden. Wenn nun in der Emission mit der Erstlingslegende schon von der **LIB. II** die Rede war, konnte in der Officin, welche die Liberalitas nun wieder in der neuen Emission: **IMP CAES GORDIANVS PIVS AVG** zu bringen hatte, die Meinung verbreitet sein, dass es sich hier um eine neue (III.) Liberalitas handle.

    2. Soll bei Gelegenheit der wirklichen Liberalitas III wieder diese zweite Kopflegende ausnahmsweise gebraucht worden sein? Wer so urtheilt, braucht nur die ganze Emission mit **IMP CAES CORDIANVS PIVS AVG** als letzte dieser Gruppe zu setzen und dann wäre die Münze richtig. — Ich aber bin der ersteren Ansicht. Ähnliches halte ich von meinem Æ II mit dieser Averslegende und auch mit **PMTRP III COS PP** Imp. sacrificans.

    [10]) Dieses Stück ist Silber, und zwar fourrée und kann nur die Fälschung des hieher gehörigen $A\!\!\!/$ sein, da es den Lorbeerkranz hat und Denare aus dieser Zeit nicht existieren.

III. Gruppe.

Vor dem II. Consulate.

Münzgattung	CONCORDIA MILIT	FORTVNA REDVX	IOVI STATORI	LIBERALITAS AVG III	P M TR P III COS P P Imp. sedens.	P M TR P III COS P P Imp. sacrif.
Seit 10. December 239						
IMP GORDIANVS PIVS FEL AVG						
N	.	.	108	.	.	225, 227
R ⚘	61, 62	98	109	142	.	226
R Q	63	.	.	.	.	228
Æ I	64	99	111	143	231	229
Æ II ⚘	65	100	112	144	.	230
Æ II ⚘	66	.	Dr.Fischer	145	232	Voetter

Eingeschoben:

                         N   R ⚘   Æ I   Æ II ⚘

P M TR P III COS P P Imp. eques   233   234   235   236

234 ist der erste Denar, welcher ausgegeben wurde.

Fehlerhaft:

IMP CAES M ANT GORDIANVS AVG
LIBERALITAS AVG III SC   .   .   146 Wien   .

     Beim II. Consulate erscheint eine Emission, welche durch eine
uniformirende Beigabe gekennzeichnet ist. Alle sechs Reverse sind
auch auf Denare geprägt, welche bisher nicht vorkamen.

Münzgattung	AETERNITATI AVG	IOVIS STATOR	LAETITIA AVGN	VIRTVTI AVGVSTI	PM TR P III COS II PP Apollo sedens	PM TR P III COS II PP Imp. gradiens	CONCORDIA AVGG
	IMP GORDIANVS PIVS FEL AVG						SABINIA TRAN QVILLINA AVG
N	37, 38	.	119	401, 402	.	.	nicht bekannt
·ÆR ⚶	41	115	121	404	237	242	1 11)
ÆR Q	40	114	.	405	239	.	2
Æ I	43	116	122		240	244	Wiener Cabinet
Æ II ⚶	44	117	123	406, 407	241	245	3
Æ II ⚶	45	.	124		.	.	nicht bekannt
Denar ÆR ⚶	39	113	120	403, 408	238	243	noch nicht edirt 12)

Bis 9. December 240

Dazu kommt noch eine zweite Serie von Denaren und N, welche ganz eigenthümliche Reverse aufweist. Dieselben liessen mich vermuthen, dass sie auf die Hochzeitsfeierlichkeiten Bezug haben.

---

11) Tranquillina hat natürlich statt der ⚶ den Halbmond auf Antoninianen und den betreffenden Æ II.

12) Sammlung Bachofen von Echt.

Münzgattung	DIANA LVCIFERA	VENVS VICTRIX	SECVRITAS PVBLICA	SALVS AVGVSTI	PIETAS AVGSVTI	FELICITAS PVBLICA
			IMP CORDIANVS PIVS FEL AVG			
Æ	68	346	339	.	185	.
R Denar	69	347	340	325	186	79

Die Reverse dieser Denare kommen auch auf Münzen der Kaiserinnen vor.

Ich vermisste jedoch immer den, nothwendiger Weise, hierzů ausgeprägten Denar der Tranquillina, der weder im Cohen noch sonst in einem Werke zu finden war.

Erst vor zwei Jahren fand ich den geahnten Denar in der Sammlung· des Herrn Bachhofen von Echt, und später erkannte ich ihn auch in einem Bruchstücke des Wiener Cabinets.

SABINIA TRANQVILLINA AVG Büste mit Diadem (ohne Mondsichel) nach rechts.

CONCORDIA AVGG nach links sitzende Concordia.

Die Seltenheit der römischen Münzen Tranquillinas ist sehr auffallend. Dafür sind die auf sie bezüglichen griechischen Colonialmünzen desto häufiger; aber von der Heirat wurde durch die obigen häufigen Denare auch in Rom Notiz genommen.

Es folgen nun jene Münzen, welche die 3. Averslegende aufweisen und in keine der anderen Gruppen passen. Die datirten zeigen von selbst ihre Hiehergehörigkeit.

Münzgattung	FORT REDVX	IOVI CONSERVATORI	SALVS AVG	PAX AETERNA	LIBERALITAS AVG IIII	PMTRP IIII COS II PP Apollo sedens	PMTRP IIII COS II PP Imp gradians	CONCORDIA AVGG (AVGVSTVRVM)
	IMP GORDIANVS PIVS FEL AVG							SABINIA TRANQVILINA AVG
$A\!\!\!/$	96	.	.	.	.	249	252	.
AR	97	103	Dr. Fischer	168	147	250	253	4
	FELICITAS AVG	LIBERTAS AVG	SECVRITAS AVG					
ÆI	76	153	332, 333	169	148	251	254	5
ÆII	Voetter	154	334	170	Voetter	.	255	.
ÆII	77	.	.	171	149	.	256	6

Eingeschoben:

	ÆI	ÆII
LIBERALITAS AVGVSTI IIII Coh.	150,	151?
PONTIFEX MAX TRP IIII COS II PP Coh.		288, 289, 290.

Letztere bekunden mit dem der Quadriga voranschreitenden Soldaten, dass der Kaiser sich zum Heere begab.

Die Rüstungen gegen die Perser, welche, wie wir aus der 5. Gruppe ersehen, schon seit 240 oder 241 Antiochia genommen hatten, zwangen zur Errichtung einer dem Kriegsschauplatze näheren Münzstätte, wodurch unter den römischen Münzarbeitern manche Lücke entstand; dies mag auch Schuld an dieser unregelmässigen Ausprägung tragen. Denare sind nicht, Tranquillina Coh. Nr. 4, 5, 6 aber hier, und auch noch weiter fortgeprägt worden.

IV. Gruppe.

Münzgattung	FELICITAS TEMPORVM	MARTEM PROPVGNATO-REM	PROVIDENTIA AVG	SECVRITAS PERPETVA	VICTORIA AETERNA	PMTRP V COS II PP Apollo sedens	PMTRP V COS II PP Imp. gradiens
				Seit 10. December 241			
			IMP GORDIANVS PIVS FEL AVG				
N	80	159	.	.	.	260	265
R	81	160	299	336	353	261	266
Æ I	82	161	300	337	354	262	267
Æ I	.	.	.	.	355	263	268

Hybrid:

SABINIA TRANQVILLINA AVG　　　　Æ I
FELICITAS TEMPORVM　　　　　　　　8

Die auffallend langen Reverslegenden wurden im nächsten Jahre abgekürzt.

Münzgattung	FELICIT TEMPOR	MARS PROPVGNAT	PROVIDENTIA AVG	SECVRIT PERPET	VICTORIA AETER	PMTRP VI COS II PP Apollo sed.	PMTRP VI COS II PP Imp. grad.	CONCORDIA AVGG (AVGVSTORVM)
	IMP GORDIANVS PĪVS FEL AVG							SABINIA TRANQIL LINA AVG
A'	.	.	.	.	.	270, 271	275	.
R ⚡	72	156	298	328	349	272	276	4
Æl	73	157	.	329	351	273	277	5
ÆII ⚡	74	158	.	330	352	.	.	6

Seit 10. December 242

IMP GORDIANVS PĪVS FELĪX AVG

	FELICIT TEMPOR	MARS PROPVGNAT	PROVIDENTIA AVG	SECVRIT PERPET	VICTORIA AETER	PMTRP VI COS II PP Apollo sed.	PMTRP VI COS II PP Imp. grad.	CONCORDIA AVGG (AVGVSTORVM)
Æ II Büste nach links	.	Voetter Dr. Fischer	.	331	350	274	278	Kopf nach links 7

Eingeschoben: Æ I   Æ II ⚡

IMP GORDIANVS PIUS FELIX AVG Büste nach links
FORTVNA REDVX   .   101
TRAIECTVS AVG   .   345
   Büste nach rechts mit Paludament von der Brust
ADLOCVTIO AVGVSTI   •   13
   Büste nach rechts mit Kürass von der Brust
LAETITIA AVG N   Voetter   .

Die Zusammengehörigkeit ist einerseits durch die datirten Stücke mit **IMP GORDIANVS PIVS FELIX AVG** Büste nach links Coh.

Nr. 274 und 278 und anderseits durch die mit gleichem Revers versehenen Nr. 331, 350 und den gleichen Stücken mit **MARS PRO PVGNAT** erwiesen. Natürlich fehlt auch die dazu gehörige Tranquillina mit der Büste nach links Coh. Nr. 7 nicht (ein vollkommen intactes Exemplar in Sammlung Trau).

Alle diese Mittelbronzen sind sehr erhaben und medaillenartig geprägt.

Die Stücke **FORTVNA REDVX** 101 und **TRAIECTVS AVG** 345 sind wegen des gleichen Averses auch hier anzuführen. Ebenso scheint wegen der gleichen Averslegende das ÆI **ADLOCVTIO AVGVSTI** Coh. Nr. 13 und ein in meiner Sammlung befindliches Æ I mit **LAETITIA AVGN** hierhergehörig.

Diese Stücke zeigen einen bedeutenden Aufschwung der Kunst und lassen erkennen, dass man in Rom zum Stempelschneiden mehr Zeit verwenden konnte, als es sonst in Kriegszeiten vorkommt.

Es liegt daher auf der Hand, dass die Münzstätte in Rom durch eine andere, dem Heere näher gelegene entlastet war, und wirklich sehen wir zu dieser Zeit Viminacium Kupfer in einer Menge prägen, die heute noch die Sammler Ungarns und der Donauländer überrascht.

Von den früher angeführten Reversen ist jedoch noch eine Emission mit noch mehr abgekürzten Reversen in N und Æ entstanden:

Münzgattung	FELICIT TEMP	MARS PROPVG	PROVID AVG	SECVRIT PERP	VICTOR AETER	PMTRP VII COS II PP
N	70	.	295	326	.	.
Æ	71	155	296	327	348	280
ÆI	.	.	.	.	.	281
Æ II 🦌	.	.	.	.	.	Voetter

Eingeschoben:

Das Æ mit der Darstellung **VICTOR AETER** auch irrthümlich mit der Legende **FORT REDVX** Coh. 95.

Der Aufschwung in den Reversdarstellungen zeigt sich auf den jetzt zur Ausgabe gelangten Bronzen:

Æ I			Æ II		
ADLOCVTIO AVGVSTI Coh.	41		**TRAIECTVS AVG**	Coh.	343
AEQVITAS AVGVSTI „	35				
AETERNITAS AVGVSTI „	36				
FIDES MILITVM „	94		**VICTORIA AVG**	„	373
VICTORIA AVGVSTI „	377				374
VIRTVS AVGVSTI „	395		**VIRTVS AVGVSTI**	„	400

Die Münzen der Gruppe 4 zeigen das Bild des Kaisers durchaus schon mit einem Anflug von Bart, welcher bei der dritten Abkürzung der Reverslegenden am auffallendsten wird.

V. Gruppe:

Antiochia.

Von Gordianus gibt es aus dem ersten und zweiten Jahre seiner Herrschaft Silbermünzen (Antoniniane), welche durch ihren Stil und die nach römischer Auffassung zu den Legenden zumeist nicht passenden Darstellungen auffallen, und mit Rücksicht darauf, dass kein Gold und keine Bronze dazu existirt, eine andere Provenienz bekunden. Diese Münzen gehören nach Antiochia, welches im Jahre 340 und 341 von den Persern wiedergenommen wurde.

Cohen 2 führt die Colonialen lateinischer Kupferprägungen von Antiochia sub Nr. 496 bis 529 an. Es fällt hier gleich auf, dass (ausser 518) kein Stück eine andere als die 1. Averslegende aufweist.

Die Nr. 518 aber hat in der sonst nicht üblichen Darstellung eine auffallende Ähnlichkeit mit dem in der letzten römischen Emission erwähnten **FIDES MILITVM** Coh. Nr. 94 mit dem Kaiser zu Pferd, im Felde Feldzeichen. Die erste Legende war nur im 1. und 2. Jahre üblich, das Fehlen der anderen Legenden bezeugt den Verlust, und das Stück 518 die Wiedergewinnung von Antiochia im letzten Jahre.

Ich führe hier die mir bekannten Stücke an:

Es sind durchgehends Antoniniane mit Strahlenkrone, entweder mit dem Paludament vom Rücken gesehen nach rechts, oder mit dem Kürass vom Rücken und links gesehen.

Vs.: **IMP CAES M ANT GORDIANVS AVG**

Reverse:

Coh. Nr.		Büste rechts	Büste links
18	**AEQVITAS AVG**	—	<
—	**AEQVITAS AVGVSTI**	Trau	—
48	**CONCORDIA AVG** sedens	Voetter	
58	**CONCORDIA AVG** stans	Voetter	
67	**CONCORDIA MILITVM**	>	—
90, 91	**FIDES MILITVM** stans	>	Voetter
93	**FIDES MILITVM** sedens	Voetter	—
102	**IOVI CONSERVATORI** sedens	Wiczay	—
126, 127	**LIBERALITAS AVG** Libertas	Voetter	<
174	**PAX AVGVSTI** Pax	Voetter	M. Wigan
180	**PAX AVGVSTI** Mars	—	Voetter
181	**PAX AVGSTI**	Voetter [13]	—
187	**P M TR P CON P P** Gord. sacrifi.	Wien	
—	**P M TR P CON P P** Sol stans	Voetter	
190	**P M TR P II COS P P** Jupit. sed.	Wien	
191	Serapis stans	>	
192	Mars	>	—
196[14], 197	Providentia	Voetter	<
204	Concordia	Wiczay	—
—.	Libertas	Voetter	
219	Gord. eques	Voetter	
220	Gord. in quadrig.	Voetter	
223	Gord. Pax et Vict.	>	
306	**PROVIDENTIA AVG** Fortuna stans	Voetter	
307	ad aram stans	Voetter	

---

[13] Mein Stück hat richtig **PAX AVGVSTI**, aber Mars hat noch links beim Fuss einen Schild.

[14] 18, 174, 196 und 381 kommen auch in Rom vor.

Coh. Nr.		Büste rechts	Büste links
308, 309	ancoram tenens	>	<
—	ad globum stans	Voetter	—
312	POMAE AETERNAE (sic)	Voetter	
—	ROMAE AETERNAE Vs. mit GORI-		
	ANVS (sic)	Voetter	—
—	SPES PVBLICA Spes grad	Voetter	—
366	VICTORIA AVG Gord eques	Voetter	
376	VICTORIA AUGVSTI Gord eques	Vente Gosselin	—
381	VIRTVS AVG Mars c. clipeo et		
	hasta	Voetter	—

Vor allem Anderen fallen die Legenden **TRI P CON**, dann **POMAE** auf.

Ferner die Fehler Coh. Nr. 181 **PAX AVGSTI** und **GORIANVS** bei meinem Stücke, sowie ein später noch zu erwähnendes Stück mit **ROMAE AETERNE**.

Ausserdem vermissen wir die in Rom gebräuchlichen Darstellungen bei folgenden Legenden:

Darstellung:

LIBERALITAS AVG	Libertas	statt Liberalitas,
PAX AVGVSTI	Mars	„ Pax,
PROVIDENTIA AVG	Fortuna, Concordia und Laetitia	„ Providentia,
VICTORIA AVG	Adventus	„ Victoria,

und noch kleinere Abweichungen.

Gleich wie das Stück Coh. 518 einen Beleg dafür bildet, dass Antiochia für Gordianus III. wieder gewonnen war und die Prägung daselbst aufgenommen wurde, gibt es auch aus der Reihe der Antoninianen zwei Stücke, welche davon Zeugniss ablegen.

IMP GORDIANVS PIVS FEL AVG ROMAE AETERNE (sic) und **VICTORIA AVG** nach links, be'de Stücke im Besitze des Herrn Trau.

Selbst die beiden Reverse scheinen dieser Annahme nicht zuwiderzulaufen.

Da Tranquillina erst die Frau Gordianus' III. wurde, als er Antiochia nicht mehr besass, so gibt es keine Münzen dieser

Kaiserin aus Antiochia. Die letzte Periode war zu kurz, es war noch kaum die Prägung aufgenommen; selbst mit griechischer Legende wurde sie aus Antiochia noch nicht gefunden.

VI. Gruppe.

Antoniniane mit Büste nach rechts, jedoch mit Kürass vom Rücken gesehen, einige Panzerschuppen sind sichtbar, der Kopf ist sehr gross und meist mit sehr deutlichem Barte. Auf der Vorderseite kommt nur die 3. Legende vor; die einzige datirte Münze ist aus dem 5. Jahre Gordians.

Die Reverse sind:

FIDES MILITVM	Coh. Nr. 92	
FORTVNA REDVX	„ „ 98 ohne Rad	
MARTI PACIFERO	„ „ 162	
ORIENS AVG	„ „ 167	
PAX AVGVSTI	„ „ 279	
PMTRP V COS II PP	„ „ 264 Hercules	
SAECVLI FELICITAS	„ 319	
VICTORIA AVG	„ „ 362 Victoria nach rechts	
VICTORIA AVGVSTI	„ „ 375 „ „ „	
VICTORIA GORDIANI AVG	„ „ 380 „ „ „	

Von diesen Stücken gibt es weder Gold, noch Kupfer. Die angeführten Antoniniane sind unter einander aber so ähnlich und alle in Schrift, Büste und dem ganzen Habitus so verschieden von den anderen angeführten Gruppen, dass man mit Recht an einen neuen Prägeort denken muss.

Uebersieht man die damaligen Ereignisse, so ergibt sich von selbst, dass die Münzstätte mehr gegen Osten, wegen des Kriegsschauplatzes, aber nicht gerade in Asien gelegen sein muss.

Für Viminacium, welches vom dritten Jahre des Gordianus, wie erwähnt, eine riesige Masse Kupfers prägte, spricht nicht nur die Lage, sondern auch manch anderes Merkmal.

So hat im Jahre V der Colonie Viminacium, als die ersten Kupfermünzen für Gordians Nachfolger geprägt wurden, die Averslegende oft **IMP M IVL PHILIPPVS AVG PM (Persicus Maximus)**, welche Legende wir auch auf den ersten Antoninianen dieses Kaisers finden, die wegen des gleichartigen Gepräges als Fortsetzung dieser Gruppe gelten können, u. zw.:

Vs. IMP C M IVL PHILIPPVS P F AVG PM
Rs. PAX FVNDATA CVM PERSIS
SPES ET FELICITAS ORBIS
VIRTVS EXERCITVS.

Bisher ist weder ein Æ der Tranquillina aus Viminacium vorgekommen, noch kennen wir einen Antoninian dieser Kaiserin, der in diese Gruppe einzutheilen wäre.

Selbst die Münzen der Otacilia Severa aus dieser Colonie sind eine grosse Seltenheit, was bei der Masse der Philippusgepräge auffallend ist.

Die Reverse der angeführten Antoniniane des Gordianus stimmen aber genau zum Verlaufe der damaligen militärischen Expedition.

Hier muss noch erwähnt werden, dass zwölf Jahre später, als unter Valerianus und Gallienus die schon stark reducirten Kupfermünzen von Viminacium mit der Bezeichnung A̅N̅X̅V̅I̅ aufhörten, wieder solche Antoniniane auftauchen, die schon von anderen Kennern als nach Moesien gehörig erkannt wurden.

Eine gleiche kriegerische Unternehmung gegen Persien war wieder der Grund hiezu.

		IMP C P LIC VALERIANVS AVG		IMP C P LIC GALLIENVS AVG	
Paludament von der Brust	Coh. Nr. 3	AEQVITAS AVGG	31		Paludament vom Rücken
	8	AETERNITATI AVGG	53		
	51	DIANA LVCIFERA	177		
	61	FELICITAS SAECVLI	206		
	75	FORTVNA REDVX	284		
	101	LAETITIA AVGG	437		
	145	PACATORI ORBIS	714		
	155	PIETATI AVGG	795		
	179	RESTITVT GENER HVMANI	901		
	192	ROMAE AETERNAE	918		
	212	VENVS VICTRIX	1025		

		Coh.Nr. 218	**VICTORIA AVGG**	1154		
Paludament von der Brust		230	**VICTORIA AVGG**	1138 var	Paludament vom Rücken	
		241	**VICTORIAE AVGG**	1196		
		263	**VIRTVS AVGG**	1288		

Dazu gehören noch die Münzen des Saloninus

VALERIANVS NOBIL CAES
FIDES MILITVM Coh. Nr. 24
PRINC IVVENTVTIS   67
SPES PVBLICA   92

Alle diese Münzen haben in der Fabrik eine gewisse Aehnlichkeit mit den vorher angeführten Gordianusmünzen.

Zu dieser Zeit war es gewiss vortheilhaft die Ausprägung der
doch bedeutend schwereren Kupfermünzen von Viminacium einzustellen und lieber die bei Weitem leichteren und vielfach mehr
geltenden Antoniniane, wenn auch mit Beigabe von etwas Silber
auszumünzen.

Aber auch von Treb. Gallus Volusianus und Aemilianus können
einzelne Stücke dieser Münzstätte zugewiesen werden; davon anderen Orts. Die Münzen des Kaisers Pacatianus haben aber alle den
Habitus dieser Münzstätte.

Durch diesen Umstand wäre erklärlich, warum das Jahr X
von Trajanus Dacius, Herenia Etruscilla, Herenius Etruscus und
Hostilianus so schwer zu finden ist. Für Pacatianus war Viminacium
eben keine Colonie, sondern Residenz.

VII. Gruppe.

Antike Fälschungen.

In die bisher angeführten Gruppen passen nun alle richtig
geprägten Münzen des Kaisers Gordianus, es wäre denn, dass eine
oder die andere bisher noch nicht bekannte Silbermünze aus Antiochia auftaucht, wie ich deren selbst schon welche entdeckt habe.

Es gibt jedoch viele Münzen die meist schon äusserlich nicht
mit diesen Silbermünzen übereinstimmen, da sie theils aus schlechtem

Metalle, oder nur mit einem Silberüberzug ausgeprägt sind, und
zwar:

1. mit regelmässigen kaiserlichen Stempeln;
2. mit unregelmässigen Privat- oder barbarischen Stempeln.

1. Fälschungen mit regelmässigen kaiserlichen Stempeln.

a) Averse des Gordianus mit Reversen früherer Kaiser.

Denare: Belorbeertes Brustbild des Gordianus mit Paludament
vom Rücken nach rechts und die dritte Legende.

Revers des Alexander Severus:

PMTRP VI COS II PP Aequitas Cohen Nr. 312

Revers der Julia Mamaca:

FELICITAS PVBLICA „ „ 17

Revers Maximinus Thrax:

PROVIDENTIA AVG „ „ 75
PAX AVGVSTI „ „ 31

Revers der Paulina:

CONSECRATIO „ „ 1 Wien.

Antoniniane. Brustbild des Gordianus mit Paludament vom
Rücken und Strahlenkrone nach rechts.

Revers des Alexander Severus, Cohen Nr. 173.

MARTI PACIFERO mit der ersten Legende.

Revers des Maximinus Thrax, Coh. Nr. 31.

PAX AVGVSTI mit der ersten Legende.

b) Antoniniane des Gordianus mit hybriden eigenen Stempeln.

PAX AVGVSTI		Coh.	178	mit der	3.	Legende.	
VICTORIA AVG	ähnlich	„	357	„	„	3.	„
CONCORDIA MILIT	„	„	61	„	„	1.	„
LIBERALITAS AVG III	„	„	141	„	„	1.	„
		„	141	„	„	2.	„
LAETITIA AVG N		„	118	„	„	1.	„
	„	„	118	„	„	2.	„
VIRTVTI AVGVSTI	„	„	404	„	„	1.	„
FELICIT TEMP	„	„	71	„	„	1.	„
PROVID AVG	„	„	296	„	„	1.	„
	„	„	296	„	„	2.	„
SECVRIT PERP	„	„	327	„	„	1.	„

c) Antoniniane des Kaisers Gordianus mit Reversen späterer Kaiser.

Reverse des Philippus I. Arabs:

ADVENTVS AVGG	Coh. bei Philippus Nr.			3	mit der 3. Legende Wien		
AEQVITAS AVGG	„	„	„	„	12	rectific. mit der 1. Leg.	
		„	„	12	„	„ 3.	„
ANNONA AVGG	„	„	„	„	25	„	„ 3. „
FIDES EXERCITVS	„	„	„	„	49	„	„ 3. „
PAX AETERN	„	„	„	„	103	„	„ 3. „
PMTRP IIII COS II PP	„	„	„	„	136	„	„ 3. „
SALVS AVG	„	„	„	„	205	„	„ 3. „
TRANQVILLITAS AVG B		„	„	223	„	„ 3.	„

Reverse der Otacilia Severa:

CONCORDIA AVGG Coh. Otacilia Nr. 4 mit der 3. Legende.
CONCORDIA AVGGG „   „   „ 0 „   „ 3.   „

IVNO CONSERVAT Coh. Otacilia Nr. 20 mit der 1. Legende.

„ „ „ 20 „ „ 3. „

PIETAS AVG „ „ „ 30 „ „ 3. „

PVDICITIA AVG „ „ „ 53 „ „ 3. „

Letzteres Stück ist in Cohen unter Gordianus Nr. 310 angeführt und nicht in meinem Besitze.

Reverse des Philippus jun.:

LIBERALITAS AVG III die zwei sitzenden Kaiser Coh. Nr. 17 mit der 3. Legende.

PRINCIPI IVVENT ohne Gefg. Cohen Nr. 48 mit der 2. Legende.

„ „ „ „ 48 „ „ 3. „

mit „ „ „ 57 „ „ 1. „

„ „ „ „ 57 „ „ 3. „

Revers des Trajanus Decius:

ABVNDANTIA AVG Cohen Nr. 2 mit der 3. Legende.

Revers des Valerianus pater:

RESTITVTOR ORBIS Cohen Nr. 183 mit der 3. Legende.

d) Spätere Kaiser mit Reversen des Gordianus.

IMP M IVL PHILIPPVS AVG Büste des Philippus I.

VIRTVTI AVGVSTI Coh. Nr. 404 des Gordianus.

PROVIDENT AVG Coh. Nr. 298 „ „

M OTACIL SEVERA AVG Büste der Otilia Severa.

FORTVNA REDVX Coh. Nr. 98 ohne Rad des Gordianus.

M IVL PHILIPPVS CAES Büste des Philippus jun.

LAETITIA AVG N Coh. Nr. 118 des Gordianus.

e) Antoniniane,

welche auf beiden Seiten mit richtigen Stempeln geprägt sind, aber sich im Metalle als Fälschung erweisen. Diese sind ziemlich selten. .Ich besitze nur die Stücke Coh. Nr. 105 und 266. Das Stück Coh. Nr. 206 ist ein Goldabschlag in Silber: **IMP C M ANT GORDIANVS AVG** Büste nach rechts mit Paludament und Lorbeerkranz Rs.: **PMTRP II COS PP** Fides stehend; sowie ich auch folgenden Goldabschlag in gefuttertem Silber besitze: **ROMAE AETERNAE** mit der dritten Averslegende ähnlich Coh. Nr. 314 aber Lorbeerkranz, von beiden ist das echte *N* noch nicht publicirt.

Wenn diese Fälschungen, wie aus den dazu benützten echten Stempeln zu schliessen ist, in der kaiserlichen Münze hergestellt wurden, so muss angenommen werden, dass entweder die Stempel den Münzarbeitern doch nicht zu leicht zugänglich waren; dass sie das beiseite geschaffte Edelmetall nur sparsam, oft mit grosser Kunstfertigkeit nur zur Umhüllung benützten, und dass es ihnen zumeist nur gelang einen Avers oder einen Revers, welcher officiell vorlag, zu erhaschen; oder dass die Arbeiter zur Fälschung die richtigen zusammengehörigen Stempel absichtlich nicht benützen wollten, weil man ihnen dann die Fälschung unbedingt gleich hätte nachweisen können.

Sie fälschten daher mit einem vorliegenden richtigen Stempel und einem schon nicht mehr in Gebrauch stehenden. Wenn sie von den letzteren keinen zur Verfügung hatten, so genügte ihnen wohl auch nur ein Stempel und dadurch haben wir die Erklärung für die vielen incusen Münzen, die noch dazu auch meist gefuttert sind.

Noch ist zu bemerken, dass auf den Antoninian-Fälschungen mit Reversen früherer Kaiser auf der Vorderseite die erste Legende und auf denen späterer Kaiser meist die dritte Legende zu finden ist, dass es aber Denarfälschungen nur mit der dritten Legende gibt.

2. Fälschungen mit unregelmässigen Privat- oder barbarischen Stempeln.

Denare, auf der Vorderseite mit der dritten Legende: **PMTRP XVII COS IIII PP** Pax nach links stehend mit Zweig und Scepter, aus scheinbar minderem Silber. 2 Stück, Wien.

Antoniniane:

IMP CAES M ANT GORD AVG
VIRTVS AVG
IMP GORDIANVS P FEL AVG
AEQVITAS AVG
IMP GORDIANVS PIVS III AVG
LAETITIA AVG N
IMP GORDIANVS PIVS FEL AVG
IOVI STVTORI
. . . . . . .DIANVS. . . . .
PAX AVGVSTI mit Zweig und Füllhorn.

Dann auf der Vorderseite mit der dritten Legende, welche im Ganzen richtig, jedoch nicht mit den gewohnten Typen hergestellt ist.

PMTRP VN COS III PP Kaiser nach rechts schreitend, mit Lanze und Kugel. Wien.

PMTRP IIII COS II PP Dieselbe Darstellung jedoch sehr steif.

SECVRITAS PERPET
AETERNITATI AVG
VICTOR AETER

Sämmtliche barbarisch und zwei Stücke, welche Originalen aus der Gruppe Viminacium nachgeahmt sind.

IMP GORDIANVS PIVS-AVG mit Paludament.
ORIENS AVG Sol.
IMP CAES M ANT GOPDINPSAG mit Paludament.
PMTRP V COS II PP Hercules.

Alle diese Stücke sind, wenn ich keine andere Quelle genannt habe, in meiner Sammlung.

Es scheint, dass diese Art Fälschungen an den Grenzen, besonders an der Donau betrieben wurden; es wurden mit denselben die Nachbarvölker hintergangen, welche ihrerseits wieder noch schlechter erzeugte Münzen mit kaum erkenntlichen Schrifttypen zu allen Zeiten in die römischen Grenzprovinzen einschmuggelten.

Was aber überhaupt in Fälschungen geleistet wurde, möchte
ich noch an folgendem Beispiele zeigen.

Die Münze des Kaisers Probus Coh. Nr. 305 Rs. **IOVI CONS
PROB AVG** R̅⇔B ist sehr gewöhnlich und jedem Römersammler
bekannt. Der Revers scheint dem Probus auf den Leib geschrieben,
da sogar sein Name darin vorkommt. Vor einigen Jahren fand ich
einen Claudius Gothicus mit dem Revers **IOVI CONS PROB AVG**
R̅⇔B und heuer im Winter gar einen Gallienus mit diesem
IOVI CONS PROB AVG R̅⇔B.

Ich habe vorstehend jene Münzen, welche in den meisten
Sammlungen anzutreffen sind, weil sie in grösseren Mengen und
selbst massenweise gefunden werden, als Hauptemissionen tabel-
larisch zusammengestellt und an ihrer Hand, sowie unter Zuhilfe-
nahme der alten Schriftsteller ein Bild von den Münzverhältnissen
und Ereignissen zur Zeit Gordianus III. entworfen. Einzelne abweichende Münzen haben mich in diesem Beginnen nicht beirren
können, weil ich überzeugt bin, dass nur das Studium der massenweise vorkommenden Münzen richtige Schlüsse zulässt und dass
dieselben eine viel bessere Beweiskraft haben, als vereinzelte
Inschriften auf Steinen und selbst auf Papyrus-Documenten mit
widersprechenden Angaben. Was soll man beispielsweise von
einem Papyrus halten, der bei Balbinus und Pupienus LB, oder von
einer Inschrift, die ein TRPV des Jul. Maximinus angibt? Oder
widerspricht es nicht allen bisherigen Annahmen, wenn ein Meilen-
stein an einem Orte Italiens durch eine Inschrift bekundet, dass in
der TR P IIII des Thrax eine Strasse parallel zu einer anderen
angelegt und durch Bauten gegen die Brandung des Meeres geschützt
wurde, da doch Thrax zur Zeit seiner vierten Tribunitia mit Italien
wohl nichts mehr zu schaffen hatte? Mindestens wäre sein Name
ausgetilgt worden.

Wenn ich zum Schlusse dieser Studie nochmals die von mir
zum ersten Male durchgeführte Eintheilung der Münzen des Kaisers
Gordianus III. nach Officinen, sowie den erbrachten Nachweis, dass
die Münzstätte Rom unter diesem Kaiser sechs Officinen gehabt
habe, hervorhebe, so geschieht es in der Absicht, andere Forscher

auf dem Gebiete des römischen Münzwesens zu ähnlichen Untersuchungen anzueifern, weil ich nicht bezweifle, dass bei aufmerksamer Prüfung der Münzreihen anderer Kaiser die gleiche Eintheilung nach Officinen zulässig sein dürfte und überdies manches,
auf den Münzen verewigte Ereigniss die richtige Deutung erfahren
könnte.

Nicht minder wichtig erscheint es mir, dass die Eintheilung
der Münzstätte Rom nach Officinen, durch welche Eintheilung es
mir gelungen ist, die anderen Prägeorte auszuscheiden, zu gewissen
geographischen und geschichtlichen Feststellungen geführt hat, ein
Verfahren, das, auf die Münzen früherer Kaiser angewendet, voraus-
sichtlich zu ähnlichen Erfolgen führen dürfte. Es ist zweifellos, dass
die augenscheinlich nicht nach Rom gehörenden Münzen andere
Gruppen bilden und anderen Prägeorten zugetheilt werden müssen.
Zieht man dann die geschichtlichen Ereignisse zu Rathe, so wird
es an der Hand eines reichen Münzmateriales, wie es mir in meiner
Sammlung glücklicher Weise zu Gebote stand, möglich, diese
Gruppen örtlich einzutheilen. So habe ich bei Gordianus eine nach
Rom nicht passende Gruppe entdeckt, welche im ersten und zweiten
Jahre seiner Regierung geschlossen auftritt, dann plötzlich ver-
schwindet, um erst in seinem letzten Regierungsjahre wieder auf-
zutauchen. Diese Erscheinung musste mich auf das münzreiche
Antiochia führen, welches nach dem zweiten Regierungsjahre
Gordianus' von den Persern erobert worden und in der gedachten
Zwischenzeit von denselben besetzt war. Als Antiochia von Gordianus
zurückgenommen wurde, begann die dortige Münzstätte ihre Thätig-
keit wieder und lieferte die zu der erwähnten Gruppe gehörenden
Münzen aus dem letzten Jahre seiner Herrschaft.

Eine andere Münzreihe taucht mittlerweile auf, die ebenfalls
nicht Rom zugesprochen werden kann; nahe lag es, anzunehmen,
dass diese Münzen für den grossen Feldzug gegen die Perser
geprägt worden seien, zumal gewisse Darstellungen auf denselben,
beispielsweise die, die Siege der Römer kennzeichnende Victoria,
mit diesem Kriege in Verbindung zu bringen sind. Man muss daher
die Errichtung einer Münzstätte vermuthen, welche, dem Kriegsschauplatze nahe gelegen, dem Heere das nöthige Geld zuführte;
sie ist im Osten des Reiches, wahrscheinlich in den Balkanländern

zu suchen, und so stelle ich die Vermuthung auf, dass es Viminacium gewesen, was übrigens auch widerlegt werden kann.

Vielleicht werden dort vorkommende Münzfunde meine Annahme bestätigen.

Gewiss ist es, dass Forschungsergebnisse, wie ich sie bei diesen Untersuchungen im Auge habe, die Bedeutung der römischen Numismatik, als Hilfswissenschaft der Geschichte, in noch höherem Grade erweisen würde.

VI.

Silber - Antoniniane der römischen Kaiserin Sulpicia Dryantilla.

Von

Theodor Rohde.

(Hiezu Tafel **V.**)

Unter den mannigfachen Fundgegenständen, die bei den Ausgrabungen des Amphitheaters zu Carnuntum an der Donau zu Tage gebracht wurden, befand sich eine Silbermünze der in der geschichtlichen Ueberlieferung nicht genannten Kaiserin Dryantilla. Dieses Exemplar (Fig. 1 Taf. V.) wird heute als sehr geschätzte Seltenheit im Museum des Vereins „Carnuntum" in Deutsch-Altenburg in Niederösterreich aufbewahrt.

As. **SV..D...NTILLA AVG** (über D: **INVS**) Kopf der Kaiserin mit Diadem, von der rechten Seite, auf Halbmond ruhend (...**INVS** ist der leserliche Rest einer darunter befindlichen Münzumschrift des Caracalla).

Rs. ....**∪NI REGINE** Juno, linkshin stehend, mit der vorgestreckten Rechten eine Schale haltend, in der Linken ein langes Scepter.

Variante Cohen Bd. VI 2, S. 11.

Eckhel in der doctrina numorum VII S. 463 f., und nach ihm Cohen a. a. O., haben bereits bemerkt, dass die Münzen des Kaisers Regalianus, welcher, als er Befehlshaber in Illyrien war, durch die

Moesier (etwa 262) gegen Gallienus zum Kaiser ausgerufen wurde, den gleichen Charakter und die gleiche Ueberprägungsweise wie die Dryantilla-Münzen haben, und hieraus den Schluss gezogen, dass die Dryantilla die Gemahlin des Regalianus gewesen sei. Allerdings berichten uns die alten Geschichtsschreiber nichts davon; selbst Trebellius Pollio erwähnt ihrer in der Geschichte der dreissig Tyrannen nicht, während er der Kaiserin Victorina in Gallien gedenkt und ganz besonders über die Zenobia ausführliche Nachrichten hinterliess. Wir sind demnach darauf angewiesen, aus den vorhandenen Münzen unsere Schlüsse zu ziehen, zu welchem Zwecke zunächst die bekannten Dryantilla-Münzen hier besprochen werden mögen.

Im Werke Cohen finden sich Bd. VI 2, S. 11 drei Exemplare beschrieben, alle mit der Schätzung zu 350 Francs.

Nr. 1. Im k. k. Münz- und Antikencabinet in Wien (Taf. V, Nr. 2).

As. **SVLP DRYANTILLA AVG** Kopf der Kaiserin mit Diadem, von der rechten Seite, auf Halbmond ruhend.

Rs. **IVNONI REDINE** Juno, linkshin stehend, mit vorgestreckter Hand eine Schale haltend und in der Linken ein langes Scepter.

Ein zweites völlig entsprechendes Exemplar, ebenfalls im k. k. Münz- und Antikencabinet, zeigt Taf. V, Nr. 3.

Nr. 2. Französisches Cabinet.

As. **PIETAS NTIL**.... Ueberprägung eines Denars der Julia Domna.

Rs. **IVLIA NI REDINE** Ueberprägung, unter der ein Theil des Kopfes der Julia Domna noch sichtbar ist.

(Dieses Exemplar ist sicher identisch mit dem des Museums Hedervarii, Vind. 1814 pag. 209 Nr. 2835 Tab. Suppl. Nr. 10.)

Nr. 3. Eckhel.

As. .....SA AVG **YANTILLA** Ueberprägung eines Denars der Julia Maesa.

Rs. **PVVNONI REDIN** Ueberprägung des Reverses **PVDICITIA**.

Ausserdem erwähnt Cohen zu Nr. 1 ein Stück aus der Sammlung M. Faber mit **IVNONI REDINE** überprägt auf einen Denar des Severus Alexander, wovon **DER PIVS** noch zu lesen sei.

Betreffs dieses Exemplares kann ich, da es einstmal mein Eigenthum war, Folgendes berichten. Ehedem befand sich dasselbe in der Sammlung des Herrn Ferdinand Fabry in Raab, der es selbst aus dem Schmelztiegel eines Raaber Goldarbeiters gerettet hatte; es sind auch noch die Spuren des begonnenen Schmelzprocesses sichtbar. Später gelangte diese Münze in meinen Besitz und jetzt befindet sie sich in der hervorragenden Sammlung Sr. Durchlaucht des Prinzen Ernst zu Windischgraetz in Wien. Mir war damals eine Dryantilla-Münze noch nicht vorgekommen, weshalb ich das Exemplar, im Einverständnisse mit Herrn Fabry an Cohen nach Paris sandte; auf diese Weise ist dieselbe in sein Werk übergegangen.

Eine zweite, mir gehörende Dryantilla-Münze wurde bei Raab gefunden und ist beschrieben und abgebildet in den Wiener numismatischen Monatsheften II. Bd., Jahrg. 1866, Taf. 4.

As. **SVLP DRYANTILLA AVG** Kopf der Kaiserin auf Halbmond.

Rs. **IVNONI REDINE** Juno, linkshin stehend.

Bei diesem Exemplar ist **P P** (pater patriae) der alten Prägung noch sichtbar.

Durch meinen Freund Dr. Alexander Missong gieng dieses Exemplar angeblich in eine französische Privatsammlung über.

Neben den hier beschriebenen Exemplaren kenne ich noch folgende:

Sammlung Franz Trau in Wien, Taf. V, Nr. 4.

As. **SVLP** TONIN·**YANTILLA AVG** Kopf der Kaiserin auf Halbmond. (AN)TONĪN sind die sichtbaren Reste einer Aversumschrift des Caracalla.

Rs. ...**NO. REGINA** Juno, linkshin stehend.

Diese Münze entstammt dem Nachlasse des verstorbenen Münzenhändlers Hiesmannseder in Wien.

In der bereits verkauften Sammlung des verstorbenen Gutsbesitzers Milkovics in Koronczó im Raaber Comitat befand sich ebenfalls eine Dryantilla-Münze, welche von meinem Freunde Domherrn Franz Ebenhöch, als dieser noch Pfarrer in Koronczó

war, Mitte der Sechziger Jahre, gelegentlich einer Besuchsreise in
Deutsch-Altenburg, erworben wurde. Er suchte mich deshalb voller
Freude in Wieselburg auf. Wohin diese Münze gekommen, ist mir
unbekannt geblieben.

Seitdem in neuerer Zeit die Ausgrabungen auf dem Gebiete
von Carnuntum reger betrieben werden, sind wieder Dryantilla-
Münzen gefunden worden. Zwei Stücke befinden sich jetzt im
Schlosse Petronell, die eine im Besitze des Herrn Otto Reichsgrafen
von Abensperg-Traun, die andere im Besitze seines Sohnes des
Herrn Carl Reichsgrafen von Abensperg-Traun. Beide bieten
bemerkenswerthe Stempelvarianten; Dank dem freundlichen Entgegenkommen der Eigenthümer kommen diese Exemplare auf
Taf. V, Nr. 5 und 6 abgebildet vor.

Nr. 5. As. **SVLP DRY...ILLA AVG** Kopf der Kaiserin auf Halbmond.

Rs. **IVNO OR..DINA** Juno, linkshin stehend. Hier erscheinen
noch schwache Spuren der Umschrift **COMMODVS**

Nr. 6. As. **SVLP DRYA PMTR ILLA AVG** Kopf der Kaiserin auf
Halbmond. Durch Doppelschlag ist der Kaiserin Kopf zweimal
sichtbar. **PMTR** gehört einer Reversumschrift von Severus Alexander an.

Rs. **IMP NI REDINE AVG** Juno, linkshin stehend, darunter ist noch
deutlich der Kopf des Severus Alexander sichtbar, wozu **IMP....AVG**
gehört. Durch Doppelschlag ist die Juno wie im Av. zweimal sichtbar und hiedurch die Umschrift verschoben.

Ein drittes Exemplar hat kürzlich Herr Anton Freiherr von
Ludwigstorff erworben; auch hier verdanken wir die Möglichkeit
einer Abbildung der freundlichen Bewilligung des Eigenthümers.

Tafel V Nr. 7.

As. **SVLP DRYAN....** Kopf der Kaiserin auf Halbmond.

Rs. **IVNONI REDINE** Juno, linkshin stehend. — Man liest noch
IMP ANTON.... von einem Denar des Caracalla.

Bei allen bisher gefundenen Dryantillamünzen findet sich in
der Averslegende ein deutliches **Y**, nicht **V** in dem Namen Dryantilla, so dass die Namensform Dryantilla richtiger erscheint als
Druantilla.

In den Reverslegenden finden wir statt der Worte **IVNO REGINA** gewöhnlich **IVNONI REDINE**, nur hat das im Carnuntummuseum aufbewahrte deutlich **REGINE** und zwei Exemplare (ein Traun'sches und das Trau'sche) **REDINA**.

Zusammengestellt ergaben sich folgende Reversvarianten:

IVNO R[E]DINA (Schloss Petronell).

[IV]NO REGINA (Franz Trau).

IVNONI REDINE (Schloss Petronell; Ludwigstorff; k. k. Münz und Antikencabinet; Paris; ehemals Fabry und Rohde).

IVNONI REGINE (Carnuntummuseum).

Damit ist nun der Beweis erbracht, dass mehr als ein Stempel zur Verwendung kam, also die Machtfülle der Münzberechtigten wohl längere Zeit dauerte.

Weiter kommen wir durch eine Betrachtung der überprägten Münzen des Kaisers Regalianus. Dieselben bieten den Namen Imp(erator) C(aesar) P(ublius) C(....ius) Regalianus Aug(ustus), während Trebellius Pollio an den 3 Stellen, wo er erwähnt wird, die Handschriften fast ausschliesslich die Namensform Regilianus haben, bei Victor Caes. 33 und epit. 32 Regallianus oder Regillianus. Herr Franz Trau war so freundlich, aus seiner an Seltenheiten so reichen Sammlung sein Regalianus-Exemplar zur Beschreibung und Abbildung zur Verfügung zu stellen. Nachweislich ist dieses bei den Ausgrabungen in Brigetio (O Szöny bei Komorn) gefunden worden.

Tafel V Nr. 8.

As. **IMP C Pun....III COS IVS AVG** Kopf des Regalianus rechtshin mit Strahlenkrone und Paludament.

Rs. **LIBERALITA ERM** Liberalitas, linkshin stehend, in der vorgestreckten rechten Hand einen Beutel und in der Linken ein Scepter haltend. Ueberprägung eines Denars von Maximinus Thrax.

Die im Werke Cohen beschriebenen Exemplare mit einer Werthschätzung von 400 Francs sind:

Cohen 1 (unsere Tafel V Nr. 9); k. k. Münz- und Antikencabinet Wien.

As. **IMP C P C RE TONIN** Kopf des Regalianus, rechtshin mit Strahlenkrone und Paludament.

Rs. **CONCORDIA** (sic) **AVGG** Regalian und Kaiserin gegenüber stehend, dazwischen ein Altar.

Cohen 2 (Tafel V Nr. 10); k. k. Münz- und Antikencabinet in Wien.

As. . . . . **C P REGALINV TORI** Kopf wie vorher. (**TORI** ist das Ende des Reverses von **MARTI PACATORI** von Caracalla.)

Rs. . . **VI CON.. IM..ANTONINVS** Jupiter, linkshin stehend, in der rechten Hand Blitzstrahl, in der linken Scepter. Man sieht noch Spuren des Kopfes des Caracalla. Der neue unvollkommen ausgeprägte Stempel enthielt wohl **IOVI CONSER.**

Cohen 3 (Tafel V Nr. 11); k. k. Münz- und Antikencabinet in Wien.

As. **IMP C P C REGALIANVS AVG** Kopf wie vorher.

Rs. **LIBERAL..AS AVGG** Liberal(it)as, linkshin stehend, Beutel und Scepter haltend.

Cohen 4, Eckhel.

As. . . . . . **IMP C P C REGALIA. . . .** Kopf wie vorher.

Rs. **ORIENS AVG** Sol stehend mit erhobener rechten Hand und Peitsche in der linken.

Cohen 5, französisches Cabinet.

As. . . . . . **REGALIAN** Kopf wie vorher.

Rs. **PROVIDENTIA AVGG** Providentia, linkshin stehend mit Füllhorn, links zu Füssen ein Modius mit Aehren.

Betrachten wir diese Münzen gleichzeitig mit jenen der Dryantilla, so wird die Gleichartigkeit derselben nicht nur durch die Ueberprägung auf einfache Denare früherer Kaiser, sondern auch durch den Stempelschnitt erkennbar, ausserdem finden sich Fehler in den Umschriften, bei Regalianus ein verkehrtes **D** im Worte **CONCORDIA**, bei Dryantilla das gleiche verkehrte **D** auf dem Trau'schen Exemplar im Worte **REGINA**, sowie für **REGINAE** unrichtig **REDINE**, andererseits tritt auch die ungeübte Hand des Stempelschneiders hervor.

Ein anderer Beweis der Zusammengehörigkeit beider Münzen ergibt sich aus den Reverslegenden des Regalianus, welche mit **AVGG** enden (Cohen 1. 3. 5.). Dies beweist eine Mitregentschaft, unter der aber hier wohl nur die der Gemahlin verstanden werden

kann, wie dies beispielsweise auch bei Aurelianus mit seiner Gemahlin Severina vorkommt. Nach Trebellius Pollio war Regalianus
dacischen Stammes und angeblich Verwandter des Königs Decc-
balus. Derselbe Historiker berichtet von ihm, dass er viele tapfere
Thaten gegen die Sarmaten verrichtete, aber auf Anstiften der
Roxolaner im Einverständnisse mit den Soldaten, und weil die Pro-
vincialen befürchteten, Gallienus möchte schwere Rache üben,
ermordet wurde. Es verdient hervorgehoben zu werden, dass bisher
fast alle Regalianus- und Dryantillamünzen nur auf dem Gebiete
von Carnuntum bis Brigetio gefunden wurden, vielleicht spielten
daher die von Pollio erwähnten Kämpfe mit den Sarmaten sich in
Oberpannonien ab, dessen Hauptstadt Carnuntum war. Immerhin
sind auch hier Regalianus- und Dryantillamünzen noch grosse Seltenheiten und dass sie in Massenfunden noch nicht vorgekommen sind,
lässt vermuthen, dass Gallienus, nach Ermordung des Regalianus,
diese überprägten Münzen widerrufen hat.

Nach Abschluss vorstehender Abhandlung wurde ich von meinem langjährigen Freunde, Herrn Oberstlieutenant Otto Voetter, darauf aufmerksam gemacht, dass in seiner an römischen Münzen des dritten und vierten Jahrhunderts so reichhaltigen und wissenschaftlich geordneten Sammlung, sich auch Antoniniane aus der Regierungszeit des Kaisers Trajanus Decius (249—251) befinden, welche ganz wie die des Regalianus und der Dyrantilla auf Denare früherer Kaiser überprägt sind.

Es sind dies ein Antoninian des Sohnes Herennius Etruscus und einer der Gemahlin Etruscilla. Ihre Publication in diesem Anhang wird willkommen sein.

Tafel V Nr. 12. Quintus Herennius Etruscus.

PMTR TR MES DECIVS NOB C Kopf rechtshin mit Strahlenkrone und Paludamentum.

IMP C MAVR SEV ALE S AVGG Mercur, linkshin stehend, mit Mercurstab in der linken Hand und Beutel in der rechten. (Pietas Augg. = Augustorum.) Ueberprägung eines Denars von Severus Alexander.

Tafel V Nr. 13. Herennia Etruscilla.

ANTONINV ETRVSCILLA AVG Kopf rechtshin auf Halbmond.

PIETAS REGINA Juno, linkshin stehend, in der Linken ein langes Scepter und in der Rechten eine Schale haltend; links zu ihren Füssen ein Pfau.

Die hiemit meines Wissens zum erstenmal constatirte Ueberprägung von Denaren durch anerkannte Kaiser wird, denke ich, durch die nachfolgende Darlegung des Verfalls des römischen Münzwesens ihre Erklärung finden.

Der Denar des Nero — die Basis der weiteren Ausmünzung — wurde derart ausgebracht, dass 96 Stück auf ein römisches Pfund giengen, was einem Gewicht von 3.41 Grammen entspricht. Dies Gewicht blieb bis zur Einführung des Antonians wohl unverändert, jedoch verschlechterte sich der Silbergehalt unaufhörlich unter den nachfolgenden Kaisern, bis endlich unter Caracalla derselbe bis auf die Hälfte des neronischen gesunken war. — Ueber diese Verschlechterung findet sich in Mommsens röm. Münzwesen, Seite 757, eine Reihenfolge von Analysen, die ich in meinem Buche über Aurelian (1882) S. 305 für die späteren Kaiser durch Analysen des k. k. Münzamtes in Wien ergänzt habe. Danach wiederhole ich nachstehend die Liste.

Nero 0,943—0,910; Galba 0,921; Vespasianus 0,886—0,806, Domitianus 0,925—0,860; Nerva 0,917; Trajanus 0,928—0,838; Hadrianus 0,867—0,810; Antoninus Pius 0,924—0,730; M. Aurelius 0,797—0,681; Commodus 0,720—0,680; Septimius Severus 0,755—0,431; Caracalla und Elagabalus 0,500; Severus Alexander 0,300; Gordianus III 0,270.

Hieraus ergeben sich besonders zwei Perioden der Münzverschlechterung, unter Septimius Severus-Caracalla und unter Gordianus III.

Unter Caracalla finden wir den Denar bereits bis 0,500 Silbergehalt reducirt und gleichzeitig tritt die Prägung eines neuen Nominales — des Antonians — auf, welche Bezeichnung in dem Namen des Caracalla „ANTONINVS" ihren Ursprung hat. Diese neuen Nominale sind dadurch erkennbar, dass das Bild des Kaisers mit der Strahlenkrone versehen ist und das Bild der Kaiserin auf dem Halbmond ruht, welcher Typus bis zur Diocletianischen Reform beibehalten wurde. Das Normalgewicht wird von Mommsen auf $\frac{1}{60}$ bis $\frac{1}{64}$ des röm. Pfundes = 5·12 gr. geschätzt; Analysen gaben, wie erwähnt, einen Silbergehalt von 0,500.

Dies zeigt uns, dass der Silbergehalt des Denares dem des Antonians ganz gleich war; nur inbezug auf das Gewicht erscheint es zweifelhaft, ob man mit Sicherheit den Antonian für zwei Denare halten könne. Aber es dürfte bei der Antonianeinführung eine weitere Reduction im Gewichte eingetreten sein, entsprechend der Reduction des Aureus, da von jetzt ab 50 Aurei aus dem römischen Pfund geprägt wurden, während bis dahin, nach neronischer Ausprägung, 45 auf dasselbe giengen.

Einige Kaiser, beispielsweise Elagabalus, in den Regierungsjahren 3—6, Maximinus Thrax und Severus Alexander haben den Antoninian nicht geprägt, wohl in dem Bestreben, den weiteren Verfall aufzuhalten; dagegen ist, namentlich unter dem letzteren, viel Kupfer geprägt worden. Mit der massenhaften Ausprägung der Antoniniane während der Regierungszeit Gordianus III. hört die Ausprägung des Denars beinahe auf und der Antoninian ist nun die ausschliessliche Verkehrsmünze. Das Gewicht der Gordianischen Antoniniane ergibt eine weitere Reduction; ich fand bei 10 wohlerhaltenen Stücken meiner Sammlung einen Durchschnitt von 4·38 gr.; ausgeführte Analysen ergaben einen Feingehalt von 0,270.

In dieser für den Antoninian entscheidenden Epoche musste nun auch der einfache Denar in ein anderes Werthverhältnis zu demselben treten, wie folgende Darstellung zeigt.

Caracalla	1 neronischer Denar =	2 red. Denare =	1 Antoninian
	Gewicht 3·41 gr.,	3·41 gr.,	5·12 gr.
	Feingehalt 0,943,	0,500,	0,500.
Gordianus	Gewicht —	—	4·38 gr.
	Feingehalt —		0,270.

Während also der Denar in seinem alten Gepräge und Gewicht verschwindet, scheint Gordianus den Werth desselben auf den Antoninian übertragen zu haben, so dass thatsächlich nicht der Denar aufhörte, sondern der Antoninian. Es war demnach die Reduction schon so weit gediehen, dass zwei gordianische Antoniniane dem Werthe eines Antoninians = 2 Denaren des Caracalla, oder eines neronischen Denars entsprachen, und derselbe somit zur blossen Creditmünze herabsank.

Nunmehr konnten auch die noch in den Staatscassen oder im Umlauf befindlichen Denare des Caracalla mit den von dessen Nachfolgern ausgebrachten Antoninianen verkehren, wie dies auch die vielen Fundschätze beweisen, in denen Antoninian und Denar gleichzeitig vorkommen.

Unter den weiteren Kaisern fand ich bei je 10 Stück Antoninianen folgende Durchschnittsgewichte.

Philippus I . . . . (244—249) 10 St. mit 41·4 gr. = 4·14 gr.

„ II als Caesar „ 10 „ „ 43·0 „ = 4·30 „

„ II als Augustus „ 10 „ „ 40·8 „ = 4·08 „

Trajanus Decius . . (249—251) 10 „ „ 39·0 „ = 3·90 „

Herennius Etruscus . „ 10 „ „ 39·0 „ = 3·90 „

Hostilianus . . . . „ 10 „ „ 35·9 „ = 3·59 „

Treb. Gallus . . . (251—254) 10 „ „ 36·2 „ = 3·62 „

Volusianus . . . . „ 10 „ „ 37·4 „ = 3·74 „

Aemilianus . . . . (254) 10 „ „ 36·0 „ = 3·60 „

Valerianus . . . . (254—260) 10 „ „ 32·0 „ = 3·20 „

Gallienus Anfang . (260—268) 10 „ „ 36·3 „ = 3·63 „

„ 4. Jahr . „ 10 „ „ 32·0 „ = 3·20 „

Claudius Gothicus . (268—270) — = 3·35 „

.. .. . Feingehalt 0,030—0,131.

Aus den vorstehenden Gewichtsangaben entnehmen wir, wie unaufhörlich das Gewicht des Antonianians geringer wurde. Seit der Regierung des Gallienus kann von einer Silbermünze überhaupt nicht mehr gesprochen werden; die Strahlenkrone bezeichnet allerdings noch den Antoninianus, doch ist dieser nunmehr fast werthlos geworden.

Die aus der Regierungszeit des Trajanus Decius (249—251) vorliegenden zwei Münzen bestätigen vortrefflich, wie infolge des Werthverhältnisses von Denar zum Antoninian eine Ueberprägung der Denare ohne Nachtheil für den Verkehr ausgeübt werden konnte. Es dürfte hier nochmals der Versuch gemacht worden sein, den weiteren Verfall aufzuhalten, da wir Kupferquinare von Trajanus Decius kennen, die wohl dem Denar des Caracalla oder ½ neron. Denar entsprechen.

Weitere 10 Jahre hindurch dürfte dieses Verhältnis sich erhalten haben, denn wir fanden, dass Regalianus (etwa im Jahre 262),
in gleicher Weise wie Trajanus Decius, Denare zu Antoninianen
überprägte. Demnach hat dieser nicht anerkannte Kaiser nicht, wie
allgemein angenommen wurde, etwas Neues gethan, sondern das
fortgesetzt, was frühere Kaiser eingeführt hatten.

VII.

Eine Holzmedaille auf eine Wiener Patricierstochter aus dem Jahre 1533.

Von

Dr. Karl Schalk.

Im Laufe des Sommers 1893 legte die Münchener Firma Merzbacher der Direction des historischen Museums der Stadt Wien eine Holzmedaille vor, die eine weibliche Figur en face (Kniestück) mit der Umschrift: Anna. ein. dochter. Benenedicts. Fronleitners. burgers. zu. Wienn. 1·5·3·3· (alles in Capitalbuchstaben) zum Gegenstand der Darstellung hat. Veröffentlicht ist diese Medaille in der Zeitschrift des Münchener Alterthumsvereins, Jahrg. II, neue Folge S. 45.

Ich hatte mich zunächst betreffs der Person der Dargestellten zu informiren, fand bezüglich unserer „Anna" allerdings keine documentarischen Spuren, glaube aber in Bezug auf ihren Herrn Vater Nachfolgendes eruirt zu haben.

Derselbe lebte um die Wende des 15 und 16. Jahrhunderts, war Bürger von Wien, Tuchhändler (Laubenherr) und Besitzer mehrerer Häuser, durch einige Zeit auch Mitglied des inneren Rathes, kurz ein Patricier, wenn es erlaubt wäre, diese Bezeichnung auf Wien zu übertragen.

Benedict Fronleitner (Namensvarianten: Fronleittner, Fronnleittner, Fronleytner und Fronleyttner) tritt uns zuerst im Jahre 1496

Numism. Zeitschr. Dr. Karl Schalk.

28

als glücklicher zweiter Gatte der Witwe Gressl entgegen, die ihm ein Haus zubringt [1]. Im Jahre 1510 scheint ihm jedoch der Tod seine Gattin schon entrissen gehabt zu haben, denn urkundlich erscheint er allein als Verkäufer dieses Hauses am Salzgries [2]. Wenn nun Anna aus dieser und nicht etwa aus einer zweiten Ehe stammte, musste sie im Jahre 1533, da Fronleitner am 17. Juni 1510 Witwer war, mindestens 23 Jahre alt, also schon eine „reife" Jungfrau gewesen sein.

Gleichzeitig mit dem Hause am Salzgries besass Fronleitner ein Haus am „Sand Peters freithof" gelegen [4], das er auch seinen Erben hinterliess [9]. Daneben trieb er einen, wohl ziemlich aus-gedehnten Tuchhandel, der sich in der Zeit von 1507—1522 ver-folgen läst [2, 8], er war städtischer Lieferant und gab dieses sein Geschäft mit der Gemeinde nicht auf, als er selbst Mitglied des inneren Rathes geworden war, dem er in den Jahren 1509 und 1510 [3, 5] und später wieder im Jahre 1522 [9] angehörte. Ob er schon vor 1509 in dem Rathe sass, lässt sich nicht constatiren, doch ist es nicht wahrscheinlich, da er in der Liste des Jahres 1509 an vor-letzter Stelle erscheint und die zeitliche Rangfolge in der Aufzählung der Rathsmitglieder festgehalten wurde.

Nachdem er, wie schon erwähnt im Jahre 1510 eines seiner Häuser, das am Salzgries, um 400 𝔞𝔰 verkauft hatte, erwarb er im Jahre 1516 ein anderes um 2300 𝔞𝔰, nämlich das „Andreas von Meran" Haus am Hohenmarkt [6].

Im Jahre 1527 wird er schon als verstorben erwähnt [9]. Seine Tochter Anna, wohl als unvermählt anzusehen, vielleicht eine Waise von Seite beider Eltern wäre dann als Bestellerin der Porträtmedaille zu betrachten.

Die Familie Fronleitner ist noch in der zweiten Hälfte des 16. Jahrhunderts als eine hausansässige Wiener Familie nachzuwei-sen. Im Jahre 1563 wird in den Büchern des Hofquartiermeisters ein Haus „under dem Peillerthor auf der rechten handt" als Fronleutners oder „Lincken haus" und im Jahre 1566 wird Friderich Ferdinandt Fronleuttner als Eigenthümer des Hauses 146 bezeichnet. (Birk, Materialien zur Top. der Stadt Wien Separatabdruck S. 28.)

Zur Kritik der vorliegenden Medaille mag, was das Material anbelangt, auf jene schöne Medaille aus lichtem Buchsbaumholz hingewiesen werden, die sich in der Sammlung des Stiftes Melk befindet und von der ich einen Abdruck in dunklem Wachs der Güte des hochwürdigen Herrn Professors Eduard Katschthaler verdanke. Diese Medaille, ohne Umschrift und Jahreszahl, dürfte nach Tracht der Dargestellten und Technik wohl dem 16. Jahrhundert

angehören. Nach ihrer Grösse und Art der Darstellung mag sie wohl ein Modell einer in Metall ausgeführten oder auszuführenden Medaille gewesen sein, indess unser Stück nicht als ein Modell, sondern als Porträt zu betrachten ist, das als Selbstzweck ausgeführt wurde. Vielleicht ist hier an die in den kunsthistorischen

Sammlungen des Allerhöchsten Kaiserhauses befindlichen (Übersicht Saal XXII Vitriue IV, Nr. 8, 9, 19 und 20) zwei hölzernen runden Kapseln mit den geschnitzten Köpfen Kurfürst Friedrichs des Weisen von Sachsen † 1525 und seiner Maitresse Anna Dornle zu erinnern, indess die Melker Medaille an uns sonst bekannte Medaillen gemahnt, wie an die Medaille der Katharina Loxau geb. Adlerin, mit Jahreszahl 1535 (Bergmann, Med. I, Taf. IX, Nr. 37 Text S. 101); mit der Medaille auf die Wienerin Anna Prantstetterin aus dem Jahre 1569 (Archiv für K. ö. G. 49, Tafel V, Nr. 14 b) ist keine Aehnlichkeit zu constatiren. (Vergl. auch bez. der Melker Medaille Ilg im Monatsblatt des Alterthumsvereins III. Bd., Nr. 10, S. 215.)

Domanig, Aelteste Medailleure in Oesterreich (Jahrbuch der Sammlungen des Allerhöchsten Kaiserhauses XIV, S. 11 ff.), weist den Ludwig Neufahrer als in den Jahren 1532—1547 in Oesterreich schaffenden Medailleur nach, vielleicht steht er mit unserer Medaille in irgend welchem Zusammenhang. In dem in der obangeführten Zeitschrift des Münchener Alterthumsvereins die Abbildung der Medaille begleitenden Artikel von Conrad Knoll wird auf die von Dührer in Buxbaum geschnittenen Medaillen und auf das in Medaillenform gezeichnete Profil des Erasmus von Rotterdam von Hanns Holbein dem jüngeren hingewiesen, und der Zusammenhang hervorgehoben zwischen der Porträtmedaillendarstellung in der Plastik mit der Porträtminiaturmalerei zur Zeit der Renaissance.

Dass die Medaillirkunst aus der Bildschnitzerei herausgewachsen ist weist auch Erman nach in seinem Aufsatze: „Deutsche Medailleure des 16. und 17. Jahrhunderts" (Sallets Zeitschrift für Numismatik, Bd. XII, S. 18 und 19).

Quellenbelege.

1. 1496 den 17 Juni.

Benedict Fronleytner, burger zu Wienn und Kunigund sein hawsfraw, die emaln Lienhartn Gressl seligen auch elichen gehabt hat, haben emphangen nutz und gwer ains hauss gelegen am Saltzgriess an der Vischerstiegen under dem Praghaus[1]), zunagst weilent Vlrichen Tumbler seligen haws, darumb vormalen die obgenant Kunigund alain nutz und gwer gehabt und durch sunder könlicher lieb und trew willen den egemellten irn yezigen man Benedicten Fronleyttner umb das benannt haws in gesambter handesweise zu ir nutz und gwer schreiben lassen hat, doch also, das sy all und yeglich des vorgenannten Lienharten Gressl geltschulden davon leyden sullen als annder mitburger daselbs. Actum am Freitag nach Sannd Veitstag anno ut supra [LXXXXVIto].

(Grundbuch E begonnen „Tempore domnorum hern Vlreichs Metzleinstorffer consul und Jacoben Rachwein anno etc. LXXIIIIto" im Grundbuche des Wiener Landesgerichtes Fol. 296ª; Datirung auf Fol. 295ª.)

2. 1507. Der Oberkämmerer der Stadt Wien verrechnet unter Rubrik Ausgaben:

Von genaden nach bevelh meiner herren letz und hofgewandt: Item Benedicten Fronleitner zalt um 5 virtail weissen Lofrer den scartknechten und in die cantorey zu farben facit 7 β, mer von im genomen 11 ellen roten langen Nurnberger per 4 β

---

[1]) Das Praghaus oder nachmalige Salzamtsgebäude nach Camesina, Wiens örtliche Entwicklung. Tafel III, Fig. 2 Conscr.-Nr. 460 Text dazu S. 7. Im Praghaus sass König Wenzel 1402—1403 gefangen, wohnte Erzherzog Albrecht VI. während des Bruderzwistes (Realis II, 259). Den Namen Praghaus führte es erst seit 1431 [l. c.] (Schimmer, 90).

10 ₰ und 12 ellen gelb fuetertuch per 60 und das geben auf bevelh meiner herren zwayn gesellen in der cantorey zu hofgewant facit

9 ℔ 6 β 20 ₰

(Oberkammeramts-Rechnung der Stadt Wien im Wien. Stadtarchiv Jahr 1507, Ausgaben Fol. 33ᵃ.)

3. 1509. Benedict F r o n l e i t t n e r Mitglied des „innern ratth“ an vorletzter Stelle.

(Consulares urbis Viennensis im Codex der Hofbibliothek 8019 umfassend Verzeichnisse aus den Jahren 1401—1601, Fol. 48ᵇ. Nicht für alle Jahre sind Eintragungen vorhanden. Auf Fol. 48ᵃ ist das Verzeichniss für 1505, auf Fol. 49ᵃ das für 1512. In beiden Listen fehlt Benedict.)

4. 1509. Der Oberkämmerer der Stadt Wien stellt in Empfang.

Item von Benedicten F r o n l e i t n e r von seinem hawss an Sand Petersfreithof gelegen, das weilent herrn Fridrichen Ehmer gewesen ist 10 guiden Hungrisch per 11 β ₰ facit . . . . . . 13 ℔ 6 β ₰.

(Oberkammeramts-Rechnung vom Jahre 1509, Empfang Fol. 18ᵇ.)

Ein Haus und Zuhaus Friedrich Ebmers am Saund Peters-Freithof befand sich im Jahre 1513 im Besitze von Sigmund Städlers Erben nach Camesina (Berichte und Mittheilungen des Alterthumsvereins VIII, XCII) ident. mit der heutigen Orientirungs-nummer Petersplatz Nr. 11 (Eckhaus in die Milchgasse und Tuchlauben.)

5. 1510 den 17. Juni.

Hanns Gunnser, burger zu Wienn hat empfangen nutz und gwer aines hauss mit seiner zugehörung hie am Saltzgriess an der Vischerstieg underm Braghaus mit ainem tail zunachst Pauln Tumlers haus gelegen, allso dasselb haus vonn dem ersamen weisn hrn Benedictn F r o n l e i t n e r die zeit ainen des rats der stat Wienn umb 400 phund phening gueter landswerung in Osterreich ann den gemelten Gunser mit khauf khumen ist, furbaser seinen nutz und frumen damit zu hanndln und ze thuen, wie ime verlusst, doch das

mit der stat Wienn davon geliten werde alls von andern burger-
heusern daselbs.

Actum am montag nach Viti anno et supra X^{mo}.

Suma media pars 1 $\mathcal{U}$ 5 β 10 δ; alter pars

(Grundb. E. Fol. 552^a.)   nihil persolvit propter officium.

6. 1516 den 18. Juni.

Benedict Fronleiter, burger zu Wienn hat emphangen nutz
und gwer eines hawss hie zu Wienn am Hohenmarkht genannt
Anndreen von Meron haws mit ainen tail zunegst Bernharden
Prunnhofer[2]) des leinwater haws gelegen, darumb vormallen fraw
Clara des edlen vessten Eberharden Marschalch zu Reichenaw
hausfrau nutz und gwer geschriben gestanden, als das bestimbt
haws von der yetzgenannten frawen Clara mit kawff umb 2300 $\mathcal{U}\delta$
guter lanntswerung in Osterreich an den obgenannten Benedicten
Fronleitner und sein erben khomen ist, furbaser seinen nutz und
fromen damit ze hanndln wie in verlust, doch das mit der stat Wienn
davon geliten werde als von hewsern daselbs, ut littera sonat. Actum
mitichen post Viti anno etc XVI^{to}.

Summa facit 19 $\mathcal{U}$ 1 β 10 δ.

(Hier fehlen die sonst üblichen Bezüge auf spätere Eintragungen
bezüglich desselben Hauses.)

(Grundb. E. Fol. 701^b.)

7. 1522. Benedict Fronleittner Mitglied des „innern rath"
an siebenter Stelle unter 18.

(Cod. Hofb. 8019 Fol. 53^b; darauf folgt auf 54^a das Verzeichniss
für 1527, in dem er fehlt.)

8. 1522. Der Oberkämmerer der Stadt Wien verrechnet unter
Rubrik Ausgaben: Von gnadn nach geschefft des rats fur
letz und hofgwant:

(Fol. 29^b.)

...vom Fronleyttner 6 elln rat Lindisch per 6 $\mathcal{U}\delta$ den geselln
in die cantorey zu kleidern zun ostern . . . . facit 32 $\mathcal{U}\delta$

---

[2]) Das Haus am Hohen Markt Conscr.-Nr. 542 befand sich im Jahre 1536 im
Besitz des Mathias Prunhover (Camesina l. c. Text 8 u. Taf. III).

Item umb ain stukh rat, lanng Nurnberger vom Fronleytner genomen, dem armbrustschützn dorumb zu schiessen per . 12 ᚦ 4 β ᚦ

(Fol. 31ᵇ.)

Item kaufft von Hern Benedictn Fronleyttner 5 stuckh rat, lanng Nurnberger, ains per 12 ᚦ, davon gehn 9 scartknechten ye aim 6 ellen, dem rotmaister 7 elln und zway turnern 13 ellen, und sind vor in empfang 7 elln, die ubermass 5½ ellen sind noch vorhandn, den knabn in die cantrey 2 stuckh . . . .   facit 60 ᚦ ᚦ

(Oberkammeramts-Rechnung vom Jahre 1522. Ausgaben.)

9. 1527. Der Oberkämmerer setzt in Empfang unter Rubrik Empf. Innemen damit man armb junckfrawen verheiratten soll:

3. Post:

Von Benedict Fronnleittner erben, so er jerlichen von seinem hauss an Sannd Peters Freithoff gemainer statt purckhrecht gibt, empfangen . . . . facit 13 ᚦ 6 β ᚦ

(Oberkammeramts-Rechnung vom Jahre 1527. Empf. Fol. 21ᵃ.)

VIII.

Der Wiener Münzverkehr im 16. Jahrhundert.

Studien

von

Dr. Carl Schalk.

(Schluss von Numism. Zeitschr. XVI, S. 89—108.)

III.

Das letzte Drittel und der Münzverkehr bis 1650.

Wenn seit dem Beginne des 16. Jahrhunderts von Seite der die Münzen prägenden Herren die Münzfrage als eine Bergwerksfrage betrachtet wurde [1]), so erschöpfte sich mit dieser Auffassung nicht jene der Münzen gebrauchenden Völker. Diese hatten unter dem Einfluss absolutistischer Regierungsformen überhaupt nicht mehr, wie im Mittelalter, auf den Landtagen in Fragen der Münzverwaltung dareinzureden. Dagegen gelang es auch in dieser Zeit, in der der Wille des Herrschers auf anderen Gebieten nahezu widerstandslos

---

[1]) Newald, Das österr. Münzwesen unter Ferdinand I., 10; derselbe Num. Zeitschr. 17, 171. Die in unsere Zeit fallenden Münzen aus der Münzstätte Wien, soweit sie im Besitze des historischen Museums der Stadt Wien sind, sind verzeichnet in den Mittheilungen des Clubs der Münz- und Medaillenfreunde (Jahrg. 1893) Nr. 36, 37 und 38.

durchzusetzen war, selbst den energischen Herrschern nicht, schlechtem Gelde durch ihre Autorität die Anerkennung von gutem zu verschaffen, oder auch nur den kleinen minderwerthigen Münzen ein, ihrem inneren Gehalt nicht entsprechendes Austauschverhältniss gegen die vollwerthigen zu sichern. An Stelle der factischen Doppelwährung im Mittelalter, die noch die Besonderheit hatte, dass ausländische Goldmünzen, ungarische und rheinische Goldgulden einen integrirenden Theil des Münzsystems bildeten, war zu Beginn des 16. Jahrhunderts mit Maximilian I. die reine Silberwährung getreten. Die vollwerthige Silbermünze wurde nun gleich der minderwerthigen im Lande selbst geprägt. Für die Bevölkerung aber handelte es sich darum, erstens, dass das Austauschverhältniss zwischen vollwerthiger und minderwerthiger Münze richtig dem innern Werthe nach festgestellt und zweitens, dass in den Quantitäten der Ausmünzung auf den Bedarf nach den verschiedenen Münzsorten Rücksicht genommen würde. Nur unter der letzten Voraussetzung lässt sich heutzutage die eigentliche Scheidemünze in legislativ festgestelltem Austauschverhältnisse festhalten. Zu dieser Erkenntniss scheint aber das 16. Jahrhundert so wenig gekommen zu sein, als das Mittelalter, und man erschöpfte sich in ohnmächtigen Versuchen massenhaft in Verkehr gesetzten Pfenningen, Kreuzern und Groschen einen Werth aufzuoctroyiren, den sie nicht besassen und den die Bevölkerung nicht anerkannte.

Als man den Guldengroschen der Münzordnungen, dem das Volk den Namen Thaler gab, schuf, wollte man dem Rechengelde, dem Pfunde oder Gulden einen äusserlich sichtbaren Repräsentanten geben, es sollte Rechenpfund oder Rechengulden und Rheinischer Gulden, effectiv in Silber geprägt (Thaler), sich decken. Für einige Zeit war der ideale Zustand erreicht, der effective Gulden, der Thaler wurde gegen 240 Pfenninge, oder 60 Kreuzer, oder 30 Batzen, oder 20 Groschen in Verkehr genommen. Lange dauerte der Zustand nicht.

In dem Jahre 1572, mit welchem wir unsere Betrachtung beginnen, wurde er bald zu 68 kr. (= 1 fl. 8 kr.), bald zu 70 kr. (= 1 fl. 10 kr.) und ein einziges Stück zu 72 kr. gerechnet.

Aus eben diesem Jahre nun wissen wir, dass der Münzmeister Hartman in Wien Thaler zu 70 Kreuzer nach der Instruction vom

15. Februar 1524 [2]) und nicht die der Reichsmünzordnung des Jahres
1559 entsprechenden Guldenthaler mit der Werthzahl 60 kr.
geprägt habe [3]). Bedenkt man, dass ausser den nach diesen beiden
Instructionen ausgeprägten Thalern auch solche aus der Joachims-
thaler Münze (Instr. vom 30. November 1528), der Prager Münze
(Instr. vom 27. Jänner 1540) und jene mit der Werthzahl 72 (Instr.
vom 28. Juli 1551) umliefen [4]), sämmtliche im Werthe verschieden,
so würde man wohl vermuthen, dass es sich bei der verschiedenen
Bewerthung um Thaler der verschiedenen Prägungen handle und
doch würde man, wie die Oberkammeramts-Rechnungen der Stadt
Wien beweisen, weit irren.

Die Cursdifferenzen innerhalb eines Jahres haben nicht ihren
Grund in Thalern verschiedener Prägungen, sondern der Grund
ist ein rein subjectiver. Das Bedürfniss der städtischen Finanz-
verwaltung ist für die Cursbildung entschieden ausschlaggebend;
nur ein einziges Mal ist in der Rechnung des Jahres 1572 die
Thalersorte charakterisirt, Empfang (Fol. 89[b]): „ain zwenundsiben-
czigthaler" $=$ 1 fl. 1 β 18 δ ($=$ 72 kr.), also ein Thaler mit der
Werthzahl 72 nach der Instruction vom 28. Juli 1551 geprägt.
(Vergl. oben.)

Die communale Finanzwirthschaft bewegt sich vollständig im
Geleise der Privatwirthschaft. Eigentliche Cassenbestände gab es
nicht und wenn die Raten der Staatssteuer ins Hubhaus oder die
der Landessteuer in das Landhaus [5]) abzuführen waren, war häufig

---

[2]) Numism. Zeitschr. 17, 199. Die Münzordnung zuerst abgedruckt in
Nentwich's Numismat. Blätter Jahrg. II, Nr. IV, S. 26. Nach dieser Münzordnung
sollten 9³/₄ silberin guldiner auf die 14 lot 1 quint u 1 dgt feine Mark gehen.

[3]) Röm. Kay... May... Neue Müntz Ordnung.. Edict zu Wienn alles im
Jahr M·D.LX auffgericht und ausgangen.
Gedruckt zu Wien in Osterreich durch Michael Zimmermann in S. Annen-
hof. Anno MDLX.

[4]) Newald, Münzw. F. I. 100. Diese Münzordnung erschien im Drucke:
„Römischer Auch zu Hungern und Behaim etc. Khünigklicher Majestat
Ertzherzogen zu Osterreich etc. Newe Müntzordnung. Sampt Valvierung der
Gulden und Silberin Müntzen Und darauff ervolgtem Edict zu Wienn alles im
Jar MDLII aufgericht und ausgangen.
Gedruckt zu Wienn in Osterreich durch Hanns Syngriener.

[5]) Die stehenden Rubriken sind: „Auf die schatzsteur in das huebhausz"
und „Aussgab auf die landsteur".

kein Geld in der Casse. Mitglieder des inneren Rathes mussten aushelfen, oder man wendete sich an dem Rathe bekannte Personen. Manchmal fand man auch keinen Creditgeber, der den Betrag vorgeschossen hätte, und so konnte es geschehen, dass im Jahre 1589 auf Anhalten der Landschaft der Bürgermeister, drei Herren des inneren Rathes und der Handelsmann Michael Starczer wegen schuldigen Ausstands der Stadt am 29. August in die Burg citirt wurden, wo sie bis zum 16. September und von diesem Tage an bis 23. September im Rathhause im Arrest verbleiben mussten, wo Starczer starb. (R. d. J. 1589 Ausg. Fol. 219ᵇ.)

Dieses drastische Beispiel, das die Verlegenheit der städtischen Finanzorgane zeigt, gibt den Schlüssel zur Erklärung der Cursdifferenzen innerhalb eines Jahres.

War man in Verlegenheit, so musste man dem Darleiher einen höheren Curs bewilligen, in dem eine Art Extraverzinsung lag[6]); der Finanzbeamte des Landes nahm die Thaler zu schlechterem Curs und die Stadt erlitt einen Verlust.

Manchesmal mag aber auch der Finanzbeamte des Landes in Geldverlegenheit und froh gewesen sein, das städtische Geld zu sehen, und ·er bewilligte einen besseren Curs, so dass der städtische Oberkämmerer einen Cursgewinn verrechnen konnte.

Belege aus der Rechnung des Jahres 1575.

(Empf. Fol. 230ᵃ)

Als auch am 26ᵗᵉⁿ januar, wie in der aussgab zu sehen (Fol. 259ᵃ) an gemainer stat Wienn 74 järigen landtsteuer in Unngrischem weissem gelt auch ducaten und talern 6000 ℔ ₰ entricht und bezalt worden; weyl aber die taler samentlich zu 10 β₰ (= 75 kr.) das Unngrisch weiss gelt für vol und die ducaten zu 15 β₰ (= 112 kr.

---

6) Beleg dafür Ob. K. R. 1590 Empf. Fol. 74ᵃ: Den 18. junii erlegt...herr Tranquillus und seine gebrüeder De negre handelssleut von Pillia auf mein bittlich ansinnen zu sondern gemainer stat unvermeidlichem notthurft 1800 taler, so ich auf mündlicher bevelch solcher gestalt angenomen, das ihnen diselben auf nägst khünftig Bartholomey für jeden taler Teutsch gelt 70 kr... bezalt werden sollen, im fahl aber die bezalung auf bestimbten termin nit gelaist wurde, das ihnen auf den lesten september diss jars jeder taler per 72 kr. berürter Osterreichischer werung bezalt werden solle.

2 ₰) angenummen worden, gebürt mir demnach den gewin, so
gemainer stat hieraus ervolgt, alhie für emphang zu seczen. Und
sein erstlich gewesen: 163 tölpeltaler, so mir von den Vachterischen
erben, jeder per 80 kr. im inventario übergeben, aber nur zu 10 β
(= 75 kr.) im lanndthauss wie ander taler angenummen worden.
Dann verner auch 1500 Unngrisch fl. weiss gelt, so von Geörgen
Khottler, Mathesen Schniebicz und Hanns Reichardten für vol und
zu 10 β (= 75 kr.) dargelihen worden, an welchem allen khain
gewin ervolgt.

Item sein auch 410 stukh Ungrische ducaten in golt, welche
von merlai orten jeder per 108 kr. aingenummen und zu 15 β
(= 112½ kr. [7]), daran gewin an jedem stuckh 18 ₰, thuet 30 fl.
6 β ₰, von 62 stuckh „72er taler" an jedem stuckh 12 ₰, thuet 3 fl.
24 ₰, mer von talern, so im ambt vom Herrn Praundtner, Mathes
Weniger, Marthin Puschmann und Babo Geörgen zu 71 kr. eingenummen, deren 1419 stuckh gewesen, ist der zuestand an jedem
stuckh 10 ₰, bringt 94 fl. 4 β 24 ₰, und so hab ich auch 1041
stuckh taler, welche zeainziger weis im ambt zu 70 kr. eingenumben
worden gehabt die ebnermassen zu 10 β (= 75 kr.) angenomen und
davon zuestandt an jedem stuckh 20 ₰ ervolgt, thuet 86 fl. 6 β ₰, und
also aller gewin an ermelten talern und munz 215 ₰ 1 β 18 ₰. Weyl
aber, wie anfangs gemelt die 163 tölpeltaler mir im inventario zu
80 kr. übergeben und nur zu 75 kr. im landhaus angenummen,
bringt der verlust an jeden 20 ₰ und in ainer summa 13 ₰ 4 β 20 ₰
solche summa von bemelten 215 fl. 1 β 18 ₰ abgezogen, bleibt noch,
so mir für empfang zu verraiten gebur . . . . fl. 201 β 4 ₰ 28.

(Empf. Fol. 232[a].)

Ferner hab ich am 5ten tag martii inn ainer ersamen lanndtschaft einnemberambt alhie 2500 fl. an der einfachen und so vil
auch an der topelten zapfmas und am 11ten martii hernach in abschlag der landtsteuer 1600 ₰ ₰ entricht und bezalt, bringt zusam
6600 fl. Solche suma ist alles Ungrisch gelt und taler für vol gerait
gewesen, das ist den Ungarischen gulden oder taler per 10 β ₰
(= 75 kr.) bringt derhalben gemelte summa in Ungrischem werdt

---

[7] Oder 112 kr. 2 ₰.

5280 fl. [8]) Under disen 5280 fl. Unngrisch sein gewesen 800 taler, so Steffan Axinger am 19ten februarii dits jars, item 1000 taler, welche Mathes Schniebitz auch an benenntem tag und 1200 taler, die Michel Rorer, burgerssohn alhie am 12[ten] martii dargelihen, thun also die 3 possten, so zu 10 β (= 75 kr.) entlehnt worden 3000 taler, welche von obgemelter summa, weil khain gewin daran zuegestandten, abzuziehen sein, bleiben noch 2280 taler, darunder 1000 taler, so ich von herrn Dauiden Launngen auf ein monat lang jeden per 71 kr. entlehent, die ich ime mit münz wider bezalt, bringt also der überschuss davon an jedem stuckh 16 ₰ gerait 66 fl. 5 β 10 ₰ und von den ubrigen 1280 stuckhen ist an jedem besonder 20 ₰ gewin erfolgt, macht 106 fl. 5 β 10 ₰, und beides zusam in ainer suma . . . . 173 fl. 2 β 20 ₰

(Empf. Fol. 233[a].)

Den 3ten tag junii ist durch meinen remanenzer Gregorn Perger, als ich in gemainer stat gescheften zu Praag gewesen, auf bevelchen des herrn burgermaisters 4000 fl. Rein. an der topelten zapfmass inns landthaus erlegt; solch gelt ist durch herrn Christof Wittiber in lauter taler, jedes per 71 kr. verwexlet worden, sein an der zal 3200 gewesen, dieselben ain ersame landschaft, jeden per 10 β (= 75 kr.) angenummen, ist also an jedem stuckh 16 ₰ gewihn zuegestanden, der mir alhie für emphang zu verrayten gebürt, thuet von 3200 stuckhen in ainer summa fl. 213 2 β 20 ₰.

(Empf. Fol. 233[b].)

Am 19ten augusti dito 75ten jars sein durch mich an der ainfachen zapfmass bestandt, wie in der aussgab fol. 256 zu finden 1432 ₰ und an der topelten zapfmass 3000 ₰ in tallern und weissem Unngrischen gelt zu 10 β (= 75 kr.) und also in Ungrischem werdt gerait, benenntlich 3545 taler 60 ₰ Ungr. ainer ersamen lanndtschaft in Össterreich under der Enns zu deroselben einnembers hannden bezalt worden. Solch Unngrisch gelt und taler hab ich nachvol-

---

[8]) Der ungarische Rechengulden, der sich mit dem effectiv ausge-prägten Thaler deckte, wurde zu 100 ung. ₰ gerechnet. Vergl. Num. Zeitschr. 17, 225. In unserem Falle $\frac{6600 \times 60}{75} = 5280$.

gundter gestalt zusamengebracht. Erstlich am 19ten julii hievon emphienng ich von Steffan Axinger, burger alhie 800 taler zu 10 β (= 75 kr.), wie im enntlehenten gelt zu sehen, eodem aus der steur weiss Ungrisch gelt in zwaien seckhen 656 fl., thuet Unngrisch oder thaler 524 fl. 80 ₰ Ungr. [9] Item lich Joachim Türgkh kh. gn. erzherzog Carls zu Össterreich phenningmeister auf ain monnat lang one interesse in weissem gelt 500 fl., thuet Unngrisch 400; verner den 24ten julii herr Mathes Schiebicz 1000 taler in Unngrischem werdt.

Item sein in dieser summa auch gewesen 400 ₰ ₰ schuldbrief gemain anlehen, so von Paczischen, Stroblischen und Poschischen erben an gemaine stat khumen, welche dem einnember ut ratschlag für baar gellt gelegt worden, thun in Unngrischem werdt gerait 320 taler und also Unngrisch gelt und taler, daran gemeiner stat khain gewin zuegestandten 3044 fl. 80 ₰ Ungrisch, darauf ich, so zeaincziger weis im ambt gefallen, 80 Unngrisch ₰ gelegt, hat die summa gebracht 3045 taler 60 ₰ Ungrisch. Die übrigen 500 taller sein inns amt von merlai orten nur zu 70 kr. eingenummen worden, und weil dieselben (wie gemelt) zu 10 β (= 75 kr.) in aussgab gebracht, secz ich von jedem stuckh gewihn 20 ₰, facit 41 fl. 5 β 10 ₰.

(Empf. Fol. 235ᵃ.)

Item am 3ten octobris zalt ich in einer ersamen landtschaft einnemberamt alhie in abschlag gemainer stat Wienn topelten zapfmasbestand 3556 ₰ 2 β 20 ₰, darunter Unngrisch müncz und taler gewesen 1042 stuckh und 40 ₰ Ungrisch, thun zu 10 β (= 75 kr.) den thaler gerait 1303 fl. Rein. Wan nun under den talern 118 stuck gewesen, deren jeder auf 72 kr. geschlagen und doch wie gemelt zu 10 β (= 75 kr.) ausgeben, bringt der gewin von jedem stuck 12 phenning und zusam 5 ₰ 7 β 6 ₰ und von denen übrigen 924 stuckhen, welche mir zu 70 kr. inns ambt worden, an iedem besonder 20 ₰ erhalten, thuet 77 ₰ und zu dem vorigen in ainer summa 82 fl. 7 β 6 ₰.

---

[9] Also 170 Ung. ₰ = 1 fl. Ung. oder taler = 300 öst. Pfenn. = 75 österr. Kr.

Es kann wohl nach den angeführten Beispielen, die gerade die Rechnung des Jahres 1575 in reicher Anzahl bietet, kein Zweifel sein, wie man sich die Cursschwankungen innerhalb eines Jahres zu erklären habe, da dieselben Stücke zu verschiedenem Curse gerechnet wurden, je nachdem sie im Eingange und Ausgange der Rechnung erscheinen. Ein Anderes ist es, das Fortbestehen eines Cursansatzes und die Curssteigerung für eine Reihe von Jahren zu erklären. Da ergibt sich nun folgendes:

Vom Jahre 1572 bis 1611 können wir den Curs der Thaler innerhalb der Grenzen von 70 bis 75 kr. als constant betrachten, den Grund der Schwankungen in diesen Grenzen haben wir dargelegt. Die rheinischen Goldgulden, die im Jahre 1599 aus dem Verkehre verschwinden, haben in der Zeit von 1572 bis 1593 den constanten Curs von 75 kr., der dem gleichzeitigen Thalercurse nahe steht. Wie eingangs erwähnt, sind bekanntlich die Thaler als Aequivalent der rheinischen Goldgulden in Silber ausgeprägt worden und scheint die Cursgleichheit wohl auf eine constante Werthrelation von Gold und Silber während des 16. Jahrhunderts zu deuten. Im Jahre 1595 und 1596 steigen sie auf 80 kr., im Jahre 1597 und 1598 auf 84 kr., im Jahre 1599 verschwinden sie überhaupt aus den Rechnungen, sie sind nicht mehr zu bekommen. In analoger Weise erhält sich der Curs der ungarischen Goldgulden oder Ducaten 1572 bis 1593 innerhalb der Grenzen von 105 bis 112 kr. per Stück, um dann im Jahre 1596 den Curs von 2 fl. (= 120 kr.) zu erreichen, den sie bis 1602 behaupten, und um im Jahre 1609, in dem die Thaler noch zu 70 kr. gerechnet werden, schon auf 2 fl. 20 kr. (= 140 kr.) zu steigen. Der Curs hatte sich also seit 1575 von 105 kr. bis 1609 auf 140 kr., also um 35 kr., das ist um 33⅓ Procent erhöht. Das raschere und stärkere Steigen des Ducatens hat seinen Grund in der sich ändernden Werthrelation der Edelmetalle, welche seit Beginn des 16. Jahrhunderts die Tendenz zeigt, sich zu Gunsten des Goldes zu verändern [10]).

Im Jahre 1611 stieg der Curs der Thaler auf 84 kr., um fortan eine noch steigende Tendenz zu bewahren. Einen Grund für diese

---

[10]) Soetbee, Edelmetall-Production und Werthverhältniss zw. Gold und Silber seit der Entdeckung Amerikas in Petermanns Mitth. Ergänzungsband

Erscheinung entnehme ich den fleissigen Forschungen Newalds nicht. Im Gegentheil; Newald constatirt[11]), dass zu Beginn des 17. Jahrhunderts zu Kremnitz die Thaler zu 14 Loth beschickt wurden, während sie im Wiener Münzhause nach der Instruction von 1524 zu 14 Loth 1 G. 1 dgt. Feingehalt ausgebracht worden waren, dass man aber dann auch im Wiener Münzhause Anlass nahm, die in Ungarn zur Verwendung kommenden Thaler nach dem in Kremnitz üblichen leichteren Korn und Schrot auszuprägen. Der Münzmeister Fellner hatte auf Grund der kaiserlichen Resolution vom 30. December 1619 die Thaler gar nur 13 Loth fein auszuprägen, dafür sollten 9³/₄ Stück ein höheres Gewicht (nicht eine Mark), sondern 1 Mark 1 Loth 1 Quint 1³/₁₃ Denargewicht haben; was ihnen an Korn abging, sollte also das Schrot ersetzen.[12]) Es muss also wohl die kleine Münze in jener Zeit noch um ein Erhebliches schlechter ausgeprägt worden sein als bis dahin, da der Curs der s c h l e c h t e r e n Thaler t r o t z d e m stieg.

Im Jahre 1622 und 1623 lebte man in Wien in voller „Kipper- und Wipperzeit", oder wie dies schlechte Geld in Oesterreich genannt wurde, in der Zeit des „l a n g e n G e l d e s"[13]).

57, 126 Tabelle mit der durchschnittlichen ungefähren Werthrelation der Edelmetalle in Deutschland, den Niederlanden und Frankreich:

Jahr	Gold zu Silber	Jahr	Gold zu Silber
1501—1520	10·75 : 1	1601—1620	12·25 : 1
1521—1540	11·25 : 1	1621—1640	14 : 1
1541—1560	11·30 : 1	1641—1660	14·50 : 1
1561—1580	11·50 : 1	1661—1680	15 : 1
1581—1600	11·80 : 1		

[11]) Num. Zeitschr. 17, 259.

[12]) Num. Zeitschr. 17, 374. Der Werth eines solches Thalers stellt sich auf 2 fl. 30·7 kr. (ebenda 376) während der nach der Münzordnung von 1524 ausgeprägte einen solchen von 2 fl. 31·2 kr. hatte.

[13]) Num. Zeitsch. 12, 244 ff.

[14]) Ueber dasselbe Newald in Num. Zeitschr. 13, 88 ff.

So wie aber der Höhepunkt der Schinderlinge von einer Zeit allmählichen Sinkens der kleinen Münze vorbereitet wurde, warf auch das „lange Geld" [14]) seine Schatten voraus. Schon mit dem Jahre 1615 beginnt der Thalercurs zu steigen, um mit dem Jahre 1620 die Höhe von 2 fl 8 kr. (= 128 kr.) zu erreichen, der Ducaten stand auf 3 fl. 30 kr.

Erinnern wir uns, dass in den Beginn des 17. Jahrhunderts die Verleihung von Münzbefugnissen an einzelne durch Reichthum und Stellung hervorragende Insassen der Erbländer fällt, dass wir in die Zeit der Herrenmünzen gelangt sind.

Die Reihe dieser bedauerlichen Verleihungen von Privat-Münzbefugnissen wurde eröffnet durch das an Carl Herrn und Regierer des Hauses Liechtenstein am 7. Juli 1607 gegebene Münzrecht, diesem folgte die Münzbefugniss für den Grafen Paul Sixt Trautson aus dem Jahre 1615 und die für den Grafen Georg Friedrich Hardegg aus dem Jahre 1618. So erklärt es sich, dass im Jahre 1621 in der Rechnung geschieden wird zwischen Thalern schlechtweg, die mit 2 fl. 20 kr. und Reichsthalern, die in den Rechnungen hier zumeist erscheinen, die mit 3 fl. 15 kr. bewerthet werden.

Im Jahre 1623 stellt der Oberkämmerer unter Rubrik „Abgang und böss geldt" (Sammler Ausg. Fol. 234ª) am 8. Juni Folgendes in Ausgab:

„Nachdem bey yeczigen gefärlichen zeiten [15]) allerlai münzsorten im schidung gangen, welche palt gangbar und palt verwerflich und unannemblich gewesen, also das fast meniglich angestanden und niemandts wissen khönnen weliche münzsorten ungangbar oder verpoten werden möchti, dannenhero sich nach beschehener publicirung der münz nemblichen in verpottnen groschen, Brandenburgerischen vierundzwaingiern und Salzburger zwölfern vermüg nebenligunder specification in den steuer: und mauthambteren sowoln bey dem grundbuech auch thails in dem obercammererambt (so ich auf verordnungen annemben müessen) 4651 gulden sich befundten, und ob ich zwar noch denn neunten martii dises jahr solches ainem loblichen stattrath schriftlichen fürgetragen und den darbei besor-

---

gunden verlust vermeldet, hat mir ain edler und hochweiser stattrath auf ergangnen rathschlag dise schlechte munz noch lenger aufzubehalten auferlegt. Also sich nun under solcher zeit ainiches mittl, wie etwo dieses geldt ohne schaden herauszubringen weder bey christen noch juden nit erzaigen wollen ist mir mündtlichen anbevohlen worden, aufs höchst und beste die verwexlung mit ainem juden, alss die am maisten darumben geben, zu thuen. Welchem ich gehorsamblichen nachkhommen und hat sich der verlust diser verpottnen münzsorten in allem auf 1799 fl. 7 β 18 ₰ beloffen.

Ueber die Entwerthung, die das „lange Geld" traf, eine Bezeichnung, die in der Kammeramtsrechnung des Jahres 1628 an einer Stelle (Aush. Fol. 231ᵃ) vorkommt, gibt folgende Stelle aus der Rechnung des Jahres 1624 (Sammler Ausg. Fol. 224ᵇ) Aufschluss:

Den 18. Dec. stell, ich hiemit in mein aussgab:

Nachdem von ainem edlen hochw. stattrath mir mündtlichen anbevohlen worden, das ich in beisein herrn Balthasarn Doppelhemer und herrn Johann Haringshausers, beeden des innern raths, weilent Leopolden Garttners gelassner erben in der eisernen truhen im rathhauss deposetiertes gelt, darunder thailss ducaten, darauss die rathspfenning gemacht worden, und andere münzsorten gewesen, erheben, verwexlen und anders gelt sovil die munzzetl betroffen, deponiern und erlegen solle, deme ich also gehorsam nachkhommen und solche verwexlung in beisein obgedachter beeder herrn gethann. Wann dann berüertes der Garttnerischen erben depositum anfangs in guetem gelt an der summa sich auf 1413 fl. erstreckhet und durch diese verwexlung und nachmalss fürübergangene münztallierung mehrers nit in guetem gelt dann 449 fl. 5 β ₰ verpliben. Wider welche ausswexlung sich ernente erben zum höchsten beschwärt in allweg bedenkhung gemainer statt dieser schaden zu leiden gebüren thue..."

In der That erkannten die drei Herren das Berechtigte der Forderung an und referirten in diesem Sinne an den Rath, der den Ersatz mit 963 fl. 5 β 10 ₰ beschloss.

Im Jahre 1624 war man zu normalen Münzverhältnissen zurückgekehrt, Beweis dessen, dass der „Abgang und böss gelt" (Ausg.

Fol. 199ᵃ bis 200ᵇ) nur mehr einen Verlust von 113 fl. 5 β 2 ₰ ausweist.

Das „lange Geld“ umfasste die Jahre 1622 und 1623, der Thaler schlechtweg erreichte 4 fl. 30 kr., der Reichsthaler 5 und 6 fl. der Ducaten 9, ja 11 und 12 fl. Im Jahre 1624 war der Reichsthaler auf 1 fl. 30 kr. (= 90 kr.), der Ducaten auf 2 fl. 20 kr. bis 3 fl. zurückgekehrt, Curse, wie sie im Jahre 1617 nachweisbar sind. Der Reichsthalercurs blieb dann von 1624 bis 1649 constant auf 1 fl. 30 kr., der Ducatencurs dagegen stieg im Jahre 1625 auf 2 fl. 45 kr. blieb dann auf dieser Höhe bis 1634, um 1635 bis 1649 auf 3 fl. constant zu bleiben.

Schon in der Instruction vom 28. November 1623 ¹⁶) für den Münzmeister Zweiner (Feingehalt 14 Loth 1 Quentel und 9³/₄ Stück per Mark) und in der identischen vom 17. August 1639 ¹⁷) kehrte man im Wesentlichen — Vernachlässigung des Denargewichtes — auf die Münzordnung von 1524 zurück, die auch für die Folge im 18. Jahrhundert bis 1753, dem Conventionsmünzfusse maassgebend blieb ¹⁸).

Eine eigenartige Erscheinung lässt sich frühestens im Jahre 1633 nachweisen, nämlich nicht eine Steigerung des Curses, sondern unter Beibehaltung des bisherigen Curses Berechnung einer Aufgabe. Es wurde (Ausg. Fol. 167ᵃ) dem Pater Hannss der Societät Jesu für Dedication eines Buches 100 Reichsthaler in s p e c i e zu präsentieren beschlossen..., weillen aber nicht reichsthaller vorhanden gewessen, dieselben eingewechsslet u n d auf jeden 2 kr. aufgab r a i c h e n müessen, so 3 fl. 2 β 20 ₰ gebracht... suma fl. 153 β 2 ₰ 20.

Derartige Beispiele lassen sich aus dieser und anderen Rechnungen bezüglich der Thaler und Ducaten beibringen. Derartige Stellen sind belehrend für die Erklärung der Entstehung e i n e s R e c h e n g e l d e s.

Alle Ansätze von Rechengeld repräsentiren factische Relationen, die zu einer bestimmten Zeit wirklich stattgefunden haben. So haben zu einer bestimmten Zeit thatsächlich 240 ₰ ein Pfund und 160 eine Mark Feinsilber ausgemacht, 60 kr. machten einmal effectiv

¹⁶) Blätter des Vereins für Landeskunde. N. F. 16 (1882), 118.

¹⁷) Ebenda, 143.

¹⁸) Berichte und Mittheilungen des Alterthum-Vereins 20, 30 ff.

einen Rheinischen Goldgulden aus und gaben Veranlassung zur
Entstehung des Rhein. Gulden genannten Rechenguldens. Da der
Thalercurs seit dem Jahre 1624 constant 1 fl. 30 kr. ausmacht,
gewöhnte man sich an den Curs derart als einen Normalcurs, dass
man nicht beim Steigen von einem Curs von 1 fl. 32 kr. sprach,
sondern unter Festhaltung des 1 fl. 30 kr. Curses als Normalcurs
die Steigerung um 2 kr. als „aufgab“ auswies.

Zu erwähnen ist ferner die in den Rechnungen hie und da vorkommende Berechnung nach dem Ungarischen Rechengulden oder
Rechenthaler in der Höhe von 100 Ungarischen Pfenningen, die mit
einziger Ausnahme 300 österr. Pfenningen gleichgerechnet wurden.
Nur im Jahre 1611 (Rubrik: „Pöss geld“ fol. 163 und 164) nahm
man „3 Ungerisch nit anders als für 2 kr.“

Es waren also in der Regel 100 Ung. β = 75 kr., also 300
Ung. β = 225 kr., während im Jahre 1611 300 Ung. β = 200 kr.
gerechnet wurden, also um 25 kr., das ist 11·11 Procent minder
bewerthet wurden.

Eine andere Beobachtung ist die, dass die im Verkehre befindlichen Ducaten häufig unter dem Gewichte waren, wichtig für
Schlüsse aus dem Gewichte alter Ducaten. Es wurden bekanntlich
seit dem Jahre 1575 bis 1749 alljährlich sogenannte Rathspfennige
in Gold, unsere Salvatormedaillen als Emolumente für die Gemeinde-
functionäre anfänglich im Gewichte zu 8 und 6 Ducaten später zu
12 und 10 Ducaten zur Vertheilung zu Neujahr geprägt. Zu diesem
Zwecke kaufte man Ducaten an, wenn solche nicht aus den Steuern
der Casse zuflossen. Da man nun die Rathspfennige zu genau
richtigem Gewichte ausprägen wollte, ergab sich oft die Nothwendigkeit, zur Completirung des Gewichtes einige Ducaten mehr
anzuschaffen, als man zahlenmässig nothwendig hätte anschaffen
müssen, wenn alle dem Verkehre entnommenen Stücke vollwichtig
gewesen wären.

Von münzgeschichtlichem Interesse sind unbedingt auch Ver-
mögens- und Casseninventare. In der Oberkammerrechnung des
Jahres 1572[19]) finden wir (Empf. Fol. 34ᵃ) eine Specification

---

[19]) Vergl. mit den folgenden Verzeichnissen die Zusammensetzung des
aus der Zeit um 1575 stammenden Meidlinger Fundes in Mittheilungen des
Club der Münzfreunde (Jahrg. 1893) Nr. 40.

„des paren gelts aus weilend Haunsen Wilhalmens verlassung herruerendt".

In Hungerischer münz und soldin 28 fl. 57 ₰ Hungerisch
zu 10 β macht   Rheinisch 35 fl. 5 β 21 ₰
In zwayern . . . . .10 „ — „ — „
Item 43¹/₂ taller zu 70 kr. rhein. . . . . . .50 „ 6 „ — „
In phundtnern, putschändl, Wiener pheningen,
allrlay . . . . .38 „ 2 „ 2 „
In allerlay Wällischer münz . . . . 3 „ 6 „ 12 „
In töllpltallern ganz und halben stucken . . . 9 „ 2 „ 20 „
16 chreuzducaten zu 100 kr. macht . . . .26 „ 5 „ 10 „
12 stuckh cronnen zu 92 kr. macht . . . .18 „ 4 „ — „
Ain stuckh toppeltducaten zu 28 β₰ macht . 17 „ 4 „ — „
Ain stuckh Ungerisch goldt zu 108 kr. macht 1 „ 6 „ 12 „
Ain Francösische cronnen zu 96 kr. macht . 1 „ 4 „ 24 „
Ain stuckh Salzburger gold per . . . . . . 1 „ 6 „ — „

Das städtische Inventar weist im Jahre 1578 Schluss an Baargeld (Rechnung von 1579 nicht signirtes Folium) aus:

In Groschen . . . . .200 fl. — β — ₰
 „ zwykreitzern . . . . .220 „ — „ — „
Mergroschen . . . . .200 „ — „ — „
In tallern . . . . 373 stuckh
 „ ducaten zu 108 kr. . . . . 14 „
 „ cronen zu 92 kr. . . . . . 19 „
 „ creitzducaten zu 100 kr. . . 12 „
Mer Salzburger zu 14 β₰ . . 12 „
Reinisch goldgulden . . . . . 4 „
Mer in groschen . . . . .170 „ — „ — „
In zwykreitzern . . . . .164 „ — „ — „
Mer . . . . 10 „ 8 kr.

Summa facit . . . 1499 fl. 5 β 2 ₰

Zu Ende des Jahres 1579 setzte sich das Baargeld wie folgt zusammen (Rechnung von 1579 Ausg. Fol. 189ᵇ):

20 stuckh vierfach goldtcronen, jeder kronen
per 96 kr. facit . . . . 128 fl. — β — ₰

In Ungerischen ╪ 12 stukh, jedes per 108 kr. 21 „ 4 „ 24 „

2 Salzburger ╪, jeder zu 14 β ₰ . . . . . . 3 „ 4 „ — „

24 stuckh guet und pess goldgulden jeder per
10 β ₰ . . . . 30 „ — „ — „

38 stuckh guet und pöss cronen, jede per
92 kr. . . . . 58 „ 2 „ 4 „

Zechner . . . . 185 „ — „ — „

Groschen . . . . 134 „ — „ — „

Zwickhreutzer . . . . 25 „ — „ — „

Pfundtner und 72ᵉʳ taller . . . . 26 „ — „ — „

In tallern 49 stuckh . . . . 57 „ 1 „ 1 „

In halbpatzen . . . . 40 „ 4 „ — „

In groschen . . . . 38 „ — „ — „

In allerlay groben geld . . . . 79 „ 7 „ 6 „

In zechenern und andern geld . . . . . 109 „ 4 „ 12 „

Khlain geld iu peutlen . . . . 60 „ — „ — „

Mer khlain geld . . . . 354 „ 3 „ 6 „

Item in ainem säckhl grob geld . . . . . 14 „ — „ — „

Summa . . 1495 fl. 3 β 2 ₰

Es bleibt noch eine Frage zu beantworten, die nach der Umrechnung des alten Geldes in unser modernes.

Den Ausgangspunkt muss nach Newalds Forschungen der Münzfuss des Jahres 1524 bilden, auf den man immer und immer wieder zurückkehrte.

Da der Thaler nach diesem Münzfusse mit einem inneren Werthe von 2 fl. 31·2 kr. (Numism. Zeitschr. Bd. 13, S. 282) ausgebracht wurde, berechnet sich danach bei einem Thalercurs von in Kreuzern, der Kreuzer mit $\dfrac{2·312 \text{ fl.}}{n}$, der Pfenning mit $\dfrac{2·312 \text{ fl.}}{4\,n}$, der Gulden mit $\dfrac{60 \times 2·312 \text{ fl.}}{n}$.

Tabelle

des

Curses der Thaler, rheinischen Goldgulden und ungarischen Goldgulden in kleiner Münze.

Jahrgang der Wiener Ober-kammeramts-Rechnung.	Thaler	Rheinische Goldgulden	Ungarische Goldgulden oder Ducaten
Jahr 1572—1599, dem Jahre, in welchem keine rheinischen Goldgulden mehr zu bekommen sind.			
1572	zu 68 kr.: 1200 Thaler (9 Fälle) zu 70 kr.: 70 Thaler (4 Fälle) zu 72 kr.: 1 Thaler (1 Fall)	23 Stück à 75 kr.	20 Stück à 108 kr. 1 toppl. ✛ 3 fl. 4 β ⌇ [20])
1573	zu 66 kr. 2 ⌇ (1 Fall) zu 70 kr. (9 Fälle) zu 72 kr. 2 ⌇ (1 Fall)	23 Stück à 75 kr.	5 ✛ à 106 kr. 20 ✛ à 108 kr.
1575	zu 70 kr. (zahlreiche Fälle) zu 71, 75, 80 kr.	zu 75 kr.	1 Gold fl. zu 82 kr. 2 ⌇ [21]) ✛ zu 105, 106, 108 kr.

[20]) Vergl. Tabelle bei Becher I/2, S. 5 vom Jahre 1582 an, vergl. auch die Tabelle bei Soetbeer l. c. 123.

[21]) Post aus früherer Zeit.

Jahrgang der Wiener Ober- kammeramts- Rechnung.	Thaler	Rheinische Goldgulden	Ungarische Goldgulden oder Ducaten
1577	zu 70, 71, 75 kr.	zu 75 kr.	—
1578	zu 70 kr. (zahlreiche Fälle) zu 71, 72, 75 kr.	zu 75 kr.	zu 108 kr. zu 113 kr.
1579	zu 70, 71, 72, 75 kr.		zu 108 kr. zu 110 kr.
1580	zu 70, 71, 75 kr.	zu 75 kr.	zu 105 kr.
1581	zu 70, 71, 75 kr.	zu 75 kr.	zu 110 kr.
1583	zu 70, 71, 75 kr.	zu 75 kr.	zu 110 kr.
1584	zu 70, 71, 75 kr.	zu 75 kr.	—
1585	zu 70, 71, 75 kr. ·	zu 75 kr.	zu 110 kr.
1586	zu 70 kr.	zu 75 kr.	zu 110 kr. zu 111 kr.
1587	zu 70, 72, 75 kr.	zu 75 kr.	zu 110 kr.
1589	zu 70 kr. (zahlreiche Fälle) zu 71 kr. (1 Fall)	zu 75 kr.	1 Ung. fl. zu 82 kr. 2 ♪ [22]) (1 Fall) 1 ✠ zu 110 kr. (3 Fälle) 1 ✠ zu 112 kr. (3 Fälle)
1590	zu 70 kr. (zahlreiche Fälle) zu 72 kr. (1 Fall)	zu 75 kr.	1 ✠ zu 112 kr. (6 Fälle)

[22]) Eine Post aus früherer Zeit.

Jahrgang der Wiener Ober- kammeramts- Rechnung.	Thaler	Rheinische Goldgulden	Ungarische Goldgulden oder Ducaten
1592	zu 70 kr. (zahlreiche Fälle)	zu 75 kr.	1 ✠ zu 112 kr. (4 Fälle)
1593	zu 70 kr. (zahlreiche Fälle)	zu 75 kr.	1 ✠ zu 112 kr. (4 Fälle) 1 Doppel ✠ 3 fl. 5 β 26 ₰
1595	zu 70 kr. (zahlreiche Fälle)	zu 80 kr. wie sy dann (31./XII.) diser zeit anders mit zu bekommen und im gang sein.	1 ✠ zu 114 kr. (1 Fall) 1 ✠ zu 116 kr. (1 Fall) 1 ✠ zu 118 kr. (1 Fall)
1596	zu 69 kr. 2 ₰ (1 Fall) zu 70 kr. (11 Fälle) zu 72 kr. (1 Fall) zu 73 kr. (1 Fall)	zu 80 kr.	1 ✠ zu 2 fl. (= 120 kr.) (2 Fälle)
1597	zu 70 kr. (7 Fälle) zu 72 kr. (1 Fall)	zu 84 kr.	1 ✠ zu 2 fl. (2 Fälle)
1598	zu 70 kr. (zahlreiche Fälle) zu 72 kr. (1 Fall) zu 73 kr. (1 Fall)	zu 84 kr.	1 ✠ zu 2 fl. (4 Fälle)

Jahrgang der Wiener Ober- kammeramts- Rechnung.	Thaler	Rheinische Goldgulden	Ungarische Goldgulden oder Ducaten
1599	zu 70 kr. (zahlreiche Fälle) zu 73 kr. (1 Fall)	Die übliche Schenkung an die Frauen der Gemeindefunctionäre zu Neujahr von rhein. Goldgulden unterbleibt, „weilen sie anyezo nit zu bekhomen gewest“.	1 ✠ zu 2 fl. (3 Fälle)

Jahr 1600—1610.
Steigender Ducatencurs.

Jahrgang der Wiener Ober- kammeramts- Rechnung.	Thaler	Ungarische Goldgulden oder Ducaten
1600	zu 70 kr.	zu 2 fl.
1601	zu 70 kr.	zu 2 fl.
1602	zu 70 kr.	zu 2 fl.
1603	zu 70 kr.	zu 2 fl. (1 Fall) 1 ✠ per 2 fl. 3 kr., in bedenkung, das dieselben 4 jar in hocherm wert und nit zu bekhomen sein (5 Fälle)
1604	zu 70 kr.	1 ✠ zu 2 fl 3 kr., weyllen dise ✠ anyezo in hocherm wert · (1 Fall)
1605	zu 70 kr.	1 ✠ zu 2 fl. 4 kr. (7 Fälle)
1606	zu 70 kr.	1 ✠ zu 2 fl. 7 kr. (4 Fälle)
1607	zu 70 kr.	zu 2 fl. 10 kr. (4 Fälle)

Jahrgang der Wiener Oberkammeramts-Rechnung	Thaler	Ungarische Goldgulden oder Ducaten
1608	zu 70 kr. (4 Fälle) „ 80 „ (1 Fall) „ 82 „ (1 „)	zu 2 fl. 15 kr. (4 Fälle)
1609	zu 70 kr.	zu 2 fl. 20 kr.
1610	zu 70 kr.	zu 2 fl. 13³/₁₀ kr. (1 Fall) zu 2 fl. 15 kr. (mehrere Fälle)

Jahr 1611—1614.
Steigen des Thaler- und Ducaten-Curses.

1611	zu 84 kr.	zu 2 fl. 18 kr.
1612	zu 84 kr.	zu 2 fl. 20 kr.
1613	zu 84 kr.	zu 2 fl. 20 kr.
1614	—	zu 2 fl. 20 kr.

Jahr 1615—1620.
Weiteres Steigen des Thaler- und Ducaten-Curses.
Allmähliches Herannahen abnormer Münzverhältnisse.

1615	zu 85 kr. zu 86 kr.	zu 2 fl. 20 kr. „ 2 „ 22 „ „ 2 „ 26 „
1616	zu 86 kr.	zu 2 fl. 30 kr.
1617	zu 90 kr.	zu 2 fl. 30 kr.
1618	zu 90 kr.	zu 2 fl. 30 kr. und zu 2 fl. 37 kr.
1619	zu 96 kr. zu 2 fl. (= 120 kr.)	zu 2 fl. 40 kr. und zu 3 fl.
1620	zu 2 fl. 8 kr.	zu 3 fl. zu 3 fl. 6 kr. und zu 3 fl. 30 kr.

Jahr 1621.
Auftreten der Reichsthaler in Folge Misscredits auch der schweren Landesmünze.

Jahrgang der Wiener Oberkammeramts-Rechnung.	Thaler	Reichsthaler	Ducaten oder ungarische Goldgulden
1621	zu 2 fl. 20 kr.	zu 3 fl. 15 kr.	zu 3 fl. 30 kr. (1 Fall) zu 7 fl. (1 Fall)

Jahr 1622 und 1623.
Langes Geld.

1622	zu 4 fl. 30 kr. (1 Fall)	zu 5 fl. (1 Fall)	zu 9 fl. (2 Fälle)
1623		zu 6 fl. (1 Fall)	zu 11 fl. (2 Fälle) zu 12 fl. 15 kr. (1 Fall)

Jahr 1624—1634.
Rückkehr normaler Verhältnisse bis zum Seltenwerden der Ducaten.

Jahrgang der Wiener Oberkammeramts-Rechnung.	Reichsthaler	Ducaten
1624	zu 1 fl. 30 kr. (und 90 kr.)	zu 2 fl. 20 kr. (2 Fälle) „ 2 „ 38 „ (1 Fall) „ 3 „ — „ (1 Fall)
1625	zu 1 fl. 30 kr.	zu 2 fl. 45 kr. (3 Fälle)
1626	zu 1 fl. 30 kr.	zu 2 fl. 45 kr.

Jahrgang der Wiener Ober-kammeramts-Rechnung	Reichsthaler	Ducaten
1627	zu 1 fl. 30 kr.	zu 2 fl. 45 kr.
1628	zu 1 fl. 30 kr.	zu 2 fl. 45 kr.
1629	zu 1 fl. 30 kr.	zu 2 fl. 45 kr.
1630	zu 1 fl. 30 kr.	zu 2 fl. 45 kr.
1631	zu 1 fl. 30 kr.	zu 2 fl. 45 kr.
1632	zu 1 fl. 30 kr.	zu 2 fl. 45 kr.
1633	zu 1 fl. 30 kr. 2 kr. aufgab auf jeden	zu 2 fl. 45 kr.
1634	1 fl. 30 kr.	✚ im steueramt keine vorhanden, zur einwexlung auf jedes stückh 10 kr. aufbezahlt

Jahr 1635—1649.
Beständiger Thaler- und Ducaten-Curs.

1635	Fälle von 2 kr. Aufgabe 1 fl. 30 kr.	zu 3 fl.
1636	1 fl. 30 kr. 3 kr. aufgab per stück	zu 3 fl.
1637	Fälle mit 3 kr. und 10 kr. aufgab per stück	zu 3 fl.[23]
1638	zu 1 fl. 30 kr.	zu 3 fl.
1639	zu 1 fl. 30 kr.	zu 3 fl.

[23] 24 reichstaller, welche aber ni cht in s pe cie, sondern für iedes stuckh 10 kr. zue aufgab und also zusamben fl. 40 ausmachten.

Jahrgang der Wiener Ober-kammeramts-Rechnung	Reichsthaler	Ducaten
1640	zu 1 fl. 30 kr.	zu 3 fl.
1641	zu 1 fl. 30 kr.	zu 3 fl.
1642	zu 1 fl. 30 kr.	zu 3 fl.
1643	zu 1 fl. 30 kr.	zu 3 fl.
1644	zu 1 fl. 30 kr.	zu 3 fl.
1645	zu 1 fl. 30 kr.	zu 3 fl.[24])
1646	zu 1 fl. 30 kr.	zu 3 fl.
1647	zu 1 fl. 30 kr.	zu 3 fl.
1648	zu 1 fl. 30 kr.	zu 3 fl.
1649	zu 1 fl. 30 kr.	zu 3 fl.[25]) Fall von ieden Stuckh 6 kr. läggio

[24]) Bei einwexlung von 100 reichstaľern 3% bezalt. (Ausg. Fol. 193b.)
[25]) Auf 50 anderwerths eingewechselte reichstaller läscha fl. 2 β 4 zusammen 77 fl. 4 β ₰

Die nicht angeführten Jahrgänge der Oberkammeramts-Rechnungen fehlen. 60 kr. oder 240 ₰ bildeten den Rechengulden oder das Rechenpfund; 7½ kr. oder 30 ₰ bildeten den Schilling.

Ich löste die Angaben theilweise in Kreuzer auf; dies möge bei Vergleichung mit der angezogenen Tabelle Bechers berücksichtigt werden, der die Zahlen stets auf Gulden reducirte.

IX.

Münzzeichen und Münzmeisterbuchstaben auf österreichischen Münzen.

Von

Oberbergrath C. v. Ernst.

———

Die meisten der auf österreichischen Münzen früherer Zeit vorkommenden Beizeichen haben, dank der emsigen Bemühungen unserer österreichischen Sammler und Forscher, wie Fiala, Newald, Spöttl, Zeller, Donebauer, Rappe u. Á. ihre Erklärung gefunden und sind von denselben den einzelnen Prägestätten und Münzmeistern zugetheilt worden. Diese Zutheilung wurde in manchen Fällen dadurch erleichtert, dass den Beizeichen die Anfangsbuchstaben des Namens des Münzmeisters hinzugefügt sind. Besonders in der zweiten Hälfte des 17. Jahrhunderts wird die Bezeichnung der Münzen mit den Initialien des Münzmeisters immer häufiger und tritt das Anbringen von Symbolen mehr in den Hintergrund, so dass zu Ende des genannten und zu Anfang des 18. Jahrhunderts fast nur mehr Buchstaben als Münzmeisterzeichen zu finden sind. Plötzlich, im ersten Viertel des 18. Jahrhunderts, verschwinden diese Buch-

staben und die österr. Münzen weisen durch vierzig Jahre gar keine
Münzmeisterzeichen auf. Dann erscheinen wieder Buchstaben u. zw.
der manigfachsten Art, zur Bezeichnung der Münzstätten und daneben
zeitweilig abermals die Anfangsbuchstaben der Namen der Münzbeamten, um jedoch mit dem Regierungsantritte Kaiser Josephs II.
wieder zu entfallen und durch ganz neue Buchstaben ersetzt zu
werden.

Es sind dies Thatsachen, welche den Sammlern österr. Münzen
längst bekannt sind, aber bisher ist es noch nicht aufgeklärt, welchen
Ursachen das Verschwinden, das zeitweilige Wiederkehren und das
endliche Aufhören der Münzmeisterbuchstaben zuzuschreiben seien,
ebensowenig wann die Buchstaben zur Bezeichnung der Prageorte
eingeführt wurden und warum auf den, aus einer und derselben
Münzstätte gleichzeitig hervorgegangenen Gold-, Silber- und Kupfermünzen verschiedene Münzbuchstaben vorkommen.

Diese Verschiedenheit der Münzbezeichnung trat anlässlich der,
von der numismatischen Gesellschaft im Jahre 1888 veranstalteten
Ausstellung der Münzen der Kaiserin Maria Theresia recht deutlich
hervor. Allgemein wurde damals erklärt, man habe da noch manch
ungelöstes Räthsel vor sich, und eines unserer Mitglieder regte die
Frage an, ob es nicht die Aufgabe der numismatischen Gesellschaft
sein sollte, in diese noch dunkle Partie der heimischen Münzgeschichte Klarheit zu bringen.

Dieser Anregung Folge leistend, habe ich es unternommen, in
der Registratur des hiesigen k. k. Hauptmünzamtes und im alten
Hofkammer-Archiv Nachforschungen zu pflegen und es gereicht mir
zu grosser Befriedigung, dass meine Bemühungen von Erfolg begleitet
waren und dass es mir möglich ist, eine Reihe bisher nicht bekannter
Daten über die fraglichen Münzbezeichnungen mittheilen zu können.
Unterstützt wurden meine Forschungen in nicht genug anzuer-
kennender Weise durch das gütige Entgegenkommen des Archivars
des k. u. k. Reichs-Finanzministeriums, Herrn kais. Rathes Emil Rátky
von Salamonfa und durch die ganz besondere Gefälligkeit des
ersten Archivsconcipisten Herrn Franz Kreyczi, welcher mit niemals
ermüdender Bereitwilligkeit und Unverdrossenheit mir die betreffen-
Actenstücke hervorgesucht und zur Verfügung gestellt hat. Es sei
diesen beiden Herren hier der herzlichste Dank ausgesprochen.

I. Das Verschwinden der Münzbuchstaben.

Ich gehe zunächst auf die Zeit zurück, zu welcher, wie erwähnt, die Münzmeisterzeichen plötzlich verschwinden. Es war dies unter Kaiser Karl VI. und erfolgte infolge einer k. Resolution, mit welcher die Anbringung solcher Beizeichen ausdrücklick verboten wurde. Veranlasst war diese kais. Entscheidung durch einen Vortrag, den der Hofkammerpräsident Graf Gundacker am 12. October 1712 bezüglich des Gepräges der Gold- und Silbermünzen dem kurz zuvor zur Regierung gelangten Kaiser erstattete. Die darin enthaltenen Anträge wurden auf Grund von Beschlüssen einer Commission gestellt, welcher der Hofkammer-Rath David von Palm, der Münzamts-Inspector Georg Erasmus Schickmayer, der kais. Antiquarius Carl Gustav Heraeus und die beiden Stempelschneider Johann Michael Hofmann des Wiener und Daniel Warow des Kremnitzer Münzamtes, angehörten. Es überrascht geradezu, zu lesen, mit welcher Sorgfalt (im Gegensatze zu heute) die auf das Gepräge der beiden Münzseiten abzielenden Bestimmungen erwogen und begründet sind, daher ich es mir nicht versagen kann, den Eingang jenes unterthänigsten Vortrages an den Kaiser hier wiederzugeben: [1])

Allergnädigster Kaysser und Herr, Herr etc.

Die Hoheith und würde Euer kayl. Cathol. Mayst Glorwürdigst-angetrettenen Regierung, welche billicher massen, in allem, mit einen sonderbahren splendor Dero Kayser-König- und Erzherzoglichen Prärogativen herfür leuchten solle, und das absehen, so Dero Gehorst. Kays. Hofcammer schon längsten gehabt, die Kays. auss-Münzung der Gold- und Silbernen Sorten, ausser dess Valor im Gewicht und Halt, auch in den Gepräg und Volumine, zierlicher einzurichten, haben den Anlass gegeben, die Capital Münzen in silber und Gold, alls Thaler und Ducaten, So von nun an, Gott gebe auf ohnerdenklich-lange Jahre, unter Euer Kayl. Cathol. Mayst. geheyligten Bildnuss geprägt sollen werden, mit stäts beyhaltendem Valore intrinseco, in formâ extrinsecâ, solchergestalten ausgehen zu lassen, damit hierdurch die künfftige Annales der Regierung von Euer Kays. Cathol. Mayst. illustriert und auch durch diese rubrica der Verbesserung dess Münzwesens in Dero diessaithigen Königreichen und Landen, der ganzen Welt bekhannt gemacht werden möge. Es hatt zu solchem Ende die

---

[1]) Dieser Vortrag ist auch in Newald's: „Beiträge zur österr. Münzkunde" dem vollen Wortlaute nach abgedruckt.

gehors. Kays. Hof Camer Ihren Mittels-Rath dem v. Palm aufgetragen, dass er darüber mit Euer kays. Cathol. Mayst. Antiquitaeten Inspectorae, Heraeus, den hiesigen Münz-Ampts-Inspectorae, Schickmayer, uud denen beiden Münz-Eisen-Schneidern, Hofmann und Warow, zusammentretten, und mit selbigen die regulierung dess neuen Müntz-Geprägs überlegen solle: welches beschehon und der Ordnung nach, folgenden inhalts darüber relationirt worden ist, dass von Thalern zu reden und die in Gepräg vorstellende Sacram effigiem belangend: der Antiquitaeten-Inspector, Hereus erinnert habe, Euer kays. Cathol. Mayst. hätten eine in dieser Zusammentrettung, von Ihme, Hereus, producirte Beschreibung allergdgst aggradirt, zufolge welcher, das Haupt in einer sogenannten Spänischen peruque vorgestellet, u. solche mit dem Lorber Kranz (welcher Kranz nach Constantini Zeithen, denen römisch. Kaysern wie ehemals das Diadema alss aygen zuekhäme) umbgeben werden solle; Die Kleydung solle, umb das numisma in der Observanz der antiquitaet zu halten ein auf der schultern zusammen gekhnüpftes Paludamentum Imperatorium seyn: und, weyl nach Röm. arth der halss ploss seyn müsste, diese plösse des Halsses aber mit der Spänischen peruque nicht wohl stehen od. bilden würde: so könnte der unter dem paludamento tragende Cuirass und dessen den halss bedeckender Kragen die disconvenienz beheben, alsodass der halss, suo modo ploss, und doch bedeckht wäre, und neben den antiquen zugleich dass moderne beybehalten werde, welches eben auch dass angebenckhte guldene Vellus bestättigen thäte; Und soviel wäre, was das geheyligte Kays. Bildnuss anbetrifft.

Die Umschrift hatt, wegen der hohen consequenz, so die Kayser und kenigl. titulatur nach sich ziehet, nicht zugelassen, solche nach der sonst bei Medaillen üblichen arth zu fassen, sondern müsste in den umbcraiss des Bildnuss in folgendem bestehen. Car: VI. D: G: R: I: S: A: Ger: Hisp: Hun: Boh: Rex.

auf der anderen seithen oder dem Revers der Münz plieb wie bisshero der doppelte Reichsadler mit dem Schwerdt und Cepter, dessen Leib ein schildt von deutscher arth bedeckhet und solcher schildt in seinen 4 feldungen die haubt Königreich und Lander vorzustellen hätte:

mit der höchst nöthigen observtion, damit nemblich jeder Thaler, in welcher Münz Stätte und Landt Er gemünzet worden wäre, ohnwidersprechlich erkhannt werden könnte, dass mitten in den haubtschild ein so genanntes herz Schiltl mit darauf gestellter Cron, oder Herzog-hüetel exprimirt und in solchem schildtl das Wappen des Landes, in welchem die Münz gemacht worden geprägt würde. Ober dem Reichsadler würdet wie bishero allezeit die Kays: Reichs Cron und ober dem Hauptschild eine offene Haus-Cron, welche mit allen in denen Feldungen des schildes bezeichneten Königreichen und Ländern quadrirt zu setzen seyn, die feldungen aber an sich selbsten......"

Es folgt nun die eingehende Beschreibung der aufzunehmenden Wappen und die Feststellung der Umschrift des Reverses; dann heisst es, und dies hat für uns heute das meiste Interesse:

Es ist sonst vor diesem üblich und pro legitimatione des Schrott und Korns, eine nöthige observanz gewesst, dass man alle Zeith wissen hat mögen, wer der Münz-Maister seye, unter dessen Amptirung die Münz gemacht worden ist: Wann nun obverstandener massen, das Herz-Schiltl das Land, folglich die Münz-Stätt, und die Jahr-Zahl die Zeith in welcher, wer Münz-Maister gewest ist die Münz-Rechnungen zeigen müssen, anzeigen thuth: So ist zur ver-hütung alles unforms, und das spatium denen essential-Zeich-nungen nicht zu benehmen, ein besonders beyzeichen des Münz-Maisters für überflüssig gehalten worden; herentgegen etc."

Ich übergehe den weiteren Inhalt dieses Vortrages der Hof-kammer, indem ich nur bemerke, dass die darin gestellten Anträge in ihrem vollen Umfange, durch die beigefügten Worte: „Placet in toto" die Genehmigung des Kaisers erhielten. Auf Grund dieser Resolution vom 5. October 1712 ergingen an alle Landesregierungen, beziehungsweise an alle erbländischen und ungarischen Münzämter die entsprechenden Weisungen zur Durchführung der neuen Be-stimmungen, unter Anderen mit den Worten: „Das besondere. Beyzeichen eines Münzmaisters fürohin als überflüssig aufzulassen".

Es sollte also, wie ·es schon in der Münzordnung Kaiser Ferdinand I. vom Jahre 1551 angeordnet worden war, auch ferner-hin das im Herzschilde des kaiserlichen Doppeladlers befindliche Landes-Wappen allein die Münzstätte bezeichnen. Da aber in Böhmen damals die beiden Münzämter zu Prag und Kuttenberg bestanden, so wurde bestimmt, dass das letztere das bisherige Münzzeichen, die drei Berge mit den gekreuzten Bergwerkshämmern darüber, auch fortan zu führen habe.

In Ungarn bestanden zu jener Zeit Münzämter in Kremnitz, Nagybánya und Pressburg; es wurde daher zur Unterscheidung der aus denselben hervorgehenden Münzen angeordnet, dass „bei Kremb-nitz das zu prägende K. B., sagend Kremnitzbanya, bei Nagybania N. B. und bey Pressburg das C. H., bedeutend Camera Hungarica so neben dem Adler geprägt wirdt, continuieren."

Das Verbot, die Münzen mit dem Münzmeisterbuchstaben zu bezeichnen, ward aber nicht überall befolgt, wie wir an manchen Geprägen nach 1712 ersehen können. Als daher Kaiser Carl VI. fünf Jahre später seine berühmte Münzinstruction vom 1. Juli 1717 erliess, wurde im Art. 118 den Münzbeamten neuerdings aufgetragen, das Anbringen ihrer Beizeichen zu unterlassen.[2])

In der That sehen wir, wenn auch nicht sofort, doch bald, die Münzmeisterbuchstaben verschwinden.

Nur die Münze in Kuttenberg kehrt sich nicht an die neue Anordnung, denn auf einigen der dort bis zur Aufhebung der Münzstätte im Jahre 1726 geprägten Münzen werden die drei Berge von den Buchstaben I. F. W. (Johann Franz Weyer) begleitet. Ebenso kommen von 1721 bis 1728 die verschlungenen Buchstaben *F. S.* (Ferdinand Scharf) auf Prager Münzen vor; dann entfallen sie in Folge eines an das dortige Münzamt ergangenen Verweises. Ab und zu mag aber die Eitelkeit einzelne Münzbeamten doch in Versuchung geführt haben, ihre Buchstaben wieder auf den Prägestempeln anzubringen, ohne dass ihnen allerdings die Bewilligung zur Benützung derselben ertheilt worden wäre. Denn in der ersten Münzinstruction, welche die Kaiserin Maria Theresia im Jahre 1742 erliess, wird das Verbot, die Münzmeisterbuchstaben beizuschlagen, abermals erneuert. Es geschieht dies mit der fast gleichlautenden Begründung und mit den gleichen Worten der Instruction ihres Vaters vom Jahre 1717, im Art. 148, welcher zum Schlusse anbefiehlt „das besondere Bey-Zeichen eines Münzmaister fürohin als überflüssig auszulassen“.

II. Einführung der Doppelbuchstaben W-I (Wien), P-R (Prag), G-R (Graz), H-A (Hall) und C-A (Carlsburg).

In der Regierungsperiode Maria Theresias treten jene mehrfachen Münzbezeichnungen auf, welche den Sammlern österreichischer Münzen bisher zumeist unaufgeklärt geblieben sind und die richtige Eintheilung der Gepräge jener Zeit erschweren. Und doch lässt sich die Uebersichtlichkeit einigermaassen herstellen, wenn man sich gegenwärtig hält, dass erstens die Verschiedenheit der Buchstaben

---

[2]) Nebenbei sei bemerkt, dass diese aus 124 Artikeln bestehende Münzinstruction ausser den auf das Gewicht, die Grösse, den Halt und das Gepräge der Münzen bezüglichen Bestimmungen, durch Aufzählung aller Obliegenheiten und Pflichten eines jeden Münzbeamten einen genauen Einblick in die Organisation und die Durchführung des damaligen Münzbetriebes gestattet. Bis zur Einführung des 20 fl. Fusses im Jahre 1750 beziehen sich alle, auch von der

mit gutem Vorbedacht und zu dem Zwecke gewählt wurde, um die Münzen der Kaiserin Maria Theresia von jenen ihres Gemahls und Mitregenten Franz I., und nach dessen Tode, also seit 1765, von jenen ihres Mitregenten Joseph II., zu unterscheiden, und zweitens, dass für die Kupfermünzen andere Buchstaben eingeführt wurden, als für die Gold- und Silbermünzen.

In chronologischer Folge sind zunächst die auf den Münzen jener Zeit vorkommenden Doppel-Buchstaben zu besprechen. Dieselben erscheinen zuerst im Jahre 1746; sie haben mehrfache Deutungen erfahren und daher war ich darauf bedacht, die bestehenden Zweifel für immer zu beseitigen.

Die Münzen der Kaiserin Maria Theresia sind durch die im Herzschilde befindlichen Landeswappen kenntlich; da es ihrem Gemahle Franz I. nicht zukam, sich dieser Wappen zu bedienen, so mussten dessen österreichische Münzen auf andere Weise kenntlich gemacht werden. Die nachfolgende, am 11. Februar 1746 an das hiesige Hauptmünzamt ergangene Verordnung der Hofkammer bietet hiefür den Beleg:

„Es haben Ihro Kays. Königl. Mayst. allergnädigst befohlen, dass in dem allhiesigen Münz-Ambt von jeder Ausmünzung Silberner Münzen, jederzeit die Helfte mit Ihrer, und die andere Helfte mit Ihro Mayt. des Kaysers Bildnus und Insignien, die Ducaten aber alle mit dem Gepräg Ihro Mayst. des Kaysers ausgemünzet werden sollen.

Die Umschrift um Ihro Mayst. des Kaysers Bildnus bei denen goldenen Münzen muss seyn: Franciscus D : G : R : I : S : A : Germ : Jer : Rex.

Auf dem Revers muss der doppelte mit der Kayserl. Cron gezierte Adler seyn, mit dem gecrönten Mittel Schild von Lothringen und Toscana, von dem Band des Ritter-Ordens Sancti Stephani, und mit der Ordens-Ketten des goldenen Vliesses umgeben. Die Umschrift muss seyn auf dem Revers: Tu Domine Spes mea, und unter den Zwey mit Schwerd und Scepter bewafneten

---

Kaiserin Maria Theresia erlassenen Münzinstructionen in ihren wesentlichen Theilen auf diese Instruction vom 1. Juli 1717 und selbst die eben erwähnte Instruction vom Jahre 1750 hält eine Reihe der im Jahre 1717 erlassenen Bestimmungen aufrecht.

Füssen des Adlers müssen die zwey erstere Buchstaben des Worths Wienn erscheinen nehmlich W-I.

Auf gleiche Weis muss auch die Helfte deren mit der Kayl. Bildnus ausmünzenden Silbernen Münzen seyn, ausser, dass um die Bildnus auf denen Thalleren und Guldinern dennen obigen folgende Buchstaben beyzudrucken seyn werden: Lo : B : et M. H: Dux; Auf dem Revers deren Silbernen aber anstatt Tu Domine Spes mea, werden folgende darauf zu prägen seyn: In te Domine Speravi, und auf dem Rand werden folgende einzuprägen seyn: Pro Deo et Imperio.

Bei denen Ducaten und Thaleren Ihro Mayst: der Kaysserin muss die Umschrift Theils auf der rechten Seithe, Theils auf dem Revers folgender mass seyn: M. Theresia D : G : R : Imp. Ge : Hu : Bo : Reg : Archid : Aust. Dux Burg. Com. Tyr : 1746. und verstehet sich, dass wegen unzuelänglichkeit des Plazes ein- und anderes Worth deren Landereyen nur mit denen Ersten Sylben anzudeuten seyn werde.

Der Revers muss den doppelten mit der Kays. Kron bedeckten Adler, jedoch ohne Scepter und Schwerd vorstellen, und in dem mit einem Erzherzoglichen Huth bedeckten Mittel-Schild, wird, wie zu Zeiten Ihro Mayst. des Kaysers glorreichester gedächtnus, das Oesterreichische Wappen vorzustellen seyn und um den Rand bleibet die Umschrift, wie bisshero, Justitia et Clementia Wornach Er H. Münzmeister und Quardein sich bey künftigen Ausmünzungen zu richten wissen, und all- obiges genau zu beobachten nicht unterlassen werden, dan hieran etc."

Diese Verordnung enthält vier wichtige Bestimmungen:

1. Dass die Hälfte aller zu prägenden Silbermünzen mit dem Bilde der Kaiserin, die andere Hälfte mit dem Bilde des Kaisers Franz I. hergestellt werden sollen;

2. dass die Adler verschieden darzustellen seien, auf den Münzen des Kaisers mit Scepter und Schwert in den Fängen, auf jenen der Kaiserin ohne diese Attribute;

3. dass alle im Wiener Hauptmünzamte zu prägenden Ducaten mit dem Bilde des Kaisers zu versehen seien (dass es also keine Ducaten Wiener Gepräges mit dem Bilde der Kaiserin geben könne);

4. dass die Buchstaben W-I die Münzstätte Wien bedeuten, zur Kenntlichmachung der Münzen des Kaisers

dienen und daher nur auf den Münzen mit dem Bilde des Kaisers vorkommen.

Für den Sammler österreichischer Münzen erscheinen die Aufklärungen, welche diese Verordnung bringt, von besonderer Bedeutung.

Fast gleichlautende Veroidnungen ergiengen bald darauf an alle übrigen Münzämter; nur mit dem Unterschiede, dass (mit Ausnahme von Kremnitz) auch die Ausprägung von Ducaten zur Hälfte mit dem Bilde des Kaisers und zur Hälfte mit jenem der Kaiserin anbefohlen wird. Die an das Münzamt Hall gerichtete Verordnung trägt das Datum vom 17. Juni 1746 und führt zur Bezeichnung der Münzen des Kaisers die Buchstaben H-A ein. Ebenso wurde angeordnet, dass die Prager Kaisermünzen mit P-R, die Grazer mit G-R, die Karlsburger mit C-A zu bezeichnen seien[3]). Die Münzen mit dem Bilde der Kaiserin behielten, nach wie vor, das Landeswappen im Herzschilde des Doppeladlers.

Damit ist endgiltig entschieden, dass jene Doppel-Buchstaben nichts anderes als die zwei Anfangsbuchstaben des Prägeortes bezeichnen.

Kremnitz behielt das frühere Münzzeichen K-B und Nagybánya die Buchstaben N-B bei. Alter Uebung gemäss wurde auf Grund einer kais. Entschliessung, mit Erlass des Münz- und Bergwesens-Hof-Collegiums vom 2. Juni 1746 für die Kremnitzer Dukaten die Darstellung der Kaiserin-Königin in ganzer Figur und überdies angeordnet, „alle Dukaten nur unter Ihro kays. königl. Mayestät Gepräg, wie bisshero auszumünzen" und unten die Buchstaben K-B anzubringen. Es gibt sonach auch keine Dukaten Franz I. aus dieser Prägestätte, weil es eine Prärogative dés ungarischen Hauptmünzamtes bildete, nur Dukaten mit dem königlichen Bildnisse zu prägen. Darin mag wohl die Ursache gelegen gewesen sein, dass, gleichsam als Entgelt, die Kaiserin befohlen hatte, im Wiener Hauptmünzamte seien alle Dukaten auf das Bild ihres Gemahls Franz I. zu schlagen.

Bezüglich der Silbermünzen dagegen enthält die angeführte Verordnung vom 2. Juni 1746 für Kremnitz die gleichen Bestim-

---

[3]) Schulthes-Rechberg sagt irrthümlich bei dem Thaler Franz I 1747 mit C-A (Nr. 466), diese Buchstaben bedeuten Carolina alba.

mungen, wie die an die anderen Münzämter erlassenen Verordnungen, d. h. auch dort sollte die Hälfte mit dem Bilde des Kaisers Franz I. geprägt werden. Als Bezeichnung wurden auch auf diesen Silbermünzen die Buchstaben K-B beibehalten. Für Nagybánya lautet die Verordnung übereinstimmend mit den ersterwähnten Verordnungen, doch sollten auf allen Münzen die Buchstaben N-B, wie auf jenen der Kaiserin angebracht werden. Es unterscheiden sich daher die Kremnitzer und Nagybányaer Münzen des Kaisers Franz I. nur durch das Bild und die Umschriften von jenen der Kaiserin.

III. Die Anfangsbuchstaben der Prägeorte W, P, G, K, H, C, S auf Kupfermünzen.

Mit der Einführung der Kupfermünzen gelangten, wohlgemerkt n e b e n den eben erwähnten Doppelbuchstaben, noch andere Münzbuchstaben in Wirksamkeit. Bekanntlich gab es vor Maria Theresia und auch im ersten Jahrzehnt der Regierung derselben keine Kupfermünzen; alle Scheidemünzen bis auf den Pfennig herab bestanden aus sehr niedrig legirtem Silber. Nur für die Grafschaft Görz waren bereits 1736 kupferne Soldi, sowie 3, 2 und $1/2$ Soldistücke eingeführt worden, um dem Eindringen der Venetianischen Kupfersoldi im Küstenlande zu begegnen. Unter Maria Theresia war das Grazer Münzamt mit der Prägung dieser Görzer Soldi beauftragt; dieselben tragen keine Bezeichnung der Münzstätte. Als Graz, welches sich hiezu der Taschenwerke bediente, mit der Kupferausmünzung nicht rasch genug fortkam, wurden andere Münzämter u. zw. zunächst Wien zur Herstellung dieser Görzer Kupfermünzen herangezogen. Eine Verordnung vom 22. October 1748 eröffnet dem Wiener Hauptmünzamte:

„Nachdem Ihro Kays. und Königl. May. gnädigst resolviret haben, die bishero zu Grätz auf denen Taschenwerken bewirkte kupferne Soldiprägung pro Littorali alldorten aufzuheben[4]) und im allhiesigen Haupt-Münz-Amt zierlicher auf den Stosswerken und in mehreren Quanto als zu Grätz thunlich derhalben bewirken zu lassen, damit Von hieramts nach erforderniss die Lande allwo solche üblich

---

[4]) Von 1762 an wurden Görzer Soldi abermals in Graz geprägt.

darmit Versehen und die aus abgang davon einheimischen immer
eindringende Venetianische Soldi hindan gehalten werden können;
etc.", so wird dem Hauptmünzamte mitgetheilt, dass unter Einem
das hiesige Kupfer- und Quecksilberamt (die jetzige Bergwerks-
Producten-Verschleiss-Direction) den Auftrag erhalten habe, 60 Ctr.
Kupfer sofort nach Kremnitz zu senden, damit dort aus demselben
die Münzplättchen erzeugt und diese wieder an das genannte Kupfer-
und Quecksilberamt zurückgesendet würden, von welchem sie das
Hauptmünzamt zu übernehmen und schleunigst auf Görzer Soldi
auszuprägen habe. Inzwischen sei vorzusorgen, dass ohne Zeitverlust
die Stempel, von „schöner, zierlicher und wohl erhabener Arbeith
verfertiget und zur Kennung des Münzamt mit W gemercket werden."
(Nur. nebenbei sei bemerkt, dass die Plättchen aus diesen 60 Ctr.
Kupfer, welches ohnehin aus Ungarn stammte und nunmehr wieder
von Wien nach Kremnitz versendet wurde, um, zu Platten verarbeitet,
neuerdings nach Wien zurückzugelangen, bei den damaligen schwierigen Communications-Verhältnissen, recht erhebliche Kosten verursacht haben mochten.)

Was uns besonders interessirt, ist der Münzbuchstabe W,
der uns hier zum ersten Male, als Bezeichnung der Münzstätte Wien,
auf Kupfermünzen entgegentritt. Wir finden diesen Buchstaben auch
auf den kleinen zierlichen Kupfermünzen von den Jahren 1748 und
1749, theils mit dem Bilde der Kaiserin, theils mit jenem ihres Gemahls, welche auf der Rückseite die Bezeichnung: „Ein Pfenning"
tragen. Diese seltenen Pfennige wurden von Matthäus Donner zur
Probe hergestellt, und auch in Umlauf gesetzt, um bei der damals
bestehenden Absicht, die Kupferscheidemünze einzuführen, den Beweis zu liefern, wie schön sich das Kupfer selbst in so kleinen
Stücken ausprägen lasse. Sie wurden jedoch bald wieder eingezogen,
theils weil sie sich wegen ihrer Kleinheit für den Verkehr unhandsam
erwiesen, hauptsächlich aber weil sich plötzlich eine den Kupfermünzen ungünstige Strömung geltend machte, und die Kaiserin sich
ganz entschieden gegen dieselben aussprach. Es ist dies umso auffallender, als die Einführung der Kupfermünzen im Jahre 1749 eine
bereits beschlossene Thatsache war und das Hauptmünzamt bereits
den Auftrag erhalten hatte, alle Vorbereitungen für die nahe bevor-
stehende Kupferausprägung zu treffen.

Mit der Verordnung des kais. kön. Münz- und Bergwesens-
Directions-Hof-Collegiums vom 23. März 1749 wurde demselben be-
kanntgegeben, dass „nachdem (nebst denen in litorali austriaco auf
bisherigen Fuss zu verbleiben habenden Kupfernen Soldi) Ihro kays.
kön. Mays., wie es aus demnächst folgen werdenden kays. kön. Befehl und instruction mit mehreren zu ersehen seyn wird, resolvirt
und verordnet haben, dass wegen successiver Einzieh- und Ein-
schmölzung deren kleineren Schied-Münzen von den Polturaken
aus zu rechnen, kupferne Polturaken, Kreuzer, Gröschl, Hungarisch
und Pfening zu hundert und dreissig Gulden pr Centner Kupfer
ausgemünzet, eingeführt und darmit in denen Oesterreichischen
Landen mehrist und haubtsächlich in allhiesig. Dero Haubt-Münz-
Amt zum Behuf der Schulden Cassa der Anfang gemacht werden
solle; Also sind auf beschehenen allerunterthänigsten Antrag, wie
nicht minder in Gnädigster Erwegung des dadurch sonderlich bey
der Münz Eisen Schneider Arbeit, dann in der Roulir- und Prägung,
wie auch Ueberzehlung, Uebernehmung, Berechnung und villeicht
Correspondenz die mehrer werdende Arbeit einige Hülf erfordern,
haben Ihro kais. königl. Mays. unter heutigen reproducto gnädigst
resolviret und verorndnet“... dass die Besoldung des Münz-Graveur-
Scholaren-Directors Matthaeus Donner erhöht, ein neuer Eisenscheider
und vier Scholaren ernannt, und die bei der Kupfermünzung beschäftigten Beamten und Aufseher durch Geldzulagen belohnt werden.

Trotz dieser definitiv ergangenen Anordnungen unterblieb damals die Kupferprägung, denn die Kaiserin änderte ihren Sinn und
zeigte sich bald darauf der Einführung von Kupfermünzen entschieden
abgeneigt. So kam es denn auch, dass im Jahre 1750, als der
20 Guldenfuss in Oesterreich eingeführt wurde, welchem zufolge
alle Münzen bis auf den Groschen herab vollwerthig ausgeprägt
werden sollten, die kleinsten Scheidemünzen, nämlich die Halb-
groschen oder Polturaken, die Kreuzer, die Dreipfennigstücke oder
Gröschl, die Zweier oder Halbkreuzer, die ungarischen Denare und
die Pfennige oder Vierer aus niedrig legirtem Silber auszubringen
anbefohlen wurden, wobei die Kaiserin ausdrücklich erklärte, „dass
auf die anstatt derenselben einzuführen in Antrag gewesenen Kupfernen Schied-Münzen keineswegs mehr
fürgedacht werden solle.“

Die Befürworter der Kupfermünzen liessen sich durch diese Erklärung keineswegs abschrecken, nach einigen Jahren der Kaiserin die Vortheile derselben abermals nahezulegen und so gelang es Ihnen, allerdings erst zehn Jahre später, die Bewilligung zur Ausgabe vorläufig von Kupferpfennigen zu erlangen. Es sind dies jene grösseren Pfennige mit den Jahreszahlen 1759 (und 1765), welche theils mit dem Bilde der Kaiserin, theils mit jenem des Kaisers in den Umlauf gelangten. Die Pfennige der Kaiserin dieser Art tragen auf dem Reverse den österreichischen Bindenschild, darunter eine 1 und keinen Münzbuchstaben. Jene des Kaisers auf der Rückseite das lothringische Wappen, darunter als Werthbezeichnung 1 und die Münzbuchstaben W-I, H-A, C-A, also die oben erwähnten Doppelbuchstaben.

Diese Pfennige waren die Vorläufer der ein Jahr später mit Patent vom 27. October 1760 eingeführten Kupferscheidemünzen zu 1 und ½ Kreuzer. Letztere sind theils mit dem Bilde der Kaiserin, theils mit jenem des Kaisers Franz, in beiden Fällen aber mit dem gleichen Reverse versehen, auf welchem sie die Bezeichnung „Ein Kreuzer" oder „½ Kreuzer", die Jahreszahl und darunter den Münzbuchstaben tragen. Zu ihrer Ausprägung wurden alle Münzämter herangezogen, wobei in Uebereinstimmung mit der 12 Jahre zuvor ergangenen Anordnung bezüglich der in Wien geprägten Görzer Soldi, alle Münzämter beauftragt wurden, die Anfangsbuchstaben des Prägeortes auf den neuen Kupfermünzen anzubringen, u. zw. W für Wien, P für Prag, G für Graz, H für Hall, K für Kremnitz, S für Schmöllnitz, C für Carlsburg.

Diese Münzbuchstaben blieben durch den ganzen Rest der Regierungsperiode der Kaiserin Maria Theresia für die Kupfermünzen in Geltung; es kommen aber nach Beendigung der grossen Kupferausmünzung, d. i. nach 1764 nur einige derselben vor, weil Kupferscheidemünzen später bloss in einzelnen Münzstätten, insbesondere in Wien, Schmöllnitz und Günzburg geprägt wurden. Auf den Silber- und Goldmünzen blieben die früher erwähnten Bezeichnungen, Wappen im Herzschild für jene der Kaiserin, und die Doppelbuchstaben W-I, H-A etc. für jene des Kaisers Franz I. bestehen.

IV. Das Andreaskreuz seit 1750 als geheimes Münzzeichen.

Das Einströmen der alten Louis blancs, welche trotz ihres geringeren Silberwerthes gleich den österreichischen Thalern zu 2 Gulden gegeben und genommen wurden und die höherwerthigen Thaler aus dem Lande verdrängten (und ausserdem die Verschiebung des Werthverhältnisses zwischen Gold- und Silber, also zwischen dem Tarifswerthe der Ducaten und der Thaler), hatte die Kaiserin Maria Theresia veranlasst, in einer „Provisional Instruction" vom 25. April 1747 anzuordnen, von den „Speciesgeldern, benanntlich ganzen, halben und Virtl Thalern bey schwerer Verantwortung nicht mehr als um vier Tausend Gulden, die Helfte mit Ihro May. des Kaisers und die andere Helfte mit unserer Bildnuss auszumünzen", und gleichzeitig den Silberhalt der Siebzehner, Sechser und Groschen soweit herabzusetzen, dass die Wiener Mark Feinsilber darin mit 22 fl. 45 kr. ausgebracht wurde (entsprechend 18 fl. 57½ kr. aus der feinen Cölner Mark).

Durch die schon ein Jahr später erlassene Instruction vom 30. Juli 1748 wurde ein noch leichterer Münzfuss, und zwar auch für die Speciesgelder, eingeführt. Nach demselben wurde die feine Wiener Mark Silber in den ganzen, halben und viertel Thalern zu 22 fl. 52 kr. (19 fl. 3⅓ kr. aus der feinen Cölner Mark), in den Stücken zu 17, 7 und 3 Kreuzern zu 23 fl. 14 kr., in den kleinen Scheidemünzen zu 30 fl. ausgemünzt.

Aber auch diese Maassregel erwies sich als nicht genügend, der Ausfuhr der österreichischen und der Einschleppung der minderwerthigen fremden Münzen, namentlich wieder der Louis blancs, zu steuern, und so entschloss sich die Kaiserin, den Münzfuss abermals herabzusetzen, nämlich die feine Wiener Mark Silber mit 24 fl. (20 fl. aus der feinen Cölner Mark) auszubringen. Dieser Münzfuss bildete die Grundlage des später so benannten Conventions-Fusses. Er wurde für alle Silbermünzen vom Thaler bis zum Groschen herab eingeführt, während die kleinen Scheidemünzen nach wie vor mit 30 fl. per Wiener Mark ausgeprägt werden sollten. Um die dieser Instruction vom 7. November 1750 entsprechenden Silbermünzen

kenntlich zu machen, ordnete die Kaiserin an, dass hinter der
Jahreszahl ein liegendes Kreuz angebracht werde. Es lauten die
Artikel 25 und 26 derselben, wie folgt:

Vigesimo quinto:

Dass ihr, und die übrige Unsere Münz-Ämter Unsere sowohl als die auf
Jhro May. des Kaysers, Unseres Viellgeliebtisten Gemahls, und mit: Regenten
Bildnuss, und Wappen Verordneter massen geprägt werdende Münzen, Künftig,
und in so lang Wir oder Unsere Nachfolger es nicht anderst Verordnen werden,
nicht anderst, als in diesen Von Uns Statuiret, und Verordnet werdenden Münzfuss ausmünzen, jedoch solchen und was solchen betrift (gleichwie Wir es
Respectu des unter den 30. July 1748 Verordneten, und nunmehro abändern-
den Münz-Fuss befohlen hatten) nach Thunlichkeit geheim halten sollet, damit
diese Münzen mit gut Effect in Gang: und Cours kommen, und sich befestigen,
ehender, und bevor, als derenselben, und deren bisherigen Münzen unterschied
Ruchtbar werde, und andurch es nach einiger Zeit um so thunlicher fallen
möge, deren guten Effect anführen zu können, um dessen anderwertige Amplec-
tirung und befolgung zu erlangen; um jedoch zu seiner zeit, wann dieser unterschied bekannt, und Ruchtbar würde, am Tag gelegt werden könne, dass
(obschon wir aus besonders erheblichen Ursachen hierinfalls nicht allein nichts
publiciren lassen, sondern Vielmehr auch die thunlichste Geheimhaltung ein-
binden) dannoch aus Gnädigster Aufrichtigkeit Wir diese neue Silber-Münzen
durch ein eigenes zeichen nicht allein Von denen Vorigen, sondern auch
dahin kennbar zu machen Verordnet haben, dass in Solchen das Silber in den
Preiss ausgemünzet wird, wie es Unser Münz-Fuss in Unseren den Burgundischen Creyss Constituirenden Erb Nieder-Landen ausbringet, nehmlich zu Vier
und zwanzig Gulden die feine Wiener Mark; Also wollen, und befehlen Wir
euch und gesamt übrigen Unseren Münz-Ämtern, dass die also, es seye auf
May. des Kaisers, od. auf Unsere Bildnuss ausmünzende Silberne Münzen,
nemlich Thaler, Halbe Thaller, oder Gulden, Viertel Thaller, oder Halbe
Gulden, Siebenzehner, Siebner, und Groschen in der Umschrift auf der
Wappen-Seiten, und zwar immediatè nach der Jahrzahl mit einem
Klein Burgundischen, oder Andreœ-Kreuzel,

und annebst die mit XV: und Respective mit VI: fernerhin bisshero
bezeichnete Siebenzehner und Siebner mit der zahl ihres wahren Werts nemlich
XVII: und Respectivè VII: bezeichnet werden sollen, wie all übrige Münz-
Ämter aus den Abdruck, und aus denen Punzen zu dem Kreuzel ersehen
werden, welche denenselben unser allhiesiges Haupt-Münz-Amt zuzuschicken
haben wird, welche Bezeichnung aber auf die Polturaken und minderen Sorten,
als Kleineren Schied-Münzen nicht zugeschehen hat, indeme solche Verbleiben,
wie Wir Selbe per Instructionem de dato 30te July 748: Verordnet haben.

Vigesimo sexto: Dass ihr über Empfang dieser Unserer Gnädigsten
Instruction euer Recepisse also glaich der behörde extradiren, untereinstens
aber den Tag des mit in Solcher Verordneten Ausmünzung gemachten würk-

lichen Anfangs Unseren Münz und Berg Wesens Directions Hof Collegio alhier directè und immediatè einberichten, den Anfang aber darmit ohngesaumt auch ohne des Burgundischen Kreuz-zeichens noch in gegenwärtigen Jahr machen, jedoch aber ohnermangel sollet, ehebaldist, längstens aber prima January des nächst eintrettenden Siebenzehn Hundert Ein und Fünfzigsten Jahrs ohnfehlbar, und dergestalten mit das Kleine Burgundische oder Andreæ Kreuz habenden Stöcken Versehen zu seyn, dass, wo nicht ehender, längstens à Prima dicti January alle Thaller, Gulden, Halbe Gulden, Siebenzehner, Siebner und Groschen nicht anderst, als also bezeichneter ausgemünzet werden; und da Wir Vernohmen haben, dass die so schöne Weisse des Französischen Silbers nicht allein Von dessen mehreren Feine, sondern daher rühren solle, dass solches nicht mit Rothen Kupfer, sondern mit Weissen, oder aber mit ein anderen diese weisse gebenden, und Conservirenden Minerali oder Arcano legirt werde, Wir auch kein Anstand hätten, ein dergleichen Medium (wofern es thunlich) zu schönerer weissmachung, und Weiss-Haltung Unserer Gross und Kleinen Silbermünzen zu gestatten; also ist Unser Gnädigster Willen......"

Das burgundische oder Andreaskreuz wurde seit 1753 auch das Zeichen der conventionsmässig ausgeprägten Silbermünzen.

V. Der Münzbuchstabe G für Günzburg.

Im Jahre 1764 tauchen geschlossene Reihen aller Münzgattungen der Kaiserin M. Theresia auf, deren Gepräge mit jenem des Wiener Münzamtes vollkommen übereinstimmt, die aber unter dem Doppeladler den Buchstaben G aufweisen. Man war bisher vielfach im Zweifel, wohin diese Thaler, Gulden, Zwanziger etc. zu legen seien, da sie das österreichische Landeswappen im Herzschilde des Doppeladlers tragen. Dieselben gehören, wie ich sofort beweisen werde, der Münzstätte Günzburg an. Die Kaiserin hatte im Jahre 1761 beschlossen, dass zur Versorgung ihrer Markgrafschaft Burgau und der österr. Vorlande mit gutem Gelde, in Günzburg ein Münzamt errichtet werde. Der Bau des neuen Münzhauses verzögerte sich mehrere Jahre, so dass erst im August 1764 mit der Prägung daselbst begonnen werden konnte. Zum Münzmeister war ursprünglich der Carlsburger Münzmeister Franz de Paula Käschnitz von Weinberg ernannt worden, welcher aber noch vor Antritt seiner neuen Stelle auf der Reise nach Günzburg in Wien (Sept. 1762) starb. An seiner Stelle wurde der Wardein des Wiener Hauptmünzamtes Tobias

S c h ö b l[5]) zum Münzmeister befördert, ferner wurden der Wardeins-adjunct des Wiener Hauptmünzamtes Hubert v. C l o t z zum Münz-wardein und der Praktikant der Haller Münze Joseph F a b y zum Cassier des Münzamtes Günzburg ernannt. Unter den vielen Verfü-gungen, welche zur Vorbereitung des Münzbetriebes daselbst getroffen wurden, hebe ich, zum Beweise der obengemachten Angabe, nur die Verordnung der Hofkammer vom 3. October 1763 hervor. Es wird mit derselben das k. k. Hauptmünzamt in Wien angewiesen, „sogleich und ohne Verzug für das Günzburger Münz-Amt die Thaler, Gulden, halbe Gulden, 20ger und 10 kr. Punzen mit Ihro Mayt. der Kaiserin gepräg g a n z g l e i c h f ö r m i g m i t d e m O e s t e r r e i c h i s c h e n H e r z - S c h i l d, jedoch unten auf der Revers-Seiten mit dem B u c h -s t a b e n G bezeichneter, anzufertigen."

Schon am 20. desselben Monats berichten die Hauptmünzamts-Oberbeamten Mat. Paul K l e m m e r, k. k. Münzmeister, und Jos. Augu-stin C r o n b e r g, k. k. Münzwardein, es sei „gleich nach Empfang dieses Befehls die gehörige Anstaltung gemacht worden, damit das Günsburger Münz-Amt auf das fördersamste bedienet werden möge, wie dann zu solchem Ende die Avers-Puntzen schon wirklich in der Arbeit sind, über die Revers-Seiten aber legen Vorläuffig hierbei die Abrisse mit unterthänigster Anfrage vor, ob diese Abrisse solcher gestalt gnädigst aggradiret, oder dabey eine Abänderung Veran lasset werden wolle? damit wir uns ohne zeit Verlust darnach gehorsamst fügen und denen Müntz-Eisensenschneidern das weitere ordiniren können."

Die Hofkammer erledigte diesen Bericht am 25. October 1763 mit der Genehmigung der vorgelegten Zeichnung und beauftragte zugleich das Hauptmünzamt zur Anfertigung der Punzen den für Günzburg bestimmten Wiener Münz-Eisen-Schneider Anton König, „jedoch unter Obsicht des Ober-Graveurs Toda zu verwenden".

Es sind die Günzburger Silber-Münzen die einzigen, welche nicht durch das Wappen im Herzschilde, sondern, wie es für die Kupfermünzen seit 1760 der Fall war, durch den Münzbuchstaben G kenntlich gemacht sind. Dieser Buchstabe kommt aber auf den

---

5) Nicht Schäbl, Scbabl, wie er in Schultess, Schlickeysen und anderen Münzwerken genannt wird.

gesetzmässigen Conventionsmünzen nur in den zwei Jahren 1764
und 1765 vor; dann trat ebenfalls das Burgauer Wappen entweder
für sich allein (auf den Günzburger Conventionsthalern von 1766
und 1767) oder im Herzschilde des Adlers, zur Bezeichnung der
Münzstätte Günzburg ein. Nur auf kleinen Silberscheidemünzen
kommt später noch der Buchstabe G vor, beispielsweise auf dem
mit $^1/_{48}$ Thaler bezeichneten Stücke (= $2^1/_2$ kr. C. M., also 3 kr.
des in den österr. Vorlanden bestehenden 24 fl. Fusses oder ein
halber vorderländischer Sechser) welcher im Averse das Günzburger Wappen trägt und zuerst 1772 geprägt wurde. Man hat eben
jene Silber-Scheidemünzen den Kupfermünzen gleichgehalten und
daher mit dem für das Kupfergeld bestimmten Anfangsbuchstaben
des Prägeortes, d. i. mit G bezeichnet. Von den Grazer Kupfermünzen, welche ebenfalls den Buchstaben G aufweisen, unterscheiden sich aber die seit 1772 in Günzburg geprägten Kupfermünzen
durch das auf ihnen angebrachte Burgauer Wappen.

Der Münzbuchstabe G kommt übrigens auch auf einem Kupferkreuzer mit erbländischem Gepräge vor, über dessen Zutheilung
man bisher im Zweifel war. Es ist dies der Kreuzer vom Jahre 1779
mit dem geradezu medaillenartig herausgearbeitetem Brustbilde der
Kaiserin Maria Theresia auf der Hauptseite, wie es uns auf den
Kupfermünzen der Emission von 1772 entgegentritt. Der auf der
Rückseite unter der Jahreszahl angebrachte Buchstabe G hat die
verschiedensten Deutungen erfahren. Obzwar dieser Buchstabe auf
den Günzburger Kupfermünzen seit 1772 erscheint, wollte man
diesen Kreuzer nicht nach Günzburg legen, weil die dort geprägten
Kupfermünzen nicht das Bild der Kaiserin, sondern das Burgauer
Wappen tragen. Zudem ist er auch schwerer als die Günzburger
Kreuzer, d. h. er ist nach dem Patente vom Jahre 1760 zu 80 fl.
aus dem Wiener Centner ausgeprägt, während in Günzburg aus der
gleichen Menge Kupfer 100 fl. hervorgingen, wobei man Kreuzer
des in den österreichischen Vorlanden üblichen 24 Guldenfusses
schuf. Man zog es daher vor, jenen Kupferkreuzer der Münzstätte
Graz zuzuweisen, weil der Buchstabe G auf Kupfermünzen der-
selben vorkommt. Dies hat auch Neumann gethan, der unseren
Kupferkreuzer als Nr. 1244 unter den steierischen Geprägen anführt.
Nun wurde aber, wie Dr. Hans Tauber (Num. Zeitschr. Bd. XXIV

1892), nachgewiesen hat, das Münzamt Graz im Jahre 1772 aufgehoben; der Kreuzer kann daher dort nicht geprägt worden sein.
Es blieb also nur noch Nagybánya, weil der dortigen Münzstätte,
wie wir im nächsten Abschnitte sehen werden, im Jahre 1765 der
Münzbuchstabe G zugewiesen worden war, und man die Verordnung, mit welcher diese Zuweisung erfolgte, irrig deutete.

Es ist mir nun gelungen, den Ursprungsort und die Bestimmung
dieses Kupferkreuzers in den Acten des Hofkammerarchivs aufzufinden und so bin ich in der Lage, alle die aufgezählten Zweifel
endgiltig zu beheben.

Als am 13. Mai 1779 durch den Frieden von Teschen der
zweite bayerische Erbfolgekrieg beigelegt und von Bayern das Innviertel an Oesterreich abgetreten worden war, lag der Regierung
daran, in dem neuerworbenen Gebiete möglichst rasch die in den
Erbländern herrschende Conventionswährung einzuführen. Es man-
gelte hauptsächlich an Kupfermünzen für das Innviertel, und so
erhielt das Münzamt in Günzburg mit Verordnung der Hofkammer
in Münz- und Bergwesen vom 26. Juni 1779 den Auftrag, alle
Vorbereitungen zu treffen, um in kürzester Zeit für das Innviertel
Kupferkreuzer zu prägen, zu welchen die Punzen mit der nächsten
Post vom Hauptmünzamte in Wien abgehen würden. Schon am
25. August 1779 konnte das Münzamt Günzburg berichten, dass auf
die bestellten 20.000 fl. in Kupferkreuzern, der Rest von 5.500 fl.
auf dem „Ordinary Ulmer Schiff" verladen wurde, wobei 1 fl.
Reichswährung per Centner Fracht accordirt worden sei. Die binnen
sechs Wochen bewirkte Ausmünzung von 1,200.000 Kupferkreuzern
fand die Anerkennung der Hofkammer, welche in der Verordnung
vom 3. September 1779 das Münzamt Günzburg, ob der raschen
Erfüllung des erhaltenen Auftrages belobte.

Selbstverständlich war auf den Prägestempeln, welche mittelst
der aus Wien übersendeten Punzen in Günzburg hergestellt wurden,
der Münzbuchstabe G beigesetzt worden. Die mit diesem Buchstaben
bezeichneten Kreuzer vom Jahre 1779 sind also aus Günzburg hervorgegangen und sind sowohl dahin als auch (als Ergänzung zu
J. Kolbs „Die Münzen, Medaillen und Jetone des Erzherzogthums
Oesterreich ob der Enns", Linz, 1882) nach Oberösterreich zu legen, da
sie ausdrücklich für das Innviertel bestellt und geprägt worden sind.

VI. Die Anfangsbuchstaben des Alphabetes zur Bezeichnung der Münzstätten.

Nach dem Tode Franz I. entfallen mit dem Jahre 1765 die Doppelbuchstaben und es tritt eine andere Bezeichnung der Gold- und Silbermünzen ein. Die Besprechung dieser neueingeführten Münzbezeichnung muss ich mit der Berichtigung einer früher von mir veröffentlichten Angabe beginnen. In meinem Aufsatze über den Levantinerthaler, welcher vor 21 Jahren in unserer Zeitschrift (IV. Jahrg. 1872) erschienen ist, habe ich die im hiesigen Hauptmünzamts-Archive verwahrte Hofkammer-Verordnung vom 9. Juni 1766 angeführt, durch welche die Bezeichnung der Münzstätten mit den Buchstaben A, B, C, D, E, F, G, H angeordnet wurde.

Ich habe damals bemerkt, diese Verordnung scheine von den Münzämtern entweder gar nicht oder nur zeitweise befolgt worden zu sein, denn es gebe Münzen aus der damaligen Zeit, welche den Münzbuchstaben tragen, andere aber nicht. Heute bin ich nun in der Lage diesen Umstand aufzuklären. Durch Einsichtnahme in den Original-Act des hiesigen Hofkammer-Archivs habe ich entdeckt, dass jene Verordnung keineswegs Giltigkeit für alle neuzuprägenden Münzen haben sollte, sondern dass nur die Münzen des am 18. August 1765 von der Kaiserin zum Mitregenten gewählten Kaisers Joseph II. mit jenen Buchstaben zu bezeichnen anbefohlen wurde. Der Wortlaut der Verordnung ist nämlich der folgende:

„Von der Kays. auch Kays. Königl. Hof-Cammer Ihro May. Haupt-Münz-Amts-Ober-Beamten hiemit anzufügen: Es werden die Puntzen zu den neuen Münzen auf die höchst verehrliche Bildnussen so für Se. Römisch-kayserliche wie für Ihro Kays: Königl: Apostol: May: nächstens von hieraus abgesendet werden und man habe gelegenheitlich dessen beschlossen, anstatt des nach der bisherigen Art auf der Revers-Seite der auf Ihro May. des Kaysers Bildnuss ausgeprägten Münzen eingeschlagenen Anfangsbuchstaben des Namens der ausprägenden Kais. Königl. Münz-Statt, künfftighin sothane Münz-Statt nur mit einem unter das höchste Bildnuss einzuschlagenden Buchstaben nach der in anderen Staaten eingeführten Beobachtung anzudeuten, sofort dem hiesigen Haupt-Münz-Amt den Buchstaben A, dem

Kremnitzer B, dem Prager C, dem Grazer D, dem Carlsburger E, dem
Haller F, dem Nagybanier G und dem Günzburger H zuzutheilen.
Welches mithin Sie Kays: Königl. Münz-Ober-Beamten bey
Erhaltung vorgemelter neuer Puntzen behörig zu beobachten haben
werden. Dann hieran beschiehet Ihro Kays: Königl: Apostol:
May. gnädigster Will und Meinung."

Nur die mit dem Bilde des neuen Mitregenten Kaiser
Joseph II. versehenen Münzen sollten daher den damals eingeführten
Münzbuchstaben tragen, um den Prägeort derselben kenntlich zu
machen, wie es vormals bei den Münzen des kurz zuvor verstorbenen
Kaisers Franz I. durch die Doppelbuchstaben W-I, H-A etc. geschah.
Auf den Münzen der Kaiserin war diese Bezeichnung unnöthig, weil
sich dieselben, nach wie vor, durch das im Herzschilde vorkommende Landeswappen unterschieden. Daraus erklärt sich also, dass
die seit 1766 bis zum Tode der Kaiserin M. Theresia geprägten
Münzen den Münzbuchstaben theils aufweisen, theils nicht. Bei
näherer Prüfung dieser Münzen wird aber der Sammler erkennen,
dass (mit einer Ausnahme, auf die ich sofort zu sprechen kommen
werde) die ersteren das Bild Josephs II., die letzteren jenes der
Kaiserin Maria Theresia tragen.

Bemerkenswerth ist es, dass es Thaler und andere Münzen mit
dem Bilde Josephs II. schon aus dem Jahre 1765 giebt, die den
Buchstaben A, B, etc., aufweisen. Mit diesen hat es eine eigene
Bewandtniss. Um auch Münzen aus dem Jahre, in welchem Kaiser
Joseph II. zum Mitregenten gewählt wurde, und ebenso Münzen mit
dem erst im J. 1766 verfügten geänderten Gepräge der Kaiserin
im Witwenschleier in Umlauf zu setzen, ergieng am 23. Juni 1766
der Befehl an das Wiener Hauptmünzamt, 2000 Mark Silber zu
Thalern des Kaisers und der Kaiserin mit der Jahreszahl 1765
nachzuprägen. Nach Thunlichkeit sollten auch die übrigen Münzgattungen zum Theile auf das Jahr 1765 aufgestossen werden. Die
Anordnung, Münzen mit dieser Jahreszahl zu prägen, wurde auch
allen anderen Münzämtern zugesendet.

Die an das Wiener Haupt-Münzamt gerichtete Verordnung vom
23. Juni 1766 hat den nachstehenden Wortlaut: „Anzufügen, in An-
sehung dessen, dass nach denen ohnmittelbar und mündlich bedeu-
teten Hof-Kammer Befehlen der ober Graveur Toda und Münz-

Eisen-Schneider Jetzl zu denen auf die verehrlichsten Bildnussen
Ihro der kayser:Königin und des Kaysers Mayt. neu auszuprägenden
Münzen die Puntzen in die Ausarbeitung genommen — auch jene
zu denen Thaler bereits in soweit Verfertiget haben, dass inner
wenigen Tägen zur .Thalewhen auszuprägen geschritten werden könne,
wolle Man hiemit anbefohlen haben, sotane Ausmünzung allhier
ehemöglichst der Gestalten einzuleiten, dass um die natürliche
Münzordnung beyzubehalten, ohngefähr 2000 Mark von jeder der
gedachten zweyen Thaler Geprägen (welches auch nach Thunlicher
Mass bey denen weiters zu Stand kommenden neuen Münzgattungen
zu beachten ist) auf das Verflossene 1765te, die übrig einkom-
mende Silber aber auf das laufende Jahr aufgestossen werden.

Indessen seye das diesfällige Gepräg aus denen berührten
schon verfertigten Puntzen so für die avers wie revers Seite ersichtlich,
die Umschrift aber vor die k. k. Thaler und Gulden nicht wie der (so
viel es der Raum gestattet) halbe Gulden folgender Gestalt zu sezen:

Auf der avers Seite: M. THERESIA. D. G R. IMP. HU. BO.
REG, und auf dem Revers ARCHID. AUST. DUX BURG. CO. TYR.
1765 ✕; dann vor die kayserliche auf der avers Seite IOSEPH. II.
D. G. R. I. S. A. COR. & HER. R. H. B. &. und auf dem Revers
ARCH. AUST. D. BURG. LOTH. M. D. HET. 1765. ✕.

Wornach mithin Sie k. k. Münz-ober-Beamte sich zu achten,
auch die Versendung der Puntzen (sobald Selbe fertig sein können)
an die andern k. k. Münzämter mit der Erinnerung zu verwenden
wissen werden, dass auch von sotanen Ämter nach Mass des
innehabenden Materialis ein Theil der neuen kayser.
königl^en Münzen auf das verflossene 1765ger Jahr ausgepräget werden sollen."

Da einige Tage vor Erlassung dieser Verordnung für die Münzen
des Mitregenten Joseph H. die ersten acht Buchstaben des Alphabets zur Bezeichnung der Münzstätten angeführt worden waren, so
tragen auch die mit seinem Bilde versehenen, jedoch erst im J. 1766
geprägten Münzen mit der Jahreszahl 1765 die Münzbuchstaben
A, B, C etc. bis H.

Auch ein anderer Anachronismus, auf den ich in einem der
nachfolgenden Abschnitte zu sprechen kommen werde, wird durch
die vorstehende Verordnung aufgeklärt.

Zum Schlusse sei hier noch eines Thalers erwähnt, welcher durch die vorstehenden Ausführungen nicht erklärt werden kann. Derselbe dient zugleich zu meiner Entschuldigung, dass ich in meinem Aufsatze über den Levantinerthaler die an das Hauptmünz-amt gerichtete Verordnung vom 9. Juni 1766 irrig gedeutet habe, denn das gleiche Schicksal widerfuhr dieser Verordnung auch von Seite der damaligen Hauptmünzbeamten selbst. Auch diese ver-meinten, alle Münzen seien mit dem Buchstaben A zu versehen und so entstand, als vierzehn Tage später der Befehl zur Nachprägung von Thalern und anderen Silbermünzen mit der Jahreszahl 1765 erging, der Thaler, Schultess Rechberg Nr. 491, welcher unter dem Brustbilde der Kaiserin Maria Theresia das A als Bezeichnung der Münzstätte Wien und die Jahreszahl 1765 aufweist. Eine alsbald erlassene neue Verordnung brachte, mit den erforderlichen Auf-klärungen, das Verbot, den Münzbuchstaben auch auf den Münzen der Kaiserin anzubringen, da derselbe nur für die Münzen des Mitregenten Joseph II. bestimmt sei. Dadurch wurde der erwähnte Thaler zu einer grossen numismatischen Seltenheit.

VII. Die Doppelbuchstaben auf den nachgeprägten Münzen Kaiser Franz I.

Der Vollständigkeit wegen sei hier auch der von mir schon früher veröffentlichten, kurz nach der eben citirten, erlassenen Kais. Verordnung erwähnt, durch welche die fortdauernde Ausprägung von Münzen mit dem Bilde des verstorbenen Kaisers Franz I. an-befohlen wurde. Dieselbe ist vom 21. Juli 1766 datirt und giebt den Münzämtern bekannt, Ihre Majestät habe anzubefehlen geruhet, „dass so lange dero glorreiche Regierung fortdauern werde, die aus-zuprägenden Gold- und Silbermünzen zu einem Drittel auf Ihro Kays. kön. Majestät höchst verehrlichen Bildniss, zu einem Drittel auf Ihro regierenden Kaysers Majestät Joseph II. und zu einem Drittel auf das Bildniss des in Gott ruhenden Kaisers Franz selig-sten Gedächtnisses, aufgestossen werden sollen; hiebei, dass zwar natürlicher Weise die das Bildniss des Kaisers Franz führenden Münzen allezeit auf das Jahr 1765, jedoch mit einem, das wirklich auszuprägende Jahr bemerkenden Zeichen zu schlagen seyen,

welches Zeichen aus einem unter das Portrait zu setzenden Buchstaben dergestalt zu bestehen hat, dass für das laufende Jahr A, für
1767 B u. s. w., die folgenden Buchstaben nach der Reihe der Jahre
genommen werden sollen".

Allen Sammlern sind die so bezeichneten Münzen des Kaisers
Franz I. mit der Jahreszahl 1765 bekannt, und nun wird ihnen auch
erklärlich, warum dieselben (mit einigen Ausnahmen) nicht wie die
früheren Münzen des Kaisers Franz die Doppelbuchstaben zu beiden
Seiten des Adlers, sondern andere Buchstaben zur Bezeichnung des
Prägeortes aufweisen. Es waren eben 6 Wochen zuvor jene Prägeort-
Buchstaben A bis H für den Mitregenten Joseph II. und nunmehr die
Buchstaben des Alphabets zur Bezeichnung des Prägejahres der Münzen
mit dem Bilde des verstorbenen Kaisers Franz I. eingeführt worden
und so gelangten zumeist die ersteren Buchstaben auch für diese
nachgeprägten Münzen Kaisers Franz I. zur Anwendung. Dadurch
entstanden abermals Doppelbuchstaben, die jedoch nebeneinander
unter dem Brustbilde des Kaisers stehen und so ist also beispielsweise
ein Zwanziger, welcher die Buchstaben B C neben einander unter
dem Kopfe des Kaisers trägt, zu Kremnitz im Jahre 1768 geprägt
worden.

Da aber die Verordnung vom 21. Juli 1766 die Prägeort-Buch-
staben A bis H für diese nachgeprägten Münzen Franz I. nicht ausdrücklich anbefahl, so wurde sie in einzelnen Münzämtern dahin
interpretirt, dass die frühere Bezeichnung mit den Doppelbuchstaben
W—I, H—A beizubehalten sei. So ist mir ein Zwanziger Franz I.
aus Hall mit der Jahreszahl 1765 bekannt, der unter dem Kopfe
ein A, d. i. 1766 und zur Bezeichnung der Prägestätte auf dem Reverse neben dem Adler die früheren Buchstaben H—A trägt.

VIII. Wiedereinführung der Münzmeisterbuchstaben.

Auffallend und lange nicht erklärlich war mir und ist es gewiss
allen Sammlern bisher geblieben, dass kurz nach Erlassung der
ersteren der soeben angeführten Verordnungen die Münzen plötzlich
wieder die längst und wiederholt abgeschafften Anfangsbuchstaben der Namen der Münzbeamten aufweisen. Dank der
aus den Acten des Hofkammer-Archives geschöpften Belehrung, bin
ich in der Lage, nunmehr auch hier die Aufklärung zu geben. Die

Verordnung, mit welcher diese Bezeichnung der Münzen anbefohlen wurde, trägt das Datum des 25. August 1766, ist also kaum 2 Monate nach jener vom 9. Juni 1766 ergangen, mit welcher die Münzbuchstaben A bis H für die Münzen der Mitregenten eingeführt worden waren.

Sie erfolgte auf unmittelbare Initiative der Kaiserin Maria Theresia. Die Hofkammer hatte am 16. Juni 1766 einen unterthänigsten Vertrag erstattet, in welchem sie eingangs Klage führt, dass „beim hiesigen Hauptmünzamt die hierortigen Verordnungen öfters, und lang ohne Erfolg erliegen bleiben, auch in mehreren Haupt-Stücken ohnerachtet des öfteren Betreibens die Bericht nicht erstattet werden, wozu noch neuerlich der missfällige Umstand gekommen, dass von Seiten des Bayer. Münz-Wardeins Oker viele Kais. Königl. seit 14 Jahren an verschiedenen Orten ausgeprägte Münzen für ohnverlässig in Korn und Schrott angegeben worden, welcher ohnangenehme Vorwurf nicht wohl zu befahren gewesen wäre, wann das allhiesige Haupt-Münz-Amt seine Schuldigkeit in ordentlicher Aufbehaltung eigener Prob-Groschen, und in Nachprobirung derjenigen, so ihme von anderen Kays. Königl. Münz-Aemtern eingeschickt worden, erfüllet hätte ..“ Die Hofkammer habe sich dadurch veranlasst gesehen, die Hofräthe Freiherrn v. Kempfen und v. Giganth anzuweisen, im Hauptmünzamte eine Untersuchung einzuleiten und die dortigen Beamten einzuvernehmen, wobei es sich herausgestellt habe, „dass der Münz-Meister Mathias Paul Klemmer mehrere Jahre lang die ihme selbst obliegende Schuldigkeiten wegen der vorschützenden aus seinem ausgearbeitetem Alter entstehenden Ohnvermögenheit unterlassen und derselben Erfüllung einigen anderen Münz-Aemtlichen Personen übertragen habe.“ Im Verfolge des Berichtes wird die Jubilirung des Münzmeisters, welcher fast 50 Dienstjahre vollstreckt habe, die Ernennung des Münzwardeins Augustin Cronberg zum Münzmeister, des Wardeins-Adjuncten Sigmund Klemmer (Sohnes des Münzmeisters) zum Wardein und des Praktikanten Franz Ecker zum Wardeins-Adjuncten beantragt.

Mit Resolution vom 16. Juni 1766 genehmigte die Kaiserin die Pensionirung M. P. Klemmers und die Ernennung Cronbergs zu dessen Nachfolger, „dahingegen ist der Münz-Wardein Adjunct

Klemmer annoch bey seinem dermaligen Stand zu belassen, und ihm
zu bedeuten, dass es von seinem Benehmen abhangen werde, ob er
sich einer Promotion würdig mache. Schließlichen ist der Praktikant
Ecker jedoch nur als zweyter Wardein-Adjunct mit dem eingerathe-
nen Gehalt anzustellen".

Wichtiger und für das eingehende Interesse, welches die
Kaiserin dem Münzwesen zuwendete, bezeichnend, ist der erste Theil
dieser sehr ausführlichen Resolution, in welcher es nach den
einleitenden Worten heisst: „Anbey aber ist nöthig, dass bey der
Ausmünzung die Münzen auf das genaueste probiret werden. Dahero
bey jedem Werk anfänglich die Tigel- sodann die Stuk-Prob, in Bey-
sein einer dritten von der Hofkammer dazu benennenden und besonders zu verpflichtender der Sachen kundiger Person vorzunehmen,
und deren Befund genau zu protocolliren, nach der Ausmünzung
aber von besagter dritten Person die Prob Pfenning aus dem ganzen
Werk herauszunehmen; und mit der behörigen Vormerkung in die
verschlossene Fahr-Büchsen einzustossen seynd, welche sodann dahier unter der Obsicht des Münz-Raths weiter behörig nachprobirt
und von deren allseitigen Befund jeden Jahrs Mir der Vortrag
erstattet werden solle. Ferner hat ein jeder Münz-Meister und
Wardein denen Münzen die Anfangs-Buchstaben seines
Namens beyzuschlagen. Die Obsorge aller Münz-Aemter ist
einem deren Hof-Cammer Räthen mit Abnehmung aller anderweiten
Arbeit anzuvertrauen, diesem ein der Manipulation wohl kundiges
Subjectum als Münz-Rath beyzugeben, und wegen desselben Mir der
Vortrag zu erstatten, wo dann von einem dieser beyden ein jedes
Münz-Amt wenigstens alle 2 Jahr zu visitiren, und dabey insonder-
heit auch die Oecomie der Manipulation zu untersuchen ist. . ."

Diese Anordnungen wurden den Münzämtern mit der früher
bezeichneten Hofkammerverordnung vom 25. August 1766 zur Kenntniss gebracht, wobei bestimmt wurde, dass die Tiegel- und Stock-
Proben bei den Münzämtern Wien, Kremnitz und Günzburg im Beisein des Cassiers, in Prag im Beisein des Amtsschreibers, in Nagybánya im Beisein eines vom Berg-Inspectorate eigens dazu zu bezeich-
nenden Berg- oder Buchhaltungs-Beamten, in Carlsburg im Beisein
des Gegenprobirers, in Graz im Beisein des Münz-Meisters-Adjunc-
ten, in Hall im Beisein des Münzdirectors zu nehmen, und von

diesen auch die Probegroschen in der Fahrbüchse [6]) zu verwabren
seien.

Es muss jedenfalls befremden, dass durch diese Verordnung
etwas abermals eingeführt wurde, was in einer Reihe vorausgehen-
der Münzinstructionen für überflüssig erklärt und untersagt worden
war, und dies umsomehr, als ja thatsächlich die Münzen der Kaiserin
durch das Landeswappen im Herzschilde und jene des Mitregenten
durch die kurz zuvor eingeführten Münzbuchstaben A bis H kenntlich waren. Auf diesen Widerspruch dürfte niemand gewagt haben,
die Kaiserin aufmerksam zu machen; sie hatte aus dem Vortrage des
Hofkammerpräsidenten entnommen, dass Klagen über die Zuverläss-
lichkeit der österr. Münzen im Auslande erhoben wurden, und da es
ihr entfallen sein mochte, dass durch das Herzschildwappen und
durch jene Münzbuchstaben sofort erkannt werden könne, welche
Münzbeamten für derartige Mängel zur Verantwortung zu ziehen
seien, fertigte sie ohne weiter zu fragen den Befehl aus, dass die
Münzoberbeamten die Anfangsbuchstaben ihres Namens auf den
Münzen anzubringen hätten.

Wie es kommt, dass es auch schon Thaler, Zwanziger etc. der
verschiedenen Münzstätten mit der Jahreszahl 1765 gibt, welche die
erst im Jahre 1766 eingeführten Initialen des Münzmeisters und des
Münzwardeins tragen, wird zuvörderst durch den Wortlaut der oben
wiedergegebenen Verordnung vom 23. Juni 1766 erklärt. Man prägte
eben überall theilweise mit Stempeln mit der Jahreszahl 1765, denselben wurden aber, im Sinne des neuergangenen Befehls vom
25. August 1766 die Anfangsbuchstaben der Namen der Oberbeamten
der Münzstätten. beigefügt.

---

[6]) Die Fahrbüchse war das Behältniss, in welchem von jedem Münzgusse
einige geprägte Münzstücke verwahrt werden mussten, um später von dem
Landesprobirer oder einem anderen controlirenden Beamten auf Gewicht, Halt
und Gepräge untersucht zu werden. In Oesterreich-Ungarn werden jetzt diese
Probestücke versiegelt dem Generalprobiramte zur Prüfung zugestellt. In England besteht noch heute die Fahrbüchse (the pix); alljährlich wird der Inhalt
derselben durch Vertreter der Corporation der Londoner Goldschmiede im Beisein des kgl. Münzmeisters geöffnet und eine Anzahl Münzstücke von einem
hiezu berufenen Probirer auf Gewicht und Feinhalt geprüft. Ueber den Befund
wird ein Protokoll aufgenommen, dem Parlament übergeben und veröffentlicht.
Diese Untersuchung heisst the trial of the pix.

Hier sind, wie aus dem vorhergehenden Abschnitte zu entnehmen
ist, was die Münzen der Kaiserin Maria Theresia anbelangt, diejenigen gemeint, welche ihr Bild im Witwenschleier aufweisen; es
gibt aber auch solche mit der Jahreszahl 1765, welche das Bild der
Kaiserin nach der früheren Darstellung, also ohne Witwenschleier
und gleichwohl die Initialen des Münzmeisters und Wardeins tragen.
Dies sind ebenfalls Nachprägungen, zu welchen das Günzburger
Münzamt den Anlass gegeben hat.

Die Augsburger Bankhäuser v. Liebert und Carli & Co. unter-
hielten einen lebhaften Exporthandel mit Maria Theresia-Thalern
über Marseille, Genua, Livorno und Venedig nach der Levante und
lieferten grosse Silbermengen zu ihrer Ausprägung nach Günzburg.
Als nun nach dem Tode Kaisers Franz I. das Gepräge jener Thaler
die wiederholt besprochene Aenderung erfuhr und das Bild der
Kaiserin im Witwenschleier darauf dargestellt wurde, wollten die
Türken diese Thaler nicht annehmen. Die genannten Bankhäuser,
welche ihr grosses Geschäft bedroht sahen, baten nun, ihnen das
zur Günzburger Münze gelieferte Silber in Thalern früheren Gepräges auszuprägen. Dies wurde ihnen bewilligt, zumal auch der
Hauptexporteur österreichischer Thaler, Freiherr von Fries in Wien,
aus derselben Ursache das gleiche Ansuchen gestellt hatte. Da also
diese Münzen mit der Jahreszahl 1765 erst 1766 und auch noch viel
später (die Ausprägung von Münzen der Kaiserin ohne Witwenschleier wurde erst mit Verordnung vom 5. Mai 1770 eingestellt) ausgeprägt wurden, zu einer Zeit, da die Münzmeisterbuchstaben anzubringen befohlen war, wurden sie mit denselben thatsächlich versehen.

Zum Theile ist das Auftreten von Münzen mit der Jahreszahl
1765 und den Münzmeisterbuchstaben auch dem Umstande zuzuschreiben, dass die Münzämter erst sehr spät von Wien aus mit den
zur Herstellung der Prägestempel erforderlichen neuen Punzen versehen wurden. So berichtet das Kremnitzer Münzamt am 23. October 1767, dass es zwar Thaler, Gulden und Viertelthaler mit der
laufenden Jahreszahl prägen könne, dass es jedoch „mangels der
auf Ihro Mayst. Verwittibte Kayserin Königin, wie des jetzt regierenden Kaysers Mayestät von Wienn noch nicht erhaltene neue Puntzen,
all übrige Münzgattungen annoch ad annum 1765 verfolglich auf
das alte Gepräg auszumüntzen bemüssigt seye.“

Die Münzen mit 1765 und den Initialen der Münzoberbeamten rühren also durchwegs aus den Jahren 1766, 1767 und selbst aus den Jahren 1768, 1769, 1770 her.

Es dürfte den Sammlern österreichischer Münzen gedient sein, wenn ich die auf denselben von 1765—1780 vorkommenden Buchstaben hier erkläre:

W i e n :	1765—1774	$\begin{cases} \text{I.C.}-\text{S.K.} \\ \text{C.}-\text{K.} \end{cases}$	$\begin{cases} \text{Jos. Augustin Cronberg} - \\ \text{Sigismund Ant. Klemmer.} \end{cases}$
	1774—1780	$\begin{cases} \text{I.C.}-\text{F.A.} \\ \text{C.}-\text{A.} \end{cases}$	$\begin{cases} \text{Jos. Augustin Cronberg} - \\ \text{Franz Aycherau.} \end{cases}$
K r e m n i t z :	1765—1774	E. v. M. — D.	Ignaz Krammer Edler v. Münzburg — Paschal Jos. v. Damiani.
	1774—1780	S.K.—P.D.	Sigismund A. Klemmer v. Klemmersberg — Paschal Jos. v. Damiani.
P r a g :	1765—1773	E.v.S.—A.S.	Erdmann v. Schwingerschuh — Anton Stehr.
	1773—1780	E.v.S.—I.K.	Erdmann v. Schwingerschuh — Ignaz Werner Kendler.
G r a z :	1765—1767	I.—K.	Paul Anton Juli — Joh. Adam Kollmann.
	1767—1772	$\begin{cases} \text{C.G.}-\text{A.K.} \\ \text{C.v.G.}-\text{A.K} \end{cases}$	$\begin{cases} \text{Carl v. Geramb} - \text{Joh.} \\ \text{Adam Kollmann.} \end{cases}$
C a r l s b u r g :	1765—1776	H. — G.	Ant. Jos. Hammerschmid — Alexander de Gagia.
	1777—1780	H. — S.	Ant. Jos. Hammerschmid — Gottfried Schickmayer v. Steindelbach.
H a l l :	1765—1774	A. — S.	Ludwig Aschpacher—Joh. Jos. Stockhner.
	1775—1780	V. C. — S.	Jos. Hubert v. Clotz — Joh. Jos. Stockhner.

Nagybánya:1765—1771 L B. — F. L.   Jos. Brunner — Franz
                                              Anton Lechner.

1772 —1780 $\left\{\begin{array}{l} \text{I.B. — I. V.} \\ \text{B. — V.} \end{array}\right\}$ Jos. Brunner — Jos.
                                              Vischer.

Günzburg: 1765—1774 S: — C: Tobias Schöbl — Jos.
                                              Hubert v. Clotz.

1775—1780 S. — F.   Tobias Schöbl — Josef
                                              Faby.

In der Regel stehen die Münzmeisterbuchstaben auf der Revers-
seite, zu beiden Seiten des Schweifes des Doppeladlers oder des
Wappens. Günzburg bildet eine Ausnahme mit den Münzen der
Kaiserin. Die Buchstaben S. C. stehen unter ihrem Bilde.[7]) Auf den
in Günzburg mit dem Bilde Josephs II. geprägten Münzen jedoch
wird der Raum unter dessen Bild von dem (für die Münzen des
Mitregenten im Jahre 1766 eingeführten) Münzbuchstaben H eingenommen, und es erscheinen die Münzmeister-Buchstaben ebenfalls
auf dem Reverse.

Einige Münzoberbeamten liessen die Anfangsbuchstaben ihres
Tauf- und Zunamens anbringen, andere blos jene ihres Zunamens.
Aber auch die ersteren Doppelbuchstaben stehen nur auf den
grösseren Münzen bis zum Zwanziger herab. Auf den Zehnern,
Ducaten und den anderen kleineren Münzen kommen gewöhnlich
nur die Initialen der Zunamen vor.

Dadurch hat es sich beispielsweise ereignet, dass Ducaten und
kleinere Silbermünzen mit den Buchstaben C—A versehen sind,
was zur Annahme führte, dieselben seien in Carlsburg geprägt,
während diese beiden Buchstaben die Namen Cronberg und
Aicherau bezeichnen und aus dem Wiener Hauptmünzamte hervorgegangen sind.

---

7) Einem sehr seltenen Günzburger Thaler von 1780 fehlen diese Buchstaben unter dem Brustbilde, dagegen stehen im Reverse zu beiden Seiten des
Adlerschweifes die Initialen T·S—I·F (Tobias Schöbl und Josef Faby).

Ich habe hier an der Hand der Tabelle nur einige Aufklärungen hervorgehoben, welche die richtige Deutung der Münzmeisterbuchstaben bietet; bei aufmerksamer Prüfung der Münzzeichen aus den Jahren 1765—1780 und bei Vergleichung derselben mit den dieser Periode angehörenden Münzen werden sich aber aus der Zusammenstellung noch mancherlei andere Aufschlüsse gewinnen lassen.

Die Münzmeisterbuchstaben verschwinden erst im Jahre 1781, nach dem Tode der Kaiserin Maria Theresia. Auf einer Münze jedoch sind sie noch heute zu sehen, nämlich auf dem sogenannten Levantiner Thaler, welcher, mit dem Bilde der grossen Kaiserin und der Jahreszahl 1780 versehen, jährlich noch immer in Millionen Stücken aus dem Wiener Hauptmünzamte hervorgeht, um nach alter Gewohnheit seinen Weg in den Orient und in das Innere des dunklen Welttheils zu nehmen. Auch in dem neuesten Münzgesetze vom Jahre 1892 ist für die fortgesetzte Prägung des Levantiner Thalers vorgesehen worden. Es werden zu demselben die schönen Stempel des Münzamtes Günzburg verwendet, zu welchen die Punzen von dem Graveur Johann Baptist Wurschbauer geschnitten wurden. Unter dem Brustbilde der Kaiserin sind die damaligen Münzoberbeamten Johann Tobias Schöbl und Josef Faby durch die Buchstaben S F verewigt.

IX. Aenderung der Münzbuchstaben auf den Kremnitzer und Nagybányaer Münzen.

In die Periode, welche der vorhergehende Abschnitt behandelt, fällt eine sehr bemerkenswerthe Aenderung des Gepräges und der Bezeichnung der Kremnitzer Münzen. Die Thaler, Gulden etc. dieser Münzstätte hatten unter Carl VI. auf der Hauptseite das Brustbild des Kaisers, auf der Rückseite den Doppeladler und die Buchstaben K — B. Mit dem Regierungsantritte der Kaiserin Maria Theresia zeigen sie seit 1741 auf der Hauptseite deren Brustbild, auf der Rückseite aber nicht mehr den Doppeladler, sondern die Muttergottes mit dem Jesukinde und ebenfalls die Buchstaben K — B. Diese Bezeichnung blieb, ebenso wie das N — B auf den Münzen von Nagy-

bánya, wie weiter oben erwähnt, auch für die Münzen mit dem Bilde
des Kaisers Franz I. bestehen.

Mit dem Jahre 1767 tritt eine auffallende Veränderung im Gepräge dieser Münzen ein; sie zeigen von nun an nicht mehr das Bild
der Kaiserin, sondern an desseń Stelle das von zwei Engeln gehaltene
ungarische Wappen und nicht mehr die Buchstaben K — B, sondern
entweder blos ein K oder ein B.

Wie ich an anderer Stelle mitgetheilt habe [8]), wurde die Aenderung des Gepräges durch die Beschwerde des .Thalerexporteurs
Johann Freiherrn von Fries angeregt, welcher sein Geschäft nach
der Levante dadurch beeinträchtigt sah, dass die ungarischen Gewerken die Thaler mit dem Bilde der Kaiserin und der Madonna, in
welchen ihnen das an die Kremnitzer Münze gelieferte Silber bezahlt
wurde, direct oder durch Zwischenhändler mit einem Agio ebenfalls
in die Türkei verkauften. Die Regierung ging auf die Forderung des
Baron Fries, das Kremnitzer Gepräge abzuändern, ein; da sie aber
den Gewerken gegenüber den wahren Grund nicht angeben konnte,
so nahm sie zum Vorwande, es müsse vorgesorgt werden, dass das
aus heimischen Bergbauen herrührende Silber im Lande bleibe und
nicht in Form von Thalern ausgeführt werde. Es war dieser .Grund
thatsächlich auch mitbestimmend für die vorzunehmende Aenderung,
und so konnte man ihn um so leichter vorgeben, als das Silber, aus
welchem Baron Fries die Thaler für seinen Exporthandel in Wien
prägen liess, hauptsächlich aus dem Auslande bezogen wurde.

Auch in dem Vortrage, welchen die Hofkammer der Kaiserin
diesfalls erstattete, wurde gesagt, die Aenderung des Kremnitzer
Gepräges werde beantragt, „um der in die Türkey beschehend starken
Ausfuhr deren aus eigenem Erbländischen Berg-Silber erzeugt werdenden Kays. Königl. Thaler möglichstermassen Einhalt zu thun."

Die Kaiserin gab mit Entschliessung vom 6. Mai 1766 ihre Genehmigung zu den beantragten Aenderungen, worauf die Hofkammer
am 29. December 1766 Abdrücke des neuen Thalers vorlegte, zu
welchen der Wiener Graveuradjunct Redeslob die Stempel an-
gefertigt hatte. Da in dem Vortrage betont wird, die Stempel seien
„mit so vielem ersichtlich-ausserordentlichen Fleiss als in einer bey

---

[8]) Monatsblatt der Num. Ges. Juni 1893. Nr. 119, S. 241.

denen Münzen ohngewöhnlichen zierlichkeit verfertiget", so fügte die Kaiserin ihrem „Placet und ist mit der Ausprägung dieser Thaler fürzugehen", den Befehl bei, dem Graveuradjuncten Redeslob eine Remuneration von 24 Dukaten zu verabreichen.

Es erging am 16. Februar 1767 nach Kremnitz der Auftrag der Hofkammer, sich bei der Erzeugung der neuen Prägestempel der vom Wiener Hauptmünzamte erhaltenen Punzen zu bedienen und für die Gulden nach diesem Muster die Punzen von dem Obergraveur König[9]) „mit der nämlichen achtsamen Reinlichkeit" verfertigen zu lassen; zugleich wurde an die ungarische Hofkanzlei das Ersuchen gerichtet, die nachstehende allerhöchste Anordnung zu verlautbaren.

Maria Theresia p. p. Benigne notificamus fidelitatibus Vestris, quod nos ad impediendam, quae multum jam invaluit, solidae argenteac monetae, Biflorenariorum utpote, et Florenariorum cum Nostra et Augustissimi Romanorum Imperatoris, atque insigni duplicis Aquilae excussorum ex regno eductionem clementer resolverimus, ut usitata hactenus in officio monetario Cremicziensi sub praeattacta Nostra et Imperatoris effigie, plene sistatur, et in locum hujus Bifloreni, et Floreni cum effigie Sedentis Deiparae virginis et regni Hungariae insignium formalitate hic advoluta pro futuro cudantur, valor nihilominus intrinsecus plene retineatur.

Quod ipsum Fidelitatibus Vestris pro notitia et directione, finemque in illum hisce clementer significamus, quo circa acceptandam hanc novam monetae speciem apud subordinatas sibi cassas oportuna disponere noverint. Viennae 16. Februarii 767.

Gewiss muss es in Ungarn damals allgemein aufgefallen sein, dass als Grund der Aenderung des Gepräges in dieser Verlautbarung angegeben wird, man wolle dem Schmuggel mit den in Kremnitz geprägten Thalern mit dem Bilde der Kaiserin oder des Kaisers und dem Reichsadler ein Ziel setzen. Solche Thaler wurden in Krem-

---

[9]) Es ist hier am Platze, auf den Umstand aufmerksam zu machen, dass fast während der ganzen Regierungszeit der Kaiserin Maria Theresia der Name König als der des Münzgraveurs von Kremnitz vorkommt. Es waren aber zwei verschiedene Graveure dieses Namens nacheinander daselbst thätig. Als sich 1773 Maximilian König eines Augensleidens wegen vom Dienste zurückzog, wurde der Günzburger Münzgraveur Anton König an seine Stelle nach Kremnitz versetzt.

nitz nicht geprägt, da seit 1741 anstatt des Doppeladlers die Muttergottes angebracht war.

Es scheint dies der Hofkammer unbegreiflicher Weise nicht
gegenwärtig gewesen zu sein, denn in allen Noten und Erlässen,
deren Concepte der umfangreiche Act enthält, wird immer von den
Kremnitzer Thalern mit dem Bilde der Kaiserin und dem Doppeladler gesprochen. Wäre ein Münzsammler mit im Rathe gesessen,
so hätte er die Herren gewiss auf diesen Irrthum aufmerksam gemacht.

Das neue Gepräge wurde mit Hofkammer-Verordnung vom
6. April 1767 auch auf die halben Gulden mit dem auf einer Spitze
stehenden Viereck ausgedehnt. Die Münzen wurden nunmehr theils
mit K, theils mit B bezeichnet, je nachdem das Silber, aus welchem
sie erzeugt wurden, aus ärarischen oder aus Privat-Bergwerken herrührte. Diese Aenderung erwies sich deshalb nothwendig, weil jene
Stellen, welche früher auf den Zwanzigern u. s. w. von dem K — B
eingenommen wurden, nunmehr zur Anbringung der Anfangsbuch-·
staben der Namen der Münzoberbeamten freigehalten werden
mussten.

Dass es auch Zwanziger Kremnitzer Gepräges mit der Jahreszahl 1765 gibt, welche nicht die Buchstaben K — B neben dem
Adlerschweife, sondern den Buchstaben B unter dem Brustbilde der
Kaiserin aufweisen, ist aus den früher gegebenen Erläuterungen
erklärlich.

Die kais. Entschliessung bezüglich der Aenderung des Thaler-
gepräges bezog sich auch auf das Münzamt in Nagybánya; da aber
dort schon seit Jahren keine Thaler geschlagen wurden, unterliess
es die Hofkammer, eine eigene Verordnung dahin ergehen zu lassen.
Nur das N — B wurde von den Münzen zu entfernen anbefohlen.
Die Zwanziger und Zehner dieser Münzstätte seit 1765 sind daher
nur durch die Anfangsbuchstaben der zwei Münzbeamten I·B· —
F·L (auch blos B·—L·) oder I·B· — I·V· (auch blos B· — V·)
kenntlich.

Einige Nagybányaer Zwanziger tragen nebstbei den Münzbuchstaben G unter dem Brustbilde; durch denselben sollten diejenigen, zu deren Prägung gewerkschaftliches Silber genommen
wurde, von den aus ärarischem Silber erzeugten unterschieden werden.

Daher gibt es Zwanziger von einem und demselben Jahre mit und ohne G.

Es ist ohne Kenntniss all der in den letzten Abschnitten mitgetheilten, kurz nacheinander erlassenen Verordnungen ganz unmöglich, sich in den vielfachen Veränderungen, welche Gepräge und Bezeichnung der Münzen seit dem Jahre 1765 erfahren haben, zurechtzufinden. Ich glaube den Sammlern österreichischer Münzen vorstehend alle Daten zur endgiltigen Behebung aller diesfalls bisher bestehenden Zweifel gegeben zu haben.

X. Einführung der einheitlichen Bezeichnung der Münzen mit den Buchstaben des Alphabets.

Die dreierlei Ausprägungen mit dem Bildnisse der Kaiserin, des Mitregenten Josef II. und des Kaisers Franz I., welche die bisher besprochene verschiedenartige Bezeichnung der Münzen veranlasst hatten, nahmen mit dem am 29. November 1780 erfolgten Ableben der grossen Kaiserin ihr Ende. Wie Josef II. auf vielen anderen Gebieten des Staatswesens die Bande des Herkommens zu lösen unternahm, so geschah es auch auf jenem des Münzwesens, ja in den Verfügungen, die er unmittelbar nach seinem Regierungsantritte diesfalls erliess, ist wohl die allererste Kundgebung seiner auf die Einheit und Centralisation des Reiches abzielenden Reformen zu erblicken. Für die ganze Monarchie sollte durch dieselben ein gleichförmiges Gepräge und eine einheitliche Bezeichnung der Münzen eingeführt werden, und dass der Kaiser in diesen Bestrebungen von den Rathgebern der Krone unterstützt wurde, geht aus den folgenden Urkunden deutlich hervor.

Schon am 30. November 1780, also unmittelbar nach dem Todestage der Kaiserin erstattete der Präsident der allgemeinen Hofkammer Graf Leopold Kollowrat dem Kaiser einen Vortrag, in welchem eingerathen wurde, dass allsogleich „die Punzen gesammter Münzämter auf allerhöchst dero Bildniss abgeändert werden sollen." Die kaiserliche Entschliessung erfolgte in terminis: „Der entworfene Riss zu dem neuen Gepräge wird Mir zur Einsicht anforderst herauf zu geben seyn".

Von dieser a. h. Entschliessung gab Graf Kollowrat dem Präsi-
denten der k. k. Hofkammer in Münz- und Bergwesen, Grafen Franz
Kollowrat, Kenntniss, und am 9. December 1780 legten die beiden
Grafen Kollowrat Abschläge und Zeichnungen der neuen Münzen vor.
In dem dieselben begleitenden Berichte heisst es nach den ein-
leitenden Worten: „wasmassen schon Anno 1765 als den Antritt
Allerhöchst Dero Kaiserlichen Regierung, und der Erbländischen
Mit-Regentschaft in deren gesammten Teutsch- und Hungarisch-
Erbländischen Münz-Stätten alle Gattungen der coursirenden Gold-
und Silber-Münzen theils zur Helfte, und theils zum dritten Theil
mit Euer Majestät höchst Verehrlichster Bildnuss ausgeprägt werden,
nur ist bey denen Kremnitzer Dukaten das Gepräg Wayland Ihro
Majestät der Kaiserin Königin höchst seeligen Gedächtnuss bisher
ganz allein von deswegen beybehalten worden, weilen seit undenk-
lichen Zeiten auf dieser Gold-Münze der jeweilig Regierende König
in Hungarn stehend in den Königl. Hungarischen Krönungs-Ornat
gepräget zu werden pfleget.

Da also für die Hinkunft diese Dukaten auf gleiche Art mit
Euer Majestät, als dermahlen glorreich Regierenden König in Hungarn
höchst verehrlichsten Bildnuss auszumünzen seyn werden, so hat man
dazu den Entwurf von dem Ober Graveur Würth zeichnen lassen,
welcher sub Nr. 1 zur Allergnädigsten Einsicht beyliget, und worüber
man sich ohne mindester Maassgab die Allergnädigste Approbation
allerunterthänigst erbittet, um sonach wegen der möglichst zu be-
schleinigenden Verfertigung der Punzen und der Präg Stöcke das
weitere an Gehörde verfügen zu können.

So viel es aber die übrige mit Euer Majestät höchsten Gepräg
schon ausgemünzte Gold, Silber, und Kupfer-Geld-Sorten anbelanget,
da dürfe es, wie aus dem Entwurf sub Nr. 2 allergnädigst zu ersehen ist, lediglich auf die Umänderung der Umschrift, und zwar
nur bey der Averss Seite allein ankommen, dergestalten: dass solche
statt Corregens et haeres Regni Hungariae et Bohemiae künftig in:
Germaniae, Hungariae, Bohemiae Rex, auf den Thalers sowohl, wie
all übrigen Gold, und Silber Münzen zu bestehen hätte. Und obwohlen
unter den vormaligen Regierungen auf der Reverss-Seite das
HerzSchild jedesmahl das Wappen desjenigen Erblandes
geführet hat, wo die Münze gepräget worden, so ist man

doch des allerunterthänigst ohnvorgreiflichen Erachtens: dass so
wie es schon während Allerhöchst Dero Mit-Regentschaft beob-
achtet worden, also auch ferners auf Allerhöchst Dero Münzen
durchaus gleich das, das Österreichische und Lotharinge-
rische Wappen führende Herz-Schild ganz allein beyzubehalten wäre, indeme das Ort, oder Land, wo die Münze gepräget
wird, sich in deme unterscheiden lasset: dass nach dem Beyspiel
von Frankreich für ein jedes Münzamt ein besonderer
unter das Brust Bild einzugravirender Buchstaben, und
zwar für Wien A: für Kremniz B, und so weiter vorgeschrieben
werde. Hingegen scheint es ohne mindesten Nutzen, oder
Nothwendigkeit ganz überflüssig zu seyn, dass auf denen
Münzen auch die Anfangs Buchstaben, des Münz-Meisters,
und Münz Wardeins Namen ferners ausgepräget werden
sollten, in deme dieses in keinem Staat mehr üblich ist, und die
dazu vormahlen obgewaltete Ursach, damit nämlich auf den Fall
eines bey der Münze in Schrott oder Korn sich äussernden Fehlers,
die betreffende Beamte zur Verantwortung gezogen werden könnten,
bey der dermahligen viel wirksameren Vorsicht gänzlich hindan
fallet, da nämlich kein neu geprägtes Geld in das Publicum hinaus
gegeben werden darf, bevor nicht von dem dritten Ober-Beamten
die Untersuchung der Stock-Probe auf Schrott, und Korn geschehen
ist, und ausserdeme müssen auch von den Münz-Ämtern die Stock
und Tiegl Proben von jeden Guss alsogleich anhero an diese treu
gehorsamste Hof-Stelle eingesendet werden, wo die genaueste
Prüffung auf Schrott, und Korn von den eigents dazu angestellten
die Stelle eines General-Wardein vertrettenden Haupt-Münz-Pro-
bierer vorgenommen wird. Und sollte gegen alles Vermuthen,
und Wahrscheinlichkeit in der Folge doch noch ein Gebrechen
in der Ausmünzung sich äussern, so seynd aus der Jahrs Zahl,
und den Ort der Ausmmünzung ohnedeme gleich die betreffende
Beamte zu erheben, ohne solche erst aus denen auf-
geprägten Nämen erforschen zu dürfen, wobey ohnedeme auch noch der Umstand sich äussern kann,
dass zufällig mehrere MünzBeamte zur nämlichen Zeit
einen gleichen Namens Anfangs Buchstaben haben
können....."

Die in diesem Berichte gestellten verschiedenartigen Anträge fanden die Genehmigung des Kaisers mit den Worten: „In der Hauptsache begnehmige das Einrathen der Kammer, wegen der Souverains d'òr aber ist sich mit der Staats Kanzley inzuverstehen. 9. Dez. 1780. Joseph m. p.

Die Münzen aller österreichischen und ungarischen Prägestätten sollten demnach von nun an das gleiche Gepräge aufweisen; nur Kremnitz bildete eine Ausnahme, aber auch nur bezüglich der Dukaten und, wie wir sofort sehen werden, bezüglich gewisser Silbermünzen. Es ergieng alsbald an jedes Münzamt theils unmittelbar, theils im Wege der vorgesetzten Behörden eine eigene Weisung durch Hofkammerverordnungen, welche sämmtlich das Datum 22. December 1780 tragen. Dieselben schreiben das neue Gepräge jener Münzen genau vor, welche in jedem Münzamte zu erzeugen sind.

Wien: Dukaten: Brustbild, darunter der Münzbuchstabe A und die Umschrift.

Rs. Der Doppel-Reichsadler, in dem Herzschild das österr. u. lothring. Wappen und Umschrift.

Ganze und halbe Thaler. Brustbild, darunter A, Rv. der Doppeladler. 20er, 10er und Groschen.

Kupfer 1, $1/_2$ und $1/_4$ kr. (sog. Erbländisches Kupfergeld).

Prag. Die gleichen Münzsorten mit dem Buchstaben C.

Carlsburg. Dukaten 20er, 10er, 3 kr. mit E (keine Thaler, Halbthaler und Kupfermünzen).

Hall. Alle Münzsorten wie Wien mit F.

Nagybánya. Ebenso, jedoch keine Thaler und Halbthaler, mit G. Die Dukaten nicht mehr mit der Madonna, sondern ebenfalls mit dem Doppeladler im Reverse.

Günzburg. Alle Münzsorten mit H, überdies Vorder Oesterr. Achtl Kopf Stücke (halbe Fünfer oder $1/_{48}$ Thaler). Vorder Oesterr. ganze, halbe und Viertel Kupfer Kreuzer. — Wie bisher, nur mit geänderter Umschrift.

Bei Kremnitz lautet die Vorschrift stellenweise abweichend von den andern:

Dukaten: auf der Avers Seite die ganze Statur Ihro Mayst. des Kaysers etc. mit der Umschrift Jos. II. D : G : R : Imp. S : A : G :

H : B : Rex : AA : D : B : et Loth: Auf der Revers Seite das Frauenbild
etc. mit der Umschrift: Patrona Regni Hungariae. (Kein Münzbuch-
stabel)

Die gewerkschaftlichen ganzen und halben Thaler
bleiben wie vorher, nur mit der Umschrift auf der Revers Seite
Jos. II. D. G. R. Imp. S. A. D. H. B. Rex. A : A. D. B. et Loth: In
dem Rand Virtute et Exemplo.

Ganze und halbe kaiserliche Thaler: Auf der Avers-
Seite das Brustbild etc., unter diesem der Buchstab B mit der Um-
schrift Jos. II. D. G. R. Imp. S. A. Germ. Hung. Boh. Rex. Auf der
Reversseite der Doppel-Reichs-Adler, dessen Leib ein Schild bedeckt,
wie solcher in seinen Vier Feldungen die Haupt Königreiche und
Länder vorstellet, mithin in dem Herz-Schild die oesterr. und loth-
ring. Wappen etc., mit der Umschrift Arch. A. D. B. Loth. M. D.
Hetr. 1781 ✗ , auf dem Rand Virtute et Exemplo.

Jeder der vorstehenden Vorschriften ist von der Hand des Referenten Mitis der Beisatz angefügt: „Endlichen sollen auf ausdrück-
lichen allerhöchsten Befehl künftig bey denen sämmtlichen Gold
und Silber Münzen die Anfangsbuchstaben der Münz Oberbeamten
Namen als unnöthig, und überflüssig ausgelassen werden."

Dass unter den Kremnitzer gewerkschaftlichen Thalern
diejenigen gemeint waren, welche aus dem, aus Privatbergbauen
herrührenden Silber geprägt wurden, bedarf nunmehr keiner Erklärung. Sie behielten, der nach Kremnitz ergangenen Verordnung
gemäss, das Gepräge bei, welches seit 1767 alle Kremnitzer Thaler
tragen, nämlich das ungarische Wappen auf der einen, und die
Muttergottes mit dem Jesuskinde auf der anderen Seite.

Die althergebrachten Buchstaben K-B, welche allerdings seit
1767 bereits von den Silbermünzen verschwunden waren (siehe den
vorhergehenden Abschnitt) entfielen, wie erwähnt, nun auch bei den
Kremnitzer Dukaten, was aber zu Anständen im Verkehre führte,
weil man dieselben nicht für vollwerthig annehmen wollte. Um
diesen Irrthum zu beheben, sah sich die Hofkammer veranlasst, folgende Kundmachung zu veröffentlichen:

„Es sind bey dem Gepräge der unter Seiner jetzt glorreichst
regierenden kaiserl. königl. apost. Majestät ausgemünzt werdenden
Kremnitzer sowohl einfachen als doppelten Dukaten, die bey den

unter den vormaligen Regierungen ausgemünzten derley Goldmünzen auf der Avers-Seite neben dem königlichen Bildniss ge-
standenen zwey Buchstaben K. B. nunmehr als überflüssig von
darum ausgelassen worden, weil die seit vorerwähnt dermaligen
glorreichsten Regierung neu ausgemünzt werdenden nagybanier
so wie alle andern kaiserl. königl. Dukaten, mit welchen sie auch
in gleichem Werthe stehen, nicht mehr, wie ehedessen mit dem
hungarischen Frauenbilde, und der stehenden königl. Bildniss, dann
den dabey befindlichen Buchstaben N. B., sondern mit dem höchst-
verehrlichen Brustbilde Seiner kaiserl. königl. apostol. Mayestät
auf der einen, und mit dem kaiserl. königl. Reichsadler auf der
andern Seite gepräget werden, folglich andurch die mehrgesagte
nagybanier von den Kremnitzer Dukaten auch ohne den Buchstaben
K. B. ohnedem schon wesentlich unterschieden und viel leichter, als
ehedessen kennbar sind.

Ein welches zur öffentlichen Wissenschaft in der Absicht hiemit
erinnert wird, damit sich jedermann zu bescheiden wisse, dass die
vorerwähnte ohne den Buchstaben K. B. ausgemünzte, einfache und
doppelte Kremnitzer Ducaten den nämlichen Werth wie alle übrigen
ältern mit diesen zwey Buchstaben versehene derley Goldmünzen
haben, folglich auch ohne den mindesten Anstand oder Weigerung
in ihrem dermaligen Werthe zu 4 fl. 18 kr. die einfachen, und zu
8 fl. 36 kr. die doppelten in dem allgemeinen Umlauf so, wie bey
den öffentlichen Kassen angenommen und verausgabet werden
können und sollen. Wien den 6. September 1781."

Das Gepräge der österreichischen Conventions-Münzen erfuhr
von nun an keine Veränderung. Bis zur Einstellung ihrer Prägung
im Jahre 1857 behielten sie es gleichförmig bei. Die Silberscheidemünzen seit 1795 und die Kupfermünzen seit 1799 zeigen allerdings
ganz verschiedenes Gepräge, das auch später wiederholt abgeändert
wurde; diese Scheidemünzen fallen aber in die Periode der Banco-
zettelwirtschaft und sind daher keine Conventionsmünzen. Erst
1816 treten neue Conventionsmünzkreuzer, Halbe- und Viertelkreuzer
wieder auf, welche ein von dem ursprünglichen Kupfergelde ganz
verschiedenes Gepräge besitzen.

XI. Der Münzbuchstabe D als Zeichen der Münzstätte Salzburg.

Unter den Hofkammerverordnungen, welche nach dem Antritte der Regierung durch Kaiser Josef II. an die Münzämter erlassen wurden und die Aenderung des Gepräges anordneten, fehlt jene an das Münzamt Graz. Es ist daher auch der Münzbuchstabe D entfallen, welcher seit 1765 auf den Münzen Josefs II. als Mitregenten angebracht worden war. Nun tauchen im Jahre 1805 Dukaten und Zwanziger auf, welche den Münzbuchstaben D aufweisen. Allgemein wurde angenommen, diese Münzen gehörten nach Graz, wo, wie man vermuthete, die einige Jahrzehnte hindurch geschlossene Münze im Jahre 1805 wieder in Betrieb gesetzt worden sei. Dr. H. Tauber hat nun in seiner Abhandlung über die letzten steierischen Gepräge[10] nachgewiesen, dass die Grazer Münze im Jahre 1772 aufgehoben und 1777 völlig aufgelöst wurde. Es ist somit nicht glaublich, dass zu Anfang unseres Jahrhunderts, zu einer Zeit, die zu kostspieligen Investitionen sehr wenig geeignet war, neuerlich die Münze in Graz aufgerichtet worden sei.

Ich war schon früher zur Ueberzeugung gelangt, dass die fraglichen D-Münzen einem anderen Münzamte angehören müssen und war daher darauf bedacht, ihre Heimstätte aufzufinden.

Bei Durchsicht der Indices des Hauptmünzamtes stiess ich auf eine Verordnung aus dem Jahre 1806, mit welcher die Versendung einer Partie Silber an das k. k. Münzamt Salzburg anbefohlen wurde, und nun war es mir klar, dass der Buchstabe D nur dieses Münzamt bezeichnen könne.

In Gustav Zellers vortrefflicher Schrift: „Des Erzstifts Salzburg Münzrecht und Münzwesen" 2. Auflage, Salzburg 1883, fand ich mancherlei Daten, die mich dem Ziele näher brachten.

Zeller berichtet, dass, nachdem das Erzbistbum Salzburg 1803 aufgehoben worden, und Erzbischof Hieronymus vom weltlichen Throne herabgestiegen war, mit den Münzstempeln desselben noch unter der neuen Regierung des Kurfürsten Ferdinand Dukaten,

---

[10] Num. Zeitschr. XXIV, 1892.

Thaler und Zwanziger fortgeprägt wurden, bis die neuen Präge-
stempel fertiggestelt worden waren. Es gingen dann aber aus der
Münze zu Salzburg auch Dukaten, Conventionsthaler, Zwanziger,
Sechser, Groschen, Kupferkreuzer, Zweier und Pfennige mit dem
Bilde des neuen Münzherrn Erzherzog Ferdinand und den Jahres-
zahlen 1803 bis 1806 hervor.

Als durch den Pressburger Frieden Salzburg im Jahre 1805 an
Oesterreich kam, lag es nahe, die dort von altersher bestehende und
unausgesetzt betriebene Münze zu erhalten; sie blieb auch, wie
Zeller berichtet, bis zur Zeit in Wirksamkeit, da Salzburg in Folge
des Wiener Friedens, Napoleon zur Verfügung gestellt und von
diesem 1810 an Bayern abgetreten wurde.

Zeller führt nun aus der Zeit der österreichischen Herrschaft
dreierlei Münzen, einen Dukaten, ein Dreikreuzerstück und eine
Reihe Zwanziger mit den Jahreszahlen 1804 bis 1810 an, die er
Salzburg zuweist.

Der Dukaten, den er nur als Zinnabschlag kennt, trägt die
Jahreszahl 1806 und unter dem Bilde des Kaisers Franz I. den
Münzbuchstaben C; weil aber in der Umschrift auch das abgekürzte
Wort SAL vorkommt, glaubt ihn Zeller für Salzburg in Anspruch
nehmen zu können. Meiner Ansicht nach gehört dieser Dukaten
nicht nach Salzburg, sondern nach Prag.

Das Dreikreuzerstück trägt die Umschrift: Franz Kaiser von
Oesterreich Herzog zu Salzburg Fürst zu Berchtesgaden, ist vom
Jahre 1808 und hat den Münzbuchstaben A. Dieses Stück ist Zeller
ebenfalls nur aus einem Zinnabschlag bekannt und scheint nie zur
Ausprägung gelangt zu sein.

Von den Zwanzigern, die Zeller ebenfalls Salzburg zutheilt,
weil in der Umschrift das Wort SAL vorkommt, kennt derselbe die
Jahrgänge 1804, 1805, 1806, 1807, 1808, 1809, 1810 mit den
Münzbuchstaben A oder G. Auch diese Zwanziger sind nicht in
Salzburg, sondern in Wien und Nagybánya geprägt.

Da es nun aber durch Zellers Schrift erwiesen ist, dass österreichische Münzen in Salzburg geprägt worden seien, so richtete
ich meine Nachforschungen nur mehr auf die Auffindung jener
Verordnung, mit welcher der Buchstabe D Salzburg zugewiesen
wurde. Dass es den Bemühungen des Herrn Archivsconcipisten

F. Kreyczi gelang, auch thatsächlich diese Verordnung herbei-
zuschaffen, ist um so bemerkenswerther, als dieselbe auf der Innen-
seite eines Actes entworfen ist, welcher einen ganz anderen
Gegenstand, nämlich die Enthebung eines Graveurs des Wiener
Hauptmünzamtes betrifft.

Der Director der Graveurakademie hatte berichtet, dass wegen
des beschränkten Raumes des Graveurielocales dieser Scholar
nicht beschäftigt werden könne. Der Fall kam in einer Rathssitzung
zur Verhandlung und da bei dieser Gelegenheit auch die Frage der
Prägungen im neuen Münzamte zu Salzburg besprochen wurde,
schrieb der Referent den gefassten Beschluss in das gleiche
Actenstück.

Dasselbe hat folgenden Wortlaut:

„An den Bergrath und Graveur-Academie-Director J. N. Würth.

Da man beschlossen hat, den Münzbuchstab D, welcher
vormals die Ausprägung bei dem längst aufgehobenen Münzamte
zu Grätz bezeichnete, nunmehr auf das unter die österreichisch-
kaiserliche Regierung gelangende Münzamt zu Salzburg zu
übertragen, so wird der Her Bergrath hievon zu dem Ende benach-
richtiget, um sich darnach bei Vorrichtung der Punzen für das
gedachte Münzamt zu Salzburg benehmen zu können.

Wien, den 19. März 1806.“

Damit ist nun endgiltig festgestellt, dass das viel umstrittene D
Salzburg zuzutheilen sei. Um so auffallender ist es mir, dass Herr
Gustav Zeller, dieser gewiegte Kenner der Salzburger Gepräge,
nicht ebenfalls darauf verfallen sei. Nahe daran war er jedenfalls,
denn er weist, wie bereits erwähnt, in seinem Werke die Zwanziger
von 1804 bis 1810, trotz der Münzbuchstaben A und G, Salzburg
zu, weil sie unter den Titeln des Kaisers auch jenen eines Herzogs
von Salzburg enthalten. Nun kommt aber das SAL[isburgiae] Dux
auch in der Umschrift der Dukaten (von 1805, 1806 und 1809) und
der Zwanziger aus den Jahren 1806, 1807, 1808 und 1809 mit D
vor; hätte Herr Zeller auch diese für Salzburg in Anspruch genommen, so würde durch die von mir angeführte Verordnung nur
bestätigt, dass er damit das Richtige getroffen habe.

Zum Schlusse sei noch bemerkt, dass es auch Kupfermünzen
vom Jahre 1800, sogenannte „erbländische Sechser, Groschen, Ein-
kreuzer- und Einhalbkreuzer-Stücke" mit dem Buchstaben D gibt;
wo dieselben geprägt wurden, war bisher allen Sammlern österreichischer Münzen unbekannt. Nachdem ich einmal den Münzbuchstaben D für Salzburg festgestellt hatte, schien es mir unzweifelhaft, dass auch diese Kupfermünzen nach Salzburg zu legen
seien, zumal ich durch meine Ermittlungen erfahren hatte, dass die
Jahreszahl sehr häufig den richtigen Anhaltspunkt für die Prägezeit
unserer österreichischen Münzen nicht bietet. So fand ich beispielsweise,
dass unter Joseph II. im Jahre 1783 zu Günzburg Fünfer mit den
Stempeln der Kaiserin Maria Theresia vom Jahre 1773 und Kupfer-
heller mit Stempeln vom Jahre 1777; unter Franz II. bis tief in das
Jahr 1793 Kronenthaler mit den Stempeln Leopolds II. vom Jahre
1792 geprägt wurden etc. Bekannt ist es auch, dass die Conventions-
münz-Kreuzer vom Jahre 1816 bis zum Jahre 1850 immer mit der
gleichen Jahreszahl, und in neuester Zeit die Zehner österreichischer
Währung bis 1892 mit der Jahreszahl 1872 erzeugt wurden. Ich
neigte daher der Vermutbung zu, dass jene erbländischen Kupfermünzen vom Jahre 1800 mit D nachträglich in Salzburg geprägt
worden seien, wobei das Jahr der Emission dieser Münzen beibehalten wurde. Dies fand ich denn auch in den Acten des Hofkammer-Archivs bestätigt, in welchen während des ganzen Jahres
1806 von den Vorbereitungen zur Ausmünzung dieser Kupferstücke
die Rede ist, bis es endlich zu ihrer Prägung auch wirklich kam.
Dass dieselben zu den Seltenheiten gehören, erklärt sich daraus,
dass im Jahre 1807 die kupfernen 30 Kreuzer- und 15 Kreuzer-
Stücke eingeführt und in Salzburg jene erbländischen Kupfermünzen
daher nur durch kurze Zeit geprägt wurden.

XII. Die Münzbuchstaben auf Münzen des gegenwärtigen Jahrhunderts.

Die von Kaiser Josef II. im Jahre 1780 eingeführten Münzbuchstaben blieben fortan bestehen, wobei A Wien, B Kremnitz,
C Prag, E Carlsburg, F Hall, G Nagybánya, H Günzburg bezeichnete. Nebstbei wurde zu Zeiten grösseren Kupfergeldbedarfes wie

in den Jahren 1790, 1800, 1807, 1812 und 1816, in der von früher
bestehenden Prägestätte Schmöllnitz ausgemünzt, deren Kupfermünzen an dem Buchstaben S. zu erkennen sind.

Im Jahre 1805 entfiel, als erster, der Buchstabe H, da die
Markgrafschaft Burgau an Bayern abgetreten wurde. Dagegen trat
der Buchstabe D für das neue k. k. Münzamt Salzburg in die Reihe,
um jedoch nach fünf Jahren wieder zu entfallen, als Salzburg ebenfalls an Bayern überging. Das D taucht später nicht wieder auf,
da nach dem Rückfalle Salzburgs an Oesterreich die dortige Münze
nicht mehr eröffnet wurde.

Die Einführung der Wiener Währung im Jahre 1812 veranlasste
die Errichtung einer neuen Prägstätte zur Erzeugung von Kupfermünzen in Oravicza; derselben wurde der Buchstabe O zugetheilt.
Sie blieb ebenso wie jene in Schmöllnitz auch nach Wiederauf-
nahme der Prägungen der Kupfermünzen des Conventionsfusses im
Jahre 1816 zeitweilig in Thätigkeit.

Die wirklichen Münzhäuser wurden im Jahre 1818 durch die
Münzämter in Mailand und Venedig, welchen die Buchstaben M
und V zugewiesen wurden, auf ihre frühere Zahl ergänzt.

Während der nächsten vierzig Jahre führten nur die Ereignisse
des Jahres 1848 in Ungarn eine vorübergehende Aenderung in der
Bezeichnung der dortigen Münzen herbei, indem die nationale
Regierung die früheren Münzbuchstaben K B und N B wieder
herstellte.

Die Münze in Nagybánya wurde 1852, als die ersten Münzen
mit dem Bilde des Kaisers Franz Joseph geprägt wurden, wieder
in Betrieb gesetzt; es gingen aber nur die Kupfermünzen mit der
Jahreszahl 1851 aus derselben hervor. Bald darauf wurde, nach
einem Brande, das Münzamt daselbst aufgehoben und somit ver-
schwand der Buchstabe G.

Im Jahre 1857 wurde das Münzamt Prag geschlossen und
damit entfiel auch der Buchstabe C.

Das Jahr 1859 brachte den Verlust der Lombardie, das Jahr
1866 jenen von Venedig, was das Verschwinden der Münzen mit
den Buchstaben M und V zur Folge hatte.

Die Zweitheilung des Reiches im Jahre 1867 äusserte sich
auch in dem Gepräge der neuen ungarischen Münzen. Die Buch-

staben B für Kremnitz und E für Carlsburg wurden durch K. B. und durch Gy. F. (Gyula Fehérvár, Weissenburg) ersetzt. Aber schon zwei Jahre darauf wurde die Münze in Carlsburg aufgelöst und damit verschwanden die letztangeführten Münzbuchstaben. Von allen Münzbuchstaben war somit nur das A für das Hauptmünzamt in Wien verblieben. Auch dieses entfiel im Jahre 1872, weil die oberste Münzbehörde, geleitet von der Ansicht, es sei bei dem Bestehen einer einzigen Münzstätte überflüssig, die aus derselben hervorgehenden Münzen mit einem Buchstaben zu bezeichnen, die Verfügung traf, den Buchstaben A nicht mehr anzubringen. Es gab diese Anordnung, wie ich an anderer Stelle berichtet habe zu mancherlei Zweifeln und Missverständnissen Anlass. [11]) Zum letzten Male erscheint der Münzbuchstabe A auf Kupferkreuzern mit der Jahreszahl 1873, denen er irrthümlich beigeschlagen worden war.

Die ungarische Münzverwaltung hat sich der Anschauung der österreichischen nicht angeschlossen, und so tragen auch die, in der einzigen ungarischen Münzstätte zu Kremnitz neuestens geprägten Gold-, Silber-, Nickel- und Bronzemünzen der Kronen-währung die von altersher üblichen und 1868 wiedereingeführten Buchstaben K. B.

---

[11]) Ernst, Vortrag bei Eröffnung der Franz Joseph-Ausstellung 1888.

Numismatische Literatur.

—◦◦◦—

3. C. F. Lehmann, Das altbabylonische Maass- und Gewichtssystem als Grundlage der antiken Gewichts-, Münz- und Maasssysteme. Von —. Aus den Verhandlungen des achten internationalen Orientalistencongresses zu Stockholm und Christiania. Leyden 1893. 85 Seiten. 8°.

Ueber zwanzig Jahre sind es nun her, seit George Smith, jener so plötzlich und hell aufgetauchte, aber leider in so wenigen Jahren wieder untergegangene Stern am Himmel der Assyriologie, seinen bekannten Artikel „On Assyrian weigths and measures" (Längenmaasse) in der Zeitschrift für ägyptische Sprache und Alterthumskunde (10. Jahrgang, 1872, pag. 109 ff.) veröffentlichte. Wie viel ist doch seit jener Zeit auf dem weiten Gebiete der Metrologie gearbeitet worden! Die meisten Metrologen haben sich durch Vertiefung eines Special-gebietes dieser weitschichtigen Wissenschaft verdient gemacht. Ist doch noch kürzlich die altägyptische Metrologie in gründlicher und vielseitiger, fleissigster Weise durch unseren englischen Fachgenossen Griffith bearbeitet und so auf diesem, wie durch andere Forscher auf anderem metrologischen Gebiete nach und nach jenes mächtige Material aus dem Schutte der Vergangenheit wieder zu Tage gefördert, vermöge welches reichen Stoffes es erst ermöglicht worden ist, vergleichende Forschungen auf diesem interessanten Gebiete anzu-stellen. Einer der verdientesten, mit Recht auf das rühmlichste bekannten und in der einschlägigen Literatur ebenso versirten, als auch durch vorurtheilsfreie, selbstständige Forschungen hervorragenden Gelehrten auf dem so schwierigen Gebiete der vergleichenden Metrologie ist C. F. Lehmann, der durch seine neueste umfassende Arbeit die einschlägige Wissenschaft einen tüchtigen Schritt nach vorwärts hat machen helfen.

Gern hätten wir die neuesten Arbeiten von Griffith dem Verfasser des in Rede stehenden Werkes noch zeitig genug kennen zu lernen gewünscht. Doch wird ja Lehmanns allbekannte Rührigkeit nicht rasten, sein Thema bei späteren

Bearbeitungen mit der allerneuesten Literatur zu verbinden, was der Wissenschaft umso förderlicher sein muss, als etwaiges bisher noch nicht von Lehmann zur Kenntniss Genommenes gleichsam auf seine umfassende Arbeitshand wartet, damit diese das bisher von ihr rastlos Geleistete completire und abrunde. Betreffs des metrologischen Materials auf specifisch ägyptologischem Gebiete verlässt sich Lehman vielfach unbedingt auf Brugsch's Beobachtungen, die wohl Manches nicht beachten, was Lehmann vielleicht durch eigene Initiative auf diesem Schwestergebiete der Assyriologie benützt haben würde. Und wenn es gestattet ist, Tacitus' bekanntes Wort auf z. B. die Sammlung ägyptischer Gewichte im k. k. kunsthistorischen Hofmuseum anzuwenden, welche kleine Collection auch Griffith gewissenhaft in den Cyclus seiner Forschungen einbezogen hat, so könnte man Lehmanns gründlichen Untersuchungen, die sich unvermeidlicher Weise auf viel von anderen Seiten Bearbeitetes stützen, berufen, insbesondere ägyptologischen Angaben meritorischer Natur häufig für annehmenswürdig behandeln, ebenfalls wohl zurufen: Nostrum quoque museum habet multa digna imitando. Wir glauben uns nämlich nicht zu irren, dass Lehmann von dem in der kaiserlichen Sammlung zu Wien befindlichen 5 Uten-Gewicht (= 455 Gramm), 1 Uten (= 94·65 Gramm) und ½ Uten (= 46·3 Gramm) etc. bis jetzt keine Kenstniss erhalten hatte, obwohl gerade diese Objecte wiederholt besprochen waren (z. B. in der Wiener Numism. Zeitschrift 1872, S. 161—180, ferner im Recueil de travaux relatifs à la philologie et à l'archéologie égyptiennes et assyriennes. Vol. XII, fascicules I et II). Wenigstens hätte die auf pag. 5 so decidirt gegebene Behauptung: „Das ägyptische Pfund (Ten) zu 10 Loth wiegt 90·96 Gramm", mit den Ergebnissen der Wägung noch gar mancher Gewichte aus dem alten Nillande abgewogen, vielleicht doch an Präcision Einbusse erlitten. Indem wir bei derartigen mikroskopischen Bedenken einen Moment verweilen, wolle man uns gegenüber der Würdigung der von grossen, umfassenden Gesichtspunkten ausgegangenen Verdienste Lehmanns in seiner neuesten Schrift nicht missverstehen. Denn es existirt keine einzige Wissenschaft, in welcher man selbst allen Details von Hilfswissenschaften nachgehen kann; in unzähligen Punkten ist man auf die Ergebnisse seiner Mitarbeiter unbedingt angewiesen. Da kommt dann aber die Bürgschaft der Mitarbeit oft in die Lage, die Richtigkeit des Satzes von dem alten griechischen Weisen Chilon anzuerkennen Ἐγγύα, πάϛα δ'ἄτα.

Lehmann ist heute der gewichtigste Vertreter des Fundamentalsatzes der vergleichenden Metrologie: dass die Heimat des Maass- und Gewichtssystems, welches den antiken Systemen zu Grunde liegt, in Babylonien zu suchen ist. Man war sich bis vor Kurzem nicht klar, wie man sich das Verhältniss des ägyptischen Systems zum babylonischen Systeme und den aus dem letzteren abgeleiteten Systemen zu denken hatte. Um den erwähnten Zusammenhang darzuthun, hatte man sich namentlich an die Gewichte gehalten; als einzige Norm des babylonischen Gewichtes betrachtete man das sogenaunte „königlich babylonisch-persische Gewicht". Aber der Versuch, die antiken Gewichte aus den Beträgen dieses Gewichtes herzuleiten, glückte in einfacher Weise nur in ganz wenigen Fällen. Nissens Ansicht, dass das babylonische System von dem ägyptischen abhängig wäre, bekämpft Lehmann durch den Nachweis des Gegentheils. Die Form des königlich babylonischen Gewichtes stellt nämlich durchaus nicht die ursprüngliche Gestalt des babylonischen Gewichtes dar, sondern ist ein zweifach secundäres Gewicht und kann daher in keiner Weise zur Entscheidung der Frage nach dem Verhältniss des ägyptischen zum babylonischen System herangezogen werden.

Lehmann hat das hervorragende Verdienst, die schon von Brandis vermuthete gemeine Norm des babylonischen Gewichtes in drei wohlerhaltenen uralten babylonischen Steingewichten mit keilinschriftlichen Legenden nachgewiesen zu haben. Der Verfasser führt sehr überzeugend aus, dass diese ursprüngliche Norm des babylonischen Gewichtes keinen Zweifel daran mehr aufkommen lässt, dass die ägyptische Gewichtsnorm, sowie die übrigen antiken Gewichtsnormen aus dem babylonischen Gewichte abgeleitet sind.

Der Durchschnitt aus den Abwägungsresultaten der erwähnten drei Gewichte zu $\frac{1}{2}$ Mine, $\frac{1}{6}$ Mine und $\frac{1}{3}$ Mine (leicht) ergibt für die Mine 491·2 Gramm.

Der erste Stein trägt eine Legende, deren erste Zeile lautet: „$\frac{1}{3}$ ma-na gi-na“. Das besagt nach Lehmanns Auffassung „$\frac{1}{2}$ Mine richtig“. George Smith hatte betreffs derartiger Legenden die Ansicht, dass dies der Ausdruck für eine „kleinere“ Mine wäre. Er sagt l. c.: „The smaller manah is sometimes called the mana-gina“.

Diesen Passus scheint Lehmann, wie vielleicht auch den ganzen erwähnten Aufsatz des englischen Forschers, nicht zu kennen.

Die erwähnten drei Gewichte sind Normalgewichte, was man gegenüber den Gebrauchsgewichten (wie solche in Form von Enten, von einem Eberkopf etc. in Paris sich befinden und aus denen Oppert seine Schlüsse gezogen hat) streng scheiden muss.

Das assyrische Wort ⊢⟨⟨◁ ⊢◁⟩ gi-na bedeutet in dem erwähnten Zusammenhange so viel als „normal“, ist also aichamtlich nach verwandt mit dem Ausdruck auf dem vierten Gewichte, das weiter unten erwähnt werden wird: ana gabri šukulti „nach dem Vorbilde einer Gewichtsnorm“ und dies bedeutet das Nämliche wie das hieroglyphische „er chat“ ⊂⊃ oder ⊂⊃⚏ d. h. „nach dem Normale, nach dem Verhältnisse, nach dem Muster“ sc. des anderen mustergiltigen Gewichtes. Dieser der Wiegenzeit der Aichamtilung angehörende Ausdruck findet sich oft auch ausführlich auf ägyptischen Gewichten.

Auf einem Gewichte der Sammlung egyptischer Alterthümer des Allerhöchsten Kaiserhauses heisst es: ⊂⊃ ⊂⊃ ∿ ⊂⊃ „Ein Uten in Bezug auf das Verhältniss zu dem normalen 5 Uten-Gewichte.“ ⚏ heisst aber ursprünglich „Leib“, „Bauch“ z. B. „die Deputation machte sich vor dem Pharao auf den Bauch“, das heisst verneigte sich bis in den Staub.

So heisst es dort bei dem Gewichtsstücke pleonastisch „Körper von Uten" ganz in der egyptischen Redeweise, die auch von „Menschen Bogenschützen", einer Weihs-„Person" zu sprechen pflegte, wie wir vom „Monat" September, einer protokollirten „Handels"-Firma etc. reden. Nicht um ein Haar differirt unsere, nicht selten z. B. von einem Brote zu hörende Redensart: „ein 5 Kilo-Leib" von dem egyptischen Ausdruck „ein 5 Uten-Leib". Hat wohl auch schon Jemand darauf aufmerksam gemacht (nur diese kleine Abschweifung sei noch gestattet), dass auch wir Modernen in unserer Schrift Determinative genau im Geist der Assyrier und Egypter haben? Was ist denn ein Fragezeichen Anderes, als ein Determinativ? Genug hievon. Man sieht auch hier, que les extrêmes se touchent.

Was die Zeit anbelangt, in welche jene drei Gewichte zu setzen sind, so dürfte die des dritten von Lehmann genau beschriebenen Gewichtes in die sogenannte erste babylonische Dynastie fallen. Es ist sohin die Drittelmine nicht später als in die erste Hälfte des dritten Jahrtausend vor unserer Zeitrechnung zu setzen. Die beiden anderen Gewichte dürften ihrem Schriftcharakter nach in die Zeit des Königs Gudea zu setzen sein, in dessen Zeit bekanntlich auch die im Besitze des Reverend W. H. Hechler in Wien befindlichen berühmten Keilschriftsteine aus Tell-Loh gehören, welche der bekannte Kunstfreund Julius Böhm aus Mesopotamien mitgebracht hat. (S. die Hommel'sche Besprechung dieser Backsteine aus Telloh in den Verhandlungen des siebenten internationalen Orientalistencongresses.)

Die Annahme dieses Zeitansatzes der beiden letztgenannten Gewichte wird durch ein Gewicht aus der Zeit von Nebukadnezar II. unterstützt, welches Gewicht aber laut Inschrift „nach dem Vorbilde der Gewichtsnorm des Dungi" festgesetzt ist, also von Dungi, dem ältesten Könige von Gesammtbabylonien. Durch dieses letztgenannte Gewicht ist nun das ehedem nur vermuthete Nebeneinanderbestehen der gemeinen und der königlich-babylonischen Norm für die spätere Zeit urkundlich dargethan.

Dass die babylonische Silbermine von circa 545 Gramm genau gleich 6 ägyptischen Pfunden à 10 Loth sei, ist eine werthvolle Uebereinstimmung der selbständigen Untersuchungen von Brandis, Nissen, Brugsch und Lehmann.

Letzterer kommt in seinem neuesten Werke nach der systematischen Darstellung des babylonischen Maass- und Gewichtsystems auf die Entwicklung der antiken Normen aus dem babylonischen Systeme zu sprechen.

Lehmanns Scharfsinn weist hier überzeugend nach, dass die Entwicklung der antiken Gewichte sich in befriedigender Weise erklären lässt, wenn man, unbekümmert um die Längenmaasse, lediglich das Gebiet der Gewichte und des Würderungsverhältnisses der Metalle im Auge behält.

So werden die πτολεμαϊκή μνᾶ und die ἰταλικὴ μνᾶ auf 18 römische Unzen angegeben; und sie haben wirklich als Erscheinungsformen der leichten babylonischen Gewichtsmine gemeiner Norm genau diesen Betrag dargestellt.

Indem Lehmann am Schlusse seines verdienstvollen Untersuchungscyclus' pietätvoll seines inzwischen verstorbenen Fachgenossen Robert von Helmholtz gedenkt, beweist der Autor, dass er nicht nur Kopf, sondern auch das Herz auf dem rechten Fleck hat — lauter Cardinaltugenden, einem jeden Manne der Wissenschaft, um mit Hamlet zu sprechen „aufs innigste zu wünschen."

Dr. Alexander Dedekind.

---

4. C. Kainz: Die ältesten chinesischen Staatsmünzen, ein Beitrag zur Münzkunde des chinesischen Alterthums. Berlin 1894. Verlag von Adolph Weyl.

In dieser nunmehr als Separatabdruck erschienenen Studie, welche seinerzeit in den „Berliner Münzblättern" veröffentlicht wurde, behandelt der Verfasser die Münzen jener Herrscher der vorhistorischen Zeit bis zum Untergange der westlichen Han-Dynastie (23 v. Chr.), welche von den Chinesen selbst als Regenten des eigentlichen chinesischen Kleinstaates respective späteren Grossstaates betrachtet werden. Sie bietet eine willkommene Bereicherung der bisherigen, mehr als mangelhaften Kenntnisse von den Münzverhältnissen des chinesischen Reiches. Die Verworrenheit der letzteren, die fernabgelegene Zeit, in welche die vorliegenden Untersuchungen zurückgreifen — sie reichen bis in das Jahr 2356 v. Chr. — die Mannigfaltigkeit der in den einzelnen, dem chinesischen Reiche angehörigen Fürstenthümern neben den Staatsmünzen umlaufenden Geldstücke, endlich die Eigenthümlichkeit des chinesischen Geldverkehres, dass die wiederholt auftauchenden Falsificate der chinesischen Bronzemünzen stets mit im Verkehre blieben, weil die letzteren nach ihrem effectiven Metallwerthe im Umlaute waren, sind nicht zu unterschätzende Schwierigkeiten, welche der Verfasser zu überwinden hatte und die wohl die Hauptursache der stellenweise skizzenhaften Behandlung des Stoffes sein dürften.

Als besonderer Vorzug dieser Arbeit ist zu erwähnen, dass sie durchaus selbständig ist, und sich nur auf chinesische Originalquellen stützt, ohne auf die Untersuchungen, welche andere Autoren, wie Chaudoir, Endlicher und Du Halde über denselben Gegenstand vorgenommen haben, Rücksicht zu nehmen. Gerade dieser Umstand setzt den Verfasser in die Lage, auf manche Irrthümer hinzuweisen, die in frühere Arbeiten sich einschlichen, so namentlich bei Erörterung der chinesischen Münzen in Schwert- oder Messerform, welche noch Chaudoir zu den Staatsmünzen rechnet und dem Herrscher Wang-mang (9—23 n. Chr.) zuschreibt. Allerdings gibt der Verfasser selbst zu, dass ihn die chinesischen Quellen häufig im Stiche liessen, wie dies vielfach bei der Deutung der Aufschriften der Münzen zum Ausdrucke kommt.

Der Beschreibung der einzelnen Münzstücke, welche nach Herrschern respective Dynastien geordnet sind, werden interessante Bemerkungen über einschlägige chinesische Sitten und über den ältesten Handelsverkehr Chinas

vorausgeschickt, welche das Verständniss für die verschiedenen Münzgattungen
selbst wesentlich erleichtern, ja ohne welche das Verständniss vielfach leiden
würde. Namentlich gilt dies von den Erläuterungen über chinesisches Maass
und Gewicht und über die ältesten Tauschmittel des chinesischen Handels,
welche, wie z. B. Seidenzeuge und Messer, die späteren chinesischen Münzen
in Form und Namen beeinflussten. Auch der frühen Verwendung des Goldes
zu Münzzwecken wird darin Erwähnung gethan.

Den Schluss des Werkes bildet eine übersichtliche Zusammenstellung
der Abbildungen der beschriebenen Münzstücke, welche auch im Texte
wiedergegeben erscheinen.

Jedenfalls kann man den weiteren Veröffentlichungen dieses Verfassers
auf dem Gebiete der chinesischen Münzkunde, welche er selbst in Aussicht
stellt, mit gerechtfertigtem Interesse entgegensehen.

Dr. C. v. Ernst.

---

5. Hermann Dannenberg: Münzgeschichte Pommerns im Mittelalter. Berlin 1893.
Adolph Weyl. gr. 8° 150 gezählte Seiten und 47 Tafeln Münz- und Siegelabbildungen.

Ein neues Werk von Dannenberg zur Hand zu nehmen, wird für den
Sammler deutscher Mittelaltermünzen immer ein Vergnügen sein, da er darauf
rechnen kann, dass es die ausgereifte Arbeit eines der ersten Kenner seines
Faches ist. Wer in dieser Erwartung Dannenbergs jüngste Publication, die
Münzgeschichte Pommerns im Mittelalter prüft, wird sicherlich keine Ent-
täuschung erfahren: es sind die Studien eines Menschenalters, die uns der Verfasser vorlegt. Schon im Jahre 1864 erschien von ihm in den „Berliner Blättern
für Münzkunde“, Band I und II, die Abhandlung über Pommerns Münzen im
Mittelalter, veranlasst durch den Ankauf der pommer'schen Mittelaltermünzen
aus den Vorräthen des Berliner Münzhändlers Weidhaas. Seither hat er jede
Gelegenheit benützt, seine Kenntnisse in diesem Fach zu erweitern, wobei ihm
vor allem das Entgegenkommen der Gesellschaft für pommer'sche Geschichte
und Alterthumskunde förderlich war, die ihm alle seit dem Jahre 1864 erworbenen Münzfunde zur Veröffentlichung überliess. Bedenkt man, wie ungemein
dürftig die frühere Literatur der pommer'schen Münzkunde des Mittelalters war,
zu der nur wenige Beiträge von Andern geliefert wurden, so wird man es doppelt
freudig begrüßen, dass Dannenberg seine Bedenken überwand und sich zur
Herausgabe seiner Münzgeschichte Pommerns im Mittelalter entschlossen hat.

Auch bei Pommern trifft die allgemeine Regel zu, die für die außer dem
Bereich der römischen Weltmacht gelegenen Länder gilt, dass die Prägung
eigener Münzen erst mit der Annahme des Christenthums und mit der dadurch
ins Leben gerufenen höheren Gesittung begann. Die ältesten Gepräge, die
Dannenberg aufzuführen vermag, sind — abgesehen von rohen schriftlosen
Versuchen wie sie der Fund von Lupow zu Tage brachte — Denare der Brüder

Bogislav † 1187 und Kasimir † 1180, so wie des jüngeren gleichnamigen Brüder-paars, das bis etwa 1220 regierte. Auf diese ältesten Denare, die Dannenberg in abgerundeter Zeitangabe auf die Jahre 1170 — 1200 vertheilt, folgten durch ungefähr ein halbes Jahrhundert wahrscheinlich grosse schriftlose Brakteaten. In der dritten Periode von 1250 — 1325 waren kleine Brakteaten neben Denaren in Umlauf. Als im Jahre 1325 die Hauptlinie des Rügischen Fürsten-hauses erlosch, war ein Theil der immer mächtiger emporstrebenden Städte schon im Besitz des Münzrechts, die übrigen erlangten es in kurzer Zeit, während die Macht der Herzoge immer mehr zusammen schrumpfte.

So erklärt es sich, dass von da ab bis zum Schlusse des Mittelalters, wo Bogislaus X. das ganze Land wieder in seiner Hand vereinigte, das pommer'sche Münzwesen durch die Prägungen der Städte bestimmt wurde. Zu den Denaren traten nun ihre vierfachen, die Witten hinzu, denen sich noch grössere zwei-seitige Schriftmünzen anschliessen, die Dannenberg Grosspfennige oder Sechs-linge nennt, während die Pfenninge in den Städten des Wittensystems — viel-fach in Gestalt von Hohlpfenningen — die Rolle der Scheidemünzen über-nehmen. Um die Mitte des 15. Jahrhunderts beginnen die nahe beieinander liegenden Städte Garz Gollnow, Pyritz, Stargard und Stettin mit der Aus-münzung von Vierchen (quadrini). Die Herzoge in ihrem durch die Theilungen noch mehr geschmälerten Besitze folgten dem Vorgang der Städte, haben jedoch seit Einführung der Witten fast allein diese Münzart neben einigen wenigen Grosspfenningen und Denaren geschlagen bis Bogislaus X. wie gesagt das Münzwesen gründlich umgestaltete und neben den landesherrlichen nur noch Stralsunder Münzen duldete. Dies in grossen Umrissen der geschichtliche Verlauf, den das Münzwesen in Pommern aufweist.

In der Einleitung beginnt Dannenberg mit den in Pommern üblichen Münzbenennungen, den Pfenningen, den Vierpfenningstücken oder Witten, den Sechspfenningern und den Vierchen (zu vier Vinkenaugen S. 138) u. dgl. m. Hier hat des Verfassers Arbeit erst den Boden für Einzeluntersuchungen geebnet, die zur völligen Aufklärung des pommer'schen Münzsystems führen können. Die Gleichstellung der Ausdrücke Grosspfenning und Sechsling (S. 5) wäre besser unterblieben, weil nicht nur diese, sondern auch andere Vielfache des Pfennings z. B. auch die Witten (vgl. S. 105) von dem unbestimmten Ausdruck der Ur-kunden „grosse Pfenninge" umfasst werden. Namentlich möchte ich — wenn ich auf diesem Gebiet, das eigener Forschung so fern liegt, eine Vermuthung äussern darf — annehmen, dass es in Pommern zu Zeiten neben dem Witten und dem anderthalbfachen Witten oder Sechsling, auch Doppelwitten oder Achtpfenninger gegeben habe. Man vergleiche doch die Demminer Gross-pfenninge Nr. 196 — 198 die sämmtlich als Sechslinge erklärt werden, obwohl Nr. 198 einen Durchmesser von 24 Mm und 1·91 Gr. Schwere, gegen 21 Mm und 1·18 — 1·28 Gr. aufweist, die Greifswalder Nr. 213 = D. 22, G. 1·32 Gr. mit Nr. 213 c = D. 23, G. 1 95 Gr., die Stralsunder Nr. 273 = D. 22 G. 1·4 Gr. mit 273 a, 273 f, 273 g mit D. 23 — 25 und G. 2·16 — 2 Gr. Die Beweisführung aus Einzelngewichten mittelalterlicher Münzen ist zweifelsohne misslich — habe ich doch selbst einer der Ersten die Ansicht verfochten, dass es hier vor allem auf Durchschnittsangaben ankomme und stimme ich darum dem voll bei, was Dannenberg auf S. 7 und 8 über das Durchschnittsgewicht sagt — allein ebenso wenig lässt sich verkennen, dass die Stückelung der Münzvielfachen eine beabsichtigt grössere Gleichförmigkeit zeigt, als jene der einfachen Pfenninge. So starke Schwankungen im Gewicht der Grosspfenninge wie die oben angeführten erheischen darum doch noch eine andere Erklärung als die mangelhafte Technik der Münzerzeugung und da die einzelnen Gepräge der äusseren Erscheinung nach, ziemlich gleichzeitig aussehen, so möchte ich die Grosspfenninge 198, . 213 c, 273 a, 273 f, 273 g und ähnliche bis auf weiteres nicht für Sechslinge, sondern für Doppelwitten erklären. Der sinkende Münzfuss der Pfenninge als Theilstücke führte allerdings mit der Zeit auch zur Verminderung des Gewichts der Vielfachen und so erreichen dann die Schillinge (= 12 Pfenninge = 3 Witten) der späteren Herzoge Bogislav IX. und X. (1418 — 1446, 1474 — 1523) kaum das Gewicht der älteren städtischen Sechslinge, die Halbschillinge waren.

Voll beizustimmen ist dem, was Dannenberg (S. 5) polemisierend gegen Bahrfeldt über die Anwendung des Ausdrucks Helbling im Mittelalter sagt. Es sei mir gestattet dafür das Zeugniss eines Chronisten aus dem 13. Jahrhundert anzuführen, weil es auch das „Ort“ als noch kleineres Theilstück (¼) des Pfennings anführt: Als der sieche Herzog Ottokar von Steiermark den Plan fasste, sein Land an Herzog Leopold von Österreich zu verkaufen

<blockquote>
die ritter wurden da geczalt
und auch die pawrn manigualt
do wart geacht alz ich vernomen han
daz isleich ritter wolgetan
cham do vil ringe
umbe drey helbelinge
der pawr umb ainiges ort [1])
</blockquote>

Wohl zu beachten vom Benützer des Werkes sind die Bemerkungen auf S. 7 über die bei den Beschreibungen angewandte Terminologie. Dannenberg gebraucht die Ausdrücke durchwegs im subjectiven Sinne, so dass rechtshin, linkshin so viel als zur Rechten, zur Linken des Beschauers bedeutet; das gilt auch, wie aus der Anmerkung auf S. 16 hervorgeht, von der Beschreibung solcher Münzen, die aus den Werken von Schriftsstellern entnommen sind, die sich der entgegengesetzten Ausdrucksweise bedienen. Dem Bedauern des Verfassers darüber, dass wir es in diesem Punkte zu keiner Einheit noch gebracht haben, schliesse auch ich mich an, nur glaube ich, dass die Einheit durch Annahme der heraldischen Terminologie anzustreben ist, welche anerkanntermaassen die benachbarten Gebiete der Heraldik und Sphragistik schon beherrscht und von dort kaum mehr zu verdrängen sein wird. Mich leitet die rein sachliche

---

[1]) Jans Enenkel, Chronik von Österreich und Steiermark, bei Rauch Script. I, 284. Dazu die Zeugnisse die Lexer „Mittelhochdeutsches Handwörterbuch“ I, S. 1228 bei „helblinc“ anführt z. B. „Man gît umb einen pfeninc zwên helbelinge“ u. s. w.

Erwägung, dass die Wappen von ihrem Auftreten um das Jahr 1200 an, alsbald einen wesentlichen Antheil am Münzbild erhalten, und dass es doch nicht angeht, die Anwendung der Ausdrücke rechts und links im objectiven oder subjectiven Sinne nur davon abhängig zu machen, ob die Wappenfigur in einem Schilde oder frei im Münzfeld erscheint. Was hat vollends zu geschehen, wenn etwa der auf dem Gepräge erscheinende Münzherr mit einem gespaltenen Wappen im Schilde ausgestattet ist, das ebenfalls beschrieben werden soll? Zudem ist die von Dannenberg gebrauchte Gleichstellung „rechts" oder „rechtshin", bedeutet soviel als „von der rechten Seite" (S. 7), logisch anfechtbar, denn er braucht, wie gesagt, „rechts und rechtshin" im Sprachgebrauch des gewöhnlichen Lebens, d. h. wie der Beschauer z. B. eines Gemäldes, eines Gebäudes die Vorstellung ansieht, während das „von der rechten Seite" auf das Object bezogen ist, gerade so wie er auch die Rechte und Linke von menschlichen Figuren im Münzfelde objectiviert, obgleich er die nähere Bezeichnung vermeidet, und es nur dadurch ausdrückt, dass er den Gegenstand, den die Figuren in der Rechten halten zuerst nennt. Der rechte Arm bleibt ihm also der rechte Arm, auch wenn er dem Beschauer zur Linken erscheint; aber wenn die erwähnte Figur überdies ihr Gesicht nach dem Gegenstand dreht, den sie in ihrer Rechten hält, dann ist ihr Kopf nach links gedreht!

Was dem Verfasser die Arbeit ungemein erschwerte, ist die Beschaffenheit des Münzmaterials, das er für sein Werk verwenden konnte. Ich spreche hier nicht von der Eigenthümlichkeit der pommer'schen Münztechnik, die so viele einseitig ausgeprägte Stücke aus dem 14. und 15. Jahrhundert verursachte „dass man von Fehlschlägen kaum noch sprechen kann, sondern annehmen muss, man habe auf eine vollständige Ausprägung kein Gewicht gelegt" (S 6). Es ist dies eine Erscheinung, die ebenso bei den Wiener und Grazer Pfenningen aus dem 13. und 14. Jahrhundert nachweisbar ist. Weit mehr fällt ins Gewicht, was übrigens gleichfalls bei den erwähnten österreichischen und steirischen Pfenningen zutrifft, dass bis zum Auftreten der Witten die Mehrzahl der Münzchen stumm ist, endlich die grosse Aehnlichkeit mit Geprägen der Nachbarländer, die eine sichere Absonderung der pommerschen Pfennige von den Mecklenburgern, Brandenburgern u. s. w. nicht wenig erschwert, oft selbst unmöglich macht. Nur durch eine sorgfältige Ausnützung aller Anhaltspunkte, die sich durch die Beschreibung vieler Münzfunde ergaben, konnte Dannenberg seine schwierige Aufgabe in so befriedigender Weise lösen, als es geschehen ist. Neu in der Anwendung auf eine Publication und für den beabsichtigten Zweck sehr förderlich ist die Beigabe der Fundtafeln A—T, welche eine unmittelbare Prüfung des gelehrten Rüstzeugs erlauben, da sie dem Beschauer die Zusammensetzung von mehr als einem Dutzend Funden nach der Stückzahl der pommer'schen Gepräge und der fremden Beimengungen mit einem Blicke offenbaren. Da die Funde, so weit es anging, nach ihrer Vergrabungszeit chronologisch aufeinanderfolgen, so gewähren sie ein anschauliches Bild der Phasen, die das pommer'sche Münzwesen vom 12. bis zum 16. Jahrhundert durchlaufen hat. Die beigerückten Ordnungszahlen verweisen auf die Stelle, an der man das einzelne Gepräge sowohl in der ursprünglichen Beschreibung als auch in der Münzgeschichte finden kann. Nicht minder erwünscht sind die Siegelabbildungen auf Taf. 17—28, die manch wichtigen Behelf für die Zuweisung der stummen Gepräge an die einzelnen Prägestädte geliefert haben. Beide Beigaben wären ohne weiters allen ähnlichen Arbeiten zu wünschen, doch fürchte ich, dass die leidige Kostenfrage nur allzu oft hinderlich sein wird. Umsomehr sind wir nicht bloss dem Verfasser, sondern auch dem Verleger ob der bewiesenen Opferwilligkeit, die uns die pommersche Münzgeschichte als ein nach Inhalt und Form trefflich ausgestattetes Werk beschert hat, zu bestem Dank verpflichtet.

Graz.   **A. Luschin von Ebengreuth.**

---

6. Dr. Emil Bahrfeld: Zur mittelalterlichen Münzkunde Pommerns. Mit 2 Tafeln und 27. Textabbildungen. Berlin. 1893.

Der Verfasser liefert in diesem Hefte wichtige Ergänzungen und Richtigstellungen zu dem vorstehend besprochenen Werke H. Dannenbergs: Münzgeschichte Pommerns im Mittelalter. Unter uneingeschränkter Anerkennung der Gediegenheit dieses vorzüglichen Werkes, hält er sich berufen, zu dieser oder jener Stelle desselben Einwendungen zu erheben oder Zusätze zu machen, weil ihn seine Studien über das Brandenburgische Münzwesen vielfach in Berührung mit den Münzverhältnissen Pommerns gebracht und mit dem Münzmateriale in Sammlungen, sowie mit dem urkundlichen Quellenmateriale in Archiven eingehend bekannt gemacht haben. Zunächst werden historische Angaben über eine Reihe Prägeorte durch den Heinweis auf Geschichtswerke und urkundliche Feststellung vervollständigt, dann viele Münzen, die in Dannenbergs Schrift, mangelhafter Erhaltung wegen, nicht genügend genau gelesen oder beschrieben wurden, richtig gedeutet und zumeist nach besser erhaltenen Exemplaren aus der eigenen Sammlung in Zeichnung wiedergegeben; dazwischen rechtfertigt Verfasser seine in früheren Veröffentlichungen aufgestellten Ausführungen über gewisse Denare, gegenüber den gegentheiligen Erklärungen Dannenbergs.

Dr. E. Bahrfeldts Schrift ist als ein sehr wesentlicher Beitrag zur mittelalterlichen Münzgeschichte Pommerns zu begrüssen, sie erweist sich überdies als ein unentbehrlicher Behelf bei dem Studium des mehrgedachten, den gleichen Gegenstand behandelnden Werkes Dannenbergs.   **E.**

---

7. Mittheilungen der bayerischen numismatischen Gesellschaft. XII. Jahrgang. München. 1893. (XI. und 88 S.).

Der heurige Jahrgang steht den früheren wohl hinsichtlich des Umfanges nicht aber im Inhalt nach. Das dankt er vor allem der grossen nach den Acten

des k. k. Hauptmünzamts und des k. k. Hofkammerarchivs gearbeiteten Abhandlung unseres verehrten Vereinsmitgliedes Oberbergrath Carl Ritter von
Ernst: Zur Geschichte der Münzstätte Günzburg. Die Fülle unbekannter Nachrichten ist geradezu erstaunlich und löst mancherlei numismatische Räthsel, obwohl sich der Verfasser vorerst auf die Schicksale der Günzburger Münzstätte
unter der Kaiserin Maria Theresia, also auf die Jahre 1763—1780 beschränkte.
Da Herr v. Ernst sein Thema auch in einem Vortrag behandelt hat, von dem im
Monatsblatt Nr. 125 der numismatischen Gesellschaft ein Auszug erschienen ist,
so begnüge ich mich mit der Aufzählung der Abschnitte, die in den Mittheilungen
der bayerischen numismatischen Gesellschaft in erweiterter Fassung vorliegen.
Gründung der Münzstätte Günzburg (S. 3): Erbauung zweier Münzhäuser (S. 7);
die ersten Prägungen der Günzburger Münze (S. 14); Prägung der Fünfkreuzer-
stücke (S. 21); die Burgauer Thaler von 1766 und 1767 (S. 23); Aenderung
des Gepräges der Günzburger Münzen und deren Folgen (S. 33); die Augsburger
k. k. privilegirte ausländische Silberhandlung (S. 37); Einführung der Achtel-
kopfstücke und der Kupfermünzen in den österreichischen Vorlanden und im
schwäbischen Kreise (S. 40); fremde Prägungen der Günzburger Münze (Für-
stenberg, Ulm, Constanz, Augsburg, Strassburg) (S. 48); Medaillenprägungen
der Günzburger Münze (54) Vervollständigung der Münzeinrichtungen in Günzburg, Erbauung eines Kupferhammerwerkes (59). Das Münzamt und die Münzbeamten (65).

Die zweite Abhandlung im vorliegenden Hefte „Ein Ducatenfund" von
A. Horchler gibt über die Beschaffenheit eines Münzschatzes von 36 Stück
Ducaten Aufschluss, der in Kempten bei Vertiefung eines Kellers gehoben
wurde. Die Münzen gehören zu einem Drittel dem 16., zu zwei Drittel dem
17. Jahrhundert an und vertheilen sich auf 20 Münzherren, die grösste Zahl (9)
entfällt auf Gepräge der vereinigten Niederlande. Da das jüngste Stück des
Fundes — ein holländischer Ducaten — die Jahreszahl 1693 trägt, so ist mit
ziemlicher Sicherheit anzunehmen, dass die Vergrabung in die Zeit des
spanischen Erbfolgekrieges fällt, von dem auch die Stadt Kempten zu
leiden hatte.

Die dritte Abhandlung von Dr. Richard Ehrenberg-Altona „Die ersten
Tiroler Guldener" ist laut Titelanmerkung nur das Bruchstück einer grossen
Arbeit geldgeschichtlichen Inhalts, mit welcher sich der Verfasser schon seit
längerer Zeit beschäftigt. „Unter den Thatsachen, welche die Entwicklung des
mittelalterlichen Münzwesens zu dem der Neuzeit herbeigeführt haben, ist
keine bedeutsamer, als das Erscheinen grober Silbermünzen". Wie ist nun
deren plötzliches Auftauchen gegen Ende des 15. Jahrhunderts zu erklären?
Mit den zunehmenden Geldbedürfnissen des Grossverkehres traf der mächtige
Aufschwung der deutschen Silberproduction in der zweiten Hälfte des 15. Jahrhunderts zusammen, den unmittelbaren Anstoss aber gab, nach des Verfassers
Ansicht, die Prägung der Lira Tron zu Venedig 1472, der alsbald die Ausmünzung der ersten dicken „Testone" Grossone da 20 soldi „durch Herzog
Galeazzo Maria Sforza von Mailand († 1476) gefolgt sei. Uebertroffen wurden

diese italienischen Anläufe durch die Haller-Münzprägungen Erzherzog
Sigismunds, welche das Grobsilbercourant durch Einführung von Silberstücken
im Werte eines Goldguldens vollendeten.

Dies der Gedankengang des Verfassers in seiner vorläufigen Studie. In
der eigentlichen Arbeit wird unzweifelhaft manches vertieft und breiter ausgeführt werden müssen, was jetzt nur kurz angedeutet wurde, um dem
Widerspruch zu begegnen der kaum ausbleiben dürfte. Namentlich wird
dann auch der früheren Versuche zur Schaffung grösserer Silbermünzen zu
gedenken sein. Lässt man die spanischen Gross-Silberstücke bei Seite, die nur
für besondere Zwecke (Geschenke und dgl.) bestimmt gewesen sein mochten,
so wird doch den Silberprägungen in den Niederlanden, welche Doppelgroschen
im Rohgewicht von nahezu 5 Gramm schon zu Anfang des 15. Jahrhunderts
schufen, einige Bedeutung beizulegen sein.

Interessant ist der Nachweis, dass das Gewicht der Tiroler Guldengroschen weder, wie Grote will, mit dem Mailänder Teston, noch, wie Busson
meinte, mit der Lira Tron zusammenhängt, sondern dass die Stückelung von
beiden unabhängig, zu $1/8$ der Tiroler Landmark von 252 Gramm erfolgte. Da
bei dieser Gelegenheit auch meine Angabe über die Schwere der Tiroler
Landmark richtiggestellt wird, so sei in eigener Sache auf meine Abhandlung
über die alten Münzgewichte in Oesterreich verwiesen, die 1871 im 46. Bande
des Archivs für österreichische Geschichte erschien. Hier findet Herr Dr. Ehren-
berg auf Seite 255 unter sieben verschiedenen alten Angaben auch die nämliche
Stelle zur Ermittelung der Schwere des Tiroler Landgewichts herangezogen,
welcher er sich später bedient hat. „Ob eines der hier ermittelten Resultate
und welches die wahre Schwere der Tiroler Landgewichtsmark genau wieder-
gibt, heisst es wörtlich a. a. O. das zu entscheiden mangeln alle Anhaltspunkte.
Wir haben es eben mit beiläufigen Ansätzen zu thun und müssen uns vorder-
hand mit deren Durchschnittsgewicht (aus allen sieben Angaben) mit
255·187 Gramm begnügen.“ Seither ist nicht bloss die Schwere der Wiener
Mark, die ich damals auf beiläufig 281·378 veranschlagen musste, durch Muffat
auf 280·006 Gramm genau berechnet worden, sondern auch Rothleuthners
Arbeit über die alten Localmaasse und Gewichte in Tirol und Vorarlberg
erschienen. Beide Angaben standen mir 1871 nicht zu Gebote und so erklärt
es sich, dass all meine Ansätze etwas schwerer ausgefallen sind. Nur nebenbei
sei noch bemerkt, dass das Tiroler Landgewicht mit seiner Schwere von rund
252 Gramm keineswegs isolirt da steht, wie der Verfasser meint (S. 86), sondern dass die Tiroler Mark bis auf Bruchtheile eines Gramm mit der Prager
Mark zusammentrifft, doch würde es hier zu weit führen, wenn ich mich auf
eine Erörterung der Ursachen dieser Uebereinstimmung einlassen wollte.

Luschin v. Ebengreuth.

8. Festschrift zur Feier des fünfzigjährigen Bestehens der numismatischen Gesellschaft zu Berlin. Herausgegeben von den Mitgliedern. December 1893. Gr. 8°. III und 176 S., mit 4 Tafeln und vielen Abbildungen im Texte. Verlag von A. Weyl, Berlin. (Mk. 6.—).

. Die numismatische Gesellschaft zu Berlin hat zur Feier ihres fünfzigjährigen Bestehens ein schönes Erinnerungsblatt in Form der vorliegenden Festschrift geboten. Dieselbe enthält zwölf, die verschiedensten Gebiete der Münzwissenschaft betreffende Abhandlungen, welchen ein Rückblick des letzten Vorsitzenden, L. G. R. Danneberg, auf die bisherige Thätigkeit des Vereines vorangeht.

Durch Dr. Köhne ins Leben gerufen, wirkte die Gesellschaft, die erste Deutschlands, in emsiger, wenn auch stiller Weise unablässig durch Anregung, Vorbild und Beihilfe, durch Vorträge und Schriften. Über die Verhandlungen der Gesellschaft wurde zuerst in Köhne's, dann in v. Sallet's Zeitschrift regelmässig berichtet; ausserdem erschienen auch in den Jahren 1846, 1850 und 1857 separate „Mittheilungen", an welche sich die Festschrift gewissermaassen als viertes Heft anreiht.

Treten wir den Abhandlungen der letzteren näher, so haben wir die folgenden zu verzeichnen:

I. „Studien auf dem Gebiete des antiken Münzrechts" von Rudolf Weil. Der Verfasser zeigt durch typische Beispiele die verschiedenen Entwicklungsstadien des Münzrechts im Alterthum; er vereinigt alles dasjenige, was sich aus der antiken Münzprägung für das antike Staatsrecht ableiten lässt, und lenkt so den Leser in anregendster und übersichtlicher Weise an der Hand der Numismatik in weitere Gebiete staatlichen Lebens.

II. „Ein Kleinod des Kurfürsten Johann Sigismund von Brandenburg." A. v. d. Heyden macht hier durch Wort und Bild ein schönes Erzeugniss der Goldschmiedekunst aus dem Anfang des 17. Jahrhunderts bekannt, eine ovale, durch drei Kettchen mit einem Adler verbundene Medaille, reich emaillirt und mit Perlen geschmückt — ein Kleinod auch seiner Sammlung.

III. „Unedirte Mittelaltermünzen." H. Dannenberg setzt seine schon aus Köhne's und v. Sallet's Zeitschriften nicht zum wenigsten durch die tiefdurchdachten eingestreuten Bemerkungen rühmlichst bekannte Veröffentlichung unedirter Mittelaltermünzen fort. Aus der Blumenlese von 48 fast durchgehend abgebildeten Geprägen ragt besonders das einzig dastehende Silbermedaillon Ludwigs des Frommen hervor. Zahlreichst vertreten ist Kleve und ganz ausserordentlich erscheint ein Haller Piedfort von fast 6 Gramm mit der üblichen Darstellung von Hand und Kreuz.

IV. F. v. Brackenhausen — von dessen Hand auch die gelegentlich des Jubiläums von der Gesellschaft gestiftete Medaille Dannenbergs stammt — theilt unter dem Titel „Meine Medaillentechnik" die bei Anfertigung seiner Bildnissmedaillen angewandte Manipulation mit.

V. „Die Mittelaltermünzen der Lausitz" behandelt Ferd. Friedensburg in grossen Zügen, ohne hierbei aber Detailfragen aus dem Wege zu gehen, gleichwie er manche frühere Münzbestimmung als auf Kosten der Lausitz verfehlte überzeugend darstellt. Zweifellos sind wir durch diese sehr beachtenswerthen Ausführungen der Klärung der Lausitzer Münzkunde abermals näher gerückt.

VI. Paul Bratring füllt durch seinen mit Skizzen illustrirten Artikel „Von den Münzen der pommerschen Herzöge von Bogislaus X. bis zum Ende des XVI. Jahrhunderts" eine oft empfundene Lücke in der Bearbeitung der pommerschen Münzen aus, von welchen bisher nur die der Mittelalter- und der schwedisch-pommerschen Periode angehörigen zusammenhängend beschrieben worden sind.

VII. „Die Märkischen Engelgroschen" betitelt sich die nächste, durch Abbildungen belebte Arbeit, in welcher Emil Bahrfeldt diese zum Unterschiede von ihren sächsischen Namensbrüdern äusserst seltenen Brandenburger Gepräge aus den Jahren 1519—1568 vereinigt — ein Verzeichniss, welches die Erwartungen für den II. Band von Bahrfeldt's epochalem Werk über das Brandenburger Münzwesen auf das höchste spannt.

Demselben Verfasser verdanken wir VIII. die Studie „Vinkenaugen", mit 13 Abbildungen. Nach Bahrfeldts präcisen Ausführungen bilden die Vinkenaugen, zu Ende des XIII. Jahrhunderts zuerst erwähnt und bis ins XV. reichend, im nördlicheren Deutschland die Bezeichnung für das kleinste und geringwerthigste Geld, als zweiseitige Münzen in Pommern, Mecklenburg, in der Mark, als einseitige, resp. hohle, in der Lausitz gebräuchlich.

IX. A. v. Sallet bietet eine Auswahl von „Alexandrinischen Kaisermünzen des kgl. Münzcabinets in Berlin", jenen interessanten, für Egypten geprägten Münzen mit oft reichen mythologischen Darstellungen. Die in Lichtdruck ausgeführte Tafel vereinigt 6 Stücke, von welchen besonders der Revers von Nr. 1 mit dem Urtheil des Paris und der Kopf des Pertinax auf Nr. 2 schönheitlich hervorragen.

X. „Embleme und Wappen auf muhammedanischen Münzen". Dr. H. Nützel erörtert hier die bildlichen Darstellungen, welche infolge Bilderverbotes des Islam auf muhammedanischen Münzen erst mit den türkischen und mongolischen Eroberern im fünften Jahrhundert d. H. auftreten. Diese Münzbilder sind in Nachahmungen fremder Typen, als die älteren, und in solche eigener Erfindung zu scheiden. Auch dem vorliegenden Thema fernstehende Leser, welche orientalischer Numismatik gern respectvoll aus dem Wege gehen, werden durch diese mit guten Abbildungen versehenen Ausführungen gefesselt werden.

XI. Max Bahrfeldt, unermüdlich thätig, vereinigt in neuartiger Weise „Römische Inedita", indem er diejenigen Inedita aus Verkaufs- und Auctionskatalogen etwa der letzten 15 Jahre in kritischer Weise heraushebt, welche als wirklich neue inedite Stücke zu verfolgen sind. Hierbei ergeben sich Abtheilungen: Aes signatum, Münzen mit Beizeichen, Münzen mit Namen der Beamten, Stempelvertauschungen. Einige hier nicht verwerthete Kataloge sollen bei anderer Gelegenheit gesondert betrachtet werden.

— XII. „Die Mauger-Medaillen Ludwigs XIV." Carl Pieper behandelt in vorliegendem Beitrag zur „histoire métallique" in erster Linie die einschlägige Literatur, sowie die Stempelschneider, voran Mauger, welche jene unvergleichlich schönen Medaillen aus der zweiten Hälfte des XVII. Jahrhunderts zur Verherrlichung der Geschichte des französischen Volkes und seiner Könige geschaffen haben. Wir sind dem Verfasser für seine Aufklärungen und Winke umso dankbarer, als seine Erörterungen unter günstigen Umständen dazu beitragen könnten, in die staatliche Medaillenprägung wieder etwas Leben zu bringen.

Schon diese kurzen Umrisse des Inhaltes der Festschrift werden genügen, dieselbe als willkommene Gabe freudigst begrüssen zu können. Unsere aufrichtigsten Wünsche aber begleiten die numismatische Gesellschaft zu Berlin auf ihrem ferneren Wege der Arbeit und des Schaffens! Möge diese würdige Vereinigung hervorragender Forscher auch weiterhin blühen und gedeihen zur Ehre unserer Wissenschaft, zu Nutz und Frommen ihrer Jünger!

v. Höfken.

---

9. Nicoló Papadopoli: Monete italiane inedite della Raccolta Papadopoli. 4°. Mailand. 1893.

Von der Ansicht ausgehend, dass ein erschöpfendes Studium des gesammten Münzwesens von Italien nur dadurch ermöglicht werde, dass jeder Sammler die unedirten oder irrig erklärten Stücke, sowie die Varianten seiner Sammlung bekannt gibt, zumal in Italien in so vielen Münzstätten geprägt wurde, unternimmt es der Verfasser, solche Münzen seiner Sammlung zu beschreiben. Er beginnt mit drei Geprägen von Venedig, welche trotz der vielfachen Bearbeitungen, welche diese Münzstätte, zuletzt auch vom Verfasser selbst erfahren hat, den eifrigsten Sammlern venetianischer Münzen entgangen sind, erstens einem Bagattino von Nicolò Tron (1471—1473) aus Billon, bei dessen Beschreibung Verfasser es mit Recht als auffallend bezeichnet, dass unter den vielen Verordnungen und Beschlüssen jener Zeit keinerlei Decret aufzufinden ist, das die Prägung der Kupfer- und Billonmünzen regelt; zweitens einer Lira von Andrea Vendramin (1476—1478), jener Münze, die von Nicolò Tron geschaffen, nach seinem Tode aber im Gepräge abgeändert wurde; drittens einem goldenen mezzo Scudo von Pietro Lando (1539—1545). Der Scudo d'oro war durch Decret des Rathes der Zehn vom 15. Mai 1528 für den Bedarf des Heeres eingeführt worden; die Prägung des halben Scudo wurde durch Decret vom 7. Mai 1530 angeordnet. Diese, im Feinhalte dem Zecchino nachstehende Münzgattung wurde auch von allen nachfolgenden Dogen, bis zum Falle der Republik geprägt.

Von grossem Interesse auch für weitere numismatische Kreise sind die
folgenden, vom Verfasser beschriebenen Münzen, welche jene Gepräge darstellen, die in den Münzstätten italienischer Dynastien nach fremden Mustern
hergestellt wurden. Insbesondere fiel hiebei die Wahl auf solche fremde
Münzen, die sich eines gewissen Rufes auf dem Weltmarkte erfreuten und ein
grösseres Umlaufsgebiet beherrschten.

Unser verewigtes Mitglied, Hofrath Pawlowski, hat in einem am 21. October 1875 gehaltenen Vortrage (abgedruckt im XVII. Bande der num. Zeitschr.
S. 145) auf diese Nachahmungen und Nachfälschungen von Münztypen hingewiesen, deren Enträthselung den Forschern und Sammlern viele Schwierigkeiten bereitet und von welchen die Mehrzahl, wegen der sorgfältigen Auswahl der Bilder und der sinnreich veränderten Aufschriften vielfache Deutungen
erfahren hat, bevor ihr wirklicher Charakter erkannt wurde. Anfangs hielt
man die Aenderungen in den Legenden für Stempelfehler, bemerkt Pawlowski,
welche durch die Unwissenheit oder Nachlässigkeit der Stempelschneider entstanden. Dem widerspricht, dass die Aenderungen in den Legenden so beschaffen
sind, dass ein Stempelfehler gar nicht vermuthet werden kann, da sie meist
planmässig durchdacht erscheinen. In den alten Münzwerken, z. B. in Hofmanns
Münzschlüssel finden sich daher viele solche Münzen, darunter auch Thaler,
als unbekannt und unerklärbar bezeichnet. Erst als Zanetti die quellenmässige
Münzgeschichte der kleineren italienischen Münzstätten veröffentlichte, entdeckte man den Ursprung dieser bis dahin unerklärbaren Imitationen. Durch die
zahlreichen Monographien von Promis, sowie durch die Arbeiten von Morel
Fatio, Bigi u. A. stellte es sich heraus, dass die meisten dieser räthselhaften
Münzen in verschiedenen Münzstätten planmässig fabricirt wurden. Graf
Papadopoli bringt in der vorliegenden Schrift eine lange Reihe solcher
Gepräge, darunter zunächst mehrere aus der Münzstätte von Castiglione des
als Fälscher berüchtigten Marchese Rodolfo, welche Nachahmungen der Münzen
des Papstes Sixtus V., des Herzogs Carl Emanuel I. von Savoyen und des
Herzogs Ulrich von Württemberg darstellen. Dann folgen Nachfälschungen
anderer Glieder der Familie Gonzaga, für welche durch Erbtheilung am Schlusse
des 15. und seit Anfang des 16. Jahrhunderts zahlreiche kleine Fürstenthümer
geschaffen worden waren, welche später meist den Herzogstitel erhielten.
Als Nachkommen der Gonzaga wurde den Regenten dieser Ländchen vom
Kaiser das Münzrecht verliehen, da aber das Umlaufsgebiet ihrer Landmünze
sehr beschränkt war, verlegten sie sich auf Fälschungen. Der Verfasser führt
solche Fälschungen von den Herzogen Franz, Ferdinand I., Carl, Vespasian aus
der Münzstätte von Castiglione, ferner von Vespasians Tochter Isabella, von
Julius Cäsar, Scipio aus den Münzstätten Solferino, Sabbioneta, Pomponesco,
Bozzolo, Gazzoldo vor, welche in Typus und Legenden die Münzen Franz I.
und Heinrichs III. von Frankreich, Carl Emanuels I. von Savoyen, Philipps II. und
Philipps III. von Spanien, Ferdinands von Parma, mehrerer Päpste etc. nachahmen.
Dazwischen werden jedoch auch echte Münzen von sehr seltenen oder noch
nicht bekannten Stempeln der genannten Fürsten beschrieben.

Der dritte Theil der vorliegenden Schrift gibt eine Auslese bisher nicht edirter oder in anderen Werken unvollkommen beschriebener Münzen von Rimini, Fano, Pesaro und Urbino. Alle besprochenen Münzen sind, was dieser Veröffentlichung den richtigen Werth verleiht, in vortrefflichen Abbildungen auf Tafeln oder im Texte wiedergegeben. Dem hochgeborenen Verfasser, welcher, wie gehofft werden darf, fortfahren wird, ähnliche höchst seltene Stücke seiner auserlesenen Sammlung bekannt zu machen, sei für diese wichtigen Beiträge zur Münzkunde im Allgemeinen und zu jener Italiens insbesondere, Dank und uneingeschränkte Anerkennung ausgesprochen.

Ernst.

10. N. Van Werveke: Les Tresors d'Ettelbruck, de Reichlange et d'Arsdorf. — Numismatique Luxembourgeoise. Luxemburg 1893.

Verfasser beschreibt zunächst den Fund römischer Münzen, welcher am 9. October 1889 in der Örtlichkeit op Lopert bei dem Luxemburgischen Marktflecken Ettelbruck, unweit der Stelle gemacht wurde, an welcher man im Jahre 1858 600 Münzen des Gordianus Posthumus ausgegraben hatte. Er bestand aus 100 Münzen des Kaisers Gallienus, 15 der Salonina, 1 des Posthumus, 6 des Victorinus, 1 des Marius, 9 des Tetricus pater, 5 des Tetricus filius, 150 des Claudius II., 15 des Quintillus, 28 des Aurelianus, 2 der Severina, 14 des Tacitus, 4 des Florianus, 71 des Probus, 7 des Carus, 8 des Numerianus, 9 des Carinus, 2 der Magnia Urbica, 51 des Diocletianus, 55 des Maximianus Herculeus, 17 des Constantinus I. Chlorus, 17 des Galerius Maximianus. Der eingehenden Beschreibung jedes dieser Stücke ist die Berufung auf Cohen, und bei den Münzen des Claudius II. und Aurelians, auf die Schriften unserer geehrten Mitglieder Markl und Rhode beigefügt. Wir heben die Berücksichtigung dieser hervorragenden und allgemein bekannten Specialsammler mit umso grösserer Befriedigung hervor, als in Cohens neuer Auflage die wichtigen Ergebnisse ihrer Forschungen auffallender Weise ganz übergangen wurden. Der Fund enthielt drei sehr verschiedene Nominale, die von Gallienus, Claudius II. und ihren Nachfolgern im dritten Jahrhunderte bis zur Münzreform Aurelians geprägte Silber-Kleinbronze, die seither, bis zur Münzreform Diocletians geprägte Silber-Kleinbronze und die unter Diocletian um das Jahr 296 eingeführte Mittelbronze. Durch dieses gleichzeitige Auftreten der drei Münzsorten gewinnt der Fund an Interesse, denn er scheint, entgegen der Annahme mehrerer Forscher, zu beweisen, dass die schlechten Münzen des Gallienus und Claudius II, wenigstens nicht ganz zurückgezogen worden seien, sondern zugleich mit den besseren Münzen im Umlaufe blieben. Verfasser macht in einer ausführlichen Erläuterung auf die vielen, dem Funde angehörenden, bisher unedirten Stücke, sowie auf gewisse, besonders auffallende Legenden aufmerksam. Als höchst wertvoll bezeichnet er die darin enthaltenen Münzen der Tetrarchie, aus der Münzstätte Trier, theils mit der Strahlenkrone, mit 10 verschiedenen Reverslegenden, darunter, wie Verfasser glaubt, die, nur von Banduri erwähnte **VOT. X. MULT. XX**, theils mit dem Lorbeer nach dem Typus *Genio populi romani*, also aus der Zeit vor und nach der Diocletianischen Münzreform.

Der Fund von Reichlange aus dem Jahre 1893 enthielt nur Münzen des Kaisers Posthumus. Verfasser hebt nach eingehender Beschreibung und Besprechung der Münzen den Umstand hervor, dass in dem Funde keine Münzen der vorhergehenden Kaiser, noch des in Rom residirenden gleichzeitigen Kaisers Gallienus enthalten waren, was die Erklärung Mommsens zu bekräftigen scheine, dass, ebenso wie die Münzen des Posthumus in Rom nicht zugelassen wurden, jene des Kaisers Gallienus aus dem Umlaufe in Gallien ausgeschlossen waren.

Als dritten Aufsatz enthält Wervekes Buch die kritische Beschreibung des Fundes von Arsdorf mit Münzen des XV. Jahrhunderts, welcher von einem Strassenarbeiter am 15. September 1893 gemacht wurde. Er bestand aus 160 Silber- und acht Goldmünzen, von welchen aber nur ein Theil der Silbermünzen und nur eine Goldmünze zustande gebracht wurde. Aus der Beschreibung dieser Stücke ergibt sich, dass dieselben den folgenden Fürsten angehören: Werner v. Falkenstein, Erzbischof von Trier 1388—1418, (1); Johann von Nassau, Erzbischof von Mainz, 1397—1419 (1); Dietrich von Moers, Erzbischof von Cöln, 1414—1463 (1); Johann von Bayern, Gemahl der Elisabeth von Görlitz, 1418 bis 1425 (10); Elisabeth von Görlitz als Witwe, 1425—1443 (19); Philipp den Guten. Herzog von Burgund (78); Reinhard, Herzog von Lothringen, 1431—1453 (46) Die Zeit der Vergrabung des Schatzes ermittelt der Verfasser auf scharfsinnige Weise durch historische Belege, wobei er aus den im Funde enthaltenen Vierländern, welche Philipp der Gute nach der Reorganisation der Münze im Henegau 1434 einführte, schliesst, es müssten, da sie in grosser Zahl vorgefunden wurden, etwa zehn Jahre seit ihrer Schaffung verflossen sein.

In einem Aufsatze: Les Monnaies Luxembourgeoises de 1383 à 1412 widerlegt Herr Werveke einen Irrthum, der Herrn R. Serrure in seinem Essai de Numismatique Luxembourgeoises S. 227 insoferne unterlaufen ist, als er die 30 Jahre von 1383—1412 in vier Perioden abtheilt, nämlich: 1. Wenzel II. 1383—1388, 2. Jost von Mähren, 1388—1402, 3. Wenzel II. 1402—1407 und Jost von Mähren 1207—1410; unmittelbar darauf soll Anton von Burgund, erster Gemahl der Elisabeth von Görlitz gefolgt sein. Verfasser weist nach, dass nur von drei Perioden, Wenzel II. 1383—1388, Jost von Mähren 1388—1411 und Wenzel II. 1411—1412, die Rede sein könne. Diesen Nachweis führt er an der Hand der Münzen, welche von Wenzel II. nach seinem Einzuge in Luxenburg am 8. December 1383, von Jost und endlich wieder von Wenzel geprägt wurden, sowie durch Berufung auf Urkunden, Literaturquellen und geschichtliche Nachrichten, wobei er erinnert, dass das Herzogthum Luxemburg am 24. Februar 1388 von Wenzel II. seinem Vetter Jost von Mähren um 64000 Goldgulden verpfändet wurde, und nach des letzteren Tod, 8. Jänner 1411, wieder an Wenzel zurückfiel. Es bietet ein grosses Interesse zu erfahren, wie geschickt der Verfasser die verschiedenen Münzschriftsteller, die sich mit den Geprägen dieser Zeit befassten, heranzieht, um seine Behauptungen zu erhärten.

Die kritische Beschreibung der genannten drei Münzfunde und die letzt erwähnten, vornehmlich durch die Münzprägungen geführten Richtigstellungen einer wichtigen Luxenburgischen Geschichtsperiode lassen uns Herrn N. van Werveke als gründlichen Forscher auf dem Gebiete der römischen und mittel-alterlichen Numismatik und gewiegten Kenner der Geschichte seines Landes erkennen; seine belehrenden Ausführungen sind als sehr willkommene münz-wissenschaftliche Beiträge zu begrüssen.

Ernst.

---

11. Raymond Serrure: Essai de Numismatique Luxembourgeoise. Paris 1893. 226 S. Gross 8° mit über 200 Teextabbildungen.

Der Verfasser zählt in der Einleitung die Münzschriftsteller auf, welche sich mit der Numismatik von Luxemburg beschäftigt haben, zunächst P. Jean Bertholet der Gesellschaft Jesu, welcher in seinem 1741—1747 erschienen Werke Histoire ecclésiastique et civile de Luxembourg auch die Siegel und Münzen der einstigen Grafen besprach; dann F. J. Müller in Trier: Kleine ver-mischte Beiträge zu dem Schicksale der Münzen im Herzogthum Luxemburg 1829; Hermann Grote: Luxemburgische Münzen des Mittelalters, in den Blättern für Münzfunde 1814, Professor C. P. Serrure in seiner Notice sur le Cabinet monétaire de S. A. le prince de Ligne 1847; M. de Lafontaine in der Revue belge 1849, N. van Wervecke: Catalogue descriptif de la collection de l'institut royal grand ducal 1880. Alle diese Schriften bringen keine erschöpfende Dar-stellung, sondern nur Theile der Münzgeschichte Luxemburgs und so hat es Herr Serrure unternommen, insbesondere an der Hand des beschreibenden Katalogs von N. van Wervecke und eines nicht publicirten Katalogs der Münz-sammlung des Grafen von Robiano, ein Gesammtbild des luxemburgischen Münzwesens zu liefern und durch geschichtliche Ausführungen zu erläutern. Verfasser beginnt mit Sigfried, Grafen in Adennes (963—998), der das Schloss von Luxemburg durch Tausch von der Abtei des heiligen Maximin in Trier 963 erworben hatte, von welchem aber keine luxemburgische Münze bekannt ist. Die erste dieser Art ist ein Denar seines Nachfolgers Friedrich (998—1019); dieser, sowie ein zweiter Denar desselben Münzherrn sind durch Abbildungen versinnlicht. Der Verfasser bemerkt, dass diese beiden Stücke allen Numis-matikern entgangen seien, welche über luxemburgische Münzen geschrieben haben. Mit Heinrich VII. (1288—1309) beginnt die Emission grösserer Münzen, des Gros tournois und des Esterlins; auch kann das Bestehen mehrerer Münz-stätten aus den Aufschriften von Münzen dieses Herrschers nachgewiesen werden. Johann von Luxemburg (1309—1346) prägte in Luxemburg, Poilvache, Marche-en-Famenne und Damvillers nach belgischen, englischen, florentinischen, französischen und lothringischen Typen. Sehr ausführlich sind die Prägungen dieses Herrschers, sowie seiner Nachfolger Carl IV. (1346—1356), Wenzels I. (1356—1383) und Wenzels II. (1383—1410) besprochen und durch eine grosse

Anzahl Münzbilder dargestellt. Die vom Verfasser gewählte Eintheilung der
Regierungszeit Wenzels II. in vier Perioden, während welcher Jost von Mähren
von 1388—1402 und Ludwig Herzog von Orleans von 1402—1407 in Luxemburg
regiert haben sollen, wird von N. van Wervecke in einer kürzlich erschienenen
Studie über mehrere im Luxemburg'schen gemachte Münzfunde (welche weiter
oben angezeigt ist) als irrig bezeichnet. Unter Philipp dem Schönen (1482—
1494) wurde die Münzstätte in Luxemburg, welche vor 1444 geschlossen worden
war, auf Befehl seines Vormunds Kaiser Max I. wieder eröffnet; die bisher
nicht veröffentlichte Urkunde in französischer Sprache, mit welcher dieser Act
bekannt gemacht wurde, und die in holländischer Sprache abgefasste Münzinstruction, sowie eine spätere Münzinstruction Philipps des Schönen war
Verfasser in der Lage, vollinhaltlich wiederzugeben. Seine Urkunden sind
wegen der vielen Einzelnheiten, die sie über die Münzprägungen enthalten, von
umso höherem münzgeschichtlichen Werthe, als eine Reihe vortrefflicher Abbildungen sofort die bezüglichen Belegstücke zu denselben vorführen. Aus der
Zeit Carls V. (1519—1555) und Philipps II. von Spanien sind verhältnissmässig
wenige Münzen erwähnt, desto reichlicher fliessen die Quellen aus der darauf
folgenden Regierungsperiode von Albert und Isabella (1598—1621), Philipp IV.
(1621—1655), Carl II. (1665—1700), wobei wir wieder mehrere Urkunden, die
uns über die Thätigkeit der Münze von Luxemburg belehrt, kennen lernen. Die
Münzen der Kaiserin Maria Theresia und Josephs II. für Luxemburg sind, wie
das darauf angebrachte Köpfchen beweist, in Brüssel geprägt worden;
Leopold II., dem diese Münzstätte infolge der in den österreichischen Nieder-
landen ausgebrochenen Revolution verschlossen war, liess Sechs-, Drei- und
Ein-Stüberstücke in Günzburg prägen, worüber die Monographie des Referenten
„Zur Geschichte der Münzstätte Günzburg (unter Leopold II.) in den Mittheilungen der bayerischen numismatischen Gesellschaft 1894 ausführlich berichten
wird. Aus der Zeit Franz II. sind die während der Belagerung Luxemburgs durch
die Franzosen von General Bender 1795 ausgegebenen Nothmünzen bemerkenswerth. Mit den Münzen Wilhelm III. der Niederlande (1840—1890) schliesst
dann Serrure seine Münzgeschichte Luxemburgs, fürwelche ihm gewiss jeder
der Münzkunde Beflissener Dank wissen wird. Wenn der Verfasser für dieselbe den Titel „Essay“ gewählt hat, so möchten wir bemerken, dass diese
Bezeichnung nicht nach der französischen Deutung als „Versuch“, sondern
mit allem Rechte in jenem Sinne aufzufassen sei, der diesem Worte bei uns,
zur Charakterisirung eines Aufsatzes, der einen wissenschaftlichen Gegenstand
gründlich und erschöpfend behandelt, beigelegt wird.

Ernst.

JAHRES-BERICHT

DER

NUMISMATISCHEN GESELLSCHAFT

IN WIEN

ÜBER DAS JAHR 1893.

Wie in den vorhergehenden Jahren haben Seine K. und K. Apostolische Majestät auch im Jahre 1893 der numismatischen Gesellschaft über Vortrag Seiner Excellenz des Herrn Oberst-kämmerers Ferdinand Grafen von Trauttmansdorff-Weinsberg huldvollst einen Beitrag gewährt und hat Seine Excellenz der Herr Minister für Cultus und Unterricht Dr. Paul Gautsch Freiherr von Frankenthurn derselben eine Subvention verliehen.

Die Gesellschaft hat auch in diesem Jahre den Verlust zweier ordentlicher Mitglieder zu beklagen, C. G. Thieme in Leipzig, gestorben am 26. December 1893, und Franz Joseph Wesener in München, gestorben am 30. September 1893; ersterer gehörte der Gesellschaft seit 1890 an, während letzterer, welcher der Gesellschaft im Jahre 1872 beigetreten war, zu ihren älteren Mitgliedern zählte.

Durch Neuwahl hat die Gesellschaft im Jahre 1893 zehn ordentliche und vier correspondirende Mitglieder in ihre Mitte auf-genommen. Sie zählt, da sechs ordentliche Mitglieder ausgetreten, zwei gestorben sind und dreizehn wegen mehrjähriger Rückstände der Jahresbeiträge als ausgetreten betrachtet werden mussten, am Schlusse des Jahres 6 Ehrenmitglieder, 15 Stifter, 185 ordentliche und 65 correspondirende, zusammen 271 Mitglieder. (Vgl. Beilage I.)

Die Geschenke an die Münzensammlung sind in Beilage II, jene an die Bibliothek in Beilage III aufgeführt. Der Schriftentausch erstreckt sich nach Beilage IV auf 22 Gesellschaften und Vereine, sowie auf 13 Fachzeitschriften.

Die in den sechs ordentlichen und in der Jahresversammlung gehaltenen Vorträge finden sich in Beilage V aufgeführt. An den

Ausstellungen haben sich betheiligt das historische Museum der Stadt Wien, ferner die Herren C. v. Ernst, Wilhelm Kraft, Wilhelm Mayer in Stuttgart, E. Merzbacher in München, Dr. Victor Miller v. Aichholz, Dr. Joseph Scholz, Dr. Hanns Tauber in Graz, Otto Voetter.

In der Jahresversammlung vom 17. Jänner 1894 wurden die Herren Eduard Forchheimer, Rudolf v. Höfken-Hattingsheim, Dr. Friedrich Kenner, Dr. Alfred Nagl, Director Theodor Rohde, Dr. Carl Schalk, Dr. Joseph Scholz, Franz Trau und Oberstlieutenant Otto Voetter wiedergewählt.

In Ausführung des Beschlusses der Jahresversammlung vom 18. Jänner 1893 überreichte eine Deputation des Vorstandes am 22. April Sr. Excellenz dem Herrn Minister für Cultus und Unterricht eine Bittschrift nebst Promemoria, betreffend die Errichtung einer Lehrkanzel für Numismatik an der Wiener Universität. Laut Erlasses vom 9. December 1893 erklärte das hohe Ministerium zufolge eines Gutachtens des Professorencollegiums der philosophischen Facultät zur Zeit den Wunsch der Gesellschaft nicht verwirklichen zu können, wohl aber für die Ausbildung von Lehrkräften in der bezeichneten Richtung Sorge zu tragen.

Da die Versammlungen der Gesellschaft mit 18. April geschlossen wurden, konnte sie als solche nicht an den Festlichkeiten aus Anlass der in Wien abgehaltenen XLII. Versammlung deutscher Philologen und Schulmänner Theil nehmen, doch hielten mehrere Mitglieder theils bei den Berathungen, theils bei dem Besuche im k. k. kunsthistorischen Hofmuseum Vorträge über Gegenstände, welche in das Gebiet unserer Bestrebungen gehören und sowohl die Wichtigkeit numismatischer Studien für die Archäologie im allgemeinen und für den Schulunterricht, als auch die wünschenswerthen Zielpunkte einer numismatischen Lehrkanzel an der Universität darstellten.

In den Sommermonaten wurde die Bibliothek einer Neuordnung unterzogen, mit jener der Münzsammlung begonnen. In dieser Hinsicht haben sich Herr kaiserlicher Rath Wilhelm Kraft durch Uebernahme der Kosten für Renovirung und Neueinrichtung von Bücherschränken, sowie eines Münzschrankes, Herr Dr. Joseph Scholz durch die mühevolle Neuaufstellung der Bücher und die

Führung eines Zettelkataloges derselben sich um die Gesellschaft verdient gemacht.

Von der numismatischen Zeitschrift wurde der XXIV. Band, Jahrgang 1892, und das 1. Semestralheft des Bandes XXV, Jahrgang 1893, ausgegeben; die zweite Hälfte ist im Drucke vollendet und wird im Monate März in den Händen der Mitglieder sein. Das 25. Jahr des Bestehens der numismatischen Zeitschrift, das mit diesem Bande abschliesst, wurde durch einen Festvortrag in der Jahresversammlung gefeiert, welcher ausführlich auf den Inhalt der nun vorliegenden 25 Bände eingeht und dem Jubelbande als Vorrede eingefügt ist. Das Redactionscomité besteht nach wie vor aus den Herren C. v. Ernst, R. v. Höfken-Hattingsheim, Dr. Friedrich Kenner, Dr. Arnold v. Luschin-Ebengreuth.

Auch das Monatsblatt der numismatischen Gesellschaft, dessen erste Nummer im August 1883 ausgegeben worden war, begieng in der Augustnummer 1893 die Erinnerung seines zehnjährigen Bestehens. In Verhinderung des Redacteurs Herrn Franz Trau führte Herr Professor Victor v. Renner in dessen Namen die Geschäfte der Redaction seit Jänner 1893 und wird sie von dem mit Nr. 127 beginnenden dritten Bande unter eigenem Namen weiterführen. Der Vorstand spricht hiemit dem eben genannten Herrn für die von so schönen Erfolgen gekrönten Bemühungen den wärmsten Dank aus. Nach Beschluss des Vorstandes vom 2. November 1893, der über einen motivirten Antrag Professor v. Renners gefasst wurde, wird das Monatsblatt mit Rücksicht auf seine bedeutend vergrösserte Auflage nunmehr auch Annoncen gegen Bezahlung aufnehmen.

Der Vorstand erfüllt eine angenehme Pflicht, indem er Allen, welche durch Vorträge, durch Geschenke an die Münzensammlung und Bibliothek, durch Theilnahme an den Ausstellungen die Zwecke der Gesellschaft gefördert haben, den aufrichtigen Dank derselben ausspricht.

Wien, im Februar 1894.

Der Vorstand.

Mitglieder - Verzeichniss.

Seine k. und k. Apostolische Majestät

KAISER FRANZ JOSEPH I.

Stiftende Mitglieder.

1871 Arneth Alfred, Ritter v., Director des k. k. geh. Haus-, Hof- und Staats-Archivs, Mitglied des Herrenhauses, k. k. geh. Rath und Hofrath, Exc., Wien . . . . 50 fl.
1882 Bachofen von Echt Adolph, Brauereibesitzer in Nussdorf bei Wien 50 „
1870 Egger Heinrich, Münzhändler, Wien . . . . 50 „
— Egger Jacob, Münzhändler, Wien . . . . 50 „
1884 Grein Ernst, Architekt in Aigen bei Salzburg . . . . 50 „
1889 Höfken v. Hattingsheim, Rudolf, Wien . . . . 100 „
1870 Jaeger Ignaz, k. k. Invalide, Wien † 1875 . . . . 50 „
1871 Imhoof-Blumer Friedrich, Dr., Winterthur (Schweiz) . . . . . . 50 „
1890 Der hohe niederösterreichische Landesausschuss . . . . 100 „
1885 Miller Victor v., zu Aichholz, Dr., Wien . . . . 100 „
1870 Montenuovo Wilhelm, Fürst zu, General der Cavallerie, Wien . . 50 „
— Rothschild Anselm, Freiherr v., Wien † 1874 . . . . 100 „
— Sachsen-Coburg, Philipp, Herzog zu, königl. Hoheit, Wien . . . 100 „
1880 Schalk Carl, Dr., Custos des Museums der Stadt Wien . . . . . 50 „
1870 Tauber Alfred, k. k. Börsesensal, Wien † 1876 . . . . 100 „
— Trau Franz, Kaufmann, Wien . . . . 100 „
— Windisch-Grätz Ernst, Prinz zu, Wien . . . . 100 „
1872 Das hochwürdige Augustiner-Chorherrenstift zu St. Florian in Oesterreich ob der Enns . . . . 50 „

Ehren-Mitglieder.

1879 Dannenberg H., k. Landgerichtsrath in Berlin, N. W., Lessinggasse 11.
1879 Grote H., Dr., in Hannover.
1884 Imhoof-Blumer Friedrich, Dr., in Winterthur.
1871 Mommsen Theodor Dr., Professor an der königl. Universität in Berlin.
1879 Poole J. Reg. Stuart, am britischen Museum in London.
— Stickel Johann Gustav, Dr., Geheimer Hofrath, Professor an der Universität in Jena.

1870 Bergmann Josef, Dr. Ritter v., Director des kais. Münz- und Antikencabinets † 1872.
1871 Chalon Renier, Ehrenpräsident der königl. numismatischen Gesellschaft in Brüssel, † 1889.
1871 Friedländer Julius, Dr., Director des königl. Münzcabinets in Berlin, † 1884.
1870 Longpérier Adrien, de, Mitglied des Institutes, in Paris, † 1881.
1879 Müller Louis, Professor, Conservator des königl. Münzcabinets in Kopenhagen, † 1891.
1870 Prokesch-Osten Anton, Graf, k. k. Feldzeugmeister, geh. Rath, † 1876.

Mitglieder, die sich um die numismatische Gesellschaft verdient gemacht haben.

Huber Christian Wilhelm, k. k. Hofrath († 1. December 1871).
Dechant Norbert, Capitular des Stiftes Schotten († 21. April 1881).
Pawlowski Dr. Alexander, Ritter v., k. k. Hofrath († 18. April 1882).

Ordentliche Mitglieder *)

(mit Angabe des Eintrittsjahres).

1885 Andorfer Carl, Kaufmann, Wien VII., Siebensterngasse Nr. 44. *(Thaler, besonders Oesterreichs.)*
1893 Apell Franz, Hofjuwelier in Erfurt.
1888 Appel Rudolf, Bankbeamter, Wien, XII., Theresienbad 57. *(Schützenmünzen und -Medaillen.)*
1882 Bachofen von Echt Adolph, Brauereibesitzer, Wien, Nussdorf. *(Römer.)*
1889 Bank, österreichisch-ungarische, Wien, I., Herrengasse 17.
1893 Bausweck P. Clemens, Professor in Heiligen Kreuz, Niederösterreich.
1872 Beinstingel Alois, k. u. k. Rittmeister a. D., Wien, IV., Lambrechtgasse 11. *(Universell.)*
1888 Belházy Johann de Bölczház, königlich-ungarischer Ministerialrath, Budapest I., Verböczygasse 5. *(Ungarn, insbesondere Kremnitzer.)*
1891 Berg Ulrich, Freiherr von, k. und k. Lieutenant im k. und k. 6. Huszaren-Regiment, Brzezow, Galizien.
1890 Bibliothek, herzoglich sächsische, zu Gotha.
1890 Bibliothek, fürsterzbischöfliche, zu Kremsier.
1892 Binder, Dr., Jos. Koloman, k. k. Gerichtsadjunkt, Wien, VIII., Albertplatz 1.
— Blüthe Heinrich, Frankfurt a. M., Friedberger Landstrasse 19.
1890 Bormann, Dr, Eugen, k. k. Universitätsprofessor und Vorstand des archäologisch-epigraphischen Seminars an der k. k. Universität in Wien.
1870 *Borschke Andreas, Dr., Professor am Schottengymnasium, Wien, I., Schottenstift.
1878 Bruimann Wilhelm v., kön. ung. Oberbergrath und Berghauptmann i. P., Budapest, Festung, I., Wienerthorplatz 6.
1879 Cahn E. Adolf, Numismatiker, Frankfurt a. M., Niedenau 55.
— Cubasch Heinrich jun., Münz- und Antikenhändler, Wien, I., Kohlmarkt 11.
1871 Czikann Johann Leo, Brünn, Krautmarkt 11.
1891 Danhelovsky Constant, k. und k. Rath des gemeinsamen obersten Rechnungshofes, Wien, IV., Hechtengasse 10. *(Ungarn und Siebenbürgen.)*

---

*) Die den Namen vorgesetzten Sternchen bezeichnen die gründenden Mitglieder, welche in der constituirenden Versammlung vom 19. März 1870 zugegen waren oder durch Stellvertreter an derselben theilnahmen. — Die eingeklammerten, mit liegender Schrift gedruckten Worte bezeichnen das Gebiet der Sammelthätigkeit des betreffenden Mitgliedes.

1886 Dasch Albert, Juwelier, Teplitz.
1870 *Delhaes Stefan, Maler, Wien, IX., Liechtensteinstrasse 46. *(Ungarn und Siebenbürgen.)*
1888 Despinits, Dr. Peter v., Richter der königlichen Tafel, Szegedin. *(Römer, Ungarn, Südslaven etc.)*
1891 Deutscher Arnold, Rechnungs-Rev. der Südbahn, Oberlieutenant der Tiroler Landesschützen, Wien, V., Kohlgasse 1.
1892 Dierzer, Dr., R. v., Gmunden.
1887 Dokonal Franz, k. k. Oberlieutenant a. D. und Oberbuchhalter der Domänenpachtgesellschaft, Opočno.
1874 Egger Alois, Ritter v. Möllwald, Dr., Director des k. k. theresianischen Gymnasiums und Vicedirector der k. k. theresianischen Akademie, Wien, IV., Favoritenstrasse 15.
1882 Egger Armin, Münzhändler, Wien, I., Opernring 7.
1870 *Egger David, Münzhändler, Pest.
—   *Egger Heinrich, Münzhändler, Wien, I., Opernring 7.
1876 Ehrenfeld Adolph, Dr., Wien, I., Schellinggasse 7. *(Papiergeld.)*
1882 Enzenberg, Graf Arthur v., wirkl. geheim. Rath, k. k. Sectionschef a. D., Excellenz, Innsbruck. *(Tirol.)*
1870 *Ernst Carl, Ritter von, k. k. Oberbergrath, Wien, III. Ungargasse 3. *(Medaillen und Jetons auf Bergbau und Günzburger Gepräge.)*
1893 Fabry Ferdinand, Buchhalter der städt. Sparcasse, Wieselburg.
1884 Fewster Charles Edward, Counselor, Kingston upon Hull, England. *(Angelsächsische, engl. Münzen u. britische Token.)*
1887 Fiala Eduard, Ingenieur und Bauunternehmer, Prag, Nr. 1367-II. *(Böhmen.)*
1885 Fikentscher Dr. L., kön. bayer. Bezirksarzt, Augsburg, Ludwigstr. D. 210.
1882 Fischer Emil, Juwelier, Wien, I., Kärntnerring 1.
1889 Fischer Robert, Dr., Wien, I., Habsburgergasse 4. *(Römer.)*
1870 *Forchheimer Eduard, Privatier Wien, I., Opernring 7.
1890 Friederich, Dr. Carl, Oberstabsarzt, Dresden, Bergstrasse 521.
1892 Fürstenbergisches Münzcabinet, fürstliches, in Donau-Eschingen.
1893 Gastner Carl, Kaufmann in Innsbruck.
1881 Gebert C. F., Numismatiker, Nürnberg, Schlehenstrasse 29 I.
1884 Gerin Paul, Buchdruckereibesitzer, Wien, II., Circusgasse 13. *(Römische Kaisermünzen, Buchdruckermedaillen.)*
—   Grein Ernst, Architekt, Victoriahof, Aigen bei Salzburg.
1875 Gsell Benedict, Dr., P. Hofmeister und Archivar des Stiftes Heiligen-kreuz, Wien, I., Heiligenkreuzerhof.
1883 Guttentag Eduard, Juwelier und Antiquitätenhändler, Breslau am Rath-haus 23. *(Schlesische und Brandenburg-preussische Münzen.)*
1892 Hahlo Siegfried, Bankgeschäftsinhaber, Berlin W. unter den Linden 13.
1888 Haisl Eduard, Fabriksdirector, Libiče, Post Poděbrad. *(Böhmen, Mähren, Schlesien.)*
1891 Halama Carl Wilhelm, k. k. Postbeamter, Saybusch in Galizien.
1870 Hamburger Leopold, Münzhändler, Frankfurt a. M., Uhlandstrasse 16.
—— Hampel Josef, Dr., Universitätsprofessor und Conservator des königlich-ungarischen Nationalmuseums, Budapest.
1885 Helbing Otto in München, v. d. Tannstr. 4.
1881 Herberstein, Graf Josef, Vrbičan bei Lobositz, Böhmen.
1887 Hertling Carl, Freiherr v., München, Barerstrasse 50 III.
1870 Hess Adolf, Münzhändler, Frankfurt a. M., Westendstrasse 7.
1888 Heyden August v. d., Brauereidirector, Berlin, S. W. Lützowstr. Nr. 109.
1887 Hirsch Dr. Alexander, Troppau. *(Oesterreicher.)*
1882 Höfken v. Hattingsheim, Rudolph, Herausgeber des Archivs für Brac-teatenkunde, Wien, XVIII., Feldgasse 35. *(Bracteaten.)*

1887 Hofmannsthal Guido v., Wien, I., Hegelgasse 17.
1883 Hohenlohe, Prinz Philipp zu, k. k. Kämmerer, Troppau. *(Münzen des Hauses Hohenlohe, deutsche Fürsten.)*
1887 Hollitzer Carl, Realitätenbesitzer, Wien, I., Franzensring 22. *(Römische Kaisermünzen.)*
1891 Horsky Johann, Ingenieur in Budapest, Hunyadiplatz 10.
—   Hüttemann Gottfried, Bergdirector, Wicklitz bei Karbitz in Böhmen.
—   Ippen Theodor, k. und k. Vice-Consul des österr.-ungar. Consulates in Constantinopel. *(Byzantiner, Südslaven.)*
1885 Jaffé D., Numismatiker in München, Residenzstrasse 16.
1884 Jelinek Josef G., Stadtbaumeister, Brünn, Hutterteich 3.
1888 Jirsik Hans, Brauereidirector, Kuttenberg.
1886 Jonas-Schachtitz Eduard, Juwelier, Wien, Rothenthurmstrasse 6. *(Römer.)*
1891 Kallay D., Münzhändler, Wien, I., Lugeck 3.
1870 *Karabacek Josef, Dr., k. k. Universitätsprofessor, Wien, III., Seidelgasse 41. *(Orientalen.)*
1888 Kaserer, Dr., Math., k. k. Professor an der theologischen Facultät zu Salzburg, Hellbrunnerstrasse 14.
1870 *Kenner Friedrich, Dr., Regierungsrath, Director der Münzen-, Medaillen- und Antikensammlung des Allerhöchsten Kaiserhauses, Wien, I., Burgring 5.
1889 Kirmis Max, Dr., Gymnasiallehrer zu Neumünster in Holstein.
1886 Klemm Jos., kais. Rath, k. u. k. Hoflieferant, Wien, III., Ungargasse 21. *(Universell.)*
1885 Koblitz Hans, Freiherr v. Willmburg, k. und k. Oberlieutenant, Wien, III., Marokkanergasse 3. *(Römische Kaisermünzen von Valentinan an.)*
1880 König A. W., Apotheker, Marburg an der Drau. *(Schützen-Thaler und -Medaillen, Geistliche, Venezianer.)*
1892 Kostersitz Ubald, Abt des Stiftes Klosterneuburg.
1883 Kraft Wilhelm, kais. Rath, Mechaniker, Wien, IV., Theresianumgasse 27. *(Universell.)*
1891 Krahl Ernst, k. u. k. Hof-Wappenmaler und Heraldiker, Wien, I., Krugerstrasse 13.
1892 Kubitschek, Dr. Jos. Wilh., Universitätsdocent und Gymnasialprofessor, Wien, V., Hundsthurmerplatz 7.
1884 Kuenburg Dr. Gandolf, Graf, Excellenz, Senatspräsident des k. k. Obersten Gerichts- und Cassationshofes, Wien. *(Erzbischöfe von Salzburg, Prag und Laibach aus der Familie Kuenburg.)*
1885 Kupecz Stefan, kön. ungar. Bergwerksleiter zu Kremnitz. *(Medaillen, Jetons und Schaumünzen.)*
1870 Kupido Franz, Dr., k. k. Notar, Stadt Liebau. *(Universell, namentlich Mähren und Barbaren.)*
1890 Lampe Franz, k. und k. Major a. D. Wien, XVIII., Johannesgasse 13.
1888 Lössl Ad., Chef der Firma F. Schmidt, Wien, I., Gonzagagasse 9.
1870 *Luschin v. Ebengreuth Arnold, Dr., Professor an der k. k. Universität Graz, Merangasse 15. *(Mittelalter.)*
1889 Mahr Paul, Kaufmann, Miskolcz.
1887 Mausfeld Jos., Graf. Wien I., Parkring 6.
1870 Markl Andreas, k. und k. Major a. D., Linz, Klammstrasse 1. *(Römer, insbesondere Claudius II. und Quintillus.)*
1890 Markl Moriz, k. und k. Rittmeister a. D., Rabenstein bei St. Pölten.
1889 Melk, Benediktiner-Stift zu.
1885 Mende Dr. Guido Edler v., Hofsecretär im k. und k. Ministerium des Aeussern, Wien, VI., Gumpendorferstrasse 11. *(Universell.)*
1881 Merzbacher Eugen, Dr., München, Maximilianplatz 4.

1872 Meyer Adolf, Bankbuchhalter, Berlin, W., Steglitzerstrasse 48. *(Mittel-alter und Neuzeit, Bergwerksmedaillen, auch Medaillen und Autographen von Numismatikern.)*
1880 Miller, Dr. Victor v., zu Aichholz, Wien, III., Heumarkt 13. *(Römer, Oester-reicher und Mansfelder.)*
1888 Mises Arthur v., Ingenieur, Wien, I., Friedrichstrasse 4.
1893 Mitteregger, Dr. Peter, Gymnasialprofessor, Graz.
1876 Müller Josef, k. k. Regierungsrath, Vicedirector des k. k. Hauptmünz-amtes, Wien, III., Heumarkt 1.
1890 Müller Otto F., Amtsgerichtsrath, Saalfeld a. d. Saale.
1887 Museum Carolino-Augusteum in Salzburg.
1890 Museum in Essegg.
1888 Museum Francisco-Carolinum, Linz.
1890 Nagl Alfred, Dr., Hof- und Gerichtsadvocat, Wien, I., Domgasse 6.
1890 Nentwich Josef, Redacteur der Mittheilungen des Clubs der Münz- und Medaillenfreunde, Wien, I. Kohlmarkt 11.
1870 Neudek Julius, k. u. k. Oberlieutenant a. D., Ingenieur und Gutsbesitzer, Orsova, Ungarn. *(Römische Familien.)*
1886 Neustätter Emil, Bankgeschäftsinhaber und Münzhändler, München, Promenadeplatz, Hôtel Max Emanuel.
1887 Neustätter Josef, Numismatiker, Wien, I., Börsegasse 6.
1888 Noss Alfred, Fabrikant, Elberfeld, Roonstrasse 24.
1892 Nuber Cajus Flavius, Privatier, Esseg.
1890 Patsch, Dr., Carl, Assistent an der k. k. Universität in Wien.
1881 Peez Carl, k. und k. Consul, Leiter des k. und k. Consulats zu Varna, Lieutenant in der Reserve. *(Griechen, besonders Asiaten.)*
1892 Piskovich Johann, Orawicza.
1889 Planck Carl, Edler v. Planckburg, Linz, Herrengasse 8.
1889 Pniower Georg, Weingrosshändler, Breslau.
1891 Polter Georg, Leipzig, Rosenthalgasse 2.
1885 Pošepný Franz, k. k. Bergrath und Professor, Wien, XVIII, Carl Ludwig-Strasse 62.
1886 Poye Ambros, Consistorialrath, Pfarrer des Augustinerstiftes Königs-kloster zu Altbrünn.
1890 Puricelli, Dr. Paŭl, Kreuznach. *(Münzen von Mainz und Regensburg.)*
1870 *Raimann Franz, Ritter v., Dr., k. k. Hofrath des Obersten Gerichts- und Cassationshofes, Wien, Hütteldorf, Mühlgasse 1. *(Mittelalter und Neu-zeit.)*
1883 Rappaport Edmund, Banquier, Berlin, Halle'sche Strasse 18.
1890 Reininger, Dr. Heinrich, Advocat, Eger.
1891 Renner Victor, von, Gymnasialprofessor, Wien, III., Geusaugasse 19.
1885 Resch Adolf, Kronstadt. *(Siebenbürgische Münzen und Medaillen.)*
1888 Richter Aloi, Realitätenbesitzer, Retz.
— Ritter-Zahony E., Freiherr v., Gutsbesitzer in Podgora.
1875 Rodler Adolf, Monsignore, Spiritual des Priesterseminars in Budweis, Böhmen. *(Universell.)*
1870 *Rohde Theodor, Realitätenbesitzer, I., Wallfischgasse 11. *(Römer, ins-besondere Aurelian und Severina, dann Byzantiner und Kaiser Franz Josephs-Münzen.)*
1892 Rüsch Ign., Maschinenfabrikant, Dornbirn. *(Vorarlberg und Montfort.)*
1870 Sachsen-Coburg, Philipp, Herzog in, königl. Hoheit, k. u. k. Feldmarschall-lieutenant, Wien, I., Seilerstätte 3. *(Universell.)*
1885 Sammlung des All erhöchsten Kaiserhauses in Wien, Münzen-, Medaillen- und Antiken-.
1888 Sattler Albert, Münzen- und Antiquitätenhändler, Basel, Blumenrain 7.

1878 Schalk Carl, Dr., Custos des Museums der k. k. Reichshaupt- u. Residenz.
stadt Wien, I., Blumenstockgasse 5.
1879 Scharff Anton, k. u. k. Kammer-Medailleur und k. k. Hauptmünzamts.
Medaillen- und Münzgraveur, Wien, III., Heumarkt 1.
1890 Schidkowsky Siegfried, Fondsmackler an der Börse zu Berlin W., Luther-
strasse 52.
1888 Schierl Adalbert, Lehrer, Auspitz.
1880 Schlieffen, Graf, Schwandt bei Mölln, Mecklenburg. *(Pommern und Mecklenburg, einschliesslich Wallenstein.)*
1876 Schmer Johann, herzogl. Sachsen-Coburg'scher Eisenwerkscassier in
Pohorella, Ober-Ungarn. *(Ungarn und Römer.)*
1871 Schmidel Edmund, k. k. Landesgerichtsrath, Steyr in Oberösterreich.
(Oesterreicher vom Viertelthaler abwärts.)
1883 Schneider Robert, Ritter v., Dr., Custos der Münzen-, Medaillen- und
Antikensammlung des Allerh. Kaiserhauses, Wien, I., Burgring 5.
1890 Schneider Toni, Privatier, Schloss Hallegg bei Klagenfurt.
1888 Scholz Josef, Dr., Wien, IV., Waaggasse 1.
1875 Schott Eugen, Cassier der österr.-ung. Bank a. D. Wien, VII., Burg-
gasse 20. *(Römer.)*
1884 Schott Simon, Frankfurt a. M., Grünestrasse 30. *(Mittelalter und Neuzeit.)*
1890 Schraml Hugo, k. k. Rechnungsofficial im Handelsministerium, II., Kloster-
neuburgergasse 18.
1890 Schwarz Stephan, Professor am Museum für Kunst und Industrie, I.,
Stubenring 2.
1888 Schwerdtner Johann, Graveur, Wien, VI., Mariahilferstrasse 47.
1888 Simons Wilhelm, Frankfurt a. M., Grüneburgweg 73.
1883 Stadtbibliothek der Stadt Frankfurt am Main.
1870 Steindl Hermann, Ritter v. Plessenet, k. k. Finanzrath, Wien, I., Krugerstrasse 17. *(Griechen.)*
1885 Stenzel Dr. Th., Vorstand des Münzcabinets zu Dessau, Lausigk, Anhalt.
1890 Stroehlin Paul, Präsident der schweizerischen numismatischen Gesellschaft. Genf, rue de la Cité 20.
1872 Sturdza Demetrius Alexander, Fürst, Bukarest.
1889 Stutz E., Dr., Neustadtl bei Friedland in Böhmen. ·
1886 Szuk Leopold, Professor am Conservatorium in Budapest, Tabakgasse 12.
(Römer, Byzantiner, Ungarn, Siebenbürger, Polen und Südslaven.)
1890 Tauber, Dr. Hans, Adjunkt des k. k. Landesgerichtes in Graz, Mandell-
gasse 31.
1871 Thill Franz, k. u. k. Hof- und Kammerlieferant, Wien, VII., Dreilaufer-
gasse 15.
1870 *Trau Franz, Kaufmann, Wien, I., Wollzeile 1. *(Römer, insbesondere Carus
bis Constantinus I.)*
1890 Trinks Wilhelm, Hausbesitzer, Wien, I., Lugeck 3.
1891 Ulrich J. B., Fabrikant u. Rittergutsbesitzer, Chef der Firma Winiwarter,
Wien, I., Johannesgasse 22.
1893 Vezić Milivoj, königl. Comitatssecretär, Požega, Slavonien.
1872 Voetter Otto, k. und k. Oberstlieutenant, Wien, III., Kollergasse 3.
(Römer.)
1870 Walcher Leopold, Ritter v. Moltheim, k. k. Hofrath, Wien, I., Bank-
gasse 9. *(Griechen.)*
1889 Walla Franz, Dr., Münzhändler, Wien, I., Plankengasse 4.
1889 Wasserschleben Ernst, v., Hausbesitzer, Berlin, Zimmerstrasse 59. *(Nieder-
und Oberlausitz, Pommern.)*
1891 Wehle Jos., Privatier, Wien, IX., Garnisonsstrasse 1.

1889 Weifert Georg, Industrieller, Belgrad.
1885 Weifert Ignaz, Privatier, Pancsova. *(Röm. Kaiser, Griechen von Moesien, Thracien, Macedonien; Serben.)*
1885 Wenckheim Heinrich, Graf, Wien, IV., Wohllebengasse 1.
1886 Werner Georg, Antiquitäten- und Münzhändler (Zschiesche & Köder), Leipzig, Königsstrasse 4.
1879 Weyl Ad., Numismatiker, Berlin, Adlerstrasse 5.
1889 Wien, k. k. Reichshaupt- und Residenzstadt.
1876 Wiesner Raimund, Bergwerksdirector, Fünfkirchen. *(Böhmen und Ungarn.)*
1881 Wilczek, Graf Hans, wirkl. geh. Rath, Excellenz, Wien, I., Herrengasse 5. *(Münzen und Medaillen Kaiser Max I. und Jagdmünzen.)*
1888 Willers Heinrich, Bonn, Paulusstrasse 9. *(Griechen und Römer.)*
1891 Willner Berthold, Privatier, Wien, IX., Pramergasse 29. *(Griechen und Römer.)*
1892 Wirsing-Streiff A. W., Frankfurt a. M., Westl. Cronbergerstrasse 40.
1883 Wilmersdörffer Max, v., kön. sächs. Generalconsul und Commercienrath, München, Carlsplatz 30. *(Markgräflich Brandenburger und berühmte Männer.)*
1870 Windisch-Graetz Ernst, Prinz zu, Wien, III., Strohgasse 11. *(Universell.)*
1885 Wittik August, k. k. Bergrath und Vorstand des Punzirungsamtes in Graz, II., Alberstr. 6. *(Römer und Oesterreicher.)*
1888 Wolfrum Karl, Fabriksbesitzer, Aussig.
1893 Wormser Max, jun., Banquier, I., Kärntnerstrasse 31.
1883 Zeller Gustav, Privatier, Salzburg *(Salzburger.)*
1886 Zwierzina Richard, Jurist und k. u. k. Lieutenant i. R. des 12. Dragonerregiments, Wien, I., Schulerstrasse 6.

Correspondirende Mitglieder.

1890 Ambrosoli Solone, Dr., Conservator der Münzensammlung der Brera, Mailand.
1892 Babelon Ernst, Conservator der Münzensammlung der Nationalbibliothek, Paris.
1883 Bahrfeldt Emil, Dr., Bankinspector, Berlin, S.W. 61, Tempelhofer Ufer 3a. *(Brandenburger und Mittelalter-Münzen.)*
1878 Bahrfeldt M., Hauptmann und Compagniechef im Regiment v. Lützow-Rastatt, Herrenstrasse 56, Baden. *(Römische Familienmünzen.)*
1892 Barthélemy, Anatole de, Paris.
1893 Broeck Eduard, Van den, Schatzmeister der königl. belgischen numismatischen Gesellschaft, Brüssel.
1892 Budinsky G., Custos des Münzcabinets am Joanneum in Graz.
1888 Bushell F. W., M. D. Arzt der britischen Botschaft in Peking.
1888 Chestret Jul., Baron de Haneffe, Lüttich.
1888 Chijs Dr. J. A., van der, Museumsdirector der Gesellschaft für Künste und Wissenschaften zu Batavia.
1878 Coste P. M., St. Etienne (Loire), Rue St. Denis 51, Frankreich.
1886 Cumont Georges, Avocat de la cour d'appel, Sécrétaire de la Société Royale de Num. belge. Brüssel, Gilles, rue de l'aqueduc 19,
1885 Domanig, Dr. Carl, Custos der Münzen- und Medaillen-Sammlung des Allerhöchsten Kaiserhauses, Wien. I., Burgring 5.
1890 Drexler, Dr. W., Professor, Berlin.
1882 Dreyfuss Hermann, St. Gallen, Schweiz.
1889 Düning Adalbert, Dr., Gymnasialprofessor, Quedlinburg.
1884 Elze Theodor, Dr., evang. Pfarrer in Venedig, Riva del vin. 1098.
1882 Engel Arthur, Paris, Passy-Paris, Rue de la Tour 40.
1880 Erbstein Julius, Dr., Hofrath, Director des kön. grünen Gewölbes und des kön. Münzcabinets, Dresden, Dippoldswalder Strasse 5a.
1875 Feuardent F., Mitglied der Société des Antiquaires de la Normandie, Paris, 4 Place Louvois.
1881 Fikentscher L., Dr., k. bayer. Bezirksarzt in Augsburg, Ludwigstr. D 210.
1872 Gitlbauer Michael, Universitätsprofessor, Chorherr zu St. Florian in Oesterreich ob der Enns, derzeit in Wien, III., Hetzgasse 25.
1887 Gnecchi Ercole, Numismatiker, Mailand, Monte di Pietà 1.
1887 Gnecchi Francesco, Numismatiker, Mailand, Monte di Pietà 1.
1879 Haas Joseph, k. und k. österr.-ung. Consul in Shanghai.
1891 Herbst C. F., Justizrath und Director sämmtlicher königl. Kunst-, Antiquitäten und Münzsammlungen in Kopenhagen.
1880 Heyd Wilhelm von, Dr., Oberstudienrath, Oberbibliothekar der königlichen öffentlichen Bibliothek in Stuttgart.
1876 Heiss Edouard, Petit Château de Sceaux (Seine).
— Hildebrandt Hans, Dr., Conservator am königlichen Museum, Stockholm.
1883 Hollitzer Carl, Realitätenbesitzer, Wien, I., Franzensring 22. *(Römer.)*
1893 Jonghe Vicomte Baudoin, de, Präsident der königl. belgischen numismatischen Gesellschaft, Brüssel.
1870 Klein Rudolf, Buchhändler, Kopenhagen.
— Kull Johann Veit, Rentner in München, Sennefelderstrasse 10 B.
1883 Lópaulle Emile, Montchoisie prés Belle Ain, Frankreich.
1879 Milani Luigi Adriano, Dr., Conservator der königlichen Münzsammlung in Florenz.

1890 Müller, Otto F., Amtsgerichtsrath, Saalfeld.
1893 Naveau Mariel François, Schloss Bommershoven, Belgien.
1890 Pertsch Wilhelm, Dr., Geheimrath, Director der Bibliothek und des herzoglichen Münzcabinets, Gotha.
1881 Philips Henry, jr., Ph. Dr., kgl. belg. Viceconsul, Philadelphia, Nr. 1811. Walnutstr.
1873 Pichler Friedrich, Dr., k. k. Universitätsprofessor zu Graz.
1870 Picqué Camille, Conservator des kön. Münzcabinets, Brüssel.
1873 Poole Stanley Lane, Conservator am British Museum, London.
1884 Puschi Albert, Professor, Vorstand des städtischen Museums in Triest.
1870 Reber Franz, Dr., k. Professor an der Universität zu München.
1871 Reichhardt H. Chr., Reverend, Damascus. *(Griechen.)*
1880 Riggauer Hans, Dr., Adjunct am königlichen Münzcabinet in München.
1880 Roest, Dr., Professor, Director des königlichen Münzcabinets in Leyden.
1885 Rollet Dr. Hermann, Stadtarchivar zu Baden bei Wien.
1885 Rondot Natalis, Correspondent du Ministère de l'instruction publique, Lyon Rue St. Joseph 20.
1871 Sachau Eduard, Dr., Professor an der k. Universität, Berlin.
1872 Salinas Antonino, Universitätsprofessor und Director des Nationalmuseums, Palermo.
1871 Sallet Alfred v., Dr., Professor, Director des k. Münzcabinets, Berlin N.W., Landsberger-Allee 7.
1892 Schlosser, Dr., Jul., R. v., Custos-Adjunkt der Münzen-, Medaillen- und Antiken-Sammlung des Allerhöchsten Kaiserhauses, Wien.
1876 Schlumberger Gustav, Paris 140, Faubourg St. Honoré.
1886 Serrure Raymond, Herausgeber des „Bulletin Mensuel de Numismatique et d'Archéologie" Paris 53, rue de Richelieu.
1891 Stenersen Dr. L. B., Universitätsprofessor und Director des Münzcabinetes in Christiania.
1880 Stenzel Th., Dr., Vorstand des Münzcabinets in Dessau.
1880 Stübel Bruno, Dr., Bibliothekar an der königlichen Bibliothek in Dresden, Bautznerstrasse 19.
1871 Szuk Leopold, Professor am Conservatorium, Budapest, Tabakgasse 12.
(Römer, Byzantiner, Ungarn, Siebenbürgen, Polen und Südslaven.)
1890 Tauber Hans, Dr., k. k. Landesgerichtsadjunct, Graz, Mandellstrasse 31.
(Steirische Gepräge.)
1871 Tiesenhausen W., Secretär der archäologischen Commission der Akademie der Wissenschaften in St. Petersburg.
1880 Trachsel C. F., Dr., Montbenon, Lausanne.
1893 Unger Theodor, erster Adjunct des steierischen Landesarchivs, Graz.
1886 Witte Alphons de, Ingenieur und Bibliothekar der königlich belgischen numismatischen Gesellschaft. Ixelles, rue du Trône 49.
1880 Zobel de Zangroniz J., Manila.

Verzeichniss
der an die Münzsammlung gelangten Geschenke.

Namen der Herren Geschenkgeber	Alterthum		Mittelalter		Neuzeit		Medaillen u. Jetons	
	Silber	Bronze	Silber	Kupfer	Silber	Kupfer	Silber	Bronze
Wilhelm Mayer in Stuttgart . .								10
Georg Pniower in Breslau . . .							6	. .
Stephan Schwartz, k. k. Professor, Wien								1
Leopold Szuk, k. Prof., Budapest								1
C. v. Ernst, Wien							1	. .
Summa .							7	12

Verzeichniss

der im Jahre 1893 an die Bibliothek eingelangten Geschenke.

Die Geschenkgeber sind die Herren, beziehungsweise Institute: Salone Ambrosoli, Emil Bahrfeldt, Max Bahrfeldt, Guiseppe Castellani, George Cumont, H. Danenberg, Carl Domanig, Eduard Fiala, Viconte de Jonghe, Paul Joseph, Arnold v. Luschin-Ebengreuth, Wilhelm Mayer, Alfred Nagl, Kunstgewerbliches Museum in Prag, B. Reber, Th. M. Roest, Natalis Rondot, Sachsen-Coburg, Prinz Philipp v., K. H., Raymond Serrure, Michel Soutzo, Hanns Tauber, Musée Teyler in Harlem, Alphonse de Witte.

Adattár. Délmagyarország XVIII-ik századi történetéhez. 1 rész. Temesvár 1893.

„Adler". Monatsblatt der k. k. heraldischen Gesellschaft 1893.

Adrien-Blanchet, J., Études de numismatique. Tome I. Paris. 1892. Rollin et Feuardent. Mit 4 Tafeln. 8°.

J. Adrien-Blanchet und G. Schlumberger. Numismatique de Bearn. Paris. 1893. Mit 17 Tafeln.

Ambrosoli Solone. Breve relazione di um viaggio ad atene e Constantinopoli. Milano, Lombardi. 1892. 8°.

Antiquitäten-Zeitung. Herausgegeben von Udo Beckert. Stuttgart.

Anzeiger, numismatisch-sphragistischer, von Friedrich Tewes. Hannover.

Bahrfeldt E. Münzkunde der Niederlausitz im 13. Jahrhundert. Mit 4 Tafeln. Berlin. 1892.

Bahrfeldt M. Untersuchungen über die Chronologie der Münzen der Domitii Ahenobarbi aus der Zeit der römischen Republik. Berlin. 1891. Weidmann. S.—A.

— — Die Münzen und das Münzwesen der Herzogthümer Bremen und Verden unter schwedischer Herrschaft 1648—1719, zugleich Beiträge zur Geld- und Münzgeschichte des XVII. Jahrhunderts. Hannover. 1892. Mit 5 Tafeln. 8°.

Berliner Münzblätter. Herausgegeben von Ad. Weyl.

Blätter für Münzfreunde. Herausgegeben von Hofrath Julius Erbstein. Dresden. 4°.

Bulletin de Numismatique von Raymond Serrure. Paris.

Castellani Giuseppe. Medaglia del Porto di Fano. Milano. 1892. L. F. Cogliati.

Cumont Georges. Mounaies découvertes dans les cimetières francs du Corbois près Rochefort et Sur-le-Mont à Eprave (Namur). Bruxelles. 1893. Goemaere. S.—A.

Cumont, Georges. Notions de numismatique franque et merovingienne pour servir à préciser l'âge des cimetières francs et des antiquités qu'ils renferment. Bruxelles. 1893. Alf. Vromant et C. S.—A.

Dannenberg, Hermann. Münzgeschichte Pommerns im Mittelalter. Berlin. 1893. A. Weyl. Mit 47 Tafeln.

Dirks, Jacob. Atlas behoorende bij de beschrijving der Nederlandsche of op Nederland en Nederlanders betrekking hebbende Penningen, geslagen tusschen November 1813 en November 1863. Uitgegeven door Teylers Tweede Genootschap. Mit 26 Tafeln. Haarlem, F. Bohn, 1892.

Domanig, Carl. Die deutsche Privatmedaille der älteren Zeit. Wien. 1893. Mit 3 Tafeln. S.—A.

Eyb Otto, Freiherr von. Die Münzen und Medaillen der Stadt München, sowie jene, welche auf diese Stadt Bezug haben. München. 1892. C. Wolf und Sohn. Mit 2 Tafeln.

Fiala Eduard. Beschreibung der Sammlung böhmischer Münzen und Medaillen des Max Donebauer. Prag 1892. A. Haase. Mit 21 Tafeln.

— — Die Münzungen des ständischen Directoriums und Friedrichs von der Pfalz (1619—1620). Wien. 1893. S.—A.

Hamann, Carl Dr. Bildnisse einiger berühmter Persönlichkeiten des dreissigjährigen Krieges auf Münzen und Medaillen u. s. f. (Bericht des Hamburger Realgymnasiums.) 1891. Mit 2 Tafeln.

v. Höfken-Hattingsheim, Rudolf. Archiv für Bracteatenkunde. Bd. II.

— — Studien zur Bracteatenkunde Süd-Deutschlands. Wien. 1893. Frick. S.—A.

Jahresbericht (29.) des Leopoldstädter Communal-Real- und Ober-Gymnasiums in Wien. 1893.

Jonghe, Vicomte de. Trouvaille de monnaies de moyen âge fait à Walfergem. Brüssel. 1889.

— — Quelques monnaies rares et inédites du Brabant et de ses fiefs. Brüssel. 1890.

— — Deux esterlins ou Tiers de gros au lion, frappés en commun par Jean III, duc de Brabant (1312—1355) et par Louis de Crécy, compte de Flandre 1322—1346. Brüssel. 1891.

— — Description de quelques monnaies inédites ou peu connues d'Anne de la Marck, abesse de Thorn. Brüssel 1890.

— — Deux monnaies frappées en Flandre en 1581. Brüssel. 1890.

— — Un demi-gros à l'aigle frappé par Henry V Comte de Salm inférieure, ou Salm et Ardennes 1297—1306. Brüssel. 1893.

— — Un triens signé par un monétaire Merovingien inconnu. Brüssel. 1892.

Joseph Paul. Die Münzen des gräflichen und fürstlichen Hauses Leiningen. Wien. 1884. 8°. Mit 2 Tafeln.

Kohl, Dr. Otto. Ueber die Verwendung römischer Münzen im Unterrichte. (Gymnasialprogramm). Kreuznach. 1892. Voigtländer.

Literaturblatt, numismatisches. Von M. Bahrfeldt.

Luschin v. Ebengreuth, Arnold. Die Handelspolitik der österreichischen Herrscher im Mittelalter. Vortrag gehalten in der feierlichen Sitzung der kais. Akademie der Wissenschaften am 31. Mai 1893. Wien. 1893. Tempsky.

Mayer, Wilh. Gravier- und Prägeanstalt in Stuttgart. Katalog der Denkmünzen. Mit 28 Tafeln.

Museum, kunstgewerbliches, der Handels- und Gewerbekammer in Prag. Prag. 1892. J. Otto. 8°.

Nagl, Alfred. Der Kremser Guldenfund und die Anfänge der Goldwährung in Oesterreich. Wien. 1892. S.—A.

Reber, B. Fragments Numismatique sur le Canton d'Argovie. Genève. 1893. Dubois. Mit 30 Tafeln.

Roest Th. M. Medaillon au buste de Joann Hotin. Amsterdam. 1893. S.—A.
— — Essay de classification des Monnaies du Comte puis duché de Gueldre. Bruxelles. 1893. J. Goemaere. Mit 4 Tafeln.
Rondot, Natalis. Les graveurs de la monnaie de Troyes du XII au XVIII siècle. Paris. 1892. Rollin et Feuardent.. S.—A.
— — Géronyme Henry. Orfévre et médailleur à Lyon. 1503—1538. Lyon, 1892. Mongin-Rusard. Mit 1 Tafel. 8°.
Sammler, der. Herausgegeben von Dr. Hans Brendicke in Berlin.
Saurma, Hugo Freiherr v. Die Saurma'sche Münzsammlung deutscher, schweizerischer und polnischer Gepräge, von etwa dem Beginne der Groschenzeit bis zur Kipperperiode. Berlin. 1892. Verlag von Adolf Weyl.
Saxe-Coburg-Gotha, Prince Philippe de. Une médaille commemorative de la fondation et de l'achévement de la ville de Sultanije 1305—1313. Bruxelles. 1893. J. Goemaere. S.—A.
— — — Curiosités orientales de mon Cabinet numismatique. Bruxelles. 1893. S.—A.
Schlumberger, G. Vergl. Adrien-Blanchet.
Serrure, R. Les monnaies frappées a Wessem par l'abbé de Saint-Pantaleon de Cologne. Paris. 1892. S.—A.
Soutzo, Michel C. Essay de restitution des systèmes monetaires macédoniens des rois Philippe et Alexandre et du système monetaire égyptien de Ptolémée Soter. Bucarest. 1893. Sococu. Mit 2 Tafeln. S.—A.
Stefke, Louis. Wegweiser für Sammler. Leipzig, Tauschenweg 9. 1892.
Tauber, Dr. Hans. Zur Geschichte des steierischen Münzwesens in der Zeit nach dem Tode Leopold I. (5. Mai. 1705) bis zum Ende der Grazer Münzstätte. Wien. 1893. S.—A.
Töply v. Hohenfest, Franz. Numismatik (Weihemünzen für Sammler). Graz. 1893. Leykam.
Witte, Alphonse de. Une monnaie belge de convention du commercement du XIe siècle. Brüssel. 1892.
— — Etat actuel de la science numismatique. Bruxelles. 1893. J. Goemaere.
— — Samuel Quicchelberg et sa médaille 1529. Genf. 1893. S.—A.
— — Les monnaies frappées à Malines pour la Guldre (1492—1494). Amsterdam. 1893. S.—A.
— — Poids de marchandises des ancienes provinces Belgiques. Bruxelles. 1893. S.—A.
— — Quart de livre d'Anvers et double once de Valenciennes. Bruxelles. 1893. S.—A.

Verzeichniss

der wissenschaftlichen Gesellschaften und Vereine, mit welchen die numismatische Gesellschaft in Wien in Schriftentausch steht.

Agram. Croatische archäologische Gesellschaft.
Berlin. Numismatische Gesellschaft.
Bregenz. Museumsverein für Vorarlberg.
Brüssel. Königlich belgische numismatische Gesellschaft.
Genf. Schweizer numismatische Gesellschaft.
Halle. Deutsche morgenländische Gesellschaft.
Innsbruck. Museum Ferdinandeum.
Klagenfurt. Kärntnerischer Geschichtsverein.
Laibach. Landesmuseum.
London. Numismatische Gesellschaft.
München. Bayerische numismatische Gesellschaft.
Nürnberg. Germanisches Nationalmuseum.
Ottawa. Institut canadien-français.
Paris. Numismatische Gesellschaft.
Philadelphia. Numismatische Gesellschaft.
Spalato. K. k. archäologisches Museum.
Trient. Museum.
Washington. Smithsonian Institution.
Wien. Alterthumsverein.
    „   Archaeolog.-epigraph. Seminar der k. k. Universität.
    „   Club der Münz- und Medaillenfreunde.
    „   Wissenschaftlicher Club.

Verzeichniss

der in den Versammlungen der numismatischen Gesellschaft im Jahre 1893 gehaltenen Vorträge.

231. Herr Custos Dr. Carl S c h a l k : Ueber die Holzmedaille der Wiener Patricierstochter Anna Fronleitner vom Jahre 1533. (15. Februar 1893.)

232. D e r s e l b e : Ueber den Wiener Münzverkehr in den Jahren 1575 bis 1650, nebst einem Ueberblick über den Bestand der Spöttl'schen Sammlung. (15. Februar 1893.)

233. Herr Regierungsrath Dr. Friedrich K e n n e r : Ueber die Imperatortitel der römischen Münzen. (15. März 1893.)

234. Herr Eduard F o r c h h e i m e r : Ueber die Conventionsmünzen ausserhalb Oesterreichs. (19. April 1893.)

235. Herr Hof-. und Gerichtsadvocat Dr. Alfred N a g l : Ueber den neuesten Herzogenburger Fund. (19. April 1893.)

236. Herr Oberbergrath Carl Ritter v. E r n s t : Wann wurde der Zwanzigguldenfuss in Oesterreich eingeführt? (18. October 1893.)

237. D e r s e l b e : Ueber die Gründung der Münzstätte Günzburg in Vorderösterreich. (18. October 1893.)

238. Herr k. und k. Oberstlieutenant Otto V o e t t e r : Ueber die römischen Münzen des Kaisers Gordianus III. und deren antike Fälschungen. (22. November 1893.)

239. Herr Custos Dr. Carl S c h a l k : Ueber die im historischen Museum der Stadt Wien ausgestellten Münzen. (13. December 1893.)

240. Herr Regierungsrath Dr. Friedrich K e n n e r : Zum 25jährigen Jubiläum der numismatischen Zeitschrift. (Festvortrag in der Jahresversammlung am 17. Jänner 1894.)

Numismatische Gesellschaft in Wien.

Rechnungs-Abschluss

Soll	Cassaconto mit Ende			
	fl.	kr.	fl.	kr.
Cassabestand am 1. Jänner 1893			917	69
Von Sr. Majestät dem Kaiser 1893	100	—		
„ „ „ „ „ 1894	100	—		
Vom k. k. Unterrichtsministerium 1893	200	—	400	—
Mitgliederbeiträge: rückständige	418	—		
„ des Jahres 1893	1.390	—		
„ „ „ 1894	16	—		
Agioüberschüsse	4	30	1.828	30
Abonnements des Monatsblattes			36	10
Verkaufte Medaillen			26	—
„ Zeitschriften			505	40
„ Bibliotheksdoubletten			15	50
Zinseneinnahmen			14	25
Vergütungen für Separatabdrücke			41	70
			3.784	94

Activa	Bilanzconto mit Schluss			
	fl.	kr.	fl.	kr.
Cassabestand			506	89
Rückständige Mitgliederbeiträge 1892	104	—		
„ „ 1893	154	—	258	—
Ausständige Guthabens			90	88
Deposit 1.000 fl. gemeinsame Rente à 99 fl.			990	—
			1.845	77

Wien, 31. December 1893.

Mit den Cassabeilagen geprüft und richtig befunden:

W. Kraft m. p.   **Dr. v. Raimann** m. p.   **A. v. Mises** m. p.

des Vereinsjahres 1893.

	fl.	kr.	fl.	kr.
des Vereinsjahres 1893.			**Haben**	
Druck der Zeitschrift, Clichés und Lichtdrucktaf.			2.230	50
„ des Monatsblattes			361	66
Einbände und Bücherankauf f. d. Bibliothek . .			38	40
Benützung und Reinigung des Vereinslocales . .			125	74
Diverse Auslagen			91	50
Porti, Telegramme und Einladungen			223	56
Ausgaben für spätere Verrechnung			90	81
Ankauf als Deposit 1.000 fl. gem Rente	990	—		
Ab Verkauf der alten Depositen	874	19	115	81
Cassabestand mit Ende 1893			506	89
			3.784	94

	fl.	kr.	fl.	kr.
des Vereinsjahres 1893.			**Passiva**	
Rechnung der Staatsdruckerei			1.033	54
Reserve für das Vereinsjahr 1894			812	23
			1.845	77

Theodor Rhode m. p.,
Cassier.